2판

보조공학총론

한국보조공학사협회 편

김백수 · 이근민 · 육주혜 · 장문영 · 오현정 · 박경옥 · 이진현 · 유성문 · 김소영
손병창 · 송병섭 · 이석민 · 권대규 · 김성남 · 전영환 · 김경명 · 김유환 · 성기창 공저

Assistive Technology

학지사

2판 머리말

보조공학은 이제 우리나라의 재활 분야에서 없어서는 안 되는 분야로 자리매김하고 있다. 장애인과 노인의 삶에 큰 혜택을 제공할 수 있다는 인식이 확산되면서 정부와 공공 부문, 민간 부문에서 보조공학을 사용하고 개발하며 확산하는 움직임이 지난 10년간 눈에 띄게 커졌던 것이다. 마침내 2015년 12월 29일에는 「장애인 · 노인 등을 위한 보조기기 지원 및 활용촉진에 관한 법률」이 제정되기에 이르렀다. 이제 본격적으로 보조공학이 제도권에 들어가게 되었고 이를 필요로 하는 사용자들의 기대가 매우 높다는 것을 알 수 있다.

척박한 보조공학 분야의 터를 닦는다는 심정으로 지난 『보조공학총론』을 집필하였다면, 이번 개정판에서는 이 분야의 발전과 확장을 위한 그리고 심화된 전문성을 위한 노력을 담았다. 예비 전문가와 현직에 있는 전문가가 길지 않은 시간이지만 보조공학에 대한 축적된 경험과 지식을 서로 공유하는 기본적인 자료로써 이 책이 사용되기를 바란다.

이 책은 크게 4부로 구성되어 있다. 제1부는 보조공학의 기초로 보조공학의 배경, 우리나라 정책의 소개, 요구 평가를 다룬다. 제2부는 보조공학 분야의 이해로 정보접근, 의사소통, 자세유지, 이동, 일상생활을 위한 보조공학을 설명한다. 제3부는 보조공학 제품의 개발로 보편적 설계, 재활 제어인터페이스, 품질관리, 산업 동향을 소개한다. 제4부는 보조공학 적용 분야로 보조공학이 학습, 고용, 자동차, 스포츠, 여가, 편의시설과 어떤 연관이 있고 어떻게 적용되는지를 살펴본다.

앞으로 장애인과 노인을 대하는 보조공학 전문가와 제품을 개발하고 생산하는 기업, 보급 · 확산하는 국가 제도가 이 책의 발간으로 인해 장애인과 노인이 필요로 하는 보조공학에 한층 가까이 다가가기를 바란다. 아직도 더 보완해야 할 내용이 많지만 여기서 한번 정리한다는 생각으로 재도약을 기약해 본다. 마지막으로 이 책의 개정 출판을 위하여 애써 주신 학지사 김진환 사장님과 직원들에게 감사드린다.

2016년 9월

저자 일동

1판 머리말

국내에 보조공학이 소개되고 학문으로 자리 잡은 후 적지 않은 세월이 흘렀으나, 보조공학의 각 영역을 한 권으로 다루는 개론 형태의 교재는 지금까지 국내에서 발간되지 않았다. 개론 교재의 부재에 대하여 많은 전문가가 필요성을 느꼈고, 한국보조공학사협회가 앞장서 보조공학 각 분야의 전문가들이 총론 출판에 의기투합하였다. 많은 분량을 한 권에 담으려다 보니 어쩔 수 없이 빠져야 하는 내용이 많아 아쉬움이 남지만, 언젠가는 꼭 출판되어야 하는 책이기에 부족함을 감수하고 첫선을 보이게 되었다. 보완해야 할 부분들도 많지만, 먼저 세상에 내놓고 더 많은 의견에 귀를 기울이며 앞으로 다듬어 나가고자 한다.

이 책은 보조공학 관련 학문을 공부하는 학생들, 현장에서 일하고 있는 실무자들에게 방향을 제시하고 작게나마 도움이 되고자 하는 마음에서 기획되었다. 특히, 보조공학을 직접적으로 다루는 학과가 국내에 많지 않아 해당 학과생이 아니면 보조공학 학문 자체에 대한 접근이 어려워 관심 있는 이들에게 보조공학의 다양한 분야에 대한 소개를 하고 싶었다. 각 장에서 다룬 내용은 한 권의 책으로 엮일 수 있을 정도로 중요하고 전문적인 분야라서, 이를 책 한 권의 분량에 적절하도록 핵심 내용만을 뽑아 함축하는 작업은 우리가 공통적으로 어렵게 느꼈던 부분이다. 그러나 이 책 한 권을 통하여 보조공학에 대한 기초를 다지고 보조공학이 어떠한 것을 다루며 어떻게 적용되는지를 독자가 조금이라도 이해하는 데 도움을 줄 수 있다면 더없이 보람되고 기쁠 것이다.

이 책은 크게 4부로 구성되어 있다. 1부는 보조공학의 기초로 보조공학의 배경학문, 우리나라 보조공학 정책의 소개, 2부는 보조공학의 직접적인 서비스 분야, 3부는 보조공학을 적용한 제품의 개발, 4부는 보조공학을 밀접하게 적용할 수 있는 분야를 중심으로 목차를 구성하였다.

내용이 다소 중복될 수 있고 일관성이 결여되었을 수도 있으나, 내용과 체계는 앞으로 계속 수정 · 보완해 나갈 계획이니 독자 여러분의 양해와 애정 어린 조언을 바란다. 마지막으로 이 책의 출판을 위하여 애써 주신 학지사 김진환 사장님과 직원들에게 감사드린다.

2012년 1월

저자 일동

차 례

제3부 보조공학 제품의 개발

제1부

보조공학의 기초

제1장 장애인의 이해

1. 장애에 대한 관점의 변화

1) 장애 개념의 변화

1988년 장애인올림픽을 통하여 장애당사자들의 사회적 참여와 제도적 개선을 외치는 욕구와 요구는 마치 잠재적 활화산처럼 폭발에 가까운 연쇄반응으로 작용하였다. 그동안 먹고 사는 기본적인 민생의 허덕거림에서 본질적인 자기인식의 기초로, 문제해결을 위한 생존의 키워드에서 이제는 자아실현이라는 진화된 포지셔닝으로 바뀐 역사적 사례에서 고려사항이 많음을 알 수 있다. 즉, 생존수단인 '의식주'에서 '사회참여·문화생활' 등 인간적인 삶의 질을 실현하려는 노력으로 법적·제도적 접근이 이루어졌다.

장애인에 대한 인식은 개인적인 비극으로 보는 시각에서 장애원인이 사회에 있다는 사회적 문제로 보는 시각으로 무게중심이 바뀌고 있다(김형식, 2014; 나사렛대학교 CRPD연구소, 2014).

(1) 국제장애분류의 변천과 진화

복지패러다임은 복지서비스의 공급자, 즉 전문가 관점의 전달체계가 그동안 주류였으나 당사자의 사회참여를 핵심으로 하는 발전과정을 거쳐 장애의 실질적인 해결대안으로서 오늘날 사회적 공동체 관점으로 변화하였다. 이는 ICIDH-2에서 ICD(International Classification of Diseases)를 근간으로 ICIDH(International Classification of Impairments, Disabilities, and Handicaps) 분류체계가 만들어지고 그 이후에 정의된 ICF(International Classification of Functioning, Disability and Health)는 장애에 대한 역동적 설명과 긍정적 측면에서 사회공동체적 관점에서 접근하려는 노력의 결과로 평가할 만하다.

장애개념의 변화를 연대별로 살펴보면 다음과 같다.

1980년, 의학적 관점인 손상과 기능제약(disabilities) 및 사회공동체적 구조적 문제로 인식하는 사회적 불리(handicaps) 등의 병렬적인 축의 멀티 프리즘을 통하여 장애에 대해 손상이나 기능제약 측면보다 사회적 불이익의 상황을 강조함으로써 사회화와 그에 따른 인식과 제도의 개선을 추구하였다. 즉, 이 시기는 장애에 대한 사회적 책임론이 확장될 가능성의 여지를 열어 놓고 해결점의 도출을 사회 전반의 범위로 확대시키고 증가시키는 일련의 작업을 요구한 전환의 시기라고 볼 수 있다.

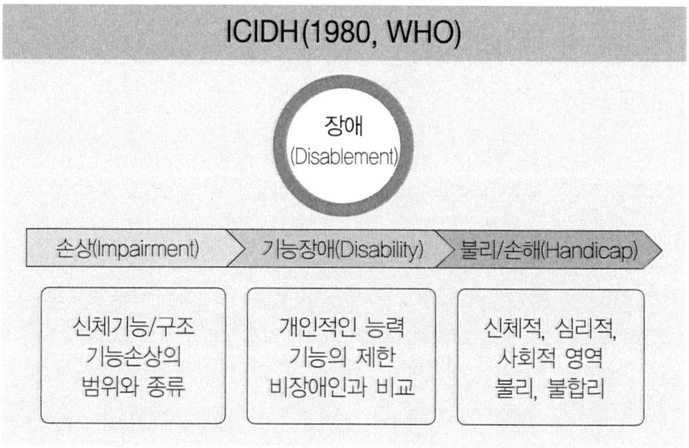

[그림 1-1] 장애의 사회적 불리 관점

출처: 김백수(2015) 재구성.

1997년 6월, WHO는 한 개인이 실체적으로 접하게 되는 장애를 세 가지 관점(손상, 활동, 참여)으로 보고 손상(impairment)과 활동(activity)은 개별적 모델의 개념을 적용하려는 관점에서 살폈고 사회참여(participation)는 상황요인(contextual factors)과 참여(participation) 측면에서 살피는 사회적 모델에서의 '환경'을 적용하는 관점을 제시하였다(김동기, 이석구, 성현석, 2013).

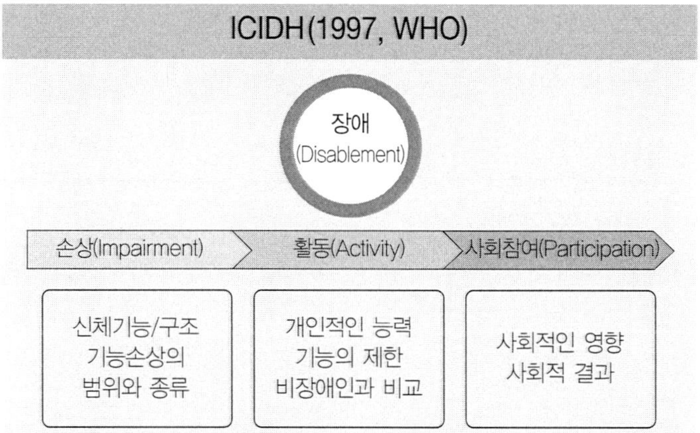

구분	손상	활동-제한	참여-제약
기능 정도	신체 정도	통합된 개인	사회와의 관계
특성	신체의 기능과 구조	개인의 일상 활동	상황에의 개입
긍정적 측면	기능적, 구조적 통합	활동	참여
부정적 측면	손상	활동 제한	참여 제약

[그림 1-2] 장애의 사회적 문제 관점

출처: 김백수(2015) 재구성.

2001년, WHO는 ICF는 장애에 대한 개별적인 모델과 사회적 모델의 통합을 위한 노력의 결과라고 할 수 있으며, 국제질병분류 체계인 ICD-10과 병행함으로써 상호 보완적 해석과 사용이 가능하도록 하였다(김동기 외, 2013). 즉, 모든 사람에게 건강에 관한 요소를 설명하는 보편적인 틀로 볼 수 있다.

ICF의 접근방법은 보통 건강 상태와 성과 결정요소 등의 과학적 기초 측면에서, 장애인을 포함한 모든 대중의 의사소통 증진에 관한 다양한 언어 간, 국가 간, 건강보호 전문분야 간, 복지서비스 간, 서비스 제공 시기 간의 자료 등에 있어서 비교 가능 정도, 건강정보 체계에 대한 체계적인 기록 수단 정도의 제공을 의미한다. 이러한 ICF는 모든 사람의 건강에 관련된 요소들을 설명해 줄 수 있는, 보편적으로 적용 가능한 틀로서의 접근 도구인 것이다.

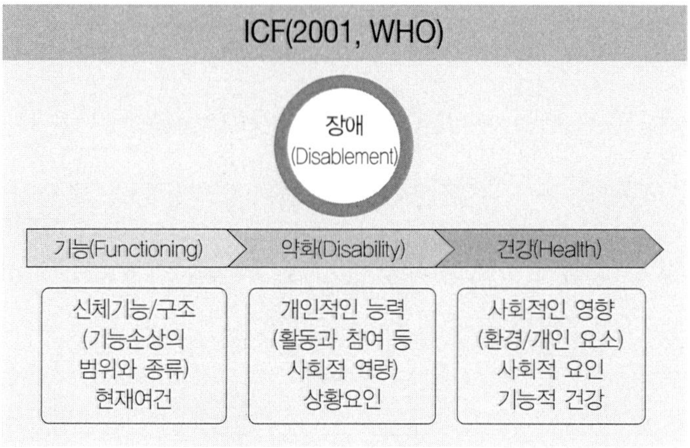

[그림 1-3] 장애의 기능과 영역에서의 상황요인 관점

출처: 김백수(2015) 재구성.

(2) 장애 유형의 변화와 장애 수용에 따른 보조공학적 이해

장애 발생 시기의 변화를 명확하게 구분하는 데 있어 여러 가지 관점의 차이가 있을 수 있지만, 오늘날 선천성 장애보다는 후천성 장애가 그 비중 면에서 다양한 경로로 늘고 있다. 즉, 출생 시의 난산 등으로 인한 산소공급의 장애나 체내 독성과 고열 발생 등의 원인으로 발병하는 뇌성마비, 염색체 혹은 유전자 이상으로 발생하는 다운증후군, 원인이 명확하지 않은 자폐증 등의 발병요인이 점차 의료기술 및 인식의 변화로 상당부분 개선되었다. 그러나 산업사회의 고도화는 산업재해 및 교통사고, 안전사고로 인한 영역을 한 축으로 하는 사회활동인구의 장애 발생과 인구사회학적 정책부재로 인한 영역을 또 하나의 축으로 하는 급격한 초고령 사회의 진입에 따른 노인성 장애의 증가로 나눌 수 있다.

이러한 장애 발생 시기의 다양한 변화로 오늘날에는 보조공학의 보다 휴머니즘적 접근과 재활학 측면에서의 합리적인 결합이 요구되며 기술적·학문적·문화적 관점에서의 서비스 전달체계와 사회적으로 구조화된 접근대안의 변화가 요구된다고 볼 수 있다.

따라서 선천적인 장애의 경우 장애의 수용이 성장과정에서 자연스럽게 이뤄지지만 중도장애의 경우는 상당한 어려움이 있으며 이를 현실적으로 극복하고 심리적 내상을 극복하도록 지원하는 일련의 과정도 보조공학 측면에서 고려할 중요한 부분으로 자리 잡아야 한다고 할 수 있다. 왜냐하면 중도장애의 경우 장애의 수용이 재활을 통한 사회복귀에 커다란 영향을 미치며 한 개인을 둘러싼 소위 '당사자 환경의 변화'에 미치는 가족, 이웃, 마을, 지역사회에 이르는 공동체에 영향을 주기 때문이다.

그리하여 이러한 장애 수용의 과정을 하나의 흐름으로 이해하고 보조공학적 서비스의 제공에 어떠한 절차와 사례관리 측면의 접근이 필요한지를 고민해야 하는 가장 중요한 생애주기별 및 서비스 단계별 교차점에 대한 올바른 이해가 필요하다.

2. 장애수용 과정의 이해

1) 장애수용 과정의 이해 필요성

중도장애를 가진 사람은 장애로 인해 신체적 · 정신적 관계의 붕괴와 심리적으로 깊은 내상을 경험하고 과거 느껴 보지 못한 깊은 혼란과 절망 및 고통을 겪게 된다. 또한 현실에서의 예상치 못한 갈등과 좌절을 통해서 생애 최초로 겪는 최악의 공포와 두려움, 경계, 불신 등을 경험하면서 극도의 혼란을 겪는다.

이와 관련하여 고려할 사항은 선천적인 장애 및 영유아기의 장애를 가진 경우와 중도장애, 즉 뇌졸증, 뇌손상, 절단, 실명 등과 같은 교통사고, 산업재해 및 질병에 따른 장애를 가진 경우의 장애수용 패턴이 다르다는 점을 인식할 필요성이 크다는 것이다. 이는 보조공학 서비스 제공의 입장에서 보면, 전문가로서, 기술자로서, 기획자로서, 사례관리자로서, 서비스 현장 요원으로서 분명한 방향성과 접근원리를 갖고 서비스 제공에 임해야 함을 말해 준다.

2) 심리적 장애수용 과정

(1) 부정단계

부정(denial)은 신체적 질환이나 외상에 대한 최초의 심리반응이자 자기보호적 본능적 기능의 일상적이고 자연스러운 심리 표출이다. 따라서 이 과정은 재활을 위한 부정적 심리상태 극복이 요구되고 사회적 지지체계의 지원이 가치 있는 시기로, 자연스러운 카운슬링이 요구되며 스스로 다음 단계로 진행할 수 있는 환경여건이 갖추어져야 한다.

(2) 퇴행단계

퇴행단계(regression)는 장애에 대한 감정조절 능력 약화와 현실감각의 일시적인 마비에 따른 생각이나 행동의 불안정이 마음에 영향을 미쳐서, 장애를 가진 사람이 자신도 장애발생 이전으로 되돌아갈 수 없음을 인식하고 있으나 불가능한 원상태로의 회복을 기대하는 등 억지스러운 행동과 표현을 하는 과정이다. 이는 실질적으로 미래에 대한 막연한 희망과 두려움이 혼란스럽게 교차하는 과정이라고 보아야 한다.

(3) 분노단계

분노단계(anger)는 장애를 가진 사람은 자신의 숙명에 대한 억울한 마음이 사회에 대한, 환경에 대한, 그리고 결국에는 자신에 대한 분노로 이어지고 폭발하는 경향이 많다. 특히 자신의 현실적인 장애발생의 문제를 회피하려는 경향, 즉 애써 장애를 모르는 척하거나, 장애가 없는 척하거나, 아예 장애를 언급하지 않는 등의 방식으로 현재 벌어진 상황에 대한 깊은 자기애적 분노를 나타내기도 한다.

(4) 불안단계

불안장애(anxiety)는 장애를 가진 사람은 자신의 장애 때문에 타인으로부터 예상되는 불이익으로서 자신이 부정될 것, 예전과 다른 처우나 대우 등을 받을 것에 대한 불안감과 위기의식이 높아져서 내적 심리갈등이 심화되는 경향이 있다. 그래서 지인들과의 전화 통화나 대화를 통해 상대방의 관심사가 될 법한 이야기로 지인에게 관심을 받으려는 행동, 자신의 이야기 상대가 되어 주기를 바라는 행동을 무차별적으로 하는 경우가 있다.

(5) 우울단계

우울단계(depression)는 장애를 가진 사람은 자신의 장애에 따른 예기치 못한 환경적 · 신체적 · 심리적 자극과 자신의 심신의 기능 상실을 현실적으로 인식하기 시작하면서 갖게 되는 정서적 반응으로 인해 일련의 수동적이고 자신감을 상실하는 침체기를 갖는다. 이는 인식의 장벽 앞에서 스스로를 확인하는 과정으로, 정면 돌파하거나 우회하거나 하는 장애물에 대한 대응전략이 나타난다. 따라서 보조공학 측면에서 이러한 상태에 있는 서비스 대상자를 위한 맞춤형 서비스를 제공할 경우에는 더욱 신중하고 사려 깊은 배려와 냉철한 포용을 전제로 접근하는 스킬이 요구된다. 사실상 이 과정이 자연스럽게 지나가도록 지원하고 옹호하며 응원하는 역할은 가족과는 다른 환경 제공자로서의 역할로 요구된다.

(6) 수용단계

수용단계(acceptance)는 장애를 가진 사람이 장애 발생 초기의 자기 자신에 대한 부정과 분노에서 벗어나 서서히 장애를 인정하고 새로운 미래에 대한 탐색적 수용 및 긍정적이고 활동적인 생활태도로 변화하고자 노력하는 것을 감지할 수 있는 과정이다. 즉, 재활스포츠에서 생활체육으로 운동의 개념이 바뀌며 사회생활에 복귀하려는 의지로서 운동과 체력에 대한 관심도 바뀌는 과정을 엿볼 수 있다.

이른바 장애발생 시점에 따른 관점의 차이는 장애 수용의 과정이 다르기 때문에 스스로 미래가치 창조(현 상황에서 보다 나은 상황으로 발전하려는 노력)에 임하는 자세가 다르다. 즉, 정신적 · 신체적 특성이 다시 사회에 복귀하겠다는 의지와 열망의 측면에서 전혀 다른 편차를 보이고 있다. 따라서 '1만 시간의 법칙'(맬컴 글래드웰)에 따른 '장애인 성공' 정도가 아닌 '성공한 장애인'이 되도록 노력하는 여건, 즉 환경적으로나 사회적으로나 제도적으로나 다르게 구현되고 개별화된 접근이 필요한 전문인력 풀로 사회적 지지체계의 보다 역동적인 노력이 요구되기 때문에 보조공학사의 특화된 전문성의 확보가 반드시 요구된다.

세분화하여 살펴보면 보조공학적 지원 분야의 키워드는 다음과 같다.

① 단계별 발달과정

- 선천성의 고려사항 숙려 범위
- 상황별 대안 모색이 중요
- 장애 수용 여부의 중요성이 부각
- 사고방식의 긍정적 도전정신
- 꾸준한 교육과정과 적성 개발
- 단계별 접근 필요
- 의료적 · 사회적 모델 병행
- 진행형일 경우 최대한 지연
- 독립생활 가능한 역량강화 필요
- 경제적 자립과 독립가구로서의 기능 확장

② 단계별 복귀과정

- 중도상실의 고려사항 숙려 범위

- 장애수용 과정이 가장 중요
- 의료적 재활모델과 가족중심모델의 병행 중요
- 사회적 모델의 지원은 장애 수용 정도에 따라 진행
- 당사자가 가진 사회적 자원의 가동률 극대화
- 사회적 지지체계가 얼마나 견고한가가 조기 재활에 성패
- 사회적 복귀가 최종목표

③ 단계별 포용과정

- 노후변화의 고려사항 숙려 범위
- 노후에 상실의 당연함을 수용
- 심리적 상실감에서 해방
- 새로운 준비과정으로서의 인식
- 소일거리가 아닌 기능 보존을 위한 즐길 거리 탐색
- 사회참여와 활동성보다 차분한 취미 개발
- 프로보노(pro bono: 오늘날 유료 자원봉사, 재능 · 지식 나눔 봉사 등)로써 지역사회에 공헌하여 얻는 보람과 긍지 고취
- 자신의 역량을 점차 줄이는 용기도 필요
- 더 이상의 추가 장애가 발생하지 않도록 항상 유의하는 생활태도 및 식생활의 조화

3. 장애에 대한 법적 · 제도적 구분

1) 장애인 관련 법적 정의

"장애인"이란 신체적 · 정신적 장애로 오랫동안 일상생활이나 사회생활에서 상당한 제약을 받는 자로,

1. "신체적 장애"란 주요 외부 신체 기능의 장애, 내부기관의 장애 등을 말한다.
2. "정신적 장애"란 발달장애 또는 정신 질환으로 발생하는 장애를 말한다.

「장애인복지법」 제2조 장애인의 정의 등(2014).

장애인에 대한 법적 정의는 '사회적 장애' 까지 포괄하지는 못하지만 현실적으로는 의료적 관점에서 주로 정의되고 있다. 이는 공공부조를 목적으로 복지 관점에서 준비된 법령들의 한계를 나타내고 있는 것이다. 장애인에 대한 정의에서는 사회적 불리나 한계를 개선하려는 의도를 제외하고 있음을 알 수 있다. 다만 이러한 의도는 편의증진이나 이동편의 등의 키워드로 접근한 법령에서 다루고 있다.

2) 장애인복지법의 장애인 분류

장애인복지법에서는 장애인을 다음과 같이 분류하고 있다.

〈표 1-1〉 장애인 복지법상의 유형과 분류

대분류	중분류	소분류	세분류	확대예상 장애범주
신체적 장애	외부 신체 기능의 장애	지체장애	절단장애, 관절장애, 지체기능장애, 변형 등의 장애	만성 소화기(위 절제술 등) 장애, 만성통증, 뇨장애, 각종 불치병 등으로 인한 장애
		뇌병변장애	뇌의 손상으로 인한 복합적인 장애	
		시각장애	시력장애, 시야결손장애	
		청각장애	청력장애, 평형기능장애	
		언어장애	언어장애, 음성장애, 구어장애	
		안면장애	안면부의 추상, 함몰, 비후 등의 변형으로 인한 장애	
	내부기관의 장애	신장장애	투석치료 중이거나 신장을 이식받은 경우	
		심장장애	일상생활이 현저히 제한되는 심장기능 이상	
		간장애	일상생활이 현저히 제한되는 만성 · 중증의 간기능 이상	
		호흡기장애	일상생활이 현저히 제한되는 만성 · 중증의 호흡기 기능 이상	
		장루 · 요루 장애	일상생활이 현저히 제한되는 장루 · 요루	
		뇌전증 장애	일상생활이 현저히 제한되는 만성 · 중증의 뇌신경세포장애	
정신적 장애	발달장애	지적장애	지능지수가 70 이하인 경우	
		자폐성장애	소아청소년 자폐 등 자폐성장애	
	정신장애	정신장애	정신분열병, 분열형정동장애, 양극성정동장애, 반복성우울장애	

3) 산재장해의 법적 정의와 이해

보통 산재장해란 산업현장에서의 재해로 인해 입게 된 신체적 · 정신적 손상(기능제한 등)의 정도를 의미하는 개념이다. 다만 산재장해등급은 노동력 상실의 정도를 합산한 척도를 적용한다는 점에서만 일반장애인의 등급 판정과 다르다.

「산업재해보상보험법」 제5조(정의)에서 '장해'란 부상 또는 질병이 치유되었으나 정신적 또는 육체적 훼손으로 인하여 노동능력이 상실되거나 감소된 상태를 말한다. 즉, 부상 또는 질병으로 치유가 되더라도 노동능력이 손실 또는 감소되어 고정된 상태를 말하는 것으로, 의학적 평가와 사회적 평가가 혼합된 개념으로 적용된 것이라고 할 수 있다.

〈표 1-2〉 산재장해의 등급과 보상

장해등급	장해보상 일수		보상방법	노동능력 상실률
	연금	일시금		
제1급	329일분	1,474일분	연금지급	100%
제2급	291일분	1,309일분		
제3급	257일분	1,155일분		
제4급	224일분	1,012일분	선택적 연금지급	90%
제5급	193일분	869일분		80%
제6급	164일분	737일분		70%
제7급	138일분	616일분		60%
제8급		495일분	일시금 지급	50%
제9급		385일분		40%
제10급		297일분		30%
제11급		220일분		20%
제12급		154일분		15%
제13급		99일분		10%
제14급		55일분		5%

출처: 노무법인 해명(2014. 11.).

4) 장애유형과 정도의 법적 구분

법이 정한 장애유형별 중증과 경증의 비교를 통하여 현행 장애인등록제의 등급구성을 파

〈표 1-3〉 현장에서 참고할 중증/경증 장애분류 기준

유형 \ 등급		장애분류 및 등급(중증장애인의 범위)						
		1	2	3	4	5	6	
장애인복지법상 분류	지체장애							
	뇌병변장애							
	시각장애							
	청각장애							
	언어장애							※ 음영표시 부분: 중증장애인 ※ 지체장애인3급 중 음영 표시된 부분은 팔에 장애(상지장애)가 있는 경우 ※ 사선은 해당 장애유형의 장애등급이 없음.
	지적장애							
	자폐성장애							
	정신장애							
	신장장애							
	심장장애							
	호흡기장애							
	간장애							
	안면장애							
	장루 · 요루장애							
	뇌전증장애							
	국가유공자							

출처: 장애인고용공단(https://www.kead.or.kr/index.jsp).

악함으로써 보조공학의 개별 혹은 맞춤형 지원 및 일반 보조기기 지원에 대한 범위를 이해할 필요가 있다.

5) 장애인에 영향을 미치는 국제 · 사회적 함의

우리나라에서는 국세표준화기구의 ISO 9999에 관하여 '장애인복지법에 따른 보건복지부장관의 고시'를 채택하였고 국제표준화기구가 정한 보조기구 품목 분류기준인 ISO 9999:2011을 수용하였다. 또한 기업의 사회공헌활동 의무화를 공식화한 ISO 26000을 규범화하였다.

이러한 양대 규범은 하나의 큰 틀에서 볼 때 장애인과 장애인의 사회적 활동에 지대한 영향을 미치는 조치들로서, 보조공학의 서비스 차원에서도 고려할 사항들이 매우 많아지고

복잡해졌으며 대안적 방안 모색이 시급하다는 것을 시사하기에 신중한 전문가적인 함의가 요구된다. 또한 유엔장애인권리협약과 장애인의 사회통합의 주요 이슈는 새로운 시각의 사회적 모델로서 인권에 기초한 발상의 전환을 요구하고 있다.

① ISO 26000: 국제표준화기구가 제정한 "기업의 사회적 책임에 대한 국제표준" 2010년 11월 1일 발표한 기업의 사회적 책임(CSR: corporate social responsibility)에 대한 국제표준 규범이다.
② UN-CRPD and Inclusive Disability Policy(유엔장애인권리협약과 장애인의 사회통합): 유엔장애인권리협약(United Nations Convention on the Rights of Persons with Disabilities)은 장애인 문제를 유엔 인권 차원에서 사회적 모델로서 인권모델에 기초하고 있으며 의무적인 비준국가의 국제협력을 명문화하고 있다.

ISO 2600은 국제사회가 기업활동의 사회적 책임과 이윤의 사회환원을 통한 기여를 명문화하여 사회적 안전망으로 기능하도록 촉구하고 있다. 이는 자원이 부족한 사회복지 영역에 기업이 지원할 수 있는 충분한 동기와 기회를 만들어 주고 있다. 또한 유엔장애인권리협약은 장애인 문제가 사회적인 공동의 책임이며, 근원적인 인권차원의 관점에서 접근해야 함을 밝혔다. 이러한 맥락에서 장애에 대한 패러다임을 전환시켰다고 할 수 있다.

이러한 사회모델을 통한 사회참여 확대에 기여하는 장애인의 욕구 증가는 지난 20여 년간 괄목할 만한 법적 제도적 성과를 이끌었다. 선진국이나 다른 나라와 상호 비교할 수는 없다. 역사적 배경과 정치, 문화, 사회적인 이슈나 함의 등에서 이들 나라는 우리와 전혀 다른 과정을 거쳐 오늘에 이르렀기 때문이다. 또한 이러한 제한적 요인을 감안하더라도 사회적 함의가 다음과 같이 법제화되었다는 것으로도 우리는 앞으로 전진할 수 있는 기회적 창발성이 충분한 사회적 방향성을 지녔다.

우리나라에서 장애인과 관련하여 제정된 법령은 다음과 같다.

① 발달장애인 권리보장 및 지원에 관한 법률
② 장애인 · 고령자 등 주거약자 지원에 관한 법률
③ 장애인고용촉진 및 직업재활법
④ 장애인기업활동 촉진법

⑤ 장애인 · 노인 · 임산부 등의 편의증진 보장에 관한 법률

⑥ 장애인 등에 대한 특수교육법

⑦ 장애인복지법

⑧ 장애인연금법

⑨ 장애인차별금지 및 권리구제 등에 관한 법률

⑩ 장애인활동 지원에 관한 법률

⑪ 중증장애인생산품 우선구매 특별법

⑫ 어린이 · 노인 및 장애인 보호구역의 지정 및 관리에 관한 규칙

⑬ 국가유공자 등 예우 및 지원에 관한 법률

⑭ 교통약자의 이동편의 증진법

⑮ 장애인 · 노인 등을 위한 보조기기 지원 및 활용촉진에 관한 법률

(국가법령정보센터, http://www.law.go.kr/main.html)

또한 앞으로 발전적 방향에서 입법화될 가능성이 있는 것으로는, 가칭 공동체형 소그룹 가족모델 지원육성법, 장애인 소득세 및 금융종합 소득세에 관한 특례법 등을 예상할 수 있을 것이다. 장애인의 욕구와 요구는 실존주의적 관점에서 현실세계의 사회 속의 인간을 추구한다는 점에서 보조공학의 존재 이유를 살펴야 한다.

4. 장애에 대한 강점사정의 이해

사회복지 측면에서 서비스 전달체계의 하나로 장애에 대한 강점사정의 이해는 학자들마다 고유한 이론과 실제를 포함하고 있다. 그러나 보조공학에서의 장애에 대한 강점사정에 대하여 활발하게 논의되지 않고 있다.

이는 장애를 기능상실로 보고 장애인을 치료적 병리학적 개입 대상이자 내담자로 보는 의료적 관점과 반대되는 시각이다. 사정은 서비스 이용자인 장애인과 서비스 제공자 사이에 라포를 기반으로 상호 지원과 원조를 공유하고 조정하며 끊임없이 수정하는 관계형성 기간 동안에 공동으로 이뤄 내는 개척과정으로 인식되어야 한다.

특히 강점사정은 서비스 이용자인 장애인의 내적 · 외적 환경의 모든 가용한 자원이 지닌 강점과 장점, 기회요소, 잠재력 등을 극대화시키는 데에 초점을 두고 행하는 일련의 서비스

전달체계로서의 일관된 지원과정이다.

보조공학서비스 지원은 이러한 관점에서의 강점사정을 근거로 하는 적극적이고 능동적인 상호 협력과정으로 서비스 이용자와 서비스 제공자 간 현재의 편익을 증진하며 새로운 가능성을 탐색하고 '향상된 삶의 질'을 이끌어 내는 맨투맨(man-to-man) 전략이다. 이러한 맨투맨 전략의 핵심은 다음 세 가지 영역에서 이루어져야 하고 일관성 있는 방향성을 가져야 할 것이다.

1) 사회적 접근

소비자 입장에서 가장 중요한 보조공학서비스의 편익은 장애 수용을 촉진하고 사회생활과 일상생활을 스스로 감당 가능한 영역으로 진입시키는 역할인데, 이는 장애인의 삶의 질 향상에 기여한다는 점에서 특히 유의하다. 이는 장애인이 사회 속의 인간으로서 보다 나은 미래를 설계하고 발전시키는 데 있어 항구적인 견인차로서 기능한다는 점에서 고려해야 할 관점이다.

2) 체계적 보상

보조기기의 가장 중요한 기능은 신체의 손상되거나 상실된 부분의 역할을 보완하거나 어느 정도 대체하는 것은 물론이고 더 나아가 심리적 · 사회적인 불이익을 최소화할 수 있는 보상적 차원의 체계성을 구축하는 것이다. 이른바 도저히 할 수 없는 일상생활이나 여가생활 또는 직업생활에서 사회적으로 접근 가능한 기회를 만든다는 점에서 그 가능성은 매우 중요하다는 관점이다(예: 3D 프린터를 통해 동작 구현이 가능한 의수를 제작하는 과정 및 그것을 적용한 사례, https://vimeo.com/channels/staffpicks/132886713).

3) 시스템 구축

앞서 언급한 사회적 접근과 체계적 보상은 실질적인 개인사에 있어서 인간으로서의 삶의 방향을 결정짓는 가장 힘들고 고려사항이 많은 과제로, 스스로 해결하지 못하는 사회적 · 제도적 · 관습적으로 허물기 어려운 장벽이 반드시 존재한다. 더구나 이들 영역은 기술적 한계까지도 현실로 작용한다는 관점이다.

앞의 현실적 과제로 볼 때, 보조공학은 보조공학의 현주소가 상당한 미래 가치를 지니며 모든 해당 소비자의 욕구와 직결된다는 점에서 특징적 공익성이 높고 기술적 진보와 더불어 미래 가치가 큰 학문이며, 기술인 동시에 휴머니즘적 공동체의식 또한 필요한 철학적 분야가 항상 만나는 접점이라는 것이다. 따라서 보조공학은 고도의 기술과 공학을 과학적 관점에서 인간적으로 다루어야 하는 인본주의적 공학이라 할 수 있다. 이는 보조공학사 모두가 지녀야 하는 도덕적 · 윤리적 · 관념적 기준점이 인간중심이며 유니버설 중심으로 진보해야 하는 항상 전진하는 학문이자 현장기술이며 거대한 하나의 전달체계이자 플랫폼이다.

5. 장애의 유형

1) 지체장애

(1) 정의

① 「장애인복지법」(동법 시행령 제2조 별표 1 〈개정 2014. 6. 30.〉)

가. 한 팔, 한 다리 또는 몸통의 기능에 영속적인 장애가 있는 사람

나. 한 손의 엄지손가락을 지골(指骨: 손가락 뼈) 관절 이상의 부위에서 잃은 사람 또는 한 손의 둘째 손가락을 포함한 두 개 이상의 손가락을 모두 제1지골 관절 이상의 부위에서 잃은 사람

다. 한 다리를 리스프랑(Lisfranc: 발등 뼈와 발목을 이어 주는) 관절 이상의 부위에서 잃은 사람

라. 두 발의 발가락을 모두 잃은 사람

마. 한 손의 엄지손가락 기능을 잃은 사람 또는 한 손의 둘째 손가락을 포함한 손가락 두 개 이상의 기능을 잃은 사람

바. 왜소증으로 키가 심하게 작거나 척추에 현저한 변형 또는 기형이 있는 사람

사. 지체(肢體)에 위 각 목의 어느 하나에 해당하는 장애정도 이상의 장애가 있다고 인정되는 사람

② 「장애인 등에 대한 특수교육법」(동법 시행령 제10조 별표 〈시행 2015. 1. 1.〉)

기능 · 형태상 장애를 가지고 있거나 몸통을 지탱하거나 팔다리의 움직임 등에 어려움을 겪는 신체적 조건이나 상태로 인해 교육적 성취에 어려움이 있는 사람

③ 「장애인고용촉진 및 직업재활법」(동법 시행령 제3조 및 제4조 〈시행 2015. 1. 1.〉)

가. 「장애인복지법 시행령」 제2조에 따른 장애인 기준에 해당하는 자

나. 「국가유공자 등 예우 및 지원에 관한 법률 시행령」 제14조 제3항에 따른 상이등급 기준에 해당하는 자

(2) 원인

지체장애(肢體障碍)의 원인은 장애의 발생 시기를 기준으로 선천성과 후천성으로 나눌 수 있다. 선천성은 장애가 출산 전인 태아 때 발생한 것이고 후천성은 출생 후에 발생한 것이다. 대부분의 지체장애는 후천성에 기인한다. 특히 장애를 갖게 되었는가에 대한 관점에서는 성인이 되어 사회활동을 영위하는 중에 장애가 발생한 경우를 '중도장애(中途障碍)' 라고 한다. 또한 재해적 관점에서는 지체장애를 산업재해 등에 의한 장해등급으로 구분할 필요가 있는데, 이는 노동력 상실 정도를 평가 기준으로 보기 때문이다.

생활환경의 서구화와 사회구조의 급격한 변화는 중도장애의 증가로 나타나고, 선진국과 같은 사회환경의 변화는 외상보다 당뇨병, 혈액순환장애, 관절염 등 만성질환이 장애 원인의 70~80%를 차지하고 있으며, 만성질환에 의한 지체장애가 점차 증가하는 추세다. 지체장애의 원인은 척추신경계, 골격관절계, 근육운동계 장애와 선천성 기형, 외상 등 다양하며, 이를 다시 선천성 기형, 출생 시의 각종 손상, 감염, 중독, 각종 질환에 의한 손상, 교통사고나 산업재해로 인한 장해, 전상 등으로 세분화할 수 있다.

(3) 분류

지체장애의 종류는 지체기능장애, 관절장애, 절단, 변형으로 구분된다.

① 절단: 상지나 하지의 일부분을 잃어버린 상태, 선천적 결손도 포함

② 지체기능장애: 팔, 다리의 장애와 척추장애로 대별되며, 신체의 일부 또는 전부를 움직일 수 없거나, 움직일 수 있어도 조절이 되지 않고, 약화된 상태로서 마비에 의한 팔, 다리의 기능장애는 주로 말초신경계의 손상이나 근육병증 등으로 운동기능장애가 있는 경우

③ 관절장애: 해당 관절의 강직, 근력의 약화 또는 마비, 또는 관절의 불안정이 있는 경우

④ 변형: 척추나 상 · 하지의 형태가 변질된 상태로서 기능적 장애가 있는 경우, 다리 길이의 단축, 척추의 만곡(측만, 후만), 왜소증 등

「장애인복지법」(동법 시행령 제2조 관련 장애인의 장애등급표 〈개정 2015. 8. 3.〉) 기준을 살펴보면 부록과 같다.

(4) 특성

① 인지와 학습 특성

제2의 뇌수라 불리는 손(상지)의 부자유는 지체장애인의 지적 발달에 부정적 영향을 줄 수 있다. 또한 신경계통의 장애가 있는 경우 인지 및 지각 능력에 영향을 받아 학업성취에 어려움이 있을 수 있다. 그리고 지체장애로 인한 행동반경과 생활환경의 제한은 경험의 부족을 초래해 삶의 수준과 인식의 수준에 깊은 영향을 미치므로 이를 보완할 수 있는 가능성에 대한 접근이 필요하다.

② 언어 및 의사소통 특성

지체장애인은 구강 주변의 근육 조절과 협응의 문제로 언어표현 능력에 한계와 제한이 있다. 지체장애인이 표현하는 언어는 불완전한 문장, 부정확한 문장구조, 덜 복잡한 문장, 자신만의 구조화된 문장구성 등 제약이 따르는 범위가 다양하고 그 원인이 저마다 다르다. 또한 세밀한 신체 동작의 어려움으로 언어 이전의 비언어적 행동(몸짓, 손짓, 표정, 소리 등)을 발전시키는 데 한계를 가지므로 상호 의사소통 기술을 습득하는 데 어려움이 있으며, 이는 자신만의 독특한 비언어적 정체성을 정립하는 것을 방해한다.

③ 심리사회 · 정서적 특성

의료적 지원이 잦은 경우 치료와 건강관리에 투입된 시간만큼 결석이나 조퇴, 지각이 이루어지는 것은 어쩔 수 없는 현실로, 지체장애 아동은 급우관계 유지와 또래집단 간 사회성 및 협동적 사고력 증진 등 여러 가지 인성발달의 기회가 절대 부족하게 되고 이는 심리사회 · 정서적 이슈를 발생시킨다. 특히 자신의 신체적인 모습에 대한 걱정과 장애 자체에 대한 자신의 수용태도도 장애인의 미래 발전에 커다란 영향을 미치는 요인이 된다.

현실적으로 이러한 영향에 미치는 중요한 환경인자로서 부모의 과보호나 방임 및 포기 등의 요소들은, 신체적인 장애에서 오는 열등감, 자격지심, 좌절감, 주변 사람의 태도, 현실 경험의 부족 등으로 의존성 내지는 위축성에 중요한 인과관계를 형성하는 촉매가 될 수 있다.

④ 신체 및 운동 특성

지체장애 아동의 경우, 신체기능의 유지와 개선 및 활성화를 위한 운동은 학습활동보다 더 많은 노력과 꾸준한 지원이 요구되며, 더 힘든 심리적 · 육체적 특성을 지닌다. 학습 환경 및 자료에 대한 접근이 어렵고 학습에 대한 이해를 위해 노력이 더 필요할 수 있고 동급생과의 긴밀한 상호작용 아래 자신의 정체성을 확인하고 자기계발을 하려는 의지에 큰 영향을 받을 수 있다. 그리고 세밀한 동작의 완성도를 제고하기 위한 소근육 운동 조절의 어려움으로 학습태도나 생활습관에서 소극적이고 피해의식이나 폐쇄적 자아를 형성할 수 있고 이동의 어려움으로 학습 참여와 물리적인 탐색의 기회가 일부분 감소할 수 있다.

⑤ 지각 특성

오감의 전체적 · 부분적 · 상황적 협응의 어려움 등, 방향위치 및 전경 · 배경 지각 곤란, 항상성, 시각운동의 측면에서 종합적인 한계를 가질 수 있는데, 이를 극복하기 위한 노력을 할 수 있는 환경요소의 제공이 필요하다.

2) 뇌병변장애

(1) 정의

① 「장애인복지법」(동법 시행령 제2조 별표 1 〈개정 2014. 6. 30.〉)

뇌성마비, 외상성 뇌손상, 뇌졸중(腦卒中) 등 뇌의 기질적 병변으로 인하여 발생한 신체적 장애로 보행이나 일상생활의 동작 등에 상당한 제약을 받는 사람

② 「장애인 등에 대한 특수교육법」(동법 시행령 제10조 별표 1 〈시행 2015. 1. 1.〉)

지체장애

기능 · 형태상 장애를 가지고 있거나, 몸통을 지탱하거나, 팔다리의 움직임 등에 어려움을 겪는 신체적 조건이나 상태로 인해 교육적 성취에 어려움이 있는 사람

③ 「장애인고용촉진 및 직업재활법」(동법 시행령 제3조 및 제4조 〈시행 2015. 1. 1.〉)

가. 「장애인복지법 시행령」 제2조에 따른 장애인 기준에 해당하는 자

나. 「국가유공자 등 예우 및 지원에 관한 법률 시행령」 제14조 제3항에 따른 상이등급 기

준에 해당하는 자

(2) 원인

뇌병변장애(腦病變障碍)는 출생 전 요인으로 유전적인 요인이 있고, 출산과정에서의 난산 등에 의한 뇌손상 및 출생 후 100일 이내의 각종 고열성 질병에 의한 후유증, 출생 후 평생 동안 일어날 수 있는 상황, 즉 각종 사고나 혹은 뇌혈관이 터져서 뇌에 피가 고이거나(뇌출혈) 뇌혈관이 막혀서 뇌에 피가 통하지 않아서 뇌세포가 손상되는 것(뇌경색)으로 인해 발생한다.

(3) 분류

① 뇌성마비

중추신경계 손상에 의한 근육마비, 협응성장애, 근육 약화, 기타 운동기능장애로 특징지어지는 신경장애

가. 운동 패턴에 따른 분류

- 경직형: 가장 보편적인 특성은 뇌성마비 유형의 하나로 근육이 뻣뻣하며 동작의 구체적인 움직임이 둔한 정도는 다르지만 공통의 특징으로 나타난다. 근육의 긴장도가 높아서 유연하게 움직이기가 힘들고 움직인다고 해도 정확도와 속도의 편차가 건강 상태에 따라서 다르다. 하지의 내전구축으로 인하여 보행이 갈지(之)자 형태를 띠며, 혹은 첨족(尖足)이 나타난다. 척추의 기형, 고관절 탈구 등의 기질적 현상으로도 나타난다.
- 불수의 운동형: 변화성 근육의 긴장도를 보이며 그 구체적인 변화를 예측하기 어렵다. 근육이 때로는 긴장되고 때로는 이완되기도 한다. 자신의 의지와 상관없이 움직임이 크거나 불규칙적으로 나타나기도 한다. 걸음걸이는 비틀거리고 어색하며, 무게중심을 잡기 위하여 턱이 앞으로 나오는 경우도 있다.
- 운동실조형: 정상 이상의 과도한 근육의 긴장은 나타나지 않는다. 공간 지각력인 방향성, 위치, 거리 등에 대한 감각이 원활하지 못하여 잘 부딪히거나 넘어지기도 한다.
- 강직형: 사지 혹은 특정한 근육이 극도로 딱딱해지는데 경직형보다 더 심한 형태로 나타나는 경우가 있다.
- 진전형: 뇌염 또는 뇌수막염, 보통 뇌막염과 같은 출생 이후의 특정 바이러스나 세균 등에 의한 질환에 의하여 발생한다. 경련이 불규칙하게 일어나며 보행 시에는 술 취한 행

태로 걷게 되고 이른바 보행이 불가능해지는 보행실조 현상이 나타난다.

- 혼합형: 과긴장과 저긴장 상태가 혼합되거나 무작위로 나타난다.

※ 뇌성마비의 경우 심리적으로 잘 보이려는 마음이 있거나 남을 의식하는 경우에는 더욱 긴장도가 올라가며 근육의 긴장강도가 불특정으로 나타나기도 하며 틱 형태의 장애를 동반하기도 한다. 따라서 뇌성마비의 원활한 재활을 위해서는 재활훈련에서 심리환경이 편안한 상태를 유지하면서 스트레스 요인을 적절히 극복하는 과정을 반드시 도입해야 할 필요가 있다. 이러한 훈련은 수없이 반복해야 하고 단기간에 성과를 내기에는 어려움이 있으므로 단계별 임계치를 정하여 적응하도록 하기 위한 꾸준한 학습과정으로서 운동요법을 사용할 필요가 있다.

나. 마비 부위에 따른 분류

- 단마비: 사지 중 어느 한쪽의 마비를 의미한다.
- 편마비: 좌우 어느 한쪽만의 마비를 의미한다.
- 삼지마비: 주로 한쪽 상지와 양 하지의 마비를 의미한다.
- 사지마비: 사지 전체의 마비를 의미한다. 상지보다 하지의 마비가 심하다.
- 하지마비: 하지에만 마비가 있는 것을 의미한다.
- 양마비: 사지에 마비가 있으나 상지의 가벼운 마비를 가진 하지마비를 의미한다.

② 뇌졸중

흔히 중풍이라고 불리는 것으로서 뇌혈관장애로 몸의 절반에 마비가 오는 반신불수 또는 편마비를 갖게 된다. 보통 연수를 중심으로 좌측 뇌에 문제가 생기면 우측 반신에 감각 및 의도적 신경반응의 비정상화를 동반하여 운동신경의 둔화부터 완전한 마비까지 다양한 단계적 상황에 처할 수 있다.

③ 외상성 뇌손상

외부의 물리적 충격에 의해 후천적으로 두뇌가 손상된 것을 말한다. 외부의 물리적 힘 또는 타격, 혈관손상, 전염병, 질식, 신진대사장애(인슐린 쇼크) 등과 같은 비외상성 요인(기질적 질환)과 외상에 의한 기능손상 등을 모두 포함한다. 산업재해, 교통사고, 운동사고, 등반사고, 안전사고, 아동학대, 총상 등 후천적인 물리적 요인에 의한 장애를 의미한다.

(4) 특성

① 인지와 학습 특성

뇌병변장애 아동은 신체적인 특성과 심리적 위축 때문에 일반학급에서의 통합수업 참여, 경험의 기회가 제한되고 체육이나 활동성 수업 또는 과제에 대한 상대적 박탈감 등으로 인해 학업성취도 측면에서 낮은 성과가 나타날 수 있다.

② 언어 및 의사소통 특성

뇌병변장애인은 안면과 구강 주변의 근육 조절과 협응 반응의 어려움으로 언어표현 능력에 일정 범위의 제한적 한계가 있고, 언어 표현의 특징으로 완성도가 낮은 문장, 단문구조의 문장, 불분명한 문장구조 등이 나타난다. 세밀한 신체 동작이나 침착한 움직임의 어려움으로 언어 이전의 본능적 표현방식인 비언어적 행동(몸짓, 손짓, 표정, 소리 등)을 발전시키지 못하여 의사소통 기술을 습득하는 데 장애를 경험하게 되고, 이는 사회생활에 적응하며 동료집단과 상호 교류하는 데 결정적인 저해요인으로 작용한다.

③ 심리사회 · 정서적 특성

의료적 지원이 잦은 경우 치료와 건강관리에 투입된 시간만큼 결석이나 조퇴, 지각이 이루어지는 것은 어쩔 수 없는 현실로, 뇌병변장애 아동은 급우관계 유지와 또래집단 간 사회성 및 협동적 사고력 증진 등 여러 가지 인성발달의 기회가 절대 부족하게 되고, 이는 심리사회 · 정서적 이슈를 발생시킨다. 특히 자신의 신체적인 모습에 대한 걱정과 장애 자체에 대한 자신의 수용태도도 장애인의 미래 발전에 커다란 영향을 미치는 요인이 된다.

현실적으로 이러한 영향에 미치는 중요한 환경인자로서 보호자의 과보호나 방임 및 포기 등의 요소들은, 신체적인 장애에서 오는 열등감, 자격지심, 좌절감, 주변 사람의 태도, 현실 경험의 부족 등으로 의존성 내지는 위축성에 중요한 인과관계를 형성하는 촉매가 될 수 있다.

(5) 신체 및 운동 특성

뇌병변장애 아동의 경우, 신체기능의 유지와 개선 및 활성화를 위한 운동은 학습활동보다 더 많은 노력과 꾸준한 지원이 요구되며, 더 힘든 심리적 · 육체적 특성을 지닌다. 학습환경 및 자료에 대한 접근이 어렵고 학습에 대한 이해를 위해 노력이 더 필요할 수 있고 같은 동급생과의 긴밀한 상호작용 아래 자신의 정체성을 확인하고 자기계발을 하려는 의지에 큰 영향을 받을 수 있다. 세밀한 동작의 완성도를 제고하기 위한 소근육 운동 조절의 어려움으로 학습태도나 생활습관에서 소극적이고 피해의식이나 폐쇄적 자아를 형성할 수 있고 이동의 어려움으로 학습 참여와 물리적인 탐색의 기회가 일부분 감소할 수 있다.

3) 시각장애

(1) 정의

① 「장애인복지법」(동법 시행령 제2조 별표 1 〈개정 2014. 6. 30.〉)

가. 나쁜 눈의 시력(만국식시력표에 따라 측정된 교정시력을 말한다. 이하 같다)이 0.02 이하인 사람

나. 좋은 눈의 시력이 0.2 이하인 사람

다. 두 눈의 시야가 각각 주시점에서 10도 이하로 남은 사람

라. 두 눈의 시야 2분의 1 이상을 잃은 사람

② 「장애인 등에 대한 특수교육법」(동법 시행령 제10조 별표 〈시행 2015. 1. 1.〉)

시각계의 손상이 심하여 시각기능을 전혀 이용하지 못하거나 보조공학기기의 지원을 받아야 시각적 과제를 수행할 수 있는 사람으로서 시각에 의한 학습이 곤란하여 특정의 광학기구·학습매체 등을 통하여 학습하거나 촉각 또는 청각을 학습의 주요 수단으로 사용하는 사람

③ 「장애인고용촉진 및 직업재활법」(동법 시행령 제3조 및 제4조 〈시행 2015. 1. 1.〉)

가. 「장애인복지법 시행령」 제2조에 따른 장애인 기준에 해당하는 자

나. 「국가유공자 등 예우 및 지원에 관한 법률 시행령」 제14조 제3항에 따른 상이등급 기준에 해당하는 자

(2) 원인

빛을 인식하는 기능의 요체인 각막과 수정체는 중요한 기능을 수행하는데, 이러한 기능에 문제가 나타나 수정체의 굴절이상, 각막의 기질적 혹은 매개 질병, 수정체 혼탁이 있다. 이 밖에도 망막 이상, 외안근 이상, 시신경 이상 등을 야기하는 녹내장, 망막박리 등 여러 기질성 질환과 선천성 녹내장, 백내장, 유전적 망막변성 등 유전적 요인, 각종 사고로 인한 실

명, 장기 영양실조 등 환경적 요인이 시각장애(視覺障碍)의 주요 원인이다.

특히 최근에는 산업재해, 교통사고뿐만 아니라 고혈압성 망막증, 당뇨병성 망막증, 미숙아 망막증 등 여러 가지 이유로 중도실명이 증가하고 있는 추세다. 시각장애의 원인은 분명하지 않은 경우까지 포함한다면 광범위한 장애요인과 잠재적 가능성을 가졌다고 볼 수 있다.

(3) 분류

① 실명 시기에 따른 분류

선천성	출산과정과 출산 전 및 출산 후에 갖게 된 유전적 · 기질적 질환 등에 의한 장애로 인하여 구체적인 시각적 기억이 생기기 전에 맹이 발생한 경우
후천성	출생 이후의 사고나 질병에 의한 장애로 인하여 구체적 시각적 기억이 생긴 후에 맹이 발생한 경우

② 시각장애 진행 정도에 따른 분류

급성	장애의 진행 정도가 급격하게 나타나고 실명하는 경우
진행성	장애의 진행 정도가 완만하게 천천히 나타나고 실명하는 경우

③ 국립특수교육원의 교육적 견해에 따른 분류

실명 및 맹	교육 목적으로 점자 또는 청각적 방법을 사용해야 하는 경우
교육적 저시력	시력을 교정한 후에도 심한 시각적 장애가 남아 있지만 교정 렌즈, 확대경, 망원경 등 보조기기를 사용하여 정보전달 수단으로 인쇄물을 읽을 수 있는 경우

(4) 특성

① 신체적 특성

시각장애인은 시각적 모방의 제한으로 인해 반복학습과 재구성의 경험이 부족하거나 전무하며, 움직임에 대한 동기가 부족하고, 다양한 신체기능을 활용한 상황에 따른 대응요령을 습득할 기회가 상대적으로 낮다. 비정상적인 자세와 걸음걸이, 방향 · 균형 감각 부족으로 움직이는 정도가 매우 조심스럽고 비교적 낮으며 제한되거나 혹은 이와는 반대로 움직임이 과다하다. 그리고 정보판단의 어려움으로 인해 근력과 근긴장도의 부족이 나타나기도 한다.

② 인지적 특성

지능	일반아동과 차이가 없으나 장애에 따른 환경 탐색 기회의 부족이 지능에 영향을 미친다.
개념 형성 및 발달	시각손상으로 인해서 다른 감각들에 의존하여 학습하게 되어 사물의 영속적인 지속성 혹은 시간과의 밀접한 상호작용 정도, 인과적 선후관계의 이해, 목적과 수단의 상호연관 관계 등과 같은 개념을 습득하는 시기가 늦어지는 경우가 많다. 또한 모방과 관찰의 기회가 없는 것이 비장애 아동에 비해 개념발달이 늦어질 수 있는 요인으로 나타날 수 있다.

③ 심리사회 · 정서적 특성

시각적 신호를 통하여 주변 환경과 정보나 감정 등을 상호 교류함으로써 스스로 수정하고 보완하는 자기학습의 과정이 필요함에도, 시각장애인은 보지 못하므로 이러한 학습이 이루어질 수 없고 사회적 상호작용이 일부로 제한되거나 그것을 잘못 해석하는 오류가 나타나기도 한다. 따라서 시각적 관찰과 모방 대신 사회성 기술을 학습하여 스스로 재구성이 가능하도록 습득기회를 제공하는 것이 요구되는데, 이는 매우 중요한 과제의 하나다. 또한 시각장애인은 장애로 인하여 사회적 환경적 상호작용을 이해하고 시작하는 것과 유지하는 것이 어렵게 되어 스스로 가두려는 소극적인 모습을 보일 수 있다.

4) 청각장애

(1) 정의

①「장애인복지법」(동법 시행령 제2조 별표 1 〈개정 2014. 6. 30.〉)

가. 두 귀의 청력손실이 각각 60데시벨(dB) 이상인 사람

나. 한 귀의 청력손실이 80데시벨 이상, 다른 귀의 청력손실이 40데시벨 이상인 사람

다. 두 귀에 들리는 보통 말소리의 명료도가 50퍼센트 이하인 사람

라. 평형기능에 상당한 장애가 있는 사람

②「장애인 등에 대한 특수교육법」(동법 시행령 제10조 별표 〈시행 2015. 1. 1.〉)

청력손실이 심하여 보청기를 착용해도 청각을 통한 의사소통이 불가능 또는 곤란한 상태이거나, 청력이 남아 있어도 보청기를 착용해야 청각을 통한 의사소통이 가능하여 청각에 의한 교육적 성취가 어려운 사람

③ 「장애인고용촉진 및 직업재활법」(동법 시행령 제3조 및 제4조 〈시행 2015. 1. 1.〉)
가. 「장애인복지법 시행령」 제2조에 따른 장애인 기준에 해당하는 자
나. 「국가유공자 등 예우 및 지원에 관한 법률 시행령」 제14조 제3항에 따른 상이등급 기준에 해당하는 자

(2) 원인

청각의 손상은 물리적 진동전달 효과인 소리 파동을 파장의 정도로써 신경적 전기 자극으로 바꾸어 두뇌에 정보로 전달해 주는 일련의 소리신호 신경전달체계의 과정에서 어느 일부분 또는 전반적으로 저하나 왜곡 또는 차단 등의 방해를 받을 때 나타난다. 이러한 손상은 외이, 중이, 내이 등 신호전달체계에서 소리신호 전달 순으로 해석기관인 청각중추의 손상에 의하여 발생할 수 있다. 이러한 정보신호 전달과정에서 일부 청각장애(聽覺障碍)는 어린이 난청과 노인성 난청, 음향 외상성 난청, 순환기계 내분비계의 질환(예: 당뇨, 고혈압, 고지혈증 등)에 의한 후속 증후군의 하나로 나타날 수 있다. 세분화하여 본다면, 난청의 원인으로는 장애 발생 시기에 따라 출생 전에는 유전적인 원인과 비유전적 원인(임신 중 질환, 풍진, 바이러스성 질환, 임신 중 약물복용 후유증 등)이 있으며, 출생 시에는 미숙아, 출산과정에서의 외상 등이 있다. 한편, 출생 후에는 감염성 질환, 외상, 중이염 등의 각종 질환과 재해, 교통, 안전관련 분야 등에서의 각종 사고에 의해 장애가 발생하는 것으로 알려져 있다. 청각장애는 대체로 90% 정도가 후천적 원인에 의하며, 유전율은 부모가 유전성 인자를 가졌을 때 10% 정도로 극히 낮다. 따라서 건청인(健聽人)이라 할지라도 중도 청각장애를 가질 확률은 항상 존재한다.

(3) 분류

① 청력손실 시기에 따른 분류

- 언어 전 청력손실: 말을 시작하고 언어와 그 의미를 점진적으로 이해하는 학습을 하기 이전(3~5세)에 청력이 손실된 사람
- 언어 후 청력손실: 말을 시작하고 언어와 그 의미를 점진적으로 이해하는 학습을 시작한 후에 농이 된 사람

② 청력손실 정도에 따른 분류

구분	데시벨(dB)
정상 청력(nomal)	0~26
경도난청(mild)	27~40
중등도난청(moderate)	41~55
중등고도난청(severe)	56~70
고도난청(profound)	70~90
농(deaf)	91 이상

③ 청각기관 손상 부위에 따른 분류

- 전음성 청각장애: 소리를 받아서 증폭하고 특정 신호를 포착하여 전달하는 기관인 외이나 중이에 병변이나 물리적 손상이 있을 때 초래되는 장애로 그 정도가 심하지 않다.
- 감각신경성 청각장애: 물리적 진동주파수 에너지를 전기적 진동소리 에너지로 바꾸어 청각중추로 전달하는 기관인 내이와 청신경계에 이상이 있을 때 나타나는 장애로, 대부분 그 정도가 심하여 청각을 통한 의사소통에 어려움이 있게 된다.
- 중추성 청각장애: 청신경이 연수에 이르러 대뇌피질까지의 사이를 관장하는 중추신경계통에 신경학적 장애가 있어 발생하는 장애로, 그 원인은 다양하며 원인 불명인 경우도 있다.
- 기능성 청각장애: 기질적인 장애나 손상이 없는데도 발병하는 장애로, 보통 심인성으로 추정되는 청각장애나 확실한 심인성 청각장애를 포함하여 말한다.
- 혼합성 청각장애: 위의 장애 가운데 두 가지 이상의 장애가 혼합된 것으로, 주로 전음성과 감각신경성 청각장애가 중복된 경우를 의미한다.

(4) 특성

① 언어적 특성

청각장애 아동이 겪는 가장 큰 어려움은 사회적으로 통용되는 언어로 의사소통을 하기가 어렵고 구체적인 수사적 표현을 하고 자신의 의지를 전달하는 데 상당한 장애를 경험한다는 것이다. 언어 습득 기간 전, 즉 기본 어휘표현 능력이 생기기 전에 청력손실이 고착화된 경우에는 구어기술을 습득하는 데 대단한 어려움이 따르기 마련이다. 따라서 생후 3세 내지 4세 이후에 최중도(농에 해당)의 청각장애(언어 후 농이라 함)가 생긴 경우가 출생 시부터 경도의 청각장애(언어 전 농이라 함)를 경험한 경우보다 어휘 조합 능력(단어, 어휘, 읽고 쓰기 등)에서 더 높은 언어습득 능력을 획득할 가능성이 있다.

청각장애 아동은 또래집단의 건청 아동에 비해 국어, 특히 말하기 능력이 여러 가지 면에서 낮을 수밖에 없는 환경에 처해 있다. 건청 아동은 타인의 말을 듣고 이해하면서 스스로 자연스럽게 어휘와 언어 및 구체적인 말을 습득하지만, 청각장애 아동은 이러한 과정의 모든 것을 반복적인 교정훈련 등을 통해 익혀야 하기 때문이다. 청각장애 아동은 말할 때 주어와 동사의 위치를 무시하고 나열하고, 특정 음소, 조사를 누락하거나 다른 음소, 조사로 표현하며, 말의 억양이나 악센트가 부조화스럽고, 발음 속도나 억양의 부적절함 등으로 비음으로 나거나 지나치게 눌린 듯한 탁하거나 숨찬 소리를 내기도 한다. 게다가 말의 조음적인 면과 단어와 어휘 및 문장구조, 어순의 이해와 습득에도 장애를 겪는다.

② 심리사회 · 정서적 특성

청각장애 아동의 사회 · 정서적 발달과정은 건청 아동과 유사하며 때로는 동일한 수순을 거친다. 청각장애 아동은 유아기에는 건청 아동과 차이가 별로 없이 잘 어울리지만, 학령기가 올라갈수록 또래집단 내 상호작용과 친밀한 유대감이 있는 관계망을 유지하기가 힘들다. 이는 점차 언어구사의 범위와 깊이가 더 구체화되는 과정에서 세밀한 의사소통이 친구관계의 형성과 사회 · 정서적 발달에 큰 영향을 미치고 큰 역할을 하기 때문이다. 청각장애 아동에게는 사소한 사회적 관습이나 태도도 반복적으로 이해하고 그것이 행동요인으로 작용할 때까지 구체적으로 배우거나 경험하도록 해야 한다.

건청 아동은 꼭 누구로부터 배우지 않아도 주변 환경에서 발생하는 일을 보고 듣는 관찰을 통해 자기학습 인지과정이 이루어지는 경우가 많지만, 청각장애 아동에게는 그러한 경험이나 자기학습의 기회가 매우 적기 때문이다. 이러한 이유로 청각장애 아동이 또래집단에 비해 순진하거나 덜 사회적인 것처럼 오인되기도 한다. 수화로 의사소통을 하는 청각장애 아동은 수화를 사용하는 아동의 수가 적은 프로그램에서 사회적 고립을 경험하게 되며, 이는 사회 · 정서적 측면에서 바람직하지 않은 부정적 요인이 되기도 한다. 따라서 가능하다면 구화도 함께 배우는 기회가 제공되는 것이 여러 가지로 바람직할 수 있다.

③ 인지적 특성

청각장애 아동의 청력손실에 따른 언어 발달과 경험의 부족은 인지발달에 직간접적으로 부정적인 영향을 미친다. 청각장애 아동은 청력손실로 청각 자극을 온전히 전달받지 못한다. 따라서 자극과 경험을 이용해 의미를 구성하는 데 어려움이 있다. 사전 지식이 지각에 영향을 미치기 때문에 청각장애 아동이 소리에 대한 사전 지식 혹은 사전 경험을 어떻게 하였는지에 따라 현재의 자극을 지각하는 데 결정적인 영향을 미치게 된다. 또한 청각장애 아동은 시각적 자극에 대한 민감한 주의력을 갖고 있다.

5) 언어장애

(1) 정의

① 「장애인복지법」(동법 시행령 제2조 별표 1 〈개정 2014. 6. 30.〉)

음성기능이나 언어기능에 영속적으로 상당한 장애가 있는 사람

② 「장애인 등에 대한 특수교육법」(동법 시행령 제10조 별표 〈시행 2015. 1. 1.〉)

의사소통장애

다음 각 목의 어느 하나에 해당하여 특별한 교육적 조치가 필요한 사람

가. 언어의 수용 및 표현 능력이 인지능력에 비하여 현저하게 부족한 사람
나. 조음능력이 현저히 부족하여 의사소통이 어려운 사람
다. 말 유창성이 현저히 부족하여 의사소통이 어려운 사람
라. 기능적 음성장애가 있어 의사소통이 어려운 사람

③ 「장애인고용촉진 및 직업재활법」(동법 시행령 제3조 및 제4조 〈시행 2015. 1. 1.〉)

가. 「장애인복지법 시행령」 제2조에 따른 장애인 기준에 해당하는 자
나. 「국가유공자 등 예우 및 지원에 관한 법률 시행령」 제14조 제3항에 따른 상이등급 기준에 해당하는 자

(2) 원인

① 신체요인

기질적 요인으로 중추신경계, 입, 후두 등에 손상을 가져오는 질병이나 물리적 사고에 의한 것으로 출산 전, 출산과정, 출산 후, 또는 아동기나 성인기 모든 시기에 거쳐 발생할 수

있다. 또한 사회가 발달하면서 심인성 언어장애(言語障碍)도 등장하고 있다. 그러나 이러한 장애의 판별은 상당히 어려운 측면도 있고 보다 전문적인 접근이 필요하며 대안 마련이 시급한 영역이다.

② 상황요인

상황에 따른 정신적 스트레스, 심리적 위축감, 자존감의 결여 등이 종합적인 영향을 미친다.

③ 환경요인

- 신생아의 정상적인 발달과정에서 오차가 6개월 이상 지연되거나 할 경우 신중한 검진이 요구된다. 또한 신생아기에 보이는 대표적인 의사소통의 방법인 울음이나 옹알이와 같은 표현에 부모들이 적절히 반응하지 않을 경우 조직화된 의사소통 능력의 발달이 지체될 수 있음을 고려하여야 한다.
- 아동기 전반에 걸친 의식주를 비롯한 가정환경과 분위기에서 바람직하지 못한 요소도 고려사항의 하나다.

(3) 분류

① 말장애

말장애는 말소리를 만들거나 말의 흐름을 유지하거나, 목소리 강약 및 속도, 고저를 조절하는 것이 힘든 장애를 의미한다.

가. 조음장애

조음장애는 학령기 아동 가운데 말장애를 가진 아동의 약 과반수 이상에서 나타나는 장애로, 말의 생략, 첨가, 대치, 왜곡 등의 단어 구성 및 만들기 실수나 실패를 의미한다. 이는 조기에 적절한 교육적 치료적 개입을 하여 어느 정도까지 완화 및 개선시키고 더 진행되는 것을 지연시킬 수 있다.

- 첨가: 단어에 불필요한 가외 소리를 첨가하는 것(비의도적이며 반복적인 경우도 포함)
- 생략: 단어의 일부분만을 발음하는 것(특정 부분의 발음이 불가능하거나 어려운 경우)
- 왜곡: 다른 음으로 대치하지는 않지만 정확한 발음이 어려운 것(단어와 단어, 조사, 서술어미에 대한 연결이 부자연스럽거나 힘든 경우)

- 대치: 다른 음으로 대치하는 것(자신이 실패했던 발음을 피하고 잘할 수 있는 발음으로 바꿔서 언어조합, 어휘구사 등을 하는 경우)

나. 유창성장애(말더듬, 속화증 등)

말할 때 부적절한 속도 혹은 리듬으로 발음하는 유창성장애는 말의 흐름에 있어서 나타나는 여러 가지 특성으로 말이 너무 빠르거나, 문장의 단락과 쉼을 구분하지 못하거나, 어색한 톤의 강세를 사용하거나, 말의 흐름이 매끄럽지 못하여 음절이나 단어를 어휘적으로 반복하는 현상 등의 특징이 나타난다.

- 말더듬: 말소리, 음절, 어절, 조음 운동 등을 불필요하게 반복 또는 연장하는 발음장애 [기질적으로 나타날 수도 있으나 과거의 어떤 상황에 대한 심인성 대상기제로서 불안, 초조, 의식적으로 좀 더 잘하려고 하면 더 심해지는 현상과 무관하지 않으며 일종의 틱장애(tic disorder or tourette syndrome)와도 고려할 사항이 많다.]
- 속화증: 말더듬과 기본적으로는 유사하나, 첫음절 반복하기, 모음 연장하기, 과속에 따른 불완전한 말하기, 발음속도의 증가로 두 음절을 붙여서 말하기, 쫓기듯 다급하게 말하기 등과 같이 실질적으로는 의사소통에 어려움을 가지므로 유창성이 낮고, 빠르지만 비정상적인 말하기를 특징으로 하는 장애

다. 음성장애

음성장애는 발성기관인 후두, 구강, 비강 등의 구조적 문제로 인한 기질성 장애로 목소리의 질, 높낮이, 크기가 스스로 혹은 상대방을 불유쾌하게 만들거나 의사소통을 어렵게 하는 것을 뜻한다.

- 목소리의 질: 과다비음, 숨 쉬는 소리, 거친 소리, 쉰 소리 등의 잡음성 반복음 혼합
- 목소리의 높낮이와 억양: 운율적 요소 부족, 변화 없이 단조로운 억양 등의 부조화
- 목소리 크기: 지나치게 높거나 낮은 소리 등 상황에 맞는 소리 조절의 실패(보통 소리보다 큰 소리로 말할 경우 혹시 난청 초기 증상이 있는지 살필 필요가 있다. 자신이 잘 안 들려서 크게 말할 수도 있기 때문이다).

② 언어장애

추상적인 언어의 구체적인 세밀한 표현 형식과 문장구조, 그 내용과 의미, 사회적 또는 또래 집단에서의 교류와 의사소통 활용 등에 있어서 비장애 아동의 연령과 기능 수준에서 기대되는 것보다 비교적 격차가 나거나 매우 낮게 나타나는 경우를 말한다.

- 실어증: 후천적인 신경계의 손상으로 생기는 것으로 말하기, 듣기, 쓰기, 읽기의 기본적인 언어 영역의 수행능력이 현저히 낮은 효율성을 나타내는 상태를 뜻한다.
- 단순언어장애: 언어 외의 다른 발달 영역에서는 전혀 문제가 없는 상태로서 단지 언어 사용에만 어려움을 겪는 경우다.

(4) 특성

① 교육적 특성

언어장애 아동은 교육과정에서 가장 중요한 부분의 하나로 지적 능력이나 성취도 평가에서 평균보다 낮은 점수를 보이는 경향이 있으며, 장애가 단어의 인지 정도와 독해력, 수리적 연산능력 등 교과목 학습에 저해요소가 되므로 전문적인 접근이 요구된다.

② 심리사회 · 정서적 특성

언어장애 아동은 대부분이 또래 집단에서 잦은 외면, 거절, 모멸 등을 경험하는데, 때로 이를 극복하지 못한 경우 심한 좌절과 열등감이 나타난다. 또한 낮은 자존감과 분노, 적대감 혹은 우울증이나 위축된 행동 등이 나타난다. 따라서 이러한 상황적 어려움에 대한 적극적인 개입이 요구된다.

③ 감각적 특성

시각장애, 청각장애 등을 가진 아동은 의사소통장애를 동반하는 경우가 대부분이다. 특히 청각장애 아동은 조음장애를 함께 나타내는 경우가 흔하다. 말소리를 듣지 못해서 정확한 모방이나 연습을 할 기회가 없었으므로 정확하게 발음하지 못하는 결과를 보인다. 따라서 청각장애 아동에게는 여러 어려운 환경에서도 구화와 수화를 모두 가르쳐야 할 가치가 있다.

6) 지적장애

(1) 정의

① 「장애인복지법」(동법 시행령 제2조 별표 1 〈개정 2014. 6. 30.〉)

정신 발육이 항구적으로 지체되어 지적 능력의 발달이 불충분하거나 불완전하고 자신의 일을 처리하는 것과 사회생활에 적응하는 것이 상당히 곤란한 사람

② 「장애인 등에 대한 특수교육법」(동법 제5조의 ① 3 〈시행 2016. 2. 3.〉)

동법 시행령 제10조 별표 1에서는 "지적 기능과 적응행동상의 어려움이 함께 존재하여 교육적 성취에 어려움이 있는 사람" 으로 정의하고 있다.

지적장애

제15조(특수교육대상자의 선정) ① 교육장 또는 교육감은 다음 각 호의 어느 하나에 해당하는 사람 중 특수교육을 필요로 하는 사람으로 진단・평가된 사람을 특수교육대상자로 선정한다. 〈개정 2016. 2. 3.〉

③ 「장애인고용촉진 및 직업재활법」(동법 시행령 제3조 및 제4조 〈시행 2015. 1. 1.〉)

가. 「장애인복지법 시행령」 제2조에 따른 장애인 기준에 해당하는 자

나. 「국가유공자 등 예우 및 지원에 관한 법률 시행령」 제14조 제3항에 따른 상이등급 기준에 해당하는 자

(2) 원인

지적장애(知的障碍)의 발생 원인은 출생 전후 요인과 생물・환경적 원인으로 구분할 수 있다. 출산 전 원인과 출산과정[주산기(周産期) 포함]의 원인, 출산 후 원인 등으로 구분하여 보면 출산 전 원인은 유전성 원인으로 염색체 이상, 그 외 우성・열성・반성 유전되는 여러 종류의 질환, 고도의 대사장애, 혈액형 부조화 등이 있다. 특히 비유전성인 경우는 감염, 임신 중 출혈, 임신중독증, 자궁 내 발육지연 및 영양실조, 임신 중 흡연, 약물복용 및 약물중독, 방사선 조사 및 노출, 매독 또는 풍진 등 전염성 감염질병 등이 주요 원인으로 나타난다. 출산과정(주산기 포함)의 원인으로는 조산, 난산이 있으며, 출산 후 원인으로는 뇌염, 독성물질에의 노출, 물리적 외상, 반복성 저혈당증, 중금속 중독 등이 있다. 기타 원인으로는 노산

(고령 임산부)의 경우를 들 수 있다.

(3) 분류

① 지적 기능에 따른 분류

분류	IQ 점수	표준편차
경도	50~55에서 70	−2표준편차
중등도	35~40에서 50~55	−3표준편차
중도	20~25에서 35~40	−4표준편차
최중도	20~25 이하	−5표준편차

② 지원 정도에 따른 분류

- 간헐적 지원(intermittent support): 필요한 욕구에 기초하는 지원으로 반복적이거나 늘 지원하는 것이 아닌 단기간의 일시 지원 형태다.
- 제한적 지원(limited support): 일정 기간 동안 일관성 있는 지원이 필요하고 일별 일정 시간만 지원하는 제한적 특징이 강하며 집중적인 지원보다는 여러 자원투입 면에서 자원과 비용이 비교적 낮은 지원 형태다.
- 확장적 지원(extensive support): 일상적인 환경(예: 일터나 가정)의 하나에 선택적으로 정규적인 지원을 제공하는 것으로 시간제한에 적용되지 않는 지원 형태다.
- 전반적 지원(pervasive support): 전반적인 환경(예: 하루 종일)에서 제공되며 삶을 유지하는 데 필수불가결한 지원으로, 확장적 혹은 제한적 지원보다 자원과 비용의 투입이 더 많이 요구되는 항구적이고 고강도의 개입 지원 형태다.

(4) 특성

① 교육적 특성

- 기억: 일반적으로 기억의 결함 정도는 인지결함 정도와 정비례한다. 지적장애 아동은 단기기억[작동기억(working memory), 작업기억을 포함]에서 기억정보를 유지하는 데 상당한 어려움이 있다. 그러나 보다 구체적인 정보를 장기기억에 저장하도록 충분히 반복하여 학습하면 비장애 아동과 같이 그 기억정보를 유지할 수 있다.
- 학습속도: 학습속도를 측정하는 기준의 하나는 목표학습 기준에 도달할 때까지의 반복학습 횟수인데 지적장애 아동이 도움 없이 학습 과제에 정확하게 반응하기까지 걸린

연습의 횟수 혹은 반복학습의 횟수를 말한다. 지적장애 아동은 학습속도에서 비장애 아동과 현격한 차이를 보인다.

- 주의집중: 지적장애 아동은 목표학습 과제의 중요한 특성에 주의집중을 하지 못하고 기타 자신만의 소리나 자극에 관심과 주의를 기울이는 경우가 상당하다. 또한 하나의 상황에 대한 지속적인 주의집중이 어렵기 때문에 학습하는 것에도 어려움이 따른다.
- 학습의 일반화: 지적장애 아동은 교육과정을 통하여 습득한 새로운 지식과 기술을 교육장소 이외의 여건이나 상황이 다른 장소 또는 환경에서 사용하거나 활용하는 데 어려움을 보이며 상당한 애로를 겪는다.
- 동기: 지적장애 아동 가운데에는 목표학습 과제와 문제해결 과제에 전혀 흥미나 관심이 없고 경험된 학습적 무기력을 보인다. 이러한 아동은 외부 의존성이라는 자신만의 문제해결 방법을 갖고 있는 것이다.

② 심리사회 · 정서적 특성

- 어떤 여건이나 상황 또는 특정 과제가 부여되면 쉽게 좌절하거나 회피한다.
- 문제해결에 어려웠던 경험을 축적함으로써 부정적 자아개념을 갖게 되는 경우가 상당하다.
- 또래집단과의 상호소통이 자아형성과 정체성 및 사회융합의 사고방식을 키우는데 이러한 여건의 조성이 어려운 관계로 정신구조에 경직성을 보인다.
- 주의집중이 어려운 관계로 관찰을 통한 사고력 증진이나 통찰력이 미숙하고 부족하다.
- 사회적 · 정서적 환경여건에 대한 경험적 의지와 욕구가 부족하여 성취에 대한 자발적 의욕이나 욕구가 매우 낮다.
- 문제해결에 어려웠던 경험을 축적함으로써 소극적 · 회피적 행동이 많이 나타난다.
- 소극적 · 회피적 행동은 다른 측면에서 반항적 · 공격적 특성으로 표출되기도 한다.

이러한 지적장애의 특성은 긍정적인 면보다 부정적인 면을 더 각인시켜 편견으로 남게 한다. 지적장애는 기능성에 어떠한 방식으로 다른 강점을 지닌 것으로 볼 수 있다. 즉, 지적장애는 결함이 있는 하나의 상태(state)이지 특성(trait)이 아니며 개입의 정도에 따라서 개선될 가능성이 있는 존재다. 더욱이 지적장애의 기능성은 능력과 환경의 상호작용에서 조화롭게 결정되므로, 이제는 지적장애를 '한 개인이 스스로 환경에서 어떻게 반응하고 기능하는가?' 에 특히 중요한 관심을 두고 고려할 필요가 있다. 비록 능력의 제한은 가지고 있지만 환경의 적절성과 그 환경 내에서의 지원을 통하여 기능성이 충분히 개선될 가능성이 있다는 것이다.

7) 자폐성장애

(1) 정의

① 「장애인복지법」(동법 시행령 제2조 별표 1 〈개정 2014. 6. 30.〉)

소아기 자폐증, 비전형적 자폐증에 따른 언어 · 신체표현 · 자기조절 · 사회적응 기능 및 능력의 장애로 인하여 일상생활이나 사회생활에 상당한 제약을 받아 다른 사람의 도움이 필요한 사람

② 「장애인 등에 대한 특수교육법」(동법 시행령 제10조 별표 〈시행 2015. 1. 1.〉)

사회적 상호작용과 의사소통에 결함이 있고, 제한적이고 반복적인 관심과 활동을 보임으로써 교육적 성취 및 일상생활 적응에 도움이 필요한 사람

③ 「장애인고용촉진 및 직업재활법」(동법 시행령 제3조 및 제4조 〈시행 2015. 1. 1.〉)

가. 「장애인복지법 시행령」 제2조에 따른 장애인 기준에 해당하는 자

나. 「국가유공자 등 예우 및 지원에 관한 법률 시행령」 제14조 제3항에 따른 상이등급 기준에 해당하는 자

(2) 원인

자폐성장애(自閉性障碍)의 원인으로 추측되는 단일 요인을 제시할 수는 없지만 그 발생과 관련된 것으로 여겨지는 다양한 요인이 제시되고 있다. 특히 두뇌발달 이상, 유전적 요인, 임신 중의 특정 요소(고령임신, 임신 중 약물복용, 난산)와 같은 생물학적 요인들이 자폐성장애의 발생과 관련된 것으로 추측되고 있다.

(3) 분류

① 70~80% 정도는 지적장애를 지닌 것으로 알려져 있다. 자폐성장애 아동 가운데 지적장애를 함께 보이는 아동은 비장애 아동에 비해서 일상적인 학업이나 생활에 있어서 더 낮은 수행 정도와 수준을 보인다.

② 전체의 20% 정도는 평균 및 그 이상의 지적 기능을 보이는 고기능 자폐성장애로 분류된다. 그러나 대다수는 일반학교에서 통합교육을 받는 경우로 지적 기능에 있어서 평균 이상의 능력을 지니고 있음에도 불구하고 제대로 된 맞춤형 교육이 불가능한 실정이다. 그래서 이들은 현재 보이는 자폐 특성으로 인해 여러 어려움이 있으며 이에 따라 부조화가 커진다고 할 수 있다[예: 아스퍼거 증후군(Asperger's syndrome)은 자폐성장애와 함께 전반적 발달장애의 한 영역으로 전형적인 자폐성장애보다 지능이 높다).

③ 전체의 10% 정도는 특정 영역이나 분야에서 매우 주목할 만한 능력과 기술을 나타내기도 한다. 이처럼 우수한 역량을 보이는 경우를 '자폐적 우수성' '우수성 증후군'으로 부르며, 예술 영역(예: 음악, 미술 등), 수리 영역(예: 수학, 암기력), 관찰 영역(예: 기계조작, 상황 예측) 등의 특징적인 특정 영역에서 평균 이상의 고난도 능력을 나타내는 것을 뜻한다.

(4) 특성

① 교육적 특성

자폐성장애 아동의 학업성취는 다양한 지적 수준에 직접적인 영향을 받으며, 또한 자폐성장애의 고유한 특징적 어려움으로 인해서도 종합적인 영향을 받는다.

② 심리사회 · 정서적 특성

- 비구어적 행동에서의 손상: 자폐성장애 아동은 눈 맞춤과 마주보기 및 응시 등에 문제가 있고, 대화 중 의사소통의 보조수단인 몸짓을 표현하지 못하며, 얼굴 표정의 표현이 없거나 이상하게 사용하는 등의 비언어적 표현의 손상이 나타난다.
- 발달 정도에 적절한 또래집단 내 관계망의 결여: 자폐성장애 아동은 친구가 없거나 매우 적고, 자기보다 나이가 많거나 적은 아동 또는 가족 구성원과만 관계를 가지며, 특별한 자신만의 관심을 근거로 관계를 만든다. 또한 집단 내에서 상호교류 작용에 어려움을 보이며 특히 협동적인 규칙을 지키기가 힘들다.
- 즐거움과 관심 및 나아가서 성취를 자발적으로 다른 사람들과 나누려는 의지의 빈약: 자폐성장애 아동은 자신의 관심사에만 집중하고 다른 사람들과 접촉을 꺼리며 자신의 활동과 관심 및 성취에 대한 다른 사람의 관심을 원하지 않는다. 또한 칭찬으로 동기부여가 어렵고 반응하지 않는다.
- 사회 · 정서적 상호성 결여: 자폐성장애 아동은 다른 사람에게 관심이나 반응을 보이지

않고 의식하지 않는다. 설사 다른 사람이 다치거나 흥분할 때에도 관심을 보이지 않는 등 사회적 · 정서적 한계를 보인다.

③ 의사소통의 특성

- 말과 언어 및 어휘의 특성
  - 반향어 사용: 반향어는 다른 사람이 말한 어휘나 문장 또는 단어를 의미 없이 반복하는 것을 뜻하며 말을 구체적으로 할 줄 알고 있는 자폐 아동의 약 80%가 사용한다. 따라서 대화로써 사회적 상호작용의 맥락을 유지함으로써 언어 습득에 도움이 되도록 환경을 조성하고 지속적으로 개입하는 것이 요구된다.
  - 비구어 의사소통: 자폐성장애 아동은 눈 맞춤 또는 마주보기 행동에 있어서 질적 한계를 보이며, 감정표현을 하는 데 얼굴 표정을 효과적으로 사용하지 못하고, 의미 있는 몸짓을 표현하는 데 있어서 양적 · 질적으로 현저하게 다르다. 특히 공동 관심을 위한 가리키는 행동이나 태도에 있어서 결정적인 한계로 나타난다. 또한 상대방을 따라 하거나 모방하는 것이 의사소통의 단계별 형성에 있어서 중요한 역할이라는 사실을 이해하지도 못한다. 또한 모방기술 자체도 상당한 한계를 가지며 근본적으로 다른 사람들과 접촉하지 않으려 한다.
- 의사소통의 의도에 대한 이해: 자폐성장애 아동은 근본적으로 의사소통에 대한 의도 표현과 이해가 없거나 매우 어렵다는 점에서 가장 큰 한계를 보인다.

④ 행동적 특성

- 특정 관심 영역에 대한 매우 강도 높은 특별한 관심: 자폐성장애 아동은 특정 주제에만 집착하며 다른 주제에는 전혀 관심을 보이지 않는다. 따라서 자신의 관심사인 특정 주제나 활동을 마치는 데 매우 어려움을 나타낸다. 그러나 특정 관심 영역에 대한 암기력이나 입체적 공간지각력 또는 논리력은 비상한 경우가 있다.
- 특정 비기능적인 일과나 의례적 행동에 융통성 없이 집착: 자폐성장애 아동은 반복된 순서, 즉 정확한 순서에 따라 특정 활동을 수행하는 것에 익숙하며 사소한 모든 변화에 대하여 사전에 알려 줄 필요가 있다. 일과나 규칙적이고 일상적인 절차나 행동이 지켜지지 않을 때는 매우 불안해하기 때문이다.
- 상동적이고 반복적인 운동성 습관: 자폐성장애 아동은 특정한 감정 상태나 상황이 주어지면(예: 흥분하거나 좋을 때), 양손을 펴서 흔들거나 손가락을 눈앞에 대고 흔들거나

긴 시간 동안 제자리를 빙빙 돌거나 일정 범위를 반복하여 원을 그리거나 몸을 앞뒤로 흔들고 발 뒤꿈치를 들고 걷거나 뛰는 행동을 보인다.

- 사물의 특정 부분에 대한 강한 집착: 자폐성장애 아동은 사물을 비기능적으로 사용하고 사물의 감각적인 부분에 관심을 보인다. 특히 움직이는 사물을 좋아하며 독특한 사물에 집착하지만 반복적인 움직임에 더욱 지속적인 관심을 보이기도 한다.

8) 정신장애

(1) 정의

① 「장애인복지법」(동법 시행령 제2조 별표 1 〈개정 2014. 6. 30.〉)

지속적인 정신분열병, 분열형 정동장애(情動障碍: 여러 현실 상황에서 부적절한 정서반응을 보이는 장애), 양극성 정동장애 및 반복성 우울장애에 따른 감정조절 · 행동 · 사고 기능 및 능력의 장애로 인하여 일상생활이나 사회생활에 상당한 제약을 받아 다른 사람의 도움이 필요한 사람

② 「장애인 등에 대한 특수교육법」(동법 시행령 제10조 별표 〈시행 2015. 1. 1.〉)

정서 · 행동장애

장기간에 걸쳐 다음 각 목의 어느 하나에 해당하여 특별한 교육적 조치가 필요한 사람

가. 지적 · 감각적 · 건강상의 이유로 설명할 수 없는 학습상의 어려움을 지닌 사람
나. 또래나 교사와의 대인관계에 어려움이 있어 학습에 어려움을 겪는 사람
다. 일반적인 상황에서 부적절한 행동이나 감정을 나타내어 학습에 어려움이 있는 사람
라. 전반적인 불행감이나 우울증을 나타내어 학습에 어려움이 있는 사람
마. 학교나 개인 문제에 관련된 신체적인 통증이나 공포를 나타내어 학습에 어려움이 있는 사람

③ 「장애인고용촉진 및 직업재활법」(동법 시행령 제3조 및 제4조 〈시행 2015. 1. 1.〉)

가. 「장애인복지법 시행령」 제2조에 따른 장애인 기준에 해당하는 자
나. 「국가유공자 등 예우 및 지원에 관한 법률 시행령」 제14조 제3항에 따른 상이등급 기

준에 해당하는 자

(2) 원인

정신장애(精神障碍)의 원인에 대해서는 여러 측면에서의 다양한 이론과 견해가 있다. 원인에 대한 접근방법으로 정신분석론적, 생리학적, 사회반응론적, 사회학습론적, 사회스트레스 모델 등의 접근이 있다.

(3) 분류

① 정신분열병(조현병)

정신분열병은 마음의 분열 상태를 의미하는 것으로 생각, 감정, 판단 그리고 행동이 분열 증상을 보이는 경우를 말한다. 정신분열병은 성장기와 활동기 때에 발병률이 비교적 높고 여러 가지 기능적 증상을 촉발시킬 뿐만 아니라 대부분의 경우 만성 정신질환으로 고착될 가능성이 높다. 성별에 따른 유병률은 비슷하며 가족 중 병력자가 있으면 발병률이 그만큼 높다.

주된 증상으로는, 첫째, 생각의 내용에 이상이 생겨서 균열되거나 여러 가지 이상하고 어려운 망상 등을 나타낸다. 둘째, 생각의 형태에 이상이 생겨서 연상이 약해진다. 셋째, 지각 수용의 저하와 왜곡 및 방해가 흔히 환청이나 환시 현상으로 나타나고 때로는 환경여건에 따라 환후나 환촉 등도 나타난다. 넷째, 생각과 지각, 감정에서도 이상이 나타나는데 무감정이나 부적합한 감정표현 등이 그 예라고 볼 수 있다. 다섯째, 스스로에 대한 구체적인 정체감이 없으며 사고의 혼란, 오감 등 감각 수용의 무작위적 자기신뢰 혼돈이 모든 일관성에 대한 한계와 직면한다.

② 정동장애(조울증, 양극성 정동장애)

우울증과 조증으로 대표되는 정동장애는 심리적으로 기분과 정서의 병리학적인 상태를 설명한 것이다. 정신장애로서의 우울증이 발병할 확률은 10~20%로 알려져 있고, 여자가 남자보다 2배 이상의 비율을 보이며, 평균나이는 40세 정도로 20~50세 사이가 전체 우울증의 50%로 나타나고 있다. 우울증을 가진 사람은 보통 일상적인 생활 에너지가 긍정적인 면에서 기제하는 역할 에너지를 극도로 감소시키고, 식욕이 감퇴하며, 모든 일에 의욕과 관심 및 동기를 상실한다. 이유 없는 죄의식에 빠져 많은 에너지를 불필요한 걱정과 불안에 소진시킨다. 또한 잡념 없이 집중하기 어렵거나 과도한 걱정과 근심으로 정상적인 일상을 영위하는 데에 어려움이 있다. 조증은 유전적으로 전달된다는 학설이 우세하지만 명확하게 형질의 유전을 완벽하게 설명하기에는 부족한 상황이다. 조증의 증세는 마음이 들뜨거나 과대망상적으로 흥분한 상태가 일상생활에서 작업기능에 위험과 어려움을 초래하고 사회생활을 불편하게 만드는 등의 문제가 되는 심리 표출 증세다. 울증이나 조증으로 일정 기간 패턴에 움직이다가도 어떤 요인에 의해서 조석으로 또는 하루에도 몇 번씩 조증과 울증을 반복하는 형태로 진행할 수도 있다.

③ 불안장애

불안장애란 심리적으로 불안한 상태에서 비롯되는 것으로 병적인 여러 가지 장애를 뜻한다. 그 종류로는 공포장애, 사회공포, 단순공포, 강박증, 외상후 자극장애 등이 있다. 공포장애는 특정한 대상이 없이 불필요한 불안감을 경험하는 현상으로 짧게는 몇 분 혹은 길게는 몇 달에 걸친 강한 두려움과 공포감을 수반하는 발작성 호흡곤란과 심한 두근거림, 하루에 1시간 미만의 수면 등이 동시에 연속적으로 나타난다.

사회공포증은 체험적으로 유사한 상황을 겪은 경우다. 이를 불안장애로 구분하려는 것이 아니라, 증상이 유사하며 넓은 시야로 볼 때 불안감을 표출한다는 데에 주목한다. 즉, 타인에게서 자신의 체면을 손상시키는 면박이나 추궁 및 인신공격 등을 받는 상황에 처하거나 자신이 창피한 방법으로 어떤 일을 하는 상황에 처할 것 같은 불안, 걱정 등이다.

강박증에는 강박관념과 강박행동이 있다. 강박관념은 침입적 · 비상식적 · 지속적 생각이나 충동 등이며, 강방행동은 강박관념이 행동으로 의식화된 것으로, 특정한 규칙을 따르거나 전형적인 양식에 의거한 반복적이고 의도적인 긴장된 행동이다(예: 자신은 분명히 퇴근 시 문단속을 했는데 그다음 날 아침에 문이 안 잠긴 황당한 경험을 하고 나면, 보통 사람은 다음 날 잠겼나 한 번 더 확인하는 선에서 퇴근하지만, 불안장애를 잠재적으로 갖고 있고 강박증 증세가 있는 사람은 퇴근하고 집에 와서도 회사의 문잠금을 걱정하다가 급기야 다시 회사에 와서 또다시 문잠금을 확인할 수 있다).

④ 인격장애

인격이란 일상생활에서 우러나오는 개인의 정서적 · 행동적인 특징의 집합체다. 이러한 특성은 다른 사람들과의 관계나 개인의 내면에 폭넓게 지속적으로 나타난다. 이런 현상이 고착되어 환경에 부적응하고 사회적 · 직업적 기능에서 불편함과 어려움을 동반한다면 인격장애(personality disorder)로 보아야 한다. 인격장애의 가장 분명한 특징은 환경이나 사회, 자신을 보는 스스로의 견해에 있어서 상당 부분 손상되고 경직된 상태로 부적응적인 행태를 가진다는 것이다. 따라서 아동 및 청소년기에 발견되는 인격장애는 성인까지 지속되어 스스로를 힘들게 괴롭힌다. 인격장애를 가진 사람은 지능에도 결함이 없고 정신증(psychosis, 퇴행성 성격분열 증세)처럼 사고, 행동, 경험에 있어서 심한 퇴행을 보이지 않으면서도 자신의 문제를 인식 내지는 수용하지 않고 부정한다. 따라서 치료적 개입전략에서는 변화하거나 회복하고자 하는 동기가 빈약하고 도움을 거부하므로 치료가 어려운 집단이다.

⑤ 성장애 및 성기능장애

성장애는 성도착증(性倒錯症, paraphilias)으로 대표되는데, 이것은 성장애의 대상과 방식에 따라 30종 이상의 증상과 유형이 있다. 즉, 이는 특수한 성적 환상이며 강한 성적 충동과 그에 따른 행위를 말한다.

유형으로는 패학증, 가학증, 노출증, 관음증, 물품음란증, 의상도착증, 소아기호증 등이 있고, 대상은 물건, 동물, 노인, 사체에 이르기까지 다양하다.

성기능장애는 크게 네 가지 경우로 나눌 수 있다. 성적 욕망이 생기지 않는 경우, 성적 감응이 생기지 않는 경우, 절정기 도달이 되지 않는 경우, 성교할 때 통증이 오는 경우, 그리고 기타의 경우다. 원인은 기질적 요인과 환경적 요인 및 심리적 요인으로 나눌 수 있으며, 전문가의 의학적 개입과 상담과정 등 다양한 진단과 치료 및 지원이 요구되는 영역이다(두산백과, 한국교육심리학회, 2000).

⑥ 알코올과 약물의 남용 및 중독

약물중독은 신체적 · 심리적 측면에서 약물에 의존하는 것과 관련한 모든 부분을 포함한다. 신체적 의존은 정상적 수준을 유지하려고 약물이 필요한 것인데, 이는 해당 약물의 내성을 길러 고단위 처방이 필요하게 만든다. 약물을 중단했을 때 금단현상이 나타나는 것은 이미 약물에 대한 의존도가 매우 높다는 것을 의미한다. 따라서 이들 중독자는 오로지 약물이 없으면 신체적 항상성을 유지하기 힘들 정도로 심신의 의지가 약해져 있으며 정신적인 심리적 요인에 의하여 익제력이 상실된 경우다.

⑦ 아동 및 청소년 정신장애

보통 아동이나 청소년 시기에 발병하는 것으로 지금까지 살펴본 분류와는 다른 성격을 지닌다. 자폐증, 집중력장애, 불안장애, 섭식장애, 성정체감장애 등이 있으며 16세 이전에 발병하는 것으로 알려져 있다.

⑧ 기질성 정신장애

기질성 정신장애는 여러 원인으로 두뇌에 발생하는 기질적인 비정상 상황에 의해서 비정상적인 정신 상태가 발현되는 경우를 말한다. 치매가 대표적인 증후 · 증상이며 정신착란과 헛소리, 망상 등이 있다. 인지적 · 지능적인 능력의 상실은 추상적 개념화와 판단력의 구체적 종합화에 여러 단계별 손상을 초래하며 성격변화도 수반할 가능성이 매우 크다. 기질성 정신장애는 정신분열증과 비슷한 증상을 보이지만 정신분열증은 기능적 장애다. 그러나 뇌증후군 장애는 기질성 정신장애로 구분하며 전혀 다른 양상을 지닌다.

(4) 특성

정신장애도 일상생활과 직업 활동에서 다른 장애와 유사한 어려움이 있으며, 신체장애와 비슷하거나 그 이상의 사회적 편견(stigma)이 따르기에 본인을 포함한 가족의 고통이 큰 장애다. 또한 정신장애는 다수가 사춘기 이후 활발한 사회경제 활동을 시작하는 20대 초반에 발병하여서 본인을 포함한 가족의 심리적 부담이 매우 크다. 정신장애인의 복지 욕구는 경제적 지원, 주간활동서비스, 사회적 교제, 정신병 증상에 대한 서비스, 약물 및 치료에 대한 정보 등의 순으로 나타나는데, 사회적 교제에 대한 서비스 욕구는 정신장애에 대한 편견 없는 시각과 그들의 사회적 지지체계가 반드시 필요함을 말해 준다. 정신장애는 신체장애에 비해 사회적 편견이 더 강하여 사회 복귀와 적응이 참으로 힘든 장애라 할 수 있다.

9) 신장장애

(1) 정의

① 「장애인복지법」(동법 시행령 제2조 별표 1 〈개정 2014. 6. 30.〉)

신장의 기능부전(機能不全)으로 인하여 혈액투석이나 복막투석을 지속적으로 받아야 하거나 신장기능의 영속적인 장애로 인하여 일상생활에 상당한 제약을 받는 사람

② 「장애인 등에 대한 특수교육법」(동법 시행령 제10조 별표 〈시행 2015. 1. 1.〉)

건강장애

만성질환으로 인하여 3개월 이상의 장기입원 또는 통원치료 등 계속적인 의료적 지원이 필요하여 학교생활 및 학업 수행에 어려움이 있는 사람

③「장애인고용촉진 및 직업재활법」(동법 시행령 제3조 및 제4조 〈시행 2015. 1. 1.〉)

가.「장애인복지법 시행령」 제2조에 따른 장애인 기준에 해당하는 자

나.「국가유공자 등 예우 및 지원에 관한 법률 시행령」 제14조 제3항에 따른 상이등급 기준에 해당하는 자

(2) 원인

신장장애(腎臟障碍)는 신체의 혈액의 항상성과 전해질의 적정성 유지 등 혈액 속의 노폐물을 제거하여 적절한 수분과 전해질을 보유하도록 조절하는 기관인 신장의 기능이상으로 인해 일상생활 활동에 어려움이 있으며, 장기간 신장기능을 대신하는 치료가 필수적이다.

(3) 분류

사구체신염	신장의 여과 부위인 사구체에 염증반응이 생겨 발생하는 신장질환을 총칭하는 말
만성신부전	신장병 중에서 오랜 기간 동안 지속되는 질환
급성신부전	신기능이 갑작스럽게 상실되는 것으로, 하루 소변량이 400ml 이하이면 신장기능 상실을 의미
신증후군	중증 단백뇨(1일 3.5g 이상)의 지속적인 배설, 고지혈증, 저알부민혈증(혈청 알부민치 3.0g/dl 이하), 전시부종의 4대 증상 및 증후가 복합된 증후군
급성신우신염	요로감염으로 인한 신장의 세균감염
신장결석	신장에서 형성된 작은 입자가 신장 내부나 요도에 존재하는 질환

(4) 특성

① 인지능력과 학업성취: 만성질환으로 장기입원 또는 통원치료(통상적으로 3개월 이상으로 정의) 등 계속적인 의료적 지원이 필요하여 학교생활 및 학업 수행에 어려움이 있는 사람으로 혈액투석 등으로 단시간의 학업결손이 누적될 수 있으며, 이로 인해 학업 수행에 부정적 영향을 미치게 될 가능성을 주목하여 대안 마련이 필요한 경우다(찾기 쉬운 생활법령정보, http://oneclick.law.go.kr/CSP/CnpClsMain.laf?popMenu=ov&csmSeq=515&ccfNo=4&cciNo=1&cnpClsNo=1).

② 정서적 특성: 신장질환을 비롯해 장기입원을 요하는 만성질환 아동은 장기간에 걸친 투석치료 과정에서 여러 가지 정서적 · 심리적 스트레스를 경험하며 심리적인 불안, 우울, 어머니에 대한 지나친 의존성, 대인관계의 회피, 자존감 저하 등의 정서적 내상

등을 종합적으로 겪게 된다. 신장장애 아동은 인공적으로 생명 연장을 한다는 심리적 중압감으로 인해 우울 및 자살기도, 불안과 공포 및 강박적 사고, 신체개념의 왜곡 등의 정서적 반응이 심리적 대상기제로 나타날 수 있다.

10) 심장장애

(1) 정의

① 「장애인복지법」(동법 시행령 제2조 별표 1 〈개정 2014. 6. 30.〉)

심장의 기능부전으로 인한 호흡곤란 등의 장애로 일상생활에 상당한 제약을 받는 사람

② 「장애인 등에 대한 특수교육법」(동법 시행령 제10조 별표 〈시행 2015. 1. 1.〉)

건강장애

만성질환으로 인하여 3개월 이상의 장기입원 또는 통원치료 등 계속적인 의료적 지원이 필요하여 학교생활 및 학업 수행에 어려움이 있는 사람

③ 「장애인고용촉진 및 직업재활법」(동법 시행령 제3조 및 제4조 〈시행 2015. 1. 1.〉)

가. 「장애인복지법 시행령」 제2조에 따른 장애인 기준에 해당하는 자

나. 「국가유공자 등 예우 및 지원에 관한 법률 시행령」 제14조 제3항에 따른 상이등급 기준에 해당하는 자

(2) 원인

심장장애(心臟障碍) 중 선천성 심장질환은 심장기형인 경우가 많은데 갓난아기 중 0.7% 정도로 추정된다. 심장기형의 증세는 심실중격결손, 동맥관개존/팔로사징/폐동맥협착 등의 순으로 나타난다. 후천성 심장질환으로는 류머티즘을 앓고 난 뒤 심장염이 일어나 그 후 유증으로 판막증이 남는 류머티즘성 심장질환이 있다. 특히 가와사키병(Kawasaki disease)을 5세 전후로 경험한 유병률을 가진 사람은 관상동맥, 즉 심혈관계 협심증이나 혈관폐쇄증으로 관상동맥에 지류가 여러 개가 형성되어 후일 반드시 혈관 확장 수술을 받아야 하는 경우도 있다는 점에 유의할 필요가 있다(http://blog.naver.com/PostView.nhn?blogId=chochosook&logNo= 220415382782).

(3) 분류

선천성 심장병	태아기에 심장의 발육이 늦거나 장애로 심장이 발육 이상이나 기형을 갖게 된 것을 말한다. 태어날 때부터 심장이나 폐동맥, 대동맥 같은 큰 혈관의 모양이 정상과 다른 것으로 선천성 기형이 대부분이며 20세 이하에서 두 번째로 유병률이 높은 만성질환이다. 선천성 심장병은 출생아 100명 중 1%에서 나타나며 어린이 심장병의 대부분이다.
류머티스성 심장병	류머티스열의 후유증으로 심장의 판막이 침범되어 혈액이 통하기 어렵거나 역류로 충분한 혈액을 보낼 수 없는 것을 뜻한다. 류머티스열은 초등학교나 중학교 연령에 주로 발생하며 증세가 가벼운 경우는 운동 제한이나 수술이 불필요하나 심한 경우는 수술과 운동 제한이 부과된다.
심근질환	심장이 충분한 양의 혈액을 방출하기 어려워지면 신체의 대사성 수요를 충족시키지 못하므로, 심장허혈, 감염, 부정맥 등으로 펌프 기능이 제대로 작동하지 못하는 것이다. 주요 증상으로 빠른 맥박, 빠른 호흡, 심비대 및 체중 증가 부진, 운동 시 호흡곤란, 과도한 땀(발한) 등이 있다.
부정맥	심장의 박동이 불규칙한 상태로 맥박의 리듬이 불규칙적이며 때로는 한 박자 건너뛰는 상태를 말한다. 대부분의 아동은 호흡성 부정맥을 보인다. 소아의 심한 발작성 부정맥은 심박출량의 감소, 실신, 사망을 초래할 수 있고 지속적인 빈맥은 서서히 심장기능을 저하시켜 심부전으로 악화되기도 한다.

11) 호흡기장애

(1) 정의

① 「장애인복지법」(동법 시행령 제2조 별표 1 〈개정 2014. 6. 30.〉)

폐나 기관지 등 호흡기관의 만성적 기능부전으로 인한 호흡기능의 장애로 일상생활에 상당한 제약을 받는 사람

② 「장애인 등에 대한 특수교육법」(동법 시행령 제10조 별표 〈시행 2015. 1. 1.〉)

건강장애

만성질환으로 인하여 3개월 이상의 장기입원 또는 통원치료 등 계속적인 의료적 지원이 필요하여 학교생활 및 학업 수행 등에 있어서 교육적 지원을 지속적으로 받아야 하는 사람

③「장애인고용촉진 및 직업재활법」(동법 시행령 제3조 및 제4조 〈시행 2015. 1. 1.〉)

가. 「장애인복지법 시행령」 제2조에 따른 장애인 기준에 해당하는 자

나. 「국가유공자 등 예우 및 지원에 관한 법률 시행령」 제14조 제3항에 따른 상이등급 기준에 해당하는 자

(2) 원인

호흡기질환은 각 분류별 질환마다 발생 원인이 다양하며, 주요 원인으로 한 가지를 지목하기에는 무리가 있다. 질환이 발생했을 때 적절한 치료를 받지 못하거나, 적절한 조치와 치료를 해도 재발되어, 발병 원인이 확실히 제거되지 않으면 시간이 지나면서 환자 본인도 모르게 만성질환으로 호흡곤란을 호소하는 호흡기장애가 발생할 수 있다.

(3) 분류

호흡기장애(呼吸器障碍)는 인체의 호흡기계에 발생하여 회복되지 않거나 반복적인 재발로 후유증이 있는 만성 호흡기질환을 의미한다.

만성 기도폐쇄 질환군	대개 40대 이후부터 만성적 기침, 호흡기질환의 재발 등으로 나타나기 시작하며 흡연이 원인이다.
만성 환기장애 질환군	수면무호흡증, 뇌신계의 이상, 횡격막 마비 등이 이에 포함된다.
만성 폐혈관 질환군	폐동맥고혈압, 폐동맥혈전증, 폐동맥색전증, 폐혈관염 등이 포함된다.

(4) 특성

만성 호흡기질환은 주로 호흡기능의 손실로 발생하는 장애다. 이 장애가 발생하면 환기기능 손실로 산소와 이산화탄소 간의 가스 교환에 기능 격차가 나타나고 이상이 발생하여 호흡기능의 회복이나 호전이 불가능해진다.

특히 활동할 때 더욱 심한 호흡곤란을 겪게 되므로 '삶의 질' 이 현격히 저하되고 평상시에는 비교적 안정적인 만성 호흡기장애라도 급성 악화의 요인이 생기면 생명을 위협받는 치명적인 장애로 매우 조심스러운 질환이다.

12) 간장애

(1) 정의

① 「장애인복지법」(동법 시행령 제2조 별표 1 〈개정 2014. 6. 30.〉)

간의 만성적 기능부전과 그에 따른 합병증 등으로 인한 간기능의 장애로 일상생활에 상당한 제약을 받는 사람

② 「장애인 등에 대한 특수교육법」(동법 시행령 제10조 별표 〈시행 2015. 1. 1.〉)

건강장애

만성질환으로 인하여 3개월 이상의 장기입원 또는 통원치료 등 계속적인 의료적 지원이 필요하여 학교생활 및 학업 수행에 어려움이 있는 사람

③ 「장애인고용촉진 및 직업재활법」(동법 시행령 제3조 및 제4조 〈시행 2015. 1. 1.〉)

가. 「장애인복지법 시행령」 제2조에 따른 장애인 기준에 해당하는 자

나. 「국가유공자 등 예우 및 지원에 관한 법률 시행령」 제14조 제3항에 따른 상이등급 기준에 해당하는 자

(2) 원인

간장애(肝障碍)는 급성간염, 만성간염, 간경변증, 지방간, 간암 등을 그 원인으로 볼 수 있다. 급성간염은 술, 약물 복용과 간염바이러스에 의해 나타나며, 만성간염은 30~40대에 나타나며 B형 간염바이러스가 대표적이다.

(3) 분류(동법 시행령 제2조 별표 1 〈개정 2014. 6. 30.〉)

제1급

1. 만성 간질환(간경변증, 간세포암종 등)으로 진단받은 환자 중에 잔여 간기능이 child-pugh 평가상 등급 c이면서 만성 간성뇌증, 내과적 치료로 조절되지 아니하는 난치성 복수 등의 합병증이 있는 사람

제2급

1. 만성 간질환으로 진단받은 환자 중 잔여 간기능이 child-pugh 평가상 등급 c이면서 간

성뇌증의 병력, 자발성 세균성 복막염 등의 병력이 있는 사람

제3급

1. 만성 간질환으로 진단받은 환자 중 잔여 간기능이 child-pugh 평가상 c인 사람

제5급

1. 만성 간질환으로 간 이식을 시술받은 사람

(4) 특성

① 일반적으로 간에 병변이 있는 것으로, 교육을 받을 시 문제가 되는 것은 없을 것이다. 하지만 장기간 치료를 받게 되므로 몸의 이상 징후로 인하여 학교출석 등을 못하는 경우가 발생할 수 있다.

② 일상생활은 간경변증의 경우 거의 지장이 없다고 볼 수 있다. 하지만 음주, 약물 오남용 등 간염을 악화시키는 것은 피하고 다른 간염바이러스에 중복되지 않도록 깨끗한 위생환경이 요구된다. 그 밖에도 식생활과 관련된 저염식, 단백질 섭취 제한으로 약간의 불편함을 감수해야 할 수도 있다. 그리고 적당량의 운동과 체력관리가 필요하다. 우리나라에서는 취업 시 신체검사에서 내과적인 질환이 있는지를 중요하게 보기 때문에 간장애를 가지면 취업이 어려운 경우가 많다. 즉, 간장애를 가진 사람들은 취업 실패율이 비장애인들에 비해 몇 배나 높다.

③ 병을 가진 사람들은 자신의 몸에 대한 자책과 짜증을 보이기도 한다. 심신이 지쳐간다는 의미다. 이는 신체적 건강에 해가 되는 부정적 마인드로 영향을 미칠 수가 있다. 또한 취업에 따른 현실적 직업생활에서 느끼는 스트레스와 갈등은 자기존중감에 여러 가지로 작용할 것이다. 즉, 신체적 · 정신적인 고통을 동시에 받을 수도 있기 때문이다. 긍정의 마음은 뇌하수체의 엔도르핀(endorphin: 뇌와 뇌하수체에서 생성되는 아편유사제)을 강화하고 확장시켜 면역력을 향상시킨다. 따라서 생각의 건전함이 곧 건강의 지름길이다.

13) 안면장애

(1) 정의

① 「장애인복지법」(동법 시행령 제2조 별표 1 〈개정 2014. 6. 30.〉)

안면 부위의 변형이나 기형으로 사회생활에 상당한 제약을 받는 사람

② 「장애인 등에 대한 특수교육법」(동법 시행령 제10조 별표 〈시행 2015. 1. 1.〉)

건강장애

만성질환으로 인하여 3개월 이상의 장기입원 또는 통원치료 등 계속적인 의료적 지원이 필요하여 학교생활 및 학업 수행에 어려움이 있는 사람

③ 「장애인고용촉진 및 직업재활법」(동법 시행령 제3조 및 제4조 〈시행 2015. 1. 1.〉)

가. 「장애인복지법 시행령」 제2조에 따른 장애인 기준에 해당하는 자

나. 「국가유공자 등 예우 및 지원에 관한 법률 시행령」 제14조 제3항에 따른 상이등급 기준에 해당하는 자

(2) 원인

안면장애(顏面障碍)의 원인은 다양하다. 일반적으로는 거대색소성모반, 모세혈관, 림프관 등의 기형, 혈관종양, 신경섬유종증, 외상, 화상, 세균감염 등이 그 원인이라고 할 수 있다. 때로는 대뇌에 병변이 생김으로써 중풍(뇌졸중)에 기인하기도 하고 임신 또는 출산 시 안면마비를 일으킬 가능성이 있음을 고려해야 한다.

(3) 분류

2급	1호	노출된 안면부의 90% 이상의 변형이 있는 사람
	2호	노출된 안면부의 60% 이상의 변형이 있고 코 형태의 2/3 이상이 없어진 사람
3급	1호	노출된 안면부의 75% 이상의 변형이 있는 사람
	2호	노출된 안면부의 50% 이상의 변형이 있고 코 형태의 2/3 이상이 없어진 사람
4급	1호	노출된 안면부의 60% 이상의 변형이 있는 사람
	2호	코 형태의 2/3 이상이 없어진 사람
5급	1호	노출된 안면부의 45% 이상 변형된 사람
	2호	코 형태의 1/3 이상이 없어진 사람

출처: 장애인복지법 시행령 제2조 별표 1 〈개정 2014. 6. 30.〉

(4) 특성

① 안면장애인은 교육을 받을 시 일반학생과 같은 수준으로 성장할 수 있다. 그러므로 안면장애로 인해 교육에서 발생하는 불이익은 전혀 없다고 할 수 있다.

② 사회적으로 보면 안면장애인은 안면에 여러 가지 색소 문제와 화상의 경우 심한 고통까지 수반한다. 이와 같은 노출 부위, 특히 안면부의 기형이나 변형으로 인해 초래되는 정신적 · 심리적 허탈 상태는 신체적 장애보다 더 큰 심리사회적 위축을 야기하여 정상적인 사회생활을 영위하는 데 큰 장애로 작용하기도 한다. 즉, 안면장애인의 경우 자괴감, 자존감 결여, 수치심, 대인기피증, 사회적응력 저하 등의 특성을 드러내므로, 체면을 중시하는 우리 사회에서 안면장애는 대표적 사회적 장애라 할 수 있다.

14) 장루 · 요루장애

(1) 정의

①「장애인복지법」(동법 시행령 제2조 별표 1 〈개정 2014. 6. 30.〉)

배변기능이나 배뇨기능의 장애로 인하여 장루(腸瘻) 또는 요루(尿瘻)를 시술하여 일상생활에 상당한 제약을 받는 사람

②「장애인 등에 대한 특수교육법」(동법 시행령 제10조 별표 〈시행 2015. 1. 1.〉)

건강장애

만성질환으로 인하여 3개월 이상의 장기입원 또는 통원치료 등 계속적인 의료적 지원이 필요하여 학교생활 및 학업 수행에 어려움이 있는 사람

③「장애인고용촉진 및 직업재활법」(동법 시행령 제3조 및 제4조 〈시행 2015. 1. 1.〉)

가.「장애인복지법 시행령」 제2조에 따른 장애인 기준에 해당하는 자

나.「국가유공자 등 예우 및 지원에 관한 법률 시행령」 제14조 제3항에 따른 상이등급 기준에 해당하는 자

(2) 원인

① 결장루

우리나라 결장루 보유자들의 원인 질병은 95% 이상이 직장암이나 대장암 등의 악성종양이며, 흔치는 않지만 장결핵, 크론씨병, 거대결장증, 척추기형, 무항문증 등이 원인이 되기도 한다.

② 회장루

회장루의 원인 질병에는 가족성용종증, 궤양성대장염, 크론씨병, 장결핵, 거대결장증, 대장암 등이 있다.

③ 요루

요루의 원인 질병은 대부분이 방광암이다. 흔치는 않지만 방광결핵이나 방광경화증 등으로 방광자율신경이 마비된 때에 요루를 시술하게 된다. 또한 수뇨관이나 요도의 종양, 협착증, 결석 등으로 인해서도 요루를 시술한다.

(3) 분류

장루 · 요루장애(腸瘻 · 尿瘻障碍)는 배변 · 배뇨 기능의 장애가 있어 장루(腸瘻: 인공항문) 혹은 요루(尿瘻: 인공방광)를 시술하여 신진대사 과정의 배출을 용이하게 하나 일상생활에서는 상당한 어려움이 있다. 이는 거대결장증, 대장암, 방광암 등으로 수술한 경우, 각종 물리적 사고 등으로 인공 배뇨관의 도움이 필요한 경우까지 정상적인 배변 및 배뇨 기능을 상실한 것이 원인이다. 장루 · 요루장애인은 대소변을 조절할 수 없어서 수시로 배설하므로 신체에 부착한 보조장치를 이용하여 스스로 관리하게 된다. 이는 일상적인 사회생활에서 냄새 등 여러 가지 환경적 어려움을 일으키기에 주변 사람과 스스로가 불편함을 겪는다. 장루 · 요루장애인은 보통 대인관계에 어려움을 가지며, 취업 등 사회경제 활동에 여러 가지 제약이 따르고, 생활 속의 '삶의 질' 에 영향을 받게 된다. 이들 장애인은 중 · 고 연령층 이상인 경우가 상당하다. 장루는 대장과 직장을 완전히 제거한 회장루와 대장 중 어느 방향을 절제하느냐에 따라 상행 결장루, 하행 결장루, 횡행 결장루, S자형 결장루로 세분되기도 한다.

(4) 특성

장루 · 요루장애는 이로 인하여 개인적 사적 활동, 가정과 사회생활 및 경제 활동(예: 취업과 창업 등)이 영향을 받을 수밖에 없다. 그러므로 올바른 장루 처치법을 이해하고 습득함으로써 사회 및 직업상 발생할 수 있는 사회적 불이익을 미연에 방지하거나 축소할 수 있도록 하여야 한다. 여러 가지 어려움이 있지만 냄새에 관한 것만큼 비중이 높은 것은 없다. 즉, 이러한 어려움은 중요하면서도 매우 심각하게 다뤄져야 할 문제가 된다. 장루장애는 신체변형 및 타인에게 주는 피해나 타인으로부터의 시선에서 자유롭지 않은 만큼 심리적 위축감을 갖게 되므로 상담을 통하여 적극적이고 긍정적이며 미래지향적인 마인드를 가질 수 있도록 지속적으로 지원하는 것이 요구된다.

장루 · 요루장애의 경우 사회경제 생활에 직면하면서 겪는 환경적, 신체적, 사회적, 심리적 그리고 보다 내밀한 성적 문제를 해결하기 위해서 수술 전후 환자와의 충분한 의료적 · 심리적 전문 상담, 바람직한 장루 · 요루 형성, 장루 · 요루 치료사와의 전문적인 상담 등을 정기적이고 지속적으로 지원하여 환자가 장루 · 요루 관리기술을 이해하고 습득함으로써 원만한 생활을 하고 안정되도록 하여야 한다.

15) 뇌전증장애

(1) 정의

① 「장애인복지법」(동법 시행령 제2조 별표 1 〈개정 2014. 6. 30.〉)

뇌전증(간질)에 의한 뇌신경세포의 장애로 인하여 일상생활이나 사회생활에 상당한 제약을 받아 다른 사람의 도움이 필요한 사람

② 「장애인고용촉진 및 직업재활법」(동법 시행령 제3조 및 제4조 〈시행 2015. 1. 1.〉)

가. 「장애인복지법 시행령」 제2조에 따른 장애인 기준에 해당하는 자

나. 「국가유공자 등 예우 및 지원에 관한 법률 시행령」 제14조 제3항에 따른 상이등급 기준에 해당하는 자

(2) 원인

뇌전증(腦電症, 간질)은 환경적 · 체질적 · 후천적인 뇌손상과 기능장애 등의 요인이 종합적으로 작용하여 발생한다. 전기적으로 이루어지는 뇌세포의 신경전달 체계에 문제가 초래

되어 과도한 흥분 상태가 발작으로 진행된다고 볼 수 있다.

(3) 분류

부분발작은 의식의 장애가 없이 평소와 다른 신체적 반응에 대한 느낌을 갖는 것이다. 그 예는 손이나 발 등 신체의 일부분이 불수의적으로 움직이거나 떨리는 것 등이다. 그와 반대로 전신발작은 몸 전체에서 보이는 불수의적 움직임과 반복적인 떨림을 의미한다.

발작	종류
부분발작	단순 부분발작
	복합 부분발작
전신발작	결신발작(변경 전: 소발작)
	강직간대성 발작(변경 전: 대발작)
	근간대성 발작
	강직성 발작
	간대성 발작
	무긴장성 발작

(4) 특성

뇌전증(간질)을 가진 사람은 의식을 잃고 넘어지기 때문에 흔히 외상이 발생할 가능성과 2차적인 부상의 우려가 크다. 또한 불수의적인 운동 증상이나 이상행동 등으로 주변 사람에게 두려움을 주거나 스스로 수치감을 느껴서 사회생활에서 위축받는 등 어려움을 겪게 된다. 이러한 심리적 위축과 더불어 질병에 대한 오해로 유전병 혹은 지능과 신체능력이 낮다는 편견을 받는 경우가 상당하다. 이러한 이유로 대인관계와 구직 및 결혼 등 사회경제활동에 어려움을 경험하는 경우가 많다. 뇌전증장애의 경우 발생연령이 다양하고 증상이 부정기적이어서 예측하기 어렵고, 관리하기 힘든 부분이 있어서 경제활동 연령층에 있더라도 취업이 힘들며, 특히 간질에 대한 부정적 편견이 아직도 남아 있어서 사회생활에 큰 애로를 겪는 장애로서 등록률도 높지 않은 장애다.

참고문헌

김동기, 이석구, 성현석(2013). 장애인권리협약 이행을 위한 국내법 연구—장애인기본법 제정을 중심으로(pp. 50-76). 장애학국제세미나2012—한국과 일본의 장애와 병을 둘러싼 논의. 생존학연구센터보고 20.

김백수(2015). 장애인의 이해(pp. 7-23). 제10회 보조공학사 2급자격연수, 한국보조공학사협회.

김형식(2014). 장애인의 포괄적 사회통합: 이론과 실제(pp. 91-160). 2014국제학술회의 '유엔장애인권리협약과 장애인의 사회통합'. 나사렛대학교.

나사렛대학교 CRPD연구소(2014). UN 장애인권리협약 및 장차법 길라잡이.

국가법령정보센터(2015). 장애인복지법〈시행 2015.9.12.〉

국가법령정보센터(2015). 장애인복지법 시행령〈개정 2014.6.30.〉

국가법령정보센터(2015). 장애인복지법 시행규칙〈일부개정 2015.8.3.〉

국가법령정보센터(2015). 장애인 등에 대한 특수교육법〈시행 2013.12.30.〉

국가법령정보센터(2015). 장애인 등에 대한 특수교육법 시행령〈시행 2015.1.1.〉

국가법령정보센터(2015). 장애인 등에 대한 특수교육법 시행규칙〈시행 2013.10.6.〉

국가법령정보센터(2015). 장애인고용촉진 및 직업재활법〈시행 2015.5.18.〉

국가법령정보센터(2015). 장애인고용촉진 및 직업재활법 시행령〈시행 2015.1.1.〉

국가법령정보센터(2015). 장애인고용촉진 및 직업재활법 시행규칙〈시행 2015.1.1.〉

한국교육심리학회(2000). 교육심리학용어사전. 서울: 학지사.

국가법령정보센터(2015). http://www.law.go.kr/main.html

노무법인 해명(2015). 산재등급기준(2014.11. 포스팅). http://cafe.naver.com/sanjaecenter/1494

네이버백과(2015). 가와사키병. http://terms.naver.com/entry.nhn?docId=926647&mobile&cid=51007 &categoryId=51007

3D 프린팅 기술 접목을 통한 보조기기 제작과정 한 사례. https://vimeo.com/channels/staffpicks/132886713

장애인고용공단(2015). 장애유형 및 등급 안내(https://www.kead.or.kr/view/system/system02.jsp).

찾기 쉬운 생활법령정보. http://oneclick.law.go.kr/CSP/CnpClsMain.laf?popMenu=ov&csmSeq=515&ccfNo=4&cciNo=1&cnpClsNo=1).

제2장 보조공학의 이해

오늘날은 공학이 매우 발전하여 사회 전반에 걸쳐 공학이 이용되지 않는 곳이 없다. 공학이 산업, 교통, 의료뿐만 아니라 교육에서도 이용되고 있고, 재활에서도 이용되고 있다. 특히 장애를 가진 사람과 노인의 수가 증가하고 재활에 대한 인식도가 높아 감에 따라, 다양한 서비스의 필요성과 더불어 보조공학의 중요성 또한 그 비중이 커지고 있는 실정이다.

1. 정 의

보조공학의 정의는 매우 포괄적이다. 따라서 여기서는 현재 미국에서 사용되고 있는 장애인을 위한 보조공학 관련 용어들을 각각 살펴보고자 한다. 먼저, 보조공학(Assistive Technology)이란 용어는 1980년대 후반부터 미국에서 사용되기 시작했다. 그 전에는 특수교육공학(Special Education Technology), 재활공학(Rehabilitation Technology), 재활엔지니어링(Rehabilitation Engineering), 테크니컬 에이드(Technical Aid)란 용어를 사용하였다. 보조공학은 장애인들이 직면한 문제들을 다양한 기구, 서비스, 보상방법 그리고 실습을 통해 착상 및 응용을 하여 개선시키는 기술을 의미한다(Cook & Hussey, 1995; Bain & Leger, 1997). 1998년 제정된 보조공학법에는 보조공학기기(Assistive Technology Device)와 보조공학서비스(Assistive

Technology Service)에 대해 정의해 놓았다. '보조공학기기'는 '장애를 가진 개인의 기능적 능력을 증진, 유지, 향상시키기 위해 사용되는, 시중에서 구할 수 있는 기성품이나 개조 또는 주문 제작된 장치나 제작 도구'를 말한다. '보조공학서비스'는 장애인에 관련된 보조기구의 선정, 구입, 사용 등을 직접적으로 보조하는 모든 서비스를 말하며 다음과 같은 여섯 가지의 서비스를 포함한다. ① 장애인의 기능 평가, ② 보조공학기기 구입 시 서비스: 구매 또는 임대, ③ 보조공학기기의 선택, 디자인, 맞춤, 개조, 대체, 응용, 유지, 수리 및 교체, ④ 현재의 교육 및 재활 계획과 프로그램에 관련된 보조공학기기를 활용한 치료, 중재서비스 조정 및 사용, ⑤ 장애인 및 가족을 대상으로 하는 기술적인 훈련 및 보조, ⑥ 고용주, 전문가, 서비스인을 대상으로 하는 기술적인 훈련 및 보조(Assistive Technology Act, 1998; 34 C.F.R. Part 300). 이와 같이 보조공학은 평가에서 시작해서 기기를 개발하고 임상적으로 적용하는 것까지 모두 포함한다.

특수교육공학은 실제로 장애인을 위해 사용되는 일반 공학을 포함하며 특수교육 학습에 이용되는 컴퓨터 보조교수에 중심을 두는 것이다. 재활공학은 보상방법 및 기구를 사용함으로써 장애인의 기능(삶의 질)을 증진, 유지, 향상시키는 기술을 말한다. 재활공학은 보편적으로 임상서비스 성격과 재활엔지니어링처럼 새로운 기술을 디자인 및 개발하는 성격을 가지고 있다. 마지막으로, 재활엔지니어링은 체계적인 기술응용, 엔지니어링 방법론 또는 과학적인 원리 서비스를 통해 장애인들이 직면하고 있는 교육, 재활, 직업, 교통, 독립생활, 레크리에이션에 대한 장애물을 충족시키는 것이다(Cook & Hussey, 1995). 재활엔지니어링은 새로운 기술을 디자인해서 개발하는 측면에서 다른 용어들과 차이점이 있다.

앞서 살펴본 바와 같이 보조공학, 재활공학, 특수교육공학, 재활엔지니어링은 그 개념이 유사하고 추구하는 바도 유사하다. 하지만 미국의 예들을 보면, 각각의 용어들이 해당하는 영역들 나름대로의 특성을 최대한 살리고, 보다 효과적이고 효율적인 서비스를 제공하고자 노력하고 있음을 알 수 있다.

보조공학, 재활공학, 특수교육공학 그리고 재활엔지니어링을 연령별로 살펴보자.

먼저, 특수교육공학은 학습과 관련된 내용이 포함되기 때문에 유치원에서 고등학교까지의 교육을 받는 장애학생이 주 대상이다. 재활공학과 재활엔지니어링은 재활이라는 용어 때문에 장애 성인이 주 대상이다. 보조공학의 특징은 연령과 영역에 구애를 받지 않는다는 것이다. 그러므로 보조공학은 유아에서부터 노인에 이르기까지 모든 연령을 포함하며 임상서비스에서부터 기기 디자인 및 개발까지 포함한다. 보조공학이 우산이라면 그 밑에 재활공학, 특수교육공학, 재활엔지니어링, 그리고 의지 보장구까지가 포함된다고 표현할 수 있다.

2. 개 념

보조공학은 아마 이미 석기시대부터 그 유래를 찾아볼 수 있을 것이다. 석기시대에 한 원시인이 사냥을 나가다가 돌에 걸려 넘어져 한쪽 다리를 부러뜨렸다. 그 당시에는 아직 휠체어나 목발이 없었기 때문에 그 원시인은 주위의 나뭇가지를 찾아다 이용하였을 것이다. 나뭇가지를 지팡이와 같이 사용했던 것에서 볼 수 있듯이, 아주 오래전부터 원시적이나마 보조공학은 실행되어 왔다. 이렇게 해서 최초의 보조공학 장비가 구상되어 만들어지고 이용되었다. 이때 이 맞춤장치(나뭇가지)는 진보된 디자인과 최고의 재료가 사용되었기 때문에 '고급기술' 로 판명되었을 것이다. 시간이 지남에 따라 그의 자손들은 동물의 빈 뿔로써 큰 소리를 만들어 낼 수 있는 것을 알고 자신의 나빠져 가는 청각문제를 해결했을 것이다. 여기서 가장 중요한 것은 그들이 사용한 보조기기의 형태 또는 스타일이 아닌 기능이다. 원시인이 사용하던 나뭇가지와 현재의 지팡이 또는 목발은 형태와 스타일은 다르지만 기능적으로는 유사점이 많다. 그리고 자손들이 사용한 동물 뿔은 오늘날의 보청기와 비교할 때 형태와 스타일은 다르지만 기능적인 면에서는 유사하다(Cook & Hussey, 1995). 이와 같이 형태와 스타일은 다르지만 기능적인 면에서 보조공학은 이미 오래전부터 사용되어 왔던 것이다.

세계보건기구는 손상(impairment)을 '심리적, 신체적 혹은 해부학적 구조나 기능의 손실 혹은 이상'으로 정의하였다(World Health Organization, 1980). 장애(disability)는 손상으로 인해 비장애인과 같이 그 활동을 할 능력이 없을 경우에 나타나는 결과를 말한다(예: 의사소통, 청각, 이동에 관한 것 혹은 사물 조작에 있어서의 어려움). 사회적 불리(handicap)는 그 사람의 특성이 아닌 사람과 환경 사이의 관계에 대한 설명이다([그림 2-1] 참조). 예를 들면, 양팔 없이 태어난 사람(손상)은 정상적으로 쓰기나 자조활동의 과제들을 수행하는 것이 불가능할 것이다(장애). 만약 이 사람이 이러한 손상이나 장애로 인해 학교나 직업을 구하거나 또는 그에 참여하는 데 있어서 부분적으로 방해 또는 통제를 받는다면, 이것은 사회적 불리다. 이러한 사회적 불리가 있음에도 불구하고 이 사람은 그의 발이나 입을 사용하여 일상생활을 수행하거나 의지(prosthetic device)를 사용해서 사회적인 불리 상태를 극복할 수 있다. 사회적 불리를 개인으로부터 환경으로 옮기는 접근은 장애의 영향으로 인한 사회적 불리를 감소시키는 데 있어 보조공학의 역할에 중요한 관점을 제공한다. 또한 이러한 방법으로 보조공학과 장애인을 설명하는 것은 한계점에 초점을 맞추기보다 기능적인 결과를 더욱더 강조하며 보조공학은 주로 장애인을 위한 성공적인 기능적 결과(functional outcome)를 제공하기 위해서

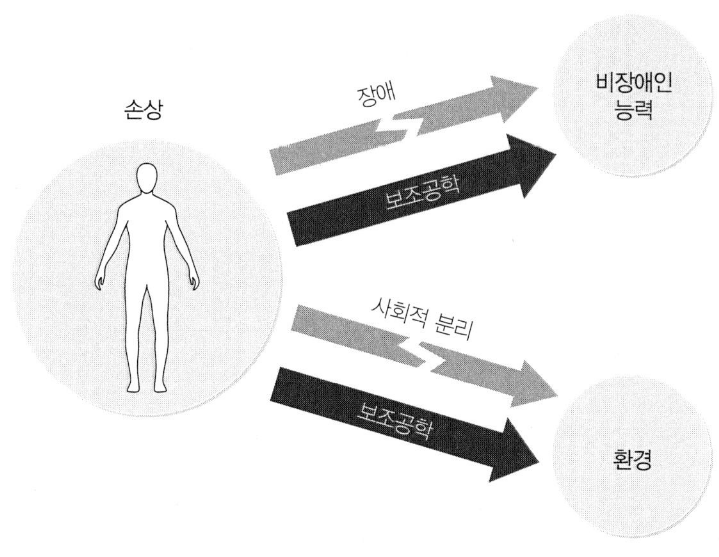

[그림 2-1] 보조공학과 기능적인 결과

사용된다. 그러므로 손상을 입은 사람과 비장애인 간의 기능적 능력의 측면만 고려해서 비교해 보았을 경우 가능하면 같은 기능적 능력을 가지도록 도와주는 것이 보조공학이다. 그리고 보조공학의 혜택을 받아 손상을 입은 사람이 기능적 능력으로 비장애인과 동등한 위치에 있다면 사회참여가 또한 가능해질 것이다.

앞에서 말한 바와 같이 궁극적으로 보조공학은 기능적 능력 회복을 통하여 장애인의 삶의 질을 향상시키는 데 목적이 있다. 현대인들이 과학문명의 혜택을 누리면서 삶의 질을 향상시키듯이, 장애인들 또한 국민의 한 사람으로서 과학문명의 혜택을 받을 권리가 있다. 그러나 과학문명의 발달이 꼭 장애인들에게 혜택을 준다는 보장은 없다. 왜냐하면 과학문명이 장애인들에게는 또 다른 장애의 벽을 만들 수 있기 때문이다. 예를 들면, 장애인들은 컴퓨터를 다루는 데 어려움이 많다. 우선 컴퓨터에 접근하기 위해서는 대체적인 방법을 모색해야만 한다. 그렇지 않으면 컴퓨터는 장애인에게 무용지물이 되고 말 것이며 또 하나의 벽을 만드는 요인이 될 것이다.

고용적인 측면에 있어서도 보조공학이 장애인의 고용에 미치는 영향은 대단하다. 공학의 도움을 받지 못하는 장애인의 작업능력은 정상인의 그것과 비교할 수가 없다. 그러나 장애인이 정보를 효과적으로 접근(access)하고, 검색(retrieve)하고, 활용(manipulate)하는 능력에 따라 취업률과 직업 범위가 좌우될 것이다. 예를 들면, 미국에서는 시각장애인들이 비서 또는 안내원 직종을 가지고 있는 것을 흔히 볼 수 있다. 대학 교무처에서 모든 캠퍼스의 전화번호 및 안내를 맡아서 처리하는 시각장애인이 있는가 하면 보조공학기기 제작 공장에서 제일 먼저 손님을 맞이하고 안내하는 비서도 시각장애인이다. 이들의 공통점은 둘 다 정보를 자기 마음대로 접근, 검색 그리고 활용할 수 있는 능력이 있다는 것이다.

보조공학의 응용 범위는 유아에서부터 노인까지 광범위하다. 유아들은 단일 스위치와 단일 스위치에 의존하는 컴퓨터 보조교수(Computer Assisted Instruction) 프로그램을 활용해서 원인-결과의 개념을 경험할 수 있다. 예를 들면, 스위치를 누르면 컴퓨터 화면에 공룡이 움직이면서 소리를 내는 것이다. 유아가 스위치를 작동하면 그에 따른 반응을 나타내면서 자신감을 갖도록 하는 것이 유아의 성장과정에서 꼭 필요하다. 앞으로 선진국의 보조공학은 대부분 노인을 대상으로 이루어질 것이다. 왜냐하면 의학기술과 유전공학이 발달하여 노인 인구의 분포가 매년 늘어날 것이며 재정적으로 가장 여유가 있는 사람도 노인이기 때문이다. 보조공학은 노인들에게 좀더 편리하게 잃어버린 기능을 대체해 주기 때문에 많은 도움을 줄 수 있다. 그리고 노인은 갈수록 시력 및 신체적으로 약해지기 때문에 보조공학의 대상이 될 수밖에 없다.

보조공학을 통해서 우리는 장애인에게 여러 가지 서비스를 제공할 수 있다. 예를 들면, 비록 자연어는 아니지만 표현기능을 회복시킬 수 있는 의사소통 기기, 휠체어에 바로 앉을 수 있도록 도와주는 여러 가지 보조기기, 보조기기를 활용하여 이동이 좀 더 용이해진 휠체어, 시각장애인들이 모든 정보를 마음대로 활용할 수 있는 보조기기 등의 활용은 장애를 가진 당사자는 물론 그 가족, 나아가 주위의 모든 사람의 삶의 질까지도 향상시키는 결과를 가져올 것이라 본다. 장애인들이 집이나 직장, 학교 또는 지역사회 어디에서든 저마다 처한 환경에 따라 적절한 보조공학서비스를 받음으로써 잔존기능을 계발하고 환경의 변형을 통해 보다 편리한 생활을 영위할 수 있기 때문이다.

일반적으로 보조공학서비스를 제공할 때는 다음과 같은 과정을 거친다.

[그림 2-2]는 보조공학서비스의 실행과정을 좀 더 구체적으로 나타낸 것으로, 상업적으로 구입이 가능한 기기(일반 대중을 위해 디자인된 것과 장애인을 위해 디자인된 것)부터 시작해서 상업적인 기기의 개조, 그리고 끝으로 완전히 기기를 수분 제작해서 맞추는 것을 나타내고 있다. 의뢰인을 위해 보조공학 장치를 추천할 때는 우선 상업적으로 구입이 가능한 것부터 고려를 해야 한다. 만약 의뢰인의 요구를 상업적인 기기로 만족시킬 수 없을 경우 개조를 해야 한다. 이런 개조는 단순한 것부터 매우 복잡한 것까지 있다. 만약에 상업적인 기기 또는 개조로도 의뢰인의 요구를 만족시키기 어려우면 그 요구를 만족시킬 수 있는 특별한 디자인과 제작이 필요하다. 다시 말하면 의뢰인에게 맞는 맞춤기기의 개발이 필요하다는 것이다.

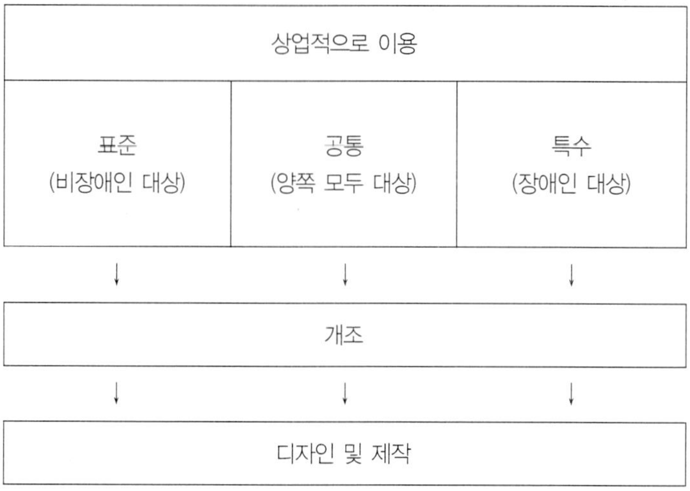

[그림 2-2] 상업적으로 이용할 수 있는 단계부터 개조 및 디자인/제작까지

출처: Cook & Hussey(1995).

3. 컴퓨터 대체 접근

컴퓨터 대체 접근은 장애인이 표준방법과 다른 방법을 통해 컴퓨터 및 관련된 기기에 접근할 수 있는 방법을 말한다. 대체 접근이라고 하면 많은 장애 영역 중에서도 특히 지체장애인과 시각장애인에 관계된 부분이라 하겠다. 대체 접근은 사용자와 체계를 인지 및 언어적 그리고 운동적으로 상호작용하는 것을 뜻한다(Koppenhaver, Steelman, Pierce, Yoder, & Staples, 1993). 비장애인 및 장애인들이 손으로 글씨를 쓰기가 어려울 때 가장 익숙한 대체 접근방법이 타자기와 컴퓨터다. 하지만 많은 장애인이 표준 컴퓨터를 사용하는 데는 한계가 있으므로 접근이 매우 어렵다. 그러므로 우리는 다른 방법으로 컴퓨터를 사용할 수 있는 방법을 모색해야 한다. 이것이 바로 컴퓨터 대체 접근이다.

지체장애인의 경우 신체적 손상으로 인하여 여러 가지 제약을 받게 된다. 이러한 어려움을 덜어 주기 위해서 손상된 부분의 일부분 또는 전체를 보완해 줄 수 있는 기기들이 필요하다. 일상생활에서부터 정보를 얻기 위한 컴퓨터의 사용까지 다양한 방법으로 손상을 대체해야 한다. 지체장애인의 컴퓨터 사용을 위해서 필요한 입력방법은 크게 직접입력과 간접입력으로 나눌 수 있다.

1) 선택 세트

선택 세트란 선택을 할 수 있게끔 항목을 제공하는 것이다(Lee & Thomas, 1990). 선택 세트는 전통적인 철자(예: 문자로 쓴 단어, 낱말 그리고 문장), 아이디어를 표시하는 심벌, 컴퓨터 아이콘, 선으로 그린 그림 또는 사진, 또는 합성음성으로 표현될 수 있다. 표준 컴퓨터 키보드 또는 타자기의 한정된 심벌 세트('tab' 'control' 'shift' 등) 자판을 선택 세트라고 한다. 보완·대체 의사소통 기술의 대부분이 선택 세트의 항목을 시각적(예: 키보드의 문자)으로 표시한다. 그런데 시각장애로 인해 시각적 표시가 불가능하면 선택 세트의 항목을 청각적(예: 청각적 스캐닝의 음성 선택) 또는 지각적(물체, 감촉, 형상, 점자)으로 표시해 주어야 한다.

선택 세트의 크기, 양식 그리고 종류는 사용자의 필요와 요구되는 활동 결과를 기준으로 해서 선택한다. 환경조종 장치 또는 전동 휠체어는 보완대체 의사소통 장치보다는 보통 적은 항목의 선택 세트를 가지고 있다. 사용자의 기술에 따라 크기는 변할 수 있다. 예를 들면, 철자가 가능하고 신체적인 조정력이 좋은 개인은 모든 문자와 기능키를 가지고 있는 표준 키보드의 선택 세트를 사용할 수 있는 기술을 가지고 있다. 이와 반대로 언어발달 및 의사소통에 장애를 가지고 있는 개인은 랩보드에 2개만의 사진 또는 심벌만을 포함한 선택 세트를 가지고 있는 것도 있을 것이다.

2) 선택방법

개인을 위해 제어 인터페이스를 선택하는 것은 복잡한 과정이 될 수 있다. 평가과정을 통하여 사용자의 필요와 능력에 맞는 제어 인터페이스를 모색해야 한다. 사용자의 필요성과 신체적인 평가를 토대로 직접선택을 위한 인터페이스나 간접선택을 위한 인터페이스 또는 점과 선으로 이루어져 키보드의 입력을 대신하는 모스 부호의 사용을 결정해야 한다. 선택방법은 직접입력과 간접입력으로 구분되는 2개의 기본적인 방법이 있는데, 사용자는 제어 인터페이스를 사용하여 선택을 하게 된다. 컴퓨터 대체 접근 시 항상 먼저 직접입력을 고려하고 직접입력이 어려울 경우 간접입력을 고려하여야 한다.

3) 직접입력

직접입력은 사용자가 제어 인터페이스를 사용해서 선택 세트의 어느 항목을 임의대로 선택할 수 있는 것을 말한다. 다시 말해서, 직접입력은 사용자의 한 행동이 한 항목을 가리키는 방법이다. 예를 들면, 컴퓨터 키보드를 타이핑하거나 어떤 단어를 가리키는 것을 말한다. 사용자는 그의 음성, 손가락, 손, 눈, 또는 다른 몸 움직임을 사용해서 선택을 가리킨다. 음성 인식과 눈 응시 그리고 광학지시기와 같은 입력방법은 접촉이 없는데도 직접입력으로 간주된다. 이런 방법의 선택은 사용자가 목표를 확인한 다음 바로 그곳으로 가는 것을 말한다. 즉, 사용자의 한 행동이 한 항목을 가리키는 입력방법이다. 신체적으로 직접입력은 정밀하고 조종된 움직임을 요구하기 때문에 제일 어렵고 힘이 든다. 인지적으로 직접입력은 선택을 했으면 즉각적이고 직접적인 결과가 있으므로 보다 직관적이며 쉽다. 직접선택은 동작하는 것이 어렵거나 그로 인해 쉽게 피로해지지 않는 한 표현력이 향상되고, 무엇보다 정확하고 빠르다는 것이 장점이다. 직접선택의 단점은 피로를 빨리 그리고 많이 느끼고, 잘되지 않을 때는 스트레스를 받게 되고, 자신감을 상실할 수도 있다는 것이다.

4) 간접입력 또는 스캐닝

직접입력과 달리 간접입력은 선택하는 데 중간의 단계를 포함하는 것을 의미하며, 스캐닝과 같은 방법으로 사용자가 원하는 단계에 도달하였을 때 선택할 수 있도록 한다. 이러한 간접입력은 신체의 통제가 어려워 직접입력이 가능하지 않을 때 사용하게 된다. 간접입력에는 스위치를 이용한 방법이 가장 유용하고 대표적으로 사용되는데 감각 피드백의 유형에 따라 다양한 형태의 스위치를 적용하고 사용할 수 있다.

스캐닝은 선택 세트가 화면이나 소리로 제시되며 순차적으로 커서 또는 장치의 빛에 의해 스캔된다. 개인이 선택하고 싶은 특정한 요소가 제시되면 사용자로부터 신호가 생산된다.

그러므로 스캐닝은 스위치 작동이 이루어지기 전에 커서가 원하는 위치에 도달할 때까지 기다려야 하기 때문에 시간적으로 보면 가장 비효율적인 방법이다. 스캐닝을 위해 사용되는 제어 인터페이스 보조공학 장치는 단일 스위치 또는 이중 스위치 등이 있다.

개인이 자신의 신체에 대한 통제가 어려워 직접입력이 가능하지 않을 때는 간접입력 방법이 고려되어야 한다. 간접입력 방법은 단일 스위치나 정렬된 스위치를 사용하고 사용자가 어떠한 기술을 실행할 것을 요구한다. 보조공학사는 간단한 공학기기(녹음기 또는 배터리로 움직이는 대체 장난감)와 스위치를 연결해서 사용자의 능력을 평가할 수 있다. 이러한 스위치들은 지체장애를 가진 어린 아동들이 장난감을 가지고 놀고자 할 때 매우 큰 도움을 준다.

아주 간단한 방법으로 개조를 하면, 장애 아동은 다른 아동들이 장난감을 가지고 놀면서 느끼는 즐거움이나 배울 수 있는 '원인과 결과(cause & effect)' 같은 부분들을 느끼고 배울 수 있다.

사용자가 이러한 기술을 가지고 있으면 더 나아가 작동, 유지, 해제 기술을 다른 응용 소프트웨어를 통해 시간을 측정할 수 있다. 주로 신체의 한 부분 이상을 인터페이스와의 접촉 위치를 찾아 놓는 것이 안전하다. 이러한 과정을 통해 보조공학사들은 신체의 조종 위치와 인터페이스를 평가하는 데 중요한 역할을 할 것이다. 간접선택은 미세한 근육활동만으로도 조작이 가능하다는 것이 장점이며, 가장 일관적으로 움직일 수 있는 신체 부분만 있으면 가능하다. 간접선택의 단점은 근육활동 자체가 제한되어 있다 보니 정보 입력이 제한되고, 많은 시간을 필요로 한다는 것이다. 직접입력보다 간접입력은 여러 단계의 기술을 요구한다. 스캐닝을 하기 위해서는 시각적 관찰력, 상당한 집중력 그리고 순차능력이 요구된다. 그러므로 약 4~5세 미만의 아동에게 스캐닝을 적용하기는 어려우며 가능한 한 사용하지 않는다는 통계를 제시한 논문이 있다. 즉, 아동이 원하는 항목을 선택하기 위해 기다리는 시간과 스위치를 적절한 시간에 작동 및 해제시키는 기술이 어린 아동이나 인지능력이 부족한 사람에게는 어렵다는 것이다.

5) 시각장애인의 컴퓨터 접근

시력을 가지고 있고 글을 읽을 수 있는 일반인들에게 인쇄매체는 새로운 정보를 얻는 수단이 될 수 있지만, 시각장애를 가진 사람에게 인쇄매체는 일종의 장벽이 될 수 있다. 이 장벽을 넘기 위해서는 두 가지 공학적 방법이 사용된다. 즉, 제한된 시력을 가진 사람에게 시각적 정보를 확대하여 제공하는 방법과 시각장애인에게 인쇄물을 청각적 또는 촉각적 정보로 바꿔 제공하는 것이다.

시각장애인들이 컴퓨터를 활용하려면 주변기기를 통하여 입력과 출력을 하여야 한다. 시각장애인들은 입력하는 데 별 어려움이 없지만 출력하는 데는 상당한 어려움을 가진다. 특히 문자 또는 DOS 환경(Character User Interface: CUI)에서 WINDOW 환경(Graphic User Interface: GUI)으로 전환하면서 모든 명령이 마우스를 움직여야 되며 아이콘화되었기 때문에 시각장애인들에게는 스크린 위치를 파악하고 마우스를 움직이는 데 상당한 어려움을 가지게 되었다. 따라서 시각장애인들의 컴퓨터 접근을 위한 입출력 방법 및 접근방법들에 대해 알아보고자 한다.

(1) 입력방법

시각장애인의 입력을 돕기 위한 대체방법으로는 크게 촉각과 광학문자인식을 이용한 방법이 있다. 촉각을 통해 입력을 하는 예로는 키보드의 기본자리 표시, 촉각 마우스, 6개의 키를 통한 입력 등이 있다. 광학문자인식은 문서의 내용을 광학 또는 카메라를 통해서 입력하는 것을 말한다. 이러한 기기의 예로는 OCR, 스캐너, 독서기, CCTV를 통한 인식 등이 있다(〈표 2-1〉 참조).

① 일반 키보드: 시각장애인들은 키보드를 사용해서 정보를 입력하는 데는 아무 문제가 없다. 단, 키보드를 익히기 위해 훈련이 필요하며 지체 부자유에 사용되는 키유도 장치 또는 점자 키보드 스킨을 키보드 훈련과정에 사용해도 좋다. 다만 입력한 문자를 읽을 수 없으므로 음성으로 확인을 해 주어야 하기 때문에 문자를 읽어 줄 수 있는 별도의 하드웨어나 소프트웨어가 필요하다. 그리고 많은 분량의 정보를 일일이 키보드로 입력하는 데는 어려움이 있기 때문에 음성입력기와 스캐너를 사용해서 정보를 입력할 수 있다.

② 촉각 마우스: 3mm의 핀이 가로와 세로로 8개씩 정방형으로 배열된 매트릭스가 마우스 버튼 위에 장착되고 이 핀들을 통해 모니터상에 나타나는 정보와 마우스의 움직임에 대한 정보를 알 수 있고, 이러한 정보들은 진동감각을 통해 전달된다.

③ 음성 입력: 음성입력기란 음성으로 명령하면 컴퓨터가 음성을 인식하고 입력하는 기기다. 음성입력기는 지체장애인들에게 큰 도움이 될 수 있으나 현재까지는 그 성능이 완전하지 않기 때문에 시각장애인에게 적용되기까지는 아직 이르다.

④ 스캐너: 1980년대 중반부터 문자를 인식하는 몇 가지 맹인용 스캐너가 개발되었다. 이것은 여러 글자, 그림을 인식해서 그 이미지를 컴퓨터에 입력시키는 것이다. 입력된 내용을 음성합성기로 읽을 수도 있고, 점자로 출력할 수도 있으며, 큰 문자로 출력할 수도 있다. 대표적인 예가 Kurzweil Personal Reader(〈표 2-1〉 참조), Arkenstone II Package, Easy-Reader, Oscar 등이다. 우리나라에서도 문자인식 장치가 개발되었는데 대표적인 소프트웨어로는 아르미 6.0을 들 수 있다. 이 문자인식 장치는 한글은 물론 한자, 일본어, 영어, 숫자, 특수문자 등을 입력할 수 있으며, 초당 300개의 문자를 인식한다. 1980년대에는 가격이 몇 만 달러였으며 부피도 초대형 복사기와 유사했다. 하지만 지금은 몇 천 달러만 주면 구입할 수 있으며 부피도 휴대용 복사기 또는 소형 팩스기만큼 줄어들었다.

〈표 2-1〉 시각장애인 인터페이스 작동방법

대체방법		예
입력	촉각: 촉각을 통해 내용을 입력한다.	가. 키보드, 촉각 마우스, BrailleLite  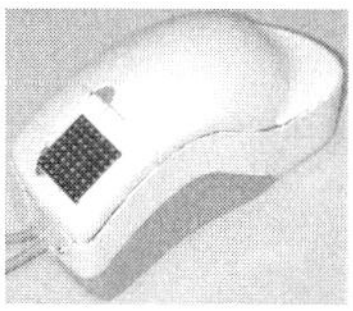 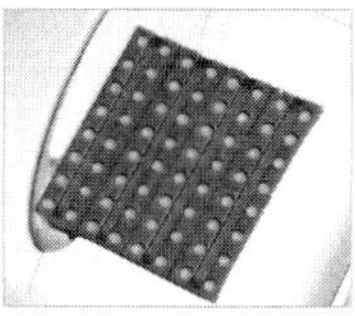 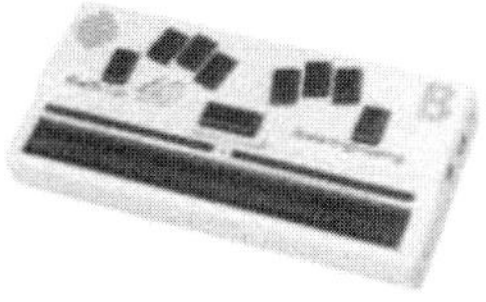
	광학문자인식: 문서의 내용을 광학 또는 카메라를 통해서 입력한다.	나. OCR, 스캐너, Kurzweil 독서기, Optacon, CCTV   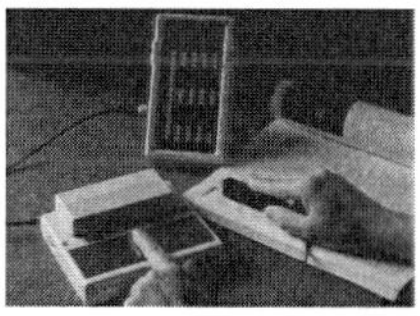
출력	청각: 컴퓨터상의 글자를 합성된 음성으로 읽어 준다.	가. 음성합성, 화면낭독 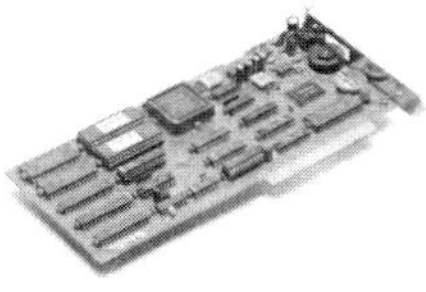  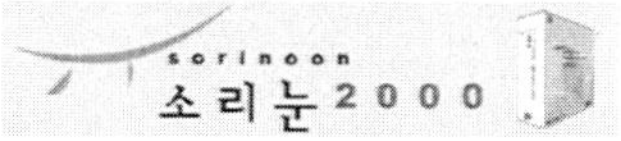
	촉각: 컴퓨터상의 글자를 가변점자, 점자, 그리고 입체적 그래픽 이미지로 출력한다.	나. 가변점자, 점자프린터, 입체프린터. Optacon   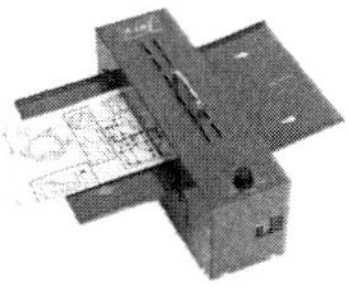 
	시각: 모니터의 내용을 원하는 크기로 확대해 준다.	다. 화면확대(하드웨어 및 소프트웨어)  

(2) 출력방법

시각장애인들은 모니터상에 나타나는 정보를 직접 읽을 수 없기 때문에 점자나 음성 또는 큰 문자로 바꾸어 출력시켜야 한다. 시각장애인들의 출력상의 문제 해결방법은 크게 세 가지, 즉 ① 청각적 정보, ② 촉각적 정보, ③ 시각적 정보 정도로 나누어 볼 수 있다.

4. 보조공학의 접근 형태

1) 제어 인터페이스

제어 인터페이스(control interface, 예: 키보드, 조이스틱)는 보조공학 체계 내에서 인간이 작동하거나 장치를 제어하는 실제 하드웨어다(Cook & Hussey, 1995). 제어 인터페이스는 어느 특정한 작업을 수행하기 위해서 어떤 물체, 기계, 기계장치, 기계적인 체계를 최적으로 이용하는 것이다(Levy, 1983). 이들을 때때로 입력장치라 부르기도 한다. 하나부터 무수한 숫자의 독립된 입력 또는 신호를 생성하는 제어 영역을 입력장치로 규정한다.

제어 인터페이스는 사용자가 보조기기를 직접 작동하는 것을 의미하는데, 그것은 테크니컬 에이드 또는 보조기기의 한 부분이 될 수도 있다(Romich & Vagnini, 1984). 제어 인터페이스는 하나로 통합된 것도 있고, 또 별도의 장치로 분리된 것도 있다. 예를 들면, 일반 컴퓨터의 키보드(제어 인터페이스)와 본체가 통합 또는 분리되어 있는 것과 같이 보완대체 의사소통 장치 또한 입력장치가 통합 또는 분리된 것이 있다. 예를 들면, 보완대체 의사소통 장치 또는 컴퓨터에 스위치, 조이스틱과 같은 입력장치를 달게 되면 제어 인터페이스가 분리된다.

[그림 2-3]은 사용자가 테크니컬 에이드를 사용해서 작업을 수행하는 것을 나타내고 있다. 여기서의 입력(input)은 주로 사용자의 네 가지의 입력방법(〈표 2-2〉 참조)을 말한다. 즉, ① 운동: 신체적인 움직임(physical movement)에 의한, ② 호흡: 공기의 작용(pneumatic)에 의한, ③ 근육-전기(myoelectric)에 의한, 그리고 ④ 목소리에 의한 방법으로 [그림 2-3]에서처럼 일을 수행하는 과정마다 피드백을 제공해 준다. 이러한 피드백은 사용자를 위해 대단히 중요한 역할을 한다. 제어 인터페이스에서의 피드백은 스위치 또는 키보드를 누를 때 사용자에게 그것을 시각, 청각 그리고 촉각으로 알리는 것으로, 이는 일을 수행하는 데 있어서 대단히 중요하다. 피드백은 사용자가 좀 더 보조기기와 친숙해지고 작업을 보다 더 효율적으로

〈표 2-2〉 제어 인터페이스 작동방법

신호출력 사용자 행동	신호 감지	예
1. 운동 (눈, 머리, 혀, 팔, 다리)	기계적 제어 인터페이스: 힘을 가하여 작동	조이스틱, 키보드 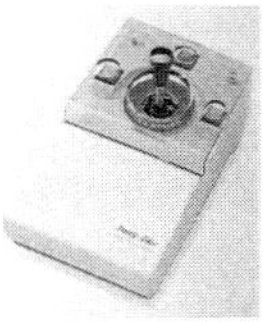 
	전자석 제어 인터페이스: 빛 라디오 주파 신호를 받아서 작동	광선지시기, 광선감지기, 무선라디오 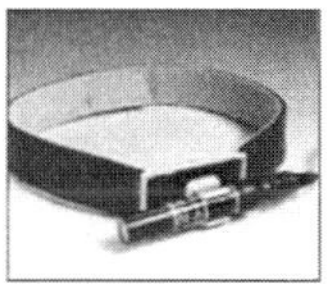 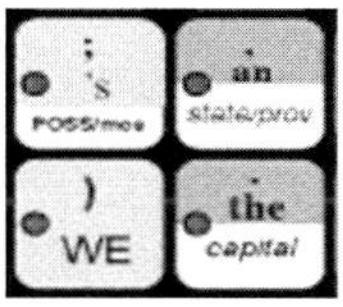 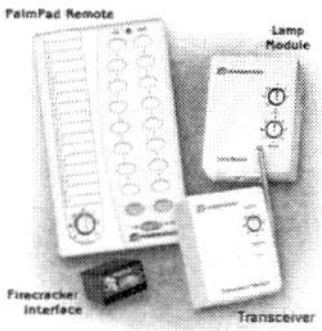
	전기적 제어 인터페이스: 신체 표면의 전기신호를 감지해서 작동	EMG, EOG, 접촉 스위치 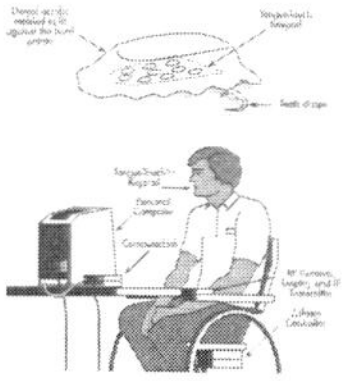 
	근접 제어 인터페이스: 감지기에 가까운 움직임을 통해 작동 (접촉 없이)	열-민감 스위치 엘리베이터 스위치
2. 호흡	공기 작용에 의한(pneumatic) 제어 인터페이스: 호흡 공기 흐름 또는 압력을 감지해서 작동	불기-빨기 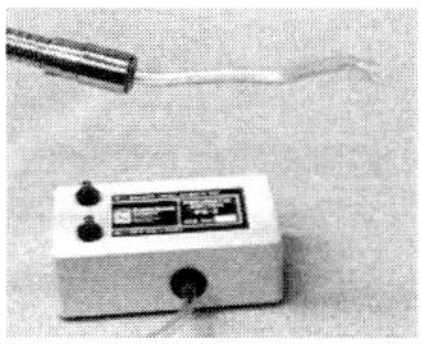
3. 근육-전기	근육 수축에 의한 전기신호로 작동	근육-전기 센서
3. 목소리	소리 또는 음성 제어 인터페이스: 발음이 분명한 소리, 언어 감지에 의한 작동	소리, 휘파람, 음성인식 스위치  

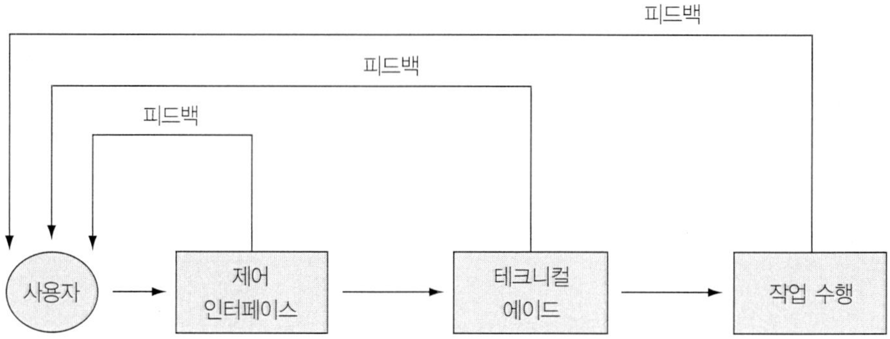

[그림 2-3] 작업 수행에 있어서 제어 인터페이스의 역할

출처: Romich & Vagnini(1984).

수행할 수 있도록 하는 데 꼭 필요한 중요한 요소다. 테크니컬 에이드에서의 피드백도 이와 마찬가지로 보조공학 장치 또는 테크니컬 에이드가 작동되었을 경우 사용자에게 그것을 시각, 청각 또는 촉각으로 알리는 것이다. 예를 들면, 사용자가 스위치를 사용하여 항목 또는 어휘를 선택할 때, 선택된 것이 테크니컬 에이드 또는 보조공학 장치 자체에서 소리와 함께 문자로 화면에 표시가 된다. 마지막으로, 작업 수행에 있어서의 피드백은 사용자에게 작업이 수행되었다는 신호를 시각, 청각, 그리고 촉각적으로 해 주는 것을 말한다. 예를 들면, 모든 항목 또는 어휘가 선택되면 작업이 완료되었다는 것을 알려 주기 위해 항목 또는 어휘를 하이라이트, 음성 출력, 또는 프린트 출력해 준다.

2) 전자 보조장치의 일반적인 형태

모든 전자 보조기기는 최소한 세 가지의 기본적인 요소를 가져야 한다(Cook, 1985). 첫째, 주변 환경과 상호작용할 수 있는 방법이 있어야 하고, 둘째, 사용자와 상호작용할 수 있는 방법이 있어야 하며, 셋째, 사용자와 주변 환경 사이에 최대한의 정보교환이 이루어질 수 있도록 해야 한다. 전자 보조장치를 감각 보조기기(Sensory Aids)와 의사소통 및 제어 보조기기(Communication and Control Aids)로 구분해서 보는 것이 전자 보조장치를 이해하는 데 도움이 될 것이다.

감각 보조기기는 환경센서(environmental sensor)라는 요소를 가지는데, 이것은 시각 보조기기일 경우에는 카메라가 될 수 있으며, 청각 보조기기일 경우에는 마이크로폰이, 지각 보조기기(압력측정기)일 경우에는 외부 압력 또는 힘을 측정할 수 있는 압력센서가 될 수 있다. 이렇게 환경센서로 받아들인 모든 정보는 보조기기를 통해 사용자에게 표현이 된다. 예를 들면, 약시를 위한 시각 보조기기일 경우에는 카메라를 통해서 입력된 문자를 확대해 주는 TV 모니터가 될 수 있으며, 청각 보조기기일 경우에는 마이크로폰으로 받은 소리를 증폭시켜 주는 리시버(receiver) 또는 스피커, 그리고 지각 보조기기일 경우에는 압력센서를 통하여 측정된 압력 분포를 나타낼 수 있는 컴퓨터 모니터가 될 수 있다.

의사소통 및 제어 보조기기는 사용자가 입력을 하고, 환경을 대상으로 출력을 한다. 여기서의 출력은 여러 가지 형태로 나타날 수 있는데 환경조종 장치(Environmental Control Unit), 식사 보조기(Feeder), 책장을 넘기는 보조기(Pager Turner), 로보트 조작기(Robot Manipulator), 음성출력기 등이 있다. 사용자는 제어 인터페이스(예: 키보드, 스위치, 조이스틱)를 통해 의사소통 및 제어 보조기기와 상호작용할 수 있다. 대표적인 제어 인터페이스는 단일 스위치를 이용하는 것으로 이때에도 피드백이 필요하다. 즉, 스위치를 눌렀을 경우 청각, 촉각 또는 시각적인 피드백 외에도 고유수용감각 또는 자기자극에 감응하는(proprioceptive) 피드백과 체성감각(somatosensory)에 의한 피드백을 제공할 수 있다.

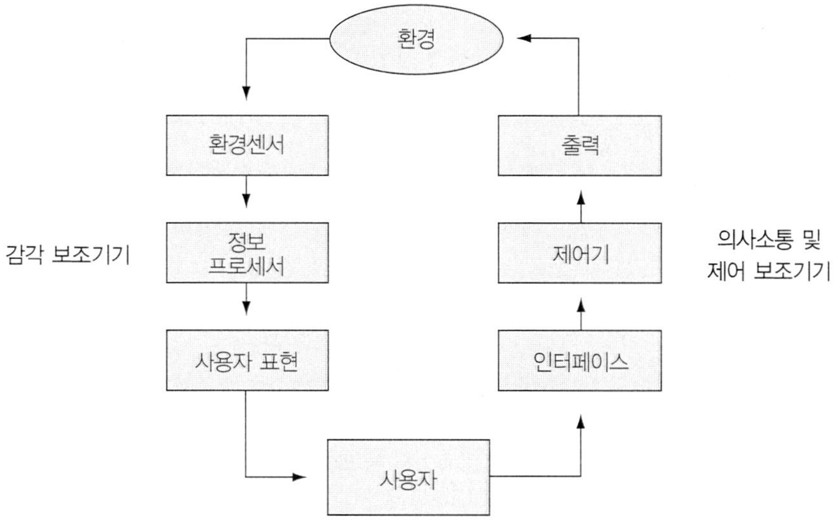

[그림 2-4] 전자 보조장치의 일반적인 형태

출처: Cook(1985).

3) HAAT 모델

Bailey(1989)는 어느 상황(context)하에 주어진 특정한 활동(activity)에서 인간 사용자의 성능(human performance)을 나타낼 수 있는 모델을 개발했다. Bailey의 모델에는 보조공학이나 어떠한 형태의 일반 공학에 대한 것이 나타나 있지 않다. 왜냐하면 이 모델은 비장애인 사용을 위해 대량 생산되고 시중에서 구입 가능한 장치들을 디자인하는 데 사용되기 때문이다. 이 모델에 따르면 인간은 어떠한 상황에서 어떤 활동과 직면하였을 경우 그의 능력을 도모하기 위하여 보조공학을 필요로 할 수 있다. 그래서 Cook과 Hussey(1995)는 보조공학 체계를 설명하기 위해서 Bailey의 모델을 [그림 2-5]와 같이 HAAT(Human Activity Assistive Technology) 모델로 개조하였는데 두 가지가 변경되었다. 첫째는 상황을 좀 더 넓혀서 사회적, 문화적, 환경적 그리고 신체적 상태까지 포함하였고, 둘째는 보조공학 요소가 명확하게 나타나 있으며 다른 세 요소와 어떠한 관계인지가 나타나 있다는 것이다. 보조공학 체계는 처음 사람이 활동을 실행하기 위한 필요 또는 욕구에 의해 시작된다. 활동(예: 이동, 쓰기, 말하기)은 보조공학 체계의 목표를 가르쳐 준다. 이러한 활동은 여러 세분화된 임무(task)를 완성함으로써 달성된다. 각 임무는 상황하에 수행된다. 보조공학 체계의 목표를 달성하기 위

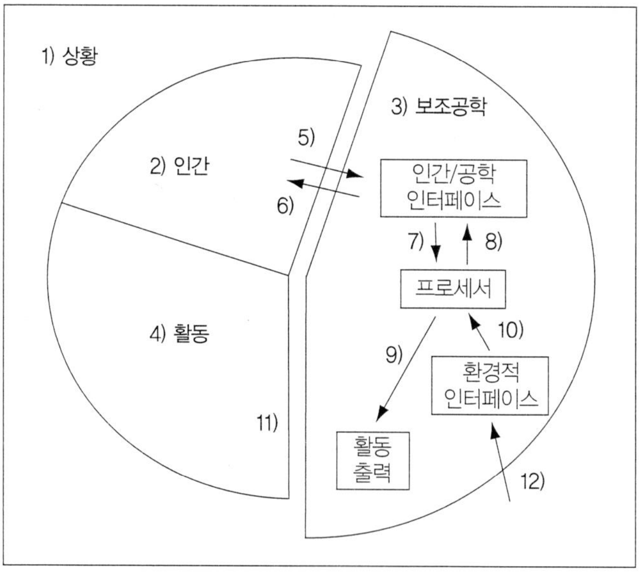

[그림 2-5] HAAT 모델

출처: Cook & Hussey(1995).

해 어떠한 사람의 기술이 필요한지는 활동과 상황을 합해 보면 그 답이 나온다. 만약에 활동을 수행하기 위해 필요한 기술이 부족하면 보조공학을 이용할 수 있다.

사례연구 1

학교 컴퓨터실에서 워드 작업을 해야 할 사람이 있다고 가정하자. 여기서 워드 작업이 그의 활동이 될 것이며 학교 컴퓨터실이 상황의 한 부분이 될 것이다. 그는 이것을 학교 숙제의 한 부분으로 완성할 필요가 있으므로 이것이 상황의 한 부분이 된다. 그는 척수손상 때문에 양손을 사용하지 못할 뿐만 아니라 말도 할 수 없다. 그래서 그를 위해 눈 응시 체계(보조공학)를 구입했다. 이 체계는 컴퓨터 스크린에 표시되는 스크린 키보드를 눈으로 응시하면 컴퓨터 모니터에 문자로 나타난다. 그의 기술(눈 응시)을 사용하여 활동(워드 작업)을 달성할 수 있는 것이다. 그가 눈으로 응시하면 자신이 직접 타이프를 치는 것처럼 보조공학이 그의 눈을 인식해서 컴퓨터에 전달하는 것이다.

보조공학 체계는 활동(워드 작업), 상황(학교 컴퓨터실, 학교 숙제 완성), 인간기술(눈 응시) 그리고 보조공학(눈 응시 시스템)이다.

(1) 상황

Cook과 Hussey(1995)에 의하면 상황은 네 항목, 즉 ① 환경(예: 주택, 직장, 동네), ② 사회적 상황(동료와 함께, 타인과 함께), ③ 문화적인 상황, 그리고 ④ 신체적인 상황(측정할 수 있는 온도, 습도, 빛 등)으로 분류된다. 흔히 보조공학의 응용을 고려할 때 인간이 임무를 수행하는 상황을 자주 잊어버리는 경우가 많다. 하지만 상황은 보조공학 체계의 성공과 실패에 중요한 원인이 될 수 있다.

(2) 인간

인간은 누가 어디서 무엇을 하는 것을 나타낸다. Christiansen(1991)은 활동을 수행하기 위한 개인의 능력을 ① 감각적 입력, ② 인지능력, ③ 근육의 세 항목으로 분류했다. 활동에서 정한 목표를 달성하기 위해서는 의사소통, 이동 그리고 조작을 위한 사용자의 근육기술이 요구된다. 하지만 이러한 활동을 수행하기 위해서는 감각적인 기술도 요구된다. 예를 들면, 의사소통을 하기 위해서는 시각 혹은 청각적인 입력이 필요하다. 만약에 이러한 기술이 손상되었다면, 보조공학 체계가 다른 기술을 요구하도록 함으로써 도움을 줄 수 있는 것이다. 예를 들면, 청각이 부족하면 보청기를 사용해서 감각 체계를 보완할 수 있고, 시각적으로 읽기가 어려우면 점자를 사용해서 감각 체계를 대체할 수 있다. 마지막으로, 활동을 성공적으로 달성하기 위해서는 인지능력이 필요하다.

(3) 보조공학

여기서의 보조공학 요소는 앞의 [그림 2-4]에 제시된 Cook(1985)의 보조장치의 일반적인 형태에 기반을 둔다. 인간과 기계는 제어 인터페이스 요소를 통하여 상호작용한다. 이 상호작용은 양방향으로 이루어진다. 예를 들면, 정보와 힘이 인간에서 공학 쪽으로 향하기도 하며(예: 의사소통 및 제어 보조기기), 이와 반대로 공학에서 인간으로 향하기도 한다(예: 감각 보조기기). 공학이 기능적인 성능에 기여하려면 출력을 제공하여야 한다. 이러한 출력을 활동 출력(activity output)이라는 요소를 통하여 완성시키는데, 이는 Cook(1985)이 제시한 보조장치의 일반적인 형태([그림 2-4])의 출력 부분과 동일하다. 제어 인터페이스와 활동 출력은 프로세서로 연결되고 프로세서는 인간으로부터 받은 정보 및 힘을 활동 출력을 제어하는 데 사용될 수 있는 신호로 변환시켜 주는 역할을 한다. 이는 Cook(1985)이 제시한 보조장치의 일반적인 형태의 제어기 부분과 동일하다. 마지막으로, 어떠한 보조공학(예: 감각 보조기)은 외부 환경 데이터를 탐지할 수 있어야 한다. 환경적인 센서가 이러한 기능을 완성시킨다. 일단 외부 데이터가 탐지되면 프로세서는 이러한 데이터를 제어 인터페이스를 통하여 사용자에게 제공될 수 있도록 분석 및 형식화하는데, 이는 Cook(1985)이 제시한 보조장치의 일반적인 형태의 정보 프로세서와 같은 역할을 한다.

(4) 활동

활동은 전반적인 보조공학 체계의 목표를 말한다. 활동은 누가 무엇을 수행하는 과정이며 인간 성능의 기능적인 결과를 나타내는 것이다. 미국작업치료학회에 따르면 활동은 주로 신변처리, 직장 및 학교, 놀이 및 레저 영역으로 항목화된다.

4) 보조공학과 인간 성능

보조공학사의 최고의 목적은 장애인의 필요를 만족시켜 줄 수 있는 보조공학 장치를 추천하는 것인데, 이러한 장치는 그들의 능력과 일관성이 있어야 하며 그 사람에게 주어진 일상생활 상황 안에서 독특한 기능을 완수할 수 있어야 한다. 우리는 장애인을 고친다는 개념보다는 기능적인 결과와 그들이 무엇을 성취하고 싶은가에 초점을 맞추어야 한다. 기능적 결과의 달성을 위해서는 장애인의 능력을 최대화해야 하며, 이를 위해서는 장애인이 중심이 되어야 한다.

Bailey(1989)는 인간 성능(human performance)은 어느 기준에 따른 목적을 만족시키기 위해 수행되는 행동의 형식의 결과라고 정의했다. 보조공학에서는 인간 성능을 관찰하고 측정하는 것이 중요하다. Bailey(1989)에 의하면 성능이 결과라면 행동은 결과로 이어지는 행동의 형식이다. 우리는 인간의 성능과 행동을 둘 다 관찰할 수 있지만 성능만 측정이 가능하다.

보조공학 체계에서의 인간 성능과 행동을 구분하기 위해서 다음과 같은 사례연구를 살펴보자. 근위축성 측색경화증(ALS)을 가진 사람이 있는데 그는 이러한 근육손상 때문에 말을 하지 못하고 쓰지도 못한다. 그는 또한 얼굴 표현을 조절할 수 없다. 우리가 그의 운동행동을 관찰하면 그의 팔이 조금 움직이는 것을 볼 수 있다. 그와 이야기를 하면 그의 얼굴 표현이 그의 기분을 나타내지 않는다는 것을 볼 수 있으며 그의 팔운동 또는 얼굴 표현만 가지고 그의 기분을 정확하게 분석하기는 매우 어렵다. 다행히도 그는 철자 하나하나를 눈으로 응시해 가면서 단어를 표현할 때 사용하는 이-트랜 보드(보조장치)를 가지고 있다. 그가 이러한 의사소통 체계를 사용할 때의 눈운동을 관찰하면, 우리는 그가 특정한 철자에 응시하는 것을 명확하게 볼 수 있으며 지적인 대화를 수행하는 그의 능력을 확인할 수 있다. 우리가 관찰할 수 있는 그의 행동들은 움직임과 얼굴 표현이다. 우리가 어떠한 기준에 따라 이러한 움직임을 측정하기는 매우 힘들다. 만약에 비장애인을 기준으로 한다면 그의 움직임과 얼굴 표현을 잘못 해석하기가 쉬울 것이다.

만약에 우리가 그의 행동보다는 성능(performance)을 측정한다면 우리는 좀 더 좋은 입지에 있다. Kodraske(1990)에 의하면 측정은 확실한 기준을 사용해서 1차원의 물체 또는 결과의 양을 재는 과정을 말한다. 만약에 의사를 표현하는 것(의사소통)이 성능이라면, 우리는 성능의 기준을 만들 수 있고 그것을 측정할 수 있다. 예를 들면, 우리는 어떠한 기준(예: 1분 동안 5개에서 10개 단어 표현)에 따라 특정한 의사소통 속도, 즉 1분 동안 몇 개의 단어(words per minute: wpm)를 표현할 수 있는지를 측정할 수 있다. 그러면 그가 1분 동안 몇 개의 단어를 생산할 수 있는지 결정할 수 있다. 만약에 그가 10wpm을 표현할 수 있다면 이러한 측정은 그의 성능의 질을 결정하는 데 평가할 수 있다. 만약에 정상 기준이 150wpm이라면 그의 속도는 매우 느리고 부족한 것으로 평가될 것이다. 하지만 만약에 언어보드 능력의 기준이 5~15wpm이라면 그의 능력은 우수한 것으로 평가될 것이다. 그러므로 우리는 그의 행동만을 관찰하기보다는 그의 능력을 측정함으로써 더 용이한 결과를 찾을 수 있다.

이번에는 그가 보완대체 의사소통 평가를 받고 난 후 눈 응시 시스템(eye-gaze) 장치와 단어예언(word prediction) 기능을 선정하였다고 가정한다. 이 장치는 철자 하나하나를 선택해야 할 필요 없이 한 번의 지시로 전체 단어를 선택할 수 있다. 이러한 상황을 감안해서 다시 그의 행동과 성능을 관찰하자. 즉, 그는 단어예언을 사용해서 한 키를 응시함으로써 단어를 선택한다. 그래서 그는 단어예언을 사용하여 의사표현 속도를 15wpm으로 향상시킨다. 여기서 그의 성능은 과연 향상되었는가? 우리가 결론 내릴 수 있는 것은 그의 성능이 향상되었다기보다는 보조공학 체계의 전체(그의 성능의 향상을 포함하는)가 향상되었으며 그의 성능이 어느 만큼의 역할을 했는지에 대해서는 측정할 방법이 없다는 것이다. 왜냐하면 10wpm에서 15wpm으로의 향상은 그의 성능의 향상에 따른 것이라기보다는 눈 응시 체계가 제공하는 단어예언의 역할에 의한 것이라고 볼 수밖에 없기 때문이다. 일반적으로 보조공학 사용을 위해 장애인을 평가할 때 우리는 인간 성능을 평가해야 한다(〈표 2-3〉 참조).

〈표 2-3〉 보조공학과 시스템 성능의 관계

보조공학	인간 행동	시스템 성능
이-트랜 보드	측정하기 어려움.	wpm을 측정할 수 있지만 인간 성능의 역할은 측정할 수 없음.
눈 응시 체계 장치	측정하기 어려움.	wpm을 측정할 수 있지만 인간 성능의 역할은 측정할 수 없음.

5) 기구 대 도구

현재 많은 새로운 기술과 장치가 장애인의 새로운 잠재능력과 기회를 제공하기 위해 개발되어 사용되고 있다. 장애인들이 직면한 문제를 해결하기 위해서는 공학만으로는 불가능하며 적절한 훈련과 치료 그리고 다른 재활 프로그램이 필요하다. 테크니컬 에이드는 크게 두 항목으로 분류될 수 있다(Vanderheiden, 1987). 첫째, 기구(appliance)는 개인의 능력에 관계없이 장치 또는 공학이 도움을 주는 것을 말한다. 그러므로 기구를 사용하는 데는 특별한 기술이 요구되지 않는다. 가정 냉장고가 대표적인 예다. 일단 냉장고를 가동시키면 자동적으로 작동되므로 사용하는 데 있어서 특별한 기술이 필요 없다. 둘째, 도구(tools)를 사용함으로써 얻게 되는 결과의 질은 항상 개인의 기술에 달려 있다. 도구를 사용하여 얻게 되는 결과는 변동이 심하며 사용자의 기술에 의해 좌우된다. 프라이팬이 대표적인 예다. 개인이

프라이팬을 어떻게 사용하느냐에 따라 맛있는 요리를 만들 수도 있는 반면 어떠한 사람은 달걀만 구워 먹는 수준밖에 되질 않는다. 보조공학은 기구와 도구가 같이 존재한다. 재활에 사용되는 기구로는 안경, 보청기 등이 있으며 도구로는 의사소통 기기, 이동기기 등이 있다. 컴퓨터는 기구도 될 수 있으며 도구도 될 수 있다. 왜냐하면 컴퓨터는 사용자가 특별한 기술 없이도 사용할 수 있도록 환경을 설정할 수도 있기 때문이다. 예를 들면, 한글 2002와 같은 워드 소프트웨어는 특별한 기술 없이도 누구나 쉽게 사용할 수 있는 반면 프로그래밍 언어를 사용해서 소프트웨어를 개발할 수도 있기 때문이다.

6) 공학의 사용에 대한 조건

Cook과 Hussey(1995)는 장애인이 직면한 추상적이고 실제적인 장애를 극복하는 데 도움이 되기 위해서는 다음과 같은 다섯 가지 조건들이 충족되어야 한다고 한다.

① 공학은 사용자의 요구에 적절해야 한다. 최근 복합적인 공학의 이용도가 증가하고 있지만 실질적으로 문제를 효과적이면서도 값싸게 해결할 수 있는 것은 고급공학이 아닌 간단한 하급공학에 의한 것이다.

② 공학은 값과 효율성의 비례를 고려해야 한다. 그래서 값에 비해 장기간의 혜택이 주어지는지를 반드시 고려해야 한다. 공학이 사용자들의 요구의 변화와 사용의 값(피로, 정신적 스트레스)에 따라 적절히 적응할 수 있는지도 중요한 요소가 된다.

③ 장애인을 위해 공학을 응용하려면 반드시 대중화된 공학의 혜택을 빌리는 것이 바람직하다. 여기서 시장원리가 적용된다. 고급공학은 대량생산을 하지 못하기 때문에 당연히 시장원리에 의해서 값이 비싸다. 하지만 대량생산을 하면 할수록 값이 떨어질 수밖에 없다. 따라서 대중화된 상품이나 공학기술을 활용하면 처음부터 장애인을 위해 공학을 직접 개발하는 것보다 저렴한 가격에 보조공학 장치를 통해 보다 더 큰 능력을 제공할 수 있다.

④ 공학이 장애인에게 쓸모 있게 사용되려면 초점을 공학보다는 사용자에게 두어야 한다. 불행하게도 장애인들이 가지고 있는 문제는 어려운 해결책이 아닌 아주 간단한 해결책에 의하여 풀 수 있다.

⑤ 보조공학 전달의 핵심요소는 무엇보다도 모든 과정에 소비자의 적극적인 참여가 필요하다는 데 있다.

참고문헌

34 C.F.R. Part 300 Assistance to States for the Education of Children with Disabilities.

Assistive Technology Act of 1998. (1998). U.S. Government. http://www.mdtap.org/tt/1998.09/1b-b-art.html

Bailey, R. W. (1989). *Human Performance Engineering* (2nd ed.). Englewoods Cliffs, NJ: Prentice-Hall.

Bain, B. K., & Leger, D. (1997). *Assistive technology: An interdisciplinary approach*. New York, NY: Churchill Livingstone.

Cook, A. M. (1985). General concepts. In J. G. Webster et. al. (Ed.), *Electronic Devices for Rehabilitation* (pp. 3-29). Norwell, MA: Chapman & Hall(now part of Kluwer Academic Publishing).

Cook, A. M., & Hussey, S. M. (1995). *Assistive technologies: Principles and practice*. Saint Louis, MO: Mosby.

Koppenhaver, D. A., Steelman, J. D., Pierce, P. L., Yoder, D. E., & Staples, A. (1993). Developing Augmentative and Alternative Communication Technology in Order to Develop Literacy. In W. C. Mann & J. P. Lane (Eds.), *Technology and Disability: The Human Face of AAC Technology, 2*(3), 32-41.

Lee, K., & Thomas, D. (1990). *Control of computer-based technology for people with physical disabilities: An assessment manual*. Toronto: University of Toronto Press.

Levy, R. (1983). Interface modalities of technical aids used by people with disability. *The American Journal of Occupational Therapy, 37* (11), 761-765.

Romich, B. A. &, Vagnini, C. B. (1984). Integrating communication, computer access, environmental control and mobility. *Proceedings of the 1984 CTG Conference*, 71-77.

Vanderheiden, G. C. (1987). Service delivery mechanisms in rehabilitation technology. *The American Journal of Occupational Therapy, 41* (11), 703-710.

제3장 보조공학 정책 및 서비스 전달체계

장애인, 노인의 자립생활과 사회참여를 증진하여 전반적인 삶의 질을 향상시키는 보조공학의 효과에 대한 인식이 사회적으로 확산되고 있다. 이 장에서는 보조공학 정책 및 서비스 전달체계를 보조공학 지원 법 · 제도, 보조공학 전달체계, 보조공학서비스 과정, 보조공학서비스 사례관리로 구분하여 설명하고자 한다. 먼저, 우리나라에서는 여러 법에서 국가가 보조공학을 제공할 의무가 있고 그것을 어떻게 집행해야 하는지에 대한 규정과 조항이 지속적으로 확대되고 있다. 이들 중 부처별로 실제 보조공학 예산이 편성 · 집행되고 있는 법률들을 중심으로 소개하고자 한다. 각 법률들에서 보조공학 지원의 근거가 되는 규정들을 보면 다음과 같다.

1. 보조공학 지원 법 · 제도

1) 보건복지부

(1) 「장애인 · 노인 등을 위한 보조기기 지원 및 활용촉진에 관한 법률」

2015년 12월 제정된 「장애인 · 노인 등을 위한 보조기기 지원 및 활용촉진에 관한 법률」

은 지금까지 산재한 보조공학 전달과 지원, 확산에 대한 통합적 체계를 목표로 하고 있다. 제1장 총칙에서는 장애인 등, 보조기기, 보조기기 서비스란 용어를 우리나라 최초로 다음과 같이 정의하고 있다.

> 제 3 조 (정의) 이 법에서 사용하는 용어의 뜻은 다음과 같다.
>
> 1) "장애인등"이란 「장애인복지법」 제2조에 따른 장애인, 「노인장기요양보험법」 제2조 제1호에 따른 노인등, 「국가유공자 등 예우 및 지원에 관한 법률」 제4조에 따른 국가유공자 등을 말한다.
>
> 2) "보조기기"란 장애인등의 신체적 · 정신적 기능을 향상 · 보완하고 일상 활동의 편의를 돕기 위하여 사용하는 각종 기계 · 기구 · 장비로서 보건복지부령으로 정하는 것을 말한다.
>
> 3) "보조기기 서비스"란 장애인등이 보조기기를 확보하고 효율적으로 활용할 수 있도록 제공되는 일련의 지원을 말한다.

제2장 보조기기의 지원 등에서는 보조기기를 지원하는데 필요한 각종 정보와 품질관리 체계, 보조기기업체의 책임 등이 명시돼 있다. 제3장 보조기기센터는 산재한 보조공학 전달 체계를 국가적 차원에서 서로 연계하고 사용자 중심의 일관된 서비스 수립을 규정한다. 제4장 보조기기 관련 전문인력은 이제 위의 모든 업무와 활동을 담당하는 전문가를 배출, 관리, 운영함으로써 제도의 효율성과 전문성을 확보하여 사용자 중심의 서비스가 이루어질 수 있는 틀을 마련하였다. 제5장 보조기기 연구개발 및 활성화에서는 사용자 밀착형 제품 개발, 생산 지원을 초점에 두고 있다. 이 법률은 2016년 12월 30일부터 시행되며 현재 민간 자격인 보조공학사를 2019년 30일까지 이 법에 따른 보조공학사로 본다(부칙 제3조).

(2) 「국민건강보험법」

「국민건강보험법」의 목적은 국민의 질병 · 부상에 대한 예방 · 진단 · 치료 · 재활과 출산 · 사망 및 건강증진에 대하여 보험급여를 실시함으로써 국민보건을 향상시키고 사회보장을 증진하는 것이다(제1조). 이 법률에서 보조공학과 관련된 규정은 제51조(장애인에 대한 특례)로 다음과 같다.

> ① 공단은 「장애인복지법」에 따라 등록한 장애인인 가입자 및 피부양자에게는 보장구(補

裝具)에 대하여 보험급여를 할 수 있다. ② 제1항에 따른 보장구에 대한 보험급여의 범위 · 방법 · 절차와 그 밖에 필요한 사항은 보건복지부령으로 정한다.

(3) 「노인장기요양보험법」

「노인장기요양보험법」은 제23조(장기요양급여의 종류) 제1항 재가급여 중 기타재가급여에 수급자의 일상생활 · 신체활동 지원에 필요한 용구를 제공하거나 가정을 방문하여 재활에 관한 지원 등을 제공하는 장기요양급여로서 대통령령으로 정하는 것을 명시하고 있다. 여기에서 언급되는 용구에 노인의 장애를 보완하기 위해 필요한 보조공학이 포함된다.

(4) 「의료급여법」

「의료급여법」 제13조(장애인 및 임산부에 대한 특례) 제1항에서는 다음과 같이 보조공학 제공 규정을 명시하고 있다.

> ① 시장 · 군수 · 구청장은 「장애인복지법」에 따라 등록한 장애인인 수급권자에게 보장구(補裝具)에 대하여 급여를 실시할 수 있다.

(5) 「장애인복지법」

「장애인복지법」은 제22조(정보에의 접근), 제6장 장애인보조기구의 제65조(장애인보조기구), 제66조(장애인보조기구의 교부 등), 제67조(장애인보조기구업체의 육성 · 연구지원 등), 제68조(장애인보조기구 연구개발의 지원 등)이 이에 해당한다. 이 중 장애인보조기구의 개념과 품목에 대한 근거인 제65조(장애인보조기구)의 내용은 다음과 같다.

> ① "장애인보조기구"란 장애인이 장애의 예방 · 보완과 기능 향상을 위하여 사용하는 의지 · 보조기 및 그 밖에 보건복지부장관이 정하는 보장구와 일상생활의 편의 증진을 위하여 사용하는 생활용품을 말한다. ② 보건복지부장관은 제1항에 따른 장애인보조기구의 품질향상 등을 위하여 장애인보조기구의 품목 · 기준 및 규격을 정하여 고시할 수 있다.

(6) 「고령친화산업 진흥법」

「고령친화산업 진흥법」은 고령친화산업을 지원 · 육성하고 그 발전 기반을 조성함으로써 노인의 삶의 질 향상과 국민경제의 건전한 발전에 이바지함을 목적으로 한다(제1조). 고령친화제품등이라 함은 노인을 주요 수요자로 하는 제품 또는 서비스(제2조 제1항)인데 가항에 노인이 주로 사용하거나 착용하는 용구 · 용품 또는 의료기기가 명시되어 있다. 고령친화제품은 장애가 있는 노인이 필요로 하는 보조공학이 포함된 개념인 것이다. 이를 관장하는 관계중앙행정기관은 기획재정부, 미래창조과학부, 문화체육관광부, 농림축산식품부, 산업통상자원부, 보건복지부, 고용노동부, 국토교통부다(제2조 제4항).

2) 고용노동부

(1) 「산업재해보상보험법」

「산업재해보상보험법」 제40조(요양급여)에서 근로자가 업무상의 사유로 부상을 당하거나 질병에 걸린 경우 요양급여를 지급한다고 명시하고 있는데 이로 인해 장애가 발생하였을 경우 제4항에서 약제 또는 진료재료와 의지, 그 밖의 보조기를 지급하도록 규정하고 있다.

(2) 「장애인고용촉진 및 직업재활법」

「장애인고용촉진 및 직업재활법」 제21조(장애인 고용 사업주에 대한 지원)에서는 보조공학 제공을 다음과 같이 규정하고 있다.

> ① 고용노동부장관은 장애인을 고용하거나 고용하려는 사업주에게 장애인 고용에 드는 다음 각 호의 비용 또는 기기 등을 융자하거나 지원할 수 있다. 이 경우 중증장애인 및 여성장애인을 고용하거나 고용하려는 사업주를 우대하여야 한다.
> 1. 장애인을 고용하는 데에 필요한 시설과 장비의 구입 · 설치 · 수리 등에 드는 비용
> 2. 장애인 직업생활에 필요한 작업 보조공학기기 또는 장비 등
> 3. 장애인의 적정한 고용관리를 위하여 장애인 직업생활 상담원, 작업 지도원, 수화 통역사 또는 낭독자 등을 배치하는 데에 필요한 비용
> 4. 그 밖에 제1호부터 제3호까지의 규정에 준하는 것으로서 장애인의 고용에 필요한 비용 또는 기기
>
> ② 고용노동부장관은 장애인인 사업주가 장애인을 고용하거나 고용하려는 경우에는 사업주 자신의 직업생활에 필요한 작업 보조공학기기 또는 장비 등을 지원할 수 있다.

3) 국가보훈처의 「국가유공자 등 예우 및 지원에 관한 법률」

「국가유공자 등 예우 및 지원에 관한 법률」 제43조의2(보철구의 지급)에서는 전상군경, 공상군경, 4 · 19혁명부상자, 공상공무원 및 특별공로상이자로서 신체장애로 보철구(補綴具)가 필요한 사람에게는 대통령령으로 정하는 바에 따라 보철구를 지급하도록 규정하고 있다.

4) 미래창조과학부의 「국가정보화기본법」

「국가정보화기본법」 제3조(정의) 제9항에서는 '정보격차'를 사회적, 경제적, 지역적 또는 신체적 여건으로 인하여 정보통신서비스에 접근하거나 정보통신서비스를 이용할 수 있는 기회에 차이가 생기는 것이라고 하였다. 이는 장애인을 포함하여 정보에 소외된 계층을 모두 아울러 이들에 대한 공공의 지원 책임을 명시하고 있음을 보여 준다. 조문 제32조(장애인 · 고령자 등의 정보 접근 및 이용 보장), 제32조의2(웹접근성 품질인증 등), 제32조의4(웹접근성 품질인증의 표시 등), 제33조(정보격차의 해소와 관련된 기술 개발 및 보급 지원), 제34조(정보통신제품의 지원), 제35조(정보격차해소교육의 시행 등)에서 이를 더욱 구체적이고 공식적으로 실행하도록 기준을 제시하고 있다.

5) 교육부의 「장애인 등에 대한 특수교육법」

「장애인 등에 대한 특수교육법」 제2조(정의) 제2항에서 규정한 '특수교육 관련 서비스'는 특수교육대상자의 교육을 효율적으로 실시하기 위하여 필요한 인적 · 물적 자원을 제공하는 서비스로서 상담지원 · 가족지원 · 치료지원 · 보조인력지원 · 보조공학기기지원 · 학습보조기기지원 · 통학지원 및 정보접근지원 등을 포함한다. 제28조(특수교육 관련 서비스)에서 보조공학 관련 규정인 제4항과 제8항은 다음과 같다.

> ④ 각급학교의 장은 특수교육대상자의 교육을 위하여 필요한 장애인용 각종 교구, 각종 학습보조기, 보조공학기기 등의 설비를 제공하여야 한다.
>
> ⑧ 각급학교의 장은 각급학교에서 제공하는 각종 정보(교육기관에서 운영하는 인터넷 홈페이지를 포함한다)를 특수교육대상자에게 제공하는 경우 특수교육대상자의 장애유형에 적합한 방식으로 제공하여야 한다.

또한 제5장 고등교육 및 평생교육의 제31조(편의제공 등)에서도 대학의 장이 각종 학습보조기기 및 보조공학기기 등의 물적 지원(제1항의1)과 정보접근 지원(제1항의4)에서 장애학생의 교육활동의 편의를 위하여 이러한 수단을 적극적으로 강구하고 제공하여야 한다고 명시하고 있다.

6) 보조공학 지원 법률 현황

이상에서 살펴본 바와 같이 우리나라에서는 법적으로 보조공학 확산이 강화되는 경향을 보이고 있다. 하지만 여러 법률에서 특정 대상에 대해 특정 목적에 따라 특정 품목을 규정하고 있어서 잠재적 사용자나 어떤 경우에도 해당되지 않는 사용자는 보조공학 제공을 받지 못하는 일이 발생하게 된다. 또한 부처의 예산 편성 비중이나 우선순위에 따라 특정 부분의 보조공학 제공이 더 많이 또는 더 적게 실시되는 현상을 보인다.

따라서 이들을 포괄하고 공식적으로 연계하기 위해 「장애인 · 노인 등을 위한 보조기기 지원 및 활용촉진에 관한 법률」이 2015년 12월에 제정되었고 공포 후 1년의 경과 기간을 거쳐 시행하게 되었다. 이 법률은 모든 장애인과 노인에 대한 보조기기 전달서비스와 품질관리를 체계화하는 내용을 담고 있으며, 사용자 중심의 보조공학 지원을 강화하는 계기를 제공할 것으로 기대한다(부록의 「보조기기 지원법」 전문 참조).

2. 보조공학 전달체계

우리나라에서는 사회적으로 장애인들의 요구가 높은 활동보조인제도 시행이 확대되면서 선진국과 마찬가지로 인적 지원의 보완과 경제적 효율 차원에서 보조공학과 편의시설이라는 물적 지원의 제도도 함께 강화되고 있다. 또한 65세 이상 노인 인구가 전체 인구 중 20%를 넘는 초고령사회를 앞두고 있는 우리나라는 노화로 인한 장애 발생이 주요 보조공학 사용자층을 형성할 것이다. 그래서 이러한 보조공학의 요구가 2000년대를 기점으로 예산과 전달체계에 본격적으로 반영되었으며, 이를 수행하는 전문가인 보조공학사의 배치 등이 실제적으로 진행되고 있다. 보조공학 전달체계를 정부 · 공공부문, 지자체부문, 민간부문으로 구별하여 정리하면 다음과 같다(육주혜, 2014).

1) 정부 · 공공부문

(1) 보건복지부

보건복지부 산하 국민건강보험공단은 「국민건강보험법」에 따라 국민건강보험 가입자 또는 피부양자로서 「장애인복지법」에 의한 등록장애인에게 보장구 대여와 지급 사업을 하고 있다. 「노인장기요양보험법」에 따라서는 노인의 일상생활 · 신체활동 지원에 필요한 용구를 제공한다. 또한 「의료급여법」이나 「장애인복지법」에 따라 시 · 군 · 구청에서 「국민기초생활보장법」상 수급자 및 차상위 계층으로서 장애인복지법에 의해 등록한 자에게 보장구나 장애인 보조기구를 교부한다. 국립재활원 재활연구소와 산하 재활보조기술연구과에서는 장애인보조기구 사례관리사업, 품질관리사업, 연구개발을 수행하고 있다. 재활병원에서는 「국민건강보험법」에 의해 장애인보조기구를 교부 또는 제작 · 지급하며, 한국장애인개발원에서는 장애인보조기구 관련 정책 연구개발, 한국보건산업진흥원에서는 장애인보조기구 개발 지원을 하고 있다.

〈표 3-1〉 보건복지부 산하 보조공학 담당 부서나 사업이 있는 기관과 지급 및 교부 품목

기관, 사업 수행처	근거법	사업, 업무와 교부 품목(2015)
국민건강보험공단	국민건강보험법	• 보장구 대여, 지급 • 지체장애인용: 상하의지와 보조기 등, 전동휠체어, 전동스쿠터, 정형외과용 구두 • 시각장애인용: 저시력보조안경, 의안 등 • 청각장애인용: 보청기 • 언어장애인용: 체외용 인공후두
	노인장기요양보험법	• 용구 지급 • 구입 품목: 이동변기, 목욕의자, 보행차, 보행보조차, 안전손잡이, 미끄럼방지용품, 간이변기, 지팡이, 욕창예방방석, 자세변환용구 • 대여 품목: 수동휠체어, 전동침대, 수동침대, 욕창예방매트리스, 이동욕조, 목욕 리프트
지자체(시 · 군 · 구)	의료급여법	• 보장구 대여, 지급 • 지체 · 뇌병변 · 심장장애인에게 욕창방지용 방석 및 커버 • 지체 · 뇌병변장애인에게 자세보조용구, 보행보조차, 식사보조기구, 기립보조기구 • 시각장애인에게 음향신호기의 리모컨, 음성탁상시계, 시력확대 및 각도조절 용구, 인쇄물 음성변환 출력기 • 청각장애인에게 휴대용 무선신호기, 진동시계, 음성증폭기
	장애인복지법	• 장애인보조기구 교부 • 의료급여법 품목과 같음

국립재활원 재활연구소, 재활 보조 기술연구과	장애인복지법	• 장애인보조기구 사례관리사업 • 장애인보조기구 품질관리사업 • 장애인보조기구 연구개발
재활병원	국민건강보험법	• 장애인보조기구 교부 또는 제작 지급 • 의지 및 보조기, 전동휠체어, 전동스쿠터, 자세보조용구, 보청기, 의지 · 보조기, 맞춤형 교정용 신발, 의안, 팔 지지대 및 랩 트레이, 다리 및 발 지지대 등
한국장애인개발원	장애인복지법	• 장애인보조기구 관련 정책 연구개발
한국보건 산업진흥원	한국보건산업 진흥원법	• 장애인보조기구 개발 지원

(2) 고용노동부

고용노동부는 근로복지공단과 산하 재활공학연구소, 산재병원에서 「산업재해보상보험법」에 따라 산재장애인에게 재활보조기구를 지원한다. 한국장애인고용공단에서는 고용촉진 및 직업재활법에 의해 장애인을 고용하여 사업을 행하거나 하고자 하는 사업주와 산하 직업능력개발센터 및 공단 지정 직업훈련실시기관의 장애인훈련생에게 상용 보조공학기기를 무상 임대, 무상 지원하고 맞춤제작 보조공학기기는 무상 지원한다.

〈표 3-2〉 고용노동부 산하 보조공학 담당 부서나 사업이 있는 기관과 지원 품목

기관, 사업 수행처	근거법	사업, 업무와 교부 품목(2015)
근로복지공단, 재활공학연구소, 산재병원	산업재해보상 보험법	• 산재장애인에 재활보조기구 지급 • 국민건강보험과 공통 품목: 팔 · 다리의지, 팔 · 척추 · 골반 · 다리보조기, 교정용 신발류, 기타 보장구(지팡이, 목발, 수동휠체어, 저시력 보조안경, 콘텍트렌즈, 돋보기, 망원경, 의안, 흰지팡이, 보청기, 체외용 인공 후두, 전동휠체어, 전동스쿠터, 자세보조용구-앉기형), 소모품 • 산업재해보험 추가 지급 품목: 재활공학연구소에서만 지급하는 팔 · 다리 의지, 팔 · 척추 · 다리 보조기, 구두, 휠체어, 기타(가발, 욕창예방방석, 욕창예방매트리스, 집뇨기, 이동식 리프트) 재활보조기구 • 재활보조기구 수리료 지원
한국장애인 고용공단	장애인 고용촉진 및 직업재활법	• 장애인을 고용하여 사업을 행하거나 하고자 하는 사업주와 공단 산하 직업능력개발센터 및 공단 지정 직업훈련실시시관을 통해 장애인근로자와 훈련생이 필요한 작업 보조공학기기 무상 임대, 지원

		• 정보접근 지원 품목: 점자정보단말기, 점자프린터, 화면확대 SW 및 HW, 음성출력 SW 및 HW, 확대독서기, 문서인식 SW 및 HW, 대형모니터, 특수키보드, 특수마우스, 입력보조장치, 선택장치, 자세보조장치, 특수 SW • 작업기구 지원 품목: 높낮이 조절 작업테이블, 경사작업테이블, 휠체어용 작업테이블, 특수작업기구 및 장비, 특수작업의자, 작업물 운송/운반장치 • 의사소통 지원 품목: 신호장치, 화상전화기, 소리 증폭장치, 음성메모기, 보완대체의사소통장치 • 사무보조 지원 품목: 수화기홀더, 팔지지대, 물건집게, 필기보조도구, 원고홀더 • 장애인근로자 출퇴근 목적 자동차 개조 및 차량용 보조공학기기 지원 품목: 운전보조장치, 탑승

(3) 국가보훈처

국가보훈처에서는 「국가유공자 등 예우 및 지원에 관한 법률」에 따라 한국보훈복지의료공단의 보훈병원 보장구센터에서 국가유공자 및 일반 장애인의 각종 보철구 제작 및 수리를 지원한다.

〈표 3-3〉 국가보훈처 산하 한국보훈복지의료공단의 보훈병원 보장구센터 교부 품목

기관, 사업 수행처	근거법	사업, 업무와 교부 품목(2015)
한국보훈복지의료공단의 보훈병원 보장구센터	국가유공자 등 예우 및 지원에 관한 법률	• 국가유공자 및 일반 장애인에게 보철구 제작 지급 및 수리 • 자체 제작 공급 품목: 팔 · 다리의지, 팔 · 다리 · 척추보조기, 정형외과용 구두, 특수보철구(의안, 보청기, 의이, 의치) • 구입 지원 품목: 지팡이, 목발, 알루미늄 크러치, 흰지팡이, 맹인용 컴퓨터, 맹인용 안경, 브레일라이트, 저시력보조안경, 독서확대기, 홍채렌즈, 팩시밀리, TV자막수신기, 비데, 인공요장, 욕창매트리스, 소형녹음기, 중상이자리프트, 전동휠체어, 수동휠체어, 맹인용 시계, 욕창방석, 인공후두

(4) 미래창조과학부

미래창조과학부의 한국정보화진흥원에서는 「장애인복지법」상 등록장애인과 정보소외계층에게 「국가정보화기본법」에 따라 정보통신 보조기기를 보급한다.

〈표 3-4〉 미래창조과학부 산하 한국정보화진흥원 보급 품목

기관, 사업 수행처	근거법	사업, 업무와 교부 품목(2015)
한국정보화진흥원	국가정보화 기본법	• 정보통신제품, 정보통신 보조기기 보급, 개발 • 시각장애인 품목: 화면낭독 SW, 독서확대기, 점자정보단말기, 점자출력기, 데이지플레이어, 광학문자판독기, 화면확대 SW, 점자라벨기 • 지체 · 뇌병변장애인 품목: 특수키보드, 특수마우스, 터치모니터, 무선신호기, 독서보조기 • 청각 · 언어장애인 품목: 영상전화기, 의사소통 보조기기, 언어훈련 SW, 음성증폭기, 무선신호기

(5) 교육부

교육부에서는 「장애인 등에 대한 특수교육법」에서 특수교육대상에 대한 학습보조기기, 보조공학기기, 정보 접근을 지원하도록 명시하고 있지만 정부 차원의 전문적이고 일관된 보조공학 지원제도가 정착되지 못한 상태다(교육부, 2015). 일부 교재 · 교구 비용으로 각 특수학교(급)와 특수교육지원센터에서 장애유형별로 몇몇 제품을 구비하여 대여하고 있는 실정이다.

〈표 3-5〉 교육부 산하 특수학교(급), 특수교육지원센터 보조공학 대여

기관, 사업 수행처	근거법	사업, 업무와 교부 품목(2015)
특수학교(급), 특수교육지원센터	장애인 등에 대한 특수교육법	• 특수교육대상자에게 학습보조기기, 보조공학기기, 정보 접근 지원

(6) 산업통상자원부

산업통상자원부는 한국산업기술평가관리원에서 국민편익증진기술개발사업으로 장애인, 고령자, 저소득층 등 사회적 약자에 대한 편익증진 및 일반 국민의 사회적 이슈해결 등을 위한 분야의 연구기술을 개발하고 산업화를 지원하고 있다. 고령친화종합체험관에서는 장애가 있는 노인이 사용하는 보조공학 제품들이 다수 전시되어 있다.

〈표 3-6〉 산업통상자원부 산하 기관들의 보조공학 사업

기관, 사업 수행처	근거법	사업, 업무와 교부 품목(2015)
한국산업기술평가관리원	산업기술혁신 촉진법	• 장애인 · 고령자 등을 위한 국민편익증진기술 개발 및 산업화 지원
고령친화 종합체험관	고령친화산업 진흥법	• 고령친화산업 발전을 위한 종합체험관 운영, 노인이 사용하는 보조공학기기 전시, 체험 제공

(7) 문화체육관광부

문화체육관광부의 국립장애인도서관은 2007년 이후 운영되던 국립장애인도서관지원센터를 확대하여 2012년 개정 도서관법이 시행될 때 설립하였다. 또한 전국 도서관의 장애인 서비스를 실행하며 장애인을 위한 각종 도서관 자료를 수집, 제작, 정리하여 제공하고 있다. 또한 한국스포츠개발원에서는 장애인 체육 진흥을 위한 연구개발을 지원하고 있다.

〈표 3-7〉 문화체육관광부 산하 국립장애인도서관과 한국스포츠개발원의 보조공학 사업

기관, 사업 수행처	근거법	사업, 업무와 교부 품목(2015)
국립장애인도서관	도서관법	• 도서관의 보조공학과 편의시설을 포함한 장애인서비스를 위한 국가 시책 수립 시행 • 장애인을 위한 각종 도서관 자료를 수집, 제작, 정리 제공 • 제공 자료 유형: 데이지자료, 전자점자자료, 전자점자악보, 화면해설영상자료, 수화영상도서자료, 자막영상자료, 시각원문자료, 보이스브레이자료
한국스포츠개발원	국민체육진흥법	• 장애인 체육 진흥을 위한 연구개발 지원

(8) 국토교통부

국토교통부 국립교통재활병원에서는 자동차사고로 인한 후유 장애인에 대한 클리닉 사업 중 의지 · 보조기를 제공하며 각종 보조공학, 재활로봇을 통한 기능훈련을 실시한다.

〈표 3-8〉 국토교통부 산하 국립교통재활병원 보조공학 사업과 지원 품목

기관, 사업 수행처	근거법	사업, 업무와 교부 품목(2015)
국립교통재활병원	자동차손해배상 보장법	• 자동차사고 후유 장애인의 의지 · 보조기 제공, 보조공학과 재활로봇을 통한 기능훈련

2) 지자체부문

(1) 광역단위

광역단위로는 서울특별시 지원 서울시보조공학서비스센터에서 장애인 보조기구 대여, 구입비 지원, 맞춤제작, 개조서비스 제공을 하고 있다. 경기도에서는 조례에 의해 경기도재활공학서비스연구지원센터에서 보조기구 서비스, 관리, 수리, 전문교육, 연구개발, 후원 및 홍보, 검색 데이터베이스 운영이 이루어지고 있다. 인천광역시에서는 노틀담장애인복지관 자세유지기구센터를 통해 자세유지기구 사례관리, 제작 · 보급, 연구개발을 하고 있다.

〈표 3-9〉 광역시 · 도 지원 보조공학 기관

광역시 · 도	기관	사업, 업무
서울특별시	서울시보조공학서비스센터 (강동센터, 노원센터)	장애인 보조기구 대여, 구입비 지원, 맞춤제작, 개조서비스 제공
경기도	경기도재활공학서비스 연구지원센터	보조기구 서비스, 관리, 수리, 전문교육, 연구개발, 후원 및 홍보, 검색 데이터베이스 운영
인천광역시	노틀담장애인복지관 자세유지기구센터	자세유지기구 사례관리, 제작 · 보급, 연구개발

(2) 지역단위

지역단위로는 시 · 군 · 구 지역의 지원을 받아 장애인자립생활센터, 장애인복지관, 대학 등에서 보조기구 유지보수, 대여, 체험 등의 보조공학 사업을 일부 수행하고 있다. 그런데 2014년에 개소한 Good Job 보조공학서비스센터는 강남구가 지원하는 종합적인 전문적 보조공학서비스 기관으로 지역단위에서 눈에 띄는 사례다.

3) 민간부문

민간부분에서는 일시적이고 품목 위주의 보조공학 후원을 하는 것이 대부분인데 전문적이고 지속적인 보조공학서비스를 통해 보조공학을 지원하는 사례는 다음과 같다. 예전 사례로, 2001~2003년에 파라다이스복지재단의 지원으로 노틀담장애인복지관에 테크니컬에이드센터가 설치되어 인천시 장애아동에게 전문적으로 자세유지기구를 제작 · 보급하였다. 이후 이 센터는 인천시의 지원을 받아 자세유지기구센터로 지정되면서 우리나라에서 자세유지 보조기기 제작을 선도하는 기관으로 자리를 잡았다. 또 다른 사례로, 생명보험사회공헌재단은 2011년부터 2015년까지 서울특별시 보조공학서비스센터를 지정하여 지원하고 전문적인 보조공학서비스를 통해 희귀 · 난치성 환자 중 장애가 있는 사용자에게 학습용 보조기기를 대여, 지원하였다.

4) 보조공학 전달체계 현황

보조공학 전달체계가 확산되고 있음에도 지속적으로 제기되는 요구는 일원화된 서비스의 실현일 것이다. 우리나라의 보조공학 전달체계는 전체적인 내용을 알지 않는 이상 어떤 부처나 기관이나 담당자에게 언제, 어떻게, 무슨 품목을 신청해야 할지 당사자와 가족이 판단하기 어려운 구조를 갖고 있어 그 개선이 무엇보다 시급하다. 이러한 정보는 의료, 재활, 복지 분야에 종사하는 전문가들조차도 잘 알기 힘들다는 것이 더욱 큰 문제다.

3. 보조공학서비스 과정

1) 보조공학서비스의 내용

미국 보조공학법[Assistive Technology Act: AT Act), 2004]에 의하면 보조공학은 보조공학기기나 보조공학서비스로 활용될 수 있도록 설계된 기술이다. 이 법에서 명시한 보조공학기기(보조기기)는 장애인의 기능적 능력을 증가, 유지, 향상시킬 수 있도록 하기 위한 상용, 개조, 맞춤 부품, 장비나 제품 시스템을 말한다. 보조공학서비스는 보조공학기기의 선택, 획득, 사용 시 장애인을 직접적으로 돕는 모든 서비스를 말한다. 보조공학서비스의 구체적인 내용은 다음과 같다(미국 「보조공학법」, 2004).

- 일상적인 환경에서 적절한 보조공학의 효과를 기능적으로 평가하는 것을 포함하여 장애인의 보조공학 요구를 평가
- 장애인의 보조공학 획득을 위한 구매, 임대나 기타 제공과 관련된 서비스
- 보조공학기기의 선택, 설계, 피팅, 맞춤, 조정, 적용, 유지, 보수, 교체나 기부와 관련된 서비스
- 치료, 중재나 교육과 재활 계획과 프로그램에 관련된 서비스와 같이 보조공학기기에 대해 필요한 치료, 중재, 서비스의 조정과 내용
- 장애인 또는 적절한 경우 장애인의 가족, 보호자, 옹호자, 법적 대변인을 위한 훈련이나 기술적 지원
- 전문가(교육과 재활서비스, 보조공학기기 생산, 판매자 포함), 고용주, 고용과 훈련 서비스

담당자, 기타 장애인에게 서비스를 제공하거나 장애인을 고용하거나 장애인의 주요 생활기능과 밀접한 관련이 있는 개인에 대한 훈련 또는 기술적 지원

• 전자 · 정보기술을 포함한 기술에 장애인의 접근성 확장과 관련된 서비스

앞에서 살펴보았던 보조공학 전달체계에서 각 기관들이 수행하고 있는 사업과 서비스들이 모두 보조공학서비스의 내용에 포함된다. 즉, 보조공학서비스 내용은 보조공학 요구 평가, 정보 제공, 개조 · 제작이나 구입 지원 또는 임대, 조정과 적용, 사용 안내와 훈련, 유지보수, 사용환경 조정과 관련 전문가, 가족, 고용주 등에게 보조공학 사용에 대한 안내와 교육 등이다. 최근에는 각종 사물인터넷 제품이나 앱 콘텐츠를 포함하여 전자 · 정보기술을 통해 장애인의 생활환경 장애물을 최소화하고 삶을 풍부하게 하는 기술서비스와 전기자동차 등 이동 수단에 대한 보조공학서비스도 활발하게 전개되고 있다. 보조공학서비스의 구체적인 과정은 다음과 같다(육주혜 외, 2008; 육주혜 외, 2012).

2) 보조공학서비스의 과정

보조공학서비스는 기관마다 부분적으로 차이는 있겠지만 대체적으로 상담평가, 기능평가, 종합계획, 맞춤제작과 지원대여, 종결보고, 사후관리의 흐름을 갖는다. 여기서는 선행연구에서 제시한 내용을 정리하여 소개하고자 한다(육주혜 외, 2011; 육주혜 외, 2012).

(1) 상담평가

상담평가에서는 상담과 관찰을 통해 당사자의 배경정보, 상황을 전반적으로 파악하여 기록한다. 상담평가의 항목은 보조공학서비스가 필요한 당사자와 의뢰인(당사자와 다를 경우)의 정보, 장애 관련 정보, 의료 및 치료 정보, 재활서비스 정보, 경제적 상황, 일상생활, 사회적 상호작용 행동, 의사소통 기술, 학습, 운동기술, 피부감각 상태, 시각능력, 청각능력, 이동성, 자세유지, 보조공학기기를 사용하고 있다면 이에 대한 현황, 당사자의 보조공학 요구 우선순위와 활용 목적 등이다. 상담평가 단계에서 결정해야 하는 사항은 기능평가로 진행할지 여부와 기능평가 및 보조공학서비스 영역의 우선순위를 보조공학사와 당사자 또는 의뢰인이 합의 결정하는 것이다.

(2) 기능평가

상담평가에서 결정된 우선순위에 따라 정보접근, 의사소통, 자세유지, 이동, 일상생활 등 특정 영역에 대한 기능평가를 실시할 때는 체계적 관찰, 평가도구에 의한 심층적이고 객관적인 평가가 이루어진다. 또한 이러한 방법에 의해 당사자 또는 의뢰인이 다른 기관에서 받아 소지하거나 연계하여 수집할 수 있는 평가 결과들을 함께 분석하면 효율적이다. 정보접근 기능평가의 주요 항목은 컴퓨터와 스마트 단말기 및 정보 콘텐츠의 입출력 하드웨어와 소프트웨어, 콘텐츠의 사용기능 상태다.

의사소통 영역에서의 주요 기능평가 항목은 표현언어, 수용언어, 필요한 어휘 목록, 의사소통 단말기와 콘텐츠 사용기능이다. 자세유지 영역에서는 심장과 호흡기 상태, 피부감각(욕창), 착석이나 기립 균형, 신체적 정렬과 골격, 신체 부위별 변형, 구축, 근력, 관절가동범위, 원시반사와 반응, 상태를 측정, 평가하고 각종 자세유지 제품의 사용 적합성을 평가한다. 이동 영역에서는 보행분석, 조작능력, 심장, 호흡기 상태, 피부감각(욕창), 신체 형태, 인지, 근력, 지구력, 이동방식, 사용자 생활환경을 측정, 평가하고 휠체어 및 이동 보조기기와 보행 보조기기들의 사용기능을 파악한다.

일상생활 기능평가에서는 기본적 일상생활 동작과 수단적 일상생활 동작을 평가하여 일상생활의 동작들에 필요한 보조공학 제품들의 사용기능과 적합성을 평가한다. 기능평가에서 중요한 요소는 사용자 요구에 가장 근접한 보조공학기기들을 탐색, 선택, 시범 적용하고 사용자와 보조공학사가 함께 적합성을 평가하는 것이다. 따라서 기능평가에서의 결정사항은 영역별 적합한 보조기기의 유형과 몇 개의 제품들 선택에 대한 합의다.

(3) 종합계획

종합계획에서는 상담평가와 기능평가의 결과를 토대로 종합 분석하여 맞춤제작, 개조, 상용 보조공학기기와 제공방법, 보조공학기기에 대한 상세한 기능과 성능 설명, 교육/훈련/안내/적용 일정, 비용에 대한 계획을 구체적으로 수립한다. 이 단계에서는 반드시 당사자와 의뢰인을 포함하여 관련된 모든 사람이 참여하여 합의하는 것이 이후 적용단계에서의 동기부여 요소가 된다.

(4) 맞춤제작과 지원대여

상용 제품의 대여나 지원이 어려울 때는 맞춤제작 또는 외부 의뢰를 한다. 제작 및 개조에 필요한 신체측정과 제작 계획 및 일정, 설계도면, 재료 준비, 제작 초기 제품 사용자 적용 의견을 보완하여 최종 제품이 제공된다.

(5) 종결보고

종합계획과 제품 맞춤제작, 지원대여 일정에 따라 보조공학기기가 제공되면 그 결과와 어떻게 인적·물적·환경적 자원이 연계되었는지도 기록한다. 사용자 소감과 후속서비스 요구에 대한 내용을 포함한다. 정기적인 사후관리의 경우 종결보고에서 기간과 주기, 파악할 내용이 무엇인지를 기재하고 사용자에게도 알린다.

(6) 사후관리

제공된 보조공학기기의 효과성, 요구의 변화, 기기의 마모, 환경의 변화, 유지보수 필요를 파악하고 후속서비스를 제공하며 날짜와 서비스 요구, 조치 결과를 지속적으로 기록한다. 필요한 경우 추가적인 평가나 종합계획, 맞춤제작과 지원대여가 진행될 수 있다.

3) 보조공학사 자격

이와 같은 보조공학서비스를 수행하는 전문가는 나라마다 다른데 미국과 일본의 예를 살펴보고 우리나라 현황을 소개하고자 한다.

(1) 미국의 보조공학 관련 자격

미국에서는 북미재활엔지니어링·보조공학협회(Rehabilitation Engineering and Assistive Technology Society of North America: RESNA)에서 보조공학 전문가(Assistive Technology Professional: ATP) 자격(certificate)을 교부한다. 재활공학, 재활, 특수교육 전문가들이 주요 대상이며 재활 관련 전공을 하지 않은 사람들도 해당 분야에서 일정 기간(예: 지난 6년 동안 2,000시간 일한 경력) 종사한 경우, 재활에 대한 교육을 제공하고 이를 이수하면 자격을 받을 수 있는 조건이 성립되는 것으로 규정하고 있다. 또한 자세유지·이동 전문가(Seating and Mobility Specialist: SMS) 자격도 교부하는데 이 분야에서 종사하는 사람들의 보조공학 특수 심화분야 자격으로 시행되고 있다.

(2) 일본의 보조공학 관련 자격

일본의 테크노에이드협회(テクノエイド協會)에서 복지 용구 플래너 관리 지도자(福祉用

具プランナ一管理指導者)의 역할은 복지 용구 플래너들의 역량을 향상시키기 위해 교육을 하는 전문가다. 여기서 복지 용구 플래너(福祉用具プランナ一)는 복지 용구를 필요로 하는 장애인, 노인이 복지 용구를 사용할 수 있도록 상담하고 제작을 주문하고 정보를 제공하는 사람이다. 업무 범위로 보면 제작이나 개조, 연구개발, 생산, 판매, 사업화 등의 역량을 포괄하는 미국이나 우리나라의 보조공학 전문가보다 협소함을 알 수 있다.

(3) 우리나라의 보조공학사

우리나라의 보조공학사는 한국보조공학사협회에서 기존에 한국보조공학회와 한국재활복지공학회에서 교부하던 휠체어 치료사, 컴퓨터 트레이너, 재활공학사, 재활복지공학사, 보조공학사를 2011년 통합 체계화하였다. 2014년도에는 한국직업능력개발원에 민간자격 등록을 하였고 보조공학사 1, 2급을 교부하고 있다. 보조공학사는 미국이나 일본의 예와 같이 임상과 연구개발을 근간으로 하여 점차 전문분야를 심화하고 장애인, 노인이 사용하는 제품들의 적정한 성능 효과를 위해 맞춤형 보조공학서비스를 수행하는 전문인력이다. 그리고 2015년 12월에 제정된 장애인 · 노인 등을 위한 보조기기 지원 및 활용촉진에 관한 법률에 따라 경과 기간이 지난 후 보조공학사는 국가자격으로 운영 · 관리하게 되었다.

4. 보조공학서비스 사례관리

1) 개 념

보조공학서비스는 사례관리라는 개인별 맞춤관리로 사용자의 상황, 제품 동향, 사용자의 제품과의 적합성, 유지보수 등을 정기적으로 또는 요구에 따라 지속적으로 제공한다. 보조공학서비스에서의 사례관리 요소를 개별화, 데이터베이스, 전인적 팀접근, 자원연계로 구분하여 설명하면 다음과 같다.

2) 개별화

개인별 맞춤형 보조공학서비스는 개별화 재활서비스 이념에서 시행된다. 장애인에 대한 서비스에서는 필수적인 요소로 장애인의 상황, 조건, 상태, 선호도 등이 개인별로 매우 다르므로 그에 따른 적절한 보조공학기기가 선택·사용되어야 하는 것이다.

3) 데이터베이스

개인별 보조공학서비스는 모두 기록하여 문서화한다. 개인들의 보조공학서비스 사례관리 기록이 축적되고 사례 수가 증가할수록 보다 객관적이고 특징별 집단에 따른 서비스 체계가 도출될 수 있다. 이러한 보조공학기기 사용 사례들의 데이터베이스는 또한 제품 개발과 생산, 현재 시판되고 있는 제품들의 장단점 파악이 객관화될 수 있으며, 나아가 사용자와 전문가의 감시(monitoring)를 통한 품질에 대한 개선이 보다 시의적절하고 정확하게 수행될 수 있는 근거를 제공한다.

4) 전인적 팀접근

보조공학서비스는 보조공학기기 지원에 집중된 서비스이지만 기기만을 초점에 두는 분야는 아니다. 서비스의 중심은 사용자이고 그 사람에 대한 관심과 전체적인 환경을 고려하여 보조공학서비스가 이루어져야 한다. 다른 서비스들과의 연계와 가족 간 교류도 한 사람의 자립생활과 사회참여에 필요한 사항이므로 함께 안내가 필요하다. 이는 서비스 윤리의 측면에서도 사용자에 대한 존중과 배려, 선택권이 제공되어야 함을 의미한다.

5) 자원연계

각 부문별 가능한 지원들이 모두 다르고 가능한 지원 시기도 모두 다르므로 한 개인에게 제공되는 보조공학서비스 자원은 보조공학사와 관련 전문가들이 탄력적으로 움직여 함께 동원하는 내부로의 연계와 어떠한 보조공학 제공이 가능한지에 대한 외부로의 연계가 통합적으로 이루어져야 한다. 우리나라 복지서비스에서는 현실적으로 어려울 수도 있지만 보조공학사를 포함한 이 분야의 전문가들의 업무 실적 산정에 자원연계 건수, 성과 평가가 포함된다면 좀 더 자원연계가 활성화될 수 있을 것이다.

참고문헌

교육부(2015). 특수교육 연차보고서. 2015년 정기국회 보고자료.

육주혜(2014). 보조기기 지원 법제도의 필요성과 추진방안(11-20). 보조기기 지원법 입법화 세미나 자료집. 국회의원 이명수 의원실/나사렛대학교.

육주혜, 오영환, 박희동, 김진술, 안나연, 오현정, 노임대(2011). 장애인의 교육과 고용을 지원하는 보조공학서비스 기초 모형 개발과 적용 사례. 나사렛대학교 Quality of Life Technology (QoLT) 사업단.

육주혜, 오영환, 박희동, 김진술, 오현정, 김백수, 이진주(2012). 장애대학생을 위한 보조공학서비스의 실제. 나사렛대학교 Quality of Life Technology (QoLT) 사업단.

제4장 보조공학 기능평가 방법론

장애인에게 보조공학을 적용하기 위해서는 장애인 보조기구의 적합성을 평가하고 적용 전 훈련을 필수적으로 제공하여야 한다. 또한 보조공학을 적용한 후 나타나는 성과를 측정함으로써 보조공학서비스의 효과성을 파악하는 것은 추후 보조공학 적용의 중요한 기초 자료가 된다.

보조공학서비스는 휠체어 및 이동기기, 일상생활 보조기구, 앉기 및 자세, 컴퓨터 보조기구, 감각 보조기구, 의사소통 보조기구, 자동차 보조기구, 레저, 환경 및 주택개조와 관련하여 다양한 영역에서 제공되고 있다. 이와 같이 보조공학 적용 영역이 광범위하므로 평가 또한 범위가 넓고 다양하다. 일례로, 휠체어 및 이동기기를 적용하기 위해서는 내담자의 근력과 관절가동범위를 파악하는 것은 물론이고, 앉기 자세 및 균형유지 능력, 원시반사의 유무, 휠체어를 구동할 수 있는 인지능력과 손기능 또한 평가하여야 한다. 뿐만 아니라 휠체어에 앉기 위한 신체 길이와 둘레를 측정하고, 휠체어 의자의 높낮이와 팔걸이, 발판 등의 높낮이, 넓이 등을 계측하며, 휠체어가 사용될 개인적이고 사회적 · 물리적인 환경을 평가하여 최종적으로 휠체어를 처방하여야 한다. 이처럼 한 영역의 보조공학을 적용하기 위해 평가하고 고려할 사항은 매우 다양하며, 내담자의 특성에 따라 접근해야 하므로 장애에 대한 평가뿐 아니라 환경 및 적용되는 활동에 이르기까지 광범위하고 전문적인 평가가 필수적이다. 따라서 보조공학의 평가를 위하여 전문가들의 협업과 의사소통은 매우 중요하다.

이 장에서는 내담자의 신체 및 인지기능 평가 및 보조공학의 성과측정에 중점을 두고 그 내용을 설명하고자 한다. 이 외의 환경 및 활동, 보조공학 등에 대한 평가는 각 서비스 접근에 따른 평가 내용을 참조하기 바란다.

1. 보조공학 평가의 과정

보조공학은 장애로 발생하는 제한점을 최소화하기 위한 보조공학기기뿐만 아니라 보조공학 전달체계, 보조공학기기를 사용하는 방법 및 관리에 대한 전반적인 서비스 전체를 포함한다. 보조공학 적용과정에서 정확한 평가는 내담자에게 합리적이고 최적의 보조공학기기를 제공할 수 있는 근거 자료가 될 수 있다. 뿐만 아니라 보조공학기기 사용이 내담자의 능력 및 삶의 질에 미치는 영향을 객관적인 자료로 측정함으로써 추후 내담자에게 더욱 적합한 보조공학 기기 및 서비스를 제공하는 데 이를 활용할 수 있다.

1) 평가의 원칙

평가에서는 인간, 활동, 보조공학, 환경을 고려하여야 한다. 보조공학은 손상된 기능을 회복시키는 것이 아니라 기능적인 활동을 수행할 수 있도록 기기 및 서비스를 제공하는 것이다. 따라서 평가는 신중하고 지속적으로 이루어져야 하며, 전문가들의 협력과 내담자 중심의 접근방법을 사용하여야 한다. 평가과정에는 자료를 모으고 해석하는 과정과 기록이 포함된다. 평가는 전문가의 임상적인 경험과 내담자의 장애를 이해할 수 있는 의학적 지식이 기초가 되어야 한다. 또한 평가는 일정한 기간을 정하여 실시함으로써 내담자의 보조공학 적용에 대한 지속적인 모니터링을 할 수 있어야 한다.

2) 평가의 과정

내담자가 의뢰되면, 먼저 판별 및 초기평가를 시행함으로써 내담자에게 가장 필요한 보조공학서비스가 무엇인지를 연역적(top-down)으로 추론할 수 있어야 한다. 이를 위해 면담이나 관찰, 공식적인 평가절차가 사용된다. 판별이나 초기평가에서 문제 영역에 대한 부분은 더욱 세부적인 평가를 실시한다. 이를 위해서는 신뢰도와 타당도가 검증된 표준화된 평가도구나 비표준화된 사정도구가 사용된다. 이러한 평가 결과를 바탕으로 중재가 제공된 후에는 재평가를 실시하여 내담자에게 보조공학 접근이 적합하였는지를 파악한다. 그리고 중재에서 효과가 없거나 문제가 발생하였다면 그 영역에 대하여 추가적인 평가를 실시한다.

3) 평가 결과의 문서화

평가의 기록은 누구나 명확히 이해할 수 있도록 기록해야 하며, 체크리스트나 공식적인 평가용지를 사용하거나 SOAP(subjective objective assessment plan) 기록을 사용하는 방법 등 다양하다. SOAP는 문제중심 진료기록의 경과 기록으로서 주관적인 정보(subjective information), 객관적인 정보(objective information), 데이터의 평가(assessment), 계획(plan)으로 이루어진다. 이러한 형식의 서술적 기록을 SOAP라고 한다. 주관적인 정보(S)에는 내담자의 과거력, 기능수행의 단계, 가족적인 항목을 기록하는 것으로 수행능력 측정 결과, 치료사의 객관적인 평가 및 관찰 결과 등을 기록한다. 데이터의 평가(A)에는 주관적이고 객관적인 정보를 분석하여 문제목록을 기록한다. 문제점이 무엇인지, 장기계획과 기대되는 효과, 단기계획을 작성하고, 내담자의 진전이나 재활의 가능성 등을 기술한다. 계획(P)은 중재의 지침이나 내담자 및 보호자 교육, 재평가 계획 및 추후계획 등을 기록한다. 문서화 과정을 통하여 보조공학서비스의 정확한 기록을 제시할 수 있다. 기록은 보조공학 과정의 정당성을 제시하는 것으로, 전문적인 판단과 추론 과정을 반영한다. 문서는 중재를 계획하는 데 필수적인 것으로, 이를 통하여 평가와 관련된 팀원 간의 의사소통을 도울 수 있다. 문서의 종류에는 초기평가 기록지, 사례회의 기록지, 보조기구서비스 계획서 등이 있다.

2. 판별검사

1) 판별검사의 목적

판별검사의 목적은 내담자의 능력과 제한점을 알아내고 수행이 이루어지는 환경에서 보조공학기기로 인해 발생할 수 있는 여러 가지 가능성과 문제점을 예측하고 대처하기 위함이다. 전문가는 내담자가 어떤 활동에 어떤 어려움이 있는지, 왜 어려운지를 찾아 내고, 흥미 있는 영역에 대해 판별과정 중에 검사한다.

있는 영역에 대해 판별과정 중에 검사한다.

2) 판별검사의 특징

판별검사를 실시한 후 이루어지는 결과에 대한 해석은 다음과 같다. 판별검사 영역에 대해 점수가 평균 이하일 경우 해당 영역에 대한 손상 의심을 확인할 수 있다. 이는 해당 영역에 대한 추후평가에서 보다 정밀한 검사가 필요함을 의미한다. 그러므로 판별검사를 바탕으로 진단을 내리지는 않는다.

3) 판별검사의 종류

(1) 덴버 발달판별검사 2판

덴버 발달판별검사 2판(Denver Developmental Screening Test II: DDST II)의 평가목적은 발달지연 또는 발달학적 문제가 있을 가능성이 있는 아동을 판별하기 위한 것이다. 평가영역은 개인-사회성 발달, 미세운동 및 적응발달, 언어발달, 대동작발달의 네 가지 영역으로, 이에 대한 전반적인 평가가 이루어진다. 평가대상은 출생 후부터 만 6세 이하의 아동이다. 평가방법으로는 연대기적 연령을 계산하여 연령선을 긋고 검사 항목을 선정한다. 아동의 행동 양상을 평가하여 검사 결과를 표시한다. 검사 결과는 월등한 항목, 정상 항목, 주의 항목, 지연 항목으로 해석한다. 최종 결과 해석에서 지연이 없고 주의 항목이 최대 1개일 경우 정상발달(normal), 1개 이상의 지연 항목 또는 2개 이상의 주의 항목이 있는 경우는 의심스러운 발달(questionable)이다. 검사불능(uncheckable)은 1~2주 내에 재검사를 실시하도록 한다.

(2) 한국판 간이정신상태검사

한국판 간이정신상태검사(Mini-Mental State Examination-Korean: MMSE-K)는 1975년에 미국에서 개발된 MMSE를 1989년 한국판으로 개발한 것으로, 단시간 내에 간단하게 노인의 인지기능과 치매 여부를 평가하기 위해 개발된 판별검사 도구다. 이 검사는 치매의심 노인이나 뇌손상 환자를 대상으로 지남력, 기억등록회상, 주의집중계산, 언어기능, 이해판단 영역에 대한 평가를 실시한다. 글을 모르는 노인을 고려하여 읽기를 제외하고 이해판단 항목을 추가하여 구성하였고, 무학의 경우 특정 항목에 점수 가산이 부여된다. 결과해석에

(3) 한국판 몬트리올 인지검사

한국판 몬트리올 인지검사(Montreal Cognitive Assessment: MoCA-K)는 경도 인지장애를 빠르게 판별할 수 있는 검사도구다. 평가 영역은 시공간/실행력, 어휘력, 기억력, 주의력, 문장력, 추상력, 지연 회상력, 지남력으로 이루어져 있다. 실시시간은 10~15분이고 최고점은 30점이며 23점 이상이면 정상이다. 학력이 6년 이하면 총점에서 1점을 더하여 해석한다.

3. 기능평가

기능평가 영역에서는 관절가동범위, 근력, 손기능, 자세조절 · 균형 · 협응 · 근긴장도, 인지 · 지각 검사를 중심으로 살펴본다.

1) 관절가동범위 검사

(1) 정의

관절가동범위(range of motion: ROM)는 인체의 각 관절을 움직일 수 있는 움직임의 정도로 두 뼈 사이에서 나타나는 움직임을 의미한다. 내담자 스스로 움직여서 나타나는 움직임은 능동적 관절가동범위(active range of motion: AROM)라 하고, 검사자와 같은 외부의 힘으로 나타나는 움직임은 수동적 관절가동범위(passive range of motion: PROM)라 한다.

(2) 평가목적

관절가동범위 검사는 인체의 관절에서 제한이 되는 원인을 찾아내기 위한 것이다(〈표 4-1〉 참조). 또한 기능손상이나 변형의 원인을 찾아내고 기능적 능력을 향상시키고 변형을 감소시키기 위하여 관절가동범위를 측정한다. 뿐만 아니라 스플린트와 같은 보조도구의 필요성을 확인하고, 치료에 따른 결과측정 및 향상 정도와 악화 상태를 기록하기 위한 것이다.

(3) 관절측정의 원리

검사자는 내담자의 자발적인 움직임이 가능하다면 최대한 움직이라고 지시하고 이를 시각적으로 관찰한다. 관절을 움직이는 동안 관찰된 내담자의 대상 작용, 자세, 근육의 윤곽,

피부색과 피부 상태 등을 살핀다.

관절가동범위를 측정하는 데 필요한 각도계의 위치를 정하기 위해 검사자는 촉지를 실시한다. 검사자의 엄지손가락과 집게손가락 또는 가운데 손가락을 사용하여 내담자의 피부 및 근육, 힘줄, 뼈 구조를 찾아내기 위하여 부드럽게 조절하여 촉지한다. 각도계의 축은 촉지한 뼈의 연접 부위에 위치시킨다.

내담자의 측정 관절에 따라 검사자의 자세는 달라진다. 검사자는 작은 관절을 측정할 때는 내담자와 마주보거나 옆에 앉아서 측정하고, 큰 관절을 측정할 때는 측정하는 팔다리 옆에 서서 측정한다.

내담자가 탈골, 치료가 완료되지 않은 골절, 뼈되기 근육염이 있거나 관절 주위의 물렁조직 수술을 받은 직후에는 관절가동범위를 측정하지 않는다. 또한 내담자가 관절에 염증이 있는 경우, 통증 감소를 위해 약을 복용하거나 근육이완제를 처방받은 경우, 뼈엉성증이 있는 경우, 관절의 과도한 움직임 또는 불완전탈구가 있는 경우, 혈우병, 혈종, 물렁조직의 상처가 있는 경우, 최근에 골절을 치료한 과거력이 있는 경우, 골성 관절경직이 의심되는 경우, 뼈에 종양이 있는 경우에는 관절측정 시 유의해야 한다.

(4) 관절가동범위 측정 방법

관절가동범위의 측정방법은 각도계, 줄자, 윤곽 그리기, X선 촬영, 사진을 이용한 방법 등 다양하다. 이 중에서 각도계를 사용하는 방법이 많이 사용된다. 각도계는 각을 측정하는 도구로 고정막대와 이동막대로 구성된다. 관절측정 시 고정막대는 축을 기준으로 움직이지 않는 신체에 위치시키고 이동막대는 움직임이 일어나는 신체에 위치시켜 신체의 움직임에 따라 움직여서 그 각을 측정한다. 먼저, 내담자가 적절한 자세를 취하게 하고 측정 부위의 근육이 이완된 상태가 되도록 유지시킨다. 내담자의 측정 관절을 노출시키고 움직임이 제한되지 않도록 환경을 살핀다. 검사자는 내담자에게 평가목적을 설명하고 시행방법에 대해 시범을 보인다. 내담자의 대상 작용과 긴장을 최소화하기 위해 검사자는 수동적으로 내담자의 평가 부위를 2~3번 움직여 본다. 관절측정을 위해 지표가 되는 부위를 촉지하고 측정 동작의 축으로 지정한다. 검사자는 측정하려는 관절의 몸쪽 부분을 고정한다. 시작 자세에서 관절축 위에 각도계의 축을 놓고 고정막대를 몸 쪽의 고정된 뼈에 세로축으로 두고 이동막대는 먼쪽으로 움직이는 뼈 뒤에 둔다. 각각의 측정 동작의 시작과 종료 시에 각도계가 가리키는 눈금의 수치를 읽고 검사지에 기록한다.

〈표 4-1〉 관절가동범위 기준 및 평가지

이름 ______________________ 차트번호 ______________________
생년월일 ______________________ 나이 ____________ 성별 ____________
진단병 ______________________ 발병일 ______________________
장애 ______________ 평가일 ____________ 담당검사자 ______________(인)

왼쪽					오른쪽		
3	2	1	척추		1	2	3
			경추				
			굽힘	0–45			
			폄	0–45			
			외측굽힘	0–45			
			회전	0–60			
			흉추와 요추				
			굽힘	0–80			
			폄	0–30			
			외측굽힘	0–40			
			회전	0–45			
			어깨				
			굽힘	0 to 170			
			폄	0 to 60			
			벌림	0 to 170			
			수평벌림	0–40			
			수평모음	0–130			
			안쪽돌림	0 to 70			
			가쪽돌림	0 to 90			
			팔꿈치와 아래팔				
			굽힘	0 to 130–150			
			뒤침	0 to 80–90			
			엎침	0 to 80–90			
			손목				
			굽힘	0 to 80			
			폄	0 to 70			
			자뼈쪽 치우침	0 to 30			
			노뼈쪽 치우침	0 to 20			
			엄지				
			손허리손가락 굽힘	0 to 50			
			손가락뼈사이 굽힘	0 to 80–90			
			벌림	0 to 50			
			손가락				
			손허리손가락 굽힘	0 to 90			

			손허리손가락 폄	0 to 15-45			
			몸쪽손가락뼈사이 굽힘	0 to 110			
			먼쪽손가락뼈사이굽힘	0 to 80			
			벌림	0 to 25			
엉덩관절							
			굽힘	0 to 120			
			폄	0 to 30			
			벌림	0 to 40			
			모음	0 to 35			
			안쪽돌림	0 to 45			
			바깥쪽돌림	0 to 45			
무릎							
			굽힘	0 to 135			
			발목과 발				
			발바닥굽힘	0 to 50			
			발등굽힘	0 to 15			
			안쪽번짐	0 to 35			
			가쪽번짐	0 to 20			

출처: Pendleton & Schultz-Krohn(2006).

2) 맨손근력 검사

(1) 정의

근력은 근육이 자발적으로 최대로 수축할 때 발생하는 힘이다. 이러한 근력이 약화되는 것은 하나의 근육 혹은 근육군의 힘이 부족하거나 감소된 것이다. 근력 약화는 하위 운동 신경 손상이나 장애, 일차적 근육병 등으로 인해 발생한다.

(2) 평가목적

근력평가는 시간이 지남에 따라 내담자의 근수축의 힘이 향상 혹은 감소되었는지를 확인하기 위한 것이다(〈표 4-2〉 참조). 근력검사는 초기 근력의 상태를 파악하고 앞으로의 중재 계획을 설정하는 데 도움을 제공한다.

(3) 근력측정의 원리

검사자는 특정 근육에 초점에 맞추어 평가를 할지 혹은 근육군에 초점을 맞추어 평가할지를 결정한다. 근력측정을 위해 검사자는 근육의 기능, 근섬유 방향, 관절을 당기는 각도, 보상으로 작용되는 근육에 대한 전반적인 해부학적 지식을 갖추어야 한다.

근 수축이 일어날 때 근육의 길이가 짧아지기 때문에 움직임이 일어나는 부위의 다른 쪽은 움직임이 일어나지 않게 고정해야 한다. 이것은 근육의 불필요한 대상 작용이 발생하는 것을 방지하고 검사하는 근육을 선택적으로 수축하도록 하는 것이다. 검사자는 내담자의 통증이 있거나 예민한 부위 또는 검사 근육 위를 고정하지 않도록 주의한다.

내담자의 검사 부위에 염증 또는 통증이 있거나, 탈구, 치료되지 않은 골절, 뼈되기 근육염, 골종양이 있거나, 최근에 수술을 받았거나, 뼈가 부러지기 쉬운 상태일 경우는 근력검사를 실시하지 않는다. 또한 뼈엉성증, 관절의 불완전탈구, 과운동성, 혈우병, 여러 형태의 심혈관계 질환, 복벽탈장이 있거나, 복부수술을 받았거나, 기타 내담자의 상태를 악화시킬 수 있는 경우에는 평가 시 주의가 필요하다.

(4) 근력측정 방법

① 근력검사의 절차

먼저, 검사자는 기능적인 관찰을 실시한다. 그리고 수동적인 관절가동범위를 측정한다. 검사자는 내담자의 진단에 따라 근육군으로 평가할지 혹은 개별 근육으로 평가할지를 선정한다. 내담자는 평가 자세를 취하고 검사자는 평가부위의 근위부를 고정시킨다. 검사자는 평가할 동작을 설명하거나 시범을 보인 후 내담자가 동작을 수행하도록 지시한다. 검사자는 손가락 끝을 근육의 건이나 배위에 가벼우면서 단단히 놓고 촉지를 실시한다. 후에 내담자의 움직임을 관찰한다. 그리고 내담자에게 자세를 유지하도록 지시한다. Fair 등급 이상은 저항을 주어 등급을 결정하는데, 이때 저항으로는 등척성 저항방법과 능동 저항방법이 있다. 마지막으로, 검사자는 근력평가 결과를 기록한다.

② 근력검사의 등급체계

근력의 등급은 팔다리의 경우 0~5의 총 6단계로 구분된다. 5등급은 정상(Normal: N)으로 중력과 최대의 저항에 대해 완전한 관절가동범위의 움직임이 나타난다. 4등급은 우(Good: G)로 중력과 중간 정도의 저항을 이기고 완전한 관절가동범위의 움직임이 나타난다. 3등급은 양(Fair: F)으로 중력에 대항해 완전한 관절가동범위의 움직임이 나타난다. 2등급은 가(Poor: P)로 중력이 감소된 상태에서 완전한 관절가동범위의 움직임이 나타난다. 1등급은 불가(Trace: T)로 관찰되거나 촉지되는 근수축은 있으나 움직임이 없다. 0등급은 영(Zero: O)으로 관찰되거나 촉지되는 근수축이 없다.

③ 맨손근력 검사에서 저항을 주는 방법

맨손근력 검사(manual muscle testing: MMT)에서 저항을 주는 방법으로는 등척성 저항검사(break test)와 능동 저항검사(make test)가 있다. 등척성 저항검사는 수축하는 근육의 반대 방향으로 저항을 주고 내담자는 자세를 유지하고 검사자는 그 자세를 깨뜨리는 방법이다. 능동 저항검사는 관절을 움직이는 전 범위 동안 저항을 주고 점차 저항을 증가시켜 최대 수준이 가능한지 측정하는 방법이다.

④ 근력검사의 제한점

뇌졸중이나 뇌성마비와 같은 상위 운동 신경손상에 의해 발생하는 경직이 있는 내담자는 원시반사 및 과도한 근긴장도가 나타날 수 있어 근력검사를 적용하지 않는다. 또한 근지구력, 근협응과 운동수행 능력을 측정할 수 없다.

〈표 4-2〉 근력검사 평가지(일부)

이름 ____________________ 차트번호 ____________________

생년월일 ____________________ 나이 __________ 성별 __________

진단병 ____________________ 발병일 ____________________

장애 ______________ 평가일 __________ 담당검사자 __________(인)

왼쪽								오른쪽			
					평가자의 초기						
					날짜						
				목	굽힘근		목빗근				
					폄근군						
				허리	굽힘근		배곧은근				
					오른쪽 배바깥빗근 왼쪽 배속빗근	돌림근	왼쪽 배바깥빗근 오른쪽 배속빗근				
					폄근		흉추 그룹				
							요추 그룹				
					골반뼈 올림		허리네모근				
				엉덩이	굽힘근		엉덩허리근				
					폄근		큰볼기근				
					벌림근		중간볼기근				
					모음근군						

					바깥쪽 돌림근					
					안쪽 돌림근					
					넙다리빗근					
					넙다리근막긴장근					
				무릎	굽힘근	넙다리두갈래근				
					폄근	넙다리근				
				발목	발바닥 굽힘근	장딴지근 가자미근				
				발	안쪽번짐근	앞정강근 뒤정강근				
					가쪽번짐근	긴종아리근 짧은종아리근				
				발가락	발허리발가락 굽힘근	벌레근				
					발가락뼈사이 굽힘근(첫 번째)	짧은발가락굽힘근				
					발가락뼈사이 굽힘근(두 번째)	긴발가락굽힘근				
					발허리발가락 폄근	긴발가락폄근 짧은발가락폄근				
				엄지발가락	발허리발가락 굽힘근	짧은엄지발가락굽힘근				
					발가락뼈사이 굽힘근	긴엄지발가락굽힘근				
					발허리발가락 폄근	짧은엄지발가락폄근				
					발가락뼈사이 폄근	긴엄지발가락폄근				

측정:

걷지 못함	날짜	말하기
서있기	날짜	삼키기
도움 없이 걷기	날짜	횡경막
보조도구로 걷기	날짜	늑간막

주요핵심

5	N	Normal	최대저항에 중력을 이기고 완전한 관절가동범위
4	G	Good*	약간의 저항에 중력을 이기고 완전한 관절가동범위
3	F	Fair*	중력을 이기고 완전한 관절가동범위
2	P	Poor*	중력이 제거된 상태에서 완전한 관절가동범위
1	T	Trace	관절의 움직임은 전혀 없지만 약간의 근수축이 나타남
0	O	Zero	근수축이 전혀 나타나지 않음
S or	SS	근경련 혹은 심각한 근경련	
C or	CC	구축 혹은 심각한 구축	

* 근경련이나 구축은 관절가동범위를 제한시킨다. 이러한 이유로 불완전한 움직임에 대한 등급판별 후에는 물음표가 필요하다.

출처: Pendleton & Schultz-Krohn(2006).

3) 손기능 검사

(1) 젭슨 손기능검사

젭슨 손기능검사(Jebsen-Taylor Hand Function Test)는 기능적 잠재력과 치료의 효용성을 평가하기 위한 도구로 1969년 Jebsen 등이 개발하였다([그림 4-1] 참조). 일상생활에서 주로 사용되는 일곱 가지 활동으로 손기능을 표준화하였다. 양손 모두 검사하며, 약 15분 정도의 시간이 소요된다. 결과해석은 측정된 시간과 연령을 기준으로 한다.

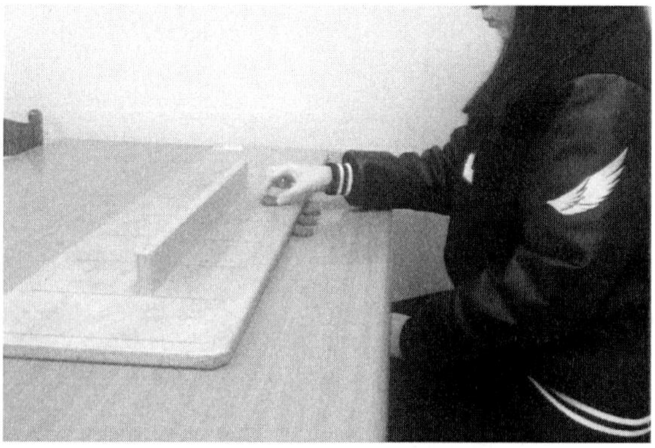

젭슨 손기능검사

이름 ____________ 성별 ________ 진단명 __________ 발병일 __________
나이 ____________ 평가일 ________ 담당검사자 ____________________ (인)

세부항목	우세손	비우세손
짧은 문장 쓰기		
카드 뒤집기		
작은 물건 집어서 통 안에 담기		
장기말 쌓기		
먹기 흉내내기		
가벼운 깡통 옮기기		
무거운 깡통 옮기기		

[그림 4-1] 젭슨 손기능검사 장면 및 기록지

(2) 그루브드 페그보드 검사

그루브드 페그보드 검사(Grooved Pegboard Test)는 손의 조작적 기민성을 평가하는 도구로 1977년 Ronald Tries 박사가 개발하였으며 시각-운동 협응력을 평가하는 것이다. 이 도구는 열쇠 모양의 구멍이 여러 방향으로 놓인 사각형의 판과 25개의 열쇠 모양의 페그로 구성되어 있다([그림 4-2] 참조). 검사는 우세손과 비우세손 모두 측정하고, 25개의 페그를 꽂는 데 소요되는 시간과 떨어뜨린 페그의 수를 측정하며, 검사시간은 5~10분 정도 소요된다.

그루브드 페그보드 검사

이름 ______ 성별 ______ 진단명 ______ 발병일 ______

나이 ______ 평가일 ______ 담당검사자 ______ (인)

	수행시간	떨어뜨린 개수	평균
우세손			
비우세손			

[그림 4-2] 그루브드 페그보드 검사 장면 및 기록지

(3) 박스 앤 블록 검사

박스 앤 블록 검사(Box and Block Test)는 대동작 조작능력과 장애인의 직업 전 검사로 Buehler 등이 개발한 도구다([그림 4-3] 참조). 8세 이상의 아동 및 성인에게 시행할 수 있으며, 검사도구는 2.5cm의 정육면체 나무토막 150개와 중간에 칸막이를 넣을 수 있는 53.7×8.5×27.4cm의 직사각형 나무상자로 구성되어 있다. 검사는 우세손과 비우세손 모두 측정한다. 한 번에 한 개의 나무토막을 집어 칸막이를 넘어 다른 칸으로 옮기는 것인데 1분 동안 옮긴 나무토막의 개수를 측정한다. 검사의 결과는 대상자의 나이, 성별에 따른 정상 데이터와 검사한 손 기능을 비교하여 표준편차를 계산하여 해석한다. 표준편차는 '(대상자 점수－평균)/표준편차'로 계산한다.

박스 앤 블록 검사

이름 ____________ 성별 ________ 진단명 ______ 발병일 __________

우세손 _______ 나이 __________ 평가일 ______ 담당검사자 _________ (인)

	개수
우세손	
비우세손	

[그림 4-3] 박스 앤 블록 검사 장면 및 기록지

(4) 퍼듀 페그보드 검사

퍼듀 페그보드 검사(Purdue Pegboard Test)는 다양한 손기능을 필요로 하는 직무에서 근로자를 선발하고 조립 과제에서 필요한 미세한 손가락 기민성을 측정하는 검사로 1948년 Joseph Tiffin 등이 개발한 도구다. 검사도구는 핀 50개, 워셔 40개, 칼라 20개, 페그보드 1개로 구성되어 있다([그림 4-4] 참조). 검사는 우세손, 비우세손, 양손, 조립의 네 가지 항목을 시행한다. 검사 결과는 30초 동안 우세손, 비우세손, 양손으로 꽂은 핀의 개수를 측정하며, 조립 항목의 경우 1분 동안 꽂은 핀, 워셔, 칼라의 총 개수를 측정한다.

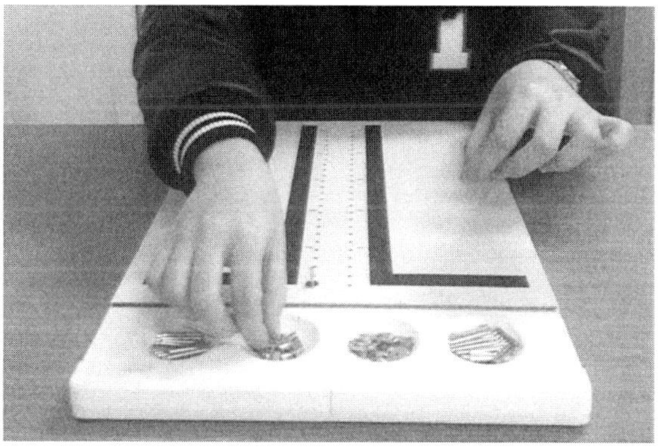

퍼듀 페그보드 검사

이름 ________ 성별 ________ 진단명 ________ 발병일 ________

우세손 ________ 나이 ________ 평가일 ________ 담당검사자 ________ (인)

	수행 개수	결과해석
오른손(30초 동안 실시)		
왼손(30초 동안 실시)		
양손(30초 동안 실시)		
오른손+왼손+양손의 총합(위 수행의 합)		
조립(1분간 실시)		

[그림 4-4] 퍼듀 페그보드 검사 장면 및 기록지

(5) 미네소타 민첩성 손기능검사

미네소타 민첩성 손기능검사(Minnesota Manual Dexterity Test)는 작은 물체를 다양한 거리로 옮기는 능력을 평가하는 검사도구로 간단하지만 빠른 눈-손 협응과 팔과 손의 기민성을 측정할 수 있다([그림 4-5] 참조). 이 검사는 제자리 놓기 검사(Placing test)와 뒤집기 검사(Turning test)의 두 가지 소항목으로 구성되어 있고, 검사도구는 1개의 검사판, 한 면은 검정, 다른 면은 빨강색으로 된 60개의 플라스틱 디스크로 구성되어 있다. 검사 결과는 과제를 수행하는 데 소요된 시간을 측정한다.

미네소타 민첩성 검사

이름 ____________ 성별 ________ 진단명 ________ 발병일 ________
나이 ____________ 평가일 ________ 담당검사자 ________________ (인)

	첫 번째 시도	두 번째 시도	세 번째 시도	합계 시간	평균
제자리 놓기 검사					
뒤집기 검사					

[그림 4-5] 미네소타 민첩성 검사 장면 및 기록지

4) 자세조절, 균형, 협응, 근긴장도 검사

(1) 자세조절 검사

① 체간조절검사

체간조절검사(Trunk Control Test)는 몸통의 조절능력을 간단하게 평가할 수 있는 검사로

1990년 Collin과 Wade가 개발하였다(〈표 4-3〉 참조). 이 검사는 네 가지 기본적인 동작을 통하여 운동능력을 측정한다. 네 가지 기본적인 동작은 ① 누워서 환측으로 구르는 동작, ② 건측으로 구르는 동작, ③ 앉은 자세에서의 균형, ④ 누운 자세에서 앉기이며, 각 평가는 0점, 12점, 25점으로 채점하고 총점은 100점이다.

〈표 4-3〉 체간조절검사 기록지

체간조절검사		
이름 _____ 성별 ___ 나이 ___ 발병일 ___ 진단명 _____ 평가일 ___ 담당검사자 ________ (인)		
검사항목(침상에서)	점수	
환측으로 구르기		0 - 수행하지 못함 12 - 비근육의 사용으로 수행함 25 - 수행함
건측으로 구르기		
앉은 자세에서의 균형		
누운 자세에서 앉기		

(2) 균형 검사

① 기능적 뻗기검사

기능적 뻗기검사(Functional Reach Test)는 선 자세에서 균형능력을 검사하는 도구로 1990년 Duncan 등이 개발하였다. 이 검사는 선 자세에서 발을 떼지 않고 팔을 앞으로 뻗어 최대한 뻗은 거리를 측정하는 도구다.

② 버그 균형척도

버그 균형척도(Berg Balance Scale)는 균형능력을 객관적으로 검사할 수 있는 척도로 1989년 Berg 등이 개발하였다. 이 검사는 열네 가지 동작을 통하여 균형능력을 평가한다. 열네 가지 동작은 ① 앉은 상태에서 서기, ② 도움 없이 서 있기, ③ 기대지 않고 스스로 앉기, ④ 선 상태에서 앉기, ⑤ 이동하기, ⑥ 눈 감고 서 있기, ⑦ 두 발을 모으고 서 있기, ⑧ 선 상태에서 팔을 펴고 뻗기, ⑨ 선 상태에서 바닥의 물건 집어 올리기, ⑩ 선 상태에서 양쪽 어깨를 넘어 뒤돌아보기, ⑪ 360° 돌기, ⑫ 서 있는 동안 발판에 두 발을 교대로 놓기, ⑬ 한 발을 다른 발 앞에 놓고 지지 없이 서 있기, ⑭ 한쪽 다리로 서 있기다. 각 평가는 0~4점으로 채점하며 총점은 56점으로, 44점 미만이면 낙상의 위험이 높은 것이다(〈표 4-4〉 참조).

〈표 4-4〉 버그 균형척도 기록지

버그 균형척도

이름 _____ 성별 ___ 나이 ___ 발병일 ___ 진단명 ______ 평가일 ___ 담당검사자 _________ (인)

검사항목	점수(0~4점)
앉은 상태에서 서기	
도움 없이 서 있기	
기대지 않고 스스로 앉기	
선 상태에서 앉기	
이동하기	
눈 감고 서 있기	
두 발을 모으고 서 있기	
선 상태에서 팔을 펴고 뻗기	
선 상태에서 바닥의 물건 집어 올리기	
선 상태에서 양쪽 어깨를 넘어 뒤돌아보기	
360° 돌기	
서 있는 동안 발판에 두 발을 교대로 놓기	
한 발을 다른 발 앞에 놓고 지지 없이 서 있기	
한쪽 다리로 서 있기	
총점	/56

(3) 협응 검사

① 손가락-코 검사

손가락-코 검사(Finger to Nose)는 근육의 길이를 정확하게 조절하는 능력을 검사하는 도구다. 검사자는 내담자에게 어깨관절은 90° 바깥쪽을 향해 벌리고 팔꿈치는 편 다음, 두 번째 손가락을 서서히 자신의 코 끝에 대도록 지시한다. 이 검사는 소뇌의 기능을 평가하기 위한 것이다.

② 손가락-손가락 검사

손가락-손가락 검사(Finger to Finger)는 상지의 협응과 자세감각을 평가하는 도구다. 내담자는 두 팔의 팔꿈치는 펴고 어깨관절은 90° 바깥쪽을 향해 벌린다. 검사자는 내담자에게 두 손을 몸의 중앙을 향하여 움직여 두 번째 손가락 끝을 만나게 한다. 이 검사는 소뇌의 기능을 평가하기 위한 것이다.

(4) 근긴장도 검사

① 수정된 애시워스 척도

수정된 애시워스 척도(Modified Ashworth Scale)는 관절을 수동적으로 굽히거나 폈을 때 검사자가 느끼는 저항의 정도를 6단계로 나타내는 척도로 Bohannon과 Smith 등이 기존의 애시워스 척도를 수정하여 발표하였다(〈표 4-5〉 참조).

〈표 4-5〉 수정된 애시워스 척도 기록지

수정된 애시워스 척도

이름 _____ 성별 ___ 나이 ___ 발병일 ___ 진단명 _____ 평가일 ___ 담당검사자 _________ (인)

정도	내용
0	근긴장도의 저항이 없다.
1	관절을 수동적으로 굽히거나 폈을 때 관절가동범위의 끝 부분에서 저항이 느껴진다.
1+	관절을 수동적으로 굽히거나 폈을 때 관절가동범위의 절반 이하에서 저항이 느껴진다.
2	관절을 수동적으로 굽히거나 폈을 때 관절가동범위의 대부분에서 저항이 느껴진다.
3	관절을 수동적으로 굽히거나 펴기 어려울 정도의 저항이 느껴진다.
4	관절을 수동적으로 굽히거나 폈을 때 강직(rigidity)이 나타난다.

5) 인지 · 지각 검사

(1) 비운동성 시지각검사

비운동성 시지각검사(Motor-Free Visual Perception Test: MVPT)는 시지각 능력을 평가하는 도구로 시운동 기술을 필요로 하지 않는다. 아동과 성인을 위한 평가도구가 각각 있었으나, 최근 개정되어 4~94세까지 사용된다.

(2) 로웬스타인 작업치료 인지검사

로웬스타인 작업치료 인지검사(Loewenstein Occupational Therapy Cognitive Assessment: LOTCA)는 뇌손상을 입은 내담자의 기본적인 인지능력을 평가하기 위하여 만들어진 도구로 1990년에 Itzkovitch 등이 개발하였다. 이 검사는 지남력, 시지각, 공간지각, 운동 실행, 시운동 조직화, 사고 조직화의 6개 영역으로 구성되어 있으며 각 항목마다 채점되는 점수가 다르다. 집중력은 검사를 시행하는 동안 관찰하여 채점한다. 검사 소요시간은 약 30~40분인데 피검사자에 따라 더 걸릴 수도 있다.

4. 서비스 성과에 대한 평가

성과측정을 위해서는 타당도와 신뢰도가 검증된 평가도구를 사용하는 것이 필수적이다. 이 과정을 통해 전문가들은 목표한 내담자의 중재 효과를 판단할 수 있다. 성과측정은 크게 세 영역으로 이루어진다. 첫째, 임상적이고 기능적 개선의 성과를 측정하는 것으로 기능적 독립성 측정(Functional Independence Measure)이 있다. 둘째, 사용자의 만족도를 측정하는 것으로 캐나다 작업수행측정(Canadian Occupational Performance Measure)과 퀘벡 보조공학에 대한 사용자 만족도평가(Quebec User Evaluation of Satisfaction with Assistive Technology) 등이 있다. 셋째, 삶의 질 변화를 측정하는 것으로 심리사회적 영향 척도(Psychosocial Impact of Assistive Device Scale)가 있다.

기능적 독립성 측정([그림 4-6] 참조)은 재활치료 후 내담자의 기능회복에 대한 여섯 가지 범주의 18개 항목에서 내담자가 얼마나 독립적으로 일상생활이 가능한지를 평가한다. 여섯 가지 범주는 위생, 대소변조절, 이동, 보행, 의사소통, 사회적 인지다. 7점 척도로 완전의존은 1점, 완전 독립은 7점으로 평정하며, 점수는 최소 18점에서 최대 126점까지의 범위다.

퀘벡 보조공학에 대한 사용자 만족도평가([그림 4-7] 참조)는 신체장애나 감각장애와 상관없이 실시할 수 있으며, 1996년 Demers, Weiss-Lambrou와 Ska가 개발한 것이다. 보조공학기기 측면의 만족도 8항목, 보조공학서비스 측면의 만족도 4항목의 총 12개 항목으로 구성되어 있다. 각 항목에 대하여 5점 척도로 평가하는데 매우 불만족인 경우 1점, 매우 만족인 경우 5점을 준다. 평점이 매우 만족이 아닌 경우 구체적인 이유를 의견란에 기록한다. 또한 12개의 만족도 항목 중 가장 중요하게 생각하는 3개의 만족도 항목을 선택한다.

심리사회적 영향 척도(Psychosocial Impact of Assistive Device Scale, [그림 4-8] 참조)는 1996년 Day와 Jutai가 개발한 도구로 26개 항목으로 구성되어 있다. 현재 가장 많이 사용하고 있는 보조기기에 대한 심리사회적 영향을 해당 점수에 자기보고 방식으로 표시한다. 7점 척도를 사용하는데, -3점은 강한 부정적 영향을 의미하며, 3점은 강한 긍정적 영향, 0점은 보조공학기기를 사용하기 전과 변화가 없는 상태를 의미한다. 평가 영역은 적응성(adaptability) 6항목, 자아욕구 실현능력(competence) 12항목, 자존감(self-esteem) 8항목으로 구성되어 있다.

Functional Independence Measure (FIM) Instrument

	ADMISSION	DISCHARGE	FOLLOW-UP
Self-Care			
A. Eating			
B. Grooming			
C. Bathing			
D. Dressing - Upper Body			
E. Dressing - Lower Body			
F. Toileting			
Sphincter Control			
G. Bladder Management			
H. Bowel Management			
Transfers			
I. Bed, Chair, Wheelchair			
J. Toilet			
K. Tub, Shower			
Locomotion			
L. Walk/Wheelchair			
M. Stairs			
Motor Subtotal Score			
Communication			
N. Comprehension			
O. Expression			
Social Cognition			
P. Social Interaction			
Q. Problem Solving			
R. Memory			
Cognitive Subtotal Score			
TOTAL FIM Score			

L E V E L S	**Independent** 7 Complete Independence (Timely, Safely) 6 Modified Independence (Device)	NO HELPER
	Modified Dependence 5 Supervision (Subject = 100%+) 4 Minimal Assist (Subject = 75%+) 3 Moderate Assist (Subject = 50%+) **Complete Dependence** 2 Maximal Assist (Subject = 25%+) 1 Total Assist (Subject = less than 25%)	HELPER
Note: Leave no blanks. Enter 1 if patient is not testable due to risk.		

[그림 4-6] 기능적 독립성 측정 평가지

한국어판 QUEST 2.0 평가지

- 보조공학기구: ________________________
- 이 름: ________________________
- 평 가 일 자: ________________________

한국어판 QUEST 2.0은 현재 귀하가 사용하고 있는 보고공학기구와 그에 관련된 보조공학서비스에 대해 얼마나 만족하고 있는지를 평가하는 평가도구이며, 평가지는 총 12개 문항으로 구성되어 있습니다.

- 12개 문항 각각에 대하여, 귀하가 경험한 보조공학기구와 보조공학서비스에 대해 만족 정도를 1점에서 5점으로 선택하여 주시기 바랍니다.

1	2	3	4	5
매우 불만족	대체로 불만족	보통	대체로 만족	매우 만족

- 12개 문항에 대한 적합한 만족정도를 찾아 해당하는 번호에 O 또는 체크하여 주시기 바랍니다.

- 모든 항목에 대해 빠짐없이 답을 해 주시기 바랍니다.

- 각 문항에 대해 귀하의 만족정도가 "매우 만족"이라고 선택하지 않은 경우, 그 이유를 의견란에 작성해 주시기 바랍니다.

[그림 4-7] 퀘벡 보조공학에 대한 사용자 만족도 평가

〈계속〉

1	2	3	4	5
매우 불만족	대체로 불만족	보통	대체로 만족	매우 만족

보조공학기구

각 문항에 대해 귀하의 만족정도가 "매우 만족" 이라고 선택하지 않은 경우, 그 이유를 의견란에 작성해 주시기 바랍니다.

1. 보조공학기구의 규격(크기, 높이, 길이, 너비)의 만족도는? 의견:	1 2 3 4 5
2. 보조공학기구의 무게의 만족도는? 의견:	1 2 3 4 5
3. 보조공학기구 설치의 용이성(고정)의 만족도는? 의견:	1 2 3 4 5
4. 보조공학기구의 안전성의 만족도는? 의견:	1 2 3 4 5
5. 보조공학기구의 내구성의 만족도는? 의견:	1 2 3 4 5
6. 보조공학기구의 사용의 용이성이 만족도는? 의견:	1 2 3 4 5
7. 보조공학기구의 안락함의 만족도는? 의견:	1 2 3 4 5
8. 보조공학기구의 효과성(욕구충족 정도)의 만족도는? 의견:	1 2 3 4 5

〈계속〉

1	2	3	4	5
매우 불만족	대체로 불만족	보통	대체로 만족	매우 만족

보조공학서비스	
각 문항에 대해 귀하의 만족정도가 "매우 만족" 이라고 선택하지 않은 경우, 그 이유를 의견란에 작성해 주시기 바랍니다.	
9. 서비스 전달 프로그램(서비스과정, 소요시간)의 만족도는? 의견:	1 2 3 4 5
10. 수리와 유지관리서비스(유지관리방법 및 정보제공)의 만족도는? 의견:	1 2 3 4 5
11. 전문가서비스의 질(정보제공, 전문가의 태도)에 만족도는? 의견:	1 2 3 4 5
12. 사후서비스(지속적인 지원 서비스)의 만족도는? 의견:	1 2 3 4 5

• 아래와 같이 12개의 만족도 항목의 목록 중에서 귀하가 가장 중요하다고 생각하는 항목 3가지를 선택하여 해당 항목에 □ 안에 ×를 해 주시기 바랍니다.

□ 1. 규격
□ 2. 무게
□ 3. 설치의 용이성
□ 4. 안전성
□ 5. 내구성
□ 6. 사용의 용이성
□ 7. 안락함
□ 8. 효과성
□ 9. 서비스 전달
□ 10. 수리와 유지관리서비스
□ 11. 전문가서비스
□ 12. 사후서비스

〈계속〉

QUEST 2.0 점수표

이 페이지는 설문의 문항에 대한 점수를 계산하기 위한 점수표입니다.
응답자는 이 점수표에는 아무것도 적지 마시기 바랍니다.

- 응답하지 않은 문항의 수 ________________ [ ]

- 보조공학기구 점수 ________________ [ ]
  1번부터 8번까지의 항목에 응답한 만족점수를 합한 후 이를 답한 항목의 수로 나눈 점수를 기입한다.

- 보조공학서비스 점수 ________________ [ ]
  9번부터 12번까지의 항목에 응답한 만족점수를 합한 후 이를 답한 항목의 수로 나눈 점수를 기입한다.

- 전체 QUEST 점수 ________________ [ ]
  1번부터 12번까지의 항목에 응답한 만족점수를 합한 후 이를 답한 항목의 수로 나눈 점수를 기입한다.

- 가장 중요하게 생각하는 3가지 만족항목

____
____
____

출처: 안나연(2008).

한국어판 PIADS 검사지

보조공학기기의 심리사회적 영향 척도(PIADS)　　검사일:　　년　　월　　일
성 명 :　　남성☐　　여성☐
진단명:　　생년월일:　　년　　월　　일

설문지 작성 장소	1. ☐ 집	2. ☐ 클리닉	3. ☐ 기타(　　　)
설문지 작성자	1. ☐ 고객 본인 3. ☐ 보호자	2. ☐ 본인 (보호자 도움) 4. ☐ 기타(　　)	

각각의 단어나 문장은 보조공학기기가 사용자에 어떠한 영향을 미치고 있는지에 대한 내용을 설명하고 있습니다. 따라서, 26개의 항목 모두를 빠짐없이 작성을 해 주셔야 됩니다. 현재 가장 많이 사용하고 계시는 기기(명칭)＿＿＿＿＿＿로 인해 어떠한 심리적인 영향을 받고 계시는지에 대하여 해당하는 점수에 (✓) 표시해 주시면 됩니다

	영향력 감소 -3	-2	-1	0	1	2	영향력 증가 3
1) 자기욕구 실현능력	☐	☐	☐	☐	☐	☐	☐
2) 행복감	☐	☐	☐	☐	☐	☐	☐
3) 독립심 / 자립심	☐	☐	☐	☐	☐	☐	☐
4) 일상생활 및 돌발 상황에 대한 적절한 대처	☐	☐	☐	☐	☐	☐	☐
5) 혼란	☐	☐	☐	☐	☐	☐	☐
6) 효율성	☐	☐	☐	☐	☐	☐	☐
7) 자존감	☐	☐	☐	☐	☐	☐	☐
8) 생산성	☐	☐	☐	☐	☐	☐	☐
9) 안전감	☐	☐	☐	☐	☐	☐	☐
10) 좌절감	☐	☐	☐	☐	☐	☐	☐
11) 유용성	☐	☐	☐	☐	☐	☐	☐
12) 자신감	☐	☐	☐	☐	☐	☐	☐
13) 전문성	☐	☐	☐	☐	☐	☐	☐
14) 능숙함	☐	☐	☐	☐	☐	☐	☐
15) 웰빙	☐	☐	☐	☐	☐	☐	☐
16) 유능감	☐	☐	☐	☐	☐	☐	☐
17) 삶의 질	☐	☐	☐	☐	☐	☐	☐
18) 수행능력	☐	☐	☐	☐	☐	☐	☐
19) 자신에 대한 영향력	☐	☐	☐	☐	☐	☐	☐
20) 환경에 대한 통제감	☐	☐	☐	☐	☐	☐	☐
21) 창피함	☐	☐	☐	☐	☐	☐	☐
22) 진취적 태도	☐	☐	☐	☐	☐	☐	☐
23) 공동체 활동에 대한 참여 능력	☐	☐	☐	☐	☐	☐	☐
24) 새로운 것에 도전하고자 하는 열망	☐	☐	☐	☐	☐	☐	☐
25) 일상생활활동에 대한 적용능력	☐	☐	☐	☐	☐	☐	☐
26) 기회활용 능력	☐	☐	☐	☐	☐	☐	☐

[그림 4-8] 심리사회적 영향 척도

출처: 채수영(2008).

참고문헌

박수현(2013). 작업치료사를 위한 임상지침서. 서울: 군자출판사.

안나연(2008). Quebec User Evaluation of Satisfaction with Assistive Technology(QUEST 2.0)의 한국어 번역 및 검증연구. 나사렛대학교 대학원. 석사학위논문.

작업치료교재편찬위원회(2013). 측정 및 평가. 서울: 범문에듀케이션.

채수영(2008). 한국어판 Psychosocial Impact of Assistive Devices Scale(PIADS) 번안 및 검증연구. 대구대학교 대학원. 박사학위논문.

Collin, C., & Wade, D. (1990). Assessing motor impairment after stroke: a pilot reliability study. *Journal of Neurology, Neurosurgery, and Psychiatry, 53*(7), 576-579.

Cook, A. M., & Polgar, J. M. (2007). *Cook and Hussey's Assistive Technologies: Principle and Practice* (3rd ed.). Mosby.

Pendleton, H., & Schultz-Krohn, W. (Eds.). (2006). *Pedrettis Occupational Therapy: Practice Skills for Physical Dysfunction* (6th ed.). St. Louis: Mosby.

Radomski, M. V., & Thrombly Latham, C. A. (2014). *Occupational Therapy for Physical Dysfunction* (7th ed.). Baltimore: Lippincott Williams & Wilkins.

제2부

보조공학 분야의 이해

제5장 정보접근 보조기기와 서비스

1. 정보접근 보조기기의 개념

정보기술의 급속한 발전으로 전 세계는 이제 소셜미디어, 인터넷 등의 정보매체를 통해 실시간으로 공유하고 소통하는 세대로 들어섰다. 정보는 그 의미가 개인의 지식에 국한되지 않고, 시공간을 초월해 날씨, 교통, 뱅킹, 교육 등 일상생활 영역으로 파생되어 사회적 측면에서 개인의 삶에 영향을 줄 수 있다. 이처럼 정보는 일상생활에 지대한 영향을 줄 수 있기에 정보매체에 접근할 수 있는 방법은 장애인에게 더욱 필수적인 요소라고 할 수 있다.

2015년 한국정보화진흥원에서 발표한 정보격차지수 및 실태조사에 따르면, 일반 국민(100%) 대비 장애인의 스마트정보격차 지수는 60.2%로 39.8%의 격차가 나타났다. 이 결과는 장애인들의 정보접근성(infomation accessibility)에서의 제약이 크다는 것을 말해 준다. 다시 말해, 우리나라의 경우 스마트 기기를 통해 비장애인 90%가 정보를 습득하고 있는 반면 장애인들은 일반적인 PC와 스마트 기기 접근로에 제한성을 두고 있는 것이다.

우리나라는 이러한 장애인 정보접근 권리보장을 위해 「국가정보화기본법」 제32조와 「장애인차별금지 및 권리구제 등에 관한 법률」 제20조에 정보접근에서 장애로 인해 차별받지 않도록 명시되어 있으며, 또한 동법에 정보통신기기 및 소프트웨어 등의 편의제공을 해야 한다고 되어 있다.

UN 장애인권리협약 제21조에서는 표현과 의견 및 정보접근의 자유를 명시하고 있으며, UN/ESCAP 행동지침(United Nations, Economic and Social Commission for Asia and the Pacific)에서는 플로피디스켓, 대활자, 점자, 오디오카세트 그리고 비디오카세트 포맷으로 되어 있는 정보 자료의 이용성을 높이기 위한 협력을 명시하고 있다. 또한 최근 시각장애인의 저작물 접근권 개선을 위한 '마라케시 조약'이 국제적 규범으로 마련되었다.

미국에서는 장애인의 스마트 기기 및 방송 접근성을 보장하기 위해 2010년 21st Century Communication & Video Accessibility Act를 공포하였고, 2013년 10월 접근성 미보장 제품에 대해 수출 · 수입 · 판매 금지를 시행하였다.

우리나라의 「국가정보화기본법」에 명시되어 있고 국제적으로 명시된 장애인의 정보접근 보장을 위해 제공되는 기기 등은 정보매체에 접근할 수 있도록 도와주는 소프트웨어 및 하드웨어를 말하는데 이를 '정보접근 보조기기'라 한다.

이러한 정보접근 보조기기를 통해 일상생활에 파급력을 가져다주는 정보 자원에 장애인도 어려움 없이 접근할 수 있도록 하기 위해 국가가 서비스를 제공하여야 하며, 이러한 역할에서 보조공학사가 정보접근서비스를 수행할 수 있어야 한다. 보조공학사는 장애인의 정보접근을 위해서 정보접근 보조기기와 더불어 접근성 평가를 통해 다양한 방법을 모색해야 하며, 다음과 같은 장애유형별 정보접근성의 측면을 고려하여야 한다.

2. 장애유형별 정보접근 보조기기

장애인의 정보접근 보조기기는 범용적인 일반 기기와 특수성을 가진 장애인의 정보접근 보조기기 등으로 구분할 수 있다.

먼저, 장애인의 범용적인 일반 기기 접근성을 확보하기 위해 앞서 언급한 바와 같이 「국가정보화기본법」 제32조 제5항에 장애인 및 고령자 등의 정보접근 및 이용편의 증진을 위한 지침을 규정하고 있으며, 제2장 정보통신서비스와 정보통신제품의 기능에 대한 설계 지침에 장애 특성별로 〈표 5-1〉와 같이 구분되어 있다. 또한 동 지침 제3장에서는 이용자의 환경 등을 고려할 수 있도록 웹사이트 접근성 준수에 관한 설계 지침이 명시되어 있으며, 별표로 장애인 웹 콘텐츠 사용성 지침, 모바일 애플리케이션 접근성 지침 등의 접근성 세부 기술 지침이 포함되어 있다.

이러한 지침 등을 준수하여 특수성을 가진 장애인의 정보접근 보조기기들이 일반 소프트

〈표 5-1〉 장애인 · 고령자 등의 정보접근 및 이용편의 증진을 위한 지침(미래창조과학부 고시 제 2013-106호)

분류기준	장애유형	정보통신 보조기기(예)
손 또는 팔 동작의 보완	지체장애,뇌병변장애	특수마우스, 특수키보드
반응시간의 보완	지체장애, 뇌병변장애, 지적장애	접근성 지원
시력의 보완 및 대체	시각장애	화면낭독 프로그램, 점자정보단말기, 화면확대 관련 제품
색상 식별능력의 보완	시각장애	접근성 지원
청력의 보완 및 대체	청각장애, 언어장애	영상전화기, 보청기, 보완대체 의사소통 보조기기(AAC), 증폭기
음성입력의 대체	청각장애, 언어장애, 지적장애	접근성 지원
인지능력의 보완	지적장애	보완대체 의사소통 보조기기(AAC), 접근성 지원
깜박거림의 사용제한	뇌병변장애, 시각장애	접근성 지원

웨어와 호환성을 갖추도록 하였다. 그러한 예로는 시각장애인이 화면낭독 프로그램을 통해 웹을 이용할 때 콘텐츠의 배열에 따라 순차적으로 읽어 내려가는 콘텐츠의 내비게이션 등을 고려하는 것과 장애인의 접근성을 고려하여 모바일 기기에 토크백이나 보이스오버, 화면확대, 스위치제어 등의 기능을 두는 것을 들 수 있다.

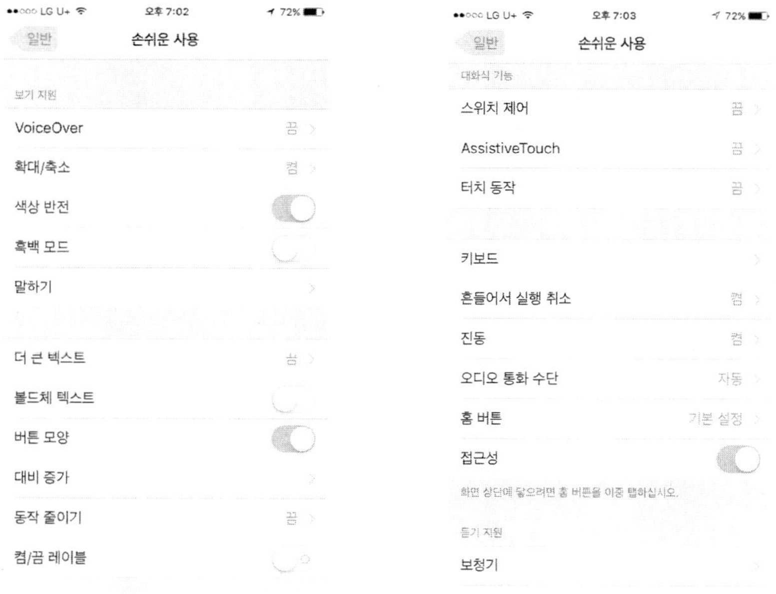

[그림 5-1] 모바일 접근성 환경설정

특수성을 가진 장애인의 정보접근 보조기기를 장애유형별로 구분하여 설명하면 다음과 같다.

1) 지체 · 뇌병변장애인을 위한 정보접근 보조기기

장애인복지법에서는 지체장애인을 '상지 및 하지의 관절 부위에서 절단 또는 기형, 근육 이상 등으로 인해 보행이나 일상생활의 동작에 상당한 제약을 받은 사람' 으로 규정하고 있으며, 뇌병변장애인은 '뇌성마비, 외상성 뇌손상, 뇌졸중(腦卒中) 등 뇌의 기질적 병변으로 인하여 발생한 신체적 장애로 보행이나 일상생활의 동작 등에 상당한 제약을 받는 사람' 으로 규정하고 있다.

신체적인 기능의 제한으로 인해 컴퓨터나 터치모니터의 선택 등의 활용이 어려운 경우에 사용할 수 있는 정보접근 보조기기는 〈표 5-2〉에 제시되어 있다. 지체 · 뇌병변장애인의 개별적 장애 특성에 따라 조작, 입력, 쓰기 등을 수행하기 위한 자세정렬 등을 고려하여 휠체어, 높낮이 조절책상, 모니터암 등을 포함하여 정보접근성 환경조성을 고려하여야 한다.

다음에 제시된 입력기기 중에서 특수마우스나 특수키보드의 원활한 조작을 위해서는 개인의 조작능력 등을 고려하여 컴퓨터나 모바일의 입력기기 환경설정을 고려해 줄 필요가 있다. 입력기기의 환경설정은 입력속도, 입력범위, 입력횟수 등을 설정하는 것을 말하는데, 컴퓨터의 경우는 제어판에서 키보드, 마우스의 속성을 변경할 수 있다. 그리고 조이스틱마우스의 버튼, 속도 등을 제어하는 응용 프로그램으로는 'Joystick to mouse' 가 있다.

〈표 5-2〉 지체 · 뇌병변장애인을 위한 정보접근 보조기기

구분	품목	주요 제품	사진
입력기기	특수 마우스	조이스틱 마우스	
		트랙볼 마우스	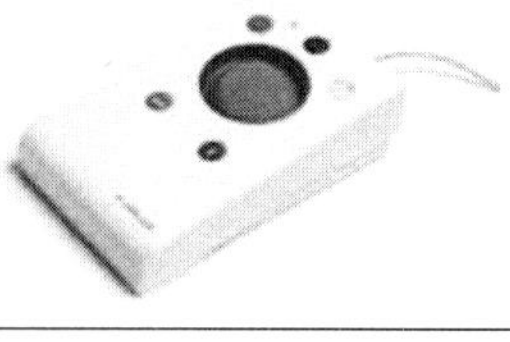

구분	품목	주요 제품	사진
입력기기	특수 마우스	헤드마우스	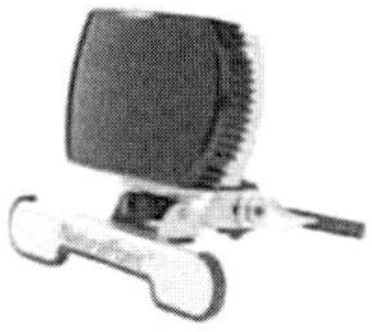
		입술마우스	
		안구마우스	
	특수 키보드	확대키보드	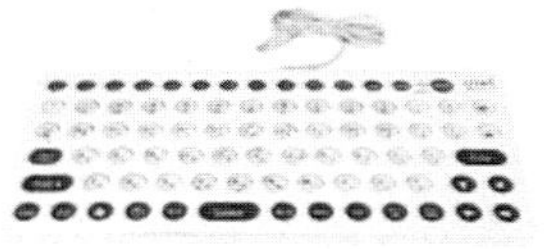
		미니 키보드	
		분리형 키보드	
	스위치	스위치	
		스위치 인터페이스	

구분	품목	주요 제품	사진
	터치스크린 (모니터)	터치스크린 모니터	
입력 보조장치	키보드 입력 보조기기	타이핑스틱	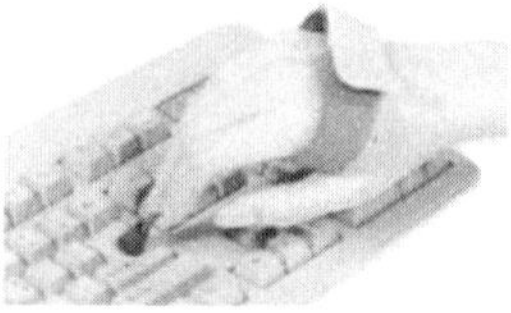
		키가드	
		마우스스틱	
정보접근성 환경조성	자세정렬 및 유지	높낮이 조절책상	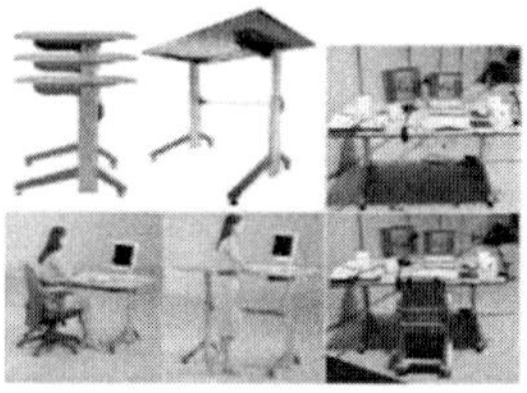
		모니터이동보조기	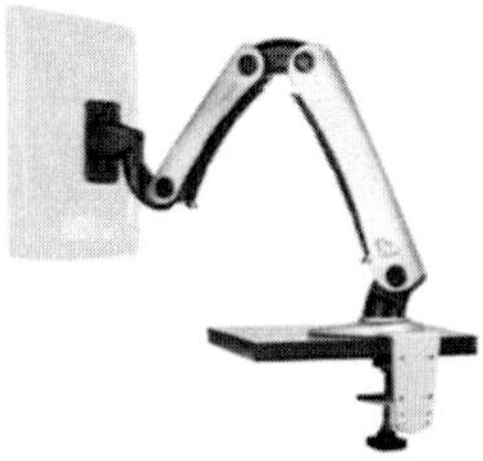
		팔받침대	

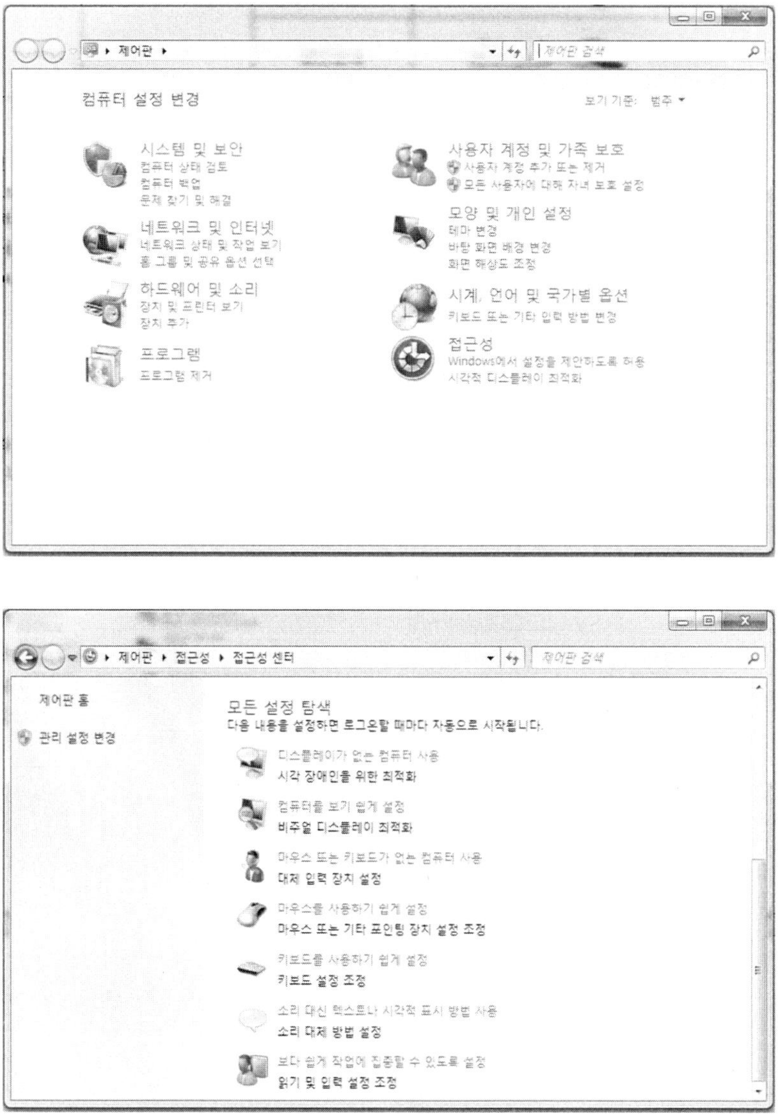

[그림 5-2] 윈도우 제어판의 마우스 및 키보드 환경설정

2) 시각장애인을 위한 정보접근 보조기기

장애인복지법에서는 시각장애인을 '나쁜 눈의 시력(만국식시력표에 따라 측정된 교정시력을 말한다. 이하 같다)이 0.02 이하인 사람, 좋은 눈의 시력이 0.2 이하인 사람, 두 눈의 시야가 각각 주시점에서 10도 이하로 남은 사람, 두 눈의 시야 2분의 1 이상을 잃은 사람'으로 규정하고 있다.

시각장애인은 개인별 특성으로 잔존 시각능력에 따라 정보접근 보조기기를 구분할 수 있다. 시각장애는 잔존 시각능력에 따라 '저시력(visual impairment)'과 '전맹(blind)'으로 구분할 수 있는데, 저시력장애인의 경우 잔존시력을 보완할 수 있는 화면확대 기기가, 그리고 전맹인의 경우는 정보접근을 대체해 줄 수 있는 점자와 음성 지원 정보접근기기가 이용될 수 있다.

〈표 5-3〉 시각장애인을 위한 정보접근 보조기기

구분	품목	주요 제품
화면확대	인쇄물 화면확대	휴대용 독서확대기 휴대용 독서확대기 이동용 독서확대기 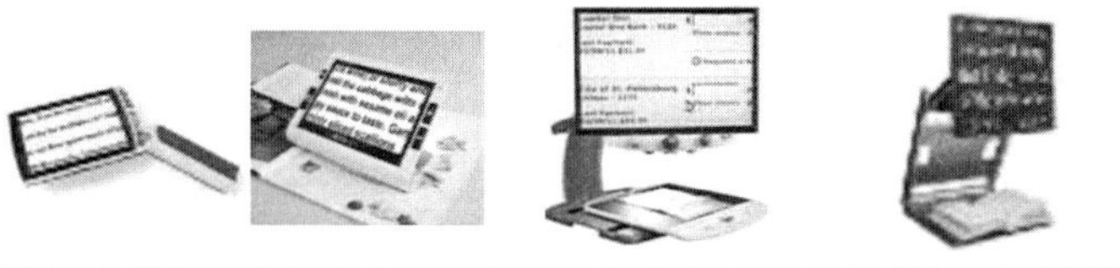
	모니터 화면확대 프로그램	화면확대 S/W 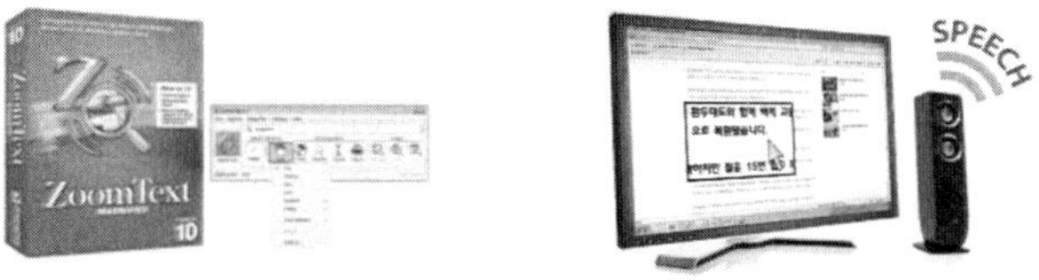
음성지원	데이지플레이어	
	인쇄물 음성 변환출력기	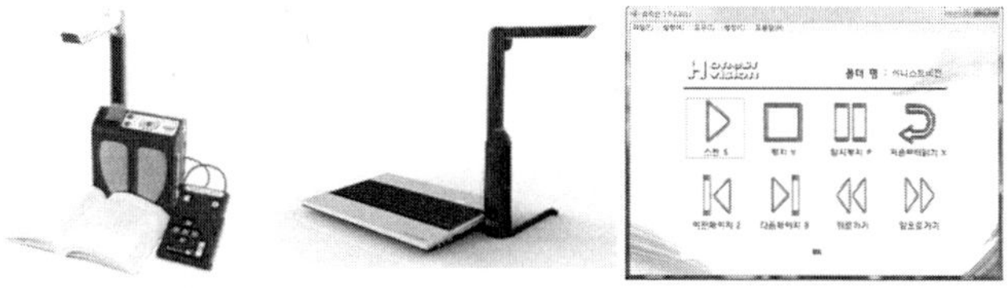
	화면낭독 프로그램	
점자출력	점자디스플레이	

점자출력	점자라벨기	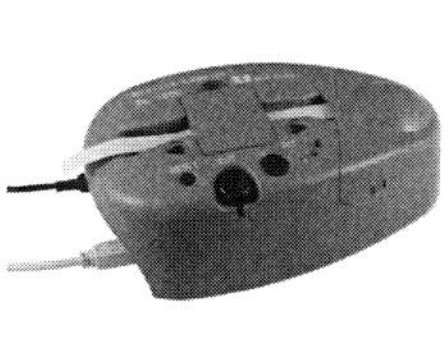  
	점자정보단말기	 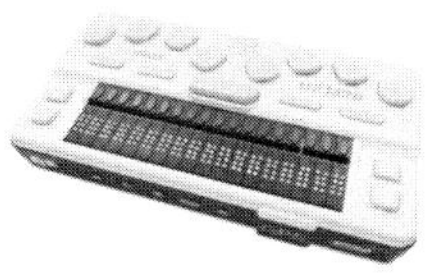 
	점자프린터	 
	스마트 점자기기	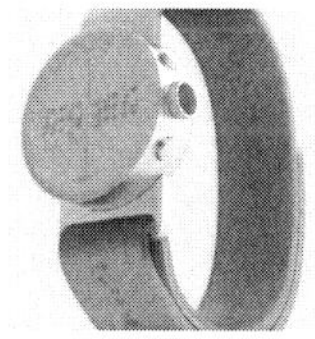 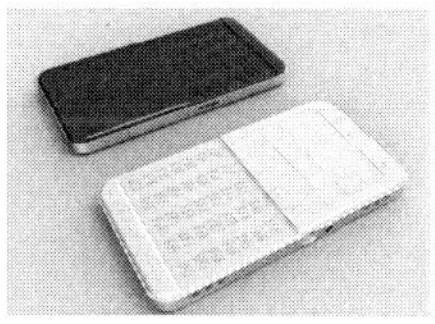 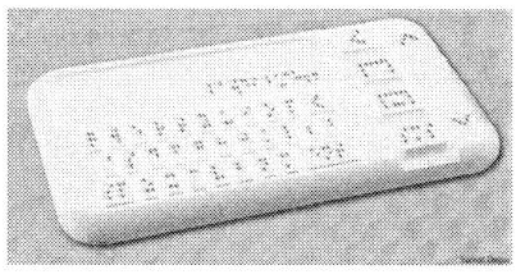

3) 청각장애인을 위한 정보접근 보조기기

장애인복지법에서는 청각장애인을 '두 귀의 청력손실이 각각 60데시벨(dB) 이상인 사람, 한 귀의 청력손실이 80데시벨 이상이면서 다른 귀의 청력손실이 40데시벨 이상인 사람, 두 귀에 들리는 보통 말소리의 명료도가 50퍼센트 이하인 사람 등'으로 규정하고 있고, 언어장애인은 '음성기능이나 언어기능에 영속적으로 상당한 장애가 있는 사람'으로 규정하고 있다.

청각장애는 청력에 따라 난청(hard of hearing)과 농(deaf)으로 구분된다. 청각장애인이 상황(환경)을 인식할 수 있도록 하는 데 필요한 정보접근 보조기기는 다음과 같이 구분할 수 있다.

〈표 5-4〉 청각장애인을 위한 정보접근 보조기기

구분	품목	주요 제품
음성증폭	무선음성증폭기	  
	강연청취용 보청기/골도헤드셋	 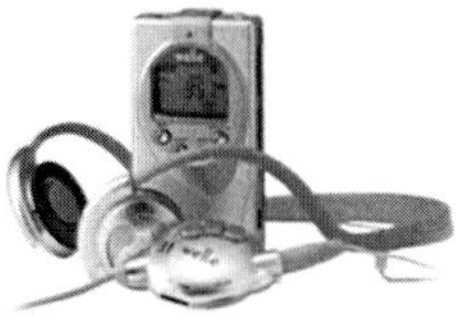
	골도전화기	 
영상정보	영상전화기	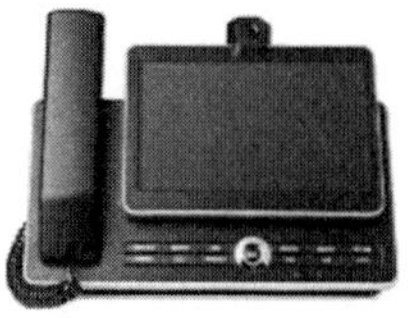  
	신호알림장치	  
	보완대체 의사소통 보조기기	  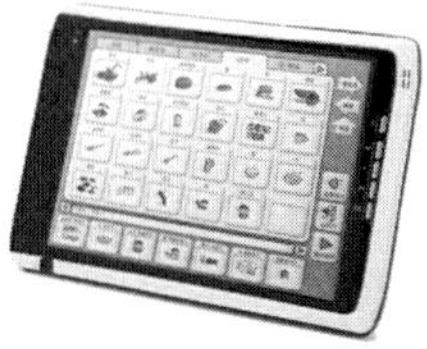

3. 정보접근 보조기기의 선택과 적용방법

장애인 개인의 수행능력에 따라 최적화된 정보접근 보조기기를 중재하기 위해서는 기능평가 및 수행평가를 통해 객관적인 보조기기를 선별해야 한다. 특히 컴퓨터 접근에 있어 지체 · 뇌병변장애인에게 맞는 특수키보드 및 특수마우스를 선별할 때는 보조공학사의 주관적 판단에 따르는 것보다 객관적이고 합리적인 평가도구를 사용하는 것이 적합하다.

장애인의 컴퓨터 접근 보조기기 선택에 앞서 Cook와 Hussey의 보조공학 HAAT 모델과 같이 개인-활동-환경을 기반으로 다음과 같이 고려되어야 한다.

- 개인(Person): 신체적인 잔존능력, 자세, 인지능력 등
- 활동(Activity): 컴퓨터 사용경험, 흥미, 관심 분야, 컴퓨터 사용목적, 활용횟수 등
- 환경(Enviroment): 컴퓨터 사용환경(위치), 컴퓨터 유형(데스크탑, 노트북, 패드), 컴퓨터 환경(운영체제) 등

컴퓨터 입력기기의 적합성 평가를 위해 고려할 요소는 다음과 같다.

- 마우스: 마우스 커서 위치 조작 범위, 클릭/더블클릭 조작능력, 드래그, 목표물 이동 선택
- 키보드: 키보드 조작 범위, 키 입력 정확도, 입력시간, 키 간격, 키 배열, 키 크기
- 스위치: 잔존 신체 부위의 스위치 선택횟수, 입력시간, 스위치 크기, 스위치 배열, 스위치 압력

이러한 컴퓨터 입력기기 적합성 평가에 따라 타이핑스틱, 키가드, 팔받침대 등 입력 보조기기의 사용 여부 등을 고려할 수 있다.

현재 표준화된 컴퓨터 평가도구로 국내에서 개발된 표준화된 평가도구는 없지만, 외국에서 개발된 평가도구 중 컴퓨터 적합성을 위한 양적 및 질적 평가도구는 다음과 같다.

1) 컴퓨터 적합성 양적 평가도구

(1) KPR Wizard Keyboard & Mouse: 마우스와 키보드 수행속도, 오타율, 시간 등 정확성을 평가

- 키보드: 반복률, 반복 지연, 고정키 등
- 마우스: 포인터 속도, 포인터 조준 강화, 더블클릭 입력시간, 더블클릭 입력간격, 타깃 크기

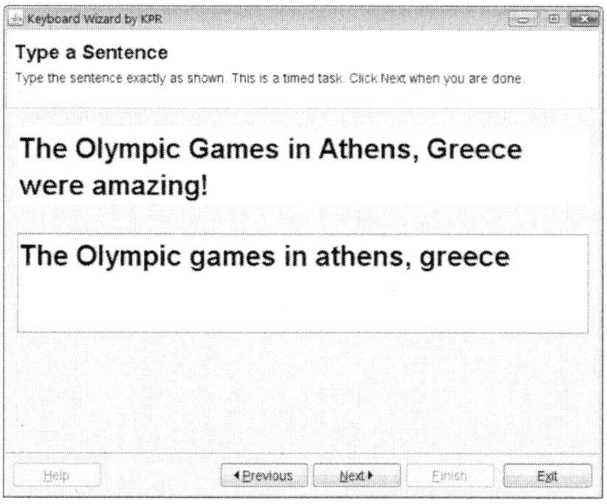

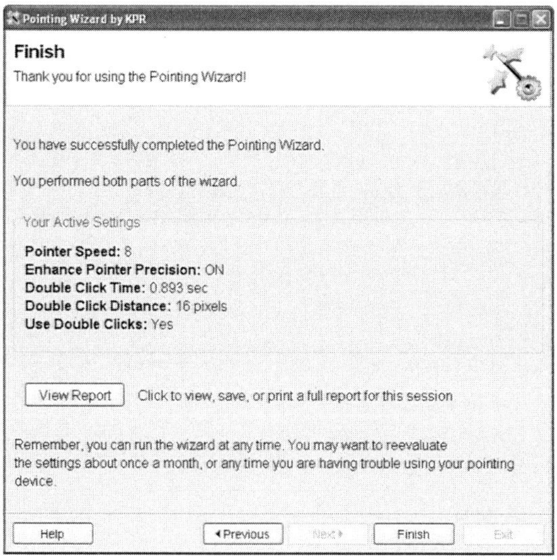

[그림 5-3] KPR Wizard Keyboard & Mouse

(2) Mousetron: 마우스 움직임(움직인 거리, 좌우 클릭/더블클릭 횟수, 스크롤 횟수, 사용시간) 정보 제공

• 마우스를 움직인 거리, 마우스 좌우 클릭, 더블클릭의 횟수, 스크롤 사용 횟수, 키보드 타이핑 수, 사용한 시간 제공

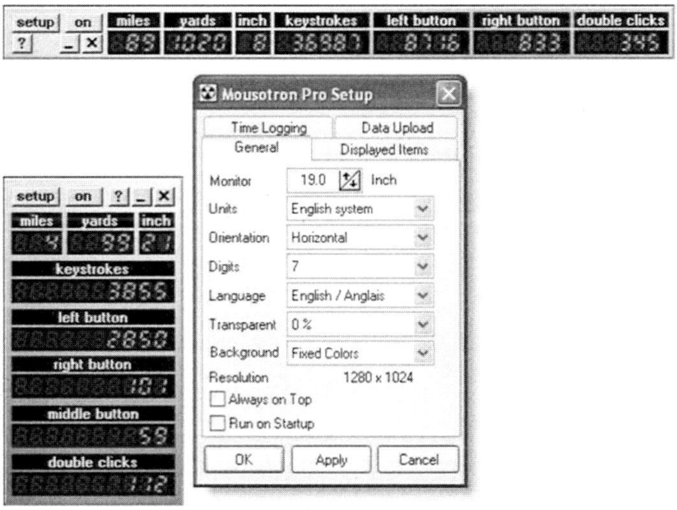

[그림 5-4] Mousetron

(3) Compass: 키보드 입력, 마우스 타깃 선택, 메뉴항목 탐색, 스위치 사용과 같은 컴퓨터 접근을 위해 요구되는 기술에서 사용자 수행 측정 및 저장 · 분석

• 마우스: 포인터 위치 이동 후 클릭, 더블클릭, 드래그 정확도, 메뉴항목 등 수행시간, 반응시간

• 키보드: 철자, 문자, 문장 입력 전체 수행시간, 키 입력시간, 키 떼는 시간, 오타율

• 스위치: 단일스위치 입력, 스캐닝 입력 정확도, 전체시간, 누르는 시간, 떼는 시간

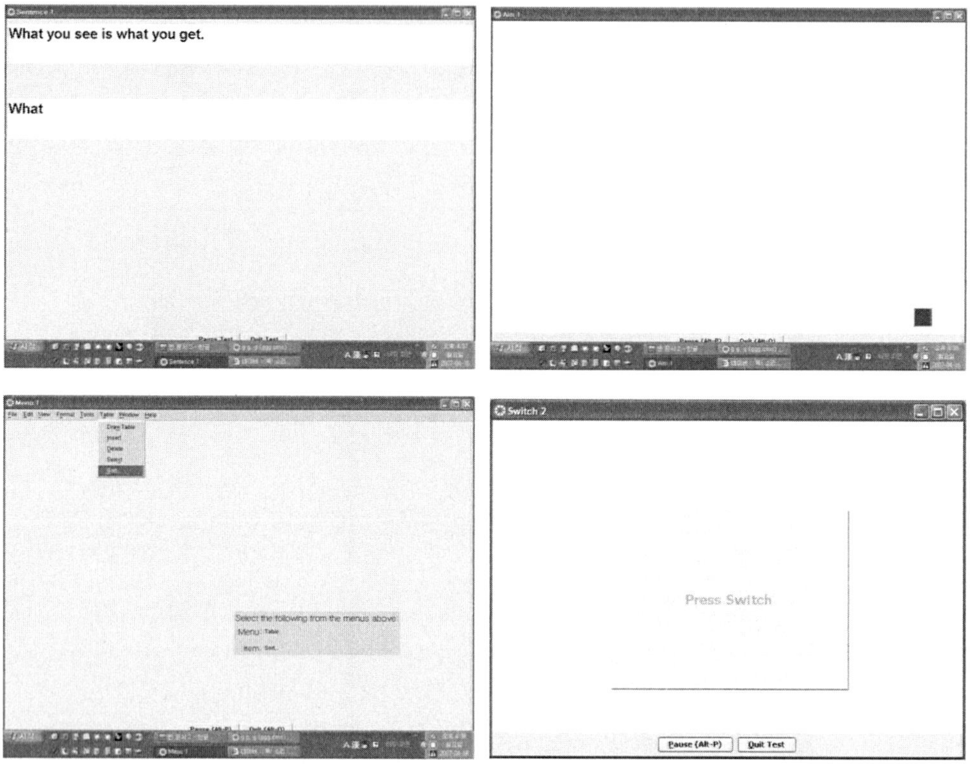

[그림 5-5] Compass

2) 컴퓨터 적합성 질적 평가도구

(1) PCA(Physical Characteristics Assessment): 뇌성마비장애인의 컴퓨터 접근을 위한 자세 평가 체크리스트

(2) LAP(Lifespace Access Profile): 보조공학 프로그램 계획을 위한 평가지. 컴퓨터 접근을 위한 신체가동범위, 스위치 접근 위치, 워크스테이션 등의 항목 포함

(3) WATI: 위스콘신 주에서 개발된 보조공학 프로그램 계획을 위한 서비스 평가지로 장애학생의 신체 특성 및 컴퓨터 사용능력 항목을 확인하는 체크리스트

(4) Evaluware: 아동의 컴퓨터 접근 및 보완대체 의사소통을 고려하기 위한 평가도구. 듣기, 보기, 움직이기, 보조공학 설정 등의 평가요소로 구성. 시청각 피드백 및 역동적인 화면구성

[그림 5-6] Evaluware

4. 정보접근 보조기기와 서비스 제언

정보 자원의 형태가 무궁무진하게 변해 가고 있는 오늘날은 앞으로 더욱 많은 개인의 정보력이 요구되고 중요하게 부각되고 있다. 단순히 점자나 텔레비전만으로 정보를 획득했던 시대와는 달리, 현재는 화면낭독 프로그램, 특수마우스 등 정보접근 보조기기를 통해 시공간을 초월하여 실시간 정보를 수집 및 재생산하고 있다. 일방적인 정보가 아닌 교차하는 정보의 홍수로 인해 이제는 사회가 요구하는 정보력이 개인의 경쟁력으로 더욱 다양하게 발생하고 있다. 따라서, 장애인이 다양한 정보수집 경로에서 소외되지 않고 정보력을 가진 한 사회 일원으로서 생활할 수 있도록 하기 위해 보조공학사들의 역할이 매우 중요하다.

보조공학사들이 현장에서 장애인의 정보접근 보조기기 적합성을 선별하기 위해 평가도구들을 활용할 때는 앞서 제시된 사용자의 환경을 고려하고 컴퓨터 환경설정을 통해 기기의 적합성이 평가될 수 있도록 단계적인 검토를 하는 것이 필요하다. 또한 객관적인 수치 기록의 비교분석을 통해 보조공학서비스의 객관성을 확보해야 한다. 우리나라의 경우 아직까지

정보접근 보조기기를 선별하기 위해 개발된 표준화된 평가도구가 없기 때문에 보조공학사들의 노력과 역량이 더욱 중요하다.

장애인이 재활훈련을 거치고 사회에 적응해 나가는 것과 같이, 적합성에 따라 선별된 보조기기도 여러 차례 반복된 훈련을 통해 적응해 나가야 그 효과를 극대화할 수 있을 것이다. 단 한 번의 훈련 및 평가 시도만으로는 정보접근 역량이 나아지기를 기대하기란 어렵다. 정보접근 보조기기 중재를 통해 주기적으로 반복 평가하여 이용자의 기기 적합성을 모색해 나가야 한다.

더불어 정보접근 영역은 컴퓨터 접근과 모바일 스마트 기기와 관련하여 웹 접근성, 프로그래밍 환경분석, 어플리케이션 개발 등 소프트웨어적인 부분도 많이 차지하고 있기에, 보조공학 부분에만 국한하지 않고 장애인 정보접근 역할에 있어서 필요한 파생되는 부분을 같이 갖추고 노력하는 자세가 필요할 것이다.

참고문헌

이진현(2009). 지체장애인의 컴퓨터 접근 평가를 위한 소프트웨어 개발 및 적용. 대구대학교 대학원 석사학위청구논문.

한국정보화진흥원(2015). 2014 정보격차지수 및 실태조사.

2011 ATIA Conference Orlando, Florida, January 26-29.

Horstmann, K, H., Simpson, R, C., & LoPresti, E. F. (2010). Research in Computer Access Assessment and Intervention. *Phys Med and Rehab Clinics of North America*, *21*(1), 15-32, 2010.

Wisconsin Assistive Technology Initiative. (2004). The WATI Assessment Package. Wisconsin Assistive Technology Initiative, Oshkosh, WI. Retrieved May 24, 2006.

제6장 의사소통 보조기기와 서비스

1. 의사소통 지도의 중요성

우리나라 인구의 약 1.3%가 일상적인 의사소통에서 자신의 말로 필요한 것을 충족시키지 못하는 중증의 의사소통장애를 지니고 있다. 성시연 등(2013)의 연구에 따르면 우리나라에서 선천적 · 후천적 원인으로 구어 의사표현에 어려움을 가지고 있고 특별한 중재를 필요로 하는 대상은 영아기 1,404명, 학령기 2만 4,663명, 성인 31만 3,690명에 이르고 있다. 이들은 다양한 장애 또는 질병으로 인해 다른 사람의 말을 이해하고 구어로 자신의 의사를 표현하는 것에 큰 어려움을 보인다. 선천적 원인으로는 자폐성장애, 지체장애, 지적장애 등 발달장애가 대표적이며, 후천적 원인으로는 근위축성 축색경화증, 실어증, 외상성 뇌손상, 파킨슨병, 치매 등을 들 수 있다. 이와 같은 다양한 원인에 기인하여 구어로 상호작용이 이루어지지 않을 경우 일상적인 생활 영역(예: 교육, 고용, 가족, 지역사회 등)에 참여하는 데 심각한 제약을 받게 된다.

하지만 장애가 어디서 비롯되었는지와 상관없이 이들에게 적절한 교육과 지원을 하게 되면 상징적 또는 비상징적 형식의 효율적인 의사소통 방법을 배울 수 있다. 그럼에도 불구하고 의사소통하는 데 전혀 반응을 보이지 않거나 적절하지 않은 반응을 보이는 중증 장애인들의 경우는 사회적 관계기술 습득의 문제, 즉 또래들보다는 주변의 교사나 부모와 같은 어른들에게만 반응을 보이는 경향 등이 꾸준하게 발견되고 있다(Jacson et al., 2003). 이러한 장애인들 중에서 나이가 어린 사람들은 의사소통 시 부탁, 거절, 사회적 상호작용과 같은 몇 가지 기본적인 기능을 익히게 하고, 자발적인 동작과 말하기, 얼굴 표정 등의 자유롭고 개인적인 표현 방법을 사용하게 한다(Seigel & Cress, 2002). 하지만 이들은 때때로 파괴적이거나 공격적인 행동으로 의사소통을 표현하기도 한다. 이와 같은 개인만의 고유한 의사소통 방식(또는 형태)과 문제행동은 비상징적인 방식의 대체된 의사소통체계로 분류된다(박경옥, 2011; Cress, 2002; Wacker, Berg, & Harding, 2002). 반면, 상징체계를 익혀서 더욱 광범위한 기능의 의사소통을 문제를 해결하려는 부류의 중도 장애인도 있다. 상징체계를 통해 의사소통하는 사람들은 단어 형태나 상징 형태(지적하기, 전자적 신호 보내기, 그림 보여 주기, 음성 의사소통 장치 사용 등)를 사용하거나 이 둘을 조합하여 인사하기, 사회적인 상호작용하기, 정보 제공하기, 부탁 및 거절하기 등을 요구하기 위해 상호 간의 주의를 환기시키거나 공동주의(joint attention)를 하려 한다.

또한 이해력이 부족한 자신들의 언어능력을 보완하기 위해 그림을 이용한 의사소통책 같은 대안적인 형태의 의사소통 도구를 사용하기도 한다. 이처럼 말이나 글로 의사소통하는 데 어려움을 지닌 사람들에게 이와 같은 여러 가지 의사소통 전략을 지도하여 익히게 하는 것은 이들이 지닌 의사소통 욕구나 이들에게 내재되어 있던 의사소통 능력에 대한 잠재력을 충분히 표출할 수 있도록 개인의 역량을 계발하고 이를 지원하는 것을 의미한다. 따라서 다른 어느 것보다 우선해서 지도하고 발현할 수 있도록 지원해야 하는 과업이다. 반드시 말로가 아닌 다른 대체 수단을 제공해서, 이들이 상대방과 정서적 공감대를 형성하고 지식을 나누며 삶을 공유하며 살아가는 것은 이들의 삶의 질에도 크게 영향을 미치게 된다.

의사소통에 어려움을 겪고 있는 사람에 대한 구어 의사소통 능력과 읽고 쓰기의 문해력에 대한 관심이 늘면서 미국중도장애인연합회(The Association for Persons with Severe Handicaps: TASH)에서는 중도장애인의 의사소통 권리헌장을 발표하였다. 의사소통 권리헌장에는 의사소통이 개인에게 있어 기본적인 권리이고, 모든 사람은 장애나 질병 등과 관계없이 여러 사람과 어울려 다양한 활동을 수행하고 의미 있는 관계를 맺을 수 있어야 한다는 점을 명시하고 있다. 이는 장애인의 주변 사람들이 장애인과의 대화과정에서 어떠한 역할을 해야 하는지와 장애인의 의사소통 능력을 키울 수 있는 방법을 익혀야 한다는 점을 강조하고 있는 것이다. 또한 의사소통이 반드시 구어로 이루어져야 한다는 것에 대해서는 언급하고 있지 않다는 점에 주의를 기울일 필요가 있는데, 이는 구어 이외에 다양한 의사소통체계를 사용하여 이와 같은 의사소통의 다양한 기능을 할 수 있도록 하기 위한 역량 신장을 강조하는 것임을 간과해서는 안 된다.

모든 사람은…

- 자신이 원하는 것을 요구할 권리가 있다.
- 자신이 원하지 않는 것을 거부할 권리가 있다.
- 선호하는 것과 감정을 표현할 권리가 있다.
- 선택의 기회를 가지고 이를 거절할 수 있는 권리가 있다.
- 다른 사람의 주의와 상호작용을 요구하고 얻을 권리가 있다.
- 일과나 환경의 변화에 대한 정보를 요구하고 얻을 권리가 있다.
- 의사소통을 향상시킬 중재를 받을 권리가 있다.
- 반드시 요구가 충족되지는 않더라도 자신의 요구에 대한 응답을 받을 권리가 있다.
- 표현한 것에 대해 존중되고 예의 있게 대해질 권리가 있다.
- 다른 사람을 통하지 않고 직접 표현할 수 있는 권리가 있다.

2. 의사소통장애와 보완대체 의사소통 보조공학의 개념과 활용

1) 의사소통장애의 정의

(1) 미국말-언어-청각협회 임시위원회의 정의

미국말-언어-청각협회 임시위원회(ASHA Ad Hoc Committee, 1993)에서는 의사소통장애는 언어 또는 비언어적, 상징적 기호체계나 개념을 이해하거나 정보를 교환하는 데 장애가 있는 것으로 제의하고 있다(ASHA, 1993). 이 장애는 청각, 언어, 말에 있어 분명한 특징을 보인다. 의사소통장애는 손상된 정도에 따라 경계선급 장애인부터 최중도 장애인에 이르기까지 그 범위가 넓다. 이는 발달적일 수도 있고 후천적으로 획득될 수도 있으며, 하나의 영역에서 장애를 보일 수도 있고 복합된 장애를 보일 수도 있다. 의사소통장애는 1차적 장애를 초래할 수 있고, 2차적으로 다른 장애에 영향을 미칠 수도 있다.

(2) 미국장애인법의 정의

학생이 의사소통장애로 인해 특수교육서비스를 받기 위해서는 장애, 언어장애, 말장애가 아동의 학습에 부정적인 영향을 끼쳐야 한다. 「미국장애인법(Individuals with Disabilities

Education Act of 2004: IDEA)」에서는 말장애 또는 언어장애가 말더듬, 손상된 조음, 언어장애, 또는 음성장애로 인해 교육적 수행에 부정적인 영향을 미칠 때 의사소통장애에 해당된다고 정의하고 있다(IDEA, 2004). 언어장애로 인해 서비스를 받고 있는 학생들은 지적장애, 중복장애, 뇌손상, 청각장애를 함께 지니고 있는 경우가 많다.

2) 언어장애와 말장애의 정의

(1) 언어장애

언어장애인은 말, 쓰기, 또는 몸짓과 같은 다른 상징체계를 이해하는 데 어려움을 겪는다. 가장 손상이 심한 유형의 언어장애는 뇌의 언어기능을 담당하고 있는 부분의 손상에 기인한 실어증(aphasis)이다. 실어증의 경우 대부분 뇌졸중이 원인이지만 외상성 뇌손상, 뇌변병에 기인하기도 한다. 아동의 언어장애를 초래하는 다른 장애들에는 아동기에 학습된 활동을 실행하지 못하는 증상을 보이는 실행증(apraxia), 언어기반 학습장애, 외상성 뇌손상, 뇌성마비 자폐성장애가 포함된다.

(2) 말장애

미국말-언어-청각협회(American Speech-Language-Hearing Association: ASHA, 1993)에서 정의하고 있는 것처럼, 말장애는 말의 조음(조음장애), 말의 유창성(유창성장애), 또는 음성(음성장애)과 관련된 장애다. 조음장애는 음소 생략, 대치, 왜곡, 첨가 등의 특성을 나타내는 비정형적인 말의 산출을 포함한다. 유창성장애는 학생이 말을 사용하는 데 있어서 말의 흐름이나 유창성이 부적당한 패턴으로 나타나는데, 비정형적인 말의 속도, 리듬, 소리와 음소, 단어, 구문의 반복 등으로 특징지어진다. 음성장애는 음조, 강조, 음질, 공명과 관련된 기본적인 음성적 특성이 학생의 나이와 성을 고려하였을 때 기대되는 정형적인 목소리와 편차를 보이는 말장애의 한 유형이다. 말장애를 초래하는 상태나 장애로는 뇌성마비, 구순구개열, 말더듬 등이 있다.

심각한 말장애와 언어장애를 가진 학생은 보완대체 의사소통체계를 사용하도록 지도한다. 이러한 체계는 말을 통한 의사소통이 가능하지 않을 때 학생에게 자신의 생각을 의사소통하는 하나의 수단으로 제공할 수 있다. 보조공학 전문가와 언어치료사는 보고와 사정과정에서 성공적인 학습을 위한 지원을 마련하는 데 중요한 역할을 한다.

3) 보완대체 의사소통의 개념과 활용 효과

(1) 보완대체 의사소통의 정의

의사소통에서의 보조공학 하면 보완대체 의사소통(Augmentative & Alternative Communication: 이하 AAC)이 가장 먼저 떠오른다. AAC는 구어로 자신의 의사를 표현하지 못하는 사람들의 의사소통 권리를 지원해 주는 중재방안으로, 의사소통을 촉진시킬 수 있는 다양한 방법과 도움을 포함하는 의사소통 행위와 한 개인에게 유용한 의사소통 도구와 전략까지를 포함한다. AAC는 선천적 · 후천적으로 발생한 장애로 인해 말하기 또는 쓰기를 할 수 없거나 그에 어려움을 겪고 있는 사람의 말 또는 글을 '보완(augment)' 하여 상호작용 과정에서의 의사소통을 촉진하거나 말 또는 글을 대신하여 이와는 다른 '대체' 적인(alternative) 방법을 통합하여 사용함으로써 사회적 상호작용에 도움을 줄 수 있다. 발음의 명료도가 낮거나 부정확하거나 표현할 수 있는 어휘의 수가 적은 경우에 의사소통의 의도를 정확하게 전달하는 과정에서 음성출력 의사소통도구(Speech-Generation Device: SGD)를 사용하는 것은 '보완' 적인 의사소통이라 할 수 있고, 여러 가지 이유(심한 경직, 수술 등)로 발화 또는 발성이 전혀 안 되는 경우에 자신의 구어를 대신하여 사용할 수 있는 의사소통 도구를 활용하는 것은 '대체' 적인 의사소통이라 할 수 있다.

대부분의 장애인은 '대체' 의사소통의 측면보다는 구어와 비상징적인 의사소통에 대한 '보완' 의사소통 측면에서 AAC를 사용하는 경우가 많고, AAC 방법 면에서는 최근 각광받고 있는 스마트 기기 기반의 의사소통 도구들이 많이 활용되고 있는 실정이다. 그럼에도 불구하고 구어를 대체하거나 보완하는 AAC 기기와 함께 얼굴 표정, 제스처, 간단한 수화 단어와 같은 신체 동작 등을 사용하는 다중양식의 의사소통체계가 사용되고 있는 추세다.

AAC를 사용하여 의사소통을 하는 대표적인 예로 영국의 스티븐 호킹 박사와 우리나라의 이상묵 박사를 들 수 있다. 스티븐 호킹 박사는 근위축성 축색경화증으로 구어를 전혀 사용하지 못한다. 하지만 휠체어에 의사소통 단말기를 고정하고 AAC 기기를 작동시키기 위한 안경 옆에 달려 있는 스위치 센서를 이용하여 '우주와 물리' 에 대한 이론을 정립하고 강연도 하며 자유롭게 자신의 사고를 세상과 공유하고 있다. 다음 사진은 스티븐 호킹 박사가 TED에서 '우주를 묻다(Questioning the Universe)' (http://www.ted.com/talks/stephen_hawking_asks_big_questions_about_the_universe)라는 주제로 연설하는 장면과 우리나라의 이상묵 박사가 호기흡기용 스위치를 사용하여 컴퓨터를 활용하고 있는 모습을 보여 주고 있다.

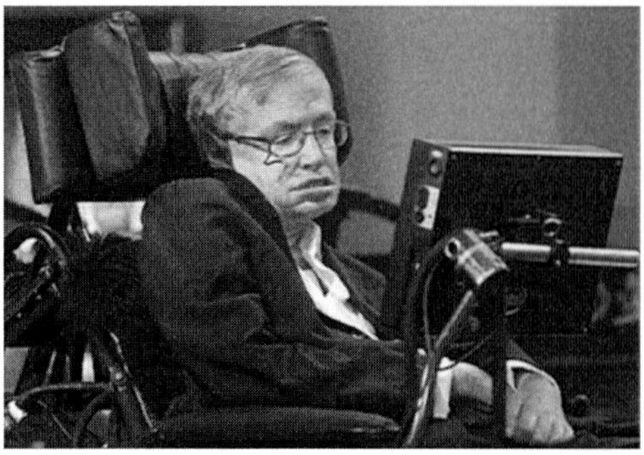 

출처: 호킹 박사, http://www.ilyoseoul.co.kr/news/articleView.html?idxno=54298; 이상묵 박사, http://article.joins.com/news/article/article.asp?Total_ID=3288509

(2) 보완대체 의사소통의 선택을 위한 평가

AAC의 유형과 방법은 학생의 신체, 감각, 인지, 수용언어 능력에 따라 다르게 고려된다. 그리고 AAC 체계를 선택하고 개발하는 과정에서 고려되어야 하는 또 다른 요인은 다른 사람이 학생을 얼마나 잘 이해하느냐 하는 민감성이다. 장애학생을 위한 AAC 체계를 개발하기 위해서는 여러 측면에서의 자료가 수집되어야 하고, 이를 기반으로 질적 · 양적인 정보를 수집하는 사정이 실시되어야 하는 것이다. 가장 기본적으로 수집되어야 하는 자료는 의사소통체계를 필요로 하는 개인에 대한 것이고, 그다음에 수집해야 하는 자료는 일상적인 상황에서 학생과 상호작용하고 있는 주변 환경에 있는 사람들에 대한 것이다. 그리고 의사소통의 유용성, 비용, 의사소통체계를 효율적으로 사용하기 위해 학생과 가족의 지원, 주변 환경에서 의사소통체계가 얼마나 유용하게 사용될 수 있을지에 대한 인적 · 물적 자원을 고려한 정보 수집이 이루어져야 한다.

학생을 위한 최상의 의사소통 방법을 선택하는 것은 간단한 일이 아니다. 비록 그것이 일상적으로 사용되는 것일지라도, 언어의 발달은 매우 복잡하다. 중도의 말-언어 손상을 지닌 학생을 위해 올바른 의사소통체계를 선택하려면 많은 전문가의 사정이 필수적이다. 이러한 전문가들은 해당 학생과 학생의 주변인들이 더 나은 의사소통 기술을 촉진할 수 있는 보조공학(Assistire Technology: AT)을 사용하여 학습하도록 도울 수 있다. 또한 전문가들은 이들이 올바른 AAC 기기를 사용하여 학습하도록 도울 수 있다. 올바른 AAC 기기를 선택하는 것은 학생의 교수적 수행을 위해 결정되어야 하는 가장 중요한 사안이다. 학생이 모든 사회적 · 교육적 환경에서 효과적으로 의사소통하도록 교수하는 것은 학생과 학생의 개별화교육 지원팀을 위한 최우선의 목표다. 개별화교육 지원팀은 AAC를 개발하고 사용할 때 수많은 요인을 고려해야 한다. 의사소통 기기 선정을 위한 사용자 능력 평가의 영역은 다음과 같다.

〈표 6-1〉 의사소통 기기 선정을 위한 사용자 능력 평가 영역

영역	방법
현재 의사소통 능력	• 직접관찰 또는 교사 및 부모 면담
구어사용 능력	• 부모나 교사의 면담을 통해 구어 사용의 효율성 평가 • 구어 산출 정도를 평가
자세 및 운동 능력	• 관찰을 통해서 아동의 자세 잡기와 운동 능력(특히 지적 시 움직임, 지적의 정확성 및 속도) 평가
인지능력	• 심리검사 • 관찰평가
언어능력	• 수용언어 평가표 • 교사, 가족의 면담 • 직접관찰
감각능력	• 시청각 능력 평가
일상생활 습관	• 일상생활 습관에 대한 정보 수집

4) 보완대체 의사소통체계 적용의 효과

보완대체 의사소통체계 적용 시 기대할 수 있는 효과는 다음과 같다.

- 요구/필요에 대한 의사소통이 필요한 상황에서 의사소통 개시 빈도의 증가
- 적절한 대화상대자로 인식되는 사람을 향한 의사소통의 증가
- 대화상대자의 다양화
  - 직무상 AAC 사용자와의 의사소통이 필요한 사람: 학교 교사, 치료사 등
  - 자발적 대화상대자: 비담임 교사, 학교 직원, 급우, 직장 동료 등
- 의사소통의 기회 증가, 즉 다른 사람들이 대상 학생이나 성인에게 의사소통 기회를 부여하도록 환경을 조성한다는 것
- AAC 사용의 증가와 함께 문제행동의 감소
- 학급 또는 직장이나 모임 내 위치와 다른 사람에 의한 수용도의 변화
- 통합 상황에서 보내는 시간의 증가
- AAC 사용자가 능동적으로 특정 활동에 참여하는 시간의 증가

3. 보완대체 의사소통을 위한 기술공학의 연속선

1) 노테크

학생은 어떠한 보조공학기기도 사용하지 않고 자신이 원하는 것을 손가락으로 가리킬 수 있다. 머리를 끄덕여서 긍정의 의미를 전할 수도 있고, 고개를 가로저으며 부정의 의사를 표현할 수도 있다. 박경옥과 육주혜(2011)는 비상징적 의사소통 행동에 대한 평가척도 개발연구를 통해 이를 비상징적 의사소통 행동으로 정의하였다. 이들은 비상징적 의사소통 행동의 형태를 네 가지로 유형화하였는데, 얼굴 표정이나 눈동자의 응시 방향, 눈깜박임 등을 포함하는 안면형, 손가락으로 가리키거나 요구하는 물건을 동작으로 취해 보이는 동작형, 지체 및 뇌병변 장애학생들이 보이는 반사나 움직임 특성을 반영한 신체긴장도 변화형, 그리고 주변의 성인에게 자신의 요구를 표현하는 성인 의존형이 그것이다.

이와 같이 노테크(no tech)는 자신의 의사표현을 위해 상징도, 장치도 사용하지 않는 것을 의미한다. 보완대체 의사소통 중재에서 모든 경우에 하이테크 장치가 필요한 것은 아니다. 보완대체 의사소통 중재를 위한 장치를 선택할 때는 학생의 요구와 장기 목표를 염두에 두고 기기를 사용하는 것과 사용하지 않는 것의 장단점을 충분히 고려해서 선택해야 한다.

2) 라이트테크

라이트테크(light tech)는 흔히 로우테크(low tech)라는 말로 널리 사용되고 있다. 라이트테크 장치는 일반교사와 특수교사가 설계하고 제작하는 경우가 많다. 이 장치는 교실이나 작업장에서 다양한 소재로 만들어질 수 있다. 라이트테크 장치는 전원장치와 같은 전기장치

눈 응시 장치

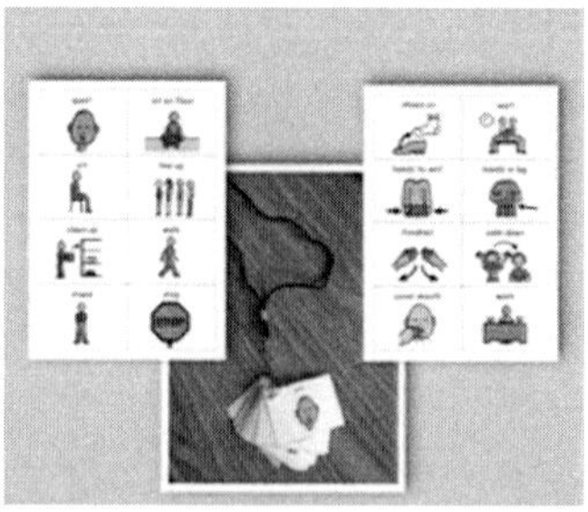

목걸이 사진

클립을 이용한 그림판

가 필요한 것은 아니다. 라이트테크 장치의 몇 가지 예를 들면 목걸이 사진, 의사소통판, 선택판, 눈 응시 대상물, 소도구 등이 있다.

눈 응시 장치는 학생이 무엇을 원하는지를 눈의 응시 방향을 보고 알아내는 방법이다. 다시 말해, 이 장치는 학생이 무엇을 원하는지를 알게 하기 위해 사용된다. 눈 응시 장치는 장애학생이 자신이 선택하고자 하는 것을 충분히 오랫동안 응시함으로써 다른 사람이 자신이 선택한 것을 이해할 수 있도록 하는 방식으로, 대화의 상대자가 관심만 기울인다면 쉽게 알아차릴 수 있다. 눈 응시 방법 이외에도 눈 추적(eye tracking), 눈 깜박임(blinking), 번갈아 보기 등의 방법으로도 학생이 무엇을 원하는지를 알 수 있다.

목걸이 사진은 학생이 수행해야 하는 특정 과제의 상징인 그림을 함께 담는 수단이 된다. 사진이나 그림을 코팅한 후 링 바인더에 묶어 줄에 달아 주면 학생이 목걸이처럼 사용할 수 있다.

클립을 이용한 그림판 또한 활용할 수 있는데, 교실 내에 있는 소도구 등을 이용하여 학생이 학습이나 작업환경 내에서 성공적인 대화자가 될 수 있도록 돕는 것이 중요하다. 간단한 클립에 그림카드를 고정시킨 후 학생이 원하는 것을 찾아 교사나 작업장의 관리자에게 제시함으로써 자신의 의사를 전할 수 있다. 작업 공간의 벽이나 옷가지 자락에 집게를 이용하여 꽂아 두었다가 필요할 때 이용할 수 있도록 환경을 구성해 주는 것이 필요하다

3) 하이테크

전자정보통신 기기의 발달과 함께 전자적인 장치를 사용한 하이테크(high tech) AAC 도구들이 개발되었다. 우리나라에서 개발된 도구들로는 키즈보이스((주)유비큐), 마이토키((주)보이스웨어), 위드톡((주)핑키밍키) 등이 있다. 이런 도구들은 디지털화된 상징과 음성합성 기능을 가지고 있어 간단한 선택으로 원하는 메시지를 음성으로 출력할 수 있다.

〈표 6-2〉 국내에서 개발된 AAC 기기

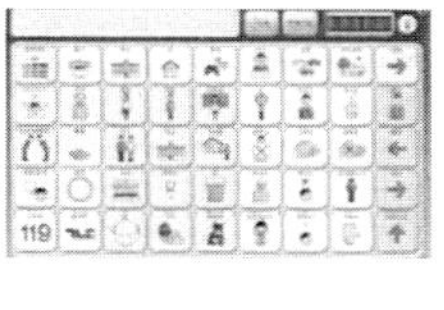	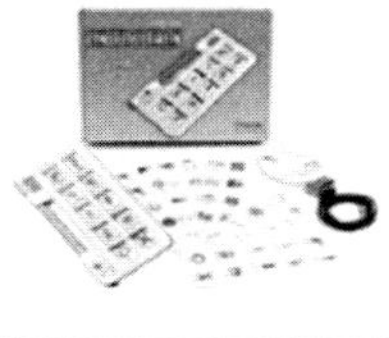	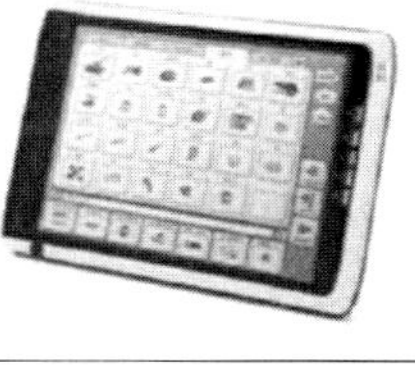	
마이토키	오케이 톡톡	키즈보이스	위드톡

이와 함께 교육 및 작업 현장에는 스마트 기기가 보편화되면서 스마트폰 어플리케이션 형태의 AAC 프로그램도 보급되고 있다. 안드로이드 기반의 스마트 기기에서는 '마이토키 스마트' '진소리' '오케이 톡톡' 등을 사용할 수 있고, iOS 기반의 스마트폰에서는 'My First AAC' 'Pocket AAC' 'iComm' 'jTalk' 'Pocket Voice' 등을 사용할 수 있다. 이전보다 '우리말'을 기반으로 한 AAC 기기와 프로그램의 연구개발이 활발해지고 있어 향후 사용자의 접근성과 사용성이 향상된 프로그램의 개발과 보급이 기대된다.

〈표 6-3〉 스마트 기기에서 사용할 수 있는 다양한 어플리케이션

iOS				
	My First AAC (안드로이드 가능)	jTalk	Pocket AAC	Pocket Voice
안드로이드				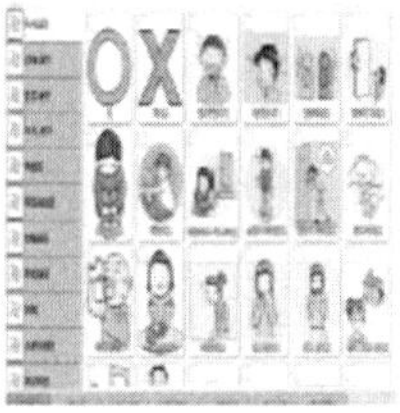
	토크프랜드	진소리	마이토키 스마트	오케이 톡톡

이러한 프로그램과 앱들의 활발한 개발과 함께 고려해야 할 것은 하이테크 장치들로 TTS 장치, 단일/다중 수준의 음성출력기 그리고 화면전시 장치들이 있다. TTS(text-to-speech)는 학생이 단어나 구문을 타이핑하면 장치가 그것을 화면에 출력하면서 음성으로 읽어 주는 형태다. 그런데 TTS를 사용할 때 항상 컴퓨터가 있어야 하는 것은 아니며 휴대 가능한 다른 장치들을 이용할 수 있다. TTS 사용 사례는 김진솔의 한국AAC학회 국제학술대회 발표 장면에서 볼 수 있다(https://www.youtube.com/watch?v=P9adOQQbh5k).

단일 수준 음성출력 장치는 전자화된 음성을 사용하고 사용자에게 메시지를 녹음하여 사용할 수 있게 한다. 이 메시지는 교실에서 여러 번 반복하여 사용할 수 있으며 하나 이상의 장치를 연결하여 사용할 수 있다(예: 직접선택이 어려운 경우라면 스위치를 연결하여 사용할 수 있다).

학생에게 한 대의 장치만 주어진다면 상황과 주제가 바뀔 때마다 녹음 내용을 다시 녹음하여 사용할 수 있다. 다중 수준 음성출력 장치는 여러 개의 키가 있어서 다양한 메시지를 녹음하여 사용할 수 있다. 한 가지 메시지만을 저장할 수 있는 단일 수준 음성출력 장치와는 달리 어휘를 다양화할 수 있으며, 프로그램의 종류에 따라 음성합성 방식을 이용할 수도 있다. 의사소통 오버레이는 의사소통판 위에 덮는 투명한 덮개다. 이 오버레이는 범주화될 수 있어서, 학생은 여러 가지 다양한 활동이나 주제 영역에 따라 이를 교체하여 적절하게 사용할 수 있다.

〈표 6-4〉 다양한 하이테크 음성출력 기기

단일 수준 음성출력 장치 출처: http://www.adaptivetechsolutions.com	다중 수준 음성출력 장치 출처: http://www.attainmentcompany.com/gotalk-pocket
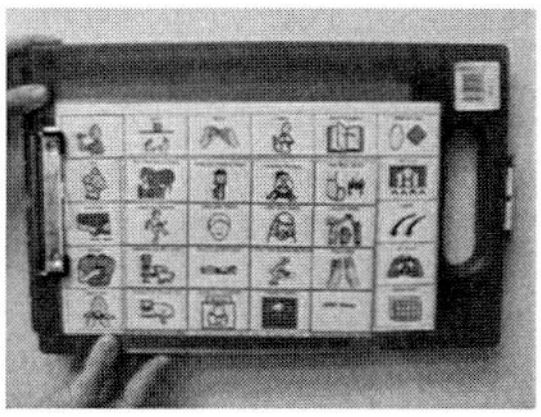	
의사소통 오버레이	

4. 장애영역별 보완대체 의사소통의 접근 (지체 · 뇌병변/시각/청각/지적장애 중심)

1) 장애유형별 의사소통 지원기기 및 소프트웨어

(1) 시각장애

시각장애인은 잔존시력을 보완해 주거나 점역, 음성출력 등으로 '글'을 기반으로 한 의사소통에 지원이 요구된다. 시각장애인의 의사소통을 지원하는 기기나 소프트웨어는 의사소통뿐만 아니라 시각장애인의 사회생활과 정보접근에 광범위하게 사용된다. 이는 시각장애인의 의사소통 지원기기가 정보통신 보조기기와 큰 차별점 없이 사용될 수 있다는 것으로 주요 기기를 소개하면 〈표 6-5〉와 같다.

〈표 6-5〉 시각장애인의 의사소통 지원을 위한 기기

기기 및 소프트웨어	기능별 내용
 화면확대 S/W 독서확대기	저시력장애인이 컴퓨터 화면이나 신문 등을 크게 확대해서 볼 수 있도록 도와주는 기능의 보조기기
 화면낭독 프로그램 (Screen Reader)	시각장애인이 혼자서도 컴퓨터를 사용할 수 있도록 도와주는 기능을 하는 소프트웨어로, 컴퓨터 화면에 표시되는 글자나 그림 등을 소리나 음성으로 전환하여 주는 기능을 지님.
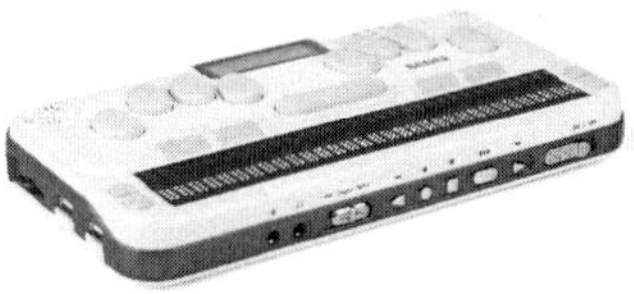 점자정보 단말기 출처: http://www.at4u.or.kr	점자를 통해 정보를 입력하거나 출력하여 다양한 멀티미디어 기능을 사용할 수 있는 휴대용 단말기

(2) 청각 · 언어장애

청각 · 언어장애인의 경우 청각의 손상으로 인해 결손된 정보와 이에 대한 대응을 하는 구어의 보상을 지원하는 의사소통 보조기기를 사용할 수 있다. 또 자막(예: 오픈자막과 폐쇄자막), 휴대전화의 문자기능, 골도 전화기, 듀얼 진동 디지털 알람시계, 오디오포트, 비주폰,

골도 헤드셋 등이 사용될 수 있다. 청각 · 언어장애인의 의사소통 지원을 위해 사용되는 주요 기기를 상세하게 살펴보면 〈표 6-6〉과 같다.

〈표 6-6〉 청각 · 언어장애인의 의사소통 지원을 위한 기기

기기 및 소프트웨어	기능별 내용
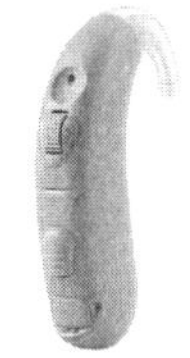 보청기 출처: http://lloydhearingaid.com	소리를 증폭시켜서 이도에 전달함으로써 잘 들을 수 있도록 돕는 보조기기
 골도 전화기	고막에 이상이 생겨 청각기능이 떨어진 이들을 위해 진동자를 통해 귀 주변 뼈에 소리를 전달하는 통신기기
 영상통화기	청각장애인들이 상대방 얼굴을 보면서 수화 통화를 할 수 있도록 도와주는 기능의 통신기기
 의사소통 보조기	청각장애인이 전화 통화를 할 때 컴퓨터 문자를 작성하듯 타자 입력으로 자신의 뜻을 전달하거나, 전화를 받을 때 상대방의 음성을 문자로 읽을 수 있도록 해 주는 기능의 보조기기

(3) 지체 · 뇌병변장애

지체 · 뇌병변장애인의 경우 사지 및 체간의 비전형적인 움직임과 구어기능의 손상 등으로 인해 제한된 의사소통의 상호작용을 촉진하고 보완할 수 있는 입력 대체기기를 지원할

수 있다. 다양한 보조공학 기기 중에서 의사소통을 지원해 줄 수 있는 기기 몇 가지를 소개하면 〈표 6-7〉과 같다.

〈표 6-7〉 지체 · 뇌병변장애인의 의사소통 지원을 위한 기기

기기 및 소프트웨어	기능별 내용
 터치스크린	컴퓨터 자판이나 마우스 대신 컴퓨터 화면을 직접 손으로 만져 작업을 할 수 있도록 도와주는 기능의 보조기기
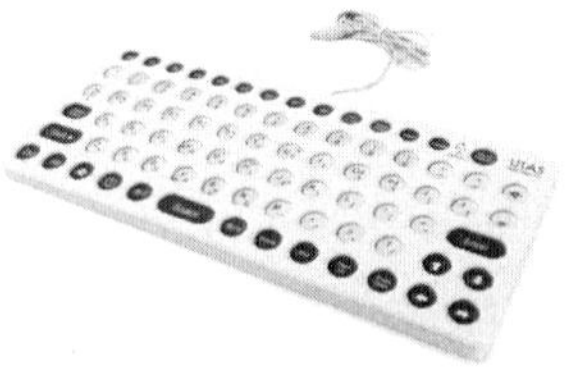 킹 키보드	손 떨림, 경직성이 있거나 한 손만 쓸 수 있는 장애인을 위해 막대장치 등을 이용해 자판을 칠 수 있도록 개발된 특수키보드
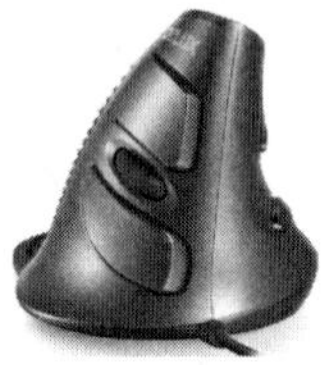 손바닥 마우스	손 떨림, 경직성이 있는 뇌성마비장애인, 한 손만 쓸 수 있는 장애인을 대상으로 개발된 특수마우스
 헤드 마우스	눈동자나 머리 등 신체의 움직임에 따라 마우스 커서를 움직일 수 있는 대체 마우스
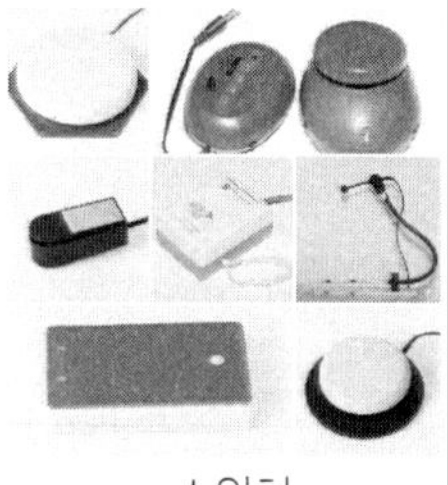 스위치	디스플레이의 항목을 직접 선택할 수 없을 경우 항목이 자동으로 스캐닝되고 있을 때 원하는 항목에 커서가 오면 선택하는 기능의 보조기기

2) 의사소통 지원을 위한 컴퓨터 접근성 지원

지체 · 뇌병변장애인이 컴퓨터나 노트북을 이용하여 의사소통을 하거나, 컴퓨터를 사용하기 어려운 것은 신전 또는 이완의 불수의적인 움직임으로 인해 학생의 자발적 의지로 신체를 움직이는 데 제한이 따르기 때문이다. 이러한 특징으로 인해 이들은 의사소통 기기를 작동하는 데 많은 시간이 소요되며 불필요한 신체의 움직임으로 인해 지나치게 많은 체력 소모를 하게 되어 글자를 입력하는 데 많은 오류를 보인다. 이들이 지닌 자발적 신체 움직임 능력은 저마다 지닌 장애의 특성에 따라 개인차가 크다. 지체 · 뇌병변장애인들이 컴퓨터 및 의사소통 기기를 사용하기 위해서는 적절한 입력 보조기기들이 필요하다. 표적 키를 누르는 과정에서 다른 키들이 눌리는 것을 방지하기 위해 컴퓨터 키보드 위에 키 자리에 구멍을 뚫은 아크릴 판을 얹어서 사용하는 키가드나 자판의 키를 누르기 위해 손, 머리, 입에 장착하거나 물고서 사용하는 막대형 입력도구부터 최근의 음성인식 또는 눈동자 추적 입력 시스템에 이르기까지 정보 입력을 가능케 하는 종류의 제품도 다양하게 출시되고 있다 (Alcantud et al., 2006; Wu & Chen, 2007).

컴퓨터 접근에 대한 필요성은 컴퓨터와 인터넷을 필수적으로 사용하는 교육과 사무 · 연구 관련 직업환경에서 더욱 두드러지는 현상이다. 컴퓨터를 활용하여 업무 지시 및 전달, 효율적 업무를 위한 의사소통이 이루어지는 것은 물론이고, 회사 내 망이나 소셜 네트워크 (SNS) 등을 통해 업무 지시가 전달되고, 사회적 관계를 맺게 되는 사회현상에도 속도를 맞추어 생활을 하여야 하며, 그렇게 지내지 못하게 되면 사회적 소외감을 느낄 정도이고 그 변화 속도 또한 빠르다. 일반적인 방식의 컴퓨터 접근에 어려움을 겪는 사람들을 지원하기 위해서는 개별적으로 맞는 키보드와 마우스를 보완 · 대체할 수 있는 방법을 통합적이고 체계적으로 평가하여 적용하는 과정이 필요하다(김종인, 박경옥, 2008: 이근민, 김인서, 2004: Marino et al., 2006: Valadez & Duran, 2007). 이러한 필요성에 근거하여 육주혜와 박경옥(2011)은 지체 · 뇌병변장애인의 컴퓨터 입력 보조기기 사용능력 평가도구를 개발하여 지체 · 뇌병변장애인들의 컴퓨터 접근성에 대한 객관적인 평가 항목을 제시하고 있다. 이 연구에서는 컴퓨터나 노트북 또는 태블릿 PC 등을 고려한 접근을 시도하고 있고, 윈도우 환경조정, 대체 키보드 · 입력기기 유형, 대체 마우스 · 입력기기 유형, 커서이동기능, 입력기기 기초기능, 화면입력기능 그리고 스위치 작동기능 영역으로 평가 항목을 구분하고 있다.

3) 스마트 기기에서의 접근성 지원

(1) 시각장애인을 위한 지원도구

시각장애인 중 저시력인의 스마트 기기 접근성 향상을 위해 제공되는 기능에는 텍스트를 크고 굵게 하거나, 텍스트 이미지를 확대하거나, 배경의 대비를 증가시키는 방법이 있다. 또한 시력을 상실한 이들을 위해서는 화면의 내용을 말해 주는 VoiceOver 기능이 있고, 타이핑을 대신해서 글자를 그려서 메일이나 메모 등 다른 응용 프로그램에서 텍스트로 전환할 수 있는 기능이 있다. 그 외에도 위치를 말해 주는 지도, 카메라의 말에 따라 사진 찍기, 말로 듣는 사진 설명 등의 기능이 있다. 그 예는 다음과 같다.

(2) 청각장애인을 위한 지원도구

스마트 기기에서 청각장애인을 위한 지원도구로는 메시지나 FaceTime 전화를 받을 때의 진동 패턴을 원하는 대로 맞춤설정을 할 수 있고, FaceTime 영상통화를 통해 수화로 쉽게 대화를 나눌 수 있다. 그리고 청각장애인용 자막이 들어간 동영상이나 TV 프로그램을 볼 때 자막을 활성화하면 자막 텍스트의 크기, 서체, 색상까지 원하는 대로 설정할 수 있다. 또한 블루투스 기능이 있는 ipad용 보청기를 사용하는 경우 기기와 연동하여 사용할 수 있다.

(3) 지체장애인을 위한 지원도구

지체장애인이 화면을 터치하여 조작하기 어려운 경우, 카메라나 다른 기기로 명령 입력을 하기 위해 블루투스 스위치를 사용하거나 혹은 머리 움직임을 통해서 iPad를 조작할 수 있다. 특히, 지체장애인의 특성을 고려한 것으로 Assistive Touch를 이용하여 자신만의 제스처를 만들어 iOS 기기를 조작할 수 있는데, 손가락 하나만으로도 다양한 동작을 실행할 수 있으며, 홈 클릭 속도를 조절하기 위해 '홈 이중클릭' 및 '홈 삼중클릭' 명령을 활성화하는 데 필요한 클릭 속도도 조절할 수 있다.

특히 지체장애인에게 반가운 지원도구는 스위치 제어다. 자신이 원하는 자리를 포인팅하기 어려운 경우에 스위치 기능은 매우 유용하다. 스위치 기능은 스캐닝 방식을 자동 또는 수동으로 선택할 수 있다. 자동 스캐닝을 선택한 경우, 지체장애인의 신체 움직임 특성을 고려하여 스캐닝 시간을 조절할 수 있으며, 스위치의 동작도 사용자의 특성에 맞게 선택할 수 있다.

(4) 지적장애인을 위한 지원도구

지적장애인에게 스마트 기기로 학습이나 다른 편의를 지원하고자 할 때는 이들이 지원 목적이나 의도와는 관계없이 이것저것 눌러 과제 수행이 원활하지 않은 경우가 있다. 이를

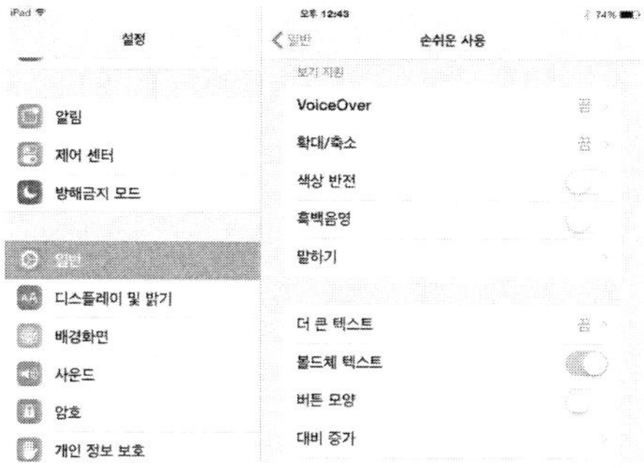

글자를 크고 굵게

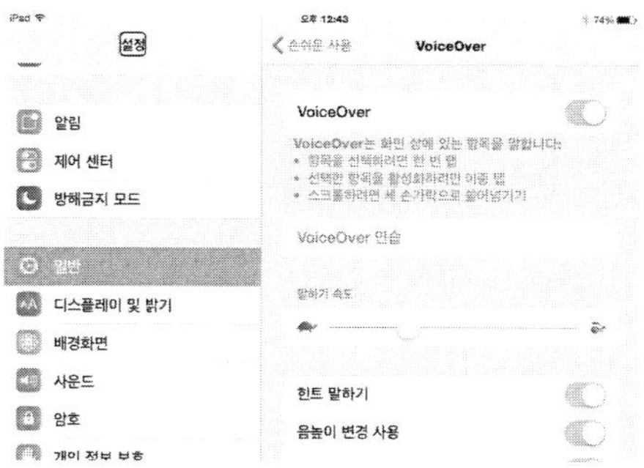

VoiceOver

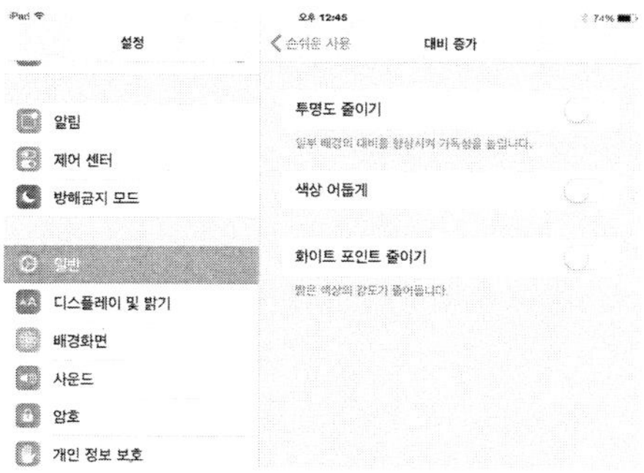

배경의 대비 증가

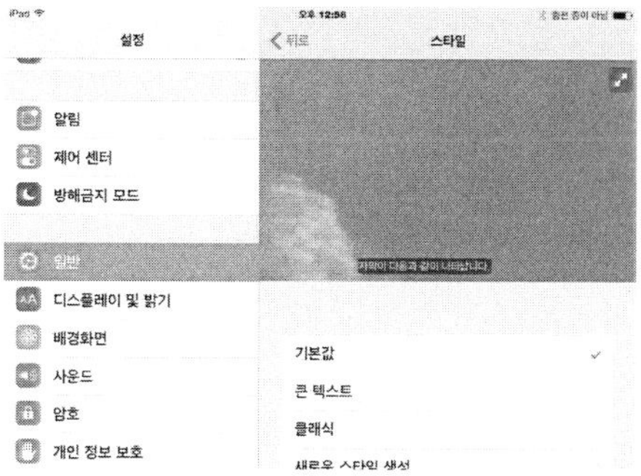

일반자막과 청각장애인용 자막

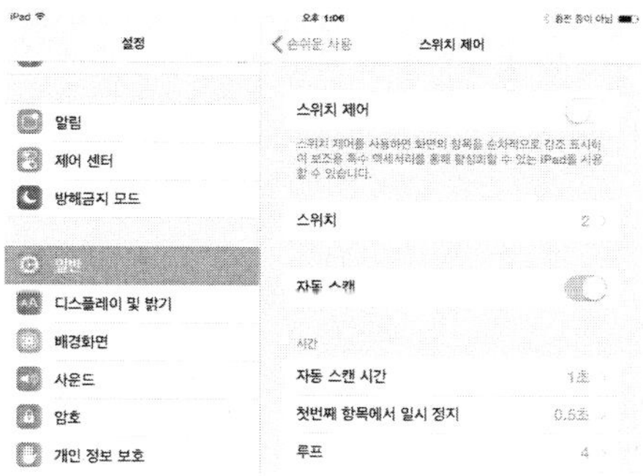

지체장애인을 위한 스위치

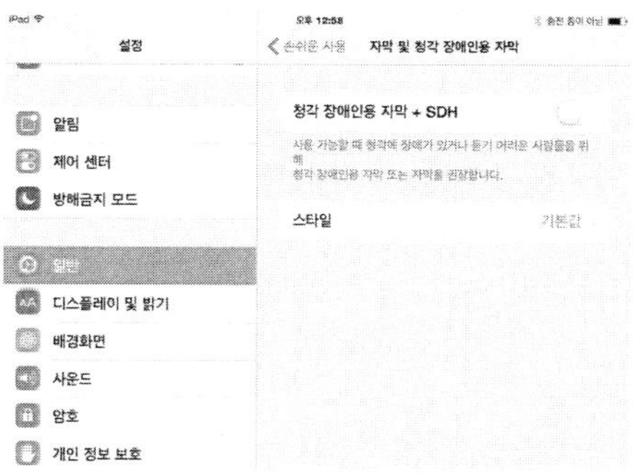

지적장애인용 사용법 유도

[그림 6-1] 스마트 기기에서의 접근성 지원

출처: 류재연, 김성남(2014).

지원하는 방법이 '사용법 유도' 기능이다. 사용법 유도를 활성화하면 일시적으로 한 가지 앱만 쓸 수 있게 기능이 제어된다. 어린아이나 다양한 사용법을 익히기 어려운 지적장애인이 사용할 때 아주 유용한 옵션이다.

5. 의사소통 보조기기의 선택과 적용방법

1) 의사소통 기기의 사용방법

(1) 선택기법

의사소통 기기에서 선택기법은 직접선택과 간접선택으로 구분된다. 직접선택은 어떠한 의사소통 기기도 사용자가 다른 도구의 도움을 빌리지 않아도 자신이 의도한 어떤 것을 직접적으로 택할 수 있는지의 여부에 따라 결정된다. 대부분은 손이나 손가락의 사용에 대한 검토와 원하는 것을 정확하게 가리키고 있는지, 그 운동의 범위와 움직임 패턴이 어떠한지에 따라 결정된다. 그리고 그 신체 부위가 손/손가락-팔꿈치-얼굴/머리-발/다리의 순으로 자발적으로 움직이는 정도를 평가하게 된다. 이때 사용할 수 있는 보조기기들로 핑거 포인터, 헤드 포인터, 마우스 스틱 등이 있고, 키보드를 사용하는 사람이 다른 글자가 동시에 눌리는 것을 제한하기 위해 사용하는 키가드도 있다.

기기를 활용하여 직접선택을 하는 전략에는 시간활성화, 해제활성화, 평균활성화 전략이 있다. 시간활성화 전략은 사용자가 화면의 항목을 확인하고, 의사소통 기기나 컴퓨터에 자신이 선택한 항목이 선택되었다는 것을 인식시키기 위해 일정한 시간 동안 해당 버튼을 눌러서 접촉을 유지함으로써 기기에 반응하도록 활성화시키는 방법(컴퓨터 강제 종료)이다. 해제활성화 전략은 화면이나 대체 입력기기를 직접 접촉하거나 누르고 있는 동안에는 선택되지 않지만 선택하고자 하는 해당 항목에 커서가 왔을 때 접촉하고 있던 것을 놓게 되면 그 항목이 선택되는 활성화 방법이다. 마지막으로, 평균활성화 전략은 특정 항목에 접촉하거나 누르는 것이 잠깐의 시간 동안 이루어지는 경우는 그 움직임에 대해 반응하지 않고 무시하지만 전체 항목 중 각 항목에 포인터가 위치하는 평균 소요시간을 감지하여 그 시간 이상 접촉되거나 선택되었을 때 활성화되는 방법이다.

간접선택은 직접선택이 어려워 스위치 등을 활용하여 선택하여야 하는 사람들이 자주 사용한다. 화면에 각 항목이 스캐닝되고 있는 상태에서 원하는 항목에 커서가 왔을 때 스위치를 눌러 선택하는 방법이다. 스캐닝의 형태는 원형 스캐닝, 선형 스캐닝, 집단항목 스캐닝으로 구분되고, 선택기법은 자동 스캐닝, 단계적 스캐닝, 반전 스캐닝으로 구분할 수 있다. 자동 스캐닝은 사전에 설정된 스캐닝 방식으로, 포인터나 커서가 자동적으로 움직이게 하는 것이다. 단계적 스캐닝은 포인터나 커서를 움직이게 하기 위해 사용자가 번번히 스위치를 눌러 이동시키다가 다른 활성화 버튼을 눌러 선택하거나 원하는 항목에 커서가 왔을 때 그대로 일정 시간이 지나도록 두면 선택되는 방식이다. 반전 스캐닝는 스위치를 계속 누르고 있다가 원하는 항목에 커서가 오면 스위치를 놓아 선택하는 방식이다. 사용자는 자신의 운동능력에 따라 각각의 전략을 선택할 수 있다(김용욱, 김남진, 2010).

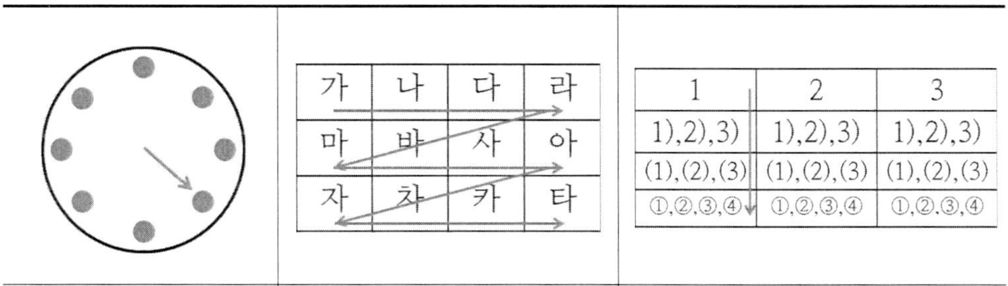

원형 스캐닝	선형 스캐닝	집단항목 스캐닝

[그림 6-2] 스캐닝 형태

(2) 메시지 출력방법

의사소통 기기에서 메시지 출력방법에는 음성합성 방식과 시각적 출력방식이 있다. 음성합성 방식은 텍스트전환음성과 디지털음성으로 구분된다. 텍스트전환음성 합성방식은 사용자가 AAC 도구에 글자를 입력하면 도구 자체에 부호화로 저장되어 있는 메모리에서 재생된 텍스트가 음소와 이음으로 변형되고 이를 해당 텍스트의 음성적 표상과 일치하는 디지털 음성 신호를 생성하기 위해 저장된 음성 자료를 활용하고, 그 표출되는 음성을 듣는 사람이 의미해석을 하거나 이해하는 아날로그 음성 파형으로 최종 전환되는 방식이다. 최근에는 규칙에 의해 생성된 음성이 발음, 예외발음, 말소리 억양, 강세 등의 규칙을 수학적 알고리즘에 근거하여 점차 정교화되고 있고, 성이나 연령을 고려하여 음성을 선택할 수도 있다. 디지털음성 합성방식은 주로 녹음되고 저장되어 재생되는 자연스러운 말소리로 구성된다. 디지털음성 합성방식은 프로그램에 저장된 디지털 자료에서 산출되는 방식으로 최근 일상생활에 보편적으로 활용되고 있다. 자연스러운 말이 마이크로 녹음되어 일련의 필터와 디지털-아날로그 변환기를 통해 전달되기 때문에 음성이 재생되면 원래 입력된 말과 비슷하게 모사되어 출력된다. 최근에는 텍스트전환음성 합성방식과 디지털음성 합성방식을 혼합하여 보다 더 사람의 말소리에 가깝게 접근하고자 하는 시도를 하고 있다.

음성합성 기술이 발전하기 이전에는 사진이나 그림 등 시각적인 상징물에 의존하는 시각적 출력방식이 주로 사용되었으나 최근에는 음성합성 방식과 시각적 출력방식을 혼합하여 사용하며 시너지를 얻고 있다. 시각적 출력방식은 청자가 합성된 말이나 자연스러운 말을 이해하지 못할 때 메시지를 보다 명료하게 하는 데 도움이 된다. 특히 시끄러운 환경이나 AAC 기기에 적응하지 못한 초기단계의 사용자들에게 시각적 출력방식은 매우 유용하다. 시각적 출력방식은 여러 가지인데, 대표적인 것으로는 인쇄 출력, 컴퓨터 화면 출력, 비도구적 상징(고개 끄덕임, 미소 등), 도구적 상징(그림상징, 추상적 단어, 문자, 점자나 모스 부호 등)을 들 수 있다. 최근에는 두 가지 이상의 출력방식을 혼합하여 사용함으로써 그 효율성을 높이고 있다.

2) 의사소통체계 적용

의사소통 기기를 사용하여 다른 사람들과 대화를 하고자 하는 사람들이 그들에게 적절한 의사소통 기기를 잘 사용할 수 있도록 하기 위해서는 효과적인 지도가 필요하다. 보조공학사는 사용자를 평가하여 적절한 의사소통 기기를 제공하는 것과 함께 사용자에게 의사소통 기기를 효율적으로 사용하는 방법에 대한 전략을 교수해야 한다. 수많은 의사소통 전략 교수가 있지만 여기서는 전략 교수 모델(strategic instruction model: SIM; Deshler & Schumaker, 1988; Light & Binger, 1998: 박현주 역, 2010 재인용)의 절차를 소개하고자 한다.

이 모델에서는 먼저 AAC 사용자가 익혀야 할 특정 목표(또는 기술)를 정의하고, 목표기술과 그 기술이 왜 중요한지를 대화상대자에게 설명해 준다. 목표기술을 어떻게 사용하는지 설명하거나 시범보이고, 사용자에게는 목표기술을 언제 사용할지를 소리 내어 설명하라고 하고 대화상대자에게는 그 모습을 지켜보게 한다. 사용자가 대화상대자나 중요한 상대에게 목표기술을 사용할 수 있는 상황을 생각해 보게 하고, 그런 대화 상황 속에서 자연스럽게 상호작용하거나 역할극 같은 것을 하며 AAC 사용자가 목표기술을 배울 수 있는 환경을 설정한다. 가르치는 동안 몇 가지 다른 상황과 파트너 및 자료를 활용한다. 처음에는 한두 번 해보라고 하고, 대화상대자의 능력이 점차 발달하면 더 많은 상황에서 자주 해 볼 것을 요구한다. 이후 대화상대자는 그 말을 쓸 수 있는 상황을 자주 마련하고 최소한의 단서를 제공하며 독립적 사용의 기회를 점차 늘려 나간다. 이후 처음 시작부터 능숙하게 사용할 때까지 변화 과정을 기록해 자발적 사용이 80% 정도가 될 때까지 반복적으로 사용하게 한다. 그리고 어느 정도 능숙하게 사용하게 되면 다른 비슷한 상황이나 혹은 다른 사람들과의 대화 기회를 마련한다.

3) 대화상대자의 훈련

의사소통 중재를 위해 대화상대자를 대상으로 실시하는 4단계의 의사소통 중재훈련은 의사소통 중재훈련의 목적과 효과에 대한 이해, 시범단계, 비디오 피드백 단계, 언어적 피드백 단계로 이루어진다. 이러한 훈련의 과정을 통해 대화상대자는 비상징체계는 물론 상징적인 형태를 이해하고 사용할 수 있도록 사용자의 능력을 발전시킬 수 있다(박경옥, 2006; Harwood, Warren, & Yoder, 2002).

효과적인 의사소통 중재 과제 역시 중요한 훈련의 요소다. 의사소통 교육에 있어 가장 우선에 두어야 할 초점은 의사소통 기기와 비상징적 의사소통 체계를 사용하는 사용자가 상대방에게 어떤 메시지를 전달할 수 있도록 하는 것이다. 이를 위해 대화상대자가 사용자의 의사소통을 증진시키기 위한 과제를 의도적으로 제시할 필요가 있다. 또한 의사소통 과제 수행과정에서 요구되는 의사소통 기능에 대해서도 관심 있는 지원을 해 나가야 한다. 의사소통 촉진과제를 모색하는 과정은 현재 사용자와 대화상대자의 의사소통 상호작용에 대한 평가를 통해 가장 효율적인 의사소통 양식 및 기술을 파악하여 지도하며 앞으로도 원활한 소통이 이루어질 수 있도록 해야 한다. 이러한 목적을 달성하기 위해서는 사용자 및 대화상대자가 의사소통 기술에 대한 지도를 받아 그들의 의사소통 기술에 대한 사용 능력을 향상시키고, 어떤 특정 의사소통 지도 전략을 통해 상호 효과적이고 효율적인 의사소통이 가능할 것이라는 기대에서 지도를 해야 한다. 즉, 기능적인 의사소통을 자연스럽게 유도할 수 있도록 사용자의 환경 속에서 사용자의 관심과 흥미를 따르는 환경중심 의사소통 중재기법을 적용할 수 있다. 구체적인 방법으로는 요구-모델기법(Mand-Model Procedure), 시범기법(Model Technique), 우발교수(Incidental Teaching Procedure), 시간지연기법(Time-Delay Technique) 등이 있다(박경옥, 2006).

6. 의사소통 보조기기 적용 사례

1) TTS 사용 사례

구어로 의사표현을 할 때 명료도가 많이 낮아서 상대방이 무슨 말을 하는지 잘 알아듣지 못해 사회생활을 하는 데 많은 제약이 있는 뇌성마비인 박병호 씨는 의사소통장애인이다. 장애인 단체 인권 간사로 활동하고 있는 그는 TTS(text-to-speech)형의 AAC를 사용하면서 스마트한 일상생활을 하고 있음을 실제로 보여 주고 있다. 2014년 가을, 박병호 씨는 한국 AAC학회에서 직접 발표를 해 주었고, 그의 증언에 많은 사람이 갈채를 보냈고, 그는 유사한 능력을 지닌 학생, 자녀를 둔 교사와 학부모에게 희망의 메시지를 전하였다. 그의 발표 역시 그가 준비한 AAC를 통해 청중에게 전달되었다.

김진솔은 구어로 의사를 표현하는 데 어려움이 많은 뇌병변장애인으로 구어로는 거의 소통이 불가능하여 스마트폰의 메모 기능을 활용하여 의사소통을 하곤 하였다. 하지만 메모 기능은 일일이 글자를 모두 입력해야 하는데, 입력에 걸리는 시간이 길어져 자주 의사소통이 단절되고 그로 인해 사람들이 자리를 떠서 긴 대화가 어려워 점차 관계 속에서 소외감을 경험하곤 하였다. 그리하여 그는 자신의 의사소통 문제를 직접 해결하고자 하는 의지를 가지고 자신은 물론 구어 의사소통장애를 지닌 사람들을 위해 의사소통 앱 '진소리' 를 개발하여 소개하였다. 진소리는 자신과 같이 문해력이 있으며 글자로 의사소통하는 것이 더욱 편리한 장애인들이 손쉽게 사용할 수 있도록 무료 앱으로 보급 중에 있다. 이 앱은 메시지 전달속도를 향상시키기 위한 자동문자 완성기능이 있고, 음성 출력도 가능하여 다양한 장면에서 소리를 통해 의사소통하는 것이 가능하다.

2) 마이토키 사용 사례

뇌성마비를 가진 지민 씨는 구어로 의사소통을 할 수는 있지만 어음 명료도가 낮고, 불수의 운동으로 인한 신체 피로도가 높아 구어로 장시간 의사소통하는 것이 어렵다. 의사소통의 욕구는 높으나 구어표현에 제한이 많고, 따라서 최근 개발된 마이토키를 사용하기 시작하였다. 컴퓨터 AAC 프로그램을 사용하는 지민 씨는 친구와의 대화뿐만 아니라 주문하기, 돈 계산하기 등 지역사회 기술을 독립적으로 수행하고 있으며 컴퓨터 인터넷 검색을 통한 정보 수집 및 활용에도 주도적인 역할을 하고 있다. 유튜브에서 마이토키 성인편을 검색하면 사용 장면을 볼 수 있다(http://www.youtube.com/watch?v=xX6ZlU-8OZg).

3) OX로 대답하는 산이의 스위치를 사용한 의사소통

산이는 만 10세의 초등학교 4학년 남학생으로 지체장애 뇌성마비 1급 사지마비 불수의 운동형의 사지마비 학생이다. 상대방의 말이나 지시를 이해하고 지시에 따라 고개를 들거나 팔을 움직이려고 시도할 수 있으며, 음성적으로 '네' 나 '응' 같은 긍정의 반응을 보일 수 있다. 그리고 '맞으면 손들어 보세요, ~ 하고 싶은 사람' 과 같은 질문에 손을 들어 참여 의사를 밝히는 등 몸짓으로 자신의 의사를 표현할 수 있다. 하지만 이도 어쩌다 한 번뿐 신체 긴장도가 높은 산이에게는 이를 지속하기 어려웠다. 인지 및 문자 이해력 수준은 익숙한 단어를 통문자로 인지하는 정도이지만, 음운 수준에서 자모 조합을 하여 문자 변별을 하는 정도는 아니다. 학교에서는 몸통에 맞게 제작된 이너를 장착한 휠체어에 앉아 생활을 하고, 자발적인 신체 움직임은 왼손으로 책상 위에 고정된 손잡이를 잡아 몸통과 고개에 발생하는 불수의적 움직임을 최소화한 후 오른손 주먹을 쥔 상태로 몸의 정중선에 놓인 스위치를 누를 수 있는 정도다. 산이는 플래시 프로그램으로 제작된 스캐닝되는 OX판을 통해 자신이 원하는 답에 커서가 오면 스위치를 이용하여 선택하는 방식으로 상호작용을 하고 있다.

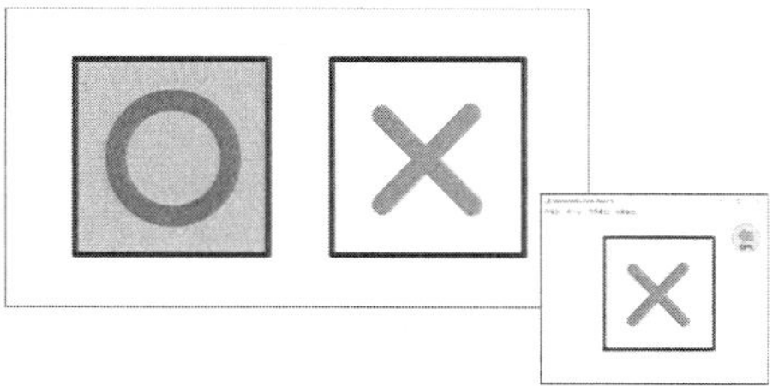

OX판과 반응 화면

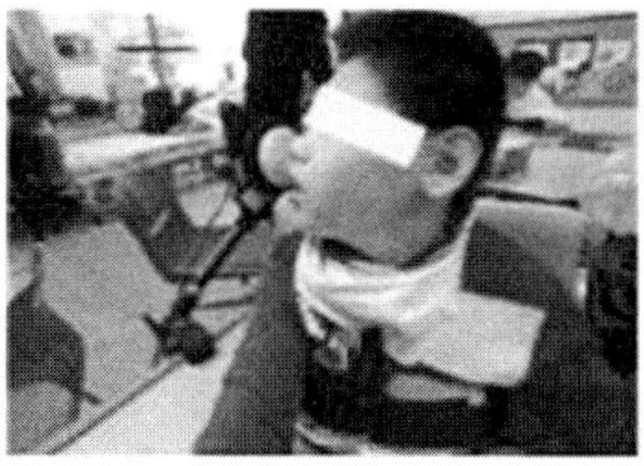

스위치 사용 장면

[그림 6-3] 스위치를 사용한 의사소통 사례

이상의 사례들은 짧게는 3년에서 길게는 10년 이상 훈련을 지속하여 얻은 결과를 보여 준다. 최근 스티븐 호킹 박사의 인터뷰 기사를 보았다. 그는 "상대가 무엇인가를 물었을 때 그에 대한 답을 쓰는 동안 나는 가장 외롭다."라고 밝혔다. 그는 음성 합성 의사소통 기기를 사용하고 있다. 문자 입력은 안면근육을 세 번 움직여서 클릭을 한다. 물론 우리가 누군가 무엇을 물었을 때 즉각적으로 답하는 것보다는 긴 시간임은 틀림이 없다. 하지만 조금만 기다려 주면 그의 생각이나 감정을 읽고 교감할 수 있음에도 우린 잠시도 못 기다리고 있는지 모른다. 이제 막 컴퓨터 접근 기기를 찾아 하나하나 익혀 나가는 시작단계에 있는 우리 학생이나 직장 신참들에게 마음의 여유를 가지고 느림의 미학을 실천해 보았으면 한다.

참고문헌

김종인, 박경옥(2008). 컴퓨터를 활용한 중증 뇌성마비 학생의 쓰기표현력 향상을 위한 과정중심 글쓰기 지도 사례연구. 특수교육저널: 이론과 실천, 9(1), 459-481.

류재연, 김성남(2014). 스마트앱 사용 설명서(전자책). 서울: 쌤스토리.

박경옥(2006). 대화상대자에 의한 의사소통 중재가 중도 · 중복장애유아의 비상징적 의사소통 기술 습득에 미치는 효과. 단국대학교 대학원 박사학위청구논문.

박경옥(2011).지체 및 뇌성마비학생의 비상징적 의사소통 행동 평가척도 타당화 및 유형화. 특수교육저널: 이론과 실천, 12(1), 145-171.

박경옥(2015). 보완대체 의사소통 공유와 확산. 비구어장애인들과의 상호작용 촉진을 위한 비상징적 의사소통 행동(pp. 61-73). 한국보완대체 의사소통학회, 2015 춘계학술대회.

박경옥, 육주혜(2011). 비상징적 의사소통 평가척도(AINC) 타당화 및 유형탐색. 지체중복건강장애연구, 54(2), 75-95.

박은혜(2003). 보완대체 의사소통중재를 위한 연구 방법론 고찰. 언어청각장애연구, 8(1), 144-167.

박현주 역(2010). 보완대체 의사소통[Beukelman, D. R., Mirenda P., & BCBA-D 저, *Augmentative and Alternative Communication. Supporting Children and Adults with Complex Communication Needs* (3rd.)]. 서울: 학지사. (원전은 2008년에 출판).

성시연, 임장현, 김영태, 박은혜(2013). 보완대체 의사소통(AAC) 잠재 수요 예측 연구. 한국보완대체 의사소통학회, 1(1), 1-24.

육주혜, 박경옥(2010). 지체 및 뇌병변장애인을 위한 컴퓨터입력 보조기기 사용능력평가(SACIP)문항 개발 및 유형 탐색. 특수교육학연구, 45(2), 69-88.

이근민, 김인서(2004). 지체장애 아동을 위한 컴퓨터 교육실 구축 모델 및 대체접근을 통한 컴퓨터 접근성 향상에 관한 연구. 중복 · 지체부자유아교육, 43(3), 161-179.

Alcantud, F., Dolz, I., Gaya, C., & Martin, M. (2006). The voice recognition system as a way of accessing the computer for people with physical standards as usual. *Technology and Disability*, *18*(3), 89-98.

American Speech-Language-Hearing Association (ASHA) Ad Hoc Committee. (1993). Guidelines for audiology services in the schools. *Asha*, *35* (Suppl. 10), 24-32.

ASHA AD Hoc Committee. (1993). Definitions of communication disorders and variations. Ad Hoc Committee on Service Delivery in the Schools. American Speech-Language-Hearing Association. ASHA Suppl. 1993 Mar; 35(3 Suppl 10): 40-1.

Cress, C. J. (2002). Expanding children's early augmented behaviors to support symbolic development. In J. Reichle, D. R. Beukelman, & J. C. Light (Eds.), *Exemplary practices for beginning communicators: Implications. for AAC* (pp. 219-272). Baltimore: Paul H. Brookes.

Deshler, K., & Schumaker, J. (1988). An instructional model for teaching students how to learn. In J Garden, J. Zins, & M. Crutis (Eds.), *Alternative educational delivery systems: Enhancing instructional options for all students.* Washington, DC: National Association of School Psychologists.

Harwood, K., Warren, S. F., & Yoder, P. (2002). The importance of responsivity in developing contingent exchanges in beginning communicators. In J. Reichle, D. R. Beukelman, & J. C. Light (Eds.), *Exemplary practices for beginning communicators: Implications for AAC* (pp. 59-95). Baltimore: Paul H. Brookes.

IDEA(2004). Individuals with Disabilities Education Improvement Act of 2004, P. L. 108-446.

Jackson, C. T., Fein, D., Wolf, J., Jones, G., Hauck, M., Waterhouse, L., & Feinstein, C. (2003). Responses and sustained interactions in children with mental retardation and autism. *Journal of Autism and Developmental Disabilities*, *33*, 115-121.

Light, J. C., & Binger, C. (1998). *Building communicative competence with individuals who use augmantative and alternative communication.* Baltimore: Paul H. Brookes Publishing Co.

Marino, M. T., Marino, E.C., & Shaw, S.F. (2006). Making informed assistive technology decisions for student with high incidence disabilities. *Teaching Exceptional Children*, *38*(6), 18-25.

Siegel, E., & Cress, C. (2002). Over Siegel, E. & Cress, C. (2002). Overview of the emergence of earl view of the emergence of early AAC behaviors. In y AAC behaviors. In J. Reichle Reichle, D. R., D. R. Beukelman Beukelman & J. C. Light (Eds.) Exempl & J. C. Light (Eds.) *Exemplary Practices for Beginning any Practices for Beginning Communicators.* (pp. 25 Communicators. (pp. 25-57). Baltimore: Paul H. Brookes Publishing.

Siegel, E., & Wetherby, A. (2000). Nonsymbolic communication. In M. E. Snell & F. Brown (Eds.), *Instruction of students with severe disabilities* (5th ed., pp. 409-451). Upper Saddle River, NJ: Merrill/Prentice-Hall.

Valadez, J. R., & Duran, R. (2007). Redefining the digital divide: Beyond access to computers and the Internet. *The High School Journal, 90*(3), 31-44.

Wacker, D. P., Berg, W. K., & Harding, J. W. (2002). Replacing socially unacceptable behavior with socially acceptable communication responses. In J. Reichle, D. Beukelman, J. Light (Eds.), *Exemplary strategies for beginning communicators* (pp. 97-121). Baltimore: Paul H. Brookes Publishing Co.

Wu, T. F., & Chen, M. C. (2007). Performance of different pointing devices on children with cerebral palsy. Universal Access in HCI, Part III, HCII 2007. *Lecture Notes in Computer Science* 4556, 462-269.

제7장 착석과 자세유지를 위한 보조공학

1. 서론: 착석과 자세유지의 요구

사람은 다양한 활동과 일상에서 크게 눕기, 앉기, 서기와 같은 자세의 변화를 지속적이며 자동적으로 수행하면서 살아간다. 현대사회의 생활환경에서 앉는 자세는 비중이 점차 높아지는 것을 느낄 수 있다. 좋은 앉기 자세의 중요성은 비장애인들에게도 중요하지만 신체적 제약을 가지고 있는 장애인들에게는 이를 위한 보다 적절한 보조공학적 중재가 필요하다. 장애의 정도에 따라 차이가 있겠지만 중증장애를 가지고 있을수록 눕기, 앉기, 서기의 모든 자세에서 올바른 방향을 제공하기 위한 노력이 요구된다. 보조공학사는 장애인 및 보호자들이 요구하는 착석에 대한 전문적인 지식과 다양한 경험을 가지고 있어야 하며, 이러한 기술적 적용에 대한 효과를 이해하고 있어야 한다.

착석과 자세유지에 대한 중재는 크게 "자세조절과 변형관리, 압력관리, 편안함 및 자세조정"으로 구분된다(Cook & Hussy, 2002; Hobson, Swits, & Leslie, 1990: 오길승 외, 2009 재인용). 자세조절과 변형관리는 뇌성마비에서와 같은 비정상적인 반사, 근긴장도, 골격의 변화 등에 대응하여 지속적인 관리를 통해 자세 변형을 예방하는 것이 중요하다. 압력관리는 주로 척수장애, 근이양증과 같이 움직임에 제한이 있는 경우 장시간 앉기 또는 눕기 자세에서 발생하는 욕창의 예방을 위해 압력 분산이 필요하다. 자발적인 자세 변화를 주도하기에 어려움이 있는 장애인들의 경우 지속적인 관리뿐만 아니라 편안함을 줄 수 있는 착석구조를 제공해야 한다. 동일한 착석 자세가 지속되면 불편함이 야기될 수 있으므로, 이를 효과적으로 줄여 줄 수 있는 적절한 자세유지 기구와 사용되는 재료의 선택, 맞춤형 제작, 사용되는 구성품들의 조화 등을 고려할 수 있다.

2013년 10월부터 국내에서는 본격적으로 공적 제도인 국민건강보험에서 자세유지용구를 지원하고 있다. 자세 보조용구의 제작 · 수입업소로 등록하기 위해서는 인력구성으로 의지보조기사 또는 작업치료사 1명 이상 또는 관련학과(재활공학, 의지보조기학, 작업치료학)를 졸업한 후 자세 보조용구 제작 1년 이상의 경력을 가진 자 1명 이상 또는 보조공학사 자격을 취득 후 자세 보조용구 제작 1년 이상의 경력을 가진 자 1명을 채용하고 있어야 한다. 제작업소의 경우에는 제작 및 수리를 위한 공간을 82㎡ 이상, 모듈러형 수입업소 및 판매업소는 자세 보조용구를 유통 및 수리하기 위한 공간을 49㎡ 이상 갖추고 있어야 신청 자격에 해당한다. 지원절차로는 등록장애인이 의사의 처방전을 발급받아 보장구 구입 전에 보장구급여신청서를 공단에 제출하여 공단으로부터 '급여 승인' 결정을 통보받고, 승인을 받은 서류를 가지고 자세유지 용구를 구입한 후에 의사의 '보장구 검수' 확인을 받아야 한다. 그리고 의사의 최종 검수 전에 제조한 사람의 확인을 받아야 하며, 제작업소 관리번호 및 대표자 성명과 직인 등을 확인하여 급여비를 공단에 청구하여 지급을 받아야 한다(국민건강보험공단 홈페이지).

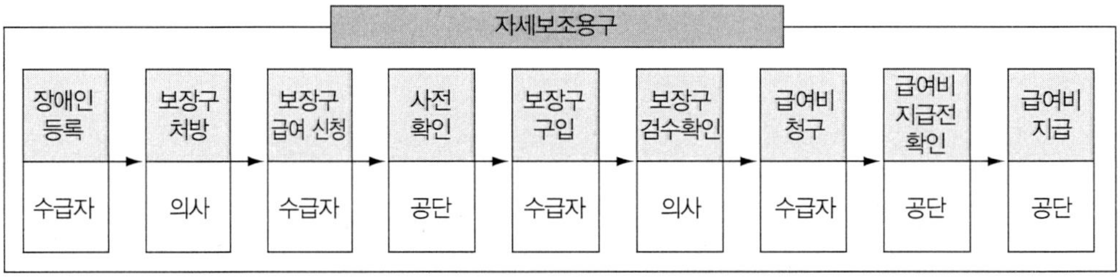

[그림 7-1] 자세 보조용구 지원절차

출처: http://minwon.nhis.or.kr/static/html/wbma/c/wbmac0206.html

올바른 자세 보조용구를 서비스하기 위한 전달체계에는 다양한 전문영역의 전문가들이 개입할 필요가 있다. 의사는 대상자의 의료적 상태와 예후 그리고 착석 시스템 적용을 위한 의료적 판단과 더불어 착석과 관련된 치료를 계획할 것인지 혹은 수술이 필요한 것인지를 결정하게 된다. 작업치료사와 물리치료사는 일상생활, 신체 및 운동신경 기능과 관련된 발달을 촉진할 수 있는 다양한 치료를 실시하고 적절한 기구의 적용에 필요한 장애 관련 지식의 전문성을 제공할 수 있다. 자세유지 기구 제작자(보조공학 공급자) 또는 재활공학자(rehabilitation engineer)는 구체적인 목표에 적용하기 위해 이용 가능한 제작기술을 제공한다. 사용자의 장애 정도에 따라서 적절한 자세유지 기구의 종류를 구성하거나 직접 맞춤형으로 설계하여 제작할 수도 있다. 이러한 전문가들이 협력하여 효과적인 착석자세 중재를 위한 팀접근 방식으로 구성되기도 한다(Cook & Hussy, 2002: 오길승 외 2009 재인용).

자세유지 기구를 통해 좋은 자세를 제공하는 것은 기능적 향상의 목표를 가지고 접근하게 해 준다. 즉, 좋은 자세는 인체의 부분들이 적절한 위치에서 기능적인 능력을 높이고 정적인 평형을 통해 안정적인 신체적 균형을 획득하는 것이지만, 이러한 자세를 계속 유지하는 것은 어려운 일이다. 지구상의 인간은 누구나 중력의 영향을 받으며 항중력근을 통해 활동을 할 때 균형적인 자세를 만들 수 있지만, 불규칙적인 신체적 움직임을 가지고 있는 장애인들은 자발적인 균형이 어렵다. 이러한 대상들에게 요구되는 균형적인 자세유지는 "개인별 골격구조, 신체 외형, 근육의 능력, 수행하는 활동의 형태 및 주변 환경에 따라 달라진다"(Ham, Aldersea, & Porter, 2005). 따라서 개별적인 상황에 따라 착석 시스템의 적용을 세심하게 다루어야 하며, 특히 성장기의 아동에게 제공된 자세유지 기구는 지속적인 사후관리(follow-up)가 요구된다.

자세유지 기구는 신체운동의 발달에서 정상적인 착석 자세 습득을 도와줌으로써 불수의적인 움직임에 따른 패턴화된 자세를 예방해 줄 수 있으며, 원시반사를 억제함으로써 정상적인 반사와 반응의 발달 촉진을 도와줄 수 있다. 또한 자발적인 자세와 운동능력과 의욕을 높여 줌으로 2차적인 변형 및 구축의 장애를 예방할 수도 있다. 자세유지 기구를 통해 좋은 자세를 취하는 것은 또한 심폐기능을 활성화시켜 줄 수 있으며, 정상적인 호흡 패턴의 발달에 기여하여 바른 구음의 기초를 만들 수 있는 역할에도 도움이 된다. 그리고 씹기, 빨기, 삼키기와 같은 구강운동 기능을 향상시키는 데 도움이 된다(Cook & Hussy, 2002; Ham et al., 2005). 정신적인 발달에서 살펴보면 상지의 기능적 움직임을 통해 협응능력을 발달시켜 환경에 내한 능동적 내처능력을 키워 주며, 좋은 착석 자세로 시야가 넓어지므로 촉각 및 청각적인 정보와의 통합을 쉽게 만들어 줄 수 있다. 또한 능동적인 능력의 향상으로 자극적인 행동을 억제하여 유목적인 행동을 촉진하는 데 도움을 줄 수도 있다. 착석을 통한 이동으로 생활공간이 확대되므로 행동 범위가 넓어지고, 친구 및 가족, 나아가 인간관계의 교류가 쉬워지므로 정서적으로 안정되고 대인관계의 발달이 촉진된다(Cook & Hussy, 2002).

자세유지 기구의 목적은 골반, 체간, 머리, 하지, 상지의 중립 자세를 제공하고 이를 통한 착석훈련으로 기능을 향상시키고 2차적인 장애 발생을 예방하는 것이라고 볼 수 있다. 특히 상지의 기능 향상은 발달을 촉진하고 일상생활 동작의 확대를 도울 수 있다. 착석에서 좋은 중립 자세는 생리적 기능의 개선을 유도할 수 있다. 또한 생활공간의 확대를 통한 의식의 변화까지 염두에 두면서 사용자의 생애주기에 맞추어 적절한 서비스 목표를 설정하여 접근해야 한다. 착석 시의 중립 자세는 근골격계의 변형 및 구축을 예방할 수 있도록 전문적인 지식을 가지고 접근해야 한다.

2. 자세유지 기구의 종류와 착석 분류

1) 자세유지 기구의 종류

"자세 보조기구는 크게 모듈러형(modular type)과 몰딩형(molding type)으로 구분할 수 있으며 휠체어, 유모차, 차량 시트, 목재의자, 피더시트 등의 프레임에 장착할 수 있다. 모듈러형은 시트와 등판을 비롯한 다양한 패드나 벨트 등 장애인의 다양한 신체 사이즈와 특성에 맞는 규격화된 구성품들의 조합을 통해 자세유지 착석서비스를 제공한다. 장점은 사용자의 신체적 성장에 따른 변화에 대응할 수 있으며 때때로 기성품으로 나온 제품을 개조하여 적용할 수 있다는 것이다. 하지만 중증 장애인의 심각한 신체 변형 등에 적용하기에는 어려움이 발생할 수 있다. 몰딩형은 개인의 신체에 맞도록 맞춤제작을 하는 형식으로, 개별적인 신체 특성을 최대한 고려하여 좌판이나 등받이 등을 성형하여 사용자에게 꼭 맞도록 제작한다. 장점은 사용자 자신에게 꼭 맞기 때문에 편안함을 증가시킬 수 있고 변형 등의 예방에 직접적인 도움이 될 수 있다는 것이다. 하지만 몰딩형의 경우 자세유지 기구를 제작하는 제작자의 실력에 따라 완성도에서 차이가 날 수 있으며 사용자 이외의 사람들이 재사용하기가 어렵고 성장에 따라 대응하기에는 한계가 있다." (이진현, 2012)

최근에 적용되는 역동적인 착석장치(dynamic seating system)는 시트와 등받침대, 발받침대, 목받침대 부분의 연결 프레임을 기존의 단단한 고정장치에서 완충 작용을 할 수 있는 장치로 대체하여 비정상적인 근긴장도에 따른 과도한 움직임을 자연스럽게 잡아 주고 근긴장도가 정상적으로 돌아왔을 때 기존의 자세로 돌아갈 수 있도록 고안된 시스템이다. 이러한 역동적인 착석장치는 기존의 고정식 착석장치(rigid seating system)와 비교하였을 때 근긴장에 이상을 가지고 있는 뇌성마비와 같은 장애가 있는 사람에게 골반을 중심으로 전후 위치 동작의 범위를 증가시키고 신전근의 뻗침을 감소시키는 데 도움을 줄 수 있다. 그리고 신전근 뻗침 긴장도가 높아져 있는 동안 상지 관절의 보다 부드러운 움직임을 보여 주고, 체간이 미끄러져 떨어지는 현상을 잡아 주는 부분에도 도움을 줄 수 있다(Cimolin et al., 2009).

이러한 자세 보조기구를 적용할 때 유의할 부분으로는 성장에 대응하고, 원시반사 등으로 인한 이상(異常) 자세를 고려하고, 불수의적인 운동의 억제를 최대한 고려해야 한다. 또한 서비스 제공자는 핸드 시뮬레이션(hand simulation)을 통해 기구 사용자의 신체 특성을 세밀하게 관찰 · 평가 · 기록하여, 제공하고자 하는 자세를 재현할 수 있도록 노력해야 한다(Zollars, 2010). 또한 자세유지 기구는 일상생활에서 사용되는 기능적인 부분들을 고려하여 사용자의 환경(차량으로의 적재, 주거환경 조건 등)에 적절하게 배치할 수 있도록 하여야 한다.

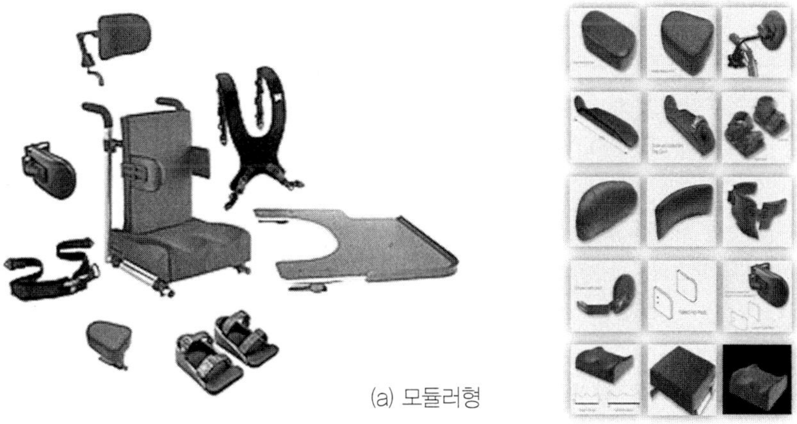

(a) 모듈러형

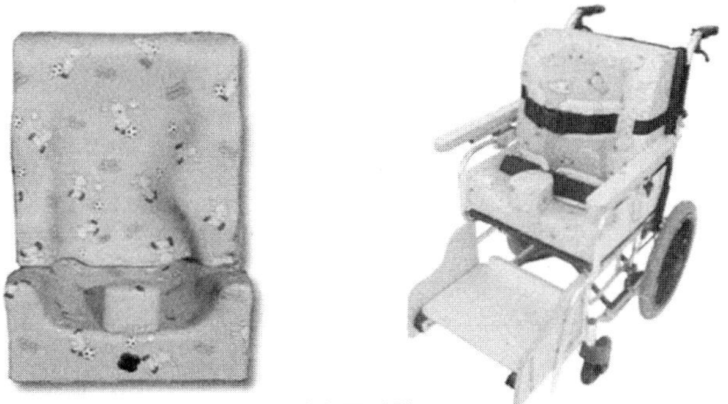

(b) 몰딩형

[그림 7-2] 자세 보조용구의 분류

출처: (a) https://aelseating.com/, (b) http://www.eugenehc.com/: 이진현(2009) 재인용.

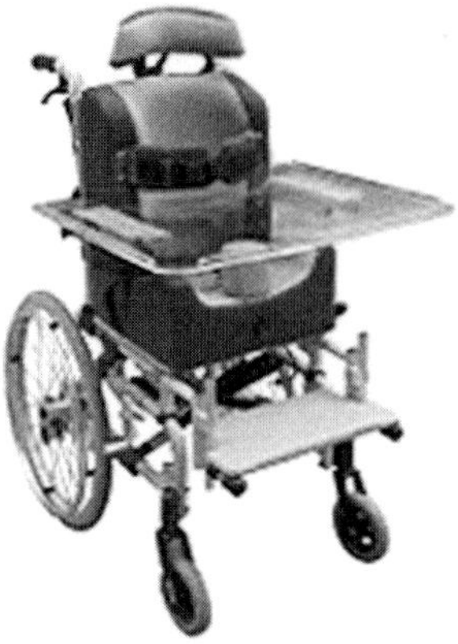

(a) 휠체어

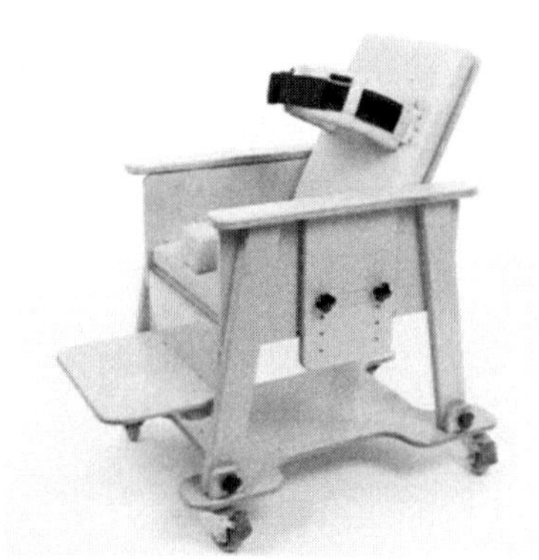

(b) 목재의자

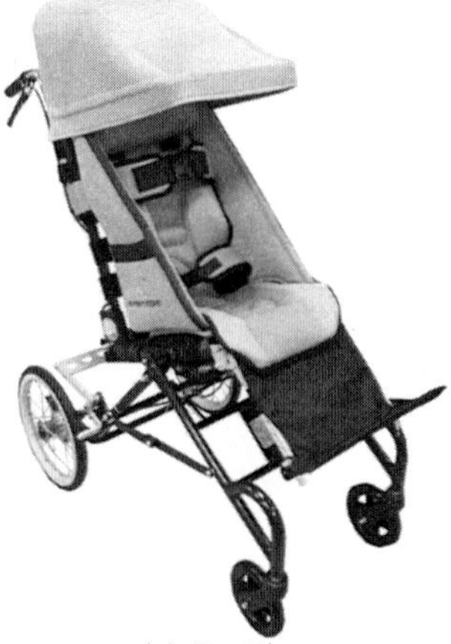

(c) 유모차

(d) 카시트

[그림 7-3] 자세 보조용구를 장착할 수 있는 프레임

출처: (a)http://www.eugenehc.com/, (b), (c), (d)http://www.easymovemall.com/mall/: 이진현(2009)에서 재인용.

2) 착석 분류

자세유지 기구를 사용하는 장애인들의 착석능력 수준을 평가할 수 있는 정량적 기준은 찾아보기 힘들지만, 개인이 자세를 취할 수 있는 능력의 기능적 평가를 위한 방법을 모색하는 것은 지속되어 왔다. '착석능력의 분류'와 '지지 및 장애의 정도에 기초한 분류'는 일반적으로 착석 자세를 평가하는 하나의 척도로써 활용할 수 있으며, 착석 및 자세 정렬에 관한 측정, 관찰, 평가 과정에서 자세 정도를 파악하여 서비스를 제공하는 데 기초 자료로 사용할 수 있다(Ham et al., 2005: 이진현 2009 재인용). 착석능력의 분류에서는 손의 사용 유무와 체간 지지의 필요에 따라 세 가지로 구분하여 능력을 살펴볼 수 있다. 손이 자유로운 경우에는 휠체어를 통해 독립적으로 이동할 수 있기 때문에 체간의 지지보다 욕창을 예방할 수 있는 시트를 중심으로 서비스할 수 있다. 손에 의존한 착석과 지지가 필요한 착석은 체간의 지지를 필요로 하기 때문에 착석장치의 서비스가 필요하다. 전자의 경우 기본적인 자세의 균형을 맞추기 위해 모듈러 착석 시스템이 적용될 수 있으며, 후자의 경우 신체 특성을 모두 고려한 맞춤형 착석 시스템이 필요하다고 볼 수 있다(Ham et al., 2005: 이진현 2009 재인용).

〈표 7-1〉 착석능력의 분류

구분	내용
손이 자유로운 착석 (hands free sitter)	특별한 지지 없이 착석이 가능하고 휠체어에서 독립적으로 이동을 할 수 있음.
손에 의존하는 착석 (hands dependent sitter)	손 기능 활용을 위해 체간 지지가 필요하고 일반적으로 골반 및 경추 지지가 요구됨. 모듈러 착석 시스템이 안정된 자세를 제공함.
지지가 필요한 착석 (propped sitter)	추가적인 기형의 초래를 예방하기 위해 신체를 전반적으로 고려한 맞춤형 착석 시스템의 제공이 요구됨. 이러한 착석 시스템 없이 착석이 불가능함.

출처: Ham et al. (2005). p. 95에서 수정하여 인용: 이진현(2009)에서 재인용.

〈표 7-2〉 지지 및 장애의 정도에 기초한 분류

구분	내용
최소 지지 (Minimum support) 경도 장애 (Mild disability)	머리 및 체간의 조절이 가능한 수준이며 특별한 지지 없이 착석하게 되면 불안정할 수 있음. 안정된 좌석을 기반으로 간단한 벨트 등으로 최소한의 지지만으로도 좋은 기능이 가능함.
중간 정도 지지 (Medium support) 중증도 장애 (Moderate disability)	머리 조절이 불수위적으로 움직임이 있으며 손의 기능이 제한적으로 체간 조절에 어려움이 있는 경우로 안정적인 자세를 위해서 체간의 지지가 필요함. 안정된 골반과 체간의 지지함에 있어 성장 등의 신체적인 변화에 따라 대응할 수 있는 조절 가능한 모듈러형 착석 장치가 필요함.
최대지지 (Maximum support) 중증 장애 (Severe disability)	척추의 변형과 관절 구축 등이 있으며 머리 및 체간 조절 능력이 매우 제한적이기 때문에 지지 없이는 착석이 불가능함. 신체의 전반적인 부분을 최대한 지지하기 위해 맞춤형 착석 장치가 요구됨.

출처: Ham et al. (2005). p. 95에서 수정 인용: 이진현(2009) 재인용.

지지 및 장애의 정도에 기초한 분류는 장애가 경증이냐 중증이냐에 따른 것으로 머리 및 체간 지지를 어느 정도 하느냐에 따라 구분하였다. 어느 정도 조절이 가능한 장애인의 경우 간단한 착석장치를 제공하고 기능적인 제한은 있지만 변형 등이 심각하지 않은 경우에는 모듈러형을 제공할 수 있다. 중증의 장애를 가진 경우 변형과 구축 등을 동반한 경우에는 맞춤형 착석장치가 적합하다(Ham et al., 2005: 이진현, 2009 재인용).

자세의 안정성은 기능적인 착석 자세를 확립하기 위해 우선적으로 갖추어야 할 전제조건이라고 볼 수 있다. 자세를 조절할 수 있는 비장애인의 경우 착석 자세에서 기능적인 일을 하거나 불편함을 피하기 위해 자세 변경을 하게 되지만 착석능력이 부족한 장애인은 이러한 능력이 없기에 어려움이 발생한다. 그러므로 자세조절 능력이 결여되어 있는 장애인을 위해서 안정성을 마련하고 기능적인 활동을 제공하기 위해서 착석능력에 따라 자세를 개선할 수 있는 착석장치가 필요하다(Green & Nelham, 1991: 이진현, 2009 재인용).

3. 자세유지 기구가 필요한 주요 대상

일반적으로 휠체어에서 자세유지가 어려운 장애를 가진 사람들은 올바른 자세를 유지하기 어렵게 만드는 비정상적인 근긴장, 근육 약화, 원시반사 또는 불수의 운동 같은 특징들을 보이며 건강 상태에 차이가 있으나 골격 변형을 갖고 있는 경우가 많다(Cook & Hussy, 200:; 이진현, 2009 재인용). 우선, 자세조절 및 변형관리가 필요한 주요 대상은 뇌성마비(cerebral palsy)를 가진 장애인이지만 바텐병(Batten's disease), 근이양증(muscular dystrophy; MD), 소아마비(poliomyelitis), 레트 증후군(Rett syndrome), 척추이분증(spina bifida), 척수 근위축(spinal muscular atrophy), 척수손상(spinal cord injury: SCI) 등을 가지고 있는 사람들도 이러한 욕구를 갖고 있다(Hobson, Smith, & Leslie, 1990; Ham et al., 2005: 이진현, 2009 재인용).

뇌성마비는 출생 전, 출생 시, 출생 후에 유전적 요인, 조산으로 인한 산소 부족 및 외상 등과 같은 이유로 뇌에 병변이 생겨 기능이 퇴색하면서 운동과 자세의 장애를 보이는 비진행성 질환이 특징이며, 지적 발달 지연, 시력 및 청력 감소, 행동적 문제, 언어장애, 간질 등의 문제를 동반하는 경우가 발생하는 것으로 신경근육계와 결합하여 여러 가지 복합적 증상을 동반하는 경우가 많다(Batshaw & Prerret, 1986: 이진현, 2009 재인용). 국내의 뇌성마비 아동 발생 빈도는 1,000명당 2.7명으로 보고되고 있으며(조미애 외, 1997: 이진현 2009 재인용), 뇌성마비의 발생 빈도 추세에 대한 문헌연구에서는 1980년 이후에 신생아 집중치료의 발달로 뇌성마비가 증가하는 경향을 보이다가 1990년 중반을 기점으로는 극소저체중아를 중심으로 발생 빈도가 감소하는 추세라고 보고하였다(오수영, 2006: 이진현, 2009 재인용).

뇌성마비의 유형은 주로 단마비(monoplegia), 양마비(diplegia), 편마비(hemiplegia), 하지마비(paraplegia), 사지마비(quadraplegia)의 다섯 가지로 형태를 띠는데 뇌의 손상이 침범된 부위가 어디냐에 따라 증상이 다르며, 비정상적인 운동 조절이 일어나고 원시 반사가 지속되며 평형감각이 결여되는 등의 문제들로 자세조절 능력이 결여되는 경우가 많다(Batshaw & Prerret, 1986: 이진현, 2009 재인용). 이러한 뇌성마비장애는 주요 문제점으로 자세조절 능력 부족으로 인해 균형적인 자세를 유지하기 위한 안전성이 결여되어 주변 환경에 대한 대응과 과제 수행 능력에 대한 감각적 운동요소들의 적응력이 감소하게 된다. 그리고 손상된 자세조절 능력은 구축 등을 동반한 근골격계의 문제, 관절가동범위의 감소, 내적 자세 정렬 결여 등으로 나타난다(Finnie, 2000; Shumwy-Cookm, Hutchinson, Kartin, Price, & Wollacott, 2003: 이진현, 2009 재인용). 특히 자기 자세 조절은 착석에 있어 지속적인 자세 유지와 안전한 이동을 위해 필요한 요소이며, 나아가 학업, 가사, 작업 수행 등에 영향을 미치는 것임으로 이러한 능력이 결여된 뇌성마비장애인들에게는 특별한 장치를 적용하여 자세유지를 가능하도록 해야 한다. 그러므로 휠체어에서 안전성 있는 자세를 제공하는 착석장치는 뇌성마비장애를 가진 사람들에게는 중요한 역할을 하는 보조공학 영역의 하나라고 볼 수 있다(이진현, 2009).

뇌성마비는 또한 운동신경학적 증상에 따라 경직형(spastictiy), 이상운동형(dyskinesia), 무정위 운동형(athetosis), 무도병(chorea), 운동실조형(ataxia), 저긴장형(hypotonia) 등으로 분류되는데, 이 중에서도 60%를 차지하고 있는 경직성은 대뇌 운동 영역의 손상으로 발생한다(Haskell & Barrett, 1989; Ham et al., 2005: 이진현, 2009 재인용). 이러한 경직형은 근긴장도의 증가, 근육의 불균형적 작용으로 골반 및 척추 기형이 발생할 위험이 있고, 근육이 짧아지는 단축으로 관절 구축이 일어날 수도 있다(Ham et al., 2005: 이진현, 2009 재인용). 이상운동형은 기저핵의 손상으로 발생하며, 비정상적인 운동과 더불어 불수의 운동이 일어난다(Ham et al., 2005: 이진현, 2009 재인용). 무정위 운동형은 근긴장도의 기복이 심하여 불수의 운동이 일어나지만 안정된 자세를 지원하면 상지의 운동의 기능적인 수행에 도움이 된다(Ham et al., 2005: 이진현, 2009 재인용). 무도병은 신체조절 능력이 떨어져 마치 춤을 추는 것 같은 움직임을 보이는 특징을 가지고 있으며 일반 휠체어에서 안정된 자세를 가지기가 매우 어렵다(Ham et al., 2005: 이진현, 2009 재인용). 실조형은 소뇌에 관련되어 있다고 보고

되어 있으며, 협응능력과 정확하지 않는 운동 패턴을 가지고 있고 균형 조절이 부족하여 불안정한 보행 패턴을 보이는 것이 특징적이다(Finnie, 2000; Ham et al., 2005: 이진현 2009 재인용). 저긴장증은 근긴장도가 현저히 떨어지는 증상들을 보이며 특히 근육이 약하여 골격에 중력의 영향을 받아 심각한 척추 기형을 초래하는 경우가 있다(Ham et al., 2005: 이진현, 2009 재인용).

뇌성마비 아동을 위해 제작되는 착석장치들은 비정상적인 자세를 교정하고 조절하는 것을 중심적으로 고려하며, 안정된 자세와 체간을 바르게 정렬한 상태를 유지할 수 있어야 하며 성장과 능력 정도에 맞게 교체할 수 있는 시스템이 되어야 한다(Finnie, 2000: 이진현, 2009 재인용). 이러한 착석장치는 좋은 자세를 가지도록 하며, 장애 정도에 상관없이 착석 자세를 만들어 주는 것은 중요한데 독립적인 일상생활을 수행하거나 도움의 정도를 경감할 수 있는 역할을 하기 때문이다(Mulcahy et al., 1988: 이진현, 2009 재인용).

4. 착석을 위한 평가 및 측정

1) 기본 측정

자세유지 기구의 적용을 위해 필요한 측정으로는, 우선 착석의 기본이 되는 좌석의 깊이와 넓이를 측정하고 등받침대의 각도, 높이 및 넓이를 측정한다. 다음으로, 각 관절의 가동범위에 따라 팔받침대 높이, 발받침대 높이, 좌석의 높이, 머리받침대의 크기 및 위치를 측정한다. 그리고 고관절 변형 및 구축에 따른 내전 및 외전 방지를 위한 패드의 크기, 골반 안정성을 위한 벨트 등을 고려하는 측정이 필요하다. 체간을 지지하기 위한 체간 지지대의 위치 등에 대한 측정도 한다(Batavia, 2010: 이진현, 2009 재인용).

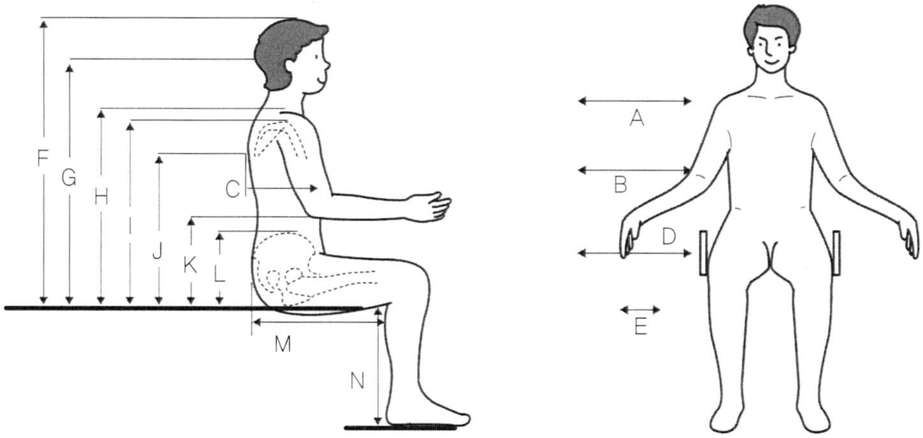

앉은 자세에서 측정 위치	사이즈 (mm)	앉은 자세에서 측정 위치	사이즈 (mm)
A: 어깨 너비		I: 좌석에서 어깨돌기(견봉, acromion)	
B: 가슴 너비		J: 좌석에서 어깨뼈(scapula) 아래 각까지 높이	
C: 가슴 깊이		K: 좌석에서 팔꿈치까지 높이	
D: 엉덩이 너비		L: 좌석에서 장골능선까지 높이	
E: 무릎사이 너비		M: 엉덩이 후면 끝에서 무릎 관절 뒤쪽까지 길이	
F: 좌석에서 정수리까지 높이		M-2: 대퇴부 뒤쪽(생식기 부위)에서 슬와부까지 길이	
G: 좌석에서 후부까지 높이		N: 발바닥에서 슬와부까지 길이	
H: 좌석에서 어깨까지 높이		O: 발길이	

[그림 7-4] 기본 측정요소

출처: Wheelchair and Seating Evaluation and Justification, Rehabilitation Institute of Chicago, http://www.ric.org/conditions/pcs-specialized/wheelchair_seating/

2) 신체평가

키, 몸무게 등의 기본적인 신체 크기를 측정한다. 우선, 누운 자세와 앉은 자세에서 능동적 · 수동적인 관절 유연성과 운동 범위를 측정한다. 신체평가에서 골격이나 근육의 움직임에 문제가 있음이 발견되면 이를 고려한 착석장치의 선택을 염두에 두어야 한다. 엎드려 누운 자세 및 앉은 자세의 척추 모양을 기록하고, 착석 자세에서 골반의 경사 및 회전의 유무를 측정하며 체간 안정 및 체간의 불안정한 방향 또는 불안정한 원인을 파악한다. 머리조절 능력이 어느 정도 되는지를 파악하고 근 긴장도 또는 신전 및 굴곡과 같은 근육 움직임의 패

〈표 7-3〉 신체 평가에서 체크할 주요 항목

골반	후방경사, 전방경사, 측방경사, 회전
체간	후만, 측만, 회전, 신전
고관절	굴곡, 내전, 내회전, 외전, 외회전
무릎	굴곡, 신전
발목과 발	배측굴곡, 저측굴곡, 내반, 외반
머리와 목	신전, 굴곡, 회전, 측방굴곡, 회전 동반한 신전
어깨	거상, 전인(내측회전), 후인(외측회전)
팔꿈치	굴곡, 신전

출처: Zollars, J. A. (2010).

턴 등을 평가하여 휠체어 자세에 미치는 영향을 측정하며, 원시반사의 유형에 따라 휠체어 착석에 필요한 고려 사항들을 문서화하여 둔다. 이러한 착석에 관한 신체검사를 위해서는 높낮이 조절이 가능한 좌석이 필요하다(Hobson, Swits, & Leslie, 1990: 이진현, 2009 재인용).

3) 의료적 배경요소

기본적인 측정 및 신체적 검사가 이루어진 후에 사용자의 의료적인 배경정보를 고려해야 한다. 의료적 배경정보는 〈표 7-4〉와 같이 분류할 수 있다.

〈표 7-4〉 착석 및 자세 평가의 의료적 배경요소

수술	자세 관련 수술 경험, 재발 또는 바른 자세를 위한 수술계획
신경학적인 요인	휠체어 자가 추진과 압력 분산을 위한 자세 변경 및 체간조절 능력을 고려함. 감각적 능력 부족으로 인한 욕창 가능성을 고려해야 함.
욕창	욕창 발생에 대한 이력, 내 · 외부적인 위험요소 파악, 욕창 예방을 위한 자세 변경의 능력 파악
대소변	대소변 관리능력에 따른 휠체어 쿠션 및 재질 결정
혈액순환 문제	심장 및 폐와 같은 순환기 계통의 문제가 있는 사용자는 휠체어 동작을 제한하고, 등받이 조절로 인한 호흡기능의 문제가 발생할 수 있기 때문에 산소통 또는 흡입기를 장착함.
착석 시 고통 정도	착석 자세에 의한 근육 또는 관절 아픔, 압력의 집중에 의한 고통
휠체어 안정성	이상행동 등의 문제로 휠체어에 착석한 상태에서 몸을 심하게 흔드는 경우에 휠체어가 넘어지지 않도록 anti-tip과 같은 장치 장착
의수족 사용 여부	의수족 사용을 고려한 앉기 자세와 휠체어 구조 조정이 필요
건강 상태	휠체어 사용자의 건강 상태의 변화에 따른 대응이 필요
신체	사용자의 몸무게 또는 신장 성장의 변화를 감안

출처: 이근민, (2001), p. 64 인용: 이진현(2009) 재인용.

4) 기능적인 요소

기능적인 부분을 고려한 착석장치를 제공하는 것은 중요한데 식사하기 등과 같은 일상생활과 관련된 기능을 할 수 있도록 착석 자세를 고려해야 한다. 그리고 사용자가 주로 활동하는 환경에서의 기능적인 부분을 감안하게 되는데 학교, 직장 및 지역사회 참여 등을 고려한 착석 자세와 개인적인 취미와 관심 분야에서 바른 자세유지를 위한 요소들을 파악한다. 예를 들면, 휠체어에서 침대나 바닥 등으로 이동이 편리하도록 착탈식 발받침대와 팔받침대가 고려되어야 하고, 교통수단, 즉 개인 승용차를 이용할 것이냐 혹은 대중교통을 이용하느냐에 따라 휠체어와 자세유지 용구를 분배하여 사용하게 된다. 그래서 환경 이동 방법에 따라 휠체어 및 착석장치의 유형과 필요로 하는 장치의 수에 차이가 있게 된다. 그리고 의사소통 및 컴퓨터 접근 등을 위한 기기들을 장착할 수 있는지를 파악할 필요가 있을 수 있으며 사용자의 의복과 신발 등에 따라 휠체어의 장비가 달라질 수 있으므로 고려가 되어야 한다(이근민, 2001: 이진현, 2009 재인용).

5. 착석 압력에 대한 이해

착석 압력과 관련된 주요 이슈는 욕창 관리와 관계가 있다. 욕창은 착석을 하고 있는 동안 천추(sacrum), 미추(coccyx), 좌골결절, 전자(trochanters), 외측 복사뼈, 뒤꿈치와 같은 신체 부위에 발생한 압력이 줄어들지 않으면 혈관과 림프관이 파괴되어 혈류의 흐름 차단으로 세포의 산소와 영양 공급이 제한되어 조직의 손상이 발생하면서 나타난다(Cook & Hussy, 2002; Ham et al., 2005). 욕창은 진행과정에 따라 손상의 정도를 4개의 단계로 구분할 수 있다. 1단계는 피부의 색깔이 변화하는 것으로 멍이든 것과 같이 붉거나 자주색 또는 검은색을 띠는 현상을 보인다. 2단계는 표피나 진피 또는 둘 모두 부분적으로 피부가 손상된 상태다. 3단계는 피부가 소실및 손상되거나 피하조직이 괴사한 상태이지만 그 하부의 근막과 뼈까지 손상이 되지 않은 것이다. 4단계는 넓은 부위의 피부 소실 및 파괴, 조직의 괴사와 더불어 근육과 뼈의 지지구조까지 손상이 발생한 상태다(Cook & Hussy, 2002; Ham et al., 2005). 욕창이 발생하게 되면 그 단계에 따라 다르겠지만 상태가 심각할수록 치료와 수술에 따라 많은 비용이 필요하고, 회복 기간 동안 활동 제약으로 인해 경제적 손실을 초래하게 된다(Cook & Hussy, 2002). 또한 치료비와 더불어 직장, 학교, 가정에서 부정적 영향을 받게 되고 개인적인 자존감의 감소와 같은 사회적 비용이 발생하게 된다(Krouskop et al., 1983: Cook & Hussy, 2002 재인용).

욕창 발생의 가장 큰 원인 중의 첫 번째는 직접적인 압축력(compression)으로 착석한 접촉면에서 뼈가 튀어나온 작은 면적에 과도한 힘이 작용하여 큰 면적과 비교했을 때 보다 큰 압력(pressure)이 발생하는 것이다(Ham et al., 2005). 두 번째 원인은 두 면이 반대의 방향으로 움직일 때 발생하는 전단력(parallel or shear force)으로, 압력과 함께 작용하게 되면 압력의 크기가 반으로 감소하여도 욕창이 발생할 수 있으므로 함께 고려할 필요가 있다(Benett et al., 1979: Cook & Hussy, 2002). 세 번째는 압력의 지속시간으로, 작은 압력에도 지속시간이 길다면 조직손상을 일으킬 확률이 높아진다(Ham et al., 2005). 마지막은 온도와의 관계다. 온도가 상승하면 세포 대사도 증가하여 산소와 영양분의 대사 활동이 높이지게 되는데 이때 그 공급이 차단되면 보다 빠른 조직의 괴사를 야기할 수 있다(Ham et al., 2005). 이 외의 발생요소로 볼 수 있는 부분은 척수손상, 뇌병변 등으로 운동 결손, 감각 소실, 근위축, 자세 변형, 피부 보존 상태, 건강 및 영양 상태, 혈관관계의 상태, 감염, 이동 기술, 나이 등의 복합적인 개인별 상황에 따라 욕창 발생 빈도와 정도에 영향을 미칠 수 있다(Cook & Hussy, 2002; Ham et al., 2005).

압력측정 장비는 사용자의 착석 자세에 따른 압력분포를 실시간으로 측정 가능한 것으로, 시트의 재질에 따라 압력을 어느 정도 분산시켰는지를 파악할 수 있다. 주요 장비로는 Tekscan, FSA, XSENSOR와 같은 제품들이 있다. 각 제품에 사용된 센서들의 차이에 의해

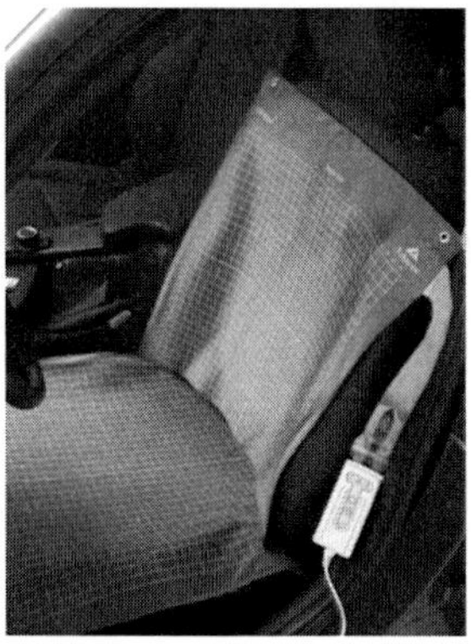

(a) Tekscan

(b) FSA

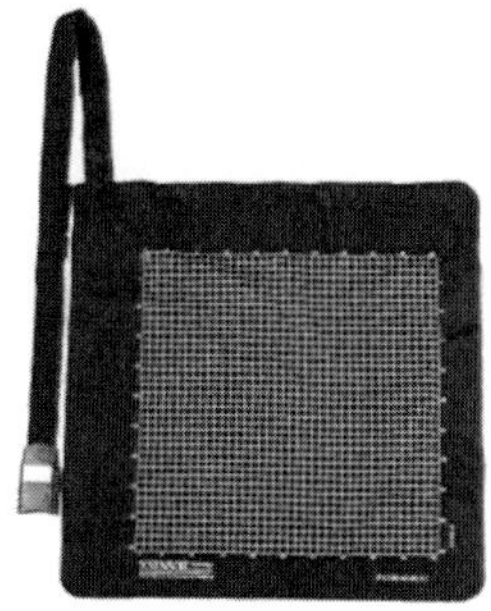

(c) XSENSOR

[그림 7-5] 압력측정 장비의 종류

출처: (a) https://www.tekscan.com/, (b) http://www.pressuremapping.com/, (c) http://www.xsensor.com/

서 착석장치에 따라 측정하여 도출되는 결과 값들의 차이는 발생할 수 있으나 임상적으로 압력분포에 대한 정보를 획득하는 부분에서 중요한 역할을 할 수 있다. 이와 같은 압력측정 장비들은 소프트웨어를 통해 압력 분포의 윤곽화된 모습을 그래픽으로 제시하고 있어 특정 부위의 압력 정도를 쉽게 파악할 수 있도록 구성되어 있다. 이러한 장비를 사용하여 전문가는 장애인이 사용하고 있는 자세유지 기구와 욕창예방용 방석 또는 매트리스 등에 따라 적절한 압력을 제시할 수 있다.

압력을 관리하는 기술적인 적용은 크게 쿠션의 재질과 쿠션의 디자인에 따른 관리로 구분할 수 있다. 주로 사용되는 쿠션 재료로는 공기, 물, 점성 액체, 겔, 폴리우레탄 폼, 라텍스이며, 이들 재료를 복합적으로 구성하여 사용하기도 한다(Ham et al., 2005). 공기를 이용한 제품들은 공기의 흐름을 효율적으로 사용하기 위해 여러 셀로 나뉘어 있는 형태를 취하고 있으며 적절한 공기량의 탄성에 따라 압력 분산을 효율적으로 제공한다. 다만 공기를 감싸고 있는 각 셀의 연결 부위와 고무 재질의 내구성이 취약하고, 공기량에 따라 과도한 압력과 분산의 효과가 적절히 나타나지 않는 경우가 발생하기 때문에 항상 적절한 공기량을 유지하는 것이 중요하다. 물로 구성된 제품들은 착석 면에서 발생하는 온도 상승을 예방할 수 있지만, 무겁고 공기를 사용하는 제품과 같이 내구성이 약한 단점을 가지고 있다. 점성 액체의 제품들은 기름과 같은 내용물로 구성되어 있다. 겔로 구성된 쿠션은 사용되는 겔의 점탄성에 따라 압력 분산이 상이하게 나타난다(Ham et al., 2005). 겔 쿠션은 온도 상승의 효과를 가지고 있는 특징이 있어, 최근에는 공기와 함께 구성하여 표면에는 겔을 통해 착석의 편안함과 온도 상승 억제의 효과를 가지면서 공기의 압력 분산을 활용하는 제품들이 많이 출시되고 있다.

폴리우레탄 폼, 라텍스, 플라스틱 엘라스토머(TPEs)와 같은 재질로 구성된 제품들은 제품의 모양을 윤곽화하여 착석의 접촉면을 넓게 활용하여 압력 분산에 노력을 기울이고 있다. 폴리우레탄 폼은 경도, 밀도, 탄성에 따라 다양한 종류를 가지고 있어 사용자의 정도에 따라 적절한 재질을 선택할 필요가 있다. 대부분의 폼과 라텍스는 가볍고 가공이 용이하고 가격이 저렴하지만 절연체 작용으로 열을 방출하는 부분은 취약하다(Ham et al., 2005). 플라스틱 엘라스토머는 벌집(honeycomb) 모양의 쿠션으로, 압력이 발생할 때 접혀지는 방향으로 연결되는 개방적인 셀의 층으로 디자인 되어져 있어 개방된 셀로 공기가 통과하여 쿠션을 시원하게 유지시켜 줌으로써 습기에 강하며, 재질의 특성으로 항균성을 가지고 있다(Cook & Hussy, 2002).

압력 분산을 위한 착석 시트의 선택의 고려사항으로 자신의 외형에 적절한 크기 및 높이

(a) 공기

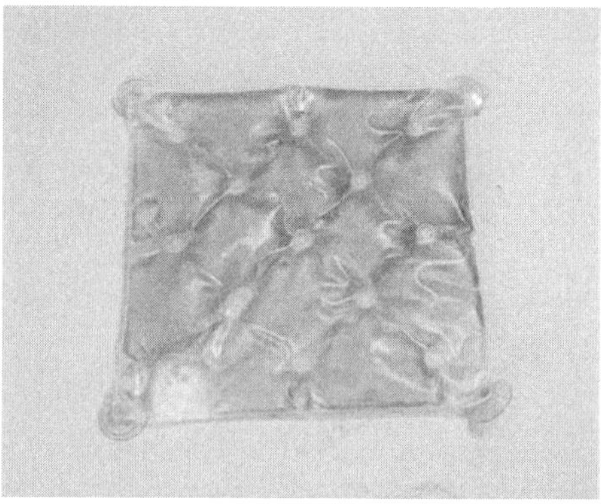

(b) 겔

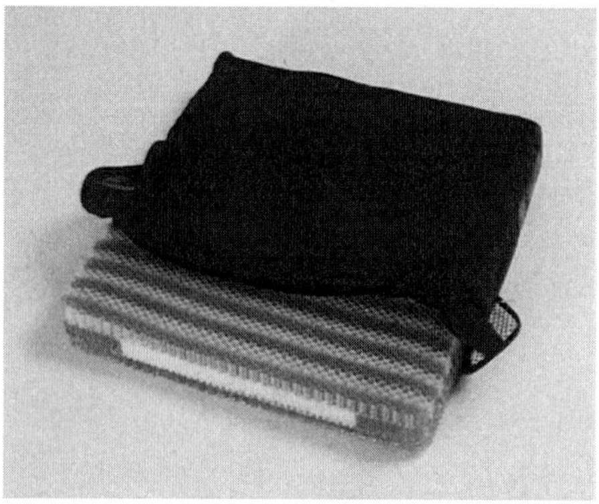

(c) 벌집모양

(d) 공기-겔 혼합

(e) 폴리우레탄 폼

(f) 라텍스

[그림 7-6] 쿠션 재질의 종류

출처: 광주광역시 보조기구센터 홈페이지,
http://203.237.116.17/s4/s4.asp?s_board=RECYCLE&link=View&nIdx=13&page=5,
고령친화산업지원센터 홈페이지, http://www.khidi.or.kr/,
대구시니어체험관 홈페이지,
http://www.dgsfc.net/product/?method=pd_intro&act=list0&page=8,
http://m.babosarang.co.kr/product/product_detail.php?product_no=1303917

와 방석의 신장되는 정도를 파악해야 한다. 요실금을 가지고 있다면 방수가 되는 커버가 필요하다(Ham et al., 2005). 그리고 다양한 압력 경감 제품을 사용하더라도 압력이 지속되면 욕창이 발생할 가능성이 있으므로 주기적으로 자세를 바꾸기 위해 취하는 동작에 대한 도움이 필요할 수 있다.

참고문헌

오길승, 남용현, 오도영, 남세현(2009). 보조테크놀로지의 원리와 실제: 재활 · 보조공학 입문서(pp. 229-289). 서울: 학지사.

오수영(2007). 뇌성마비의 최신 지견. *Korean Journal of Obstetric and Gynecology, 50*(9), 1191-1204.

이근민(2001). 휠체어 사용자를 위한 효과적인 착석 및 자세 접근 방법. 중복 · 지체부자유아교육, 37, 61-77.

이진현(2012). 휠체어 시트 재질 및 전방웨지 높이의 변화가 착석 압력에 미치는 영향. 대구대학교 박사학위논문.

조미애, 박창일, 박은숙, 김성원, 김용욱(1997). 위험인자를 지닌 신생아에서 뇌성마비 발생 빈도. 대한재활의학회지, 21(6), 1068-1075.

Batavia, M. (2010). *The wheelchair evaluation; a clinician's guide* (2nd ed.). Sudbury, MA: Jones and Bartlett Publishers.

Batshaw, M. L., & Prerret, Y. M. (1986). *Children with Handicap* (2nd ed.). Baltimore: Paul H. Brookes.

Bennett L., Kavner D., Lee B. Y., Trainer F. S., & Lewis J. M. (1979). Shear versus pressure as causative factors in skin blood flow occlusion. *Archives of Physical Medicine and Medicine, 60*, 309 314.

Cimolin, V., Piccinini, L., Cazzaniga, A., Turconi, A. C., Crivellini, M., & Galli, M. (2009). 3D-Quantitative evaluation of a rigid seating system and dynamic seating system using 3D movement analysis in individuals with dystonic tetraparesis, *Disability and Rehabilitation: Assistive Technology, 4*(6), 422-428.

Cook, A. M., & Hussey, S. M. (2002). *Assistive technologies: Principle and practics* (2nd ed.). Saint Louis, MO: Mosby.

Finnie, N. R. (2000). 뇌성마비아 가정치료(한국뇌성마비복지회, 고 오정희 교수 추모 모임 역). 서울: 을유출판사(원전은 1997년에 출판).

Green, E. M., & Nelham, R., L. (1991). Development of sitting ability, assessment of children with a motor handicap and prescription of appropriate seating system, *Prosthetics and Orthotics International*, *15*, 203-216.

Hobson, D. A., Smith R. V., & Leslie J. H. (1990). Seating and Mobility for the severely disabled, *Advances in Rehabilitation engineering*, 193-253. Boca Raton, Fla: CRC Press.

Krouskop T. A., Noble P. C., Garber S. L., & Spence W. A. (1983). The effectiveness of preventive management in reducing the occurrence of pressure sore. *Journal of Rehabilitation Research and Development*, *20*(1), 74-83.

Nawaobi, O. M., & Smith, P. D. (1986). Effect of adaptive seating on pulmonary function of children with cerebral palsy. *Development Medicine Children Neurological*, *28*(3), 351-354.

Nawaobi, O. M., & Smith, P. D. (1986). Effect of adaptive seating on pulmonary function of children with cerebral palsy. *Development Medicine Children Neurological*, *28*(3), 351-354.

Ham, R., Aldersea, P., & Porter, D. (2005). 임상적용을 위한 휠체어 진단 및 평가(정동훈, 권혁철, 공진용, 구현모, 채수영 역). 서울: 정담미디어(원전은 1998에 출판).

Haskell, S, H., & Barrett, B, K., (1989). *The education of children with motor and neurological disabilities* (2nd ed.). London: Chapmam and Hall.

Hobson D. A., Smith R. V., & Leslie J. H. (1990). Seating and Mobility for the severely disabled, *Advances in Rehabilitation engineering*, 193-253. Boca Raton, Fla: CRC Press.

Mulcahy, C. M., Pountney, T. E., Nelham, R. L., Green, E. M., & Billington, G, D. (1988). Adaptive seating for the motor handicapped: problems, a solution. *assessment and prescription, Physiotherapy*, *74*(10), 531-536.

Shumway-Cook, A., Hutchinson, S., Kartin, D., Price, R., & Wollacott, M. (2003). Effect of balance training on recovery of stability in children with cerebral palsy. *Developmental Medicine & Child Neurology*, *45*(2), 591-602.

Zollars, J. A. (2010). 그림으로 이해하는 자세보조용구(임명준, 한지아, 임성은, 김진수, 장태연 역). 서울: 박영사(원전은 2010년에 출판).

광주광역시 보조기구센터 홈페이지. 커뮤니티 보조기구재활용(2015. 11. 21. 검색).
http://203.237.116.17/s4/s4.asp?s_board=RECYCLE&link=View&nIdx=13&page=5

국민건강보험공단 홈페이지(2015. 11. 30. 검색).
http://minwon.nhis.or.kr/wbm/ga/retrieveFaq.xx?selectedbultnSeq=1021

고령친화산업지원센터 홈페이지. 고령친화업체 검색란(2015. 11. 21. 검색).

http://www.khidi.or.kr/gfi/excProd/view?GOODSCODE=H12030027003&menuId=MENU00303&pageNum=48&rowCnt=10&GOODSNM=&COMNM=&GOODSCODE=&PRICEFR=&PRICETO=&BUYBASIC=&EXCLENCEDIVIDE=&GOODSDIVIDE=&CLFLAG=&LISTSORT=

대구시니어체험관 홈페이지. 시니어체험관 갤러리(2015. 11. 21. 검색). http://www.dgsfc.net/product/?method=pd_intro&act=list0&page=8

Tekscan® 홈페이지(2015. 11. 20. 검색). https://www.tekscan.com/

VISTA MEDICAL 홈페이지(2015. 11. 20. 검색). http://www.pressuremapping.com/

XSENSOR® Technology Corporation 홈페이지(2015. 11. 20. 검색). http://www.xsensor.com/

http://m.babosarang.co.kr/product/product_detail.php?product_no=1303917

Rehabilitation Institute of Chicago 홈페이지(2015. 12. 30. 검색). Wheelchair and Seating Evaluation and Justification. http://www.ric.org/conditions/pcs-specialized/wheelchair_seating/

제8장 이동 보조기기와 서비스

1. 이동 보조공학의 개관

1) 이동 보조기기의 개요

우리가 살고 있는 오늘날은 산업화, 정보화, 디지털화 등이 이루어짐에 따라 급성장되고 꾸준히 고도화되고 있다. 이러한 시대적 상황에 맞추어 향상된 의료서비스가 제공되고 있으며, 새로운 신약들이 출시되고 있지만, 그럼에도 새로운 유형의 질병이나 장애가 아직도 다양하게 발생하고 있는 실정이다. 결국, 시대가 고도화되었다고는 하지만 인간이 필요로 하는 신체적 요구는 아직까지도 그 수요를 충족시키기에는 부족하다고 할 수 있다.

2014년 장애인실태조사에서는 우리나라의 장애인 인구가 인구 1만 명 중 559명이며, 장애가 발생하는 것은 사고나 질환 등과 같은 후천적 원인(88.9%)에 기인한다고 보고하고 있다. 또한 장애 인구 중 65세 이상 노인의 비율이 43.3%로 2011년의 38.8%에 비해 4.5% 증가하였는데, 이는 장애 인구도 점차 고령화되고 있다는 것을 시사한다(보건복지부, 2014).

국가는 이처럼 신체에 대한 물리적 장애가 있거나 정신적으로 결함이 있어 일상생활이나 사회생활에 제약을 받는 사람들에게 다양한 제도적 지원을 하고 있다. 그중 하나가 장애인 보조기기 지원사업이며, 이 지원사업의 일환으로 제공되는 이동 보조기기는 장애인이 삶을 영위하기 위해 필수적인 요소로서 인식되고 있으며 이에 대한 장애인의 욕구는 꾸준히 증가하고 있는 실정이다.

이 책에서는 이동 보조기기의 주사용자를 장애인 및 노인으로 본다. 임상에서 이동 보조기기라 하면 수동휠체어나 전동휠체어 또는 전동스쿠터를 일컫는 경우가 많으나, 보편적으로 장애인용 이동 보조기기는 수동휠체어를 일컫는 경우가 많다고 할 수 있다.

2) 우리나라의 이동 보조기기 현황

(1) 연도별 생산액, 수출입 현황

2006년부터 2009년까지 우리나라의 휠체어 자체 생산 규모는 꾸준히 증가하고 있으나, 2010년에는 점차 감소하는 추세를 보이고 있다. 또한 수출보다는 수입이 증가하는 추세다. 이는 자체 제조 및 생산보다는 수입에 의존하는 시장으로 변환되고 있는 것으로 분석할 수 있다(한국의료기기산업협회, 2011).

(2) 사용상의 불편사항

2011년 실시된 휠체어 안전사고 실태조사에 따르면 현재 사용 중인 휠체어에 대해서 가장 불편한 점은 '가격이 비싸다.' 가 35.1%, '수리 및 보수가 필요하다.' 가 23.4%, 'A/S가 제대로 안 된다.' 는 11.7%로 파악되었다. 이는 제품을 구매하기 전이나 제품을 사용하는 중의 서비스와 관련된 일련의 모든 과정에서도 제품에 대한 불만요소가 여전히 높은 것으로 분석할 수 있다.

3) 장애인 이동 보조기기의 중요성

이동 보조기기는 '이동을 보조하기 위한 것'이라는 과거의 단순한 개념에서 더 나아가 장애인의 신체적 극복을 통한 자기개발의 계기를 마련해 주는 중요한 도구가 되고 있으며, 교육, 노동, 여가 등에서도 필수적인 요소로 자리 잡고 있다. 결국 장애인을 위한 이동 보조기기는 장애인 개인의 삶의 질 향상과 자기개발의 열매를 맺기 위한 씨앗과 같은 요소로서 그 중요성이 꾸준하게 부각되고 있는 것이다.

4) 이동 보조기기의 정의

이동 보조기기는 보행이 어렵거나 불가능한 환자나 장애인에게 일상생활 활동뿐만 아니라 학업 및 직업 활동을 위해 도움을 주는 보조기기로서, 일반적인 관점에서는 앉은 자세(sitting position)에서의 지지(support)와 동시에 이동성(mobility)을 제공해 주는 장비(equipment)를 말한다.

대부분의 사람에게는 '휠체어' 라는 단어가 전신마비 환자를 자동적으로 떠올리게 하지만, 뇌졸중이나 척수손상과 같은 다른 질병이나 장애로 인하여서도 많은 사람이 휠체어를 이용하게 된다(Dr. Marquerute Leches, wheelchair provision, 2000. 9.).

5) 이동 보조기기가 필요한 경우

이동 보조기기는 절단, 근력 약화, 변형, 뇌병변, 비협응 등으로 인하여 기능적인 보행이 불가능한 경우나 하지의 떨림 등으로 보행 안정성 및 정적 안정성이 제공되지 않을 경우 사용하게 된다. 또한 심폐기능의 저하가 있을 경우나 하지의 체중부하 및 독립적 하지 제어가 불가능한 경우에도 사용하게 된다.

6) 이동 보조기기의 착석 시스템 적용의 효과

휠체어에서의 올바른 착석 자세는 관절 구축의 진행을 지연하거나 방지하여 주며, 통증을 감소시키고 안락감을 줌으로써 심리적 안정성을 제공해 준다. 또한 바르게 앉는 습관은 착석 지구력을 향상시켜 주고, 비정상적인 근긴장 및 반사의 영향을 최소화해 줄 수 있다. 그리하여 이러한 요소들의 결합은 신체의 기능적 능력 향상을 도모한다고 할 수 있다.

7) 이동 보조기기 사용의 위험요소

앞서 언급했듯이 이동 보조기기는 신체의 기능적 능력 향상 및 심리적인 안정 등의 긍정적인 요소를 제공한다. 하지만 이동 보조기기를 사용하게 되면서 발생하는 부정적인 요소(전방전도나 후방전도, 장기간 착석으로 인한 욕창 발생률의 증가, 하지 골다공증 발생, 고관절 및 슬관절의 굴곡구축, 무용성 위축이나 근육의 지속적인 약화 및 이동 보조기기에 대한 의존도 증가 등)

에 대해서도 반드시 숙지를 하고 그에 대비해야 한다.

2. 이동 보조기기의 분류

2016년 현재, 우리나라에서 활용되고 있는 이동 보조기기의 분류체계는 보조기기 지원서비스 유형에 따라 다양하게 적용되고 있는 실정이다. 이에 이 책에서는 보건복지부 국립재활원 중앙보조기구센터에서 활용되고 있는 이동 보조기기의 분류체계를 참고하였다. 이동 보조기기의 유형은 보행 보조기기, 수동휠체어, 전동휠체어, 전동스쿠터 총 네 가지로 나눌 수 있다.

1) 유형별 이동 보조기기의 분류

(1) 보행 보조기기

보행 보조기기는 단거리 이동 및 보행훈련을 위해 사용하며, 보행에 필요한 하지 및 상지 등의 신체기능이 일정 수준 이상인 장애인 및 노인이 사용하는 보조기기다. 대표적인 보행 보조기기로는 워커, 보행차, 지팡이, 크러치가 있다.

① 워커

워커(walker)는 대체적으로 중증 장애일 경우 많이 사용되며, 보행단계로 볼 때 패러렐바

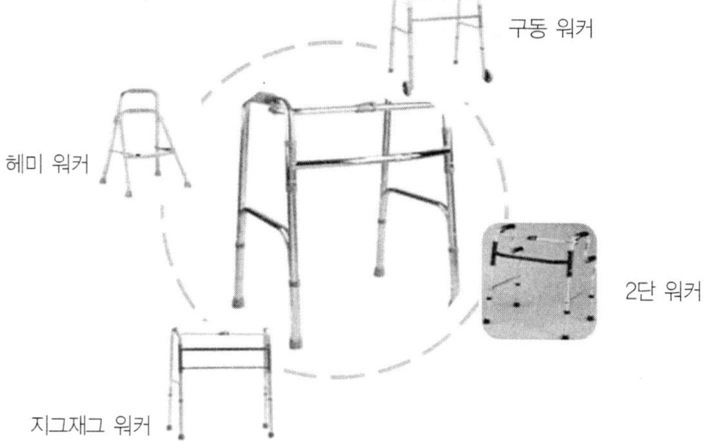

[그림 8-1] 워커

(parallel bar)에서는 균형을 잘 잡을 수 있으나 크러치(crutch)를 사용하기에는 아직 미숙한 단계에 있는 사람에게 적용된다. 국내에서 유통되는 보편적인 워커의 종류는 [그림 8-1]과 같다.

② 보행차

보행차(rollator and walking table for walking support)는 워커와 동일한 기능과 역할을 제공하여 주지만, 일반적으로 지지 하단부가 고무팁이 아닌 고정된 2개의 바퀴와 방향전환이 가능한 2개의 앞바퀴로 구성되어 있으며, 보행훈련(gait training)이나 이동(movement, transfer) 중에 휴식을 제공할 수 있도록 시트면을 추가함으로써 탈부착할 수 있다는 차이점이 있다.

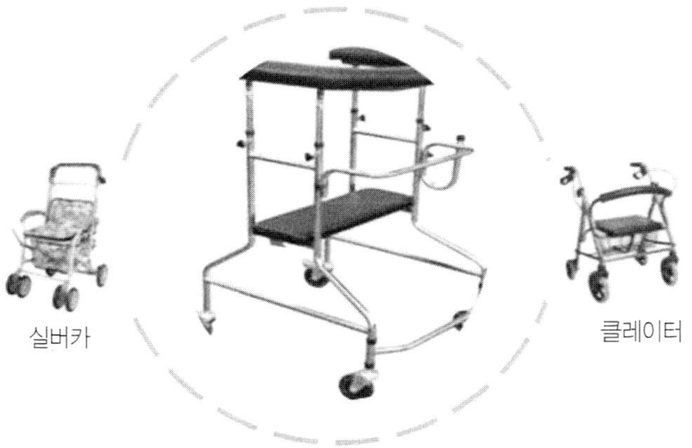

[그림 8-2] 보행차

③ 지팡이

지팡이(cane) 또한 환자의 체중을 받쳐 주어 약한 다리를 보조해 주거나 체중을 덜어 주어 동통이 있는 부위의 통증을 감소시켜 줌으로써 좀 더 자연스러운 보행을 할 수 있도록 도와주는 보행 보조기기다. 사용자의 신체 상태에 따라 지팡이 지지발의 개수에 차이가 있다.

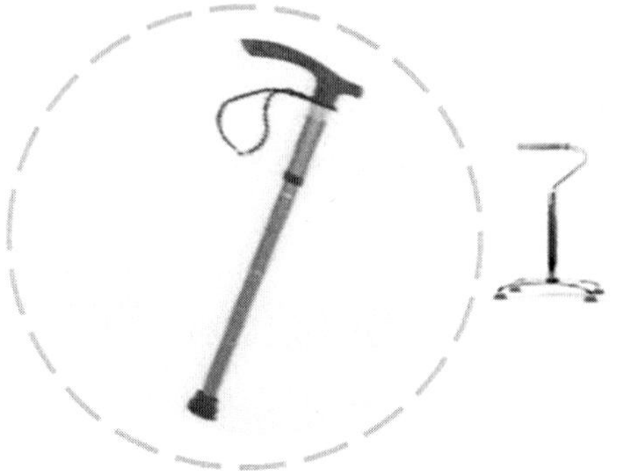

[그림 8-3] 지팡이

④ 크러치

크러치(crutch)는 장애인을 비롯하여 정형외과적인 손상을 입은 일반인도 사용하는 이동 보조기기로서, 보통 목재나 알루미늄으로 제작된다.

목재는 크러치에 쓰이는 친환경적 재료로서 적절한 무게와 안정감으로 각광을 받았다. 그러나 최근에는 원자재의 가격이 상승함에 따라 가벼운 무게와 적절한 강도를 지닌 알루미늄 크러치가 과거의 목발(wood crutch)을 대체하고 있다.

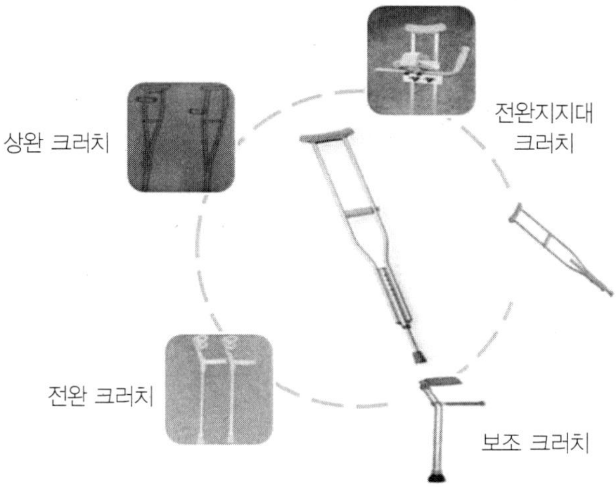

[그림 8-4] 크러치

(2) 수동휠체어

재활 초기에 주로 사용되는 이동 보조기기로는 수동휠체어와 전동휠체어를 예로 들 수 있다. 전기동력의 사용 유무가 이 둘을 구분 짓는 기준이 된다. 상지의 기능이 온전하며 수의적인 체간조절 능력이 원활한 경우에는 수동휠체어(human-driven wheelchairs)를 사용하게 된다. 특히 척수손상 장애인의 재활 초기에 사용되는 수동휠체어는 재활 프로그램과 함께 적절하게 사용될 경우 재활의 효과를 극대화할 수 있다.

수동휠체어는 크게 표준형, 활동형, 스포츠형, 특수형으로 분류된다.

최근의 수동휠체어는 프레임 재질의 변화(티타늄 등의 특수합금, 카본)와 더불어서 경량화되는 특성을 가지고 있다. 문화활동 등의 사회적 참여 증대와 더불어 다양한 사회체육의 참여 확대로 스포츠용 휠체어의 요구가 증대되고 있는 추세다(대한재활공학회, 2009).

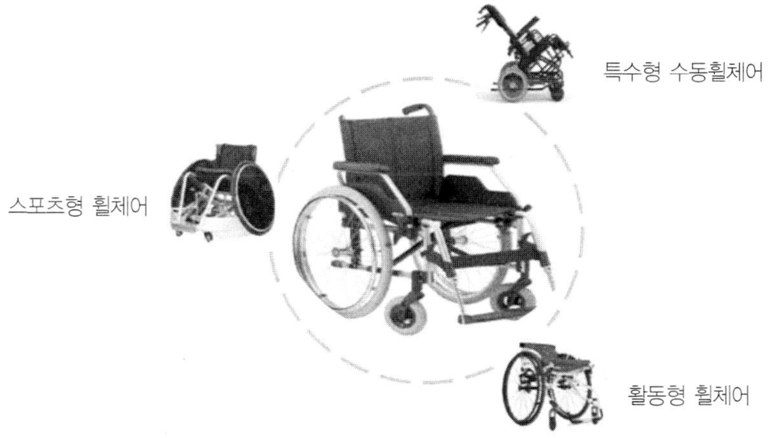

[그림 8-5] 수동휠체어

(3) 전동휠체어

전동휠체어(powered wheelchair)는 보행이 불가능한 대상자[1] 중에서 수동휠체어를 스스로 사용할 수 없는 경우에 사용하게 되는 이동 보조기기다. 전기적인 동력에 의존하여 이동하는 전동휠체어는 사람의 힘에 의존하여 추진하는 수동휠체어와의 차이점인 조절 스위치(controller/joystick)의 미세한 조작에 의해 작동되는 이동기기로서, 사용자의 조절 스위치 조

1) 휠체어 지급대상에 해당하는 자 중 보행이 불가능한 사람으로서 팔기능이 약화되거나 완전히 상실되어 수동휠체어를 혼자서 조작할 수 없는 사람이 다른 사람의 도움 없이 전동휠체어를 안전하게 사용할 수 있는 경우의 사람(보험급여 대상 장애인의 유형), 국민건강보험공단, 2015.

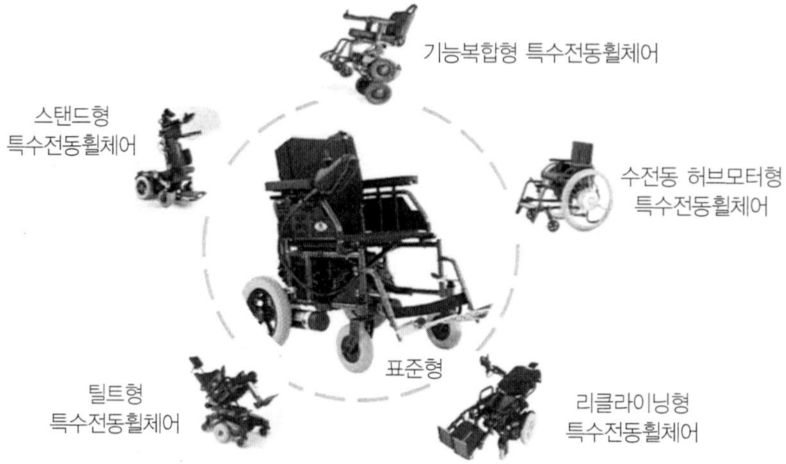

[그림 8-6] 보행보조기기: 전동휠체어

작능력의 수준을 파악하는 것이 필요하다. 전동휠체어는 수동휠체어에 비해 장거리 이동에 적합하며, 전동스쿠터의 조작에 있어서 양쪽 상지 제어를 통한 물리적 기능의 역할 수행이 힘들 경우 사용하게 된다. 전동휠체어를 사용하게 될 경우에는 전기적 요소에 대한 이해를 바탕으로 하여 배터리 충전 등에 대한 교육이 사전에 수행되어야 한다. 전동휠체어는 일반적인 휠체어 형태의 표준형과 자세 변환이 가능한 특수형으로 분류할 수 있다.

(4) 전동스쿠터(사이즈별)

전동스쿠터(mopeds and motorcycles)는 전동휠체어에 비해 조작을 위한 상지의 조절능력

[그림 8-7] 전동스쿠터

이 상대적으로 좋은 경우에 사용되며, 특히 체간의 조절능력이 우수한 경우 사용된다. 전동스쿠터 사용자는 보행이 불가능한 사람으로서 팔기능에 이상이 있거나, 이상이 없는 경우에도 수동휠체어를 완전하게 조작하기 어려운 사람으로서 본인 스스로 타인의 도움 없이 안전하게 전동스쿠터를 작동할 수 있는 사람을 말한다(국민건강보험공단, 2015).

우리나라에서는 전동스쿠터가 사이즈별로 분류되고 있으나, 최근에는 여행 등의 목적으로 특수한 형태의 전동스쿠터도 출시되고 있다.

2) 이동 보조기기의 분류

① 사용 장소 및 환경에 따른 분류: 실내용 및 실외용 휠체어
- 실내용: 바퀴가 가늘고, 크기가 작다. 구동륜이 후방에 있는 방식(짧은 전체 길이)
- 실외용: 바퀴가 넓고, 크기가 크다. 구동륜이 전방에 있는 방식(긴 전체 길이)
- 해변용, 산악용, 잠수용, 사냥용, 계단승강용 등

② 재질 및 무게에 따른 분류: 표준형/중량/경량/초경량 휠체어
- 예: 초경량 휠체어 Panthera(휠 포함 4.2kg/휠 분리시 2.1kg)

③ 구동방식에 따른 분류: 수동 구동/전동 구동/수 · 전동겸용 휠체어

④ 기타 특수휠체어: 절단자용 휠체어
- 발걸이와 발판 없음
- 표준형보다 긴 전체 기장

⑤형태 및 구조에 따른 분류: Permobil K450, Trax 등

⑥ 사용목적이나 용도에 따른 분류: 스포츠, 레저 등

3) 휠체어의 구성요소: 수동휠체어

① 뒷바퀴(rcar whccl): 표준형 수동휠체이 뒷바퀴의 직경은 20~26인치로 다양하며, 24인치가 표준으로 가장 많이 쓰임. 휠체어의 뒷바퀴는 타이어, 튜브, 휠, 바퀴축, 스포크 등으로 구성됨.

② 뒷바퀴 추진장치(push handrim): 휠체어의 뒷바퀴에 장착되어 있는 추진장치로서 사용자의 상지능력과 근력에 따라 선택됨.

③ 앞바퀴(caster): 휠체어의 방향 전환을 가능하게 하는 바퀴. 조향륜이라고도 불림.

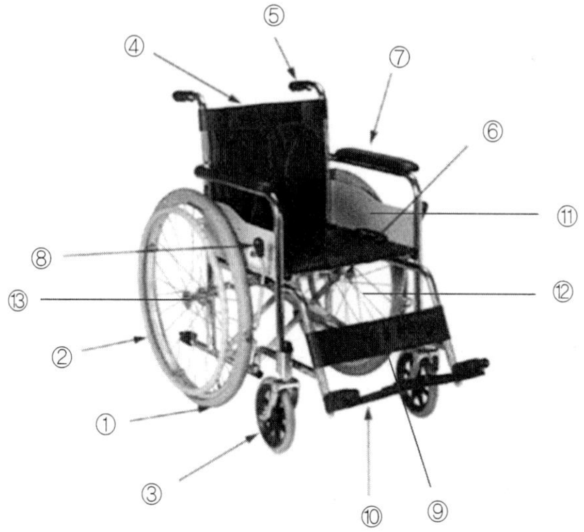

[그림 8-8] 수동휠체어의 구성요소

④ 좌석 등받이(back rest): 체간 전체 또는 최대의 체간 지지가 가능하도록 도움을 주는 지지장치

⑤ 보호자용 손잡이(push handle): 장애인 당사자 스스로 휠체어 구동에 어려움이 있을때 보호자가 사용하여 구동에 도움을 주는 장치

⑥ 좌석 바닥면(seat): 체중을 지탱하여 둔부/하지의 압력이 골고루 분배되도록 고안된 장치

⑦ 팔걸이(arm rest): 주관절을 받쳐 주어 적절한 자세의 정렬이 이루어지도록 도움을 주는 장치

⑧ 바퀴 잠금장치(wheel lock, brake): 휠체어 바퀴의 전후 고정을 통하여 이동 안정성을 제공해 주는 장치

⑨ 종아리 받이(calf rest): 족부의 이탈 방지 및 안정성을 제공하여 하지의 자세 정렬에 도움을 주는 장치

⑩ 발판(foot rest): 족부의 안정된 지지 및 자세의 정렬이 되도록 도움을 주는 장치

⑪ 측받이(side guard): 골반 지지 및 의복 보호 등의 역할을 통하여 자세안정화에 도움을 주는 장치

⑫ 휠체어 기본틀(brace): 두 개의 대각선 프레임으로 구성되어 충격 흡수 및 휠체어의 기본틀 역할을 수행하는 장치

⑬ 뒷바퀴축(rear wheel axis): 휠체어 기본 구조에 뒷바퀴를 연결해 주는 요소

4) 휠체어의 구성요소: 전동휠체어

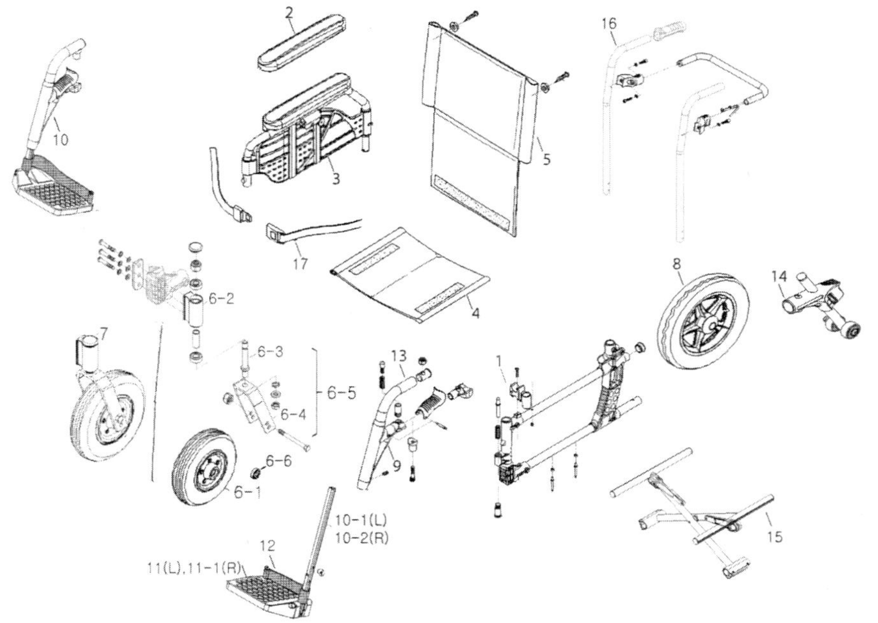

[그림 8-9] 전동휠체어의 구성요소

① 팔걸이 고정장치(arm rest socket): 휠체어에서 침대로, 침대에서 휠체어로의 이동(transfer) 및 다양한 상황에서의 착석을 위한 이동 시 분리되는 팔걸이(swing away armrest)가 적용됨. 이러한 분리형의 팔걸이를 고정시킬 수 있는 장치

② 팔걸이의 부드러운 면(armrest pad): 주관절을 받쳐 주어 상지의 적절한 자세 정렬이 이루어지도록 도움을 주는 장치 중 부드러운 재질을 사용하여 주관절의 안락함을 제공해 주는 부분

③ 팔걸이(arm rest): 주관절을 받쳐 주어 적절한 자세의 정렬이 되도록 도움을 주는 장치

④ 좌석 바닥면(seat): 체중을 지탱하여 골고루 분배되도록 고안된 장치

⑤ 좌석 등받이(back rest): 전체 또는 최대의 체간 지지가 가능하도록 도움을 주는 장치

⑥ 앞바퀴/전륜(front wheel): 휠체어의 방향 전환을 가능하게 하는 바퀴

⑦ 앞바퀴 연결장치(fork): 휠체어의 프레임에 앞바퀴를 연결하여 앞바퀴의 방향 전환에 도움을 주는 장치

⑧ 뒷바퀴/후륜(rear wheel): 전동휠체어 뒷바퀴의 직경은 12인치(표준형)가 가장 많으며, 최근에는 14인치, 16인치도 양산(量産)화되어 많이 사용됨.

⑨ ⑬ 발걸이 전체(leg rest): 하지 전체의 안정된 지지 및 자세의 정렬이 이루어지도록 도움을 주는 장치

⑩ 발판(foot rest): 족부의 안정된 지지 및 자세의 정렬이 이루어지도록 도움을 주는 장치

⑪ 넓은 발판(foot plate for seat width): ⑩에서 좀 더 넓은 발판을 필요로 하게 되는 경우 적용하는 장치

⑫ 발꿈치 이탈방지 고리(heel loop): 발꿈치가 발판에서 후면으로 이동하는 것을 방지해 주는 장치

⑭ 보조바퀴(anti-tip stabilizer): 외부 충격으로 인해 휠체어가 후면으로 전도되는 것을 방지하기 위하여 장착된 장치

⑮ 휠체어 기본틀[(cross) brace]: 두 개의 대각선 프레임으로 구성되어 충격 흡수 및 휠체어의 기본틀 역할을 수행하는 장치

⑯ 휠체어 등받이 기본틀(back pipe): 프레임으로 구성되어 휠체어 등받이의 기본틀 역할을 수행하는 장치

⑰ 안전띠(safety belt): 휠체어 이동 중 사고가 발생할 때 충격으로부터 보호하기 위하여 사람을 좌석에 고정하는 띠

⑱ 수동휠체어와 구분되는 요소: 조절 스위치, 모터 및 기어, 축전지 또는 건전지

5) 휠체어 구성요소에 따른 종류 및 고려사항

(1) 프레임(수동휠체어, 전동휠체어 공통)

수동휠체어와 전동휠체어의 프레임 구조는 크게 폴드형(접이형, 움직임에 따른 충격 흡수가 용이, 기본적인 방식의 접이방식으로 수납이 용이하지만, 리지드형과 비교했을 때 상대적으로 무거움)과 리지형(일체형, 움직임에 따른 충격 흡수는 상대적으로 감소, 등받이를 접어서 수납, 접이형과 비교했을 때 상대적으로 가벼움)으로 구분할 수 있다.

프레임의 발걸이 각도는 60°에서 90°로 갈수록 공간 활용에 유리하며, 일반적인 각도는 약 70° 정도다. 캠버각은 수동휠체어의 바퀴를 사선으로 배치하여, 안정성과 회전능력, 구동성을 향상시키는 휠체어의 요소이지만, 환경적인 부분에 민감한 영향을 받는다.

(2) 후륜 휠(수동휠체어)

휠체어에 장착되는 휠은 크게 네 가지로 분류되며, 〈표 8-1〉과 같은 특성을 지닌다.

〈표 8-1〉 휠체어 휠의 종류 및 특성

종류	장점	단점
스포크 타입	일반형(표준형), 바퀴살 자체가 탄력적, 무게가 가벼움	상대적으로 녹에 취약
스피너지 타입	탄소섬유로 구성, 충격 흡수력 증가, 가벼움	국내에서의 사용은 기능보다는 미적인 요소, 높은 가격대
마그 타입	부러질 염려가 적음, 휠체어의 후반부를 무겁게 하여 휠체어 안정성 증가	전체 무게 증가(무거움)
카본휠	소수의 지지대로 휠을 지지, 가벼움	높은 가격대

(3) 타이어(수동휠체어, 전동휠체어 공통)

휠체어의 타이어는 사용자의 사용환경에 맞추어 적절하게 적용하여야 한다. 또한 타이어 내부에 장착되어 있는 튜브는 공기를 주입하는 방식이 지렁이고무의 종류에 따라 바뀌므로 그 형태를 충분히 숙지하여야 한다.

〈표 8-2〉 휠체어 타이어 유형에 따른 장단점

종류	장점	단점
뉴메틱 (pneumatic)	공기주입형, 일반적인 형태의 기본 타이어	실내외 겸용
하드러버 (hard rubber)	폴리우레탄 재료(pu, solid, no-tube, 통타이어라고도 함)	교체방법이 어려움, 고가임
스레드 (thread)	마찰력을 제공, 자갈이나 모래, 빙판길에 유용	실내에서는 큰 마찰력으로 움직임에 제한
스무드 (smooth)	마찰력이 없는 밋밋한 타이어, 실내용	실외에서 펑크의 위험

(4) 바퀴의 축(수동휠체어)

휠체어 프레임과 후륜 휠(바퀴)을 연결시켜 주는 휠체어 요소로서 바퀴의 축이라고도 한다. 휠의 축은 휠체어에 장착된 경우 고정형과 분리형으로 분류할 수 있으며, 장착되지 않은 경우 위치조정용 플레이트(판)가 별개로 구성되어 있어 상황에 따라 바퀴의 위치를 바꿀 수 있다.

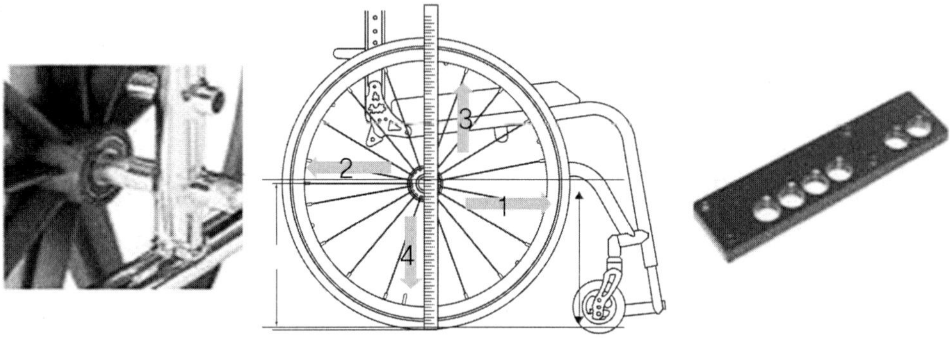

[그림 8-10] 휠체어의 바퀴 축

전동휠체어는 구동륜의 위치에 따라 다음과 같은 특성을 갖게 된다.

〈표 8-3〉 전륜 구동 형태와 후륜 구동 형태의 차이점

장단점	전륜 구동	후륜 구동
장점	• 생산비가 적음. • 회전반경이 짧음.(실내 사용 용이)	• 작은 전륜으로 핸들 조작이 수월 • 고속주행 시 차체 후면이 안정
단점	• 가속시 앞바퀴가 미끄러질 가능성 큼. • 고속주행 시 차체 후면이 불안정(승차감 떨어짐) • 차체 앞쪽이 무거워 핸들링이 감소	• 생산비가 많음.(부품량 증가로 인해) • 회전반경이 김.(실외 사용 용이) • 에너지 소비효율 낮음.

전동휠체어의 조절 스위치는 컨트롤러 및 조이스틱이라는 명칭으로 불리며, 그 종류는 신체의 조작 여부에 따라 다양하게 구성되어 있다. 대표적으로 일반수부(손) 조작방식, 턱조절 방식, 호흡을 이용한 방식, 머리의 센서를 이용한 방식, 혀를 이용한 방식 등이 있다.

운전제어설계(방법)(Drive controls mechanism)

- 일반(standard joystick control)
- 턱(chin)
- 들숨과 날숨(sip & puff)
- 머리(head)
- 혀(tongue) 등

3. 이동 보조기기의 선택과 적용(평가, 개조) 방법

1) 휠체어 및 이동기기의 적용에 필요한 평가

(1) 사용자 기초평가 및 신체평가

- 기본적인 개인정보 및 일반 정보, 취향 및 직업을 통한 연계성 파악
- 욕구 파악(장애인 당사자와 보호자 간 의견 수렴)
- 신체평가

(2) 환자에 대한 평가

- 병력(어떠한 질병 및 질환이 있었는지, 그리고 지금은 어떠한지)
- 신체적 손상 정도(질병 및 사고로 인한 신체의 손상 정도 파악)
- 조작능력(신체의 어느 부위를 이용하여 조작을 할 것인지)
- 신체 형태(신체의 변형이 있거나 혹은 진행 중인지) 등

(3) 환경에 대한 평가

- 현재 사용하고 있는 휠체어가 있는지(편한가 혹은 불편한가?)
- 휠체어 사용시간(어떠한 환경에서 몇 시간 휠체어를 사용하는지)
- 개조 여부(경사로가 있는지, 실내개조가 되었는지)
- 휠체어를 유용하게 사용하기 위한 사용자의 사회적인 내력 평가
- 주택 상황(휠체어의 접근 가능성)
- 보호자(휠체어의 유지 및 관리 여부)
- 장거리 이동(차량 내 수납, wheel lock)
- 식사나 수업, 업무에 필요한 부속장치

(4) 휠체어 선택의 기본사항

- 환자의 현재 상황
- 환자의 요구
- 환자의 요구와 환자에게 요구되는 기능의 적절한 조화

- 현재 상태에서 가장 적절하고 안정된 상태유지(올바른 신체의 정렬)
- 변화에 대한 민감도(성장 고려)

(5) 휠체어의 선택에서 중요하게 고려되어야 할 사항

- 연령: 만약 어린 아동이라면 성장속도를 감안(자세 보조용구는 수정 및 교체 고려)
- 성별: 체지방 분포, 체지의 길이, 해부학적 구조, 신체 중력중심의 차이
- 신장: 신장에 따른 좌석 높이의 변화로 트랜스퍼 및 휠체어 추진율 향상
- 체중: 과체중 환자의 경우 안정된 체중 지지를 위해 중경량성 프레임 적용

(6) 휠체어 사용자의 신체측정

〈표 8-4〉 휠체어 사용자의 신체측정 방법

좌석 넓이(Seat Width)	
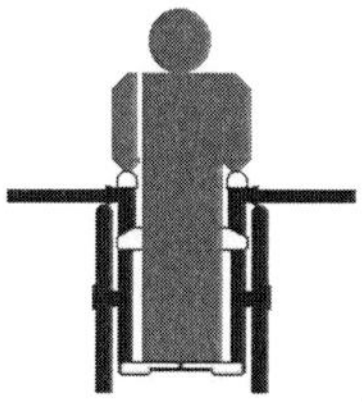	앉은 자세에서 골반의 가장 넓은 면을 측정한 뒤, 그 수치에 1~2인치를 추가하게 되면 적용되어야 할 휠체어의 좌석 넓이가 된다. 사용자의 신체제어 능력이 좋을수록 수치는 감소(최대한 맞춤형)시켜 주는 것이 좋다.
좌석 깊이(Seat Depth)	
	무릎 뒤쪽과 의자 앞면 사이의 간격을 2인치 정도 유지할 수 있도록 한다. 무릎 뒤쪽의 비골신경에 시트면이 접촉될 경우, 하지의 저림 현상이나 강직 및 경직 등의 다양한 증상이 발생될 수 있으니, 약 2인치 정도의 간격을 필히 유지할 수 있도록 한다.
등받이 높이(Back Height)	
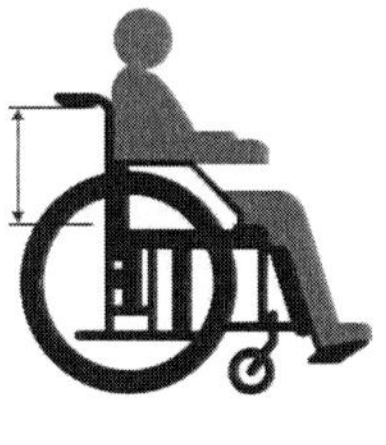	상지의 운동을 방해하지 않는 상황(증상에 따라 차이 발생)에서 휠체어의 등받이 높이를 정하는 것이 원칙이지만, 신체제어 수준 및 대상자 및 보호자의 의견을 수렴하여 등받이 높이를 맞출 수 있도록 한다. 예) 외상성 척수손상(SCI)을 기준으로 경수(C) 레벨은 견갑골 이상, 흉수(T) 레벨은 견갑골 이하, 흉수 레벨 이상의 상위 레벨일 경우는 좌우 겨드랑이를 연결한 선 이하, 상위 레벨 등으로 스포츠 활동을 요하는 휠체어를 적용하는 경우는 위 내용을 기본으로 하되, 대상자의 의견을 수렴한 후 휠체어 등받이 높이를 선정할 수 있다.

좌석 높이(Seat Height)	
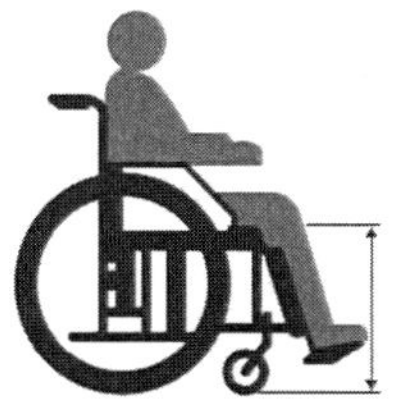	기능적 자세유지를 위한 최적의 공간 확보, 휠체어 및 이동기기 사용자의 하지 부분이 기능적인 자세를 유지할 수 있는 수준에서 조절하여야 한다.
발걸이 길이(Leg Height)	
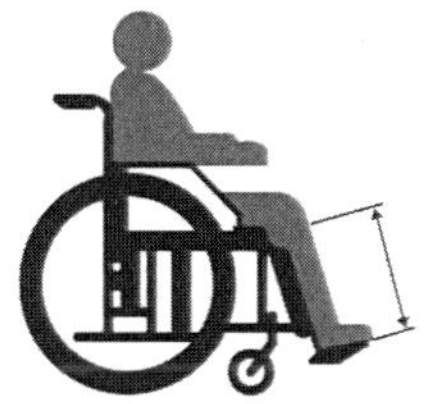	중력으로 인한 둔부와 대퇴부 후면의 압력이 골고루 분포되어야 하며, 대퇴부와 하퇴부의 각도가 약 90~100° 정도를 유지하는 수준에서 조절할 수 있다. 앉은 자세에서의 압력이 골고루 분산되도록 유지한다.

2) 휠체어 및 이동기기의 개조: 「의료기기법」에 관한 내용

관련 법령에 의거해 법적으로는 완성된 제품의 수리나 개조를 실시하여서는 안 된다. 단, 특정한 신체의 유형을 가진 장애인을 기반으로 한 것이기에 용접이나 접합, 프레임 휨 작업 등의 작업을 제외한 ass' y(assembly)개념에서 무엇인가를 달아 주는 것은 관용적으로 허용될 수 있다.

제3절 취급(의료기기법 제3절 취급 제26조 제4항)

제26조(일반행위의 금지)

④ 누구든지 의료기기를 사용할 때에는 제6조 제2항, 제12조 또는 제15조 제2항 · 제6항에 따라 허가 또는 인증을 받거나 신고한 내용과 다르게 변조 또는 개조하여서는 아니 된다. 다만, 다음 각 호의 어느 하나에 해당하는 경우에는 그러하지 아니하다. 〈개정 2013. 3. 23., 2015. 1. 28.〉

1. 제조업자와 수입업자가 자기 회사에서 제조 또는 수입한 의료기기로서 총리령으로 정하는 의료기기를 제12조 또는 제15조 제6항에 따라 변경허가 또는 변경인증을 받거나 변경 신고한 내용대로 변조 또는 개조하는 경우

2. 의료기기의 안전성 및 유효성에 영향을 미치지 아니하는 범위에서 개인이 자신의 사용 편의를 위하여 변조 또는 개조하는 경우

3) 이동 보조기기 적용 사례 논의하기

① 사례자 A씨는 선천성 장애로 인해 보행이 불가능하였다.

② 사례자 B씨는 중도장애로 인해 전동휠체어 사용이 필요하였다.

③ 사례자 C씨는 기존에 전동휠체어를 사용하였지만 기능저하로 전동휠체어 사용이 어렵게 되었다.

④ 사례자 D씨는 욕창이 자주 발생하였다.

참고문헌

국민건강보험공단(2014). 장애인 전동보장구 · 자세보조용구 급여제품안내.

김종배 외 역(2010). 행복한 기술 재활공학. 서울: 그린.

대한재활공학회(2009). 제2회 보조공학사 2급 양성교육 자료집.

보건복지부(2014). 장애인실태조사.

보건복지부(2015). 장애인복지법.

식약처(2016). 의료기기법.

유성문(2011). 휠체어 실무자 및 사용자를 위한 휠체어 및 이동기기 안내서. 서울: 보건복지부 장애인보조기구 사례관리시범사업 중앙보조기구센터.

한국의료기기산업협회(2011). 휠체어 안전사고 실태조사.

제9장 일상생활 보조기기와 서비스

1. 일상생활 보조공학의 개념과 활용 효과

1) 일상생활활동의 개념

일상생활활동은 자신의 환경에서 독립성을 성취하기 위해 개인이 할 수 있는 신변처리, 운동성, 의사소통 그리고 가정관리 등의 활동을 말하며, 광범위한 개념으로 사회적 의미까지 포함한다.

국제기능장애건강분류(ICF, 2001)에서는 활동(activity)을 '개인에 의한 일상생활 행위 또는 과제 수행' 이라 정의하였고, 활동이라는 건강 관련 구성요소의 영역에 이동성, 자조관리, 가정생활을 포함시켜 일상생활활동을 나타내었다. Fricke(2009)는 활동이 '인간이 매일 삶에서 일상적으로 수행하는 자기관리 관련 활동이나 과제들을 나타내는 포괄적인 용어' 라고 하였다. 따라서 일상생활활동은 개인이 매일의 일상을 영위하는 데 요구되는 필수적인 활동이다.

일상생활활동은 개인적인 일상생활활동(Personal Activities of Daily Living: P-ADL)과 기본적인 일상생활활동(Basic Activities of Daily Living: B-ADL)으로 불리는 일상생활활동(Activities of Daily Living: ADL), 수단적 일상생활활동(Instrumental Activities of Daily Living: I-

ADL)의 두 가지 영역으로 분류할 수 있다. 일상생활활동은 기본적인 기술을 요구하고 자신의 신체를 관리하는 활동에 초점을 둔다.

일상생활활동(ADL)은 목욕/샤워, 대소변 조절, 옷 입기/벗기, 먹기(또는 삼키기), 이동, 침대에서의 움직임, 성적 활동, 화장실 위생, 보청기, 보조기, 스프린트와 같은 개인적인 보조기기 관리를 포함한다.

수단적 일상생활활동(I-ADL)은 모든 수행 영역에서 보다 진보적이다. 즉, 가정과 지역사회 내에서의 생활을 지지하며, 자조관리에 비해서는 복잡한 활동이다. 수단적 일상생활활동 과제는 다른 사람 혹은 애완동물 돌보기(자녀양육), 전화 사용과 같은 의사소통 관리, 개인적인 디지털 보조기기와 컴퓨터 사용, 대중교통 이용과 같은 지역사회에서의 이동, 현금의 사용과 같은 재정관리를 포함한다(〈표 9-1〉 참조).

〈표 9-1〉 일상생활활동과 수단적 일상생활활동의 범주

일상생활활동(ADL)	수단적 일상생활활동(I-ADL)
목욕하기, 샤워하기(bathing, showering) 대소변 관리(bowel and bladder management) 옷입고 벗기(dressing) 먹기(eating) 식사하기(feeding) 기능적 이동(functional mobility) 개인용품 관리(personal device care) 개인위생과 목단장(personal hygiene and grooming) 성활동(sexual activity) 화장실 위생(toilet hygiene)	다른 사람 돌보기(care of others) 애완동물 돌보기(care of pets) 아이 돌보기(child rearing) 의사소통 관리(communication management) 지역사회 이동(community mobility) 재정관리(financial management) 건강 관리와 유지 (health management and maintenance) 가정 설계 및 관리 (home establishment and management) 식사준비와 설거지 (meal preparation and cleansing) 종교적 관습(religious observance) 안전과 응급상황 관리 (safety and emergency maintenance) 쇼핑하기(shopping)

일상생활활동의 용어는 〈표 9-2〉에 정의되어 있다.

〈표 9-2〉 일상생활활동의 용어 정리

일상생활활동(ADL)

- 목욕하기, 샤워하기(bathing, showering): 몸을 씻는 활동(신체 부위에 비누칠하기, 헹구기, 말리기, 목욕 중 자세 유지하기 및 이동하기)
- 대소변 관리(bowel and bladder management): 대장 및 방광 조임근의 수의적인 조절, 관련 용품 사용하는 활동(진동 마사지기, 변비약, 관장기 등)
- 옷 입고 벗기(dressing): 의복 입고 벗는 활동(시간과 날씨 및 경우에 맞는 옷과 장신구 선택하기, 옷장에서 옷 꺼내기, 순서대로 옷 입고 벗기, 옷과 신발을 조이고 조정하기, 의지나 보조기 입고 벗기)
- 먹기(eating): 입안에 음식과 음료를 머금고 씹어 삼키는 활동(음식 베어 물기, 음식 머금기, 음식 잘게 씹기, 음식 뭉치기, 혀 뒤쪽으로 음식 밀기, 음식 삼키기 등)
- 식사하기(feeding): 음식을 입으로 가져가기 전의 준비활동(음식을 차리고, 배치하고, 접시나 컵에서 입으로 가져가는 과정)
- 기능적 이동(functional mobility): 한 자세에서 다른 자세로, 혹은 한 공간에서 다른 공간으로 이동하기 위한 활동(침상과 휠체어 내에서의 이동, 휠체어 간 이동 및 침대 · 자동차 · 욕조/샤워 · 의자와 바닥으로 이동하기)
  * 이동(transfer): 자세는 변하지 않고, 긴 의자의 한끝에서 다른 끝으로, 또는 침대에서 의자로 옮기는 것처럼 한 장소에서 다른 장소로의 자리 이동을 의미
- 개인용품 관리(personal device care): 자기관리를 위해 필요한 물품을 사용하고 관리하는 활동(보청기, 콘택트렌즈, 안경, 의지, 보조기, 보조기기, 피임 용품 같은 개인 용품 사용하기, 세척하기, 관리하기 등)
- 개인위생과 몸단장(personal hygiene and grooming): 몸을 청결히 하고, 차림새를 단정하게 치장하는 활동(체모 손질하기, 화장품 바르고 지우기, 씻기, 말리기, 빗질하기, 스타일링하기, 솔질하기, 머리 다듬기, 손톱 손질하기, 피부 · 귀 · 눈과 코 관리하기, 데오도란트 사용하기, 구강위생, 칫솔과 치실 사용하기와 틀니 끼우기 등)
- 성활동(sexual activity): 성적인 만족을 얻을 수 있는 활동(스킨십하기, 피임 용품 사용하기, 성행위)
- 화장실 위생(toilet hygiene): 대변, 소변 혹은 월경 시 위생을 위해 필요한 자세 및 관련된 용품을 얻고 사용하는 활동(의복 관리하기, 대변 및 소변의 자세 유지하기, 회음부 및 항문 씻기, 실변 및 실금 혹은 월경 관리 등)

수단적 일상생활활동(I-ADL)

- 다른 사람 돌보기(care of others): 다른 이의 안전 및 성장을 위해 주의하고 감독, 관리하는 활동[다른 이를 돌보기 위한 계획을 세우고 시행하기(영양관리, 위생관리, 정서적 지지 제공), 보호자 선택하기(가족 혹은 간병인), 보호자 감독]
- 애완동물 돌보기(care of pets): 좋아하는 동물을 가까이 두고 귀여워하며 기르는 활동[애완동물을 보살피기 위한 준비, 계획, 감독, 관리(영양관리, 위생관리)]
- 아이 돌보기(child rearing): 아이의 발달적 요구를 지지하기 위해 관리 및 감독하는 활동[신첫거 안전(옷, 영양 상태, 위생 상태) 제공하기, 정서적 안전(꼭 껴안기, 달래기) 제공하기]
- 의사소통 관리(communication management): 자신의 생각이나 느낌을 상대와 소통하기 위한 활동(글쓰기 도구, 전화, 타자기, 컴퓨터, 의사소통 보드, 유도등, 비상대책 시스템, 점자판, 청각장애용 원거리 통신장비 등의 사용)
- 지역사회 이동(community mobility): 원하는 서비스를 찾고 받기 위해 지역사회 내에서 이동하여 장소를 바꾸는 활동[대중교통(지하철, 기차, 버스, 택시) 혹은 개인적인 교통(자가용, 자전거) 이용하기, 지역사회 내에서 걷기]

- 재정관리(financial management): 개인의 경제적 상태와 관련된 금전관리 활동[장기 혹은 단기 목표를 세워 재정적인 업무계획 및 수행하기(저축하기, 돈을 빌리거나 빌려 주기, 주식 투자하기)]
- 건강관리와 유지(health management and maintenance): 개인의 건강 상태 관리 및 유지를 위해 요구되는 활동(신체 피트니스, 영양섭취, 건강위험 행동 줄이기, 약물치료)
- 가정 설계 및 관리(home establishment and management): 가정을 유지하고 관리하기 위해 필요한 활동[가사도구(청소기, 식기세척기, 세탁기 등)를 사용 및 관리하기, 환경(집, 안뜰, 정원, 엘리베이터)을 만들어 유지하기, 도움을 요청하는 방법과 요청할 상대를 아는 것]
- 식사준비와 설거지(meal preparation and cleansing): 음식을 만들고, 음식 먹고 난 뒤 그릇을 씻어 정리하는 활동(균형에 맞고 영양가 있는 식단 계획하기, 준비하기, 대접하기, 식사 후 음식물과 식기 치우기)
- 종교적 관습(religious observance): 신을 비롯한 성스럽거나 초월적인 것에 대한 믿음으로 의식적, 상징적 및 조직화된 활동
- 안전과 응급상황 관리(safety and emergency maintenance): 갑작스럽고 예기치 못한 위험한 상황을 인식하고, 적절한 대처와 예방절차를 수행하는 활동(구급차 부르기, 심폐소생술 시행하기, 가스밸브 잠그기, 문 단속하기 등)
- 쇼핑하기(shopping): 생활에 필요한 물품을 사기 위해 요구되는 활동(쇼핑 목록 준비하기, 선택하기, 가져오기, 지불방법 선택하기, 지불하기, 금전보고서 완성하기)

2) 일상생활 보조공학의 개념

신체적 기능장애로 인해 독립적인 일상생활활동 수행에 어려움을 겪는 사람들을 대상으로 보조기기를 제공함으로써 자신이 가진 잔존능력을 최대한 발휘하고 기능적 문제를 최소화시킬 수 있도록 돕는 기술을 재활보조공학이라고 한다. 클라이언트가 가진 기능적 수준에 맞춘 보조기기의 사용은 일상생활 전반에 걸쳐 발생하는 활동 수행의 어려움을 해결하고 생활의 편의를 제공한다.

보조를 한다는 것은 돕는 것이고 지원하는 것이며 지지하는 것이다. 보조의 개념은 회복의 개념을 갖지 않는다. 따라서 보조공학은 작업을 수행하는 데 장애를 가진 사람을 지원하는 기술이다. 이 기술은 비장애인이 일상생활 과제를 수행하기 위해 선호하는 방법(예: TV 리모컨 사용, 발 스위치 사용 등)일 수도 있지만 이 기술 없이 일상생활 과제를 수행할 수 있는 상태 이상으로 보조공학의 수준을 높이지는 않는다.

보조공학은 개인의 본질적인 기능이 향상되지 않는다는 생각을 전제로 하여 사용자의 손상된 기능을 대체 또는 지지하는 것이다. 예를 들어, 휠체어는 보행의 기능을 대체해 주지만 사용자에게 걷는 것을 훈련시키는 효과는 없다. 유사하게, 아래팔 클러치(forearm crutch)는 혼자서 설 수 있게 지지하지만 그 자체가 근력을 향상시키거나 골격을 강화하지 않으며 이

장비 없이 사용자가 서는 능력이 바뀌지는 않는다.

보조공학적인 기술 분야를 연구하는 인력인 재활공학 전문가는 재활 상담 및 평가, 보조기기의 적용, 사후관리, 도구 제작 및 개조 등 다양한 역할을 하고 있다. 이 분야는 다양한 학문 영역이 협력하면서 서비스를 제공해 주는 것이 좋은데 보조(재활)공학, 작업치료, 물리치료, 의사, 직업재활, 보조기 제작 등이 여기에 포함된다.

보조공학 분야는 앞서 언급한 것처럼 재활 전문가들이 팀을 이뤄 상호학문적 접근방법(interdisciplinary approach)을 통해 협력적인 중재가 이루어지는 것이 효과적이다.

3) 일상생활 보조공학의 활용 효과

보조공학기기를 장애아동의 요구에 맞게 선택하고 획득하여 사용할 수 있도록 하는 전체적인 과정인 보조공학서비스는 장애아동들이 일상생활에서 기능적인 능력을 개선하고 유지하며 확대하도록 하기 위해 제공되고 있다. 이러한 보조공학기기는 상업적으로 생산되었거나 기존의 기기나 도구를 변경 혹은 새롭게 하여 만든 도구, 물품, 혹은 생산 시스템을 통해 개발 및 생산되고 있다.

장애인들은 보조기기를 신체적 제한, 안전 보장, 관절의 손상 예방을 위해 사용할 수 있는데, 전자식 일상생활 보조기기(electronic aids to daily living: EADL)는 기능이 제한되어 있는 개인과 라디오, 텔레비전, 전화 및 기타 전기 · 전자 장비 제어뿐만 아니라 조명, 온도를 제어하는 것과 같은 전기장치 사이에 가교가 되어 준다. 신체적 제한에는 근력 상실, 관절 가동범위(ROM) 상실, 협응운동장애, 감각 상실 등이 포함된다. 안전을 위한 예는 침대나 문에 알람을 설치하여 인지손상이 있는 클라이언트가 길을 잃고 헤맬 때 알람이 울리게 하여 보호자에게 알려 주는 것이다. 관절손상을 예방하기 위해서는 관절 류마티즘이 있는 클라이언트에게 다양한 도구가 사용된다. 또한 알림메시지, 자동 시계 및 달력, 약물치료 보조기기, 위치장치, 연상 및 회상 도구 등의 메모리 보조기기나 혹은 추적장치, 일상생활 감독장치 등의 인진보행 장치는 치매 환자들의 일상생활을 유지시켜 주는 보조기기다. 보조공학을 활용하면서 치매 환자들이 일상생활에서 얻을 수 있는 이익의 예는 〈표 9-3〉에 제시되어 있다.

보조공학은 장애가 있는 영 · 유아들의 삶에 있어서 많은 영역에 영향을 줄 수 있다. 특정 영역을 고려하면, 가족의 목표, 그들의 특정 요구, 욕망과 안락 수준 등이다. 청각과 시각 장치 등의 감각 촉진에 사용되는 보조기기, 자세와 움직임에 장애가 있는 아동을 위한 보조기

〈표 9-3〉 일상생활 보조공학 활용의 효과(치매 환자)

• 치매 환자와 주변 사람들의 독립성과 자율성을 촉진
• 집 주변의 잠재적인 위험을 관리
• 케어 홈과 병원으로의 조기 입원을 줄여 줌.
• 기억과 회상을 촉진
• 치매 환자와 간병인의 스트레스를 줄여 주고 삶의 질을 향상시켜 줌.

기, 자조장치에 사용되는 보조기기, 동기부여 장치, 보완대체 의사소통 장치 등은 아동의 독립성을 증진시키고 유지하기 위해 필요하다.

2. 장애유형별 일상생활 보조기기

다양한 상황에서 특정한 기술을 사용하여 특정 일상생활 문제를 해결하는 것은 불가능하다. 그렇기 때문에 여러 가지 방법 또는 보조기기를 찾아서 문제를 해결해야 한다.

아래 제시된 기술들은 일상생활활동 문제들을 어떻게 해결해야 하는가에 대한 보조기기 접근방법이다. 초점은 활동의 실행, 환경 변형의 방법, 보조기술 사용을 포함한 보충전략에 맞추어져 있다. 여기에서는 다음 클라이언트를 위한 일상생활활동(ADL)에 대해 설명하고자 한다.

- 지체 · 뇌병변장애를 가진 사람을 위한 ADL
- 시각장애를 가진 사람을 위한 ADL
- 청각장애를 가진 사람을 위한 ADL
- 지적장애를 가진 사람을 위한 ADL

1) 지체 · 뇌병변장애를 가진 사람을 위한 ADL

지체 · 뇌병변장애를 가진 사람에 있어 주요 문제는 환경적 적용과 보조기기를 사용하여 뻗기의 부족과 운동조절 능력 및 변형된 관절과 탈골을 보상하려는 것이다. 지체장애인은 한 팔, 한 다리 또는 몸통의 기능에 영속적인 장애가 있거나, 왜소증으로 인하여 키가 심하게 작거나, 척추에 현저한 변형 또는 기형이 있는 사람을 말하고, 뇌병변장애인은 뇌성마비,

외상성 뇌손상, 뇌졸중 등의 뇌의 기질적 병변에 기인한 신체적 장애로 보행 또는 일상생활 동작 등에 제한을 받는 사람을 말한다. 뇌손상으로 인해 감각, 지각, 인지 및 언어 장애가 약한 정도에서부터 심한 정도까지 나타날 수 있는데, 이러한 장애는 학습과 수행능력을 배우고 유지하는 능력에 영향을 끼친다. 정상 인지력과 지각력을 가진 클라이언트는 기술을 빠르고 쉽게 익힐 수 있다. 또한 에너지를 보존하기 위한 기술들 또는 관절을 보호하는 원칙에 근거하여 기능적인 신체 사용을 도울 수 있도록 제시하여야 한다. 몇몇 적용과 도구는 다음과 같다.

(1) 하지 옷 입기 활동

• 옷 입는 막대(dressing stick)를 사용하여 옷을 다리에서 올리고 내린다.

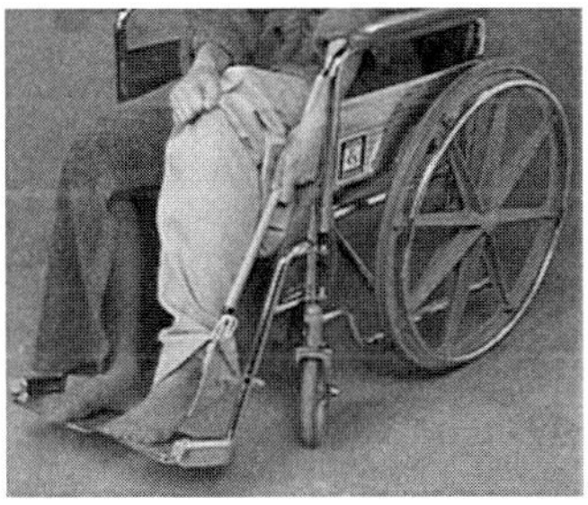

• 양말을 신을 때는 양말 신는 도구(sock aid) 또는 스타킹 보조도구(stocking device)를 사용한다.

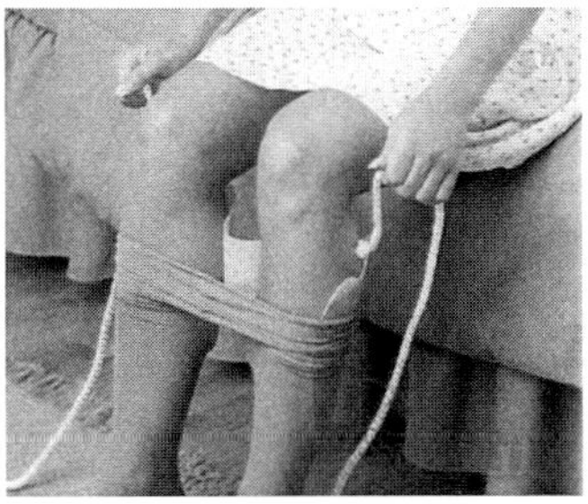

• 벨크로(velcro)는 단추와 지퍼 대신 사용될 수 있다.
• 신발끈을 맬 때 허리 굽히기와 섬세한 동작에서 손가락 관절 사용을 막기 위해 탄력고무의 구두끈 또는 변형된 고무를 사용한다. 벨크로로 여미는(velcro-fastened) 신발 혹은 안전한 끈 없는 신발(secure slip-on shoes)을 사용한다.

- 양말과 신발, 옷 정리, 옷걸이에서 옷 꺼내기, 바닥의 물건 집기, 바지 걸기를 위해서 집게(reachers)를 사용한다.

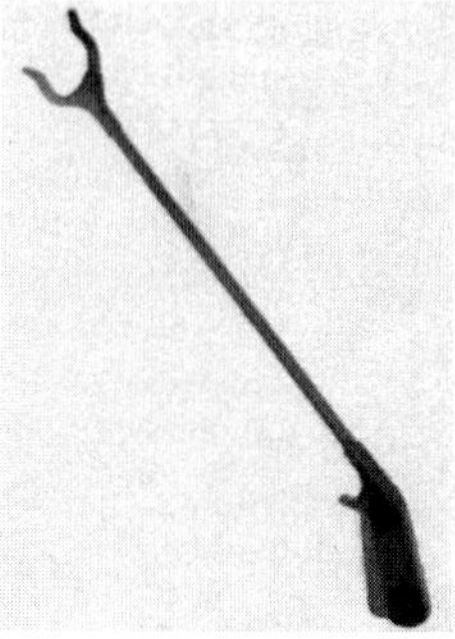

(2) 상지 옷 입기 활동

- 셔츠나 블라우스를 머리 위로 올리기 위해 옷 입는 막대(dressing stick)를 사용한다.
- 큰 단추 또는 잡아당기기 쉽게 고리가 달린 지퍼를 사용한다.
- 단추, 걸쇠(snap), 고리는 벨크로 또는 지퍼로 대체한다.
- 손가락 관절가동범위에 제한이 있다면 시중에 있는 여러 가지 단추 끼우기 고리(button hooks)를 사용한다.

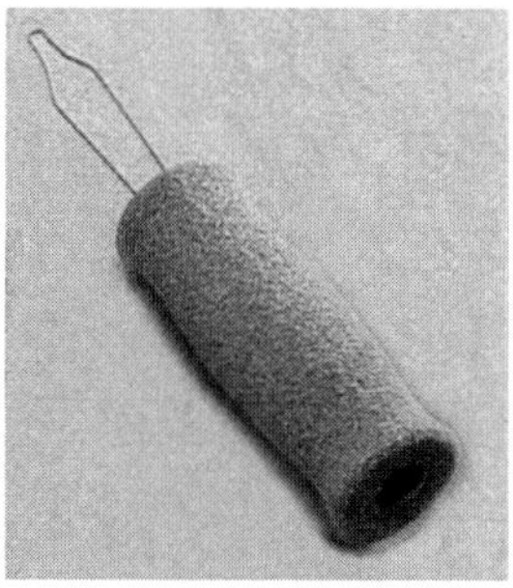

(3) 식사활동

- 쥐기능력이 제한된 경우 손잡이가 두꺼운(built-up handle) 도구를 사용한다.
- 수저를 입에 가져가기 위해 길고 특별히 휘어진 수저나 포크가 필요할 수 있다. 회전 수저(swivel spoon)나 수저-포크는 뒤침(supination)이 제한된 클라이언트를 보조해 줄 수 있다.

• 목, 팔꿉관절, 어깨관절의 문제가 있거나 손을 입으로 가져가는 동작에 어려움이 있을 경우 또는 컵을 잡기 어려운 경우에는 긴 플라스틱 빨대와 빨대 클립을 유리컵 또는 컵에 부착하여 사용한다.
• 잡는 데 많은 제한이 있거나 손잡이를 두껍게 하여도 부적절할 때에는 유니버셜 커프(universal cuff) 또는 수저 홀더(utensil holder)를 사용한다.

• 음식물이 밖으로 나가는 것을 방지하기 위하여 접시 방어대(plate guard) 또는 움푹 패인 접시(scoop dish)를 사용하고, 접시 아래에는 미끄러지지 않는 받침대(non-mat slip), 흡입판(suction bases) 또는 젖은 수건과 같은 접시 받침대를 사용한다.

• 이동성 팔 지지대나 현수장치(suspension sling)는 팔이 매우 약한 경우 스스로 먹는 것을 가능하게 한다.

(4) 개인위생과 신변처리 활동

• 다리, 발 등에 쉽게 닿도록 하기 위해 비누를 넣을 수 있는 손잡이가 긴 목욕 솔(long-handled brush) 또는 스펀지 또는 긴 목욕수건을 사용한다. 제한된 쥐기를 돕기 위하여 목욕장갑(bath mitt)을 쓰거나 끈에 비누를 매달아 쓸 수 있다.

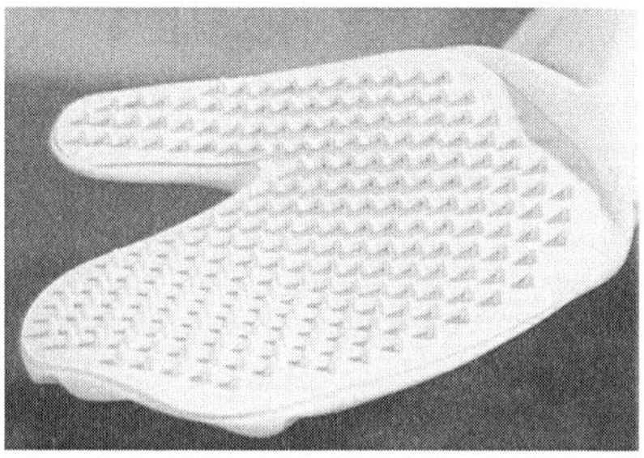

• 헤어드라이어를 벽에 걸어 유용하게 사용할 수 있다. 이 도구는 제한된 관절가동범위, 상지근력의 약화, 협동운동 실조증 또는 한쪽 상지만을 사용하는 클라이언트에게 유용하다.
• 손과 손의 협응능력이 부족하거나 손을 머리로 가져가는 동작에 제한이 있는 경우에는 손잡이가 긴 빗, 칫솔, 립스틱, 마스카라 솔, 전기면도기 등을 사용한다.
• 욕조 이동을 돕기 위해 안전손잡이(safety rail)를 설치하고, 욕조 바닥에 안전 매트(safety mats) 또는 안전 조각(strips)을 깐다.

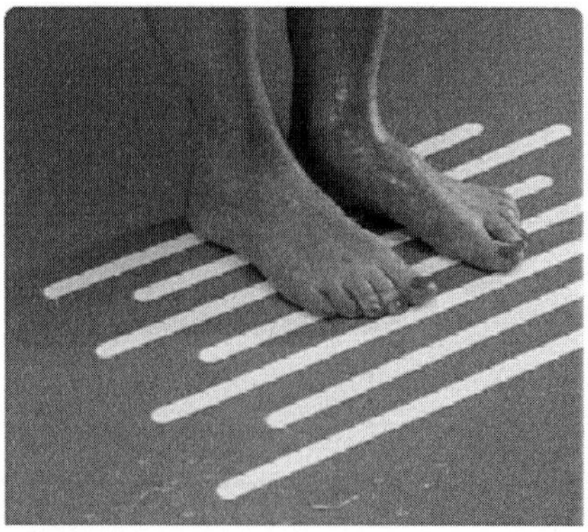

- 욕조 또는 샤워장에서 안전을 향상시키고 욕조 바닥에 앉거나 서서 샤워하는 것을 줄이기 위해 욕조 이동 의자, 샤워 의자 또는 일반 의자를 사용한다.
- 보통 칫솔보다는 전동칫솔과 Water-Pik를 사용하는 것이 쉽다.
- 화장실에서 휴지를 사용할 경우 짧은 집게를 사용하고, 뒤처리 후 옷을 올리기 위하여 옷 입는 막대(dressing stick)를 사용할 수 있다.
- 넘어지는 것을 예방하고 이동을 쉽게 하기 위하여 잡을 수 있는 손잡이(grasp bar)를 설치한다.

(5) 가정관리, 식사 준비, 설거지 활동

가정관리 활동은 환경적인 적용, 보조기기, 에너지 보존방법, 일의 단순화 등의 다양한 방법에 의해 촉진된다.

- 한 번에 여러 가지 물건을 옮기기 위해 카트(cart)를 이용한다.
- 높은 선반에 있는 물건(가벼운 것)을 옮길 때는 집게(reacher)를 사용한다.
- 믹싱 그릇을 고정하기 위해 접시 밑에 미끄러지지 않는 매트를 깔고 조리한다.
- 전동 캔 따개와 전동믹서를 사용한다.
- 음식을 자르기 위하여 변형된 칼을 사용한다.
- 식품 포장을 제거하기 위해 전동가위 또는 변형된 고리 가위(adapted loop scissors)를 사용한다.
- 몸을 구부리는 것을 피하기 위하여 벽에 부착된 오븐, 가스레인지 그리고 전자레인지를 사용한다.

2) 시각장애를 가진 사람을 위한 ADL

시각장애는 교정을 한 후에도 학습에 불리한 영향을 미치는 시각손상을 의미하는 것으로 저시력과 맹을 모두 포함한다. 신체적 장애를 가진 많은 사람은 나이가 들면서, 나이와 관련된 안질환 혹은 당뇨 합병증으로 인해 시각장애를 갖게 된다. 시각장애 클라이언트의 평가에서는 우선적으로 시각장애를 야기하는 원인(예: 시력, 시야)을 파악한다. 다른 신체적 혹은 인지적 결함으로 인한 시각손실은 치료 선택과 적응 보조기기 선택에 영향을 미칠 것이다. 시각장애 관련 보조기기 혹은 서비스를 제공받는 것은 클라이언트에게 큰 가치를 줄

〈표 9-4〉 시각장애 클라이언트를 위한 중재의 틀

• 정확한 렌즈의 사용: 필요하다면 클라이언트가 활동을 하기 위해 안경을 쓴다. 현재 상태를 확실하게 처방하기 위해 눈 검사를 실시한다. • 적절한 불빛: 예를 들어, 작업 공간에서는 눈부신 또는 현란한 빛을 피하고, 자연 빛을 사용하고 환하게 하기 위해서 추가적인 불빛을 사용한다. • 좋은 인체공학적인 자세: 시각 범위 내에서 일을 하고, 클라이언트와 작업반경을 가깝게 한다. • 대조 효과 증진: 글씨는 눈에 잘 띄고, 보이는 흰색 또는 노란색 종이에 검정 잉크를 사용하여 작성한다. 문 또는 계단 가장자리에 대조적인 스트립을 사용한다.	• 환경의 단순화: 예를 들어, 작업환경을 최대한 단순하게 하고, 많은 약을 한 곳에 모아 둘 수 있는 약병으로 대체한다. • 재료에 쓰여 있는 글씨 크기 조절: 물건에 더 큰 글씨로 라벨을 붙이고 더 큰 글씨를 사용한다. • 감각 대체용 제공: 문 손잡이에 고무 밴드와 같은 촉각 또는 청각적인 힌트를 사용한다. • 일상생활의 재구조화: 힘든 활동과 덜 힘든 활동을 적절하게 나누어서 활동하고, 저시력 클라이언트가 시각활동이 필요할 경우 가장 컨디션이 좋은 시간대를 활용한다. • 시각 기술/의뢰: 시각 전문가 혹은 저시력 재활 전문가에게 의뢰한다.

출처: Weisser-Pike et al. (2010).

수 있다.

추가적으로, 시각장애 클라이언트는 보조기술, 적응 보조기기, 환경개조, 재조직화, 과제 재설정이 필요할 수도 있다. 적절한 훈련과 적절한 중재방법의 선택과 적응 보조기기가 필수적이다. 어떻게 보조기기가 시각장애 클라이언트를 위해 기능을 하는지와 훈련하는 방법을 결정하는지는 〈표 9-4〉를 참조한다.

클라이언트가 실질적으로 훈련을 시작하기 전에 적응 보조기기를 탐구하고 훈련하고, 훈련 후에도 복귀하도록 한다.

다음에 제시되는 것은 시각장애 클라이언트 모든 사람이 일상생활활동을 수행할 때 적절하다.

(1) 전등과 확대경

- 전등을 눈 쪽이 아닌 작업환경 쪽으로 비치도록 개선한다.
- 조절할 수 있는 블라인드, 얇은 커튼, 엷은 색이 들어간 창문을 사용하여 눈부심을 줄인다. 어두운 안경을 실내에서 쓰는 것도 눈부심을 줄이는 데 효과적이다.
- 과제와 대조적인 작업 공간을 택해 대조를 극대화한다. 예를 들어, 식탁이 어두운 색이면 음식은 흰 그릇에 담아 준다. 벽과 대조를 이루기 위하여 벽 전등 스위치를 검정색으로 바꾼다.

- 통로를 깨끗이 하고 어지러운 것을 치움으로써 전경-배경(figure-ground) 지각력을 쉽게 해 준다.
- 의자를 창가에 놓아 자연광에서 일하게 한다.
- 전등에 확대경을 사용한다. 확대경은 여러 확대 각도용과 여러 크기로 나온다. 시각장애에 관한 전문가가 적당한 확대 각도를 결정해 준다.

(2) 옷 입기 활동

제한된 시력은 옷 입기를 하는 데 있어 신체적 측면에서 어려움이 없다. 단지 시력손상 환자는 옷 색깔과 스타일의 조화를 구축하고, 옷감의 안팎이 바뀌었는지 결정하고, 얼룩이나 변형이 있는지를 알아낼 필요가 있다.

- 옷장에 불을 비추어 옷이 잘 보일 수 있게 한다. 어울리는 옷끼리 걸어 둔다.
- 좋아하는 색상의 옷끼리 보관하거나, 매칭된 옷을 같은 옷걸이에 걸어 둔다.
- 옷의 색을 나타내기 위해 촉각이 독특하거나 색 대비가 높은 꼬리표를 옷걸이에 걸어 둔다.
- 양말의 제짝을 핀으로 고정시켜 세탁기나 건조기에서도 같이 붙어 있게 한다.

(3) 식사활동

음식을 차릴 때는 가능한 한 일관된 형식을 지켜야 한다. '고기는 3시 방향'과 같이 시계 방향 표시법을 사용한다. 그 방법이 불가능하다면, 환자에게 음식이 담긴 접시가 어디에 있는지 말해 준다.

- 음료수를 따를 때 깨끗한 손가락을 컵 안으로 집어넣어 액체의 높이를 확인시키거나, 컵이 가득 차면 음성으로 신호를 해 주는 높이 표시기를 이용하여 적당한 양을 정하도록 한다.
- 강한 대조를 제공한다. 그릇이 식탁 또는 매트와 대조되게 한다. 식탁보에 무늬가 들어가서는 안 된다.
- 음식은 포크를 이용하여 그 끝 부분을 찾고, 포크로 한 입에 먹을 수 있는 크기를 가늠한 후 썰어서 먹는다.

(4) 위생과 몸치장 활동

시각장애인의 가장 큰 문제는 사물의 확인이 어렵다는 것이다. 따라서 화장실 서랍과 장을 깨끗하게 한다.

- 맛, 촉감(크기, 형태, 질감), 위치, 점자 또는 바코드 라벨을 통해 사물을 확인한다.
- 구레나룻을 깎거나 눈썹연필을 사용할 때 손 보조기구를 사용할 수 있다.
- 전기면도기를 사용한다.
- 확대거울을 사용한다.
- 욕조에 눈에 잘 띄는 매트를 깐다.
- 샤워장에 눈에 잘 띄는 손잡이를 설치한다.

※ 에어로졸 스프레이는 시각장애 환자가 스프레이의 양을 볼 수 없기 때문에 사용하면 안 된다.

(5) 의사소통과 환경적 도구의 사용

- 시간을 음성으로 알려 주는 벽시계나 손목시계를 사용한다.
- 말하는 체중계를 사용하여 몸무게를 잰다.
- 말하는 바코드 스캐너를 이용하여 환자의 약병을 스캔하고, 환자에게 병 안의 약물 정보와 투약 시간표를 알려 준다.
- 컴퓨터에 큰 글자 확대 스크린을 사용한다.
- 대조적인 문 손잡이를 사용하고, 문과 크게 대조되는 색깔로 문틀을 칠해서 문을 쉽게 알아볼 수 있게 한다.
- 스피커폰, 번호저장 전화기, 글씨가 크고 대조되는 버튼이 달린 전화기를 사용한다. 전화기의 버튼에 큰 번호 스티커나 벨크로 도트를 사용하여 클라이언트에게 버튼을 누르는 법을 가르쳐 준다.
- 편지, 수표를 쓰거나 사인을 할 때를 위해 쓰기 안내서(writing guide)를 사용한다.
- 읽기 위해 테이프가 있는 책, 말하는 책, 전자책 그리고 iPad와 같은 디지털 책을 사용한다. 스크린은 확대될 수 있고, 몇몇의 도구는 읽기기능을 가지고 있다. 따라서 시각장애 클라이언트가 이야기나 신문기사를 들을 수 있다. 소프트웨어로는 컴퓨터 스크린을 통해 정보를 크게 읽을 수 있는 JAWS 스크린이 있다.

(6) 기능적 기동성

기동성은 통로를 깨끗하게 치우고, 가구를 줄임으로써 좋아질 수 있다. 현관과 출입구의 전등 또한 필요하다. 기동성을 가르치고 훈련하는 전문가에게 시각장애 클라이언트를 의뢰할 수도 있다.

(7) 가정관리, 식사준비, 설거지 활동

시각장애 클라이언트가 집안일을 할 때 보조해 주는 도구는 여러 가지다. 조직화와 일관성은 안전과 가정관리 과제의 효율적 수행에서 중요시된다. 가족구성원은 물건을 원래 위치에 놓는 일을 잊어서는 안 되고, 시각장애 클라이언트의 도움 없이 물건을 인식하지 않아야 한다.

- 기구들의 전원 버튼이 잘 보이도록 대조되는 색깔로 테이프를 붙이거나 색칠한다. 자주 사용하는 스위치에는 벨크로 탭을 붙인다.
- 재료에 고무밴드를 붙여 전자레인지 조리시간을 표시한다. 두 개의 고무밴드는 2분을 의미한다. 처음에 설치할 때 도움이 필요할 것이다.
- 자르기 안내책자나 특별히 만들어진 칼을 이용하여 고기나 빵을 자른다.
- 테이프 녹음기는 식료품 목록을 기억할 때 사용한다.

3) 청각장애를 가진 사람을 위한 ADL

청각장애는 두 귀의 청력손실이 각각 90dB 이상인 자, 한 귀의 청력손실이 80dB 이상, 다른 귀의 청력손실이 40dB 이상인 자, 두 귀에 들리는 보통 말소리의 명료도가 50% 이하인 자로 소리를 듣는 힘이 약하거나 완전히 들리지 않는 사람을 말한다. 정상적인 상지기능과 하지기능을 갖고 있기 때문에 독립적으로 일상생활을 수행할 수 있다. 클라이언트는 일상생활을 수행할 때 사고나 위험에 대해 주의하고 명확히 인식하여야 한다.

(1) 의사소통과 환경적 도구의 사용

• 난청일 경우, 보청기는 소리를 증폭시켜 주어 의사소통을 촉진시켜 준다.

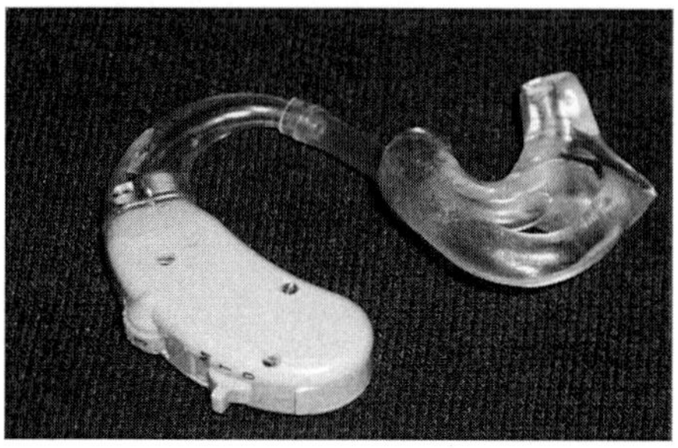

• 고도난청 환자는 전기 자극을 이용하여 잔존하는 청신경을 자극함으로써 음을 감지하게 해 주는 인공와우를 사용한다.

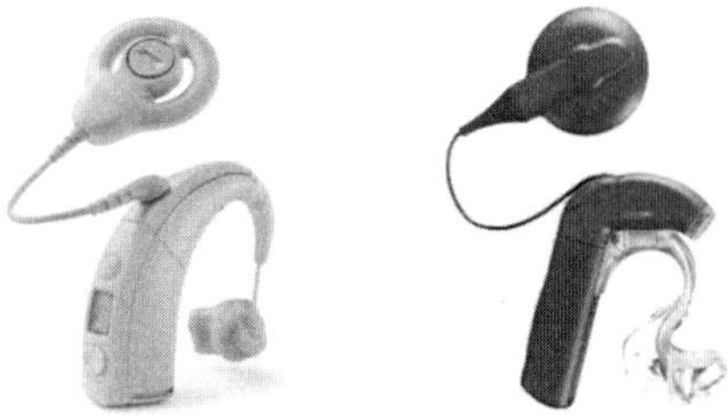

• TV 자막 수신기는 TV 화면에 한글/영어 자막을 실시간으로 보여 주어 청각장애인의 이해를 돕는다.

• 진동과 빛을 통해 전화, 팩스, 벨소리, 노크 소리/아기 울음소리/초인종 소리 등을 인지할 수 있게 하는 신호 발신 수신기를 각 방이나 현관, 부엌에 설치한다.

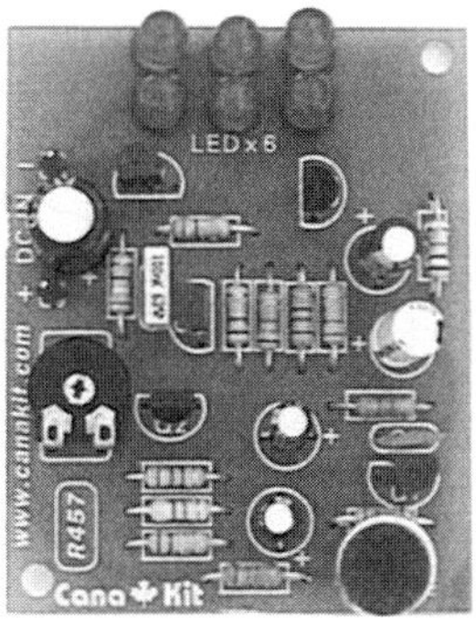

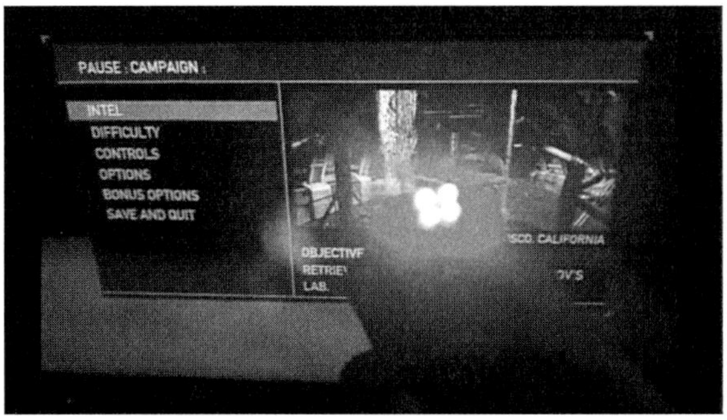

• 도어노크센서는 초인등, 노크 소리를 불빛으로 전달하고 문과 멀리 떨어진 방 등에 부착된 수신기에서 이를 수신하여 누군가가 방문하였다는 것을 알려 준다.

• 전화기는 소리를 증폭시켜 주는 전화기용 증폭장치를 사용하거나 화상전화기를 사용한다.

4) 지적장애를 가진 사람을 위한 ADL

지적장애인은 인지 수준에 따라 경도, 중도, 중등도로 나뉜다. 각 수준에 따라 일상생활 접근방법이 달라지고 의미도 다르게 해석될 수 있다. 경도 지적장애인은 가족 및 지역사회와 통합되어 상호작용할 수 있다. 그들은 독립적으로 살 수 있고 독립적으로 여행을 즐길 수 있지만, 돈관리, 여행/삶 계획, 일상생활 조직화와 같은 지원이 필요하다. 경도 지적장애인은 읽기, 쓰기를 배울 수 있지만 기본적인 수준에 있으며, 어려운 일이 닥쳤을 때 부적절하게 대처하는 경우가 많다. 또한 대인관계와 사회적 규칙을 이해하는 데 있어 제한이 있다. 중도 지적장애인은 간단한 일상생활활동과 단순한 행동을 훈련할 수 있으며, 어느 정도의 감독과 도움을 받으면 복잡하지 않고 특수기술을 요하지 않는 직업을 가질 수 있는 사람이다. 그들은 '화장실' '종료' '버스 정류장' 등의 단어는 이해할 수 있고, 개인 위생과 관리는 훈련하면 가능하지만 보조자가 매일의 일상을 계획하여 시각적 지시에 따를 수 있도록 해 주어야 한다. 중등도 지적장애인은 일상생활과 사회생활의 적응이 현저하게 곤란하여 일생 동안 타인의 보호가 필요한 사람으로, 단순히 익숙한 사람을 인식하는 것만 가능하며 전혀 말을 못하거나 몇 단어만 말할 수 있다. 그들은 비언적 의사소통에 많이 의존한다.

(1) 옷 입기 활동

- 옷의 앞뒤를 구분할 수 있도록 라벨을 붙이거나 표시를 해 둔다.
- 옷을 구분할 때에는 청각적인 단서를 주거나 안내 시스템을 활용한다.
- 그림이나 인형, 컴퓨터를 사용하여 옷 입는 순서를 교육한다.
- 환경을 단순화시키고 옷 입는 활동에 집중할 수 있게 한다.
- 날씨와 나이에 맞는 옷을 선택할 수 있는 iDress 앱을 사용한다.

(2) 식사활동

- 식사시간과 식사량을 조절할 수 있게 음식을 입으로 가져와 씹고 삼키는 교육을 시킨다.
- 수저 또는 포크를 이용하여 음식물을 집을 수 있게 한다. 만약 수저나 포크 사용을 계속 거부하고 손으로 음식을 먹고자 하는 경우에는 손에 수저나 포크를 부착시켜 음식을 먹을 수 있게 한다.
- 보조자나 가족과 함께 식사시간을 보내고 식사예절 및 식사방법을 배울 수 있도록 시각적 · 청각적 지시를 한다.

(3) 위생과 몸치장 활동

- 일상생활을 계획하여 일과표대로 세수 및 양치질 등을 수행할 수 있도록 한다.
- 보상적인 방법을 이용하여 스스로 수행했을 경우 스티커나 좋아하는 것으로 보상을 해준다.

(4) 의사소통과 환경적 도구의 사용

- 낮은 수준에서 높은 수준의 첨단 의사소통 보조기기는 신체적 또는 인지적 결함이 있는 클라이언트 중 목소리로 의사소통을 할 수 없는 클라이언트를 위한 의사소통 대체기기다.
- 전자레인지나 인덕션 등으로 바꾸고, 사용방법은 사진이나 그림으로 조작하기 쉽게 잘 보이는 곳에 붙여 놓는다.
- 최대한 단순하게 사용할 수 있도록 집 안의 용품을 교체한다.

(5) 가정관리

- 사진 기반 요리책을 사용한다.
- 가사활동을 도와주는 그림 작업명령(pictorial task instruction)을 제공해 주는 컴퓨터 지원 시스템을 활용한다.
- 집안일을 수행하는 데 도움을 주는 비디오와 오디오를 사용한다.
- 음성발생 장치를 이용한다.
- 스마트폰을 이용하여 쇼핑 목록을 작성하여 장을 본다.

(6) 학습

지적장애 클라이언트는 다른 사람과 상호작용하는 방법을 배우고 자기결정 능력을 획득하는 전략을 배울 수 있다.

- 학습 보조기기를 활용한다. 예를 들어, 오디오, 책, 읽기, 듣기를 위한 eText를 지원한다.
- 컴퓨터 보조 소프트웨어와 결합되어 있는 스마트 보드를 사용한다. 예를 들어, 시각적 단어를 향상시킬 수 있는 디지털 플래시 카드를 사용한다.
- 개인적인 디지털 보조를 사용한다.
- 그래픽을 구조화한다.

• 화면 돋보기를 사용한다.

(7) 건강과 안전

약을 복용할 때 건강과 안전에 위험을 피하고, 의료서비스를 받으며, 영양가 있는 식단을 유지하고, 긴급서비스(예: 119)에 접근하는 방법을 학습하며, 건강을 유지할 수 있는 장소에 머물면서 정서적인 건강을 유지하는 방법을 배운다.

다음은 건강과 안전을 지원하는 응용 프로그램의 예로 안전한 생활이 포함되어 있고(중요한 안전기술을 학습하게 하는) 약물복용 시간을 알려 주는 보조기기 도구의 예다.

• 사진이 들어 있는 요리책 또는 탭이나 플래시 카드
• 운동 동영상
• 경보 시스템과 휴대전화
• 인터넷 기반 영양 프로그램
• 일과 각성 시계(life alert watches)

3. 일상생활 보조기기의 선택과 적용방법

일상생활활동은 인간이 매일 생활하기 위해 반드시 필요한 동작들을 말한다. 따라서 이를 성취하는 것은 가정생활과 사회생활에 필요한 기본적인 동작을 가능하게 하고 기능적인 독립성을 얻게 한다. 이러한 동작들을 하기 위해서 반드시 사용해야 할 도구들을 일상생활 보조기기라고 한다. 여기에서는 선택 가능한 일상생활 보조기기를 항목별로 분류하고, 일상생활 보조기기를 클라이언트에게 적용하는 방법을 살펴본다.

1) 일상생활 보조기기의 선택

(1) 식사 및 주방 보조기기

• 휘어진 스푼, 포크(Curved utensil)

손과 손목의 기능 제한으로 일반 수저나 포크를 사용하기 힘든 경우에 사용하여 음식물을 섭취한다.

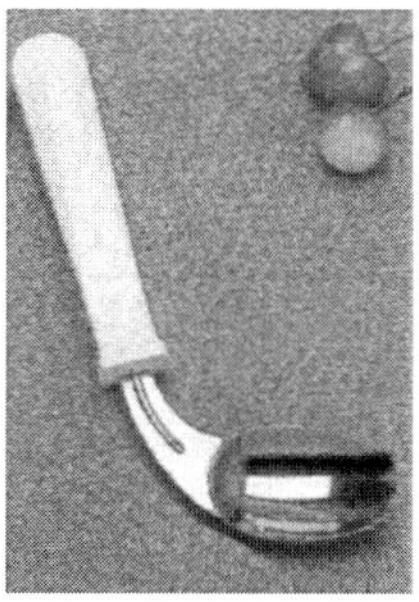

• 유연성 있는 스푼, 포크(Flexible utensil)

손목을 굽혀 식사하는 것이 힘든 경우에 사용한다. 손의 형태가 변형되거나 일반 수저를 잡기 어려운 클라이언트가 사용하기 편리하도록 제작되었다. 상하, 좌우 원하는 각도로 구부릴 수 있으며 손잡이가 굵어 잡기가 편리하도록 고안된 식사 보조도구다.

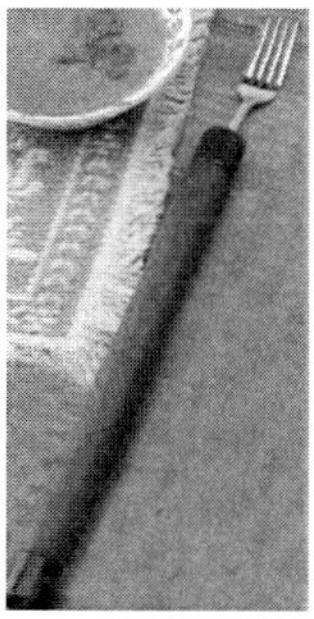

• 무게감 있는 스푼(Weighted spoon)

무게를 나가게 하여 손의 떨림을 줄이고, 협응능력이 부족한 사람이 음식을 쉽게 먹도록 하기 위해 고안된 도구다.

• 손잡이가 두꺼운 스푼, 포크(Built-up handle)

제한된 관절가동범위를 갖고 있거나 손에 쥐는 힘이 약한 사람이 사용하면 손잡이가 두꺼워서 잡기 편하다.

• 손잡이가 긴 스푼(Long-handle spoon)

제한된 관절가동범위를 갖고 있는 사람이 조금만 움직여도 입까지 음식을 쉽게 가져갈 수 있도록 도와준다.

• 고정용 스푼(Utensil holder or universal cuff)

고리나 또는 후크, 벨크로가 장착된 잠금장치가 있어 손에 쥐는 힘이 약하거나 제한된 관절가동범위를 갖고 있는 사람 또는 손의 떨림이 있는 사람의 손을 고정시켜 주어 음식물을 섭취할 수 있게 도와준다. 주머니로 된 고정기가 있어 식기류를 끼워 넣을 수 있다.

• 흔들 칼(Rocker knife)

최소한의 근력을 가진 사람이 독립적으로 음식을 자르기 위해 사용한다. 한 손만 사용할 수 있는 사람이나 손목의 움직임이 제한되어 있는 사람도 사용 가능하다.

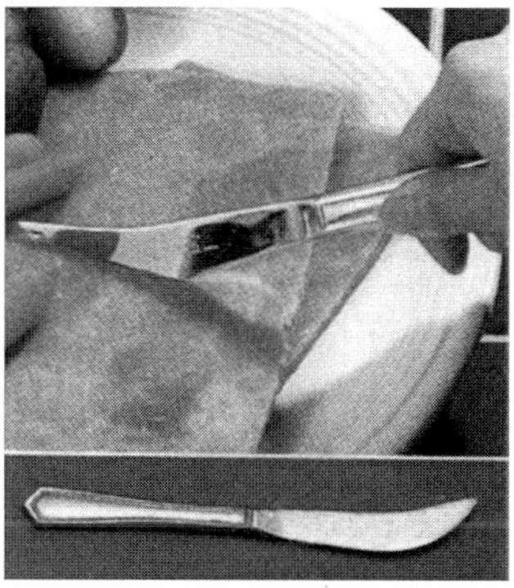

• 경사진 접시(Scoop dish & scoop bowl)

한 손만 사용하거나 손의 운동능력과 조절능력이 떨어져 식사활동이 원활하지 못한 경우에 사용한다.

• 접시 방어대(plate guard)

한 손만 사용하거나 손의 운동능력과 조절능력이 떨어져 있는 사람이 사용하는 것으로 링이 접시 위에 놓여 있는 형태로 음식이 밖으로 나가지 않게 방지한다. 접시의 가드에 세 개의 고리가 안전하게 걸려 있어 음식이 밖으로 밀려가는 것을 막으며 가드의 벽이 오목하게 패어 있는 것도 있다.

• 바닥 부착형 접시(Suction dish)

양손 사용이 힘들거나 또는 힘이 부족한 아동이나 노인, 손의 떨림 증상이 있는 사람이 음식을 먹을 때 접시가 움직이지 않도록 고정시켜 준다.

• 코 잘린 컵(Nosey cup)

제한된 관절가동범위를 갖고 있거나 근력이 약한 사람이 액체를 마실 때 머리를 뒤로 젖히지 않고 쉽게 마실 수 있게 한다.

• 엄지손가락 걸이 컵(Arthro thumbs-up cup)

엄지손가락 또는 손목의 기능이 제한되어 있거나 잡는 힘이 부족한 사람이 컵을 잡고 액체를 섭취하기 쉽도록 엄지손가락 부분에 제어장치가 추가되어 있다. 이 컵을 사용하면 손목의 움직임 없이 입술이 컵에 닿을 수 있다.

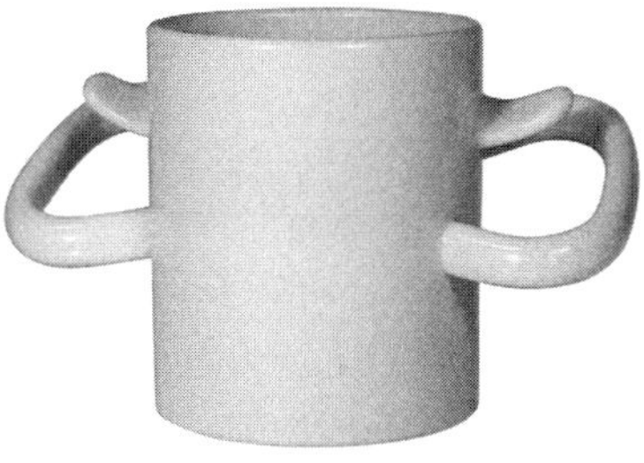

• 빨대 고정장치(Straw holder)

한 손만 사용할 수 있거나 손 떨림 증상이 있어 컵에 있는 액체를 마시기 곤란한 경우 사용하는 것으로 빨대가 고정되어 있어 액체를 섭취하는 데 용이하다.

• 주둥이 달린 컵(Spout cup)

컵에 담긴 음료를 먹는 데 어려움이 있는 아동이나 또는 손 떨림 증상이 있거나 손의 조절능력이 떨어진 사람이 사용한다.

• 각이 진 칼(Right angle knives)

각도를 바꿀 수 있기 때문에 관절이 약한 사람 또는 손목기능에 제한이 있는 사람이 사용하기 좋다.

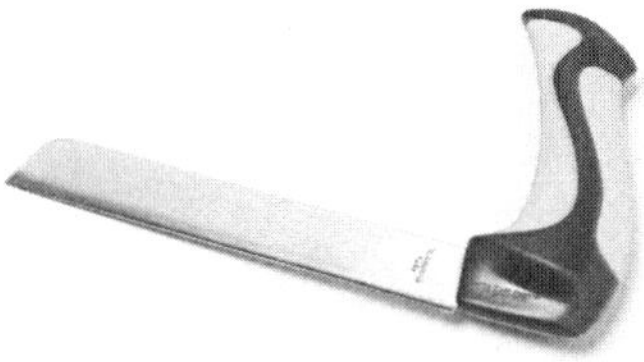

• 병 오프너(Zim jar bottle opener)

한 손만 사용할 수 있거나 손의 근력이 부족한 사람이 병을 쉽게 딸 수 있게 한다.

• 음식 고정 도마(Paring board)

한 손만 사용할 수 있거나, 손 떨림 증상이 있거나, 협응능력이 부족한 사람이 사용한다. 음식을 자를 때 못이 음식을 고정하는 데 사용되고, 코너 부분은 음식이 미끄러지는 것을 방지한다.

• 가스레인지 거울(Oven-Stove mirror)

하지마비로 또는 하지의 근력이 약해 휠체어 생활을 하는 사람이 조리되는 음식의 상태를 확인할 수 있도록 한다.

• 미끄럼 방지 매트(Non-slip mat)

아동이나 혹은 손 떨림 증상이 있거나 한 손만 사용할 수 있거나, 협응능력이 부족한 사람이 음식물을 먹을 때 접시나 컵이 떨어지는 것을 방지한다.

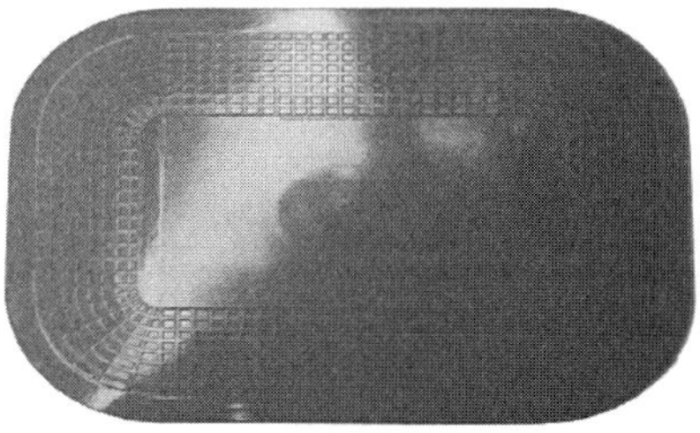

• 마찰 음식섭취 기기(Friction feeder)

경직, 가벼운 떨림, 운동실조증을 가진 사람을 위한 기기로, 어깨와 팔꿈치의 동작을 조절해 주어 음식 섭취에 도움을 준다. 4개 관절의 마찰밴드가 있어 수평 어깨의 굽힘과 폄, 팔꿈치의 굽힘과 폄의 조절을 도와준다.

• 미끄럼 안정 음식섭취 기기(Stable slide self-feeding support)

한 손만 사용할 수 있거나 경직, 떨림, 운동실조증을 가진 사람을 위한 기기로, 접시로부터 입으로 이동하는 동안 부드럽게 팔을 움직여 음식을 가져올 때 안정성을 주고 지원을 한다.

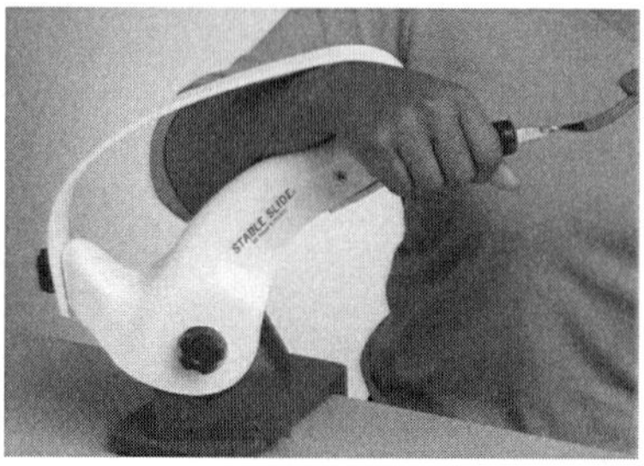

(2) 의복 보조기기

• 식사용 앞가리개(Clothing protector)

팔의 운동성과 근력이 부족하거나 손의 떨림 등으로 인해 음식물을 잘 흘리는 경우 사용한다.

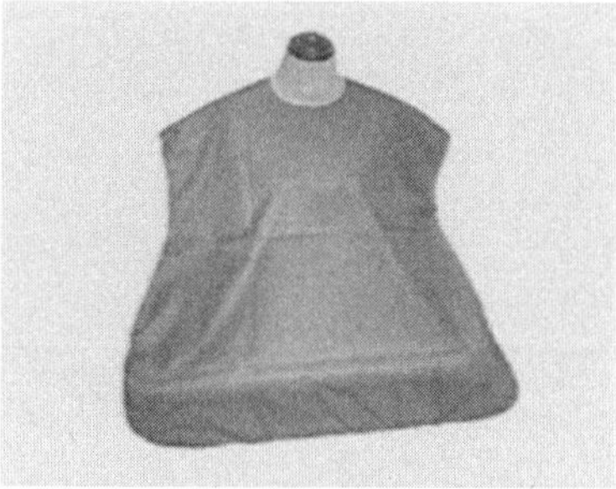

• 양말 신기 보조기기(Sock aid, Sock horn)

제한된 관절가동범위를 갖고 있거나 양손의 섬세한 동작이 어려운 사람이 쉽게 양말을 신도록 고안되어 있다.

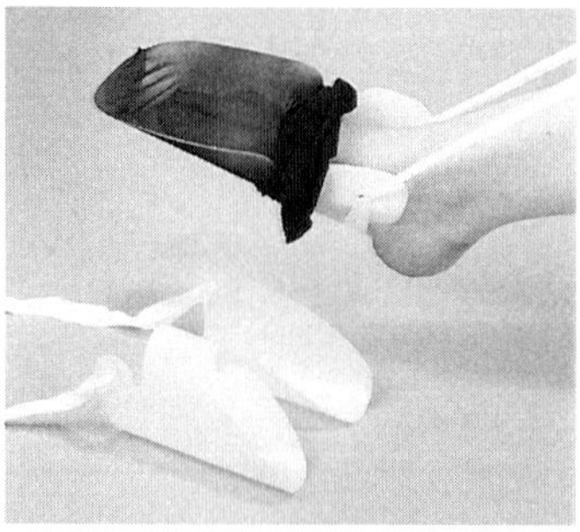

• 단추 끼우기 보조기기(Button hook)

손과 손가락의 섬세한 운동이 불가능하거나 한 손 사용만 가능하여 옷에 있는 단추를 꿰는 것이 어려운 경우 사용한다.

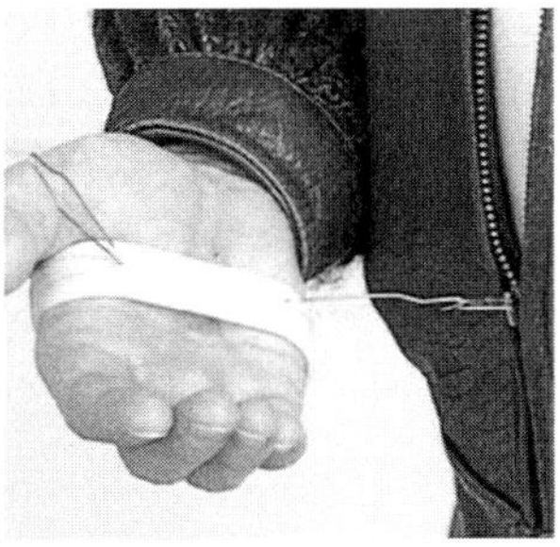
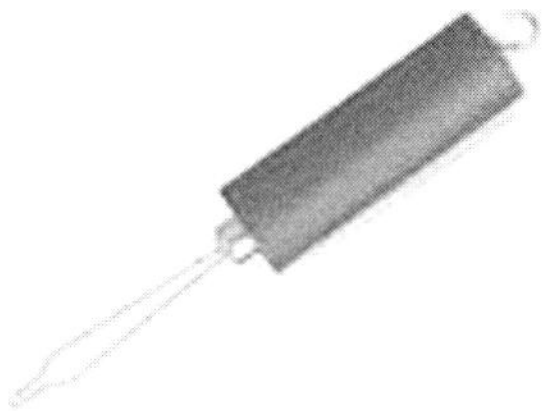

• 높낮이 조절 옷걸이(Adjust control hanger)

팔과 몸통의 운동이 제한된 경우 사용한다. 또한 옷걸이에 걸린 옷을 내릴 때, 셔츠 종류의 옷을 입을 때, 허리를 굽혀서 신발을 신을 수 없는 때도 활용이 가능하다.

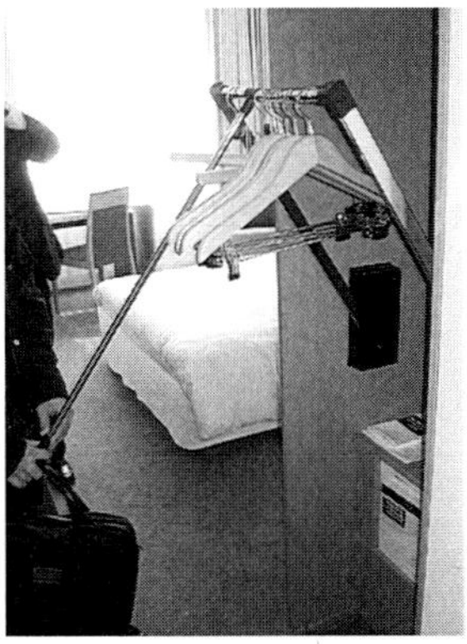

• 바지 고정 집게(Pants fixed index)

손의 근력 또는 운동성 저하로 바지를 잡아서 끌어당기기 어려운 경우, 한 손을 이용해서 바지를 입어야 하는 경우, 휠체어 이용 시 앞으로 미끄러지는 경향으로 인해 바지가 쓸려 내려가는 경우에 사용한다.

• 옷 입는 막대(Dressing stick)

한쪽 끝에 네오프렌으로 커버된 고리가 있고 반대쪽 끝에는 작은 고리가 있어 제한된 관절가동범위, 근력 저하, 하지마비가 있는 사람이 옷을 입고 벗는 데 사용한다.

• 지퍼 올리기 보조기기(Zipper aids)

손의 기능적 사용이 어려운 사람이나 노인들이 의복 착용 중 지퍼를 올리는 데 편리하게 하는 기기로, 손의 힘이 없고 몸을 숙이지 못하는 사람이 주로 사용한다. 플라스틱과 고리로 만들어져 있다.

(3) 목욕 및 용변 보조기기

• 높은 변기 시트(Elevated toilet seat)

다리의 근력 부족과 운동성 저하 등의 이유로 일반 변기에 앉고 서는 것이 힘든 경우에 사용한다.

• 이동식 변기(Commode chair)

다리의 운동능력과 근력 부족으로 인해 화장실 사용 또는 목욕이 힘든 경우 사용한다.

• 변기 이동 판(Commode transfer board)

하지마비 또는 휠체어 생활을 하는 사람이 독립적으로 변기로 이동하는 데 도움을 주는 기기로, 변기와 휠체어를 이어지게 놓고 한쪽 면은 맨살이 젖지 않게 이동하고 다른 한쪽 면은 옷의 이동을 위해 완충 역할을 한다.

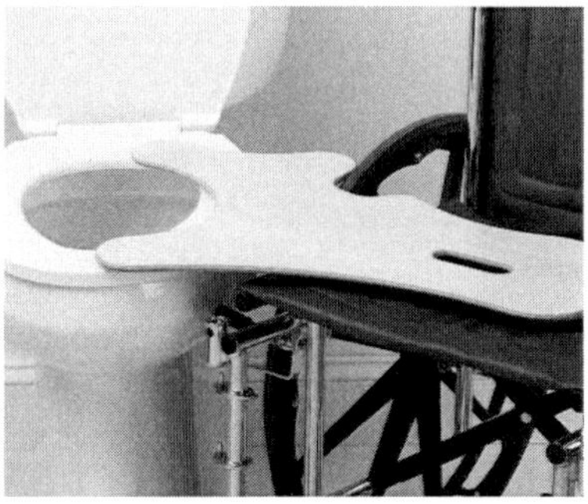

• 소변 백(Alpine leg bag)

소변 기능장애가 있거나 신체 움직임이 불편해 스스로 소변을 볼 수 없는 경우 사용하여 채뇨의 불편과 화장실 이동의 불편을 최소화하기 위한 도구다.

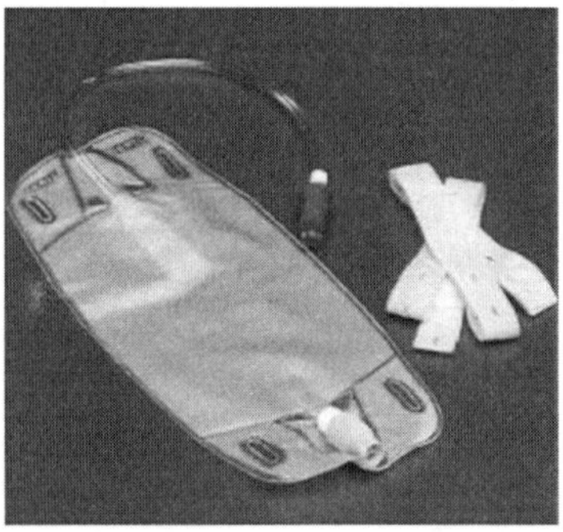

• 소변기(Uribag)

이동이 어려워 누운 상태에서 소변을 처리해야 하는 경우 또는 소변 조절이 어려운 경우 핸드백이나 주머니에 보관하여 언제든지 사용할 수 있다.

• 좌약 삽입기(Grip suppository inserter)

오랜 침상생활을 해서 또는 내장질환이 있어서 변비가 있는 사람이 변비관리를 위해 사용한다.

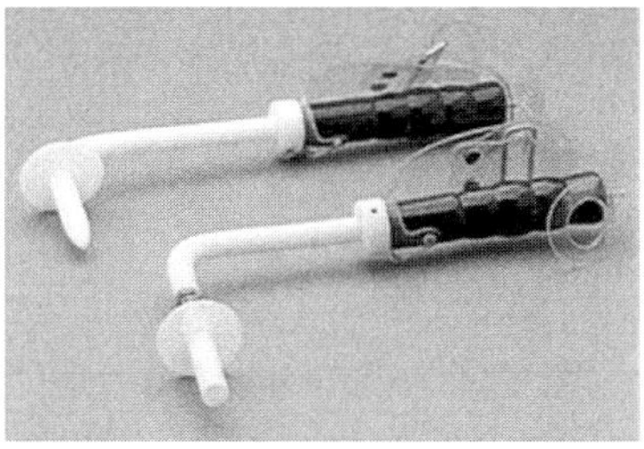

• 목욕 의자(Bath tub/Shower chair)

근력이 부족한 경우, 몸에 전반적으로 힘이 없어서 몸을 지지하기 힘든 경우, 운동실조증 또는 떨림 증상이 있는 경우, 앞으로 미끄러지는 경향이 있는 경우에 사용한다.

• 이동용 샤워 의자(Commode shower chair)

이동이 불편한 사람들을 위한 이동식 샤워 의자로 정지 및 방향 제어가 가능한 회전 바퀴가 부착되어 있다. 팔 받침을 움직일 수 있어서 편리하게 사용할 수 있으며, 탈부착이 가능하다. 인체공학적으로 고안된 등받이와 일체형 손잡이가 부착되어 있다.

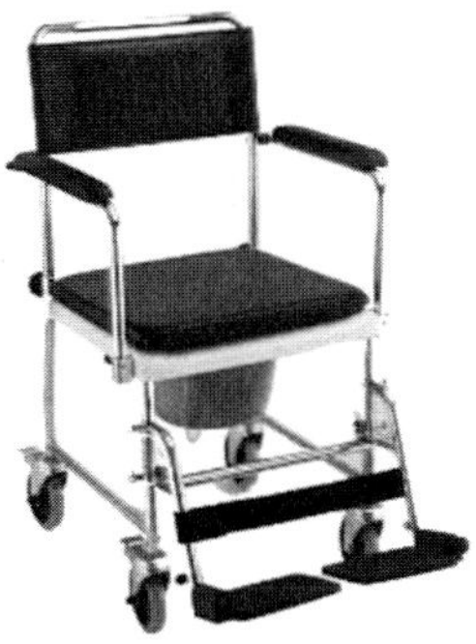

• 목욕용 리프트(Bath lift)

서 있기가 어렵거나 근력이 부족한 사람을 위한 것으로, 일반 욕조에 장착하여 사용할 수 있으며 압력 스위치에 따라서 느리고 안정적으로 움직인다. 욕조의 수면 아래 접촉 부분이 흡착식으로 되어 있는 미끄럼 방지 안전장치가 있다. 리프가 상하로 작동되어 의자에 앉은 채로 입욕을 즐길 수 있으며, 등받이가 60°까지 기울어져 반신욕을 즐길 수도 있다. 또한 탈부착이 가능한 방석이 부착되어 있어 신체 접촉 부분의 상처를 예방할 수 있다.

• 샤워트롤리(Shower trolley)

누워 있는 환자의 목욕을 돕는 이동형 목욕 보조기기다. 모터를 사용하여 환자를 좌우로 돌아 눕힐 수 있어 다른 사람의 도움 없이 보호자가 환자의 등을 쉽게 씻을 수 있고, 발 스위치가 양쪽에 위치하여 쉽게 조절이 가능하며, 이동이 쉬워 욕실이 아니더라도 제한된 공간에서 환자를 목욕시킬 수 있는 보조기기다.

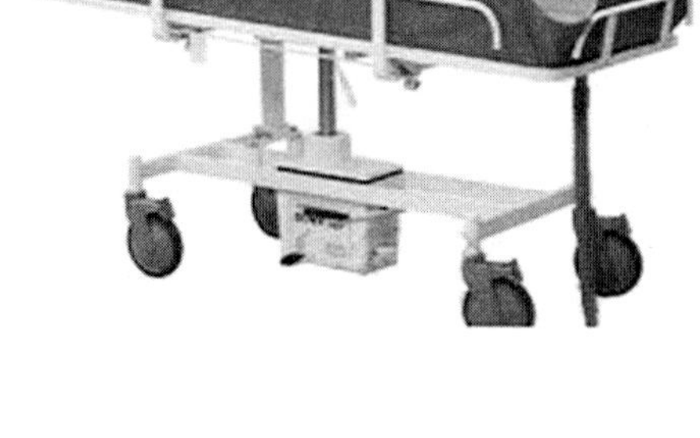

• 안전 바(Grap bar)

욕조 이동 및 화장실 이동 시 넘어지는 것을 방지하기 위해 설치한다. 이것의 상부 위치는 사용자가 손목이나 몸을 사용하지 않고 욕조로 들어가는 것을 도와주고, 낮은 위치는 사용자가 낮추거나 욕조에 앉아 있는 위치에서 일어설 때 사용한다.

• 목욕용 레일(Bath side rail)

욕조에 들어가 앉거나 일어설 때 보조해 준다.

• 구부러진 목욕 솔(Curved bath brush)

관절이 제한되어 있거나 근력이 부족한 사람이 독립적으로 목욕하도록 도와주는 기기로, 손잡이가 180° 휘어져 있고 최소한의 관절 범위 동작으로 목, 어깨, 등에 닿을 수 있게 한다.

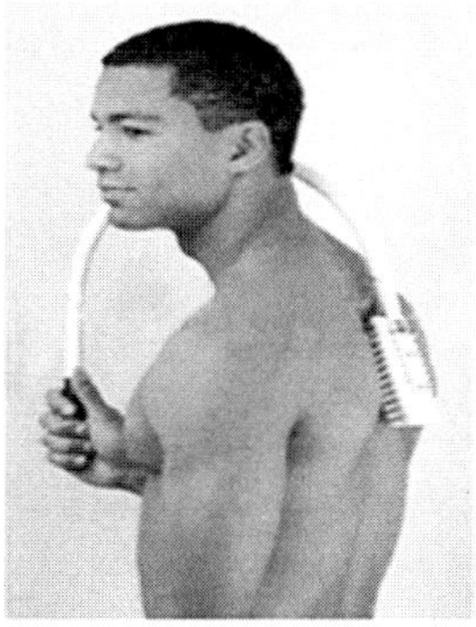

• 손잡이가 긴 목욕솔(Long bath brush)

제한된 관절가동범위를 갖고 있는 사람이 목욕을 할 때 어깨와 허리에 솔을 가져가도록 도와준다.

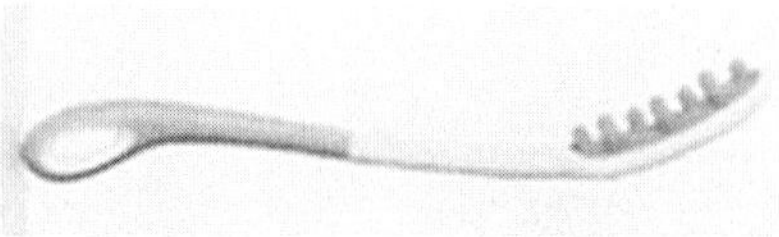

• 긴 손잡이가 부착된 목욕용 스펀지(Long handle spongy)

제한된 관절가동범위를 갖고 있는 사람이 목, 어깨, 등, 다리 등에 닿을 수 있게 한다.

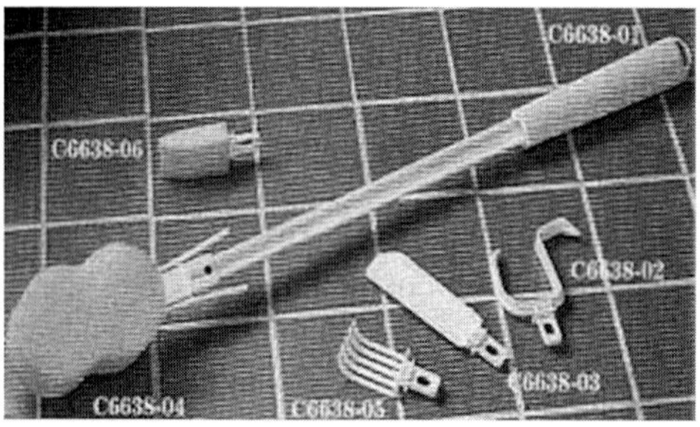

• 한 손 사용자용 손톱깎이 판(One handle use nail clippers)

손과 손가락의 섬세한 운동이 어려운 경우 또는 한 손 사용이 부자연스러운 경우 사용한다.

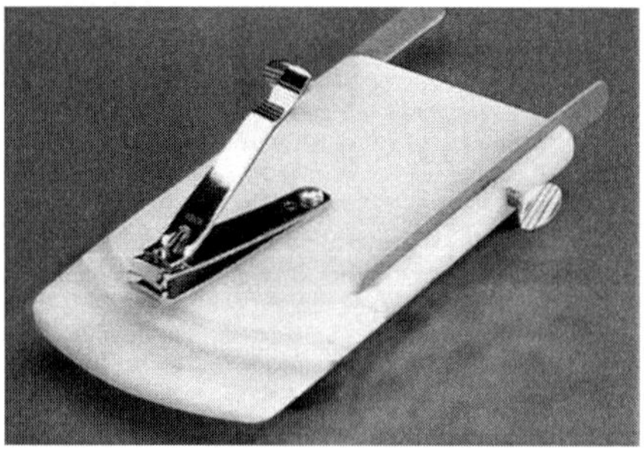

• 튜브 짜기 보조도구(Easy out tube squeezer)

손의 근력이 부족하거나 한 손 사용이 힘들어 치약과 같이 튜브로 된 내용물을 짜는 것이 힘든 경우 사용한다.

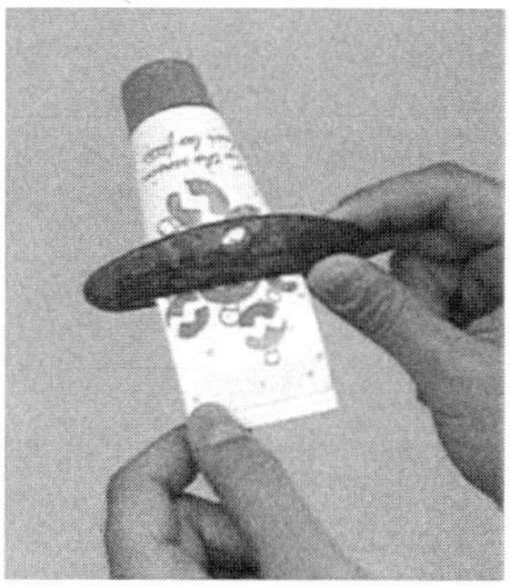

• 고정형 작은 솔(Fixed small brush)

한 손으로 의치나 각종 물건들을 세척할 수 있는 기기다.

• 흡착식 세척 솔(Suction brush)

두 개의 흡착판이 한 손 사용이 힘들거나 떨림 증상이 있는 환자의 손톱과 손을 문지를 수 있도록 솔을 붙잡고 있다.

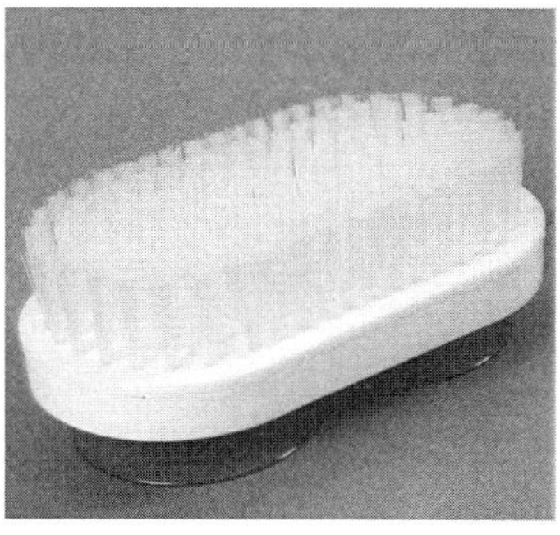

• 구부러진 피부 관찰용 거울(Flexible para inspection mirror)

피부 상태를 확인하고 체크하는 거울로 관찰하기 어려운 부위를 보기 위해 사용한다.

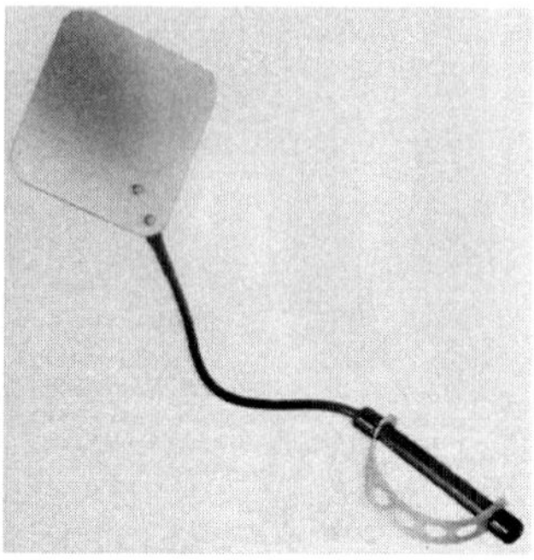

• 원거리 피부 관찰용 거울(Telescoping self-examination mirror)

원하는 길이로 손잡이를 조절하고 거울을 통해 신체 부위 및 피부를 관찰할 수 있다.

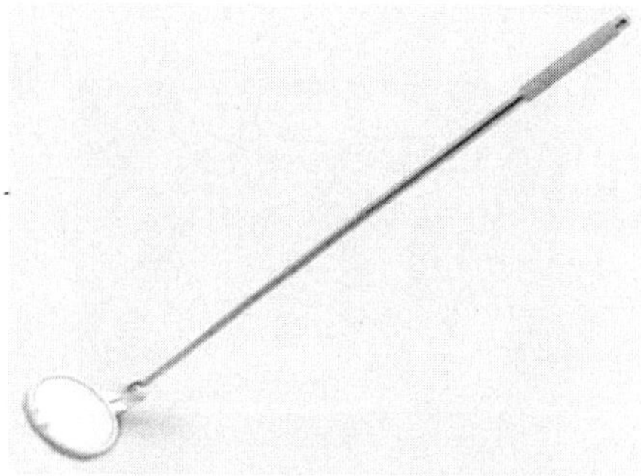

(4) 학습용 보조기기

• 필기 보조기기(Writing aid)

쥐는 힘이나 손목을 들어 올리는 힘이 약해서 필기도구를 잡기 힘든 경우에 사용한다.

• 고정식 필기 보조기기(Steady writer)

손기능에 제한이 있어 펜을 사용하기 힘든 경우 사용한다.

• 고리형 필기 보조기기(Ring writer clip)

손기능에 제한이 있어 펜을 잡을 수 없는 경우 사용한다.

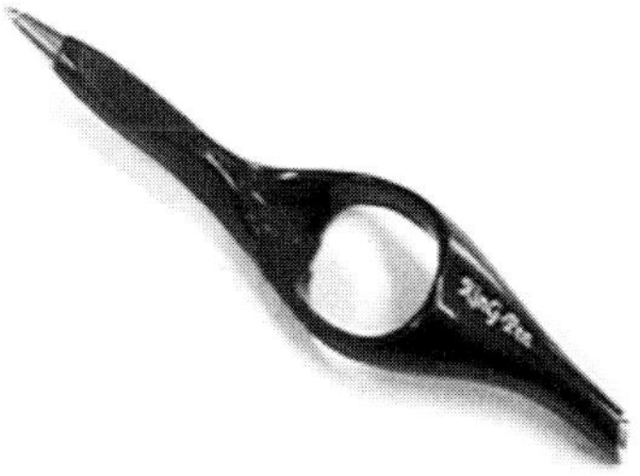

• 공 모양 손잡이(Holder-for weak grasp)

손의 섬세한 동작에 제한이 있는 경우 물건을 쥐는 모양을 통해 펜을 사용할 수 있게 한다.

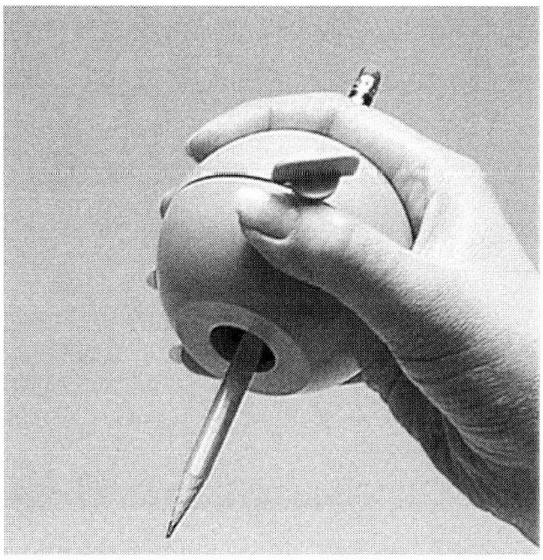

• 잡기 쉬운 고리형 가위(Loop scissors)

쥐기 또는 잡기가 어려운 경우 사용하는 가위로, 스프링에 의해 쉽게 가위를 열 수 있는 구조를 갖고 있어 제한된 손의 움직임을 도와준다.

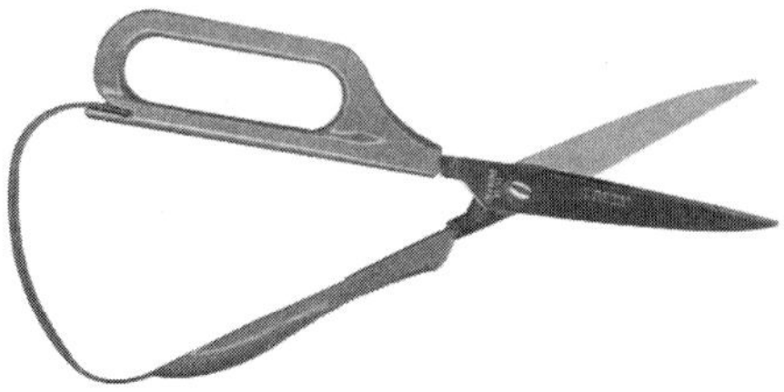

• 한 손 사용자용 가위(Push down table top scissors-one handled scissors)

한 손 사용자를 위해 고안된 제품으로 바닥에 미끄럼 방지 처리를 하여 미끄러지지 않으며, 한 손으로 가위질이 가능하도록 디자인되어 제작된 일상생활 보조기기다.

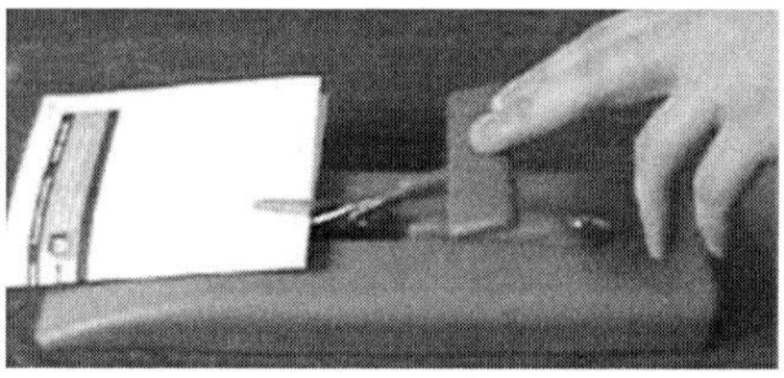

• 멀티 독서대(Multi reading desk)

팔의 기능에 불편이 있는 장애인이 손을 많이 사용하지 않고 목의 피로를 덜 수 있는 앉은 자세나 선 자세 또는 누운 자세에서 독서를 할 수 있다.

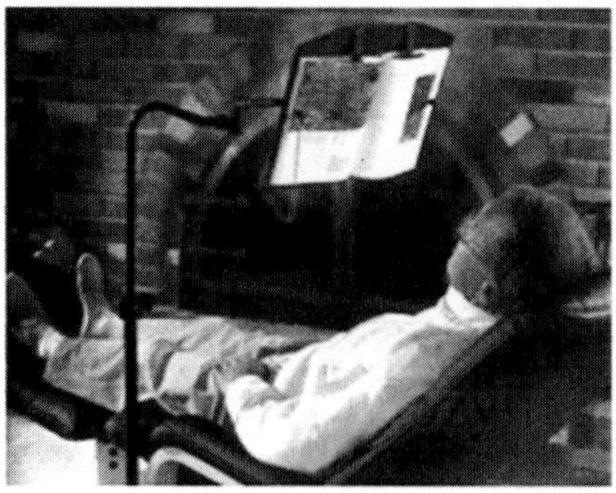

• 책장 넘기기 터너(GEWA page turner)

팔의 마비나 운동성 저하로 인해 책장을 넘기기 힘든 경우 사용한다.

(5) 생활편의 보조기기

• 스프레이 손잡이(Spray can handle)

손가락 또는 손의 힘이 부족하거나 한 손만 사용하는 경우 사용한다.

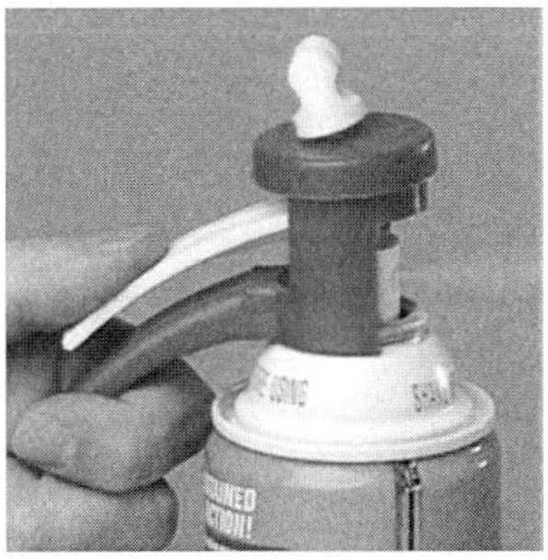

• 문 사용 보조 손잡이(Leveron doorknob turner)

손의 운동성이 떨어져 둥근 문 손잡이를 사용하기 힘든 경우, 손가락으로 누르는 힘이 약한 경우 사용한다.

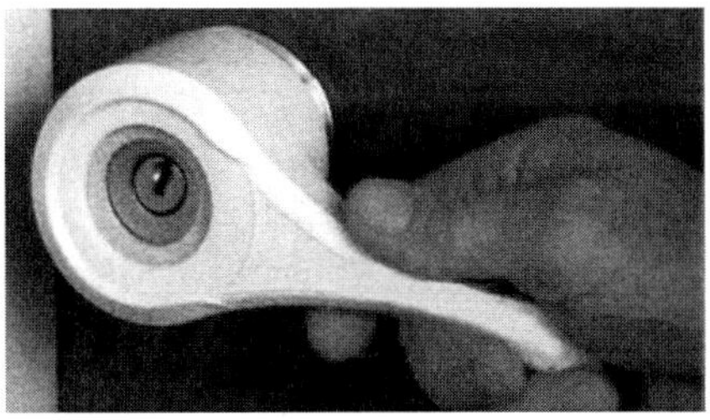

• 패트병 손잡이(Two liter bottle handle)

손으로 쥐기가 힘들거나 손에 힘이 없는 경우 사용한다.

• 돔형 오프너(Domed opener)

한 손 사용자, 관절염 환자, 뚜껑을 돌려서 열 수 없을 정도로 손이나 손목의 운동성이 떨어지거나 힘이 없는 사람들이 사용한다.

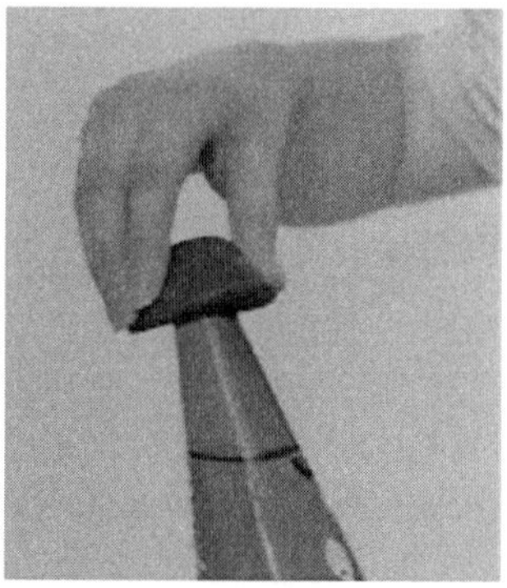

• 캔 오프너(Can opener)

손과 손목을 이용해서 캔을 따기 힘든 경우 사용한다.

• 집게(Reacher)

팔의 운동 범위가 제한적이어서 물건을 집거나 내리는 것이 힘든 경우 사용하거나 다리 기능에 장애가 있는 사용자가 바닥이나 멀리 떨어진 물건을 집을 때 손잡이를 당겨 사용하는 수동식 집게다.

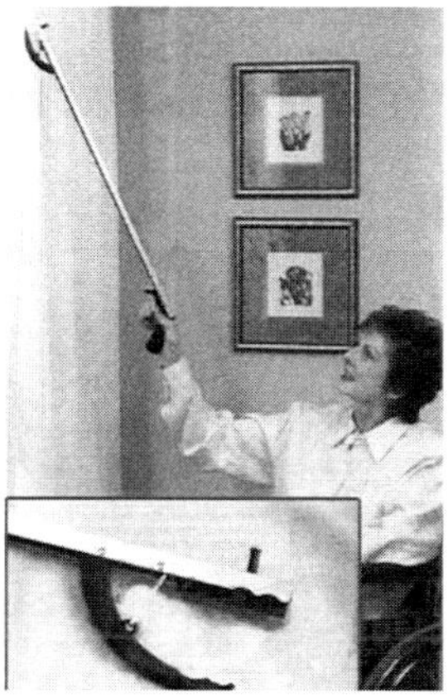

• 확대경(Magnifying glass)

저시력 클라이언트 또는 노인이 사용할 수 있는 휴대 가능한 확대경이다.

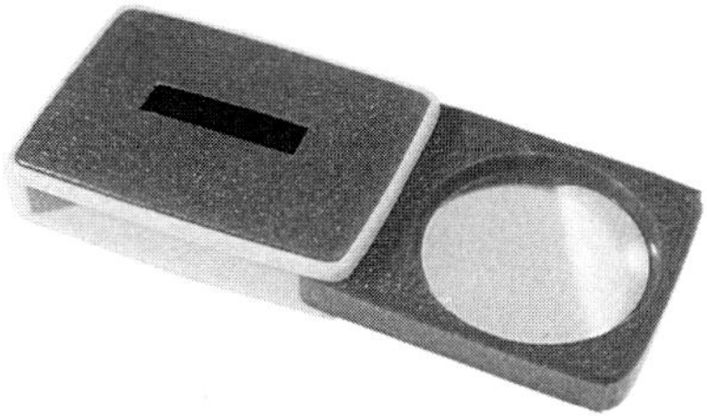

2) 일상생활 보조기기 적용방법

(1) 일상생활 보조기기 처방 및 제작 시기와 사용목적

보조공학사는 일상생활 보조기기를 처방하기에 앞서 클라이언트의 장애가 영구적인지 또는 일시적인지 확인하고 그 기기를 장애의 회복과정에 보호적으로 또는 보조적으로 사용하는지 판단해야 한다. 또한 영구적 장애의 기능의 보상(compensation)으로서 장애의 고정기에 최종적 수단으로 사용하는 경우에는 여러 관련 제품을 보조기구센터에서 빌려 사용해 보고 클라이언트에게 알맞은 일상생활 보조기기가 처방될 수 있도록 고려해야 한다.

클라이언트는 일상생활 보조기기를 처방받기 전에 자신의 장애에 대한 '인지-수용-재적응'이라는 정신적인 수용과정을 거쳐야 한다. 즉, 일상생활 보조기기의 처방 및 제작에 있어서 '장애의 수용'을 전제로 받아들임(수용)에 관계되는 여러 가지의 요인을 고려한 원조를 하고 최종적으로 사용자 자신에게 필요한 보조기기를 선택하게 하는 것이 바람직하다.

(2) 장애의 파악과 동작분석

일상생활 보조기기를 처방하고 제작하기 전에 반드시 이루어져야 하는 것은 클라이언트에 대한 분석이다. 즉, 신체적 · 정신적 · 사회적인 측면에서 클라이언트의 장애를 종합적으로 평가한 다음 사용상의 문제점을 정리하는 것이 필요하다.

〈표 9-5〉는 장애에 대한 전반적인 신체적 · 정신적 · 사회적 평가에 대한 내용이다.

〈표 9-5〉 전반적인 신체적 · 정신적 · 사회적 평가

• 신체적 평가: 관절가동범위, 근력, 협응력, 감각 및 지각, 손 기능, 일상생활 동작, 예후 등
• 정신적 평가: 이해 · 판단력, 인지능력, 학습능력, 장애의 수용, 도구 사용에 대한 의욕 · 관심, 가치관 등
• 사회적 평가: 생활력(history), 가족 및 간병 상황, 재가 상황, 직업경력, 경제 상황, 사회자원 등

(3) 일상생활 보조기기가 갖춰야 할 조건

일상생활 보조기기는 보통 신체적 · 정신적 장애가 있는 클라이언트가 사용한다고 생각하지만 실제로 우리가 살아가는 데 생활의 편의를 위해, 교육을 위해 사용되는 것들도 많다.

이렇듯 일상생활 보조기기가 갖춰야 할 조건은 다음과 같다.

- 가볍고 부피가 크지 않으며 튼튼해야 한다. 클라이언트가 사용할 때 무겁거나 부피가 크면 활동의 제약이 생기고, 수납하거나 사용하는 데 어려움을 호소할 것이다.
- 촉감 등의 착용감이 좋아야 한다. 사람들은 촉각이라는 감각에 예민성을 보인다. 즉, 부드럽고 편안한 느낌을 주는 촉감은 사람들에게 심리적으로 안정감을 주고 계속 사용하고 싶게 만들지만, 불편하고, 따갑고, 아프고, 불안하게 만드는 촉감은 사람들로 하여금 자연적으로 피하게 만든다. 그렇기 때문에 클라이언트가 일상생활을 하는 데 안정감을 주면서 보조기기를 사용하도록 하려면 착용감을 최대화시켜야 한다.
- 구성이 간단하고 만들기 쉬우며 파손이 적고 수리하기 쉬워야 한다. 주방 및 가정용품

또는 목욕 및 위생 등에 관련된 보조기기는 자주 사용되므로 위생과 관리가 무엇보다 중요하다. 그렇기 때문에 일상생활 보조기기는 언제든지 사용 후 깨끗이 정리하고 관리할 수 있어야 하며, 파손되었을 경우 간단한 방법으로 또는 업체에 보내어 수리할 수 있어야 한다.

- 일상생활 보조기기는 사용자의 요구, 사용 상황, 장애의 변화에 대응할 수 있는 유연성이 있어야 한다. 예를 들어, 클라이언트가 잡는 힘이 부족하여 식사활동 시 손잡이가 두꺼운(build-up) 스푼과 포크를 사용하였는데 재활훈련을 통해 잡는 기능이 증진되어 스푼 또는 포크의 손잡이 두께가 좀 더 얇은 것도 사용할 수 있게 되었다면, 보조공학사 또는 보호자는 두께를 쉽게 조정할 수 있어야 한다. 또는 클라이언트가 손잡이가 두꺼운 스푼이나 포크 사용을 힘들어한다면 유니버셜 커프(universal cuff)로 교체하여 준다.
- 일상생활 보조기기를 사용할 때 사용자, 가족, 간병인이 안전하고 용이하게 사용할 수 있어야 한다. 보조기기 사용 시 근골격계의 변형이나 이차적인 합병증이 생겨서는 안 되고 사용 시 관절이 보호되거나 에너지가 보존되어야 한다. 그리고 일상생활활동이 보다 간단하고 간편하게 진행될 수 있도록 해야 한다.
- 일상생활 보조기기는 가급적 값이 저렴해야 한다. 아무리 잘 갖추어져 있고 사용하기 편리한 보조기기라도 값이 너무 비싸다면 클라이언트가 구입하는 데 부담을 느끼게 된다. 따라서 보편적으로 많이 활용되기 위해서는 가급적 값이 저렴해야 한다.
- 일상생활 보조기기는 가급적 보통의 용구로 보이고 눈에 띄지 않으며 디자인이 아름다워야 한다. 그래서 일반 사람이 사용해 보고 싶은 것이어야 한다.

클라이언트에게 일상생활 보조기기를 적용할 때에는 올바른 사용법 및 조작법을 충분히 이해할 때까지 설명해야 하고, 평소 손질방법을 클라이언트 및 보호자, 간병인에게 설명해 주어야 한다. 그리고 보조공학사 및 보호자, 간병인은 일상생활 보조기기가 기대되는 사용 목적을 달성하고 있는지 확인하며 정기적으로 또는 필요에 따라 체크하고 파손, 오염, 적합 불량이 있으면 수리 및 수정을 하여야 한다. 만약 일상생활 보조기기를 사용하지 않게 되었거나 사용하지 않은 경우, 그 원인 및 이유를 검토하여 클라이언트가 일상생활 보조기기를 사용하여 독립적으로 생활할 수 있도록 잘 관리해야 한다.

4. 일상생활활동의 평가

일상생활활동의 평가에서는 클라이언트가 원하고 필요로 하는 것의 결정과 참여에 대한 지지를 포함한다. 면담은 수행의 관찰을 통하여 평가에 대한 앞으로의 필요를 결정하기 위한 판별도구로서 제공된다. 평가에 대한 필요는 클라이언트, 장애, 그리고 이전의 평가에 대한 평가자의 지식을 기초로 하여 결정된다. 부분적인 또는 전체적인 수행평가는 일상생활활동 수행을 평가하는 것에서 매우 중요하다. 면담만으로는 부정확한 가정을 세울 수 있는데, 클라이언트가 장애 발생 전 수행능력을 기억할 수 있고, 약간의 신체적 장애를 가진 이후 일상생활활동 수행에 대한 기회가 주어지지 않았거나 적었기 때문에 개인의 능력을 과대평가 또는 과소평가할 수 있다.

평가자는 보통, 활동이 이루어지는 시간과 장소에서 평가하는 것이 이상적이다. 예를 들어, 옷 입기 평가는 이른 아침에 집이나 보호시설에서 간호사와 함께 옷을 입을 때 할 수 있다. 식사하기 평가는 일상적인 식사시간에 할 수 있다. 시간을 맞추는 일이 불가능하다면 평가는 치료실에서 가상의 상황 아래 할 수 있다. 하지만 이러한 인위적인 환경에서는 클라이언트가 수행의 어려움을 보일 수 있다. 평가자는 일상생활활동과 수단적 일상생활활동의 체크리스트에서 상대적으로 쉽고 안전한 과제를 고르고, 안전성 측정을 포함하는 더욱 어렵고 복잡한 아이템으로 진행시키는 것이 좋다. 일상생활활동 평가는 한 번에 완료되어서는 안 되는데, 왜냐하면 이 접근법은 피로를 초래하고 인위적 상황에서 이루어졌기 때문이다. 안전하지 않고 실행될수 없는 과제는 생략하고 평가 양식에 적절히 표기한다.

수행을 분석하는 동안, 평가자는 클라이언트가 사용하거나 사용하려고 하는 방법을 관찰하고 수행에서의 문제의 원인을 밝혀내야 한다. 일반적인 원인은 약함(weakness), 경련(spasm), 경직(spasticity), 불수의적인 움직임, 지각 결손, 인지 부족, 낮은 지구력 등을 포함한다. 만약 문제와 원인이 밝혀지면 평가자는 훈련목표, 우선순위, 방법, 필요한 보조도구를 정하기가 쉬워진다.

1) 일상생활활동의 평가 결과 기록

평가자는 클라이언트를 면담하고 클라이언트의 수행을 평가하는 동안 체크리스트에 알맞게 표시한다. 만약 표준화된 평가가 사용되었다면 그 평가를 위해 확인된 표준용어를 수행의 설명과 측정을 위해 사용한다. 표준화되지 않은 테스트는 자기관리, 가정관리, 이동, 가정환경 평가 등을 위한 별도의 체크리스트를 포함할 수 있다.

독립성 단계(levels of independence)를 설명할 때는 최소, 중등도, 최대의 도움과 같은 용어를 종종 사용한다. 다음은 일반적인 도움의 등급을 정의한 것이다.

- 독립(independence): 클라이언트는 보조기기를 사용하거나 사용하지 않고, 암시, 감독, 또는 도움 없이 독립적으로 활동을 수행할 수 있다. 또한 과제를 안전하고 완벽하게 수행한다. 만약 클라이언트가 보조기기를 필요로 하거나 보통 속도에 비해 느리게 수행을 한다면 제한적 독립(modified independence)이라고 표현할 수 있다.
- 감독(supervision): 클라이언트가 혼자 활동을 수행할 수 있으나 감독(관찰)을 요구하며, 안전을 위해 언어적 지시를 요구한 경우를 말한다.
- 대기 도움(stand by assistance: SBA)/접촉 지원 도움(contact guard assistance: CGA): 클라이언트는 과제를 안전하게 수행하기 위해서 보호자 혹은 누군가의 접촉 지도를 제공받는다.
- 최소의 도움(minimal assistance): 클라이언트가 25% 이하의 신체적 도움 혹은 한 사람의 언어적 도움을 필요로 하는 경우를 말한다.
- 중등도의 도움(moderate assistance): 클라이언트가 25~50%의 신체적 도움 혹은 한 사람의 언어적 도움이 필요한 경우를 말한다.
- 최대의 도움(maximal assistance): 클라이언트가 50~75%의 신체적 혹은 언어적 도움을 필요로 하는 경우를 말한다. 보조자가 과제의 반 이상을 수행하고 클라이언트는 반 이하를 수행한다.
- 의존(dependence): 클라이언트는 75% 이상의 신체적 또는 언어적 도움을 필요로 한다. 예를 들어, 클라이언트는 단지 활동의 몇 가지 단계 혹은 1~2단계를 수행한다.

2) 대표적인 평가도구

Functional Independence Measure(FIM)은 세부적이고, 다른 도구와 달리 의사소통과 인지기능을 포함하며 장애측정을 포괄적으로 한다. 클라이언트가 실제로 가정에서 하는 활동의 수행력을 측정하며, 수행 시 보호자의 도움 정도에 따라 완전독립(7), 부분독립(6), 감독 또는 준비(5), 최소의 도움(4), 중등도의 도움(3), 최대의 도움(2), 완전의존(1)의 7점 척도로 측정한다. 측정 결과에서 가장 높은 점수는 126점(완전독립)이고, 가장 낮은 점수는 18점(완

〈표 9-6〉 Functional Independence Measure(FIM)의 기능적 독립수준과 점수척도

독립적 활동(independence) 수준		
완전독립 (complete independence)	7	• 적정 시간 안에 보조기기 없이 안전하게 수행 • 보조자가 필요 없음.
부분독립 (modified indepencence)	6	• 보조자 없이 혼자서 수행이 가능하나 보조기기, 안전에 대한 고려가 필요하고 적정 시간 이상이 걸리는 경우
의존적 활동(dependence) 수준		
감독 또는 준비 (supervision, set up)	5	• 신체적 접촉은 없으나 단서 제시 또는 격려가 필요하며 보조자가 지켜보는 경우(감독) • 보조기기 등 필요 물품을 준비(setting)해 주거나 작업 전에 보조기를 착용해 주어야 하는 경우
최소보조(minimal assistance)	4	• 신체적 도움이 필요하지만 활동의 75% 이상을 독립적으로 수행
중등도보조(moderate assistance)	3	• 활동의 50~74% 정도를 수행함.
최대보조(maximal assistance)	2	• 활동의 25~49% 정도를 수행함.
완전의존(totally assistance)	1	• 활동을 25% 미만으로 수행함.

전의존)이다(〈표 9-6〉 참조).

• FIM의 기능적 독립수준과 평가 항목

FIM의 전체 평가 항목은 운동성이 포함된 13개 항목[식사하기, 몸 단장하기, 목욕하기, 옷 입고 벗기(상의/하의), 화장실 이용하기, 배뇨 조절, 배변 조절하기, 옮겨 앉기(침대/의자/휠체어/변기/욕조), 이동하기(걷기, 휠체어 중 사용 빈도 많은 것에 표시), 계단 오르내리기], 이해하기(청각, 시각적으로 자주 사용하는 방법에 표시), 표현하기(음성적 · 비음성적 표현으로 자주 사용하는 방법에 표시), 사회적 상호작용, 문제 해결하기, 기억하기로 총 18개의 평가 항목으로 구성되어 있다(〈표 9-7〉 참조).

〈표 9-7〉 기능적 독립수준평가(FIM)

<table>
<tr><td rowspan="9">LEVELS</td><td>Independence</td><td rowspan="3">No Helper</td></tr>
<tr><td>7. 완전독립(complete independence, timely, safely)</td></tr>
<tr><td>6. 부분독립(modified independence, device)</td></tr>
<tr><td>Modified dependence</td><td rowspan="6">Helper</td></tr>
<tr><td>5. 감독(supervision)</td></tr>
<tr><td>4. 최소보조(minimal assist, subject=75%)</td></tr>
<tr><td>3. 중등도보조(moderate assist, subject=50%)</td></tr>
<tr><td>Complete dependence</td></tr>
<tr><td>2. 최대보조(maximal assist, subject=25%)</td></tr>
<tr><td></td><td>1. 완전의존(total assist, subject=0%)</td><td></td></tr>
</table>

평가 항목	날짜 / 항목	Adm (/)	Dis (/)	3mo (/)	6mo (/)
자기관리 (self care)	A. 먹기(eating) B. 몸 단장하기(grooming) C. 목욕하기(bathing) D. 상의 입고 벗기(dressing-upper) E. 하의 입고 벗기(dressing-lower) F. 화장실 이용하기(toileting)				
대소변 조절 (sphincter control)	G. 배뇨 조절(bladder management) H. 배변 조절(bowel management)				
가동성(mobility) 옮겨앉기(transfer)	I. 침대, 의자, 휠체어로 옮겨 앉기 (bed, chair, wheelchair) J. 변기로 옮겨 앉기(toilet) K. 욕조, 샤워기로 옮겨 앉기(tub, shower)				
이동하기 (locomotion)	L. 걷기/휠체어 이동(walk/wheelchair) M. 계단 오르내리기(stairs)				
의사소통 (communication)	N. 이해하기(comprehension) O. 표현하기(expression)				
사회적 적응 (cognition)	P. 사회적 상호작용(social interaction) Q. 문제해결(problem solving) R. 기억(memory)				

5. 일상생활 보조기기 적용 사례

1) 사례연구 김말순(가명)

김말순은 요양보호사와 함께 집에서 살고 있는 75세 여성이다. 클라이언트가 요즘 체중이 줄었고 식사할 때 요양보호사의 도움을 필요로 한다는 이유에서 보조공학사에게 의뢰가 되었고, 그래서 식사하기 평가를 하였다. 요양보호사는 김말순이 스스로 식사하기 위해서 손잡이가 굵은 숟가락이 필요하다고 하였다.

일상생활 보조기기를 사용하기 위한 평가는 김말순이 원래 식사하던 장소(방에서 침상 위 식탁을 이용)에서 점심식사를 하는 모습을 관찰하는 것과 신체적 평가(근력, 관절가동범위, 감각, 협응), 통합 인지 · 지각 평가, 그리고 김말순과의 면담을 포함하였다.

김말순은 음식이 따뜻할 때 먹는 것을 좋아하기 때문에 스스로 식사하기를 원했고, 가능한 한 독립적인 식사를 좋아하였다. 평가 결과, 김말순은 휠체어에 똑바로 앉는 데 어려움이 있었다. 침상 위 식탁은 너무 높았고, 김말순은 접시에 손이 닿는 데 제한이 있었다. 또한 쥐기능력의 약화와 협동운동 실조가 있었으며, 양쪽 어깨굴근과 벌림근은 F-(3-)이었다. 하지만 관절가동범위, 감각은 정상 범위에 있었고, 인지와 지각은 간단한 자기관리 과제를 다시 배우기에 충분하였다.

보조공학사는 휠체어에서의 자세를 바로 알고 일하는 것과 침대용 접이식 탁자를 낮게 해 주는 것을 제시해 주었으며 독립적으로 식사하기 위해 손잡이가 굵은 숟가락과 접시 방어대(plate guard)를 사용하게 하였다. 또한 요양보호사에게 휠체어 자세 향상과 보조방법 지도의 환경적 적응도 교육하였다.

2) 사례연구 C씨: 기본적 일상생활활동의 적응과 훈련

C씨는 T5-6 척수종양으로 하지마비가 일어나 감압고리판절제술(decompression laminectomy)을 받고 1주간 재활병동에 입원한 50세 여성이다. C씨의 평가에서 1차적인 문제는 다음과 같다. ① 목욕, 착탈의, 화장실 이용, 대변과 소변 관리와 이동에 수반되는 최소에서 최대 보조, ② 2차적 문제는 몸통과 엉덩관절의 굽힘을 제한하는 척추보조기(문제에 도달할 때까지 제한적으로 착용: 수술 후 8주 동안 착용), ③ 앉기 균형을 약화시키는 몸통과 다리

의 심한 근력 약화(2-/5), ④ 등뼈 중간 부위의 지속적인 통증, ⑤ 피로, ⑥ 우울증의 가능성.

C씨는 안정적인 결혼생활을 하고 있으며 십 대인 두 자녀와 살고 있다. 그녀는 초등학교 보건실에서 근무하였고, 남편은 정규직으로 일을 하고 있다. 그녀는 2층 집에서 살고 있는데, 1층은 반욕조가 있고 2층은 온욕조와 침실이 모두 있다. C씨의 목표는 가족의 도움에 심하게 의존하지 않으며 가정에 돌아와서 가족을 위해 요리하는 것이며 직장으로 돌아가는 것이었다.

〈표 9-8〉은 C씨의 기본적 일상생활활동의 적응과 훈련에 대한 것이다.

〈표 9-8〉 C씨의 기본적 일생생활활동의 적응과 훈련

과정		목적	적응과 훈련
장기목표	C씨가 퇴원 전에 일상생활활동이 가능하도록 계획되었다. 1. C씨는 신발과 양말 신기와 발 씻기를 제외하고 모든 기초적 일상생활활동에서 독립적이다. 2. C씨는 미끄럼판 이동, 침대까지 휠체어 이동, 의자 천 갈기, 화장실 이용, 욕자의자로 이동, 차로 이동 등의 활동에서 독립적이다. 3. C씨는 독립적으로 따뜻한 음식을 계획하고 간단하게 준비할 수 있다. 4. C씨는 가정에서 필요한 시설, 즉 침대, 변기, 샤워기, 부엌용품, 전자기기(전화, 컴퓨터, 텔레비전) 등을 이용할 수 있다. 5. C씨는 매끄러운 도면과 적당한 경사로에서 혼자 휠체어를 움직일 수 있다.	환자의 수행평가 고려하기	"C씨는 자신의 능력과 제한에 대해 현실적 관점을 지닌 것 같아 보인다. 그녀는 자신을 과소평가하여 할 수 있는 것도 할 수 없다고 느낀다. 몸단장은 완전히 할 수 있고, 얼굴, 팔, 대퇴부를 씻을 수 있고, 스스로 식사할 수 있다."
		치료 내용, 빈도, 기간	"팀 회의에서 우울증에 대한 논의를 할 예정이다. 그녀가 임상적으로 우울한 증상이 있다면, 항우울제가 통증관리에 도움이 되고 피로를 감소시킬 수 있기 때문에 그녀는 평가되어야 한다. 그러면 그녀가 치료에 좀 더 적극적으로 참여할 것이라고 생각한다. 당장 매일 치료에 90분을 할애하기는 어렵다. 중간에 나는 과제에 도전하기 위해 신체적으로 균형을 바로잡고 인지능력에 더 많이 의존하고, 가정의 출입구를 편하게 만들 계획을 세우는 것이 필요하다."
		계획에 대한 환자의 동의 확인하기	"C씨는 그녀가 3주 만에 완성할 수 있을지 의심하지만 목표를 달성하겠다는 강한 의지를 보이고 있다. 그녀의 자기효능감이 지금은 낮은 것 같지만 치료 시에는 강조할 필요가 있다. 또한 가족이 처음에는 작은 단계에도 어찌할 바를 모르지만 진전을 도울 수 있도록 치료에 대한 기대에 참여하여 도와주어야만 한다."

단기목표와 경과요약	1. C씨는 적절한 보조기기를 이용하여 속옷을 입을 때 최소의 도움을 필요로 한다. 보조공학사는 C씨가 등 보조기를 착용하는 동안 신발 신기를 숙련하기가 매우 어려워 탄력 스타킹을 신도록 했다. 보조공학사는 C씨가 제시된 과제에 도전하도록 설명했고, C씨는 보조도구 없이 발에 손을 뻗을 수 있었다. 보조공학사는 C씨가 보조기를 벗을 때까지 남편의 도움을 받아 신발과 양말을 신도록 허락했다. C씨는 침대를 올려 등을 기대어 길게 앉기 자세를 취하게 되었다. 그녀는 효율성을 증대시키기 위해 옷 입는 막대(dressing stick)로 이용하면서 최소의 도움과 구두 지시로 바지를 발 위로 입을 수 있을 것이다.	환자의 이해 정도 평가하기 환자가 하고 있는 것 이해하기	"C씨는 그녀에게 가르친 방법(예: 미끄럼판으로 이동하는 단계)을 기억하고 지시에 잘 따르나 아직 문제해결을 시도하는 데 도움이 필요하다. 예를 들면, 그녀가 에너지 보존 원리를 요리 과제에 적용하는 방법을 활용할 수 있도록 한다. 그녀는 우울증 진단을 받았고, 약물치료를 시작했다. 그러나 실제 3주 동안 변화를 기대할 수 없고 그때쯤 집에 돌아갈 것이다. 그녀는 가족이 앉는 긴 의자로 이동하고, 휠체어 없이 앉아 TV 시청을 하기를 원한다."
	2. C씨는 혼자서 카테터를 주입할 것이다. C씨는 몸통을 구부리지 못하게 하는 등 보조기 때문에 요도관을 볼 수 없었다. 따라서 다리를 벌려 볼 수 있게 만든 구부러진 피부 관찰용 거울(flexible para inspection mirror)이 달린 다리 벌림 장치를 제공받았다.		"C씨는 이동, 바지 입기와 같은 신체적 과제를 내가 기대했던 것보다 조금 더 빨리 향상시키고 있다. 그녀는 이동하는 방법을 빠르게 향상시켰고, 바지를 입을 때 드레싱 스틱을 조작할 수 있기 때문에 움직임을 두려워하지 않는다."
	3. C씨는 휠체어에서 미끄럼판으로, 침대에서 휠체어로, 또는 평평하고 딱딱한 경사로로 이동할 때 감독을 요구할 것이다. C씨는 미끄럼판으로 이동하는 활동을 빠르게 향상시켰다. 보조공학사는 C씨가 균형을 잃거나 이동 시 앞으로 기울어지는 것을 즉시 감독해야 한다. 보조공학사는 C씨의 남편과 자제들에게 그녀가 이동하는 동안 안내하는 방법을 교육했다. 그래서 내가 가족을 방문했을 때 의자로 이동하는 것이 가능했다.	실체 수행과 기대치 비교하기	
	4. C씨는 구두 지시와 보조지원이 혼합된 박스를 토대로 브라우니 빵을 준비할 것이다. C씨는 요리 과제에 앞서 에너지 보존법을 교육받았고, 과제에 요구되는 에너지를 감소시키기 위해 사용할 수 있는 세 가지 전략을 치료사로부터 확인했다. 그녀는 과제 완성을 위해 리쳐(reacher), 바퀴 달린 차(cart), 오븐 장갑(oven mitt)을 사용했다.	환자에 대해 알기 배경 이해하기	

	5. C씨의 남편은 휠체어의 출입을 용이하게 하기 위해 집 안을 개조하기 전에 1층의 도면을 가지고 와서 보조공학사가 요구한 대로 측정할 것이다. C씨는 2주가 되었을 때 그들은 집의 중요한 변화를 인식했고, 남편은 요구되는 정보를 알았다. C씨는 특히 욕실이 휠체어가 들어가기에 2.5cm가 좁다는 것을 알았다.		"나는 가정활동의 계획과 평가에서 오는 문제에 대해 기대하지 않는다. 그런 종류의 문제가 그녀에게 장애가 있다는 현실을 그녀와 그녀의 남편이 사는 가정으로 몰고 있다고 생각한다. C씨는 특히 욕실에서 힘들어하는 것 같다. 나는 그녀 남편이나 친구가 화장실에 들어갈 수 있을 만큼 충분한 공간이 확보되는 큰 문으로 재설계하길 바란다. 나는 그녀가 보조기를 벗을 때까지 병원 침대에 있는 것이 더 좋을 것이라고 생각한다. 그 이유는 보조기가 옷을 입을 때 앉기 균형과 침상 이동을 도와주기 때문이다. 그러나 이것은 C씨와 그녀의 남편에게 힘든 결정임에 틀림이 없다."
다음 단계	• 환자가 적절한 보조기기와 방법을 이용하여 기본적 일상생활활동, 이동, 요리가 진전되도록 단기목표를 계속 수정한다. • 집 평가, C씨와 남편의 협동하에 가정 프로그램을 제공하고 가장 좋은 해결을 결정하기 위해 추천해 준다. • C씨와 남편이 출입구와 최종 권고를 검토하기 위해 집을 방문하여 완성한다.	환자의 현재 및 미래의 관심사 예측하기	"나는 C씨의 작업 수행이 독립적으로 잘 진행될 거라고 생각한다. 나는 집 개조가 더 중요한 것이 될 것이라고 예상한다. 그녀는 2층 침실과 욕실에 들어갈 수 있기를 원하지만, 그러기 위해서는 값비싼 계단 오름 장치가 필요하다. C씨는 인지적으로는 문제를 이해하지만 정서적으로 선택이 어렵다고 생각한다. 일시적으로 집 안을 개조하는 것(거실을 그녀의 침실로 바꾸기, 그녀가 화장실에 출입할 수 있도록 커튼 달린 욕실문으로 교체하기 등)은 심리적으로 장애를 더 심하게 느끼도록 한다. 이것은 그녀가 퇴원 후에도 계속해서 다루어야 할 문제라고 생각한다."

참고문헌

박지환, 김연주(2014). 일상생활활동: 생활환경과 여가활동(2판). 서울: 현문사.

보건복지부(2014). 한국장애인 개발원, 장애인보조기구 정보 편람.

이경민(2005). 일상생활활동 방법론. 서울: 영문출판사.

이정원 외 38명(2015). Trombly's 작업치료학(7판). 서울: 한미의학.

정장훈, 김경윤, 김형동, 박종항, 서태수, 송주영, 안덕현, 이건철, 이규리, 이명희, 이주강, 이형수, 정한신, 한상완(2008). 일상생활동작: 환자관리와 기능훈련(4판). 서울: E-PUBLIC.

최혜숙, 권혜련, 김정자, 박수현, 백현희, 양영애, 오혜원, 이성아, 이정숙, 이혜경, 전유진, 채수경

(2011). 아동작업치료학(6판). 서울: 엘스비어코리아.
최혜숙, 정민예, 이재신, 장기연, 박수현 외(2014). Pedretti' s 작업치료학 신체기능장애를 위한 기술(7판). 서울: 엘스비어코리아.

Evmenova, A., Ault, M. J., Bausch, M. E., & Warger, C. (2013). Assistive Technology Provides Supports for Individuals with Intellectual and Developmental Disabilities.
Weisser-Pike, O. et al. (2010). Occupational approaches to facilitate productive aging for individuals with low vision. *OT Practice*, *15*(3), CE-1-CE-8.

국민건강보험공단 www.nhic.or.kr
남캐롤라이나 보조공학 프로그램 http://www.sc.edu/scatp/index.htm
http://www.tamcec.org/
www.wisdomking.com
대구광역시보조기구센터 datc.daegu.ac.kr
대구청각·언어장애인복지관 www.withwith.or.kr
보건복지부 www.mw.go.kr
산재의료관리원 재활공학연구소 www.atc.or.kr
서울시보조공학서비스센터 www.seoulats.or.kr
중앙보조기구센터 www.knat.go.kr
한국보조공학서비스기관협회 www.atall.or.kr

제3부

보조공학 제품의 개발

제10장 보편적 설계와 보조기기 제품설계

1. 인간(장애)과 제품

1) 인간(장애)을 고려하지 않은 일상의 사례

모든 제품은 인간이 설계하고 인간이 사용한다. 그러므로 제품의 생산에 있어서 인간을 배제한다면 실패한 제품이 되고 만다. 신체적 · 정신적으로 기능이 약화된 장애인을 위한 제품의 설계와 생산에서는 더욱 그 중심에 장애인이 있어야 한다. 그러나 [그림 10-1]과 같

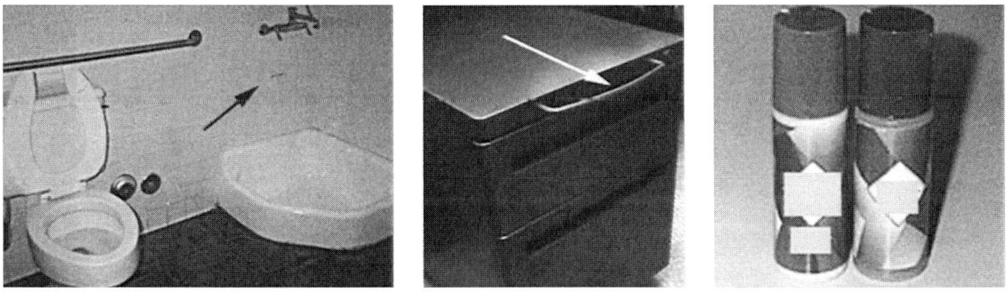

(a) (b) (c)

[그림 10-1] 인간(장애)을 고려하지 않은 일상의 사례

이 우리 주변에는 인간의 기능과 특성을 고려하지 않은 제품들을 많이 찾아볼 수 있다.

[그림 10-1]의 (a)는 어느 레스토랑에 있는 남자 화장실의 모습이다. 흔히 볼 수 있는 좌변기 옆에 용도를 알 수 없는 도기 제품이 설치되어 있다. 화장실을 이용하려고 들어온 사람들은 이 도기를 주인의 의도와는 다른 용도(소변기)로 사용한다고 한다. 레스토랑 주인은 이 도기를 청소용 밀대를 빨기 위한 용도로 설치한 것이다. 참다 못한 주인이 도기의 위쪽에 '이곳은 밀대를 빠는 곳입니다.'란 안내문을 붙였지만 그 뒤에도 도기는 원래의 용도로 사용되지 않은 경우가 많았다. 글자가 너무 작아 잘 보이지 않았기 때문이다(시각기능을 고려하지 않은 사례). (b)는 사무실에서 사용하는 서랍장이다. 디자이너는 이동의 편의를 위해 서랍장의 위쪽에 손잡이를 설치하였다. 그러나 많은 사용자는 서랍을 열기 위해 화살 표시가 가리키고 있는 손잡이를 당기고는 서랍이 잘 열리지 않는다는 불평을 하였다. 손잡이의 위치(배치)가 사용자로 하여금 그 용도를 혼동할 수 있도록 설치되어 있기 때문이다(인지 특성을 고려하지 않은 사례). (c)는 욕실에서 사용되는 면도용 크림과 헤어스타일링 제품의 사진이다. 같은 회사 제품으로 추정되는 두 제품은 색상, 디자인, 크기가 유사한데, 두 제품을 구별해 주는 것은 용기의 표면에 있는 작은 글씨뿐이다. 이 제품을 사용하는 사람들은 면도를 하기 위해 헤어스타일링제를 자신의 얼굴에 곱게 바르는 실수가 아침마다 벌어질 것이다(시각기능을 고려하지 않은 사례).

한편, [그림 10-2]는 장애를 고려하지 않은 일상의 사례들이다. (a)는 음료 등을 판매하는 자동판매기다. 휠체어 사용 장애인들이나 추간판 탈출증 환자들은 자신의 무릎보다 낮은 곳에 설치되어 있는 토출구를 통해 나오는 음료를 잡기 위해 허리를 굽히는 동작에서 불편함과 위험을 감수하여야 한다. (b)는 횡단보도 진입로에 설치되어 있는 주차방지 블록이다. 자동차들이 진입할 수 없도록 견고한 대리석으로 제작되어 있어 보행 통로의 확보나 사고를

(a) (b) (c)

[그림 10-2] 장애를 고려하지 않은 일상의 사례

방지하는 효과는 있으나 시각장애인에게는 보행을 위협하는 설치물이다. (c)는 휠체어 사용 장애인을 고려하지 않은 버스의 모습이다.

2) 인간(장애)을 고려한 사례

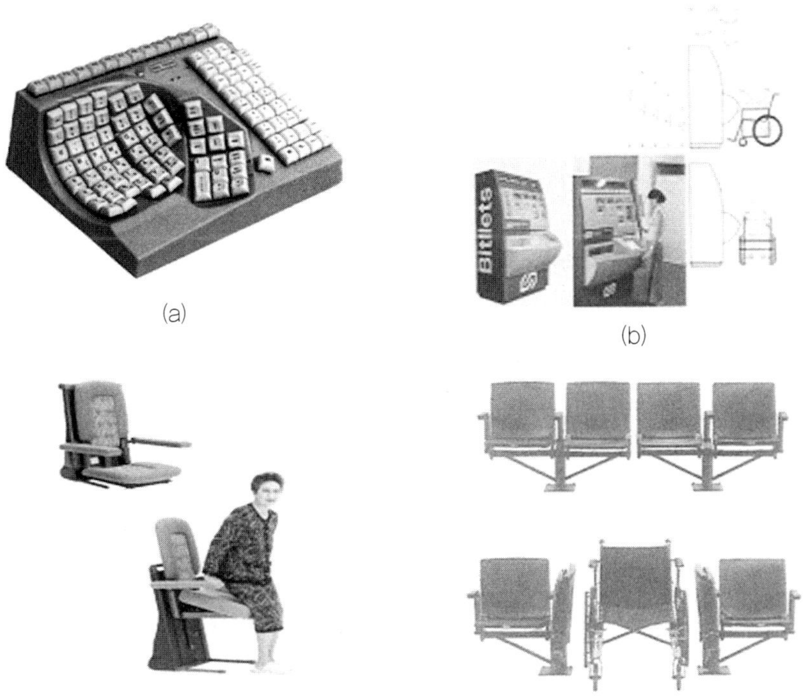

(a) (b) (c) (d)

[그림 10-3] 인간(장애)을 고려한 사례

[그림 10-3]은 인간(장애)을 고려한 일상의 제품 사례들이다. (a)는 한 손만을 사용할 수 있는 장애인을 위한 키보드이며, (b)는 휠체이를 탄 장애인도 편리하게 이용할 수 있도록 설계된 자동판매기다. (c)는 앉고 일어서기가 힘든 노인들을 위한 기립 보조의자이며, (d)는 공연장에 설치된 장애인을 배려한 관람의자다.

동전의 양면과 같이 장점이 있으면 단점도 존재한다. 그러나 단점을 최소화할 수 있는 방법이 있음에도 이를 외면하는 일이 있어서는 안 될 것이다. 이 장에서는 인간의 기능과 장애를 고려한 제품의 설계 및 개발 방법에 대하여 소개하고자 한다.

2. 보편적 설계의 원리

보편적 설계(Universal Design)란 연령이나 능력, 장애의 유무 등에 관계없이 모든 사람들이 제품, 건축, 환경, 서비스 등을 보다 편하고 안전하게 이용할 수 있도록 설계하는 것으로, 로널드 메이스에 의해 처음 주장되었다.

① 평등한 사용(Equitable use)
② 사용에 있어서의 유연성(Flexibility in use)
③ 단순하고 직관적인 사용(Simple and intuition use)
④ 수용 가능한 정보(Perceptible information)
⑤ 사고 방지와 오동작에 대한 수용(Tolerance for error)
⑥ 신체 부담의 최소화(Low physical effort)
⑦ 접근과 이용을 위한 크기와 공간의 확보(Size and space for approach and use)
부칙 1) 내구성과 경제성 배려: 다양한 조건에서 장기간 사용하여도 고장이나 문제를 일으키지 않아야 한다.
부칙 2) 품질과 심미성 배려: 품질이 우수하고 기능성과 심미성의 조화가 이루어져야 한다.
부칙 3) 보건과 환경의 배려: 건강에 유해하지 않고 자연환경을 고려해야 한다.

3. 기기 설계 및 개발 방법

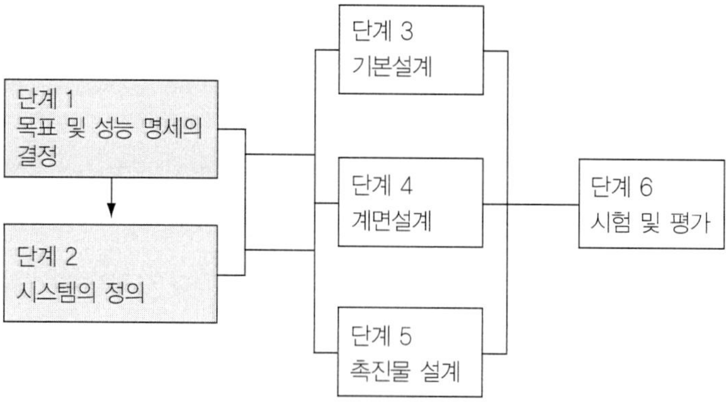

[그림 10-4] 기기설계 절차

1) 기기설계의 주요 단계

① 제1단계: 목표 및 성능 명세의 결정

- 기기가 설계되기 전에 우선 그 목적과 존재 이유를 결정하는 단계
- 목표는 통상 개괄적으로 표현
  - 목표 설정의 예: 시각장애인도 컴퓨터를 사용할 수 있도록 하자.
- 성능 명세는 기존 혹은 예상되는 사용자(집단)의 기술이나 편제상의 제약을 고려하는 등 기기가 사용될 맥락을 반영
  - 성능 명세 결정의 예: 휴대가 가능하도록 하기 위해 작고 가볍게 하자.

② 제2단계: 시스템의 정의

- 시스템이 목적을 달성하기 위한 특정한 기능들을 정의
- 목표를 달성하기 위해서 어떤 기능들이 필요한가에 중점을 둠.
- 시스템의 정의 예: 점자나 음성으로 출력, 통상의 키보드 또는 점자 입력방식, 각종 프로그램 사용 가능, 크기 결정, 무게 결정 등

③ 제3단계: 기본설계

- 이 단계에서 비로소 시스템(기기)이 형태를 갖춤.

④ 제4단계: 계면설계

- 인간과 기계가 소통하기 위한 방법, 절차, 조작장치 등 설계
- 이 시기에 내려지는 설계 결정의 특성은 사용자에게 불편을 주어 시스템의 성능을 저하시킬 수도 있고 반대로 향상시킬 수도 있음.
- 인간의 신체치수, 인지기능, 감각기능, 행동 특성, 장애 특성 등을 반영

⑤ 제5단계: 촉진물 설계

- 만족스러운 기기 사용을 위한 보조물에 대한 계획단계
- 촉진물 설계의 예: 휴대하기 위한 가방, 라디오 기능도 필요하다 등

⑥ 제6단계: 시험 및 평가(사용성 평가)

- 실험절차
- 시험조건
- 피실험자
- 반복

4. 인간(장애)정보를 활용한 기기설계

안전하고, 사용하기 쉽고, 편리한 기기를 만들기 위해서는 기기의 설계단계에서 인간이 가진 기능과 특성을 파악하여 반영하여야 한다. 즉, 설계단계에서 신체치수, 동작 범위, 근력, 시각, 청각, 촉각, 행동, 인지, 생체역학, 감성 등의 요소가 반영되어야 한다.

1) 신체치수(인체측정)

인체측정과 측정 항목을 살펴보면 다음과 같다.

(1) 측정의 종류

• 형태학적 측정: 무게, 길이, 면적 등

• 기구운동학적 측정: 관절운동의 범위

• 생체학적 측정: 근력, 피로, 감각, 지각 등

(2) 척도와 측정점

• 척도(尺度): 길이, 무게, 부피, 운동 범위

• 측정점: 생체의 피부에서 만질 수 있는 뼈의 돌기와 관절부

(3) 인체측정 치수의 종류

① 정적 치수(static dimension): 신체를 고정한 자세에서 측정한 것([그림 10-5] 참조)

• 골격치수(skeletal dimension): 관절중심 사이의 치수

• 외곽치수(contour dimension): 머리둘레 등 피부표면 치수

② 동적 치수(dynamic dimension): 신체의 활동 상태에서 측정한 것([그림 10-6] 참조)

• 신체의 동작 범위(range of motion)

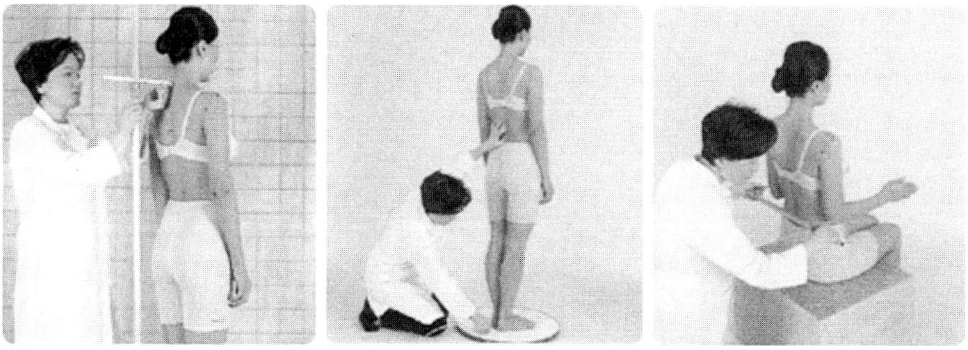

[그림 10-5] 정적 측정

출처: Sizekorea에서 인용.

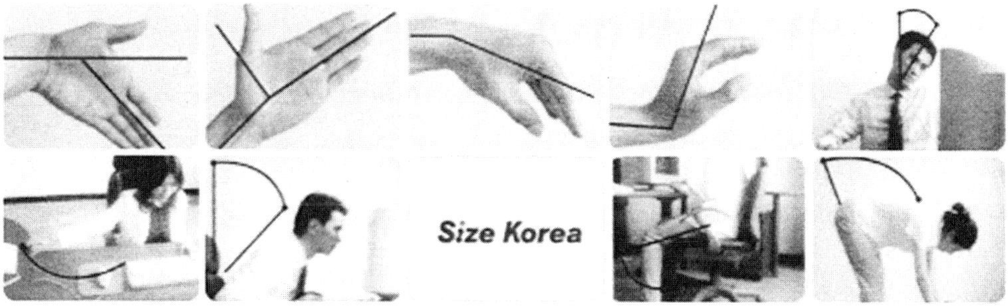

[그림 10-6] 동적 측정

출처: Sizekorea에서 인용.

(4) 휠체어 설계를 위한 인체측정

휠체어 설계를 위해서는 [그림 10-7]에서 표시한 인체 각 부분의 측정이 필요하며, 측정된 값은 〈표 10-1〉과 같이 정리할 수 있다. 〈표 10-1〉은 지체장애인 중 뇌병변장애인과 근골격계장애인의 신체적인 특성을 비교하기 위하여 평균값을 찾아내어 정리한 것이다. 설계를 위한 인체측정 자료는 〈표 10-2〉에서 보는 바와 같이 백분위수로 정리되어야 한다.

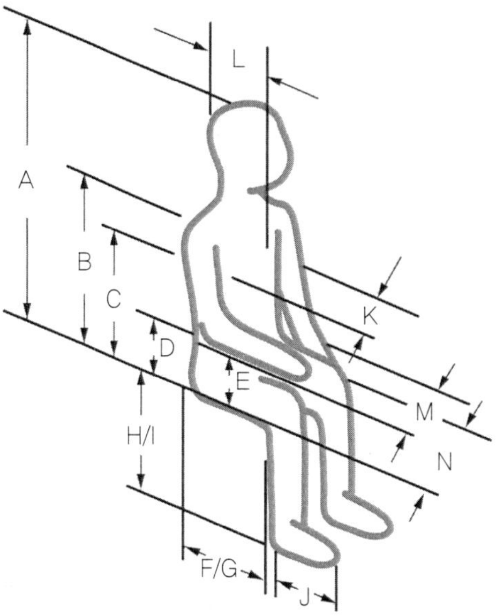

A: 앉은키(Sitting height)
B: 앉은어깨높이(Shoulder height)
C: 앉은겨드랑이높이(Axilla height)
D: 앉은장골능높이(Iliac crest height)
E: 앉은팔꿈치높이(Elbow height)
F: 앉은넙다리길이(R)(Femoral length(R))
G: 앉은넙다리길이(L)(Femoral length(L))
H: 앉은오금높이(R)(Leg length(R))
I: 앉은오금높이(L)(Leg length(L))
J: 발길이(Foot length)
K: 가슴너비(Trunk width)
L: 가슴두께(Trunk thickness)
M: 엉덩이너비(Buttock width)
N: 무릎너비(Knee width)

[그림 10-7] 휠체어 설계를 위한 측정 항목

〈표 10-1〉 평균값으로 정리한 휠체어 사용자의 인체치수(예)

측정 항목		지체장애(n=55)		뇌병변장애(n=46)		p-값*
		남(n=48) (평균±D)	여(n=7) (평균±D)	남(n=29) (평균±D)	여(n=7) (평균±D)	
길이 항목	A: 앉은키	85.1±6.9	81.6±7.1	79.4±7.0	74.4±6.5	0.000
	B: 앉은어깨높이	55.2±4.9	52.3±6.3	50.8±5.1	50.2±6.3	0.000
	C: 앉은겨드랑이높이	44.2±4.4	41.6±4.9	40.2±6.3	39.4±5.0	0.000
	D: 앉은장골능높이	15.2±3.3	12.9±2.0	16.4±6.0	13.6±2.5	0.981
	E: 앉은팔꿈치높이	23.0±5.0	23.0±5.5	23.6±9.0	21.0±3.9	0.805
	F: 앉은넙다리길이(R)	45.5±5.7	43.1±4.4	44.2±5.8	41.8±4.5	0.042
	G: 앉은넙다리길이(L)	45.4±5.9	43.6±4.4	44.4±6.3	42.2±4.8	0.117
	H: 앉은오금높이(R)	41.0±4.0	37.9±3.9	38.4±4.2	37.8±5.3	0.003
	I: 앉은오금높이(L)	40.9±4.5	37.9±3.9	38.2±4.8	37.7±4.6	0.006
	J: 발길이	26.5±2.6	24.1±2.4	24.3±2.6	22.4±2.8	0.000
넓이 항목	K: 가슴너비	33.9±4.5	30.0±3.4	31.1±5.6	28.9±3.9	0.001
	L: 가슴두께	19.7±4.4	21.1±3.6	18.1±3.8	17.4±2.9	0.032
	M: 엉덩이너비	33.6±4.2	29.1±4.8	29.6±4.4	30.5±3.7	0.000
	N: 양무릎너비	28.0±8.1	20.9±5.0	24.8±7.7	23.1±5.2	0.040

(R): 오른쪽, (L): 왼쪽, (*): 지체장애와 뇌병변장애의 인체측정 항목 T-test

〈표 10-2〉 백분위수로 정리한 휠체어 사용자의 인체치수

측정항목		근골격계장애(n=55)				뇌병변장애(n=46)				p-값*
		남성(n=48)		여성(n=7)		남성(n=39)		여성(n=7)		
		5%tile	95%tile	5%tile	95%tile	5%tile	95%tile	5%tile	95%tile	
길이 항목	A: 앉은키	76.7	98.7	71.2	89.1	70.8	90.0	67.4	84.5	0.000
	B: 앉은어깨높이	46.4	62.3	44.9	61.0	43.8	60.2	41.6	60.3	0.000
	C: 앉은겨드랑이높이	35.4	50.7	34.9	47.5	31.4	50.6	32.0	48.0	0.000
	D: 앉은장골능높이	10.0	20.7	11.0	15.7	9.4	26.6	9.0	16.3	0.981
	E: 앉은팔꿈치높이	15.4	30.7	18.0	30.1	13.4	42.8	15.0	27.3	0.805
	F: 앉은넙다리길이(R)	38.0	55.7	36.8	47.7	36.8	53.6	36.0	48.8	0.042
	G: 앉은넙다리길이(L)	38.0	55.7	36.8	47.4	37.0	53.6	36.0	49.3	0.117
	H: 앉은오금높이(R)	34.3	47.7	31.8	41.4	30.8	45.6	29.8	44.0	0.003
	I: 앉은오금높이(L)	34.3	47.0	31.8	41.4	29.4	45.6	30.8	43.5	0.006
	J: 발길이	23.0	29.4	20.9	26.7	20.0	26.6	18.4	26.5	0.000
넓이 항목	K: 가슴너비	28.0	40.0	24.9	33.4	25.0	39.2	23.8	34.5	0.001
	L: 가슴두께	13.0	27.7	16.9	25.4	12.4	22.6	13.8	22.3	0.032
	M: 엉덩이너비	28.0	38.0	23.6	34.7	22.0	34.6	23.8	35.5	0.000
	N: 무릎너비	16.3	41.0	14.2	27.1	15.0	38.6	16.8	31.3	0.040

(R):오른쪽, (L):왼쪽, *:근골격계장애와 뇌병변장애의 인체측정 항목 T-검사

2) 동작 범위/공간을 고려한 설계

휠체어 사용자의 동작범위와 공간을 살펴보면 [그림 10-8]과 같다.

3) 인간의 행동 특성을 고려한 설계

예제: 손 조작기의 고려요소

(1) 손 조작기 설계 시 고려하여야 할 항목

- 손의 크기(치수), 손의 형태, 손의 기능(성능)
- 조작 방향: 양립성(compatibility)
- 코딩(coding): 조작기기의 구별

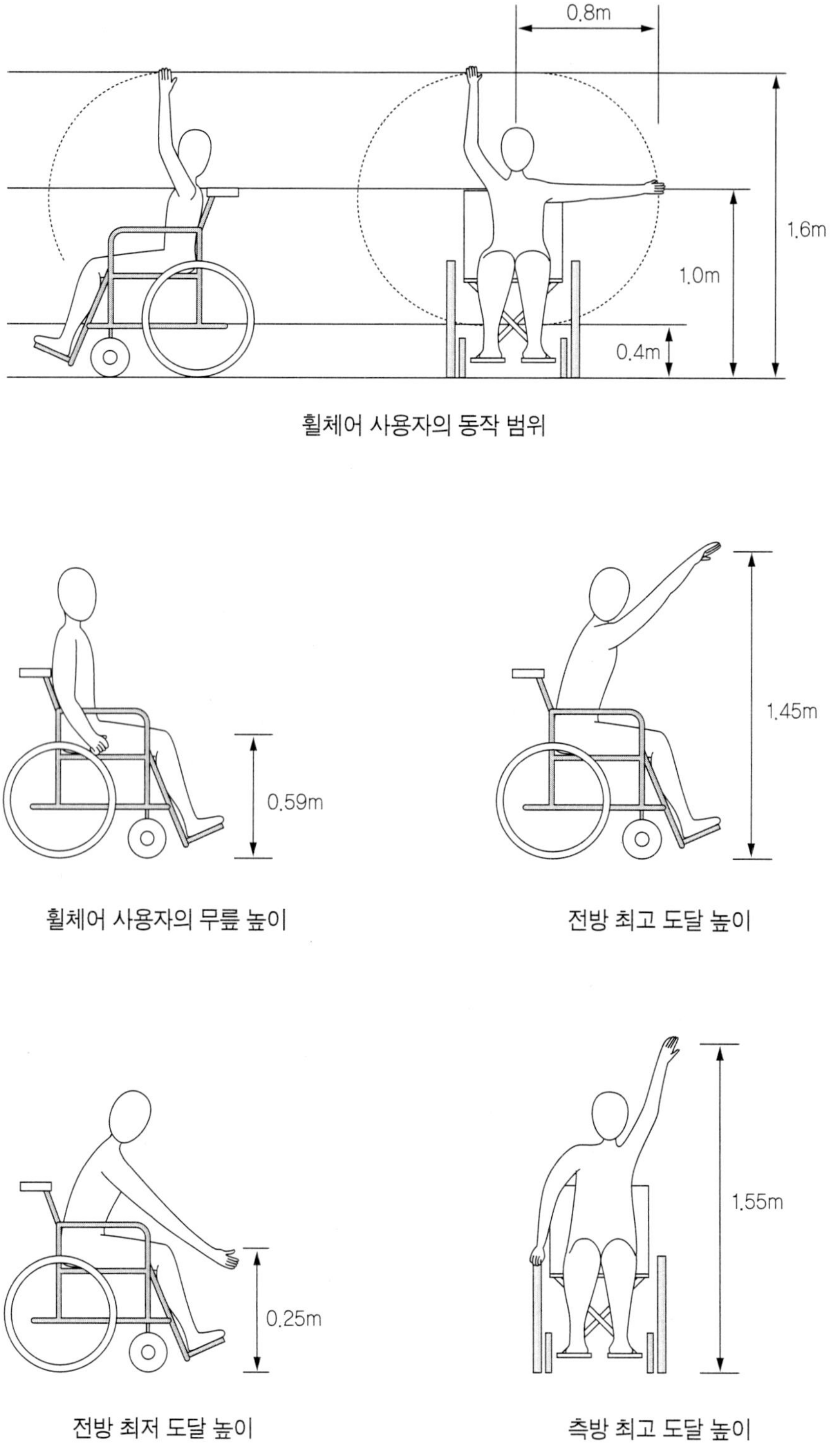
0.8m
1.6m
1.0m
0.4m
휠체어 사용자의 동작 범위
0.59m
1.45m
휠체어 사용자의 무릎 높이
전방 최고 도달 높이
0.25m
1.55m
전방 최저 도달 높이
측방 최고 도달 높이

(a)

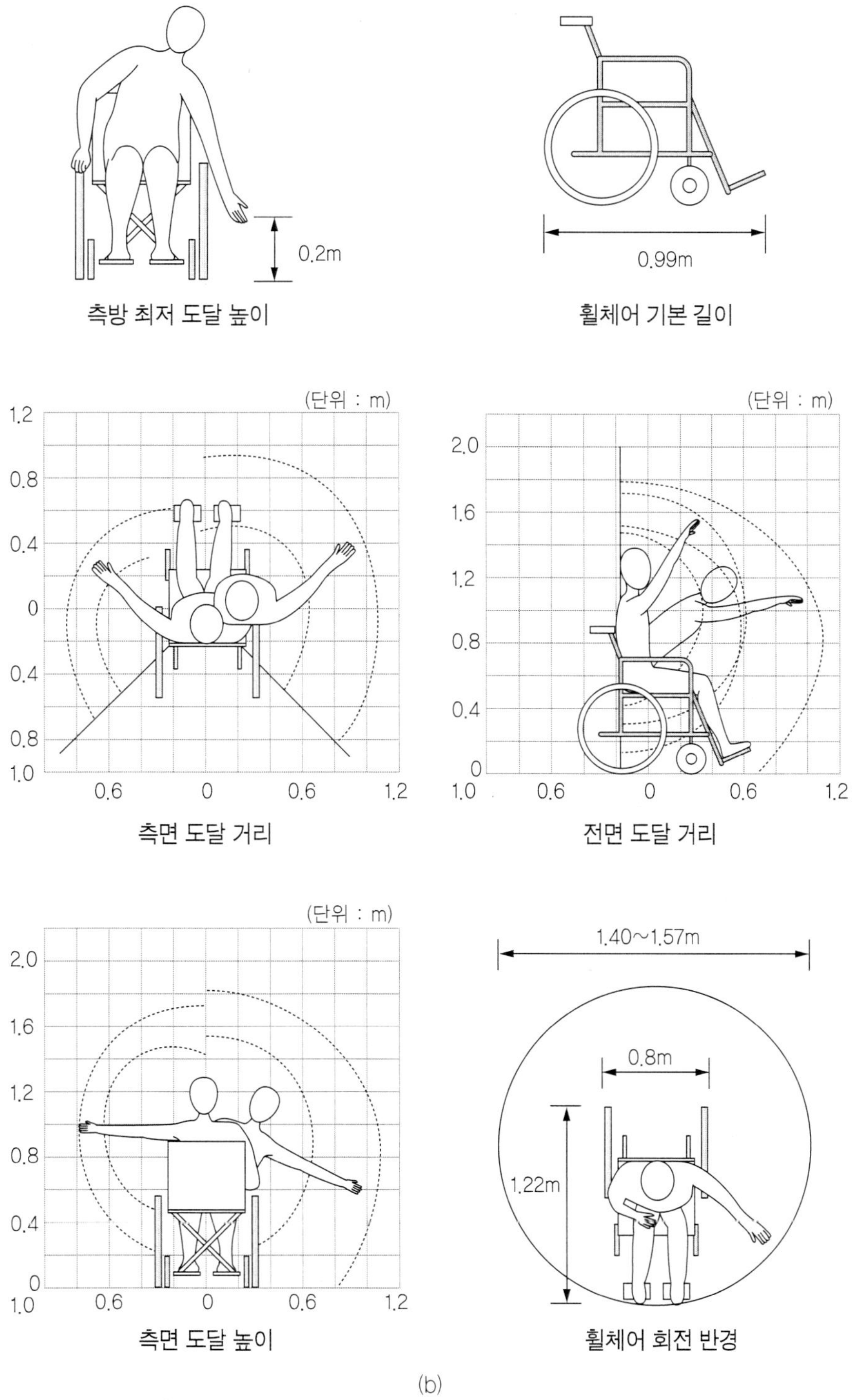

[그림 10-8] 휠체어 사용 장애인의 동작범위 측정

출처: 한국장애인개발원(2011)에서 재인용.

(2) 핸들 조작 방향과 배치

〈표 10-3〉 핸들 조작 방향과 배치

조작방법 / 조작방향	N 조작	P 조작
	보다 소극적 방향으로의 조작	보다 적극적 방향으로의 조작
손잡이 조작 방향	아래쪽으로 왼쪽으로 몸 쪽으로(당긴다) 시계 반대방향으로	위쪽으로 오른쪽으로 앞쪽으로(민다) 시계 방향으로
손잡이가 두 개 있을 경우의 배치	아래 왼쪽 몸 쪽	위쪽 오른쪽 앞쪽

(3) 코딩의 종류

① 위치 코드화(location coding)

- 조작자가 그 위치를 눈으로 확인하지 않더라도 조작 가능하게 배치한다.
- 조작기가 앞쪽 어깨높이에 있다면 식별력이 높아진다.
- 수직으로 기기를 배치하는 것이 식별력이 높다.
- 사용 빈도가 높고 중요한 기기는 작업자의 전방에 위치시킨다.

② 라벨 코드화(label coding)

- 라벨(이름표)을 붙여서 기기의 용도를 확인한다.
- 사용자의 시각 성능을 고려한다.
- 지나치게 크거나 작은 라벨은 좋지 않다.
- 글자체, 글자의 크기, 획폭 비 등을 고려하여야 한다.

③ 색채 코드화(color coding)

- 식별 효과는 크지만 열 종류를 넘지 않도록 한다.
- 일반적으로 적색, 주황, 황색, 녹색, 청색을 사용한다.
- 어두운 곳에서도 분간하기 쉬운 색상을 사용한다.

④ 형상 코드화(shape coding)

- 조작기의 형상을 다르게 한다.
- 5~9가지를 넘지 않는 것이 좋다.
- 형상 코드의 예([그림 10-9] 참조)
  - 클래스 A: 1회전 또는 그 이상 회전하는 연속제어용
  - 클래스 B: 1회전 미만의 연속제어용
  - 클래스 C: 노브의 위치와 방향이 중요성을 지닌 단계적 제어 또는 연속제어용. 온 · 오프 스위치는 노브의 방향이 온 · 오프를 가리킨다.

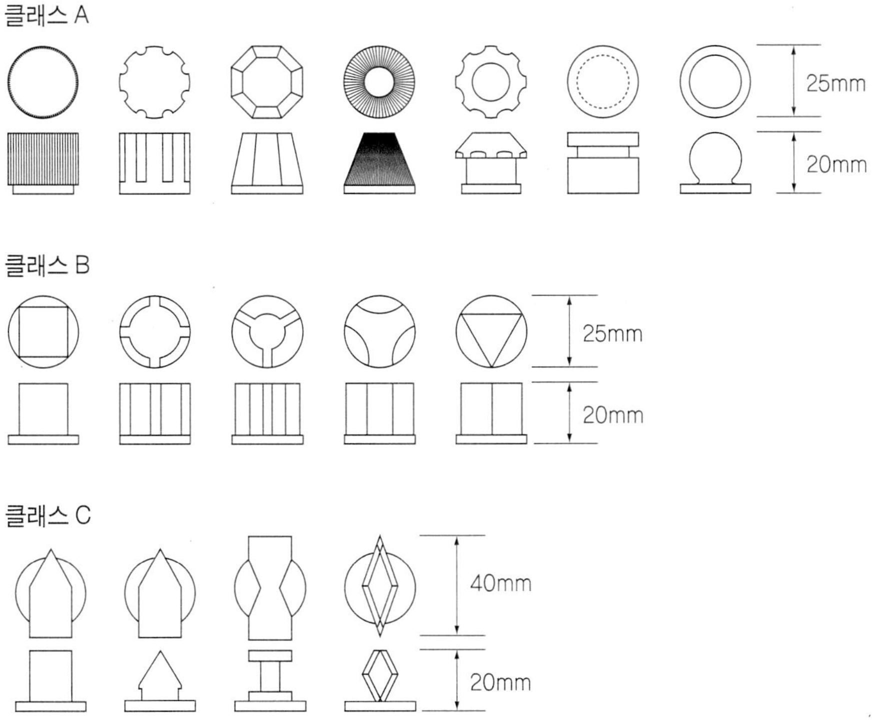

[그림 10-9] 형상 코드의 예

출처: 조영일 역(1998)에서 인용.

⑤ 크기 코드화(size coding)

- 대상과 대상 사이의 크기가 20% 이상 차이가 나지 않으면 손에 잡힌 대소의 차이를 구

분할 수 없다.

- 일반적으로 대, 중, 소 3단계로 구분한다.
- 다른 코딩방법과 중복하여 사용하는 것이 좋다.

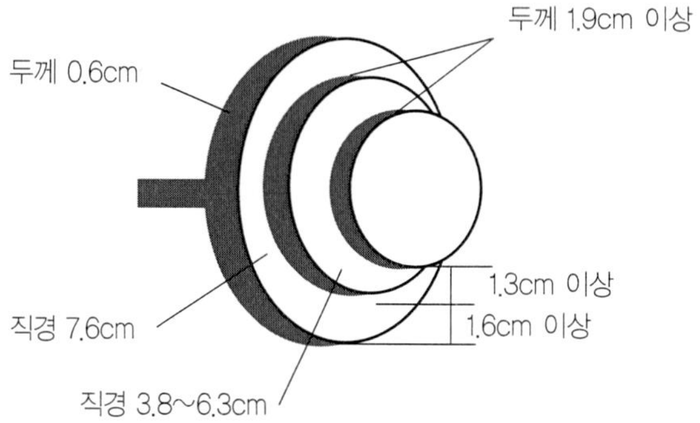

[그림 10-10] 크기 코드화 설계의 예

⑥ 촉감 코드화(texture coding)

- 손에 잡히는 촉감을 다르게 코딩한다.
- 3~4가지 정도가 적당(매끄럽다, 거칠다 등)하다.
- 촉감에 의한 체험의 분류
  - 표면촉: 감각기관의 끝이 표면에 닿았을 때의 느낌
  - 공간에 충만되는 촉감: 기류(공기의 흐름)가 손이나 얼굴 등에 닿았을 때의 느낌
  - 공간촉: 물체와 손 사이에 끼워진 두께의 느낌(예: 의자 쿠션의 느낌)
  - 투촉면: 공간촉과 유사하지만 장갑이나 종이 등 좀 더 얇은 경우를 투과하여 느끼는 경우

⑦ 조작방법 코드화(operation method of coding)

- 동작의 방향
- 변위량
- 저항양식
- 다른 코딩방법과 조합하여 사용하는 것이 좋다.

4) 인지정보를 이용한 설계

(1) 좋은 개념의 모형을 제공하라

① 제품에 대한 인지모형(mental model)

• 장치의 작용과 가시적 구조를 지각하고 해석함으로써 형성된 정신적 모델

• 주로 경험, 훈련, 지시를 통하여 형성됨.

② 디자이너와 사용자의 모형을 일치시켜야 한다([그림 10-11] 참조).

(2) 단순하게 하라

① 5개 이상을 한 번에 기억하도록 요구하지 않아야 한다.

② 기억해야 할 것을 도와주는 기능을 두어 기억의 부담을 줄여 준다.

③ 기술적 보조물을 이용하여 기능의 종류를 근본적으로 쉽게 전환하여 준다.

④ 깊고 넓은 구조를 더 좁고 얕은 구조로 변화시킨다.

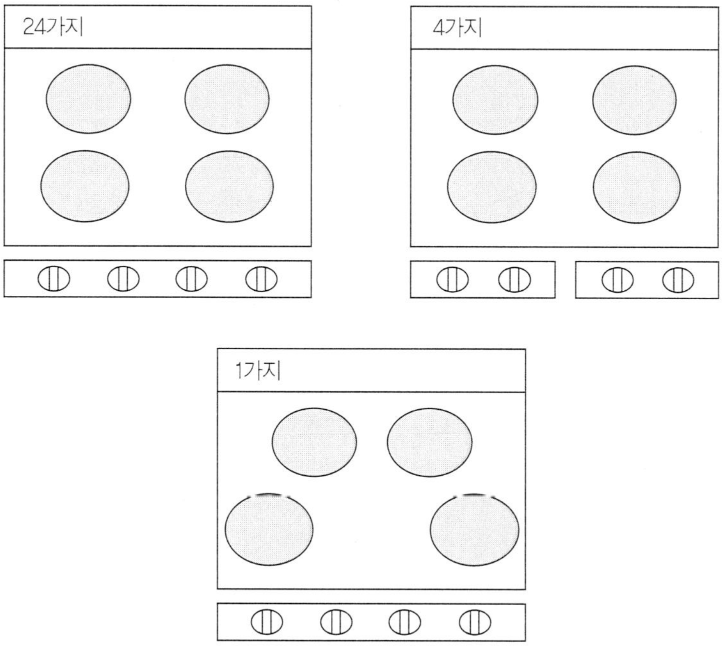

[그림 10-11] 가스레인지의 불판과 조절장치의 설계

(3) 가시성(visibility)

① 쉽게 조작할 수 있도록 중요 기능을 가시화한다.

② 사용자가 제품의 작동 상태를 파악할 수 있도록 나타낸다.

③ 무엇이 가능하고, 무엇을 해야 하는지에 관한 단서를 제공한다.

④ 잊기 쉬운 사용방법은 제품 어디엔가 제공하도록 하라.

⑤ 상태 파악을 위해 가시성을 확보하라.

(4) 피드백(feedback)의 원칙

① 사용자에게 작동의 결과를 알려 주는 것([그림 10-12] 참조).

② 실행과 평가의 간격을 줄이기 위해 피드백이 필요하다([그림 10-13] 참조).

③ 기계 상태의 표시

• 가능한 한 사용자의 모든 입력에 대하여 피드백하라.

[그림 10-12] 피드백이 없으면?

• 실행과 평가의 간격을 줄이기 위한 피드백 필요

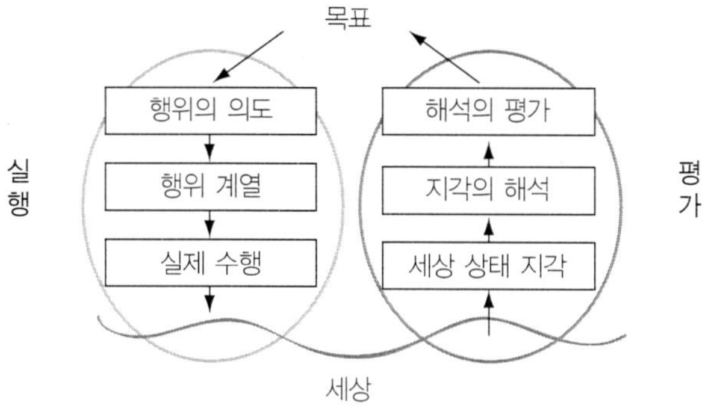

D. A. Norman의 행위의 7단계

[그림 10-13] 피드백의 필요성

• 사용자가 요구하거나 제공하여야 하는 상태정보는 어떠한 것인가?
• 어떻게 사용자에게 피드백을 해 줄 것인가?
• 시각적 표시(visual): 경고등/하이라이트(high light)/점멸/문자(text)
• 음향/음성 표시(auditory)
• 촉각적 표시(tactile)
• 얼마나 신속하게 반응하여 불확실(uncertainty)을 줄이도록 할 것인가? (2초 이내 권장)

(5) 양립성(compatibility)의 원칙

① 양립성은 기계의 작동, 표시장치의 표시등이 예상하는 바와 일치되는 것을 말한다.
② 양립성의 종류에는 운동 양립성, 공간 양립성, 개념 양립성이 있다.
③ 양립성의 기원
• 본질적 습득(핸들 회전과 회전 방향)
• 문화적 습득(스위치의 온 · 오프)

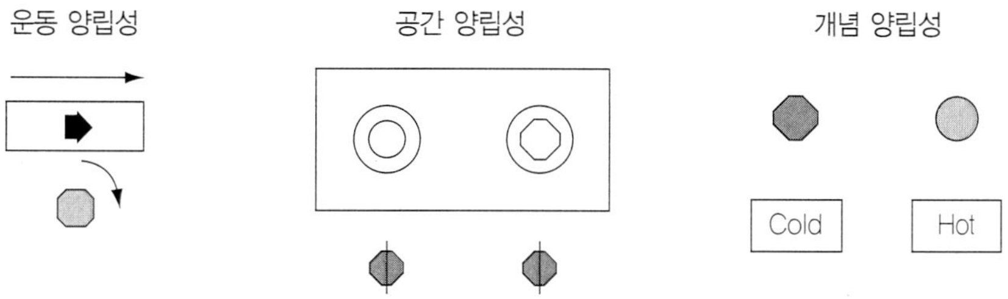

[그림 10-14] 양립성의 종류

(6) 제약과 행동 유도성

① 제약의 종류
• 물리적 제약

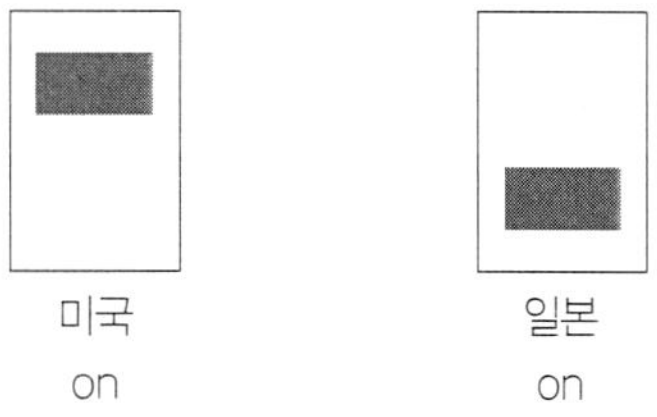

[그림 10-15] 미국과 일본의 스위치 ON위치

- 의미적 제약
- 문화적 제약
- 논리적 제약

② 행동 유도성

- 사물을 어떻게 다룰 것인가에 대한 단서 제공
- 좋은 행동 유도성을 가진 디자인
  - 사용자는 단지 보기만 하여도 무엇을 해야 할지 알 수 있다!
  - 그림도, 표시도, 설명도 필요 없다!

(7) 오류 방지를 위한 강제적 기능

① 어떠한 단계에서 실패가 생기면 다음 단계로 넘어가는 것이 차단되도록 행동이 제약되는 상황

② 잘못된 행동을 발견하기 쉽게 만드는 강력한 물리적 제약

③ 사용 시 불편을 최소화하며 안전성을 확보하기 위한 강제적 기능의 디자인 필요
유형: Interlock, Lockin, Lockout

(8) 안전설계 원리

① 제품 사용상의 안전을 확보하기 위한 설계 원리를 말한다.

② 안전설계의 종류

- 페일 세이프(Fail safe): 고장이 발생한 경우라도 피해가 확대되지 않고 단순고장으로 마무리되도록 하는 설계 개념
- 풀 프루프(Fool proof): 사용자가 조작 실수를 하더라도 사용자에게 피해를 주지 않도록 하는 설계 개념
- 템퍼 프루프(Temper proof): 고의로 안전장치를 제거하는 데 대비한 예방설계 개념

4) 시각 특성을 이용한 설계

(1) 눈의 구조 및 시각처리

인간의 눈은 공과 같이 둥글며, 각막을 통해 들어온 빛은 수정체, 유리체를 지나 망막에 도달한다. 망막에는 시세포들이 존재하는데 빛을 감지하여 이를 전기적 신호로 바꾼 후 시

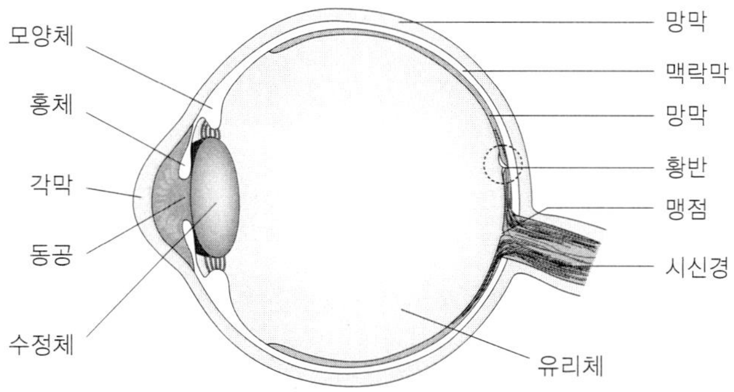

[그림 10-16] 눈의 구조

신경을 통하여 대뇌의 시각중추에 전달한다.

(2) 중심오목과 각거리

[그림 10-17]에서 0°는 황반이 위치한 지점이며 빗금친 부분은 맹점이 위치한 곳으로 시력이 없는 곳이다. 그림에서 나타난 바와 같이 중심오목으로 멀어질수록 시력은 낮아진다.

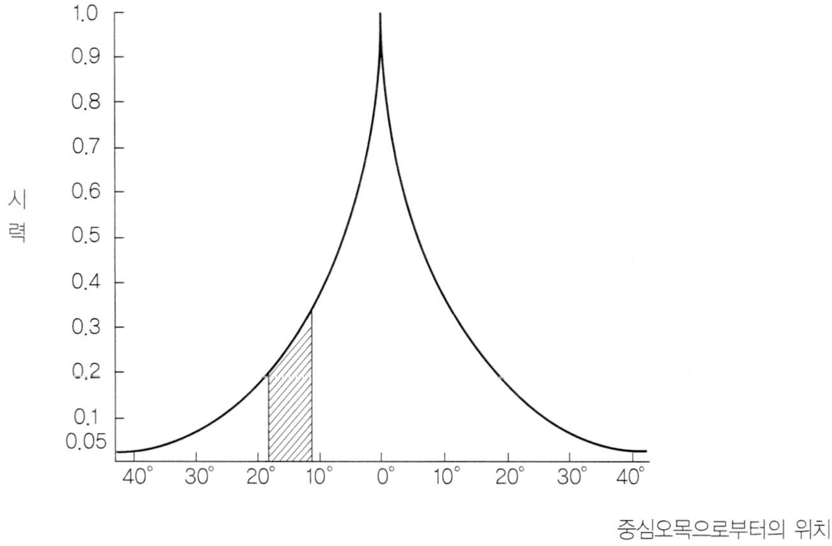

[그림 10-17] 중심오목과 각거리

(3) 망막의 구조

망막(網膜)은 바깥 부분에서부터 색소상피층, 시세포층, 시신경섬유층의 구조로 되어 있다.

① 색소상피층

② 시세포층

- 원추세포(cone): 0.01 Lux 이상에서 반응, 시력이 높고, 색감이 있음.
- 간상세포(rod): 0.02 Lux 이하에서 반응, 시력이 낮고, 색감이 없으며 명암만 구별함.

③ 시신경섬유층

(4) 중심와(中心窩, fovea, 중심오목, 황반)

① 원추세포가 가득하다[명용(明用), 약 700만 개].

② 간상세포는 없다[암용(暗用), 약 1억 3천만 개)].

- 암순응: 약 1시간(30~40분)
- 명순응: 1~2분

(5) 상징적 시각표시 도안의 원칙

상징적 시각표시는 단순하고 명료하여야 한다([그림 10-18] 참조).

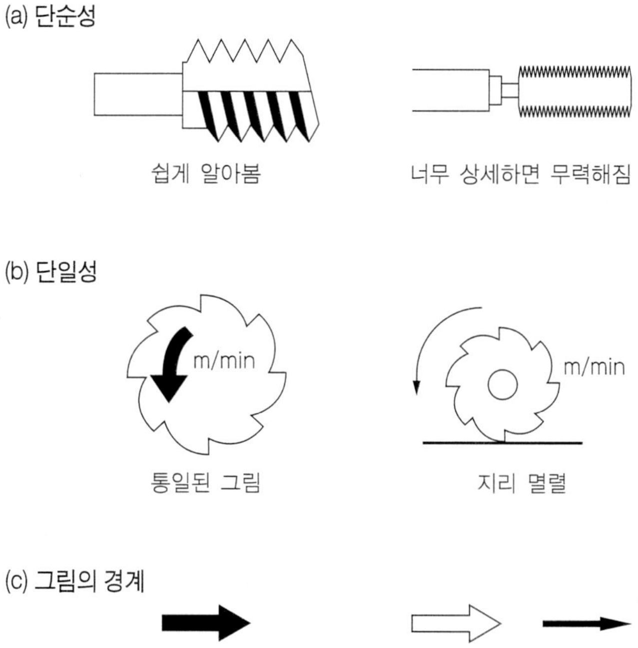

(d) 테두리

(e) 그림/바탕

[그림 10-18] 상징적 시각표시의 원칙

5) 청각 특성을 이용한 설계

(1) 청각과정

인간의 귀는 외이, 중이, 내이로 구분되며, 각각의 구조는 [그림 10-19]와 같다. 청각 신호가 발생하여 진동한 공기는 귀바퀴-외이도-고막-이소골-난원창-달팽이관-기저막-코르티기관-청신경을 거쳐 대뇌의 청각중추에 도착한다.

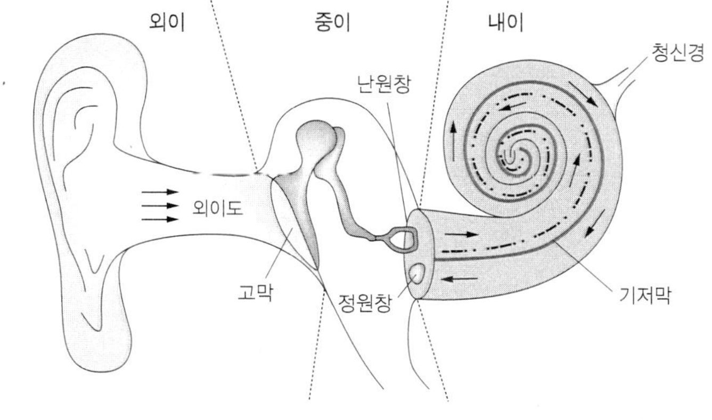

[그림 10-19] 청각과정

(2) 청력손실의 영향

청각손실에 따른 기능의 소실은 〈표 10-4〉에 제시되어 있다.

〈표 10-4〉 청각손실의 영향

청력손실	분류	영향
1~15dB HL	정상청력	–
15~25dB HL	미도청력손실	작은 말소리가 약간 듣기 어렵다.
25~40dB HL	경도청력손실	작은 말소리가 듣기 어렵다.
40~55dB HL	중도청력손실	가끔 정상적인 말소리가 듣기 어렵다.
55~70dB HL	중고도청력손실	경우에 따라 큰 말소리도 듣기 어렵다.
70~90dB HL	고도청력손실	가끔 큰 말소리도 듣기 어렵다.
>90dB HL	심도청력손실	대부분의 소리가 들리지 않는다.

(3) 청력손실에 의한 의사소통장애 유형

① 작은 말소리가 듣기 어려운 경우(경도 청력손실)

- 청력손실이 있는 대부분의 사람은 큰 말소리뿐만 아니라 다른 큰 소리(환경음)도 평상시 듣는 크기로 들린다.
- 이것은 작은 소리를 듣는 감각이 손실된 것이다.
- 소리의 증폭을 통해 문제를 해결할 수 있다. 예를 들어, TV나 라디오의 볼륨을 크게 한다.

② 말소리를 놓치는 경우(고주파수 청력손실)

- 고주파수 청력손실이 있는 사람들은 주로 말소리 중에 일부를 잘못 알아듣거나 질문에 대한 대답이 부적절한 경우가 있다.
- 이것은 말소리 중에 고주파수 음을 듣지 못해 말소리를 잘못 인식하기 때문이다.

③ 소음이 있는 상황에서 말소리의 이해가 어려운 경우

- 사람들은 매우 조용한 상황이나 일대일 상황에서는 말소리를 잘 이해함
- 그러나 배경소음이 있는 경우 말소리를 이해하는 데 어려움을 느끼는 경우가 있다.
- 소음의 크기가 말소리의 크기와 비슷하거나 클 때 나타나는 현상으로 소음이 말소리를 차폐(mask)하기 때문이다.
- 배경에서 말소리를 추출하지 못하는 것이 원인이다.

(4) 청각 특성

① 음의 특성 및 측정

• 주파수(진동수, frequency): 1초당 사이클 수, Hz(hertz) 또는 cps(cycle/s)

• 가청주파수: 약 20~20,000Hz

② 음의 강도(음 세기, sound intensity)

• 단위면적당 동력(watt/m2), dB(decibel)

• 음압 수준(sound-pressure level: SPL)

• $SPL(dB) = 10\log_{10}(p1^2/p0^2) = 20\log_{10}(p1/p0)$

- p1: 측정음압

- p0: 기준음압, $\mu N/m^2 = 20 \times 106\ \mu N/m^2 = 0$ dB = 최소가청음압

(5) 청각 신호의 검출

① 청각 신호는 신호+잡음(Signal+Noise: SN)과 잡음(Noise: N)을 구분한다.

② 은폐 효과(masking effect)로 신호 검출의 역치(threshold)가 상승한다.

③ 음의 감지시간: 0.2~0.3초(순음)

④ 음의 감쇄시간: 0.14초

⑤ 청각 신호로서 지속시간: 0.5초

참고문헌

박경수(1992). 인간공학. 서울: 영지문화사.

손병창(2009). 휠체어 디자인을 위한 기초연구. 특수교육재활과학회지, 48(4).

조영일 역(1998). 인간공학. 서울: 대영사.

한국장애인개발원(2011). 장애인편의시설매뉴얼-복지시설편-

사이즈코리아 홈페이지 http://www.sizekorea.ats.go.kr

제11장 재활 제어인터페이스

1. 재활 제어인터페이스란 무엇인가

1) 재활 제어인터페이스

- 장애인 재활(再活, rehabilitation): 장애인이 가능한 한 신체적, 정신적, 사회적, 직업적 및 경제적으로 최고도의 유용성을 획득할 수 있도록 회복시켜 사회로 복귀시키는 것
- 제어(制御, control): 주어진 입력 및 시스템을 조절하여 그 출력을 원하는 대로 조절하는 것
- 인터페이스(interface): 사물과 사물 또는 사물과 인간 간의 의사소통 또는 이를 가능하도록 만들어진 물리적 · 가상적 매개체
- 재활 제어인터페이스: 장애인 재활을 위해 보조공학기기(Assistive Technology Device)를 사용자와 연결하여 제어할 수 있도록 함으로써 사용자의 의지대로 보조기기가 동작하도록 하는 기술에 관련된 학문. 주로 전기, 전자, 컴퓨터공학 기술의 재활공학에의 적용이 주요 내용을 이룸

2) 인터페이스 3요소

- 제어인터페이스(control interface): 사람이 기기를 제어하거나 동작시키기 위한 장치(키보드, 조이스틱 등)
- 선택 조합(selection set): 선택이 이루어지는 요소(문자, 심벌, 그림, 소리, 촉감)
- 선택방법(selection methods): 제어인터페이스를 선택하는 방법(직접 선택-키보드, 간접 선택-스캐닝)

3) 제어인터페이스의 종류

- 움직임(눈, 머리, 혀, 팔, 손, 다리): 조이스틱, 키보드, 스위치, 리모컨, EMG, EOG 등
- 호흡(날숨, 들숨)을 이용한 방법
- 발성을 이용한 방법: 소리 스위치, 음성 인식 등

4) 제어인터페이스의 적용

제어인터페이스를 적용할 때는 같은 인터페이스 장치이라도 장애 부위, 정도, 인지 수준 등에 따라 차별화하여 적용한다. 이러한 인터페이스 장치로는 일반 키보드, 확장형 키보드, 한 손 키보드, 터치스크린, 혀접촉 키패드, 일반마우스, 조이스틱, 트랙볼, 헤드 마우스, 아이(eye) 컨트롤 마우스, 스캐닝 스위치 등이 있다.

2. 전기 · 전자 기초 개념

1) 전 기

전기는 전하의 존재와 이동에 관련된 물리적 현상을 뜻한다. 물질을 이루는 가장 기본적인 구성요소인 원소를 구성하고 있는 +전하(양자)와 −전하의 상호작용에 따른 힘과 움직임에 의해 발생한다. 쿨롱의 법칙(Coulomb' Law)에 따르면 같은 극성을 띤 전기는 서로 밀어내는 반발력이 발생하고 서로 다른 극성을 가진 전기는 서로 당기는 흡인력이 발생한다.

이때 발생하는 힘의 크기는 두 전하량의 크기의 곱에 비례하고 두 전하 사이의 거리의 제곱에 반비례한다(김진사, 왕종배, 홍선표, 2006).

2) 전 자

전자는 모든 물질의 구성요소 중의 하나로 음전하를 가지는 질량이 아주 적은 입자다. 전자의 전하량은 일정하며 모든 물질은 이 전하량의 정수배만큼의 전하량을 갖는다. 전자는 어느 원소에 있든지 모든 물리적 성질이 동일하고 전하의 부호가 반대인 양전하가 존재한다.

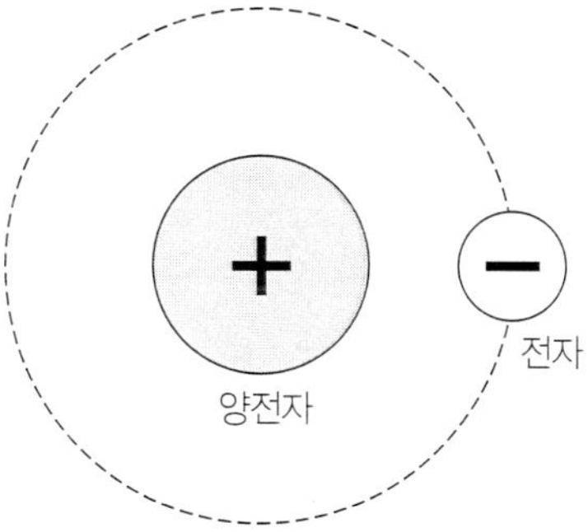

[그림 11-1] 수소원자에서의 전자와 양성자 모델

3) 전 류

전류는 전하가 이동하는 현상을 말한다. 전압에 의해 만들어진 전장 내에 위치한 전자는 전장과 반대방향으로 운동하며 이로 인하여 전류가 발생한다. 전류의 단위로는 암페어(ampere: A)를 사용한다. 물리적으로 전류는 회로의 어떤 점의 단면을 미소시간(dt) 사이에 통과한 미소전하(dq)의 양으로 정의하며 다음 식으로 나타낼 수 있다.

$$\mathrm{I} = \frac{dq}{dt} \tag{1}$$

또한 전하 q가 속도 v(m/s)로 운동할 때 이것을 전류로 정의하고 그 크기를 다음의 식으로 표현한다.

$$\mathrm{I} = q \times v \tag{2}$$

4) 전 압

전압은 두 점 사이의 전기적인 위치에너지(전위, 電位) 차이, 즉 전위차(電位差)를 말한다. 전압의 단위로는 볼트(volt: V)를 사용한다.

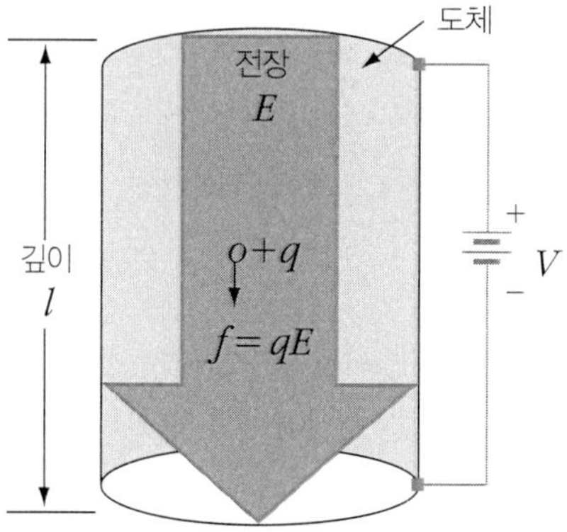

[그림 11-2] 전압에 의해 발생한 전장 내의 전하에서 발생하는 힘

5) 저 항

저항은 전위차에 의해 발생하는 전류의 세기를 제한하는 작용을 말하며 오옴(ohm: Ω)으로 표기한다. 보통 같은 도체일 경우 도선이 굵으면 저항이 적고 도선이 길수록 저항이 크다. 저항에는 일반저항, 가변저항, 어레이(array) 저항, SMD(Surface Mount Device) 저항 등이 있다.

(1) 일반저항

일반저항은 권선형과 탄소합성형으로 분류되는데 보통 [그림 11-3]과 같은 탄소저항을 많이 사용하게 된다. 저항기는 보통 색깔 띠를 이용하여 저항의 크기를 알 수 있도록 한다. 색깔 띠는 저항의 지름 방향으로 둘러져 있으며, 첫 번째, 두 번째 색깔 띠가 나타내는 숫자는 저항값의 처음 두 자리

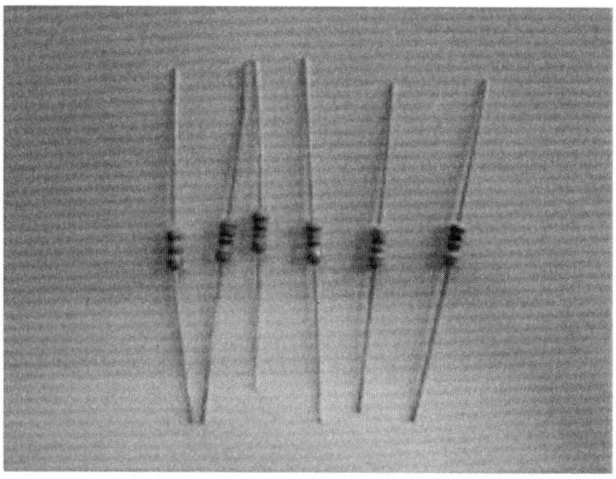

[그림 11-3] 일반적인 탄소합성저항기

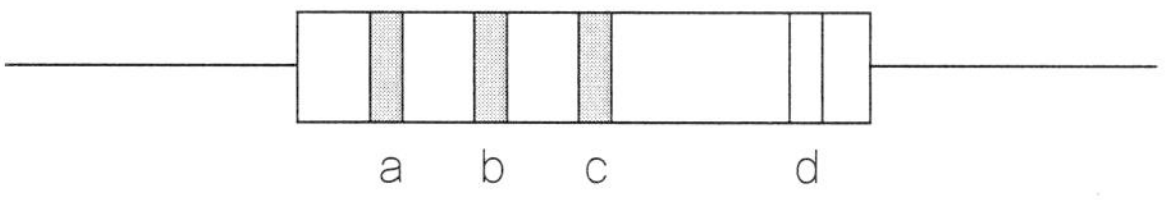

[그림 11-4] 색깔 띠를 이용한 저항값 표기방법

숫자를 표시하고, 세 번째 색깔 띠는 10의 승수를 표시하게 된다.

한편, 네 번째 색깔 띠는 그 저항기의 오차 범위를 나타내게 되는데 네 번째 색깔 띠가 없으면 ±20%의 오차를 가지게 된다. 〈표 11-1〉에는 색깔 띠가 표시하는 숫자와 오차가 제시되어 있다. 최근에는 좀 더 정확한 값을 가지는 저항기를 생산하게 되어 색깔 띠가 5개인 저항기가 공급되고 있는데, 이러한 경우에는 첫 세 가지 색깔 띠가 세 자리 숫자를 표시하게 되고 네 번째 띠가 10의 승수를, 다섯 번째 띠가 오차를 표시하게 된다.

〈표 11-1〉 저항의 색띠가 표시하는 숫자 및 오차

색상	첫째 자리 (Band A)	둘째 자리 (Band B)	승수 (Band C)	오차 (Band D)
검정색(Black)	0	0	1	–
갈색(Brown)	1	1	10	±1%
적색(Red)	2	2	100	±2%
주황색(Orange)	3	3	1,000	±3%
노란색(Yellow)	4	4	10,000	±4%
녹색(Green)	5	5	100,000	–
파란색(Blue)	6	6	1,000,000	–
보라색(Violet)	7	7	10,000,000	–
회색(Gray)	8	8	100,000,000	–
흰색(White)	9	9	–	–
금색(Gold)	–	–	0.1	±5%
은색(Silver)	–	–	0.01	±10%
무색	–	–	–	±20%

(2) 가변저항

가변저항은 저항의 크기를 변화시킬 수 있는 저항으로, 일반적으로 최대 저항이 정해져 있고 0~최대 저항값 사이의 저항 크기를 표현할 수 있다. 보통 가변저항 표면에 최대 저항값을 숫자로 표시한다.

[그림 11-5] 여러 가지 가변저항

(3) 어레이 저항

어레이(array) 저항은 컴퓨터나 각종 디지털 회로 등에 사용되는 저항으로, 같은 값을 가진 여러 개의 저항을 묶어서 하나의 저항으로 제작한 것으로서 표면에 저항값을 표기한다.

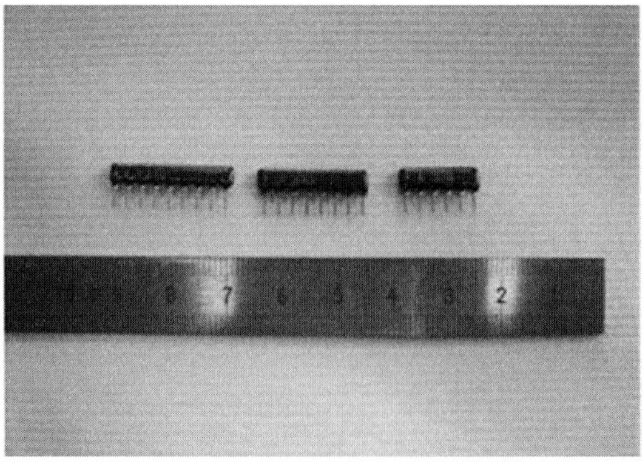

[그림 11-6] 여러 가지 어레이 저항

(4) SMD 저항

SMD 저항은 소형 기기나 부품에 들어가는 회로의 크기를 소형화하기 위해서 제작한 PCB에 사용하는 저항으로 그 크기가 매우 작은 특징이 있다. 최근 개발되거나 보급되고 있는 소형 전자기기에서는 SMD 형태의 저항을 사용한다. 작기 때문에 색띠 대신 숫자로 저항값을 표기하는데, 읽는 방식은 첫 번째 숫자 두 자리는 저항값의 처음 두 자리 수를, 세 번째 숫자는 10의 승수를 나타내며 이는 〈표 11-1〉에 제시된 색깔 띠를 읽는 방법과 동일하다.

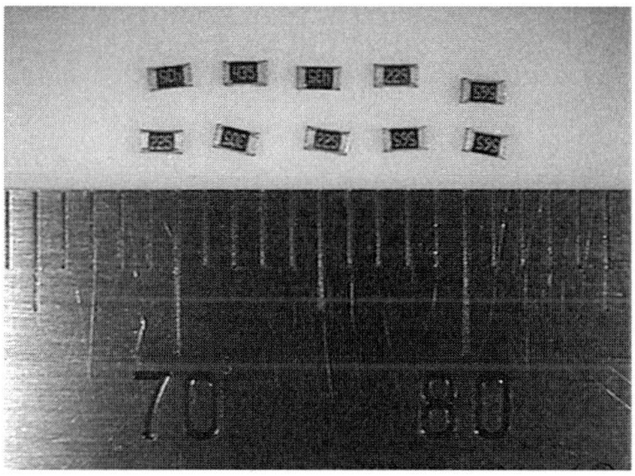

[그림 11-7] SMD 형태의 저항

6) 직류와 교류

직류(direct current: DC)는 그 크기와 방향이 시간에 따라 변하지 않는 전류를 뜻하고, 교류(alternative current: AC)는 크기와 방향이 시간에 따라 변동하는 전류를 뜻한다. 보통 건전지에서 나오는 전기는 직류이며 가정에 공급되는 전기는 220V, 60Hz의 교류다.

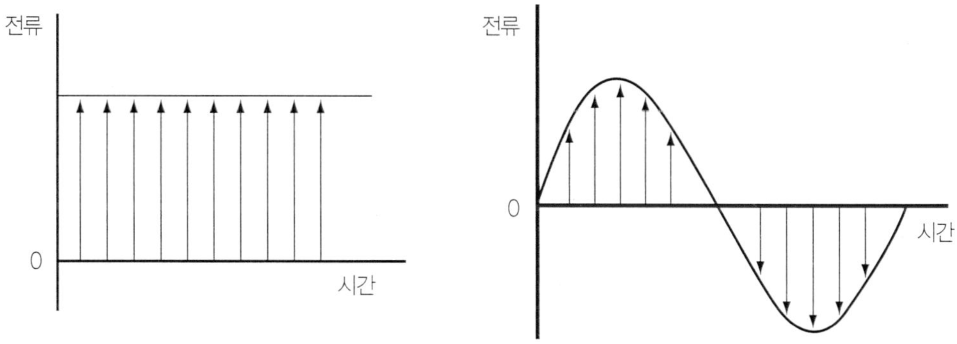

[그림 11-8] 직류와 교류(정현파)의 예

7) 도체, 절연체, 반도체

전기적 특성을 가지는 물질은 도체, 절연체, 반도체의 세 그룹으로 분류될 수 있으며 이는 그 물질의 전기적 특성을 바탕으로 한다. 물질의 전기적 특성은 그 물질을 이루고 있는 원자구조에 의해 결정되며 저항률(Ω/cm^3)로 그 특성을 표시할 수 있다. 은, 구리와 같이 주로 금속으로 구성되는 도체는 전자를 잘 이동시켜 전류를 잘 흐르게 하는 성질이 있고, 절연체는 전자의 흐름이 거의 제한되어 있어 전류를 거의 흐르지 못하게 된다. 이에 비해 실리콘, 게르마늄 등과 같은 원소로 구성되는 반도체는 도체와 절연체의 중간 정도의 값을 가지며 주로 4족 원소로서 공유결합을 하는 특성이 있다.

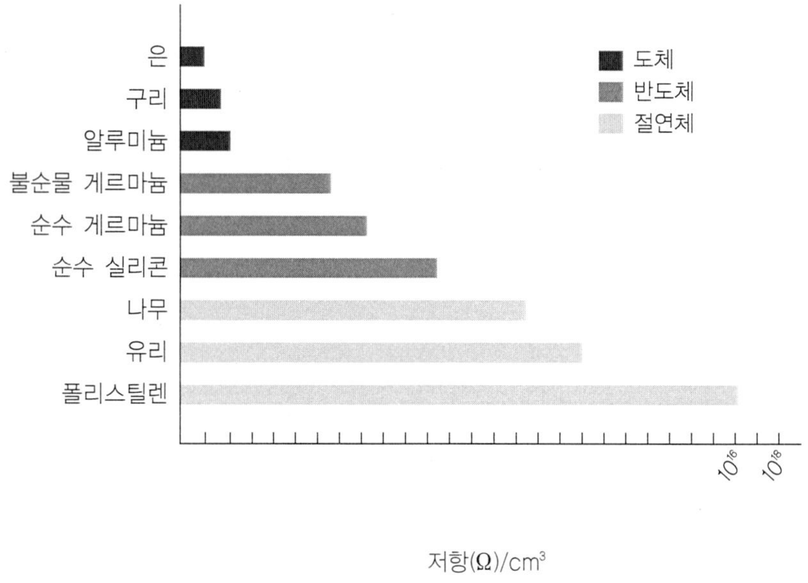

[그림 11-9] 물질의 고유 저항률을 통해 구분된 도체, 반도체, 절연체

8) 오옴의 법칙

오옴의 법칙(Ohm's Law)은 1827년 독일의 과학자 오옴이 발견한 전기의 기본 법칙으로 전압, 전류, 저항의 관계를 나타낸 것이다. 즉, 회로에 흐르는 전류의 크기는 전압에 비례하고 저항에 반비례하는 데, 이를 식으로 나타내면 다음과 같다.

$$I(A) = \frac{V(V)}{R(\Omega)} \quad (3)$$

같은 크기의 전압이 인가될 때 저항의 크기가 크면 전류는 적게 흐르고 저항이 적으면 많은 전류가 흐르게 된다.

9) 전 력

전력(Power)은 전기가 단위시간당 한 일의 양으로 정의되며 그 단위는 와트(watt: W)로 표기한다. 회로 내의 어떠한 소자에서 소비되거나 저장되는 전력(P)은 그 소자에 인가되는 전압과 전류의 곱으로 표시하며 해당 소자가 저항인 경우 오옴의 법칙을 이용하여 다음과 같이 표현할 수 있다.

$$P = V \times I = I^2R = \frac{V^2}{R} \quad (4)$$

10) 전력량

보통 가정에서 전기요금을 부과할 때 사용하는 것은 전력량(electric energy)이며 이것은 일정 시간에 수행한 일의 양을 뜻한다. 일반적으로 전력량(J)은 전력과 시간의 곱으로 나타내며 와트 · 시(Wh)로 표기한다.

$$\text{전력량(Wh)} = \text{전력(W)} \times \text{시간}(t) \quad (5)$$

1kW의 전력을 1시간 사용했을 때의 전력량은 1kWh가 된다.

3. 회로 해석

1) 직렬, 병렬 연결

일반적으로 회로 내에서 많은 소자가 복합적인 형태로 서로 결합되고 동작하고 있지만 소자의 결합은 [그림 11-10]과 같이 크게 직렬(series)과 병렬(parallel)의 두 종류로 나눌 수 있다.

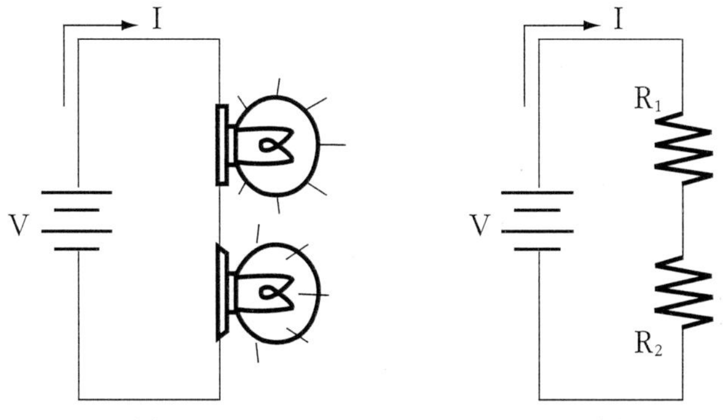

[그림 11-10] 소자의 직렬연결

[그림 11-10]과 같은 직렬연결은 전류가 소자들을 통과하는 경로가 하나뿐인 회로 연결을 뜻한다. 하나의 건전지(전압원)에 두 개의 전구를 이 그림의 (a)처럼 연결한다면 전자가 이동할 수 있는 경로가 하나이기 때문에 각각의 소자를 통해서 흐르는 전류의 세기는 일정하다. 각 소자 양단에 나타나는 전압강하의 크기는 각 소자의 저항에 따라서 달라지게 되며 각 소자에서 걸리는 전압강하의 합은 전압원의 크기와 같다. (a)에서 전구를 하나의 저항체로 가정한다면 (b)처럼 나타낼 수 있다. 저항 R_1에 흐르는 전류를 I라 하면 저항 R_2 외에는 나뉘어 흐를 다른 길이 없으므로 모두 저항 R_2에 흘러 들어가야 하며, 두 저항에 흐르는 전류는 같을 수밖에 없다. 따라서 각 저항 양단에 걸리는 전압은 다음과 같이 나타낼 수 있다.

$$V_1 = IR, \ V_2 = IR_2 \tag{6}$$

만약 저항 R_1, R_2에 걸리는 전압을 각각 V_1, V_2라 하면 V_1+V_2는 직류 전압원 V의 크기와 같다. 이로부터 전압의 직렬결합은 각 전압을 합한 것과 같다고 할 수 있다. 즉, 직류 전압원 V는 다음과 같이 나타낼 수 있다.

$$V = V_1 + V_2 = IR_1 + IR_2 = I(R_1 + R_2) = IR \tag{7}$$

그러므로 직렬연결 시의 합성저항 R은 다음과 같이 표현할 수 있다.

$$R = R_1 + R_2 \tag{8}$$

[그림 11-11]의 (a)와 같이 전구를 연결하게 되면 한 개의 전압원 양단에 각각의 전구가 연결된다. 이러한 연결방법을 가진 회로를 병렬회로라고 부르며, 각 병렬 통로는 자기 자신의 전류를 흐르게 하는 가지가 된다. 따라서 병렬회로에서 각 가지의 전압은 크기가 일정하고 각각의 가지를 통해서 흐르는 전류의 세기는 저항의 크기에 반비례한다. 병렬회로의 이런 특성은 전류의 세기가 일정하고 전압강하의 크기가 저항의 크기에 비례하는 직렬회로의 특성과는 반대된다. 연결된 전구를 저항이라고 가정하면 (b)와 같이 나타낼 수 있는데, 저항 R_1과 R_2가 동일하다면 두 저항에 걸리는 전압과 전류가 동일하므로 전구의 밝기도 동일하나, 두 저항의 값이 다르면 저항의 크기에 반비례하여 전구의 밝기가 결정된다. 만약 [그림 11-10]과 [그림 11-11]의 전구가 모두 같다면 [그림 11-11]과 같이 병렬로 연결을 한 전구들이 [그림 11-10]과 같이 직렬연결을 한 전구들보다 2배 더 밝게 되나, 2배의 전력을 소비하

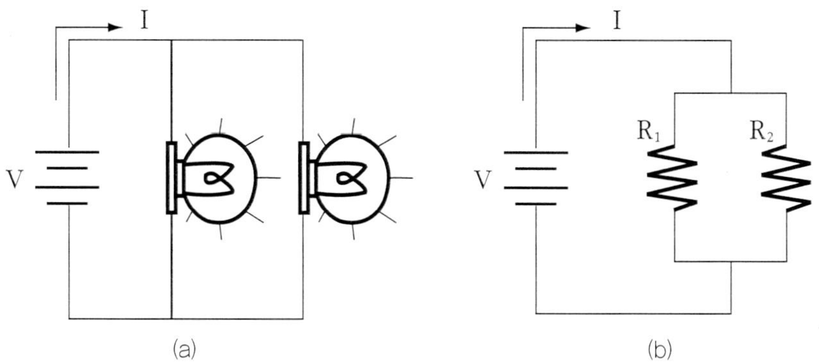

[그림 11-11] 소자의 병렬연결

게 될 것이다.

[그림 11-11]에서 전압원에서 공급하는 전류를 I, 저항 R_1, R_2에 흐르는 전류를 각각 I_1, I_2라고 두면 다음과 같이 표현할 수 있다.

$$I_1 = \frac{V}{R_1},\ I_2 = \frac{V}{R_2} \tag{9}$$

따라서 각 저항에 흐르는 전류의 합은 전압원에서 공급하는 전류 I가 되므로 다음과 같이 나타낼 수 있다.

$$I = I_1 + I_2 = \frac{V}{R_1} + \frac{V}{R_2} = \left(\frac{1}{R_1} + \frac{1}{R_2}\right) V \tag{10}$$

그러므로 병렬회로에서의 합성저항 R은 다음 식으로 계산할 수 있다.

$$R = \frac{1}{R_1} + \frac{1}{R_2} \tag{11}$$

2) 단락과 개방

[그림 11-12]의 (a)와 같이 두 단자 사이를 저항이 0인 도선으로 연결하는 것을 단락(short)이라고 하며 (b)와 같이 두 단자 사이의 도선을 절단함으로써 전류가 흐르지 못하도록 하는 것을 개방(open)이라고 한다. 단락은 $R=0$인 저항을 연결한 것과 같고, 개방은 $R=\infty$인 저항을 연결한 것과 같다.

그림에서처럼 단락과 개방은 그 위치에 따라서 다른 효과가 발생하는데, (a) 그림처럼 어떠한 저항과 병렬로 단락이 생기면 그 저항은 무시되게 되고, 반대로 (b) 그림처럼 병렬로 개방이 되면 저항값이 그 회로의 전체값이 된다. (c) 그림처럼 어떤 회로에서 저항과 직렬로 개방이 발생하면 그 선로 전체가 개방이 되며, (d) 그림처럼 직렬로 단락이 되면 그 효과는 무시된다. 일반적으로 가정이나 공장에서 회로가 단락되게 되면 갑자기 많은 전류가 흐르게 되어 화재가 발생할 가능성이 높게 된다. 그러므로 가정 또는 공장의 인입선에 차단기 또는 휴즈를 반드시 사용하여야 화재의 발생을 미연에 방지할 수 있다.

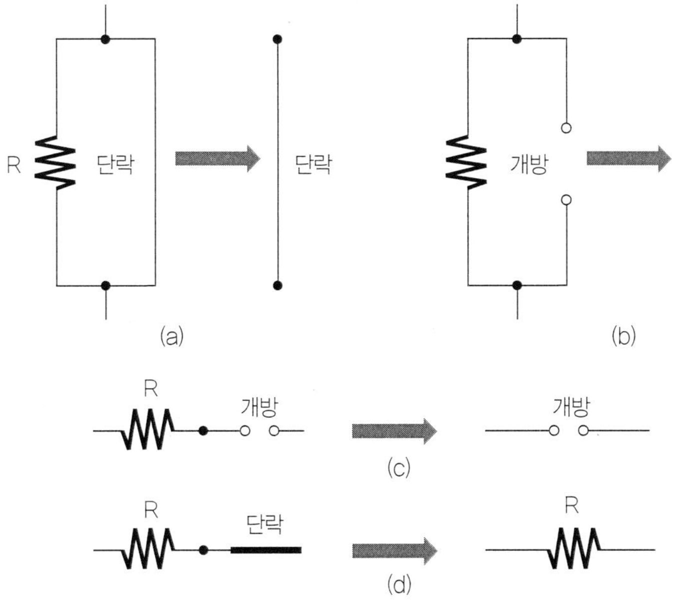

[그림 11-12] 단락과 개방

3) 전압분배와 전류분배

[그림 11-13]과 같이 어떠한 전압원에 여러 개의 저항(소자)이 직렬로 연결되면 각 저항들의 양단전압은 직렬 연결된 전체 저항에 대한 각 저항의 비에 비례하여 전압을 분배하게 된다. 이를 전압분배(voltage divide)라 하며 모든 저항을 통해서 흐르는 전류는 일정하게 된다. [그림 11-13]에서 각 저항값의 합을 R_T라 하면 각 저항값에 분배되는 전압 V_n은 다음과 같이 계산할 수 있다.

$$V_n = \frac{R_n}{R_T} \times V \tag{12}$$

[그림 11-14]와 같이 병렬로 저항을 연결하게 되면 전압원에서 공급되는 전류 I는 각 가지전류인 I_1과 I_2의 합이 된다. 그러므로 공급되는 전류를 분배하여 각 저항에 인가할 수 있게 된다.

병렬연결에서 각 저항에 흐르는 전류를 구할 때는 공급전류와 각 저항을 알고 있으면 각

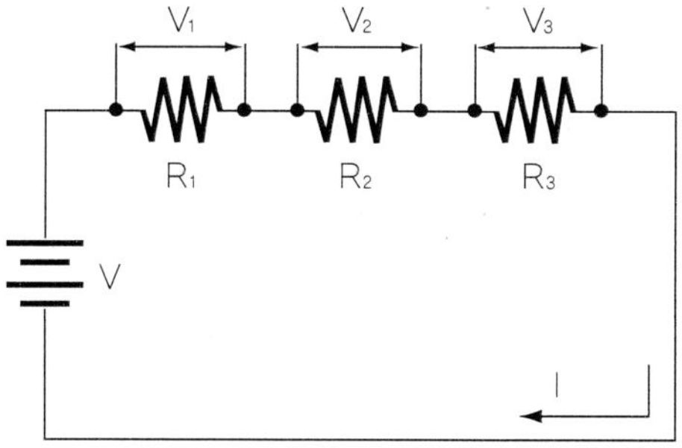

[그림 11-13] 직렬연결을 이용한 전압분배기

가지에 인가되는 전압을 알지 못해도 다음의 식을 이용해 쉽게 계산할 수 있다.

$$I_1 = \frac{R_2}{R_1 + R_2} \times I \tag{13-1}$$

$$I_2 = \frac{R_2}{R_1 + R_2} \times I \tag{13-2}$$

식 (13)에서 주의해야 할 것은 전류 I_1와 반대인 R_2 저항이 분자에 존재한다는 것인데, 그 이유는 전류는 저항에 반비례하여 흐르기 때문이다. 분모는 두 식 모두 일치하는데 이것은 두 저항의 합과 같다.

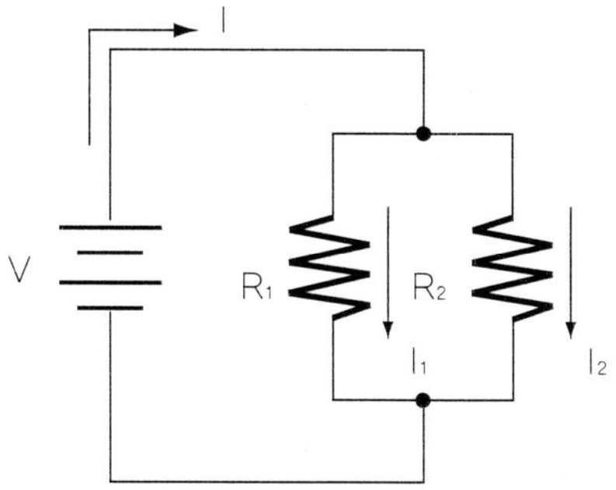

[그림 11-14] 병렬연결을 이용한 전류분배기

4) 키르히호프의 제1, 제2법칙(Kirchhoff's Law)

복잡한 회로를 해석하는 것은 단순한 직·병렬회로만의 계산으로는 힘든 경우가 많다. 복잡한 회로의 해석에는 키르히호프의 제1법칙인 전압법칙과 제2법칙인 전류법칙이 많이 사용된다.

(1) 키르히호프의 제1법칙

모든 회로에서 임의의 한 점에서 흘러 들어온 전류와 흘러 나가는 전류의 크기는 항상 같다. [그림 11-15]와 같이 하나의 마디에 여러 개의 저항(소자)이 연결되어 있다면 전류는 각 저항을 통해 흘러 들어오거나 흘러 나가게 되며 이 모든 전류의 대수합은 0이 될 것이다. 이를 식으로 나타내면 다음과 같다.

$$\sum_{j=1}^{n} I_j = 0 \tag{14}$$

이때 전류의 방향은 흘러 들어오는 방향을 (+)로 정한다면 흘러 나가는 방향은 (−)가 될 것이다.

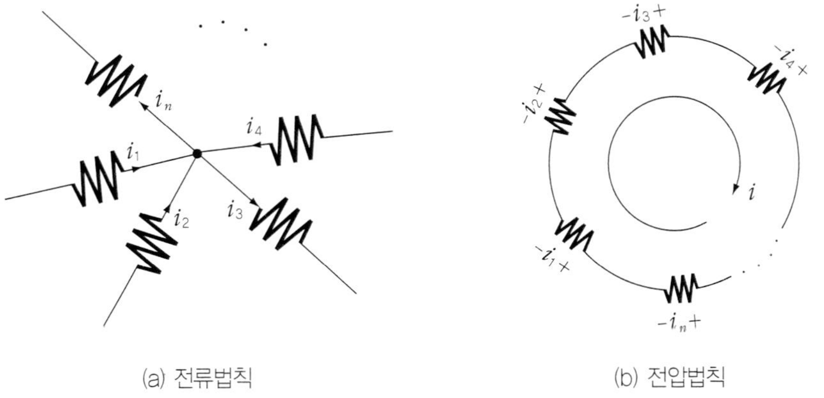

[그림 11-15] 키르히호프의 법칙을 설명하기 위한 예

(2) 키르히호프의 제2법칙

임의의 폐루프에서 모든 전압의 대수적인 합은 '0' 이다. [그림 11-15]의 (b)와 같이 하나의 폐루프에 여러 개의 저항(소자)이 연결되어 있을 경우, 각 소자에서는 전압강하 또는 전압상승이 있게 된다. 이때 모든 전압강하 및 전압상승의 합은 '0' 이 된다. 즉, 임의의 전위를 갖는 한 점에서 출발해서 같은 전위로 같은 점에 돌아오면 전위차는 0이 된다. 이를 식으로 나타내면 다음과 같다.

$$\sum_{j=1}^{n} V_j = 0 \tag{15}$$

이때 전압의 대수적인 부호를 결정하기 위해서는 먼저 전압의 극성을 표시해야 한다. 편리한 방법은 전원의 (+)단자에서부터 출발해서 회로 내를 일주하면 되는데 (+)단자가 처음 만나는 전압(전압강하가 발생하면)은 (+)극성을, (−)단자가 만나는 전압(전압상승이 발생하면)은 (−)극성을 갖게 된다. 이것은 전압원과 전압강하 모두에 해당되며 시계 반대방향이든 시계 방향이든 어느 쪽을 기준으로 하건 무관하다.

5) 테브닌, 노턴의 정리

복잡한 회로를 해석하는 것은 쉽지 않은 일이기 때문에 복잡한 회로를 단순화하여 계산하는 방법이 테브닌(Thevenin), 노턴(Norton)의 정리를 이용하는 것이다. 이 방법은 모든 회로를 2단자 망으로 구분하여 [그림 11-16], [그림 11-17]과 같이 임의의 2단자 (a), (b)에서 회로를 하나의 전류원 또는 전압원과 하나의 저항으로 표시하게 된다.

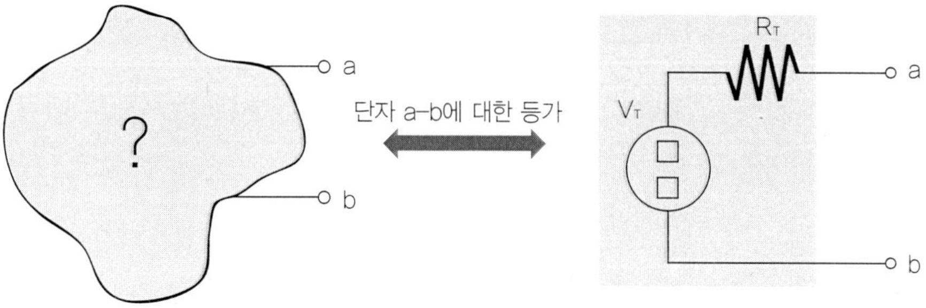

[그림 11-16] 테브닌의 정리

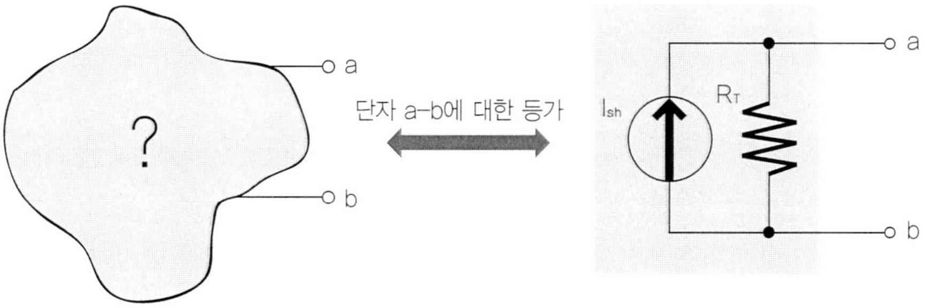

[그림 11-17] 노턴의 정리

테브닌의 정리에서는 [그림 11-16]과 같이 2단자 회로망을 하나의 전압원과 이에 직렬로 연결된 저항으로 단순화시킨다. 이때 전압원 V_T은 단자 (a), (b)에 인가되는 전압이며, 저항 R_T는 회로망 내의 모든 전압원을 단락, 전류원을 개방시킨 상태에서 단자 (a), (b)에 나타나는 회로의 합성저항이다.

노턴의 정리에서는 [그림 11-17]과 같이 하나의 전류원과 이에 병렬로 연결된 저항으로 단순화시킨다. 이때 전류원 I_{sh}는 단자 (a), (b)를 단락시킨 상태에서 흐르는 전류의 크기이며, 저항 R_T는 회로망 내의 모든 전압원을 단락, 전류원을 개방시킨 상태에서 단자 (a), (b)에 나타나는 회로의 합성저항이다.

6) 중첩의 정리

하나의 회로 내에 여러 개의 전압원과 전류원이 있을 경우, 회로를 해석하는 것이 무척 까다로울 수 있다. 이러한 경우 중첩(superposition)의 정리를 사용하면 쉽게 회로를 해석할 수 있다. 여러 가지 전원이 공급되고 있는 회로에서 특정 가지에서의 전류 또는 전압은 각 전원이 단독으로 공급될 때 그 가지에 흐르는 전류 또는 전압을 구한 후 그 대수합을 구함으로써 계산할 수 있다. 이때 다른 모든 전원은 내부저항으로 대체된다. 일반적으로 이상적인 전압원의 내부저항은 0, 전류원의 내부저항은 ∞를 나타내므로 이상적인 경우 전압원은 단락, 전류원은 개방시킨 상태에서 계산한다.

4. 교류전압과 교류전류

일반 가정집에 공급되는 전기는 모두 220V, 60Hz 교류 정현파다. 교류는 직류와 달리 그 크기가 변화하기 때문에 이를 직류처럼 판단하면 잘못된 결과를 낳을 수 있다. 일반적으로 교류를 표시하거나 파워를 계산하는 것은 직류와 상이하기 때문에 교류를 잘 이해하는 것이 필요하다.

1) 정현파

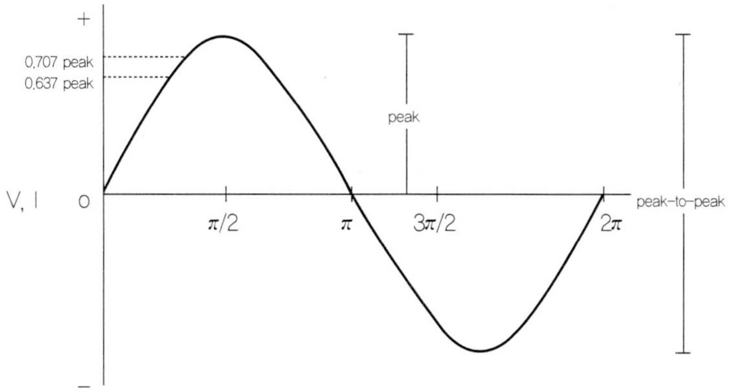

[그림 11-18] 정현파 한 주기

[그림 11-18]과 같이 삼각함수의 사인(sine) 신호 형태로 이루어진 전기파형을 정현파라고 한다. 사인파는 이 그림에서와 같이 시간에 따라서 계속 변화하게 된다. 사인파는 90°에서 최댓값 1을 갖고, 270°에서 음의 최댓값 -1을 가지게 되며, 180°에서 0의 값을 가지게 되고, 한 주기, 즉 360°에서 다시 0의 값을 가지게 된다. 그러므로 가정에 공급되는 전기는 1초에 60번 사인파형을 반복하게 된다. 사인파의 특징을 요약하면 다음과 같다.

① 1주기는 360° 또는 2π(rad)다.
② 극성은 1/2주기마다 바뀐다.
③ 90°와 270°에서 최댓값을 갖는다.

④ 0(360)°와 180°에서 최솟값을 갖는다.

⑤ 최솟값 근처에서 변화가 급격하고 최댓값 근처에서 비교적 완만하다.

(1) 최댓값

교류 정현파는 [그림 11-18]에서와 같이 계속 변화하기 때문에 90°에서 최댓값, 270°에서 음의 최댓값을 가지게 된다. 교류 정현파를 $V\sin(2\pi ft+\theta)$로 표현한다면 최댓값 V_{peak}는 V가 된다. 한 주기 내에서 실제로는 양의 최대치와 음의 최대치가 존재하며 이 두 값의 차이를 peak-to-peak로 표현한다. 일반적으로 정현파에서 peak-to-peak는 V_{peak}의 두 배, 즉 $2V_{peak}$가 된다.

(2) 평균값

교류 정현파는 시간에 따라서 계속 변화하기 때문에 그 크기를 정형화할 수 없다. 그래서 크기를 평균값으로 표현할 수 있는데 한 주기 동안의 크기를 적분하여 표현한다. 하지만 한 주기 동안의 크기를 계산하면 (+) 부분과 (−) 부분의 크기가 같으므로 그 값이 '0'이 된다. 그러므로 정현파에서의 평균값은 반주기 동안의 값을 계산하게 되며 다음의 식으로 표현할 수 있다.

$$V_{ave}=\frac{1}{\frac{T}{2}}\int_0^{\frac{T}{2}} V_{dt}=\frac{1}{\pi}\int_0^{\pi} V sin(2\pi f t+\theta)\,dt=0.637\,V_{peak} \tag{16}$$

(3) 실효값

교류가 가지는 에너지를 직류와 비교하기 위해서는 전력 계산이 필요하다. 평균값의 경우 음의 값을 가지는 구간이 존재하므로 계산이 힘들었지만, 전력 계산을 하면 음의 값을 가지는 구간이 양의 값을 가지게 되므로 한 주기로 계산하게 된다. 실효치(rms)는 순시값의 제곱을 1주기 동안 평균한 값의 평방근을 뜻하며 다음 식으로 구할 수 있다.

$$V_{rms}=\sqrt{\frac{1}{T}\int_0^{T} V^2dt}=\frac{1}{\sqrt{2}}\,V_{peak}=0.707\,V_{peak} \tag{17}$$

교류가 가지는 에너지는 실효값으로 표시될 수 있으며 일반적으로 교류 220(V)라고 표현하면 이는 엄밀히 실효치 220(V)를 뜻하게 된다. 이때 실효치의 에너지는 같은 크기의 직류

에너지와 같음을 의미하게 된다. 즉, 실효치 220V는 직류 220V와 같은 에너지를 가진다.

2) 주파수와 주기

교류에서 1초 동안에 반복되는 주기의 수를 주파수라 하고, 기호로는 f로 표시하며 단위로는 Hz로 표기한다. 단위시간당 사이클의 수가 많은 것은 주파수가 높다는 것을 의미하며 주기와 주기 사이의 시간은 짧아지게 된다. [그림 11-19]의 상단에서 정현파는 1초 동안에 1주기가 표시되고, 하단의 정현파는 1초 동안에 4주기가 되므로 상단 파형의 주파수가 하단 파형의 주파수보다 4배가 더 빠르다. 그러나 주파수는 다르지만 파형은 모두 같은 정현파임을 알 수 있으며 진폭은 주파수와 무관한 것을 알 수 있다.

이 그림에서 1사이클에 해당하는 시간을 주기(period)라고 하고 T로 표시한다. 주기는 주파수와 역수의 관계에 있으며 다음과 같이 표현할 수 있다.

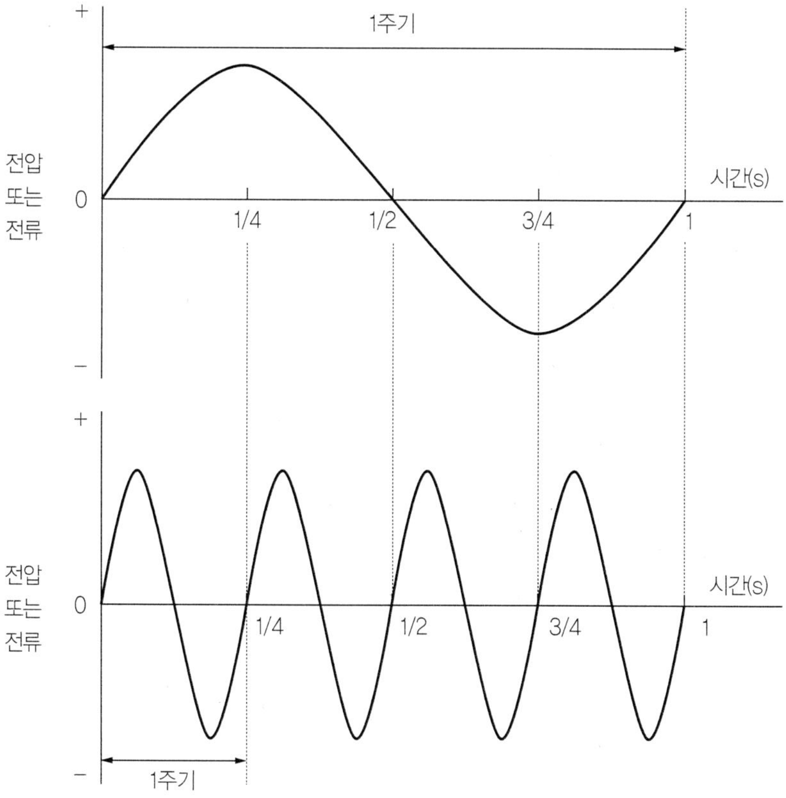

[그림 11-19] 1Hz 및 4Hz를 가지는 교류 정현파형

$$T = \frac{1}{f}, \quad f = \frac{1}{T} \tag{18}$$

3) 파 장

1주기의 파가 이동한 거리, 즉 주기의 변화를 거리에 대하여 고려할 때 1주기가 포함되는 거리를 파장이라고 하며, λ로 표시한다. 전자기파(electromagnetic wave)는 전자기장에서의 진동이 공간을 통해서 전송되고, 음파(sound wave)는 소리에 대응하는 공기압의 변화량이 공기를 통해서 전달된다. 이런 경우 1사이클에서 파가 이동한 거리를 파장이라고 하고 파장은 주파수와 파의 속도에 의해 결정된다.

$$\lambda(\text{cm}) = \frac{\text{파의 전달속도}\ (v)}{\text{주파수}\ (f)} \tag{19}$$

전자기파의 속도는 진공이나 공기 중에서 초당 30만km 정도이고 음파의 경우 340m를 갖는다. 따라서 빛의 경우 파장은 다음과 같이 나타낼 수 있으며, 주파수가 높아질수록 λ의 길이는 짧아진다.

$$\lambda(\text{cm}) = \frac{3 \times 10^{10}\ (\text{cm/s})}{f\ (\text{Hz})} \tag{20}$$

[그림 11-20]에서처럼 300(MHz) 이상의 주파수를 가져서 파장이 짧은 파를 마이크로파라고 한다.

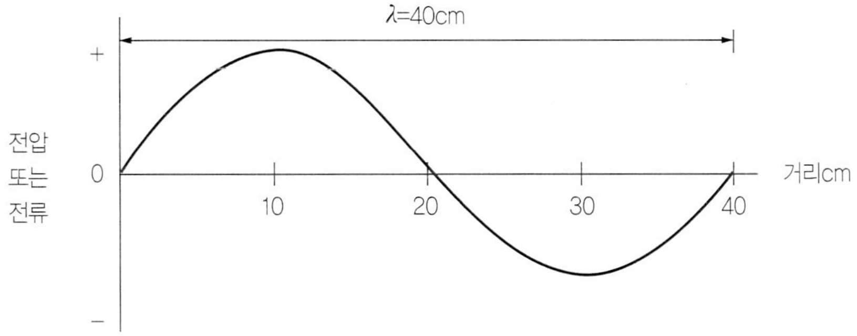

[그림 11-20] 마이크로파 파장의 예

5. 기타 소자

1) 다이오드

다이오드(diode)는 전류를 한쪽 방향으로만 흘리도록 하는 소자로 교류를 직류로 변환시킨다. p형 반도체와 n형 반도체를 접합한 형태를 가지고 있으며 [그림 11-21]과 같이 p형 반도체 쪽에 +전기를 인가하면 전류가 잘 통하며 이를 순방향 바이어스라고 한다. 반대로 n형 반도체 쪽에 +전기를 인가하면 전기를 잘 통하지 않는 성질이 있으며 이를 역방향 바이어스라고 한다.

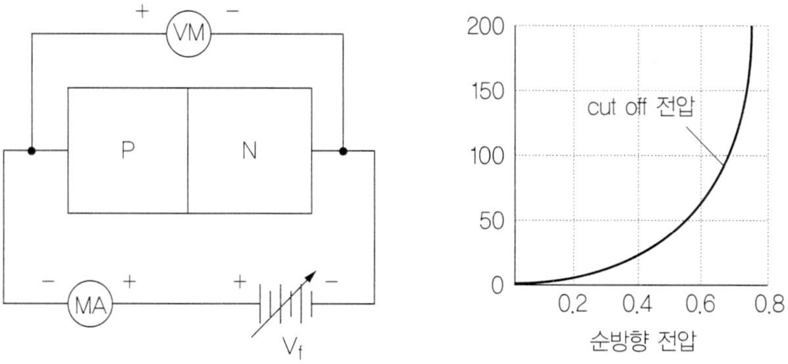

[그림 11-21] 순방향으로 전압 인가 시의 그림과 이때의 전류 특성곡선

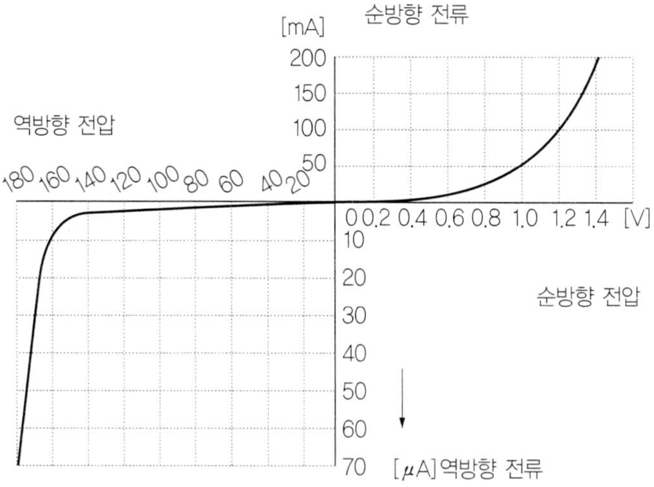

[그림 11-22] 접합 다이오드 전압-전류 특성곡선의 예

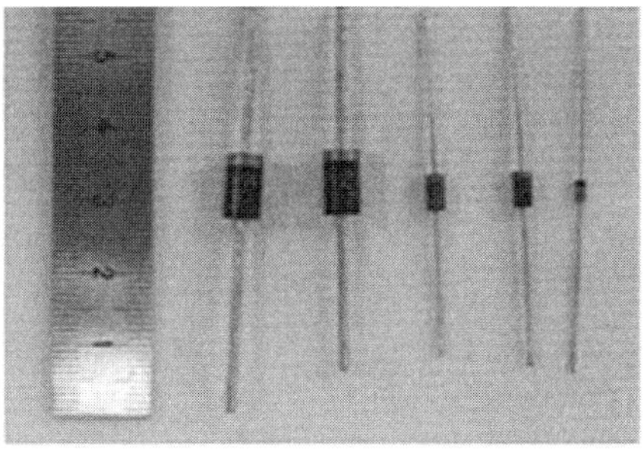

[그림 11-23] 일반적인 접합 다이오드

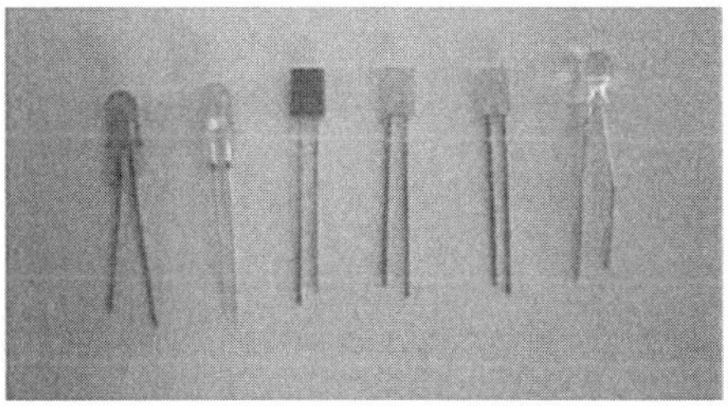

[그림 11-24] 갖가지 색깔의 발광 다이오드(LED)

다이오드의 심벌은 ▶| 이며, 다이오드의 종류는 P-N 접합 다이오드, 소트키 다이오드, 발광 다이오드(Light Emitted Diode: LED) 등이 있다.

[그림 11-25]와 같이 LED 7개를 이용하여 숫자를 표시할 수 있으며 이를 상품화한 것이 7세그먼트(7-segment)다. 이것은 엘리베이터의 층수 표시와 같은 많은 곳에서 숫자를 표기할 때 자주 사용된다.

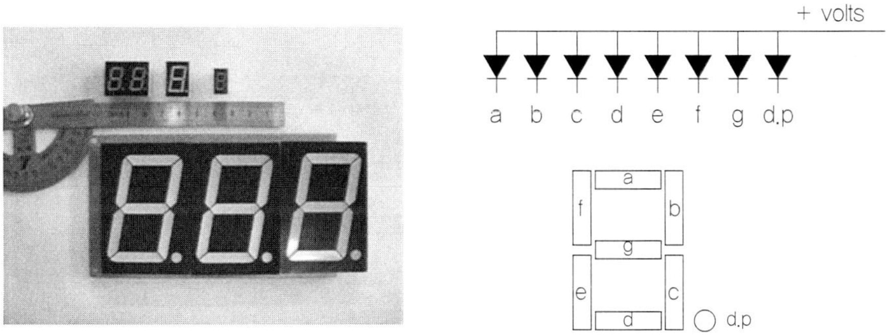

[그림 11-25] 다이오드를 이용한 숫자 표시기인 7세그먼트

2) 트랜지스터

트랜지스터(transistor)는 반도체를 PNP 또는 NPN의 형태로 배열하여 제작한 소자로서 스위치 또는 증폭기로 사용된다. 증폭기로 사용하기 위해서는 반드시 바이어스 전압을 걸어줘야 하며 증폭도는 트랜지스터 자체의 특성에 따라 다르다. 트랜지스터의 심벌은 [그림 11-26]과 같다.

트랜지스터가 증폭기로 사용될 경우 바이어스의 형태에 따라 여러 가지 특성을 가지게 된다. [그림 11-27]에 바이어스 형태에 따른 증폭기의 종류를 들고 〈표 11-2〉에 그 특성을 표시하였다.

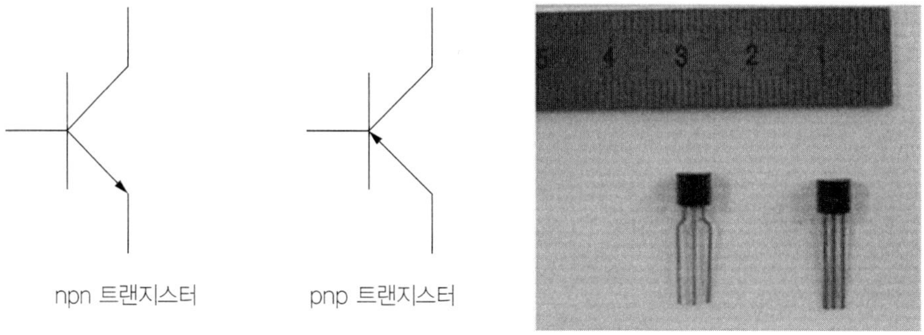

[그림 11-26] 트랜지스터의 심벌과 일반적인 트랜지스터의 모습

〈표 11-2〉 각 트랜지스터 증폭기의 특성 및 사용처

증폭기 종류	CE	CE with RE	CC(EF)	CB
입력 임피던스	보통	크다	크다	작다
출력 임피던스	보통	보통	작다	크다
전류 증폭도	크다	크다	크다	1 미만
전압 증폭도	크다	작다	1 미만	작다
사용처	일반 증폭기		버퍼	정전류원

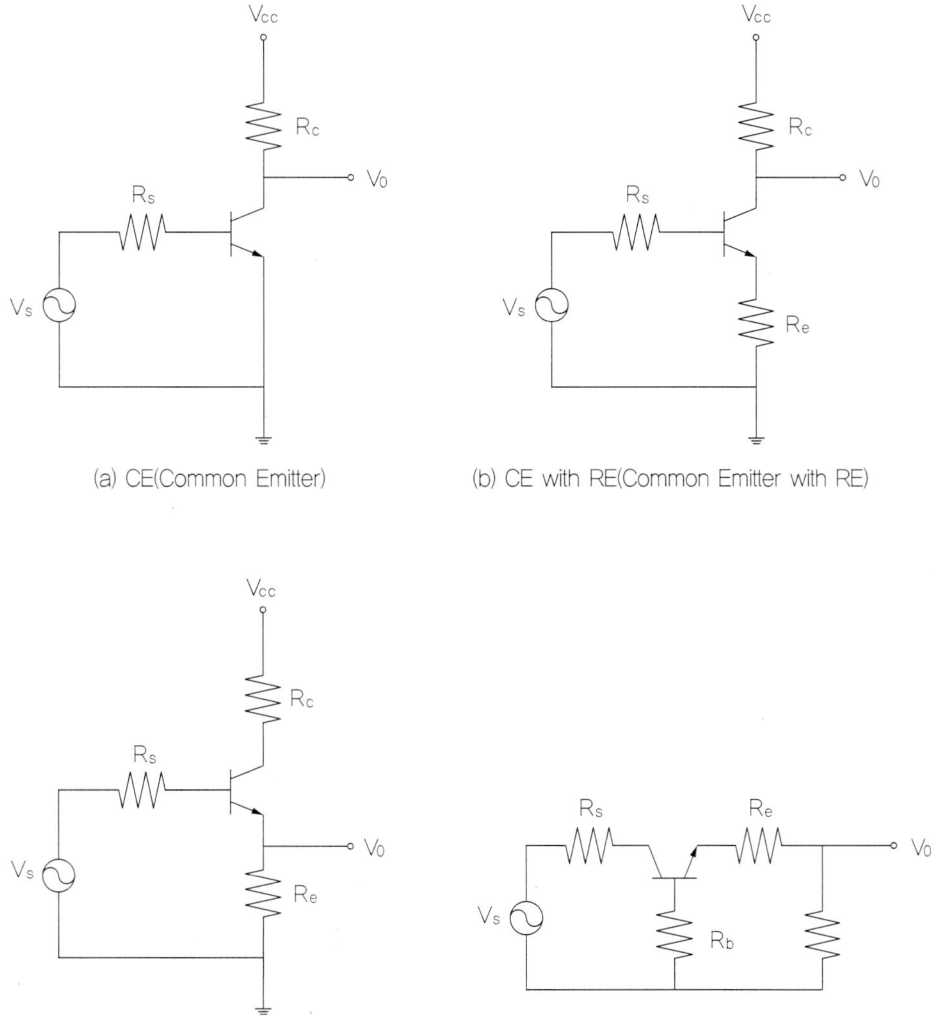

(a) CE(Common Emitter)

(b) CE with RE(Common Emitter with RE)

(c) CC(Common Collector, Emitter follower)

(d) CB(Common Base)

[그림 11-27] 형태에 따른 트랜지스터 증폭기의 회로도

3) 인덕터

인덕터(inductor)는 전선을 좁은 면적에 많이 감은 코일을 뜻하는 것으로 전류의 변화에 저항하는 소자다. 인덕터의 크기는 인덕턴스로 표시하는데 이는 코일 또는 초크(choke)가 전류의 변화에 저항하는 능력을 뜻한다. 인덕턴스의 단위는 H를 사용하며 심벌은 공심코일의 경우 로, 철심코일의 경우 로 표기한다. 이때 공심코일은 단순히 전선을 말아 놓은 것이고 철심 인덕터는 철심 위에 전선을 말아 놓은 것이다.

인덕턴스의 크기는 코일의 감은 수의 제곱에 비례하고, 심물질의 투자율이 증가함에 따라 증가한다. 또한 단면적이 증가함에 따라 증가하고, 길이가 증가함에 따라 감소한다. 인덕터의 교류저항인 임피던스는 다음과 같이 계산되고 직렬, 병렬 연결 시 합성저항의 계산과 같이 합성 임피던스를 계산할 수 있다.

$$X_L = jwL,\ w = 2\pi f \tag{21}$$

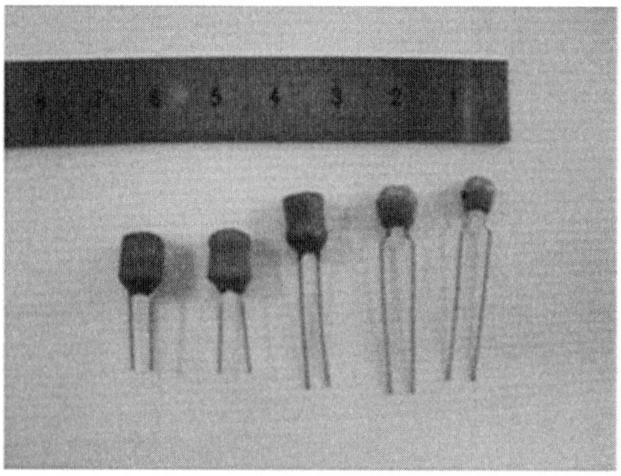

[그림 11-28] 인덕터 또는 초크 코일의 모습

4) 콘덴서

콘덴서(kapacitor)는 전기에너지를 저장하는 소자로서 회로 전압의 변화에 저항한다. 콘덴서의 용량을 커패시턴스라고 하며 단위는 F(farad)를 사용한다. 콘덴서는 부도체를 사이에 두고 마주보는 두 도체의 형태를 가지고 있으며 심벌은 ⊣⊢ 이다. 콘덴서의 용량은 마주보는 두 도체 판의 면적에 비례하고 판 사이의 거리에 반비례한다. 콘덴서의 종류는 극성 콘덴서(전해, 탄탈)와 무극성 콘덴서(세라믹)로 나뉜다. 무극성 콘덴서는 주로 필터(filter)에 사용되고, 극성 콘덴서는 바이패스(bypass) 또는 직류 차단(blocking)용으로 주로 사용된다.

콘덴서의 임피던스는 다음 식과 같이 나타낼 수 있으며 주파수에 반비례하는 특성을 가진다.

$$X_C = \frac{1}{jwC},\ w = 2\pi f \tag{22}$$

콘덴서를 직렬 또는 병렬로 연결할 경우 저항의 합성저항을 계산하는 방법과 반대의 방법으로 계산되는데, 콘덴서의 직렬연결은 저항의 병렬연결, 콘덴서의 병렬연결은 저항의 직렬연결처럼 계산하면 된다.

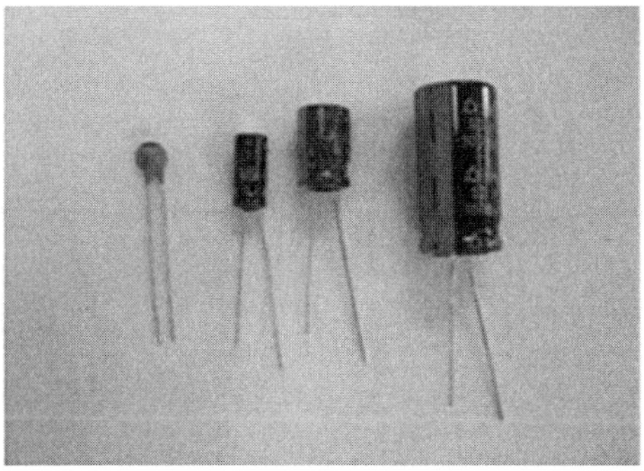

[그림 11-29] 세라믹(좌측) 콘덴서와 여러 가지 크기의 전해 콘덴서

5) 변압기

변압기는 두 개의 코일을 함께 감은 형태를 가지며, 패러데이의 법칙(Faraday's Law)을 이용하여 1차 코일에 흐르는 전류에 의해 발생하는 자기장에 의해 2차 코일에 기전력이 발생하는 원리를 이용하는 것이다.

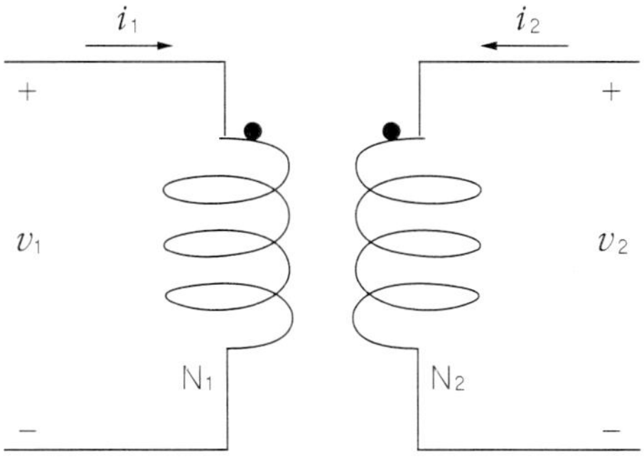

[그림 11-30] 변압기의 원리 및 형태

1차 측에 인가된 전압, 전류와 2차 측에 유기되는 전압 전류는 1, 2차 코일의 감은 횟수와 밀접한 관계를 가지며, 변압기의 기본 공식은 다음과 같다.

$$\frac{v_1}{v_2} = \frac{N_1}{N_2} = \frac{i_2}{i_1} \tag{23}$$

변압기의 전압은 각 코일의 감은 횟수에 의해 결정되므로, 감은 횟수를 달리함으로써 2차 측에 유기되는 전압을 승압할 수도 있고 감압할 수도 있다. 변압기는 코어 종류에 따라 공심 변압기, 페라이트 코어 변압기, 철심 코어 변압기 등으로 분류할 수 있으며 출력전압에 따라 전력용 전압기, 승압 · 감압 변압기 등이 있다.

6) 스위치

현재 시중에서 살 수 있는 스위치는 대부분 접점 스위치다. [그림 11-31]과 같이 선의 연결 사이에 위치하여 필요할 때 이를 이어 주는 역할을 하는 것이 스위치다. 스위치는 그 형태에 따라서 버튼식, 회전식, 레버식 등 다양한 스위치가 있는데, 대부분은 버튼식 스위치를 사용한다.

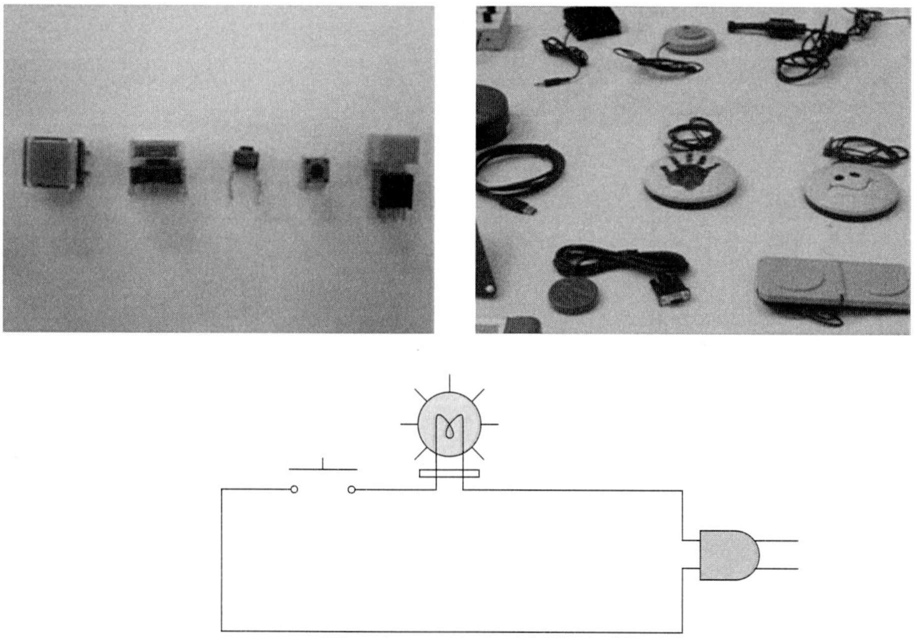

[그림 11-31] 각종 스위치와 일반적인 배선도

(1) 3로, 4로 스위치

스위치는 보통 건물의 한 곳에 고정되어 사용된다. 그러나 계단의 위, 아래처럼 같은 전구를 다른 곳에서 제어할 수 있도록 스위치를 사용하면 편리할 것이다. 이와 같이 같은 전기기구를 복수의 장소에서 고정된 채로 사용할 수 있도록 설계된 것이 3로 스위치와 4로 스위치다. [그림 11-32]와 같이 3로 스위치는 2곳에서, 4로 스위치는 3곳에서 같은 전구를 켜고 끌 수 있도록 한 것으로 계단, 공공장소 등에서 사용하면 편리하다.

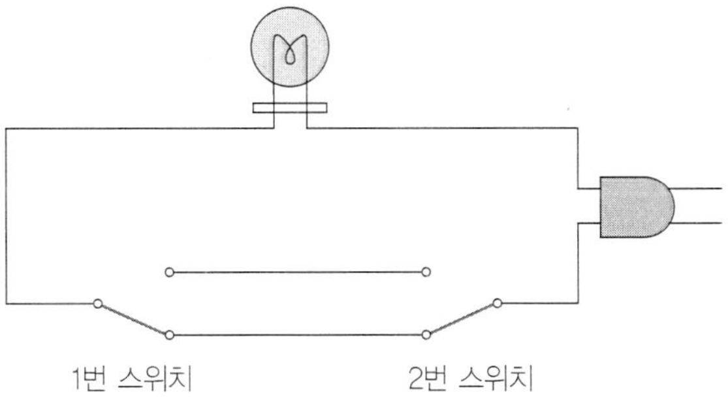

(a)

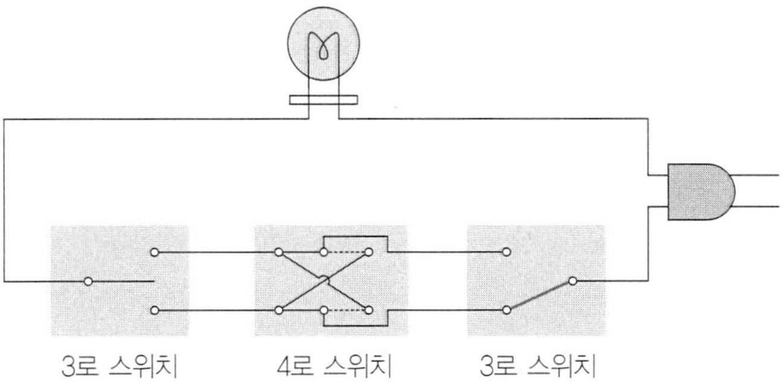

(b)

[그림 11-32] 3로 스위치(a)와 4로 스위치(b)의 결선도

(2) 타이머 스위치

요즈음 아파트 입구 등에서의 전등은 사람이 가까이 가면 전원이 켜졌다가 어느 정도 시간이 지난 후 자동으로 꺼지는 것을 볼 수 있다. 이는 적외선 센서를 이용하여 사람이 지나가는 것을 자동으로 확인한 후, 타이머 스위치를 이용하여 일단 전등을 점등한 다음 설정된 시간이 지나면 끄도록 한 것이다. 이처럼 타이머 스위치를 활용하면 전기기구를 일정 시간이 지난 후 자동으로 끌 수 있기 때문에 절전에 유리하다.

[그림 11-33] 타이머 스위치의 예

7) 각종 센서

센서는 물리적인 에너지를 감지하여 전기에너지로 변환하는 소자로 현재 가정, 사회 생활 속에서 매우 다양하게 이용된다. 여기서는 각종 센서에 대해 알아본다.

- 광센서(시각): 빛을 감지하여 전기에너지로 변환하는 센서(적외선 receiver, TV tube, CCD, CMOS)
- 음향센서(청각): 소리를 감지하여 전기에너지로 변환하는 센서(마이크로폰, 진동센서 등)
- 온도센서(촉각): 온도를 감지하여 전기에너지로 변환하는 센서(열적외선센서, 바이메탈, 서미스터 등)
- 화학센서(후각): 화학 작용 또는 화학적 기체 등을 감지하여 전기에너지로 변환하는 센서(가스센서, pH 센서, 바이오칩 등)
- 생물센서(미각): 생물 작용을 감지하여 전기에너지로 변환하는 센서(효소센서, 미생물센서 등)

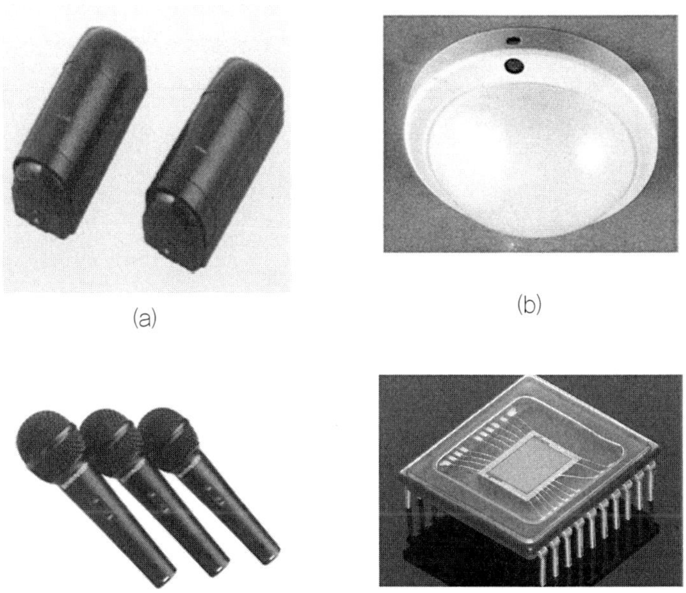

(a) (b)

(c) (d)

[그림 11-34] 여러가지 센서: (a) 적외선 감지센서, (b) 열적외선 센서, (c) 마이크로폰, (d) 광(CCD) 센서

8) 모 터

모터는 전기에너지를 이용하여 기계적 운동에너지를 발생시키는 엑추에이터(actuator)로서 각종 전기기구에 사용된다. 모터의 원리는 패러데이의 법칙에 따라 전류의 변화에 의해 발생하는 자장으로 인하여 자석이 회전하여 기계적 운동에너지를 발생시키는 것이다. 종류에 따라 공급 전압, 전류 그리고 주파수 등에 따라 회전속도가 바뀌며 스텝모터 등은 제어기에 의해 각도 조절 및 회전속도를 마음대로 조절할 수 있다.

(1) 직류(DC) 모터

직류모터(DC motor)는 엄밀하게는 직류 정류자 모터이며, 소위 브러시 부착 모터다. 교류모터의 속도제어법의 진보와 브러시리스 DC 모터의 등장으로 직류모터는 그 사용 분야가 상당히 제한되어 가고 있다고 볼 수 있지만 단순함과 가격 등에서 현재에도 널리 이용되고 있다.

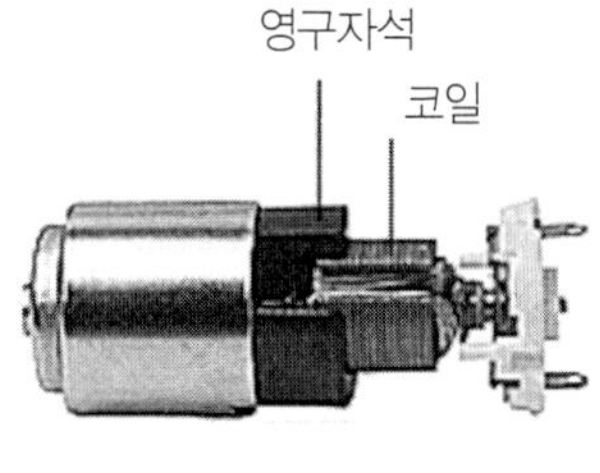

(a)

(b)

(c)

[그림 11-35] 여러 가지 모터 (a) 직류모터, (b) BLDC 모터, (c) 서보모터

(2) BLDC 모터

BLDC(Brushless DC) 모터는 DC 모터에서 브러시와 정류자(commutator)를 없애고 전자적인 정류기구를 설치한 모터로서, 가장 큰 장점은 기계적인 노이즈뿐만 아니라 전기적인 노이즈도 발생하지 않는다는 점이다. 회전하는 마그넷과 구동코일이 설치되어 있고 정류자가 없기 때문에 이것에 대신하는 전자정류 회로가 필요하다. 따라서 회로구성이 복잡하여 보통 전용 IC가 사용되고 주로 VTR, FDD, CD 플레이어 등 높은 회전 성능과 긴 수명이 요구되는 곳에 사용된다.

(3) 교류모터

교류모터는 교류전원을 이용하는 것으로 유도모터와 동기모터로 나뉜다. 유도(induction) 모터는 고정자 권선에 흐르는 교류(교번) 전류에 의해 발생하는 회전 자기장과 로터부에 발생하는 유도 전류의 상호작용에 의해 생기는 회전력에 의한 모터다. 인덕션 모터를 유도모터라고 부른다. 이에 비해 동기모터는 전원 주파수에 동기하여 회전하는 것으로 전원 주파수와 동기되었을 때 안정된 회전 특성이 얻어진다.

(4) 서보모터

servo는 그 어원에서 볼 때 영어의 slave라든가 servant의 의미를 가지며, 따라서 서보(servo)모터는 명령에 충실하게 추종하는 제어용 모터를 의미한다. DC 서보모터는 전기자 전류에 대하여 발생토크의 관계가 직선성으로 우수하고, OA 분야부터 FA 분야까지 광범위하게 사용되고 있다. AC 서보모터는 주로 계측기, 항공기 관계에 사용되었으나 현재는 거의 사용되고 있지 않으며, 전력변환 장치, 위치제어, 속도제어, 전류제어 등의 기능을 가진다.

6. 각종 계측기

1) 테스터기

[그림 11-36] 테스터기

테스터기는 만능 회로측정기로 주로 전류계, 전압계, 저항계를 포함하여 간편하게 전기량을 측정할 수 있는 장치로 회로시험기라고도 한다. 정밀도는 그다지 높지 않으나, 간단하게 전기저항, 직류 및 교류의 전압 · 전류 등을 측정할 수 있다. 각종 전기 · 전자기구의 수리 등에 사용되며 측정하고자 하는 회로 부분에 2개의 탐침을 대면 테스터의 지침이 움직인다. 눈금판은 전환 스위치의 눈금에 대응하여 매겨져 있으므로 지침이 가리키는 눈금을 읽으면 측정값을 알 수 있다. 일반 가정에서도 전기기기가 늘어나고 있으므로 테스터기를 한 대 비치해 두면 고장 등이 일어나는 경우에 아주 편리하다.

2) 멀티미터

멀티미터(multi-meter)는 여러 가지의 전기 · 전자량을 측정할 수 있는 기능을 결합한 전자계측기로서 보통 실험실 또는 계측실에서 사용된다. 전형적인 멀티미터는 전압, 전류, 전기저항을 측정할 수 있으며 전지, 모터 컨트롤, 전기 제품, 파워 서플라이, 전신체계와 같은 산업과 가구용 장치의 넓은 범위에 있어 전기적인 문제들을 점검하기 위하여 사용될 수 있다.

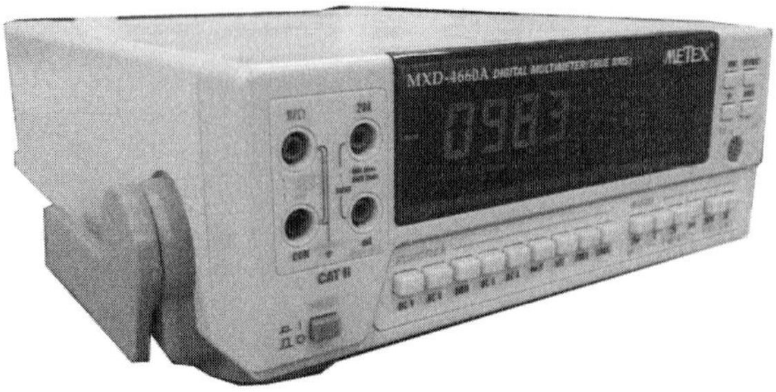

[그림 11-37] 멀티미터

3) 오실로스코프

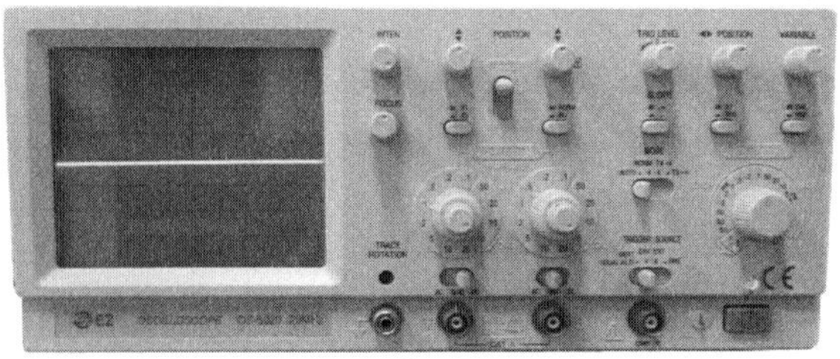

[그림 11-38] 일반적인 2채널 아날로그 오실로스코프

오실로스코프(oscilloscope)는 시간에 따른 전압의 변화를 화면에 출력하는 장치로서 전기 신호를 직접 눈으로 볼 수 있기 때문에 다양하게 적용할 수 있는 기본적인 전자측정기다. 보통 2개의 채널을 동시에 볼 수 있도록 설계되어 있으며, 수직축에는 전압의 크기를, 수평측에는 시간을 나타낸다. 오실로스코프를 사용하면 전압 외에 주파수, 주기, 위상차 등을 알 수 있다. 보통 음극선관을 이용한 아날로그 오실로스코프를 많이 사용하지만 최근에는 LCD 모니터를 이용한 디지털 오실로스코프의 보급이 급증하고 있다.

7. 디지털 신호와 마이크로프로세서

1) 디지털과 아날로그

디지털(digital)은 아날로그(analog)와 대응되는 의미로, 임의의 시간에서 값이 최솟값의 정수배로 되어 있고, 그 이외의 중간값을 취하지 않는 양을 가리킨다. 데이터를 한 자리씩 끊어서 다루므로 애매모호한 점이 없고 정밀도를 높일 수 있다. 일반적으로 디지털은 컴퓨터를 활용하는 데 사용하는 방법으로 2진수인 0과 1로 모든 수를 표현하게 된다. 실제 환경에서는 모든 물리적인 현상이 연속적인 아날로그 상태로 표현되나 컴퓨터를 활용하기 위해서 이를 디지털로 변환한 후 사용하게 된다.

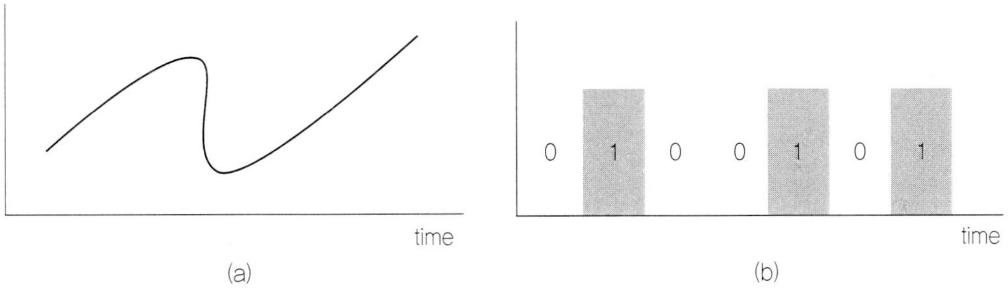

[그림 11-39] 아날로그 신호(a)와 디지털 신호(b)

2) 아날로그의 디지털 변환

아날로그 신호를 디지털 신호로 변환하기 위해서는 샘플링(sampling)과 양자화(quantization)의 두 가지 과정을 거치게 된다.

(1) 샘플링(표본화)

아날로그 신호를 디지털 신호로 변환시킬 때, 한정된 대역의 주파수를 갖는 함수의 경우, 적절한 표본화 간격을 취하면 샘플링 과정에서 아무런 정보 유실도 없이 완전하게 재생될 수 있다. 이때 표본 간격은 아날로그 신호 주파수의 2배 이상이 되어야 하며 그 이하의 간격으로 표본화하게 되면 에일리어싱(aliasing)이 발생하게 된다. 나이퀴스트 정리(Nyquist theory)라고도 한다.

(2) 양자화

샘플링 과정을 거친 이산 신호는 그 크기를 표현하고자 하는 비트 수에 따라 정해진 한정된 수량의 값으로 치환(mapping)되어야 한다. 이를 양자화라 하며 원래 아날로그 신호와는 다른 값으로 치환이 일어날 수밖에 없기 때문에 양자화 에러(quantization error)가 발생한다. 이 에러를 줄이기 위해서는 표현하고자 하는 비트 수를 늘려야 하지만 그런 경우 데이터의 양이 증가하게 되므로 무한정 늘릴 수는 없다. 그러므로 원하는 디지털 시스템의 성능을 고려하여 적당한 양자화 에러는 감수하여 설계하여야 한다.

3) 마이크로프로세서

마이크로프로세서(microprocessor)는 컴퓨터의 중앙처리장치(CPU)를 단일 집적회로(IC) 칩에 집적시켜 만든 반도체 소자로 소형 처리기라고도 한다. CPU와 거의 동의어로 불리지만 그 밖에도 비디오 카드의 GPU 같은 마이크로프로세서도 존재한다. 1971년에 미국 인텔에서 세계 최초로 만들었으며 오늘날은 이를 흔히 MPU(microprocessing unit)라고 부르기도 한다. 최초의 마이크로프로세서는 일반 컴퓨터의 중앙처리장치에서 주기억장치를 제외한 연산장치, 제어장치 및 각종 레지스터들을 단지 1개의 IC 소자에 집적시킨 것이다. 마이크로프로세서는 용도에 따라 입출력 등의 주변 회로나 메모리를 내장한 것도 있어서 하나의 LSI 또는 컴퓨터 시스템으로서 동작하는 것을 '원칩 마이크로컴퓨터' 라고 부른다.

마이크로프로세서는 명령어 종류에 따라 CISC(Complex Instruction Set Computer) 타입과 RISC(Reduced Instruction Set Computer) 타입으로 나눌 수 있다. CISC 타입은 복잡한 명령어 집합을 갖는 CPU 아키텍처다. 명령어가 복잡하기 때문에 명령어를 해석하는 데 시간이 오래 걸리며, 명령어 해석에 필요한 회로도 복잡하다. 보통 풍부한 어드레싱 기능을 갖추고 있어 명령의 직교성이 좋으며, 어느 어드레싱 모드에서도 임의의 연산을 수행할 수 있다. 연산에 대해서는 레지스터와 레지스터 연산, 레지스터와 메모리 연산, 메모리와 메모리 연산을 모두 갖추고 있는 것이 보통이다. 피연산자(operand)는 2개에서 3개까지 지정할 수 있는 경우가 많다. 즉, 메모리 1의 내용과 메모리 2의 내용의 논리곱을 취해 메모리 3에 넣는 일을 하나의 명령어로 수행할 수 있다.

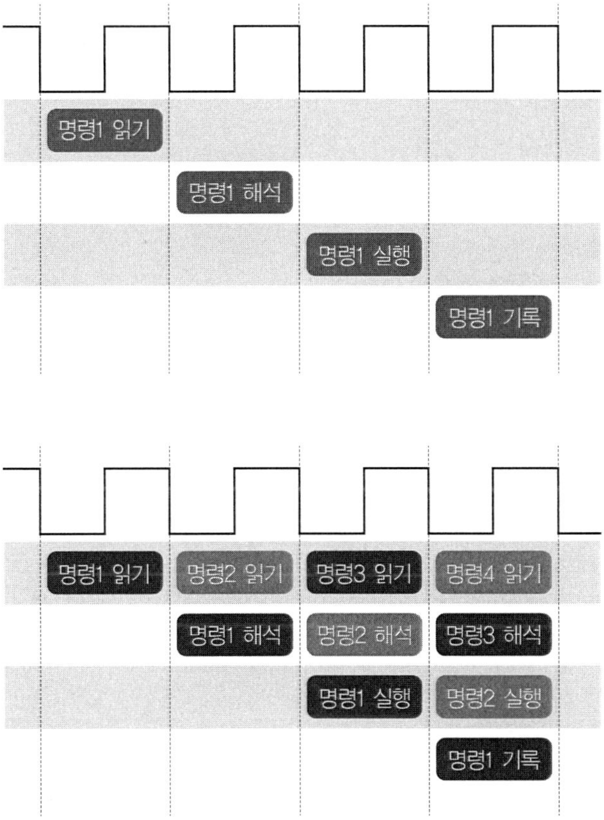

[그림 11-40] 기존 마이크로프로세서의 명령어 수행과 파이프라이닝 기법에 의한 명령어 수행

RISC 타입은 CPU 명령어의 개수를 줄여 하드웨어 구조를 좀 더 간단하게 만드는 방식이다. 마이크로프로세서를 설계하는 방법 가운데 하나이며, SPARC, MIPS 등의 아키텍처에서 사용된다. 전통적인 CISC CPU에는 프로그래밍을 돕기 위한 많은 수의 명령어과 주소 모드가 존재했다. 그러나 그중에서 실제로 쓰이는 명령어는 몇 개 되지 않는다는 사실을 바탕으로, 적은 수의 명령어만으로 명령어 집합을 구성한 것이 RISC다. 그래서 RISC는 CISC보다 구조가 더 단순하다. 복잡한 연산도 적은 수의 명령어들을 조합하는 방식으로 수행이 가능하다. 그리고 CISC 형식의 CPU 내 ROM에 소프트웨어적으로 적재된 내부 명령어들을 하드웨어적으로 구성하여 제어기가 제거된 부분에 프로세서 레지스터 뱅크와 캐시를 둔다. 이렇게 함으로써 CPU가 상대적으로 느린 메인 메모리에 접근하는 횟수를 줄여 주어 파이프라이닝 등 시스템 수행속도가 전체적으로 향상된다.

파이프라이닝(pipelining)이란 명령어의 처리율(throughput)을 높이기 위하여 사용되는 기법이다. 명령어를 수행하기 위한 각각의 스테이지의 처리속도를 같게 하여 명령어의 처리 흐름을 병렬로 구동시켜서 마치 수도관을 흐르는 물처럼 명령어가 끊임없이 처리된다고 하여 이러한 이름이 붙었다.

(1) 마이크로프로세서의 종류

현재 사용되고 있는 마이크로프로세서는 크게 인텔 계열과 모토로라 계열의 두 가지로 나뉠 수 있다. 최근 많이 사용되는 프로세서는 인텔 계열의 8051, AVR 등이며, PIC도 명령어 체계를 단순화하여 사용하기 편리하기에 그 사용 범위가 확대되어 가고 있다.

① 8051

8051 마이크로프로세서는 CPU, 메모리장치(ROM, RAM), 입출력 포트(8비트 단위 4개)로 이루어진다. 목적하는 특정 기능은 프로그램을 통하여 범용적으로 기능을 사용할 수 있도록 한 범용 LSI다.

- 8051의 특징: 8051은 중앙 연산처리장치(Central Processing Unit: CPU), 2종류의 메모리(데이터 메모리 또는 프로그램을 기억하는 프로그램 메모리), 입출력 포트로 구성되어 있으며, 레지스터와 주변기능을 관장하는 랜덤 로직이 유기적으로 결합되어 있다. 이와 같이 8051의 내부 블록들은 8비트 내부 데이터 버스를 통해서 데이터를 주고받는다. 즉, 이 내부 버스는 건물 실내에 설치되어 있는 긴 배관을 생각하면 된다. 또 이 버스는 메모리와 입출력 장치가 외부에 연결되어 있는 경우에는 데이터를 주고받는 데에도 사용된다.
- 4K 바이트의 프로그램 메모리를 내장하고 있다.
- 4개의 레지스터 뱅크를 포함한 128바이트의 데이터 메모리
- 사용자가 임의로 지정할 수 있는 128비트의 플래그
- 불(Boolean) 대수 처리기능을 갖고 있다.
- 8비트 단위의 4개의 입출력 포트(포트 0, 1, 2, 3)
- 2개의 16비트 타이머/카운터
- 다중 모드로 사용할 수 있는 고속 직렬포트
- 우선순위 설정이 가능한 4개의 인터럽트

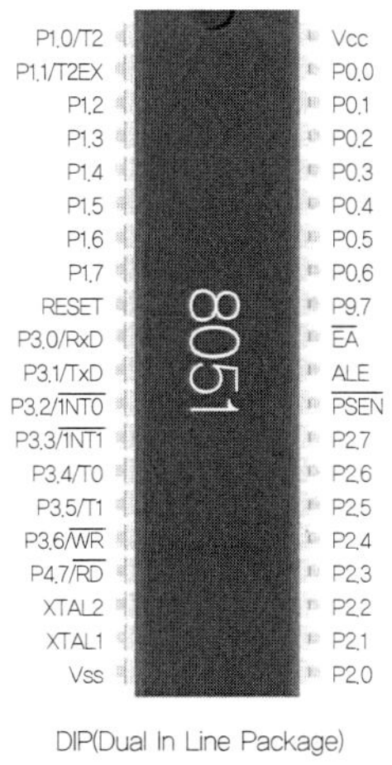

[그림 11-41] 8051 마이크로프로세서의 핀구조

- 프로그램 메모리와 데이터 메모리를 각각 최대 64K 바이트까지 확장할 수 있다.
- CMOS 타입의 80C51은 아이들 모드와 파워다운 모드의 기능이 있다.

② AVR

AVR은 Alf(Bogen) Vergard(Wollen) Risc의 약자로서 ATMEL사에서 제작된 RISC 구조의 MCU다. 비교적 저렴한 가격에 비해 8MHz에 8MISP라는 속도는 상당히 매력적이며 ADC, PWM, SPI 등의 고기능을 손쉽게 구현할 수 있다는 장점이 있다. 또한 AVR의 강점으로 꼽을 수 있는 것은 제작사가 컴파일러 WAVRASM과 상당히 강력한 디버거인 AVR Studio를 제공한다는 것이다. AVR의 특징을 정리하면 다음과 같다(신동욱, 오창현, 2009).

- 저전압용(2.7~6V)과 일반전압용(4~6V)이 있다.
- C언어를 사용한 프로그래밍이 가능해 손쉽게 프로그래밍할 수 있다.
- RISC 구조로 클록에 대한 분주비가 없으며 PIC보다 4배 빠르고 8051보다도 빠르다.
- UART, TIMER, PWM, WATCHDOG, 입출력 포트 등을 내장하고 있어 회로설계 시 단순화가 가능하다.
- 종류에는 ATtiny2313 등의 ATtiny 시리즈, ATmega 시리즈 등이 있다.

[그림 11-42] ATmega128 마이크로프로세서

③ PIC

PIC는 Pxxx Interrupt Controller의 약자로 마이크로 컨트롤러다. PIC은 지금 여러 산업 분야에서 요구하는 사항을 만족시키고 있으며, 개발시간의 단축, 대량생산, 소량생산, 초소형, 초염가, 고속처리 등의 강점이 있어 여러 제품이 제작되고 있다. PIC의 특징을 정리하면 다음과 같다(차영배, 2004).

- 원칩 마이크로 컨트롤러다.
- OTP 타입(초저가)이다.
- 병렬처리 RISC 구조다.
- 하버드 구조를 갖고 있다.
- CMOS로 구성되어 있다.

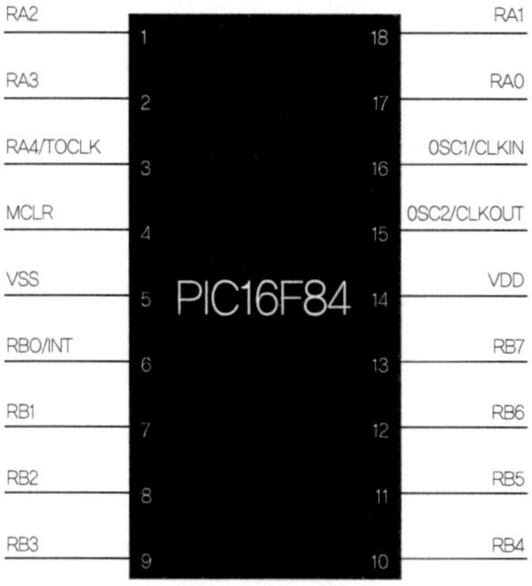

[그림 11-43] PIC16F84의 핀구조

- 크기와 타입이 다양하다.
- 개발환경이 우수하다.
- 배우기가 쉽다.

참고문헌

김진사, 왕종배, 홍선표(2006). 전기전자공학개론. 서울: 성안당.
신동욱, 오창헌(2009). 알기쉽게 배우는 AVR ATmega128. 서울: Ohm사.
차영배(2004). C-언어로 배우는 PIC 마이컴. 서울: 다다미디어.

Miller, R., & Miller, M. R. (1995). *Electronocs: The Easy Way*. Barron's Educational Serious.

제12장 표준화와 품질관리

1. 표준화와 품질관리의 배경

21세기는 복지사회, 고령화 사회 그리고 융합기술의 사회라고 할 수 있다. 재활복지 및 보조공학기기 산업은 선진국에서는 이미 정보통신, 신소재 등 첨단산업과 함께 중요한 차세대형 고부가가치 전략산업으로 분류되고 있다. 우리나라의 경우, 급속한 고령사회화뿐만 아니라 과거 고도성장 위주의 경제정책과 산업화에 따른 교통사고, 산업재해와 환경공해에 기인하는 다양한 질병으로 장애 인구가 지속적으로 발생하고 있다. 또한 국민생활 수준이 향상됨에 따라 노인 및 장애인의 삶의 질에 대한 욕구가 증대되고 있다. 이러한 사회적 변화는 우리나라의 보조공학기기 산업의 중요도를 시사해 준다.

보조공학기기 분야는 선진복지국가 형태의 산업이고 고부가가치의 특성을 지닌다. 또한 많은 선진국에서 자국의 기술을 보존하고 기술 이전을 회피하기 위하여 기술 및 제품의 표준을 제정하고 표준화함으로써 무역장벽의 수단으로 강화하고 있는 한편 국가와 사회의 공익과 복지의 실현 차원에서도 수행하여야 하는 분야로 간주되고 있다. 따라서 미래의 고령복지 사회에서 새로운 수요 창출에 대응하기 위하여 보조공학기기에 대한 기술 및 산업표준의 개발 및 국제 표준화의 참여 활동은 매우 중요하다.

일반적으로 표준화의 필요성은 다음과 같이 요약된다(신명재, 2007).

- 제품의 안정성, 기능/성능, 신뢰성 확보(Assurance of safety, proper function, and reliability for consumers)
- 제품의 호환성(Assurance of compatibility between products)
- 제조자를 위한 마케팅과 생산가 절감(Marketing and low cost production for manufacturer)
- 제조자의 제품설계의 기준(Criteria for manufacturers to design products)
- 제품의 품질 테스트 기준(Standardization should be linked to testing)

국제 표준화 및 인증 기준은 원래 국가 간의 물자 및 용역의 자유로운 이동이나 상대적으로 기술력이 떨어진 개발도상국에 대한 효율적 기술 이전이 그 목적이라고 할 수 있으나, 오늘날 세계무역기구(WTO) 체제하에서 이루어지는 무한경쟁의 세계경제 및 무역의 현장에서는 기업의 시장 선점과 확대를 위한 수단으로 변질되고 있다. 특히 오늘날은 정보통신기술(ICT)이나 첨단산업 분야의 경우 '국제표준화＝시장의 승자' 라는 등식이 성립될 정도로 무한경쟁 시대에 있다. 이 장에서는 보조공학기기와 산업에 대한 표준화 및 품질관리 동향에 대하여 요약하여 기술하기로 한다.

2. 용어 및 정의

우리나라의 장애인복지법 제6장 제65조에 따르면, 장애인 보조기구란 '장애인이 장애의 예방과 보완 및 기능의 향상을 위하여 사용하는 의지 · 보조기 및 기타 보건복지부장관이 정하는 보장구와 일상생활의 편의 증진을 위하여 사용하는 생활용품'을 가리킨다. 그런데 보조공학기기란 용어는 통상적으로 의지 · 보조기를 포함하지 않으며 그 외에는 장애인 보조기구와 동등한 범주로 간주될 수 있다.

국제적으로는 국제표준화기구 ISO 9999에서 보조공학기기를 '장애를 지닌 사람을 위한 보조기구' 로 정의하고 있으며(ISO 9999, 2011), 우리나라 국가표준인 KS에서도 국제적인 정의를 인용하여 '장애인 · 노인 보조기구' 로 칭하고 있다. 여기에서는 ISO와 우리나라에서 사용되고 있는 보조공학 관련 용어의 정의와 분류에 대하여 기술한다.

1) 국제표준화기구

국제표준화기구(International Organization for Standardization: ISO)의 ISO 9999(2011)에서는 장애를 지닌 사람을 위한 보조기구-분류 및 용어(Assistive Products for Persons with Disability-Classification and Terminology)에서는 '보조기구는 장애가 있는 사람이 사용하는 장치(device), 설비(equipment), 기기(instrument), 기술(technology) 및 소프트웨어(software)를 말하며 기능장애(impairments), 활동제한(activity limitation), 참가제약(participation restrictions)을 예방, 보상, 모니터링, 경감 및 중화할 수 있는, 특별히 제조되거나 범용적인 용품'이라고 정의하고 있다.

이것은 세계보건기구(WHO)가 1981년에 질병을 중심으로 질병에 의한 기능장애(impairment), 활동장애(disability), 사회적 불리(handicap)의 국제장애분류(International Classification of Impairment, Disability and Handicap: ICIDH)에서 2001년도 세계보건기구에서 건강을 구성요소의 축으로 하는 국제생활기능분류(International Classification of Functioning, Disability and Health: ICF)에서의 개념을 바탕으로 정의한 것이다.

국제생활기능분류는 개인적인 인자와 사회적인 인자의 영향을 고려하여 인간의 건강 상태의 정도를 심신기능(body function) 및 신체구조(body structure) · 활동(activity) · 참여(participation)의 키워드로 표현하고 있는데, 이는 심신기능에 장애가 있더라도 환경에 맞게 장애를 극복할 수 있는 보조기구를 사용하면 장애인은 활동 제한을 극복하고 사회참여가 가능하게 되어 결국 장애가 없는 상태가 된다는 것을 의미한다.

예전에는 ISO에서 보조공학기기를 '불구자에 대한 기술적 보조장치(Technical Aids for Handicapped people)'란 용어로도 사용하였으나 '불구(Handicap)'나 '에이즈(Aids)'와 같은 부정적인 개념이 연상되는 용어의 사용이 지양되면서 ISO 9999:2002부터는 보조기구(Assistive Products)란 용어로 정착되어 사용되고 있다.

2) 우리나라

보조공학기기는 2008년 개정된 「장애인복지법」부터 '장애인 보조기구'라는 용어로 사용되고 있다. 현재 「장애인복지법」 제65조에 따르면 장애인 보조기구는 "장애인이 장애의 예방과 보완 및 기능의 향상을 위하여 사용하는 의지 · 보조기 기타 보건복지부장관이 정하는 보장구와 일상생활의 편의 증진을 위하여 사용하는 생활용품"을 말한다. 종전에는 '재활 보조기구' 라는 명칭이 사용되었는데, '재활'이라는 단어에서는 의료적 처치에 의해 기능이 보전된다는 의미가 강조되어 장애인의 자립이라는 능동적 의미가 상대적으로 약하다는 의견과, '재활'이란 용어로 인하여 재활목적 이외의 일상생활 및 사회생활의 편의를 돕기 위한 용품은 제외될 수 있다는 우려가 반영되면서 변경되었다.

현재 사용하고 있는 '장애인 보조기구' 라는 용어는 우리나라의 경우 그것의 사용 대상을 「장애인복지법」상의 장애인(제2조 장애인의 정의 등)으로 국한하게 되어, 경증의 장애가 있는 노인이나 기타 약자가 대상에서 제외되는 것으로 인식될 수 있다는 시각도 있다. 한편, 국가표준인 KS에서는 좀 더 광범위하게 장애인과 노인을 포함하는 장애인·노인 보조기구로 정의하고 있으며, 노인장기요양보험에서는 장애를 지닌 노인에게 필요한 보조기구로서 '복지용구' 란 용어를 사용하고 있다(문무성, 2008). 그리고 보조공학기기는 「장애인고용촉진법」에서 사용되고 있는 용어이며, 우리나라에서는 법 또는 제도에 따라 비슷한 의미를 가진 다양한 용어가 혼용되고 있는 실정이다.

보장구란 용어는 1980년 「장애인복지법」 제정 시 일본의 관련 법률에서 인용한 것이다. 그러나 현재는 장애인복지법에서 명시한 장애인 보조기구 중 생활용품이 아닌 것에 해당되는 보조기구를 나타내는 용어로 통용되고 있으며, 「국민건강보험법」 제51조의 '장애인 보장구 급여' 에서처럼 장애인 급여 품목과 관련하여 사용되고 있다. 현재 일본에서는 보장구가 우리나라의 보조기에 해당되는 용어로 우리와는 다른 의미로 사용되고 있다.

3. ISO 및 우리나라의 분류체계

1) 국제표준화기구(ISO)의 분류체계

1992년에 최초로 장애인용 보조공학기기 분류법(Technical Aids for Disabled Persons Classification: ISO 9999)이 제정되고 5년마다 정기적으로 개정할 것이 합의되었다. 2011년에는 5차 개정(ISO 9999, 2011)이 이루어졌고, 현재는 6차 개정 작업이 이루어지고 있는 중이다. 국제표준화기구에서는 국제표준(ISO 9999)을 토대로 세계 각국이 유사한 보조공학기기 분류체계를 갖도록 권장하고 있다(〈표 12-1〉 참조).

〈표 12-1〉 국제표준화기구(ISO)와 우리나라의 보조공학기기 분류체계

국제표준화기구 (ISO 9999, 2011)		한국 (보건복지부 고시 제2013-22호)	
코드	분류명	코드	분류명
4	Assistive products for personal medical treatment (개인치료용 보조기구)	4	개인 치료용 보조기구
5	Assistive products for training in skills (훈련용 보조기구)	5	기술 훈련용 보조기구
6	Orthoses and prostheses (보조기 · 의지)	6	보조기 및 의지
9	Assistive products for personal care and protection (개인 관리 · 보호용 보조기구)	9	개인 관리 및 보호용 보조기구
12	Assistive products for personal mobility (이동기기)	12	개인 이동용 보조기구
15	Assistive products for housekeeping (가사용구)	15	가사용 보조기구
18	Furnishings and adaptations to homes and other premises (가구 및 건축물용 부대시설)	18	가정, 주택용 가구 및 개조용품
22	Assistive products for communication and information (정보전달용 보조기구)	21	의사소통 및 정보전달용 보조기구
24	Assistive products for handling objects and devices (조작용구)	24	물건 및 기구 조작용 보조기구
27	Assistive products for environmental improvement and assessment (환경 개선기기)	27	환경 개선 및 측정용 보조기구
28	Assistive products for employment and vocational training (고용 및 직업훈련용 보조기구)	28	고용 및 직업 훈련용 보조기구
30	Assistive products for recreation (레크리에이션 용구)	30	레크리에이션용 보조기구

2) 우리나라의 분류체계

우리나라의 경우에는 1999년에 개정된 「장애인복지법」에 보조공학기기의 품목고시를 하도록 함으로써 보조공학기기의 분류에 대한 법적 근거를 마련하였다. 그 후 2002년 9월 국제표준화기구의 국제표준(ISO 9999) 체계를 참고하여 보건복지부 고시를 통해 분류체계를 확립하였으며, 2013년에는 개정된 국제표준(ISO 9999, 2011)을 참조하여 품목분류를 개정 고시하였다(〈표 12-2〉 참조).

〈표 12-2〉 우리나라의 보조공학기기 품목고시에 따른 품목분류

대분류	중분류, 소분류 품목 수 및 예시
개인 치료용 보조기구	• 11개의 중분류, 27개의 소분류 품목 • 인공호흡기, 산소공급장치, 유인기 등
기술 훈련용 보조기구	• 10개의 중분류, 5개의 소분류 품목 • 음성 및 언어능력 훈련용 보조기구, 읽기기술발달용 훈련 도구 등
보조기 및 의지	• 8개의 중분류, 99개의 소분류 품목 • 엉치-엉덩이 보조기, 배 근육 지지대 등
개인 관리 및 보호용 보조기구	• 17개의 중분류, 68개의 소분류 품목 • 장애인용 의복, 의안 등
개인 이동용 보조기구	• 14개의 중분류, 72개의 소분류 품목 • 보행용 막대기 및 지팡이, 팔꿈치 목발 등
가사용 보조기구	• 5개의 중분류, 13개의 소분류 품목 • 주방 계량용 보조기구, 조리기구 등
가정, 주택용 가구 및 개조용품	• 9개의 중분류, 33개의 소분류 품목 • 독서용 탁자, 책상 및 도서대, 침대용 보조탁자 등
의사소통 및 정보전달용 보조기구	• 12개의 중분류, 57개의 소분류 품목 • 안경 및 콘택즈렌즈, 소리 집성기 등
물건 및 기구 조작용 보조기구	• 8개의 중분류, 31개의 소분류 품목 • 병따개, 튜브짜개 등
환경 개선 및 측정용 보조기구	• 2개의 중분류 품목 • 환경개선용 보조기구, 측정용 보조기구 등
고용 및 직업 훈련용 보조기구	• 8개의 중분류, 7개의 소분류 품목 • 작업책상, 작업대 등
레크리에이션용 보조기구	• 6개의 중분류 품목 • 놀이용 보조기구, 스포츠용 보조기구 등

4. 표준화 동향

1) 국제 표준화 동향

기술 및 제품 등의 표준화에 대한 국제적 노력은 1970년대 초 미국에서 시작되었으며, 국제적 거래가 활발해지면서 미국, 유럽 등 구미 선진국에서는 국제표준화기구(ISO) 표준 등 국제표준 규격을 채택하여 운용하고 있다.

보조공학기기의 경우, 국가마다 장애인의 범주, 소득 수준이 달라서 분류 및 범위 등에서 어느 정도 차이가 나며, 장애인의 욕구 정도가 변화하고 관련 기술의 발전속도가 빨라서 기대하는 것처럼 빠른 대응이 이루어지지 못하고 있다.

현재 보조공학기기 관련 국제 표준화는 복지선진국이라고 할 수 있는 스웨덴, 영국, 독일 등 유럽연합 국가들이 ISO를 중심으로 유럽표준화기구(CEN)와 공조를 이루면서 주도하고 있다. 미국, 캐나다 등의 북미 국가들의 경우, 과거에는 미국 중심의 독자적인 표준화 정책을 수행해 왔으나, 세계적인 지구촌화 추세와 더불어 ISO와 연계하여 추진하고 있다. 반면, 신체조건이 서구 국가와 크게 다르고 산업적으로 상대적으로 뒤떨어졌던 아시아 국가들도 한국, 일본, 중국을 중심으로 동북아 권역의 지역 표준화 협력을 바탕으로 국제표준화기구에서 활동을 강화하고 있다(이석민 외, 2012; 박상수, 최기원, 오민우, 2015).

2) 국제표준화기구(ISO)의 보조공학기기 현황

국제표준화기구(International Standard Organization: ISO)는 오랜 기간에 걸쳐 여러 단계를 통하여 제정된 표준을 발간함으로써 국제적 표준화기구로서의 권위를 인정받고 있으며, 모든 표준은 기술 발전이나 환경 변화를 수용하여 5년마다 개정을 검토하고 있다(박소은, 2011). 전기/전자공학 기술을 기반으로 한 보조공학기기의 경우에는 ISO와 국제전기기술위원회(International Electrotechnical Commission: IEC)가 주로 담당하여 공동으로 표준을 제정한다.

2014년에 개정 발간된 ISO/IEC 가이드 71: 표준 접근성 지침서(Guide for Addressing Accessibility in Standards)에 따르면, 각종 표준화 기술위원회(Technical Committee: TC)에서는 표준의 제·개정 작업에서 노약자의 접근성 향상을 위한 요구에 대하여 언급할 것을 권고하고 있다(ISO/IEC 가이드, 2014).

기본적으로 표준화에 관련된 일련의 과정은 ISO/IEC 가이드 71의 지침서에서 규정하는 표준개발공정에 의거하여 추진한다(〈표 12-3〉 참조). 예를 들면, 제품의 사용 시 노약자에게 노출될 수 있는 위험성을 고려한다든지, 소프트웨어 등이나 각종 기기들이 노약자들이 사용하기에 적합하여야 한다든지, 목욕기구 등의 생활용품이 노약자들이 사용하기 편리하게 설계 및 고안되어야 한다는 내용이 포함된다.

국제표준화기구(ISO)의 보조공학기기 관련 대표적인 기술위원회(TC)는 기술위원회 173으로, 신체장애를 지닌 환자, 노인, 장애인들에 대한 보조공학기기 분과에서 대부분의 관련제품에 대한 표준화 업무를 진행하고 있다(〈표 12-4〉 참조).

〈표 12-3〉 표준개발공정, ISO/IEC 가이드 71

기능 · 능력 구분	감각능력	신체능력	인지능력	알러지
기능이 약한 상태	보기, 듣기, 접촉, 후각 등	이동, 잡는 힘, 말하기 등	판단, 기억 등	접촉, 음식물 등
배려 영역	맹인 · 약시, 농아 · 난청, 마비 등	보행곤란, 언어장애 등	지적장애, 자폐증 등	
정보, 표시	색, 문자의 크기, 콘트라스트, 형상 등	위치, 레이아웃	그림 기호 등	
포장 용기	색, 문자의 크기, 콘트라스트, 형상 등	취급의 용이성, 표면 재질 등	도면 기호, 그림 기호	성분 표시, 표면 재질, 소재 등
소재(재질)	색, 콘트라스트, 형상, 표면 재질, 음향 등	취급이 용이성, 표면 재질 등	색, 콘트라스트, 형상 등	성분 표시, 표면 재질, 소재 등
설치	조명, 취급의 용이성, 이치에 맞는 순서 등	취급이 용이성, 표면 재질 등	색, 형상, 이치에 맞는 순서 등	성분 표시, 표면 재질, 소재 등
사용자 인터페이스 (조작성)	색, 문자의 크기, 레이아웃, 취급의 용이성	위치, 레이아웃, 이해하기 쉬움 등	도면 기호, 그림 기호, 이해하기 쉬움 등	알러지나 독성이 없는 재질 등
정비 · 보관 · 폐기	취급의 용이성, 이치에 맞는 순서 등	취급의 용이성	도면 기호, 그림 기호, 이치에 맞는 순서	알러지나 독성이 없는 재질 등
구축환경	조명, 접근경로(access root), 음량 등	위치, 레이아웃, 표면 재질 등	도면 기호, 그림 기호, 이해하기 쉬운 말 등	알러지나 독성이 없는 재질 등

〈표 12-4〉 ISO 기술위원회 173의 현황

분류	명칭
기술위원회 173	장애인 보조공학기기(위원장: 스웨덴, 간사국: 스웨덴)
	제1작업반: 보행보조기구(반장: 일본) 제8작업반: 점자 보행바닥표시(해산) 제9작업반: 개인위생 보조기구(반장: 스웨덴) 제10작업반: 인지장애(반장: 스웨덴) 제11작업반: 욕창예방 보조기구(반장: 영국)
분과 1	휠체어(위원장:이탈리아, 간사국: 남아프리카공화국)
	제1작업반: 테스트 방법(반장: 오스트레일리아) 제2작업반: 휠체어 고정장치(반장: 네덜란드) 제8작업반: 계단승월장치(해산) 제10작업반: 휠체어 전기장치(반장: 오스트레일리아) 제11작업반: 휠체어 좌석(반장: 오스트레일리아)

분과 2	용어 및 분류(위원장: 일본, 간사국: 일본)
	제11작업반: ISO 9999 개정 작업(해산) 제12작업반: 용어 및 분류(반장: 일본)
분과 3	배변 · 배뇨 보조기구(위원장: 스웨덴, 간사국: 스웨덴)
	제2작업반: 소변흡수 보조용구(반장: 스웨덴) 제5작업반: 인공항문 및 장루용품(반장: 일본)
분과 6	호이스트 이송장치(위원장: 스웨덴, 간사국: 스웨덴)
	제5작업반: 장애인 이송 호이스트(반장: 덴마크)
분과 7	접근성 디자인(위원장: 일본, 간사국: 일본)
	제1작업반: 촉지 정보전달(반장: 일본) 제2작업반: 접근성 회의장(반장: 일본) 제3작업반: 공공화장실 장치(반장: 일본) 제4작업반: 의사소통 보조용 보드(반장: 일본) 제5작업반: 촉지 안내지도(반장: 일본) 제6작업반: 청각 안내방법(반장: 일본)

관련 기술위원회로서 장애인 의지 · 보조기 기술위원회 168에서는 용어 및 분류, 의학적 관점, 시험방법의 3개 작업반을 구성하여 표준화 활동을 하고 있으며, 고령자와 장애인을 위한 배려설계 지침에 관한 표준, 즉 접근성에 관한 작업반은 기술위원회 159의 분과 5(인간공학, Ergonomics)에 설치되어 있다. 그 외 보조공학기기와 연관이 있는 ISO 기술위원회는 다음과 같다.

- 기술위원회 22: 자동차(Road vehicles)
- 기술위원회 43 1분과: 소음(Noise)
- 기술위원회 59: 건물 및 도시공학 건축(Building and civil engineering works)
- 기술위원회 136: 가구(Furniture)
- 기술위원회 178: 리프트, 에스컬레이터, 무빙 워크(Lifts, escalator & moving walks)
- 기술위원회 194: 의료기기 생물학적 평가(Biological evaluation of medical devices)(해산)
- 기술위원회 210: 의료기기의 품질관리 및 일반사항(Quality management and corresponding general aspects for medical devices)

3) 우리나라 표준화(KS) 동향

우리나라에서는 산업통상자원부 국가기술표준원이 보조공학기기 중에서 보조기구, 휠체어, 보청기 등에 대한 국가표준(KS)을 제정하였다. 또한 보건복지부에서 장애인복지법, 노인장기요양보험법 등에 의거하여 보조공학기기에 대한 품목고시를 제정하였다.

각 국가가 보조공학기기의 표준을 제정할 때 일반적으로 국제표준화기구의 표준을 따르는 것이 국제화 시대의 기본적인 방향이며, 다만 자국의 사정을 고려하여 일부 수정 또는 변경이 가능하다. 우리나라 보조공학기기 관련 국가표준은 현재 주로 ISO, IEC 등 국제표준화기구의 표준에 부합하게 표준화가 이루어지고 있다(이석민 외, 2012; 문인혁 외, 2007). 일본산업표준(JIS)을 인용한 KS 표준이 일부 사용되고 있는데, 이는 과거에 도입되었지만 현재에도 표준으로서 가치와 필요성이 존재하는 것들이다.

현재 보조공학기기 관련 KS 표준은 ISO 표준 중에서 우리나라 실정에 필요한 79건에 대한 부합화가 이루어져 있으며, 그 외에도 JIS로부터 31건의 표준이 인용되어 전체 120건의 KS 표준이 존재한다. 노인장기요양보험에서 지급하는 일부 복지용구 및 생활 보조용품에 대한 표준화는 (사)한국고령친화용품산업협회의 단체표준으로 26건이 제정되어 있다(한국고령친화용품산업협회).

노인·장애인 보조기구 산업은 선진복지국가에서 그리고 국제적으로는 이미 큰 시장을 형성하고 있으나, 우리나라에서는 국내 관련 업체의 영세성, 소량 다품종 산업 특성과 제한적 시장 규모 등의 여러 이유로 현재까지도 후진국 수준에 머물고 있으며, 국내 요구에 따른 표준화 노력이 미흡하다고 평가할 수 있다. 따라서 향후 고령사회를 대비한 국내 보조공학기기 관련 산업을 육성하고, 고가의 수입제품에 의한 외화 낭비에 따른 국가 복지비용 부담을 감소시키며, 저가의 조악한 수입제품으로부터 우리나라 산업 및 장애인·노인 등 소비자의 건강을 보호하고, 나아가서 맞춤형 산업 및 기술에 대한 고부가가치 산업으로의 산업 트렌드 변환에 맞추어 날로 심화되고 있는 국제경쟁력을 확보하기 위해 관련 산업에 대한 체계적이고 지속적인 국가 차원의 지원대책이 요구된다.

5. 품질관리 현황

1) 미 국

미국, 유럽연합 국가 등 다수의 복지 선진국에서는 보조공학기기 중에 인체에 미치는 잠재적 위험성이 큰 품목은 의료기기로 지정하여 엄격하게 관리하고 있는데, 우리나라도 기본적으로 동일하나 의지 · 보조기 품목이 의료기기 품질관리에서 제외되고 있는 점이 주요한 차이로 지적된다.

미국의 경우, 식품의약품청(FDA)은 안전성 및 유효성 확인에 필요한 관리기준에 따라 모든 의료기기를 3등급으로 분류하고 있다. 의료기기 등급은 연방법규집 제21편 862-892조에 나타나 있으며 16개 의료 분야별로 대략 1,700개의 의료기기로 분류되어 있다(9). 미국은 의지 · 보조기 보장구 등을 포함하여 보조공학기기를 의료기기로 지정하여 관리하고 있다. 보조공학기기 중 생활용품은 의료기기로 지정하지 않고 있다. 대부분의 의지 · 보조기는 1등급이고 하지의지 등은 2등급이며, 의료기기 제조 및 품질관리(GMP)와 510(k) 작성에서 면제가 된다(Guidelines for Classification of Medical Devices). 환자용 수동식 회전침대는 1등급에 해당하나 우수 의료기기 제조 및 품질관리(GMP)가 의무사항이고, 특히 휠체어의 경우에는 모든 종류의 휠체어에 대해 등급에 상관없이 의료기기 제조 및 품질관리(GMP)와 510(k) 작성을 의무화하고 있다.

2) 유 럽

유럽연합(EU)에서는 보조공학기기에 대하여 유럽인증(CE) 마크 제도가 적용이 되며, 의지 · 보조기, 휠체어 및 보청기 등의 보조공학기기는 의료기기로 의료기기지침(MDD, 93/42/EEC)을 따라야 한다(Guidelines for Classification of Medical Devices). CE 마크를 제품에 부착한다는 것은 제품 또는 제조자가 유럽공동체(EC) 이사회 관련 규정 또는 지침의 필수 요구사항을 충족시키고 있다는 것을 의미하며, 제품이 어떠한 제한 없이 시장에 유통될 수 있도록 제조자, 수입업자 또는 제3자 기관(인증기관 등)이 관련 적합성 평가를 수행하였다는 것을 나타낸다. 보조공학기기는 의료기기로 분류되는 경우는 강제적으로 의료기기지침(MDD)을 따르게 되어 있다. 대부분은 위험등급 1(Risk Category I)이며, 전기나 동력을 사용하는 제품은 위험등급 2에 해당된다. 품질관리는 일반적으로 제조업자의 자기적합성선언(Declaration of Conformity)을 통해 이루어지는데, 자기적합성선언은 제조자가 의료기기지침(MDD)의 요구조건을 만족시킨다는 것을 선언하는 것을 의미하고, 또한 기술문서(Technical File)를 작성하여 필요할 때 언제나 각국의 규제당국에 제출할 수 있음을 의미한다. 보조공학기기는 그 특성상 고객맞춤형(custom made) 혹은 개조(adaptation)의 과정이 수반되는 경우가 많은데, 이에 대한 관리는 다음과 같이 규정하고 있다.

고객 맞춤형에 대한 관련규정은 다음과 같다.

- 특정 환자를 대상으로 전문의의 처방에 의한 제작인 경우가 이에 해당한다.
- 제품에 유럽인증(CE) 마크를 부착할 의무는 없지만 의료기기지침은 준수해야 한다.
- 각 제품마다 환자 이름, 기기명, 담당전문의의 이름이 언급된 적합성 문구를 표시해야 한다.
- 정기적으로 이러한 맞춤기기는 규제당국에 보고해야 한다.

또한 개조에 대한 관련규정은 다음과 같다.

- 개조가 필요한 기기는 전문의의 지시에 따라 제조자가 조립 및 가공을 해야 한다.

〈표 12-5〉 유럽의 주요 보조공학기기 품목의 조화문서 현황

유럽 표준화기구 (European Standards Bodies)	표준 규격 (Standard Reference)	제 목(Titles)
CEN	EN ISO 10535	장애인 이송을 위한 호이스트-필요조건과 테스트 방법 (Hoists for the transfer of disabled persons - Requirements and test methods) (ISO 10535:2006)
CEN	EN 12182	장애인을 위한 보조장치-일반요건과 테스트 방법(Technical aids for disabled persons - General requirements and test methods)
CEN	EN 12183	수동 휠체어-필요조건과 테스트 방법(Manually propelled wheelchairs - Requirements and test methods)
CEN	EN 12184	전동휠체어, 스쿠터, 배터리충전기-필요조건과 테스트 방법 (Electrically powered wheelchairs, scooters and their chargers - Requirements and test methods)
CEN ELEC	EN 60118-13	보청기 13부 전자기 적합성[Hearing aids - Part 13: Electromagnetic compatibility (EMC)] (IEC 60118-13:2011)

• 이러한 기기는 제품에 제조자의 이름을 명시하고 CE 마크를 부착해야 한다.

3) 우리나라

보조공학기기 품목의 지정 등에 관한 규정에 고시된 보조공학기기 품목을 대상으로 현재 국내에서 시행 중인 보조공학기기에 대한 품질관리 현황을 보면, 〈표 12-6〉에서 보는 바와 같이 크게 의료기기로 관리되고 있는 품목과 공산품으로 관리되는 품목의 두 가지로 나눌 수 있다. 그러나 우리나라에서는 의지 · 보조기를 비롯한 다수의 보조공학기기 품목들이 아직도 품질관리의 사각지대에 놓여 있는 실정이다(문무성 외, 2008).

의료기기는 안전성과 유효성에 따라 현재 4등급으로 나뉘며, 의료기기로 분류되고 있는 보조공학기기는 대체로 의학적으로 위험성이 낮은 1등급 또는 2등급으로 분류되고 있다. 현재 휠체어, 욕창예방방석, 보청기, 의안, 인공호흡기 등 26개의 보조공학기기 품목이 의료기기법에 의하여 의료기기로 중복 지정되어 있으며, 제조 및 수입업 허가제도, 등급별 시험검사제도, 우수 의료기기 제조 및 품질관리(GMP) 등 허가 전후에 대한 식품의약품안전처(KFDA)의 관리를 받는다(박소은, 2011).

〈표 12-6〉 우리나라의 보조공학기기 품질관리 현황

<table>
<tr><td rowspan="4">보조
공학
기기</td><td>의료기기</td><td colspan="2">• 의료기기법에 의한 허가 및 관리를 받음.
• 휠체어, 욕창예방방석 및 매트리스, 보청기, 의안, 인공호흡기, 혈압계 등 26개 품목의 보조공학기기가 의료기기로 지정, 관리되고 있음.</td></tr>
<tr><td rowspan="3">공산품</td><td>안전인증대상
공산품(의무)</td><td>• 품질경영 및 공산품안전관리법에 의해 제품검사와 제조 현장 심사 시행
• 보행기 등
• 현재 고령자, 장애인 용품 중 해당되는 품목은 없음.</td></tr>
<tr><td>자율안전확인
공산품</td><td>• 신체 안전에 위해의 우려가 있는 품목
• 고령자용 보행보조차, 고령자용 보행차 등 노인장기요양보험 복지용구 2종이 포함됨.</td></tr>
<tr><td>안전 · 품질표시
(의무)</td><td>• 위해제품 발견, 피해 확산 우려 시 지정
• 시각장애인용 지팡이 등 6종이 포함됨.</td></tr>
<tr><td>기타</td><td>의지 ·
보조기</td><td colspan="2">• 장애인복지법에 의해 업소 개설을 위한 의지 · 보조기 기사 의무채용 조건 및 신고제 등, 불완전하고 간접적 품질관리가 시행되고 있음.
• 골반보조기, 아래팔의지, 종아리의지 등 99개 품목</td></tr>
</table>

〈표 12-7〉 우리나라 의료기기 및 공산품에 따른 보조공학기기의 품질관리

구분	의료기기에 속한 보조공학기기	공산품에 속한 보조공학기기		
	의료기기법	품질경영 및 공산품안전관리법		
		안전인증대상 공산품	자율안전확인대상 공산품	안전 · 품질표시 대상공산품
품질 관리 내용	제조 및 수입업 허가, 등급별 시험검사, 우수 의료기기 제조 및 품질관리(GMP) 등 허가(의료기기법 시행규칙 제15조)	소비자의 생명 · 신체상의 위해, 재산상의 손해 또는 자연환경 훼손의 우려가 있는 공산품(품질관리경영 및 공산품안전관리법 제2절 안전인증대상 공산품)	공산품의 구조, 재질 및 사용방법 등으로 인하여 소비자의 신체에 대한 위해를 초래할 우려가 있는 공산품(품질관리경영 및 공산품안전관리법 제3절 자율안전확인대상 공산품)	소비자가 취급, 사용, 운반 등을 하는 과정에서 사고가 발생하거나 위해를 입을 가능성이 있는 공산품과 소비자가 성분, 성능, 규격 등을 식별하기 곤란한 공산품
품목 (대분류)	기구기계 / 의료용품 치과재료	섬유 / 화학 금속 / 생활용품	섬유 / 화학 / 기계 / 토건 생활용품	섬유 / 화학 생활용품
보조공학 기기	인공호흡기, 개인용 진동기, 산소공급기, 복막투석장치, 가온기, 체온조절장치, 체온계, 혈압계(음성/점자식 포함), 개인용 온열기, 이명차폐장치, 개인용 저주파 자극기, 욕창예방방석, 욕창예방매트리스, 욕창예방침대, 신체운동훈련기구, 의안, 스쿠터, 일반형 수동휠체어, 전동휠체어, 호이스트, 골도전화기, 관장용구, 인공후두, 보청기, 인공중이, 인공달팽이관 시스템	(장애인 및 고령자용 품목은 없음)	고령자용 보행 보조차 고령자용 보행차	고령자용 신발, 고령자용 지팡이, 고령자용 휠체어 테이블 고령자용 목욕의자, 고령자 위치추적기, 시각장애인용 지팡이
주관 기관	식품의약품안전처	산업통상자원부	산업통상자원부	산업통상자원부

일반적으로 모든 공산품은 품질경영 및 공산품안전관리법에 의해 품질관리를 받게 된다. 또한 소비자의 생명 · 신체상의 위해, 재산상의 손해 또는 자연환경 훼손의 우려가 있는 공산품은 산업통상자원부가 안전관리대상공산품으로 지정하여 시판 전에 안전인증기관에 의한 안전인증검사를 거치도록 하고 있으며, 그 외의 공산품에 대해서는 필요에 따라 자율안전확인 혹은 안전 · 품질표시 대상으로 구분하여 관리하고 있다(국가기술표준원 제품안전정보센터).

보조공학기기 품목은 요구되는 안전도 기준에 따라 안전인증대상공산품, 자율안전확인대상공산품 그리고 안전 · 품질표시대상공산품으로 분류하여 품질을 관리할 수 있다. 현재 보조공학기기 중 자율안전확인대상공산품으로는 고령자용 보행보조차, 고령자용의 보행차 2개 품목이 지정되어 있으며, 안전 · 품질대상품목으로는 시각장애인용지팡이 등 6개의 품목이 지정되어 있다.

의료기기법, 품질경영 및 공산품안전관리법 이외에도 장애인복지법에 의지 · 보조기 업체 개설에 대한 기준이 있는데, 업체 신고 요건으로 반드시 1인 이상의 의지 · 보조기 제작기사가 확보되어야 한다는 내용이 규정되어 있다.

참고문헌

문무성, 김경훈, 류제청, 이석민, 장윤희(2008). 재활보조기구 품질관리 서비스 전달체계 산업활성화에 대한 연구 최종보고서. 보건복지가족부.

문인혁, 이명준, 천정실(2007). 고령친화용품 표준화 실태조사 및 품목선정 연구. 보건복지부 저출산고령사회위원회.

박상수, 최기원, 오민우(2015). 장애인 및 고령친화용 의료기기 표준화 및 시험환경 구축. 산업통산자원부 국가기술표준원.

박소은(2011). 의료기기의 품질관리와 인허가 실무. 서울: 어문각.

신명재(2007). 신표준화개론. 서울: 한국표준협회.

이석민, 오혜정, 송정식, 차국찬, 강성재, 장윤희, 김순종(2012). 복지향상을 위한 고령자 · 장애인 복지용품 표준화 연구. 지식경제부 기술표준원.

Guidelines for Classification of Medical Devices (Europe) http://www.ce-marking.org/Guidelines-for-Classification-of-Medical-Devices.html

ISO 9999 (2011). Assistive Products for Persons with Disability: Classification and Terminology, International Standardization Organization.

ISO/IEC Guide 71: 2014 Guide for addressing accessibility in standars.

U. S. Food and Drug Administration http://www.fda.gov/MedicalDevices/default.htm

(사)한국고령친화용품산업협회 http://www.kspa.org

국가기술표준원 제품안전정보센터 http://www.safetykorea.kr/policy/targetsSafetyCert

제13장 재활보조공학 산업 현황 및 전망

보조공학은 기능과 독립성, 사회 접근성을 증진시키고 장애인과 비장애인이 동등하게 삶을 영위할 수 있는 방법을 창출해 냄으로써 삶의 질을 높이고 교육과 고용의 기회를 증진시키는 유용한 도구다. 테크놀로지를 통한 소비자 권한은 자기주도의 삶을 선택하도록 촉진시키고, 이는 재활과정에서 자기주도의 권한을 증대시킨다.

재활보조공학은 재활 각 분야에 대한 다양한 기반 지식 위에 테크놀로지를 접목한 활용기술이다. 따라서 개별 인간의 신체적 · 정신적 · 심리적 · 사회적인 특성과 능력, 요구를 총체적으로 고려한 보조공학서비스를 위해서는 경험론적 방법론에만 의존해서는 안 되며 연구를 통해 객관적 효율성이 증명되어야 한다. 연구를 통한 보조공학의 학문적 진보는 과학적이고 객관화된 보조공학서비스의 실행을 촉진시키고, 보조공학 임상서비스를 통한 증례연구, 사례연구, 실험연구 등을 통해 하나의 가설에서 시작한 추론이 이론으로 정착되면서 보조공학 학문의 발전에 공헌하는 신순환의 구조를 가지고 있다.

우리나라는 1970년 이후 고도의 경제성장을 이룩하였지만 산업재해 환자나 고령화 인구의 증가를 가져왔으며, 국민생활 수준의 향상과 복지 욕구의 증대 및 다양화, 복지사회 지향을 위한 각종 시책의 전개에 따라 장애인복지와 노인복지에 대한 인식이 재조명되었다. 장애인복지의 경우, 1981년의 심신장애자복지법 제정과 1988년의 서울장애인올림픽을 계기로 장애인에 대한 사회적인 인식과 위상이 변모하였고, 이에 따라 1990년대에 들어 재활보조기구산업의 창업이 급증하였다. 우리나라의 경제 규모나 발전속도에 비추어 볼 때 재활 보조기구산업은 발전 가능한 분야임에도 불구하고 기술이나 전문인력 측면에서는 발전이 더디어 왔다. 그러나 재활 보조기구산업은 장애인 재활에 필수적인 재활 보조기구를 생산하는 분야로서 향후 장애인복지 분야뿐만 아니라 재활 분야에서 그 역할과 비중이 더욱더 증대될 것으로 예상된다.

장애인뿐만 아니라 노인·개호자들에게도 재활 보조기구는 손상된 부위를 보완해 주고 일상생활에 편리함을 더해 주며 재활능력과 삶의 질을 높이는 중요한 역할을 하므로 정부의 시책과 프로그램은 매우 중요한 의미를 지닌다. 따라서 장애인에게 적정 가격에 양질의 재활 보조기구를 공급하고 저소득 장애인에게는 무상보급 체계를 확립할 수 있는 제도와 산업체를 지원·육성하는 활성화 방안이 절실히 요구된다. 궁극적으로는 노인에게도 이러한 재활 보조기구 혜택이 돌아갈 수 있도록 범위를 넓히며 시장 범위를 확대하기 위해 일반인과 더불어 장애인, 노인도 사용할 수 있는 제품을 지원하는 제도방안도 필요하다.

1. 재활보조공학

북미재활공학협회(Rehabilitation Engineering and Assistive Technology Society of North America: RESNA)에서는 재활공학(Rehabilitation Engineering and Assistive Technology)을 재활보조공학, 재활엔지니어링, 재활보조공학 공급으로 구분한다(〈표 13-1〉 참조). 미국 재활법(Rehabilitation Act of 1998)에서는 재활공학(Rehabilitation Technology)을 재활엔지니어링(Rehabilitation Engineering)과 재활보조공학(Assistive Technology)으로 구분한다.

재활보조공학(Assistive Technology)은 장애인의 모든 생활 영역의 질을 향상하기 위해 사용되는 하드웨어와 소프트웨어, 즉 활용공학이며 이를 서비스한다는 뜻을 내포하고 있다. 따라서 재활보조공학은 앞에서 분류한 바와 같이 엔지니어링 분야에서 기기·제품 개발에 기반을 두고 있는 재활엔지니어링이나 재활보조공학을 판매·영업하는 것과 구별되는 재활복지 분야의 전문서비스 영역 중 하나다(북미재활공학협회, RESNA).

재활보조공학(재활·재활보조공학, Rehabilitation and Assistive Technology)이라는 용어는 미국에서 법적으로 사용하는 Assistive Technology(AT)와 학문적으로 사용하는 Assistive Technology, Rehabilitation Science and Technology와 같은 의미를 가진다. 재활보조공학은 인간의 기능적 측면에서 전자정보 접근, 의사소통, 앉기·자세, 일상생활, 이동을 지원

〈표 13-1〉 재활공학(Rehabilitation Engineering and Assistive Technology)의 분류

영역 구분	재활보조공학 (Assistive Technology)	재활엔지니어링 (Rehabilitation Engineering)	재활보조공학 공급 (Assistive Technology Supply)
전문가	재활보조공학사 (Assistive Technology Practitioner)	재활엔지니어 (Rehabilitation Engineering Technologist)	재활보조공학 공급자 (Assistive Technology Supplier)
전문가 주요 역할	장애인의 재활보조공학 요구를 파악하고 적절한 재활보조공학의 선택과 활용 훈련	장애인이 사용하는 재활보조공학의 설계, 수정, 맞춤, 제작에 엔지니어링 원리를 적용	재활장비, 재활보조공학, 상용제품이나 기기의 판매와 서비스

출처: Rehabilitation Engineering and Assistive Technology Society of North America (RESNA). http://www.resna.org (2005. 4. 10. 검색).

하는 공학 기기와 서비스의 범주로 구분할 수 있다(육주혜, 2005). 우리나라에서는 미국의 Assistive Technology의 의미로 보조공학(김선규, 2005; 김용욱, 2005; 육주혜, 이근민 역, 2002), 재활보조공학(장애인차별금지법제정추진연대, 2004; 권혁철 외, 2004), 보조기술(한국정보문화진흥원, 2005) 등의 용어를 사용하여 왔다. Assistive Technology의 의미는 우리나라에서도 파악되고 있지만 아직까지 용어에 대한 합의는 이루어지지 않고 있다.

이 장에서는 재활보조공학, 재활엔지니어링, 재활보조공학 공급을 모두 포괄하는 의미로 재활공학(Rehabilitation Engineering and Assistive Technology 또는 Rehabilitation Technology)이라는 용어를 사용하고 Assistive Technology의 의미로 재활보조공학이라는 용어를 사용한다.

2. 재활보조공학 산업

1) 재활산업

재활산업은 장애인과 고령자에게 장애의 예방과 보완 및 기능 향상을 도모하고 독립적인 일상생활 활동권(activity of daily living)을 확보케 함으로써 삶의 질(quality of life)과 생산성을 향상시킬 수 있는 상품이나 서비스를 공급하는 산업이라고 정의할 수 있다.

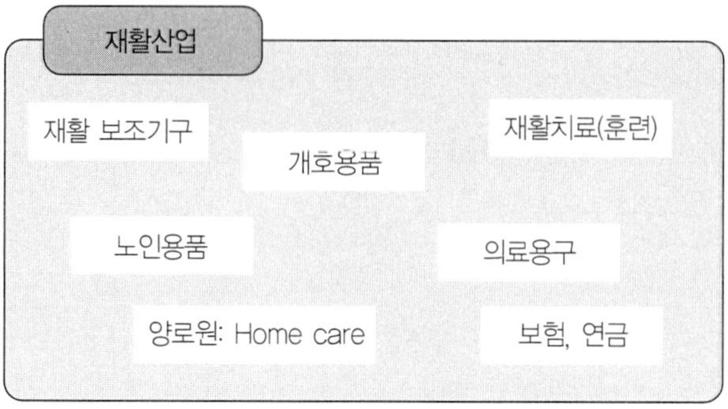

[그림 13-1] 재활산업의 종류

출처: 한국보건산업진흥원(2001).

재활산업은 장애자 및 고령자의 일상생활과 관련된 여러 산업활동을 하나의 산업 영역으로 포함하고 있으므로 명확하게 어느 한 가지로 규정된 분류기준은 없지만, 크게 상품과 서비스로 나눌 수 있다. 또한 사용목적에 따라서는 장애자, 노인 및 개호자들이 모두 사용할 수 있는 것과 개별적으로 사용되는 것으로 나눌 수 있다.

개별적으로 사용되는 것 중 재활보조 상품류로는 재활 보조기구, 노인용품 · 약품, 개호용품 등이 있으며, 서비스류로는 재활치료(훈련), 노인치료, 홈케어 서비스가 있다. 공동으로 사용되는 것 중 상품류로는 의료용구, 건강 보조기구, 자립 · 개호설비 및 일상생활 용품 등이 있으며, 서비스류로는 양로원, 보험, 연금 등이 있다(〈표 13-2〉 참조).

〈표 13-2〉 재활산업의 종류

<table>
<tr><th rowspan="2">구분</th><th colspan="5">종류</th></tr>
<tr><th colspan="3">상품류</th><th colspan="2">서비스류</th></tr>
<tr><td>장애인</td><td>재활보조기구</td><td rowspan="3">의료
용구</td><td rowspan="3">자립/
개호
시설</td><td>재활치료(훈련)</td><td rowspan="3">보험연금</td></tr>
<tr><td>고령자 · 허약자</td><td>노인용품</td><td>양로원 노인치료</td></tr>
<tr><td>개호자</td><td>개호용품</td><td>Home care 사업</td></tr>
</table>

출처: 한국보건산업진흥원(2001).

2) 재활 보조기구산업

재활 보조기구산업은 재활산업 중 재활 보조기구와 직접적으로 관련된 산업 영역으로서 관련 기술의 개발 및 제품 생산, 유통, 서비스 제공에 이르기까지의 전 과정(단, 서비스류 제외)으로 정의된다. 반드시 장애인을 대상으로 하는 산업은 아니며 각종 사고로 인한 일시적 장애자, 고령자와 고령자를 간호하는 개호자, 정상인이지만 신체적 · 정신적 허약자도 그 대상이 될 수 있다.

3) 재활산업의 산업분류

산업 관련 통계 자료의 정확성, 비교성을 확보하기 위해 정부는 1963년부터 유엔 통계청이 작성한 국제표준산업 분류방식에 따라 우리나라의 산업 특성에 맞는 '한국표준산업분류'를 제정 · 사용해 왔다. 현행 산업분류는 산업구조의 변화를 반영하기 위한 제9차 개정 고시이며, 유엔 국제표준산업분류를 기초로 작성되었다. 그러나 현재까지 한국 표준산업분류에 재활산업이라는 독립된 영역으로 분류되지 않고 있다.

국가과학기술 표준분류체계는 과학기술 분야에서 정보의 관리 · 유통, 인력관리의 효율화, 연구개발사업의 효율적 기획 · 관리를 위한 국가 표준 분류틀로, 연구분야와 적용분야의 독립적인 2차원 분류체계다. 연구분야는 3계층 분류체계로서 33개 대분류와 하위 369개 중분류 및 2,899개 소분류로 구성되며, 적용분야는 1계층 분류체계로서 32개의 대분류로 구성된다. 이 중 재활산업과 관련 있는 분류는 대분류인 보건의료, 중분류인 기능복원/보조/복지기기다.

〈표 13-3〉 국가과학기술 표준분류체계 중 재활산업 관련 항목(대분류: LC. 보건의료)

중분류	소분류
LC05 기능복원/보조/복지기기	LC0501. 신체기능 복원기기 LC0502. 임플란트 LC0503. 전자기계식 인공장기 LC0504. 생체재료 LC0505. 의료용 소재 LC0506. 재활훈련기기 LC0507. 이동지원기기 LC0508. 생활지원기기/시스템 LC0509. 인지/감각기능 지원기기 LC0599. 달리 분류되지 않는 기능복원/보조/복지기기

3. 재활 보조기구 분류

재활 보조기구는 장애인이나 노인 등 신체기능이 손상된 사람들을 위해 일상생활 전반에서 발생하는 다양한 기능적 욕구를 충족시켜 주는 데 도움을 주는 각종 보조기구를 지칭한다. 장애인복지법 제5조에 의하면 "재활 보조기구라 함은 장애인이 장애의 예방과 보완 및 기능의 향상을 위하여 사용하는 의지 · 보조기 기타 보건복지부장관이 정하는 보장구와 일상생활의 편의 증진을 위하여 사용하는 생활용품을 말함"으로 정의되며, 그 분야에 따라 아홉 가지로 분류할 수 있다.

1) 시각장애인용 보조기구

시각장애인용 보조기구는 손상된 시력을 보상하기 위해 시각적 정보를 확대하거나 시각적 정보를 청각이나 촉각으로 대체하여 시각장애인들에게 비장애인과 유사한 정보접근을 할 수 있도록 해 주는 기구들을 의미한다. 시력이 손상된 약시장애인에게는 시각적 정보를 확대하여 손상된 시력을 보상해 주고, 전맹장애인에게는 청각이나 촉각 정보로 변환하여 접근 가능하도록 도울 수 있다. 보조기구의 예로는 독서확대기, 점자나 오디오북, 음성으로 출력해 주는 프로그램 등이 있다.

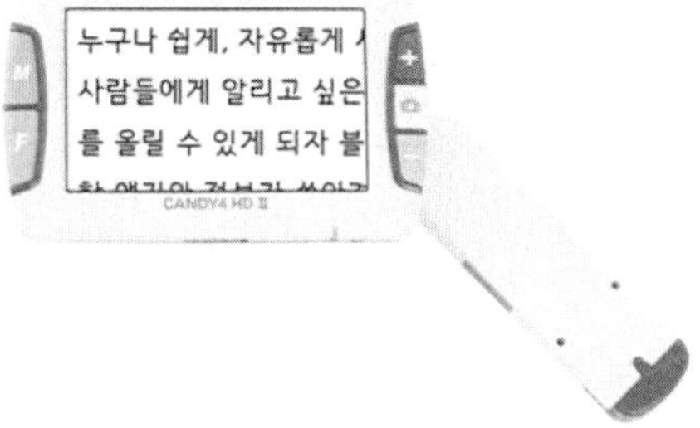

휴대용 독서확대기
출처: 캔디4 HD II, 힘스인터내셔널

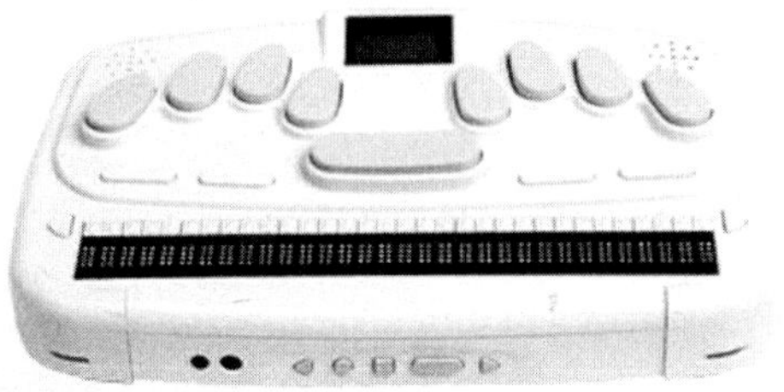

음성키보드
출처: 브레일 한소네, 힘스인터내셔널

2) 청각장애인용 보조기구

청각장애인용 보조기구는 손실된 청력을 보상하기 위해 청각적 정보를 증폭하거나 시각이나 촉각으로 대체하여 정보접근을 할 수 있도록 해 주는 기구들을 의미한다. 전음성 난청자들에게는 손상된 청력을 보상하기 위해 청각적 정보의 증폭이 필요하며, 전농장애인에게는 시각이나 촉각적인 정보로 변환하는 것이 필요하다. 난청자는 소리를 증폭하는 보청기나 전화증폭기, 골도전화기 등을 사용할 수 있으며, 전농장애인은 진동을 이용하는 시계와 진동, 불빛 등으로 알림기능을 하는 기구들을 사용할 수 있다.

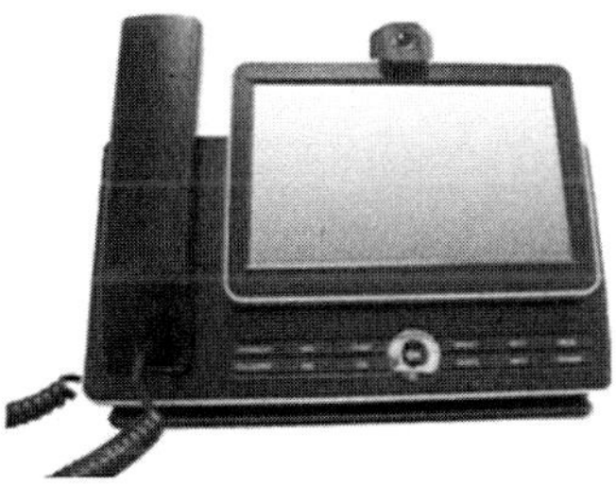

화상전화기
출처: 비쥬폰 CVP-2000, (주)샘물정보통신

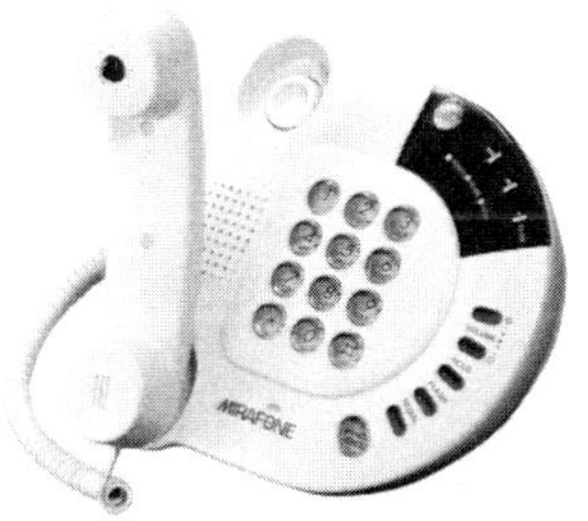

골도전화기
출처: 미라폰OP-201, (주)열림기술

3) 보완대체 의사소통 보조기구

보완대체 의사소통 보조기구는 중증의 표현 의사소통장애가 있는 사람의 결손 및 장애

의사소통 기구
출처: 키즈보이스, (주)유비큐

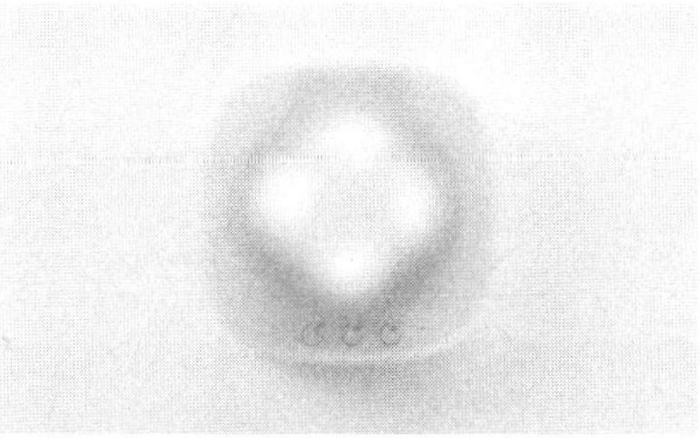

의사소통 기구
출처: 스마트신호기, (주)함께하는사람들

형태가 영구적이든 일시적이든 간에 이를 보상하고자 시도되는 임상적인 실행 영역을 말한다. 보완대체 의사소통을 사용하는 궁극적인 목적은 자연스러운 의사소통 환경 내에서 자신의 의사를 정확하고 신속하게 표현하는 데 있다.

4) 이동 보조기구

이동성은 자기보호, 작업과 학습, 놀이와 여가 활동과 같은 각 개인의 삶의 질을 높이기 위한 기초적 활동과 각자의 생활 영역에 꼭 필요한 기능이다. 더욱이 이동성 면에서 증가된 자립능력의 획득은 긍정적 자아개념, 사회적 상호작용과 건강유지와 같은 다른 목표를 성취할 수 있게 한다.

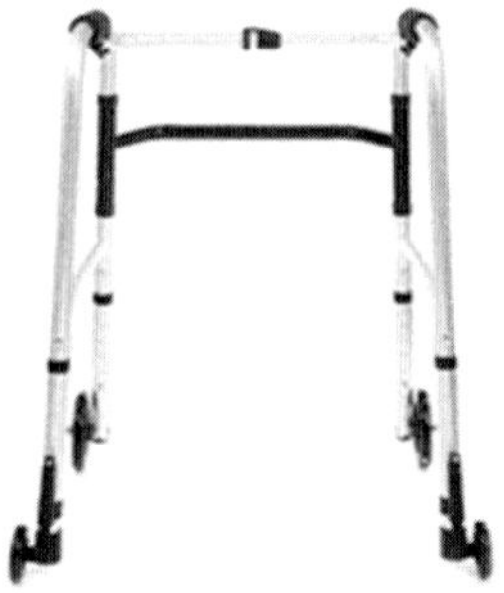

4바퀴보행기
출처: EW40, 새한

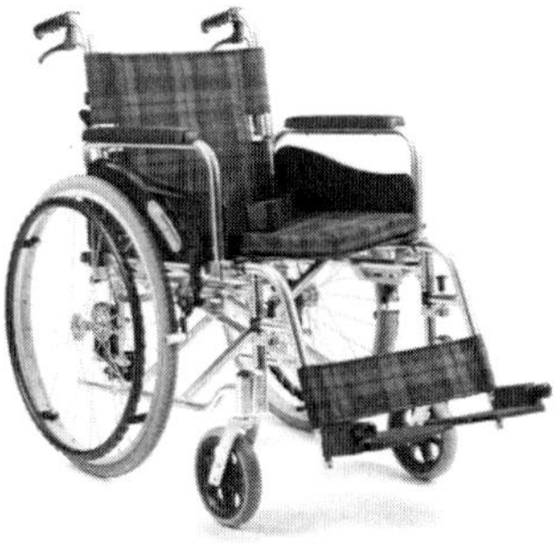

수동휠체어
출처: P3600, 대세엠케어

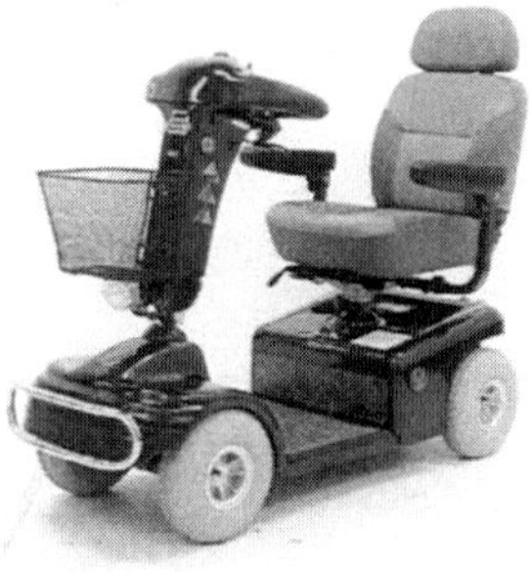

전동스쿠터
출처: (주)제인실업

5) 일상생활 보조기구

일상생활동작(Activities of Daily Living: ADL)은 누구나 매일 반복하여 수행하는 자조활동(self-care: 옷 입고 벗기, 식사하기, 화장실 사용, 세면, 목욕 등)을 말하는데, 장애로 인해 일상생활동작을 수행하기 힘든 경우에는 이를 보완 · 대체해 줄 수 있는 일상생활 보조기구를 활용할 수 있다.

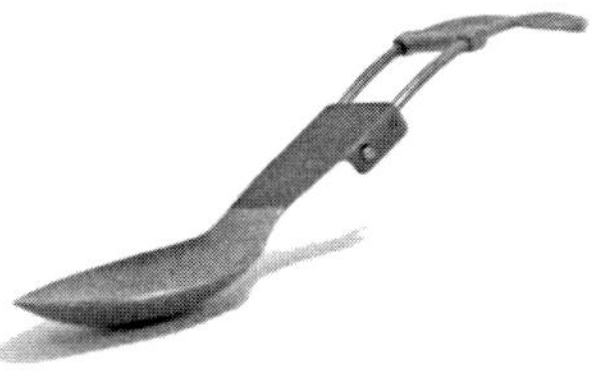

접이식 스푼
출처: 노트디스크

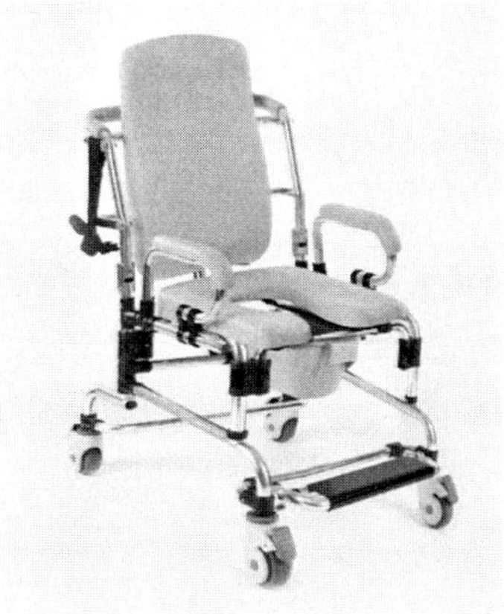

변기 겸용 이동 목욕의자
출처: HS-6003, 동해상사

6) 치료훈련 보조기구

치료훈련 보조기구는 손상된 신체의 기능적 능력을 회복하기 위한 운동 보조기구를 의미한다. 이를 사용함으로써 크게는 상지와 하지, 머리, 허리 등 큰 움직임의 운동을 할 수 있으며, 작게는 손목, 발목, 손가락, 발가락 등 작은 움직임의 운동을 할 수 있다. 아동의 경우에는 물건을 만짐으로써 감각운동을 할 수 있는 것도 포함한다. 같은 행동을 반복하며 놀이와 같은 형식으로 운동할 수 있으며, 운동방법이 복잡하지 않고 운동기구의 크기가 크지 않기 때문에 가정에서도 쉽게 운동을 할 수 있다.

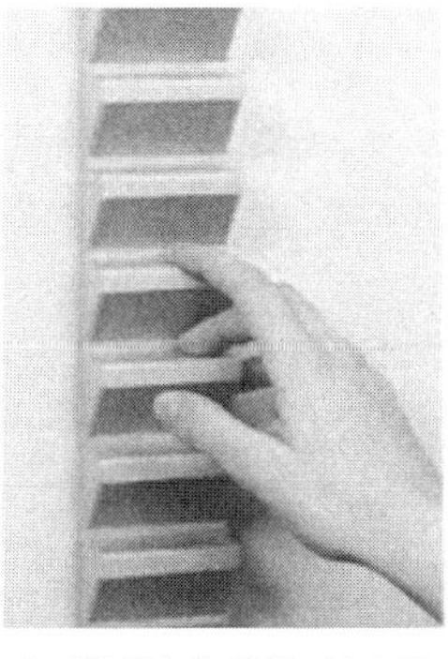

손가락/어깨 운동 사다리
출처: SP2285, Sammons Preston (미국)

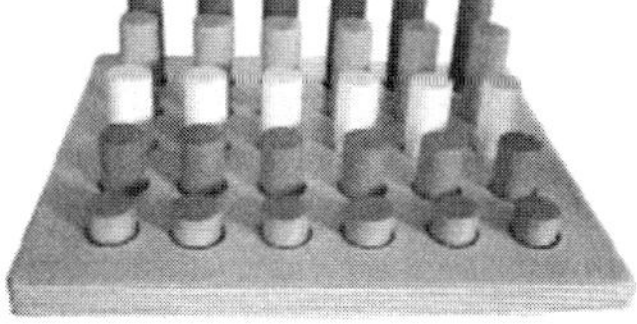

단계별 페그보드
출처: SP40911, 라이프디자인

단계별 아치 운동기
출처: SP5291, Sammons Preston (미국)

7) 착석 및 자세유지 보조기구

착석과 자세를 위한 장치의 주요 목적은 모든 일상생활에서 그 사람의 능력을 최대화시키는 것이다. 치료적 목적으로는 좋은 착석 시스템을 이용해 근육의 긴장을 정상화하고, 원시반사의 영향을 감소시켜 기형을 최소화시키고, 운동 범위를 유지하며, 자세의 안정성을 증가시키고, 자신감을 획득할 수 있다.

기립훈련기
출처: 코지수파인스탠더, 코지라이프

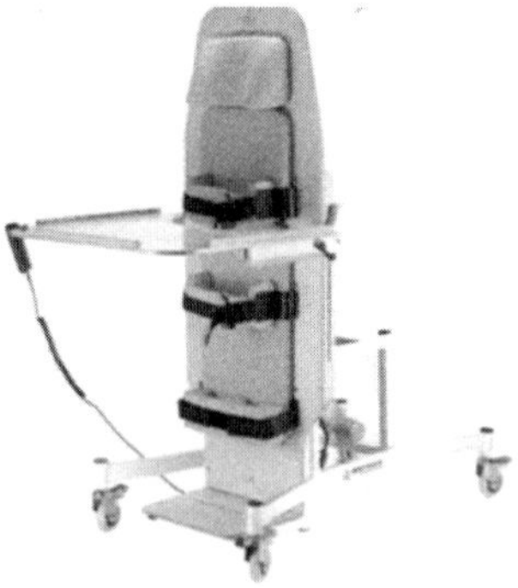

기립훈련기
출처: EZ Stander SE, 이지무브

기립훈련기
출처: SHIFU, 아이무브

8) 컴퓨터 보조기구

컴퓨터 보조기구는 표준적인 컴퓨터를 사용할 수 없는 사람에게 대체적인 방법을 통해

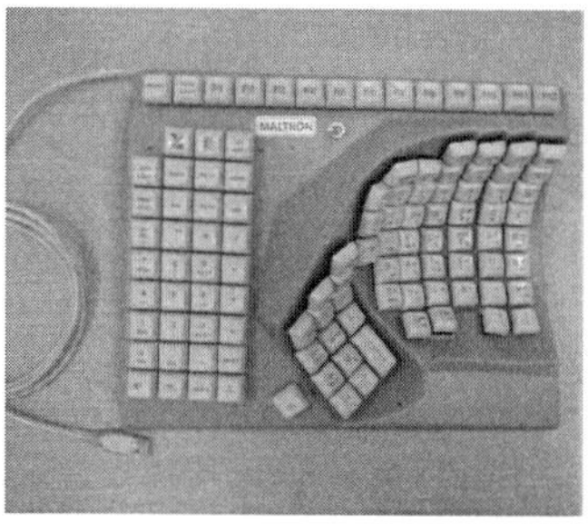

한 손 사용자용 키보드
출처: Maltron

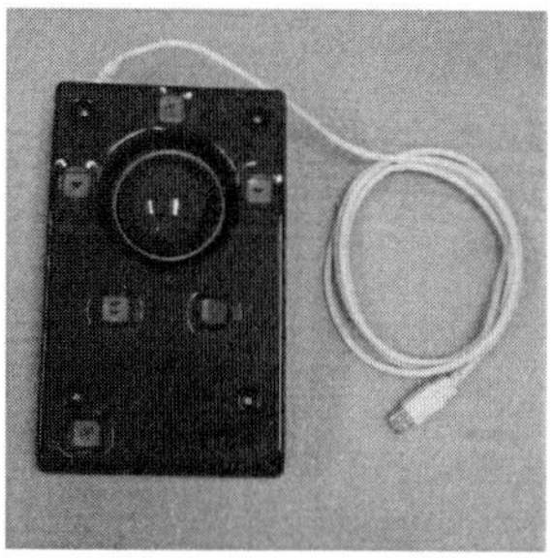

트랙볼 마우스
출처: Ametek Aerospac

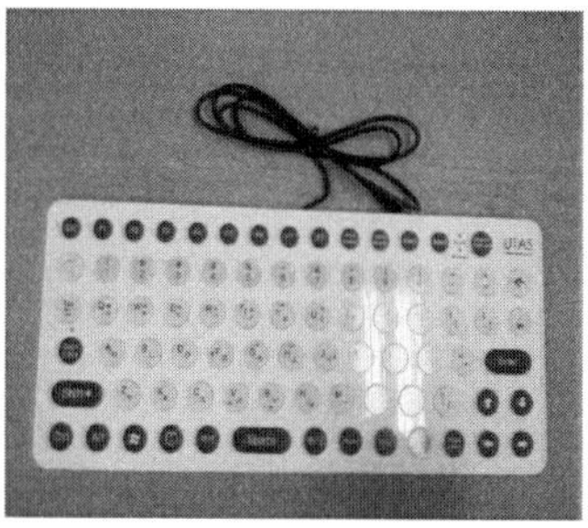

키 버튼이 큰 키보드
출처: UTAS

컴퓨터 접근이 가능하도록 해 주는 것을 말한다. 즉, 컴퓨터에 정보를 입력하지 못하는 사람에게 대체적인 방법을 통해 정보를 입력하게 해 주고, 컴퓨터에서 출력되는 정보를 보지 못하는 사람들에게 대체적인 방법으로 정보를 볼 수 있게 해 준다.

9) 여가생활 보조기구

여가활동은 사람들에게 일상에서 지친 심신의 피로를 풀어 주고, 삶의 중요한 활력소를 제공하는 데 중요한 역할을 한다. 장애인도 비장애인과 마찬가지로 여가활동 및 스포츠를 통해 삶의 활력을 얻을 수 있는데 장애로 인해 겪는 스트레스를 해소하고 재활의 의지를 고취시킬 수 있기 때문이다.

4. 국내 재활보조공학 산업의 현황

우리나라의 재활보조공학 산업은 소규모, 영세업체 중심의 산업구조로 수요자인 장애인들이 직접 고가의 비용을 부담해야 한다. 또한 재활보조공학 기기 산업화 전략이 미흡하여 연구개발 전략이 체계적으로 운용되지 못하고 있다. 이 때문에 연구개발 지원이 취약한 구조 속에서 첨단 보조공학기기의 대부분을 수입에 의존하기에 외화 유출과 소비자 부담 가중이 반복되고 있다.

재활보조공학 관련 업체는 생산제품에 따른 사업체 비율(복수응답)로써 일부를 제외하고는 대체로 고른 분포를 보이고 있다. 전체적으로는 의료기기 업체가 27.2%(164개소)로 가장 많고, 다음이 장애인보조기구 업체 25.5%(154개소), 의지 · 보조기 업체 22.4%(135개소) 등의 순서로 조사되었다. 업체유형별로는 제조업체의 경우, 의지 · 보조기업체가 30.8%(128개소), 장애인보조기구 업체 24.8%(103개소), 의료기기업체 22.4%(93개소) 등의 비율로 되어 있다. 한편, 유통업체는 의료기기업체가 37.8%(71개소)로 가장 많고, 복지용품업체 27.7%(52개소), 장애인보조기구 업체 27.1%(51개소) 등이 차순으로 구성되었다.

제품 생산에 따른 판매방식을 보면, 국내 제조 판매 형식이 62%에 이르며, 부분품 제조와 수입 조립이 20%에 해당한다. 판매전략으로는 내수 위주의 자체 판매와 대리점을 통한 내수 위주의 판매가 주를 이루며 수출에 관한 전략은 미비한 것으로 판단된다.

구분	제조	유통	합계
의지 · 보조기 업체	128 (30.8%)	7 (3.7%)	135 (22.4%)
의료기기 업체	93 (22.4%)	71 (37.8%)	164 (27.2%)
복지용품 업체	74 (17.8%)	52 (27.7%)	126 (20.9%)
장애인보조기구 업체	103 (24.8%)	51 (27.1%)	154 (25.5%)
기타	17 (4.1%)	7 (3.7%)	24 (4.0%)
합계	415 (100%)	188 (100%)	603 (100%)

출처: 고수요 장애인보조기구 산업 육성 전략 연구(2010년, 보건복지부).

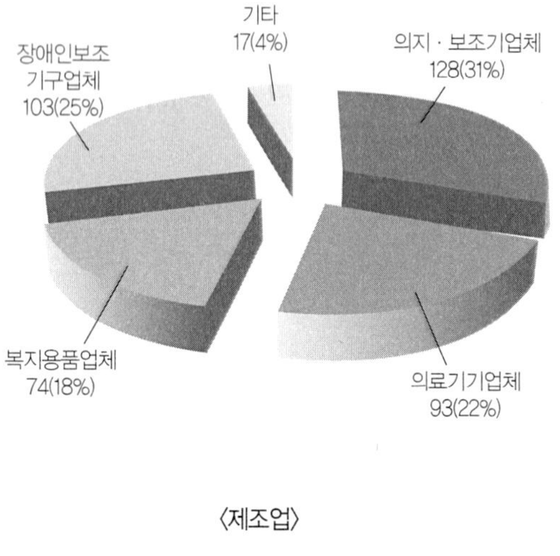

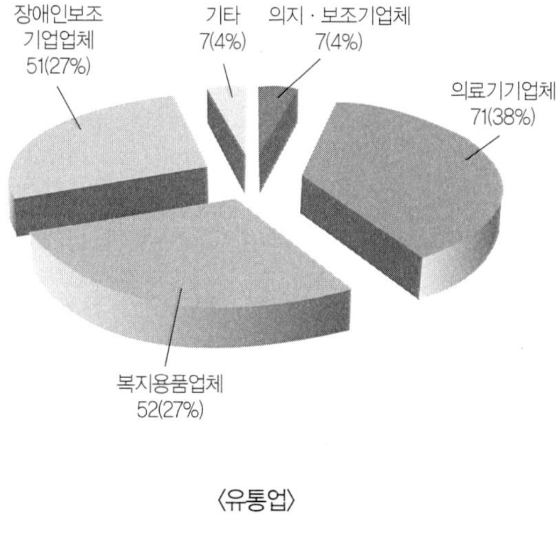

[그림 13-2] 업체구분별 현황(제조업, 유통업)

5. 국내 재활보조공학 산업의 관련 정책

재활보조공학 산업은 보건복지부, 고용노동부, 미래창조과학부, 교육부, 국가보훈처의 4부 1처에서 8개 법률에 근거해 지원되고 있어 분산된 지원체계를 보인다. 이 때문에 서비스가 중복되고, 상이한 전달체계와 지급규정으로 관련 정보에 혼선이 오게 되고, 실질적인 지원이 부족하며, 전달체계 및 품질관리 제도가 미비하고, 산업육성 기반이 부족하여 국내 기업의 글로벌 경쟁력이 약화되는 문제점이 있다.

우리나라에서 재활공학의 내용이 규정되어 있는 법률은 「장애인복지법」 등이다. 「장애인복지법」에서는 재활 보조기구라는 용어를 사용하고, 의수족 및 장애인의 일상생활 용품을 등록장애인에게 보급한다. 「장애인고용촉진법」 및 「직업재활법」에 의한 사업주 및 장애인 등에 대한 융자 · 지원고시에서는 작업보조기기라는 용어를 사용하며, 장애인이 직업을 수행하는 데 필요한 작업장비를 등록장애인에게 보급한다. 또한 각각의 법규에서는 재활보조공학을 개발 · 연구하는 데 예산을 지원하도록 규정하고 있다.

〈표 13-4〉 우리나라의 재활공학 관련 규정 비교

부처	법률	규정	내용
보건복지부	「장애인복지법」	제65-70조(장애인보조기구의 교부 등)	국가와 지방자치단체는 장애인의 신청이 있을 때에는 예산의 범위 안에서 장애인보조기구를 교부 · 대여 또는 수리하거나 장애인보조기구 구입 또는 수리에 필요한 비용을 지급할 수 있음.
	「노인장기요양 보험법에 관한 법률」	제23조(장기요양급여의 종류), 시행령 제9조(기타재가급여)	기타재가급여는 수급자의 일상생활 · 신체활동 지원에 필요한 용구를 제공하거나 가정을 방문하여 재활에 관한 지원 등을 제공하는 장기요양급여로서 대통령으로 정하는 것. 제23조 제1항 제1호: 기타재가급여는 수급자의 일상생활 · 신체활동 지원에 필요한 용구로서 보건복지부장관이 정하여 고시하는 것을 제공하거나 대여해 주는 것
	「국민건강 보험법」	제46조(장애인에 대한 특례)	① 공단은 장애인복지법에 의하여 등록한 장애인인 가입자 및 피부양자에게는 보장구에 대하여 보험급여를 실시, ② 보장구에 대한 보험급여의 범위 · 방법 · 절차와 필요한 사항은 보건복지부령

고용노동부	「장애인 고용 촉진 및 직업재활에 관한 법률」	제21조(장애인 고용 사업주에 대한 지원)	고용노동부장관은 장애인을 고용하거나 고용하려는 사업주에게 장애인 고용 비용 또는 기기 등을 융자하거나 지원(장애인의 직업생활에 필요한 작업보조공학기기 또는 장비 등)
	「산업재해 보상보험법」	제40조(요양급여)	요양급여는 근로자가 업무상의 사유로 부상을 당하거나 질병에 걸린 경우에 그 근로자에게 지급. 요양급여의 범위나 비용 등 요양급여의 산정 기준은 국민건강보험법, 국민건강보험 요양급여의 기준에 관한 규칙에 따라 지급
교육부	「장애인 등에 대한 특수교육법」	제28조(특수교육 관련서비스), 제31조(편의제공 등)	제28조: 각급학교의 장은 특수교육대상자의 교육을 위하여 필요한 장애인용 각종 교구, 각종 학습보조기, 보조공학기기 등의 설비를 제공하여야 함. 제31조: 대학의 장은 해당 학교에 재학 중인 장애학생의 교육활동의 편의를 위하여 적극적으로 강구하고 제공하여야 함: 각종 학습보조기기 및 보조공학기기 등의 물적 지원
미래창조과학부	「국가정보화 기본법」	제32조(장애인 · 노령자 등의 정보접근 및 이용보장), 제34조(정보통신제품의 지원)	제32조: ① 국가 · 지방자치단체 및 기타공공단체는 장애인 · 노령자가 편리하게 정보통신서비스를 이용할 수 있도록 필요한 시책을 마련, 행정자치부장관이 관련 기술 개발 지원. 제34조: 국가나 지방자치단체는 대통령령이 정하는 바에 따라 유상 또는 무상으로 정보통신제품을 지원
국가보훈처	「국가유공자 예우에 관한 법률」	제43조의 2(보철구의 지급)	전상군경, 공상군경, 4 · 19혁명부상자, 공상공무원 및 특별공로상이자로서 신체장애로 보철구가 필요한 자에게 대통령령으로 정하는 바에 따라 보철구를 지급

6. 재활 보조기구 지원사업

효율적인 보조기구 지원을 위해서는 체계적인 제도 아래 개인별로 적절한 보조기구를 제공하는 서비스가 뒷받침되어야 한다. 체계적이고 전문적인 서비스가 제대로 갖추어지지 않으면 보조기구 사용자는 그 보조기구 사용을 포기하게 될 뿐만 아니라 지원된 많은 보조기기가 사용되지 않고 방치되거나 제 기능을 못하게 되고 적절하지 못한 보조기구가 보급됨으로써 유지관리 비용은 더 발생하게 된다. 〈표 13-5〉에서처럼 각 부처별로 정부 보조기구 지원사업이 시행되고 있다.

〈표 13-5〉 정부 보조기구 지원사업

<table>
<tr><th>사업명
(소관부처)</th><th colspan="2">신청대상자</th><th>지급 품목</th><th>신청기관</th></tr>
<tr><td>장애인보조기구교부사업(보건복지부 장애인자립기반과)</td><td colspan="2">기초생활수급자 또는 차상위이면서 장애인

시각, 청각 장애는 등급 무관, 지체, 뇌병변, 심장 장애는 품목별 등급 확인필</td><td>18개 품목
• 지체, 뇌병변, 심장: 욕창예방용 방석, 와상용 욕창예방 보조기구
• 지체, 뇌병변: 양팔 조작형 보행용 보조기구, 음식 및 음료 섭취용 보조기구, 식사도구(칼-포크), 젓가락 및 빨대, 머그컵, 유리컵, 컵 및 받침접시, 접시 및 그릇, 음식 보호대, 기립훈련기, 목욕의자
• 시각: 음성유도장치, 음성시계, 영상확대비디오(독서확대기), 문자판독기(광학문자판독기)
• 청각: 시각신호표시기, 진동시계, 헤드폰(청취증폭기)</td><td>거주지 관할 주민센터
(행정구역 체계에 따라 읍 또는 면사무소)

바로가기를 누르신 후 본인이 거주하는 동주민센터를 검색하여 문의하세요.</td></tr>
<tr><td>장애인보장구지원사업(의료급여: 보건복지부 기초의료보장과)</td><td rowspan="2">장애인
(시각, 청각, 지체, 언어 장애 등)</td><td>의료급여수급자 · 기초생활수급자이면서 장애인</td><td rowspan="2">78개 품목
• 의지 보조기-팔/다리/골반 등
• 휠체어, 전동휠체어/스쿠터, 전동스쿠터용 전지
• 지팡이, 목발, 정형외과용 구두
• 보청기, 체외용 인공후두, 저시력 보조안경, 콘텍트렌즈, 돋보기, 망원경, 의안 등</td><td>거주지 관할 주민센터
(행정구역 체계에 따라 읍 또는 면사무소)</td></tr>
<tr><td>장애인보장구지원사업(건강보험급여: 보건복지부 보험급여과)</td><td>차상위 또는 국민건강보험 가입자이면서 장애인</td><td>1577-1000
국민건강보험공단</td></tr>
<tr><td>노인장기요양보험 복지용구 지원사업(기타 재가급여: 요양보험제도과)</td><td colspan="2">65세 이상 또는 65세 미만으로 노인성 질병을 가진자로 장기요양등급 5등급 이상인 자</td><td>• 구입품목: 이동변기, 목욕의자, 성인용보행기, 안전손잡이, 미끄럼 방지용품(미끄럼 방지매트, 미끄럼 방지액, 미끄럼 방지양말), 간이변기(간이대변기 · 소변기), 지팡이, 욕창예방 방석, 자세변환용구
• 대여품목: 수동휠체어, 전동침대, 수동침대, 욕창예방 매트리스, 이동욕조, 목욕리프트, 배회감지기, 경사로
• 급여비용 본인 부담률: 일반대상자 15%, 경감대상자 7.5%, 기초생활수급자 본인부담금 없음</td><td>1577-1000
국민건강보험공단
노인장기요양보험</td></tr>
</table>

정보통신보조기기보급사업(미래창조과학부 정보문화과)	등록장애인, 기초생활수급자, 아동복지법에 의거한 요보호아동, 국가유공자 등	• 77종(시각 43종, 청각/언어 26종, 지체/뇌병변 8종) • 화면낭독 소프트웨어, 독서확대기, 점자정보단말기, 점자 디스플레이, 바코드 리더기, 데이지 플레이어, 광학문자판독기, 화면확대 소프트웨어, 점자 라벨기, 모바일 제어기기, 특수키보드, 특수마우스, 터치모니터, 모니터이동보조기, 독서보조기, 영상전화기, 의사소통보조기, 언어훈련 소프트웨어, 골도음향기기, 무선신호기, 음성증폭기 등 • 본인 부담금: 일반대상자 20%, 기초생활수급자 및 차상위계층 10%	02-1588-2670 한국정보화진흥원
산재보험급여 재활 보조기구 지급사업(고용노동부 산재)	산재보험 가입자, 산업재해 장애인	• 192종 • 국민건강보험공단의 장애인보장구 품목(상단의 표 내용 참고) 및 근로복지공단의 산재보험 급여품목 • 산재보험 급여품목: 의지/보조기/욕창예방용구/소변집뇨기/이동기기(수동휠체어, 전동휠체어, 전동스쿠터, 활동형 휠체어, 이동식 리프트) 등 • 전액지원	1588-0075 〈상담 및 서류〉 근로복지공단 〈지급〉 직영병원 또는 재활공학연구소(불가피하고 부득이한 경우 거주지 관내 의료기관)
국가유공자보철구지급사업(보훈처 보훈의료과)	전산군경, 공상군경 4·19 혁명부상자공상공무원, 특별공로상이자로서 신체장애인	• 269종 • 상지의지-어깨관절, 팔, 손 의지 등 • 하지의지-엉덩이관절, 넓적다리, 무릎관절 의지 등 • 기타-전자의수, 목발, 인공후드, 독서확대기 등 • 전액지원	〈상담〉 보훈상담센터 1577-0606 〈처방전〉 중앙(지방)보훈병원 〈제작 및 수납〉 보훈병원 보장구센터 〈접수〉 보훈병원 보장구센터
보조공학기기 지원사업(고용노동부 장애인고용과)	등록장애인 중 근로자직업훈련생 또는 장애인 고용사업주	• 161종 • 사업주(단체의 장)가 사용자를 지정하여 신청하고, 고용 해제 시 기기는 공단에 반납 • 품목: ① 정보접근-점자프린터, 확대독서기 등, ② 작업기구-테이블, 특수작업의자 등, ③ 의사소통-신호장치, 골도전화기 등, ④ 사무보조-음성메모기, 수화기홀더 등 • 상용보조공학기기 시험사용지원 및 무상임대·지원 • 맞춤보조공학기기 무상지원 • 무상임대는 1인당 1,000만원(중증 1,500만원) 한도 • 무상지원은 1인당 300만원(중증 500만원) 한도	1588-1519 한국장애인고용공단

장애학생지원사업(교육부 특수교육정책과)	시·도 지역 및 기관마다 대상, 지원사항 등이 각각 다르므로 기관 측에 개별 확인	• 기관장이 장애 학생의 교육의 기회를 확대하고 사회통합 및 삶의 질을 높이며 비장애 학생들과의 통합교육을 위해 자체 실시 • 유·초·중·고 특수교육기관에서는 주로 기본교육, 치료와 연계한 교육과정, 전공과, 직업교육, 치료지원, 방과후 자유수강권, 통학비 지원, 보조공학기기 대여·지원, 교재·교구 확충 등 • 고등교육기관에서는 주로 장애학생지원센터 또는 관련 부서 운영, 장애대학생도우미지원, 편의시설 및 이동지원, 학습·평가지, 생활지원, 진로지원, 장학지원, 교수자에 대한 지원 등 • 특수교육대상자로 선정된 학생(보호자)은 교육감, 교육장 또는 학교의 장에게 교육환경개선 건의, 필요사항을 요청할 수 있음.	053-757-8000 특수교육보조공학지원시스템

출처: 국립재활원 중앙보조기구센터(2015).

앞과 같은 전달체계의 분산은 사용자들이 보조기구를 지원받는 데 있어 어려움을 느끼게 하는 요인으로 인식되고 있다. 이러한 문제 때문에 보건복지부는 국립재활원 재활연구소 내에 장애인보조기구 사례관리센터를 설치하여 중앙 1개소(국립재활원)와 지방 7개소(대전, 대구, 부산, 인천, 경기, 전북, 충북)의 보조기구 전문 서비스센터를 운영 중에 있으며, 지속적

• 2015년 기준

[그림 13-3] 보조기구센터 전국망

출처: 중앙보조기구센터, 보건복지부(2015).

〈표 13-6〉 보조기구센터 전국망 현황

센터명	수행기관	주소	전화번호	홈페이지
중앙 보조기구센터	국립재활원 재활연구소	(우)01022 서울특별시 강북구 삼각산로 58	02-901-1953	knat.go.kr
대전광역시 보조기구센터	대전충청권역 의료재활센터	(우)35015 대전광역시 중구 문화로 266 지하 1층	042-388-2981~2	www.yeswecan.or.kr
대구광역시 보조기구센터	대구대학교	(우)42400 대구광역시 남구 성당로 50길 33 1층	053-650-8340~1, 8343	datc.daegu.ac.kr
부산광역시 보조기구센터	부산광역시 장애인종합 복지관	(우)47519 부산 연제구 중앙대로 1150번길 15	051-790-6192~5, 6190	www.bratc.or.kr
광주광역시 보조기구센터	호남권역 재활병원	(우)61027 광주광역시 북구 하서로 590 L층	062-613-9365~6	rtc.chosun.ac.kr
인천광역시 보조기구센터	재단법인 노틀담 수녀회 노틀담 복지관	(우)21042 인천광역시 계양구 계양산로 35번길 12-37 인천광역시 보조기구센터	032-546-2345	icatc.or.kr
경기도 보조기구센터	경기도재활 공학서비스 연구 지원센터	(북부) (우)11786 경기도 의정부 충의로 73 밀레니엄프라자 302호 (남부) (우)16626 경기도 수원시 권선구 호매실로 46-16 경기종합 노동복지회관 별관 3F	북부) 070-7114-0371~3, 0319 (남부) 031-295-7363~4	atrac.or.kr
전라북도 보조기구센터	전주대학교	(우)55069 전라북도 전주시 완산구 천잠로 303	063-220-3003~4, 063-220-3153~	www.jbat.or.kr
제주도 보조기구센터	사회복지 법인 삼다	(우)63311 제주특별자치도 제주시 아봉로 사회복지법인 삼다 제주시 각장애인복지관	064-721-9998, 064-753-9997	www.jifb.or.kr

으로 전국으로 확대해 가고 있다. 이들 센터에서는 장애인 보조기구 마련방법 상담, 장애인 보조기구 적합성 평가 및 구매 전 체험, 지속적인 장애인 보조기구 사후관리, 장애인 보조기구 견학, 교육 및 홍보를 전담하고 있다.

현재 각 중앙 부처별로 국내에서 운영 중인 주요 보조기구 지원사업의 현황은 다음과 같다.

1) 보건복지부

(1) 장애인 보조기구 교부사업

장애인 보조기구 교부사업은 생활이 어려운 저소득 장애인에게 장애인 보조기구를 교부함으로써 이들의 생활능력을 향상시키고 복지를 증진시키는 데 목적이 있다.

① 지원대상

• 지체/뇌병변/시각/청각/심장 장애인
• 소득 수준: 국민기초생활보장법상 수급자 및 차상위 장애인
※ 차상위 장애인: 장애인연금 부가급여 차상위 및 장애수당 차상위 포함

② 교부 우선순위

• 장애등급이 상위인 자
• 국민기초생활보장법상 수급자
• 1가구에 2인 이상의 장애인이 거주하는 자
• 재가장애인
• 당해사업으로 교부받은 지 더 오래된 자

③ 서비스 내용

장애인 보조기구 18종 품목을 교부한다.

〈표 13-7〉 장애인 보조기구 교부사업 지급품목 (2014. 5. 15. 기준)

장애유형	보조기구	품목코드	대상	지원 기준	내구 연한	기능	품목 예시	
지체, 뇌병변, 심장 장애 (1~2급) 2품목	욕창예방용 방석 및 커버	04 33 03	스스로 자세를 바꾸지 못하고 장시간 앉아 있는 분	350천 원/인	2년	체압분산 및 습기를 경감하여 좌석면의 욕창 방지		
	와상용 욕창 예방 보조기구	04 33 06	스스로 자세를 바꾸지 못하고 장시간 앉아 있는 분	350천 원/인	2년	체압분산 및 습기를 경감하여 좌석면의 욕창 방지		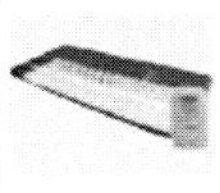

지체, 뇌병변 장애 (1~4급) 6품목	음식 및 음료 섭취용 보조기구	15 09 03	손의 근력이나 관절가동범위 및 쥐기 능력이 떨어져 일반 도구로는 식사가 어려운 분	50천 원/인	1년	그립이 어려운 경우 팔의 움직임으로 독립적인 식사 가능		
	식사도구 (칼-포크), 젓가락 및 빨대	15 09 13		50천 원/인	1년	팔의 굽힘이 어렵거나 손의 움직임이 어려운 경우 사용하며 독립적인 식사 및 음료 섭취 가능		
	머그컵, 유리컵, 컵 및 받침접시	15 09 16		50천 원/인	1년	쥐기 능력이 어려운 경우 사용하여 독립적인 잡기가 가능	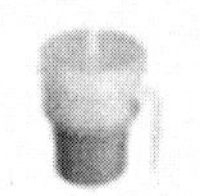	
	접시 및 그릇	15 09 18		50천 원/인	1년	한 손으로 음식을 모으기 어려울 때 사용하며, 홈이 패어 있어 음식 담기가 편리함.		
	음식 보호대	15 09 21		50천 원/인	1년	수저에 음식 담기를 편리하게 하기 위해 사용		
	기립훈련기	04 48 08	혼자 선 자세 유지가 어려운 분	1,500천 원/인	3년	기립자세 유지를 도와 기립근 근력을 강화하여 자세 변형 완화		
지체, 뇌병변 장애 (1~4급) 2품목	양팔 조작형 보행용 보조기구	12 06	균형 문제 등으로 혼자 걷기가 어려운 분	200천 원/인	5년	체간 균형능력이 저하된 경우 보행 훈련용 혹은 일상생활 보행 시 편의를 도모함.		
	목욕의자	09 33 03	목욕이나 샤워하는 동안 자세 유지가 어려운 분	600천 원/인	3년	신체적 균형능력 저하 및 기립자세 유지의 제한으로 인해 앉아서 목욕하는 것을 지원		

시각장애 (등급무관) 5품목	음성유도장치(음향신호기리모컨)	12 39 09	소리를 통해 정보 인지가 가능한 분	20천 원/인	2년	시각장애인용 음성유도기 및 음향신호기를 무선으로 작동시킴.		
	음성시계	22 27 12		20천 원/인	2년	버튼을 눌러 시간을 청각신호로 나타냄.		
	문자판독기 (광학문자 판독기)	22 30 21		800천 원/인	2년	문자인식기능으로 인쇄물의 문자를 음성으로 출력		
	녹음 및 재생장치	22 18 03		500천 원/인	3년	MP3, DAISY와 같은 파일로 저장된 책, 신문, 홍보물 등을 음성으로 출력		
	영상확대 비디오 (독서확대기)	22 03 18	사물 및 인쇄물의 배율, 색상, 밝기 등을 조절하면 정보 인지가 가능한 분	800천 원/인	2년	시각정보를 확대할 수 있는 보조기구		
청각장애 (등급무관) 3품목	진동시계	22 27 12	소리를 잘 듣지 못하는 분	30천 원/인	2년	청각신호를 대신하여 진동으로 알람 표시		
	헤드폰 (청취증폭기)	22 06 24		120천 원/인	2년	작은 소리를 크게 증폭시켜 청취		
	시각신호 표시기	22 27 03	빛(시각) 또는 진동(촉각)을 통한 정보 인지가 가능한 분	150천 원/인	2년	청각신호를 시각적 신호(빛, 진동)로 변환하여 표시		

출처: 보건복지부(2015).

④ 서비스 이용 및 신청방법

- 신청방법: 방문
- 신청장소: 읍, 면, 동 주민센터

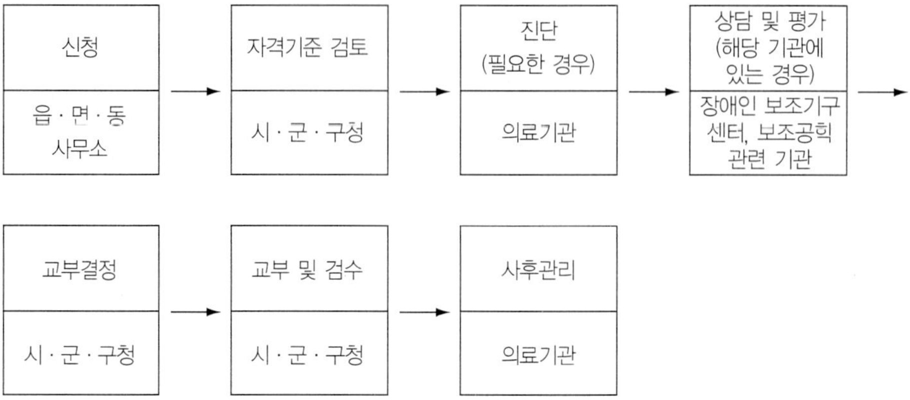

⑤ 교부 제한

- 2014년도에 동 사업 지침에 따라 동일한 품목의 보조기구를 교부받은 자 또는 이전에 받은 동일한 교부품목이 내구연한에 이르지 아니한 자
  ※ 전년도와 다른 품목으로 교부 가능
- 2014년도 또는 금년도에 사회복지단체 등으로부터 금년도 교부품목의 장애인 보조기구를 지방자치단체를 통하여 지원받은 자
  ※ 파손 등으로 시 · 군 · 구청장이 재교부 필요성을 인정하는 경우에는 재교부 가능하나 본인의 과실에 의한 분실 시 재교부 불가
- 타 교부사업에 의하여 지급받고 교부 물품이 내구연한(재교부연한)에 이르지 아니한 자(단, 타 교부사업이란 보험급여, 기초의료수급, 요양보험, 산재보험, 고용보험, 국가유공자대상 보장구 교부사업, 정보통신보조기기 보급사업 등 동일 품목에 대한 교부사업을 말함) – 장애인 보조기구 신청 시 행복e음을 통해 중복 여부 확인
- 당해연도 보조기구 신청 시 1인 1제품 지원이 원칙(단, 지원기준 50천 원 이하의 품목에 대하여 1개 제품을 추가로 중복 지원 가능)

⑥ 문의

- 사업신청 문의: 거주하는 해당 지역 읍, 면, 동 사무소(주민센터) 바로가기
- 보조기구 문의: 보조기구 콜센터 1670-5529

(2) 국민보험공단 보장구 지원사업

건강보험 가입자 중 장애인에 대한 특례로 보장구 보험급여를 적용하며, 의료급여수급권자에 대한 의료비를 지원하여 저소득층 국민보건 향상과 사회복지 증진에 기여하는 것이 목적이다.

① 지원대상

- 건강보험 대상자 중 등록장애인
- 의료급여 수급권자, 차상위 본인부담 경감대상자(만성질환, 18세 미만) 장애인

② 서비스 내용

- 건강보험 대상자: 보험급여대상 품목의 급여 기준액 이내는 실구입가의 80%, 기준액 초과 시는 기준액의 80%에 해당하는 금액지원
- 의료급여 수급권자, 차상위 본인부담 경감대상자: 적용대상 품목의 상한액 범위 내에서 전액지원
- 지원품목: 건강보험 · 의료급여대상 장애인 보장구의 유형 · 기준액 및 내구연한 〈표 13-8〉 참조

〈표 13-8〉 건강보험 · 의료급여대상 장애인 보장구의 유형 · 기준액 및 내구연한

보장구 분류	기준액(원)	내구연한
팔의지	유형별 상이	유형별 1~4년
다리의지	유형별 상이	유형별 1~5년
팔보조기	유형별 상이	3년
척추보조기	유형별 상이	3년
골반보조기	120,000	2년
다리보조기	유형별 상이	3년
교정용신발류	250,000	유형별 1~2년
수동휠체어	480,000	5년
지팡이	20,000	2년
목발(crutches)	15,000	2년
의안(artificial eye)	620,000	5년
저시력보조안경	100,000	5년
콘택트렌즈	80,000	3년

돋보기	100,000	4년
망원경	100,000	4년
흰지팡이	14,000	0.5년
보청기(hearing aid)	1,310,000	5년
체외용 인공후두	500,000	5년
전동휠체어	2,090,000	6년
전동스쿠터(Moped)	1,670,000	6년
자세보조용구 앉기형	유형별 상이	3년
욕창예방방석	250,000	3년
욕창예방매트리스	400,000	3년
이동식전동리프트	유형별 상이	5년
지지워커	유형별 상이	3년
전동휠체어 및 전동스쿠터용 전지 (2개 1세트)	160,000	1.5년

③ 서비스 이용 및 신청방법

- 건강보험 대상자
  - 신청방법: 방문, 우편
  - 신청장소: 국민건강보험공단

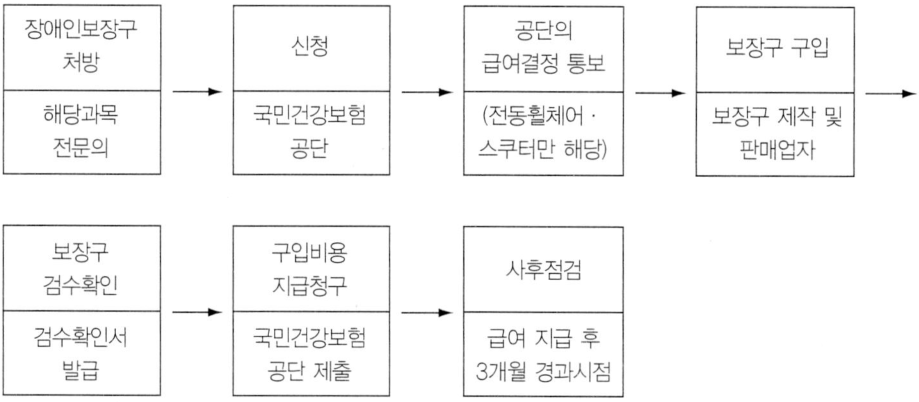

- 의료급여 수급권자, 차상위 본인부담 경감대상자
  - 신청방법: 방문
  - 신청장소: 읍, 면, 동 주민센터

장애인보장구 처방	→	신청	→	공단의 급여결정 통보	→	보장구 구입	→
해당과목 전문의		읍 · 면 · 동 주민센터		시 · 군 · 구		보장구 제작 및 판매업자	

보장구 검수확인	→	구입비용 지급청구	→	구입비용 지급청구	→	사후점검
검수확인서 발급		시 · 군 · 구		시 · 군 · 구 지급여부 결정		보장구 제작 및 판매업자

※ 처방전 발급 시 다음 표에 의한 전문과목 전문의 처방전 인정

분류	보장구 유형		전문과목
의지 · 보조기	팔의지, 다리의지, 팔보조기, 척추보조기, 골반보조기, 다리보조기		재활의학과, 정형외과, 신경외과, 신경과, 외과
기타 보장구	저시력 보조안경, 콘택트렌즈, 돋보기, 망원경, 의안		안과
	보청기, 체외용 인공후두		이비인후과
	수동휠체어, 정형외과용 구두		재활의학과, 정형외과, 신경외과, 신경과, 외과
	전동휠체어, 전동스쿠터	지체 · 뇌병변장애	재활의학과, 정형외과, 신경외과, 신경과, 외과
		심장장애	재활의학과, 내과(순환기분과), 흉부외과
		호흡기장애	재활의학과, 내과(호흡기분과, 알레르기분과), 흉부외과, 결핵과

④ 문의

- 건강보험(차상위/일반): 관할 국민건강보험공단 지사 또는 대표번호 1577-1000 바로가기
- 의료급여(기초생활수급자): 관할 시, 군, 구 또는 읍, 면, 동 주민센터 바로가기
- 보조기구 문의: 보조기구 콜센터 1670-5529

(3) 노인장기요양보험 복지용구

고령이나 노인성 질병 등의 사유로 일상생활을 혼자서 수행하기 어려운 노인 등에게 신체활동 또는 가사활동 지원 등의 장기요양급여를 제공하여 국민의 삶의 질을 향상하도록 한다.

① 지원대상

65세 이상 노인 및 노인성 질병을 가진 65세 미만 국민이 그 대상이다(노인성 질병: 치매, 뇌혈관 질환, 파킨슨병 관련 질환).

② 선정기준

- 65세 이상 노인 또는 치매, 중풍, 파킨슨병 등 노인성 질병으로 6개월 이상의 기간 동안 혼자서 일상생활을 수행하기 어려운 분
  ※ 장기요양등급 1~3급으로 장기요양보험 수급자 중 시설급여를 제공하는 장기요양기관에 입소하지 않은 자
- 지원 제외 대상자
  - 복지용구 급여를 받던 중 시설 입소 시는 그 시점부터 지급을 중단
  - 대상자가 의료기관에 입원하거나 단기보호시설에 입소한 기간 동안에는 '전동침대' '수동침대' '이동욕조' '목욕리프트'를 대여할 수 없음.

③ 서비스 내용

- 일상생활/신체활동 지원에 필요한 용구를 제공(연간 160만 원)
- 급여 비용 본인 부담률: 일반대상자 15%, 경감대상자 7.5%, 기초생활수급자 본인부담금 없음.
- 서비스 품목
  - 구입품목: 이동변기, 목욕의자, 성인용 보행기, 안전손잡이, 미끄럼 방지용품(미끄럼 방지 매트, 미끄럼 방지액, 미끄럼 방지 양말), 간이변기(간이대변기, 소변기), 지팡이, 욕창예방 방석, 자세변환용구
  - 대여품목: 수동휠체어, 전동침대, 수동침대, 욕창예방 매트리스, 이동욕조, 목욕리프트, 배회감지기, 경사로

④ 서비스 이용 및 신청방법

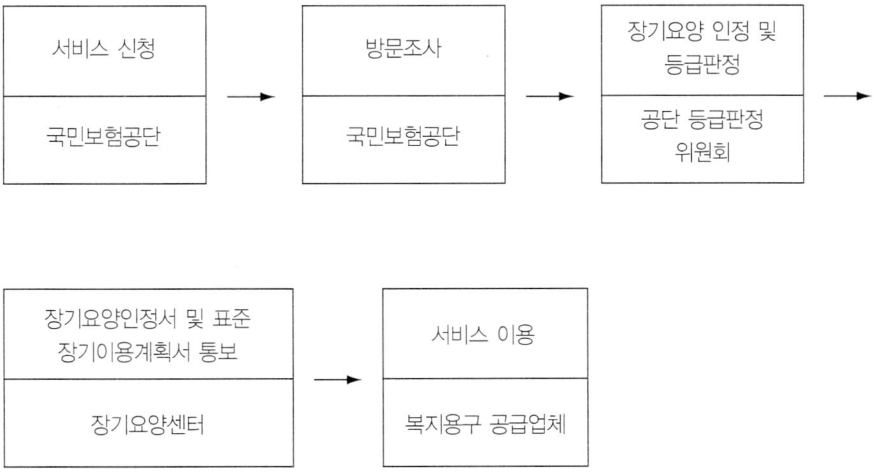

⑤ 문의

• 보건복지부 콜센터 129
• 국민건강보험공단 콜센터 1577-1000
• 보조기구 문의: 보조기구 콜센터 1670-5529

2) 미래창조과학부

(1) 정보통신보조기기 보급사업

장애인 및 국가유공자 등에게 정보통신 보조기기를 지원하여 정보화 생활을 지원하고 정보격차를 해소하는 데 그 목적이 있다.

① 지원대상: 등록장애인, 국가유공 장애인 중 상이등급 판정을 받은 자

② 선정절차

• 서류심사, 방문상담(해당하는 경우), 전문가 평가 등 절차에 따라 공정하고 객관적으로 진행
• 선정기준: 다음 항목을 종합적으로 고려하여 개인(신규신청자 우선)을 대상으로 선정
  - 중증장애인 우선

- 저소득층 우선
- 취업자, 구직자, 학생 순
- 보조기기 사용 적합도 및 활용도가 높은 자

③ 서비스 내용

- 정보통신 보조기기 구입비용의 80% 지원(단, 기초생활수급자 및 차상위계층 장애인의 경우 90%)
- 지원품목
  - 시각장애: 화면낭독 소프트웨어, 독서확대기 등
  - 지체/뇌병변장애: 특수마우스, 특수키보드 등
  - 청각/언어장애: 영상전화기, 의사소통 보조기기 등

④ 서비스 이용 및 신청방법

- 신청방법: 방문, 우편, 인터넷(http://www.at4u.or.kr)
- 신청장소: 거주지 기준 관할 접수처(시, 군, 구)

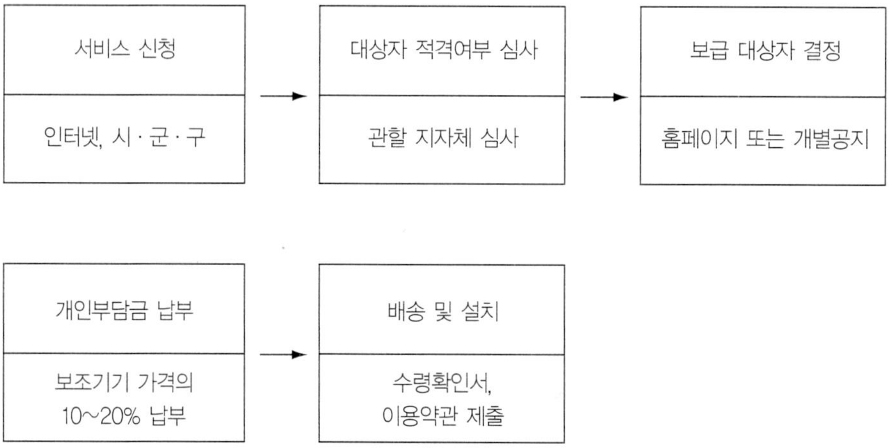

⑤ 문의

- 정보통신보조기기 보급사업 콜센터(1588-2670)
- 보조기구 문의: 보조기구 콜센터(1670-5529)

3) 고용노동부

고용노동부에서 주관하는 지원사업은 산재장애인을 위한 보조기기 지급사업과 근로장애인을 위한 보조공학기구 지원으로 나뉜다. 산재장애인에 대해서는 근로복지공단, 재활복지공학연구소를 통해 장애인 보조기구를 지급하고 있으며, 근로장애인에 대해서는 한국장애인고용공단이 전달체계 역할을 하고 있다.

(1) 산재보험급여 재활 보조기구 지급사업

① 지원대상

- 처음으로 재활 보조기구를 구입하는 경우: 산재보험 의료기관에서 해당 전문의가 재활 보조기구를 처방, 검수하여 산재근로자에게 직접 제공하고 의료기관에서 공단으로 진료비를 청구
  ※ 의료기관(치료 중인 경우에는 현재 요양 중인 의료기관)에서 처방을 받고 불가피하게 시중 업체에서 재활 보조기구를 구입한 경우에는 근로복지공단에 요양비로 청구
- 내구연한이 경과하여 추가로 재활 보조기구를 지급받는 경우: 재활 보조기구의 계속적인 장착이 필요한 경우에는 공단에 두는 의료기관 및 연구기관에서 추가 지급
  ※ 공단에 두는 의료기관 및 연구기관에서 추가 지급하는 것이 곤란하여 관내 시중 업체에서 구입한 경우에는 근로복지공단에 요양비로 청구
- 공단에 두는 연구기관(재활공학연구소) 5개소

센터명	주소	전화번호
인천	인천광역시 부평구 기능대학길 4 (구산동 47-3)	032-509-5200
창원	경남 창원시 창원대로 483 (중앙동 104-1)	055-280-7666
대전	대전광역시 대덕구 계족로 833 (법동 285-3)	042-670-5480
순천	전남 순천시 조례동 544	061-720-7300
동해	강원도 동해시 평릉동 190	033-530-3855

② 재활 보조기구 청구 시 첨부서류

- 산재근로자
  - 요양비청구서
  - 재활 보조기구 처방전 및 보장구 검수확인서

- 재활 보조기구 거래명세표(세금계산서 또는 신용카드, 현금카드 전표 포함)

• 의료기관
- 진료비청구서 및 개인별 진료비명세서
- 재활 보조기구 처방전 및 보장구 검수확인서
- 재활 보조기구 거래명세표(구입 증빙자료 포함)

③ 재활 보조기구 품목별 주요 지급원칙

• 상지의지: 반자동형(기능형)을 지급함을 원칙, 산재근로자가 요청 시 미관형 지급 가능
• 하지의지: 일반형 소켓을 지급하되, 절단 후 남아 있는 신체 부분(stump)이 불안정하여 실리콘형 소켓이 필요하다는 의학적 소견이 있는 경우에는 실리콘형 소켓을 지급
• 대퇴절단의지: 넓적다리의지(공압식 또는 유압식)를 지급함을 원칙으로 하되, 산재근로자가 필요하여 요청한 경우에는 국민건강보험법 시행규칙 별표 6의 넓적다리의지를 지급하며, 장착의 필요성이 의학적으로 인정되는 경우에는 공단에 두는 연구기관(재활공학연구소)에서 넓적다리의지(인공지능식)를 지급
• 근전전동의수: 상급종합병원 또는 통합재활훈련이 가능한 산재보험 의료기관에서 재활의학과 또는 정형외과 전문의가 처방한 경우에 지급
• 활동형 휠체어: 공단에 두는 연구기관(재활공학연구소)의 검사에 합격한 제품을 지급
• 욕창예방 용품
- 방석: 한국산업표준 규격에 적합한 제품
- 매트리스: 한국산업표준 규격에 적합하여야 하고, 교대부양형은 의료기기 허가를 필하여야 함.
• 이동식 리프트: 공단에 두는 연구기관(재활공학연구소)에서 지급

④ 치료 중 재활 보조기구 지급기준

재활 보조기구는 요양 종결 시 필요한 경우에 지급하지만 다음의 경우에는 치료 중에도 지급 가능하다.

• 사지절단 환자 또는 신경마비 등으로 인하여 치료 종결 후에도 계속적으로 재활 보조기구의 장착이 의학적으로 필요한 경우
• 경추, 흉추, 요추 등 척추손상 또는 척추질환의 치료를 위해 보조기 착용이 의학적으로

필요한 경우
- 관절손상 등으로 인한 관절운동의 제한 때문에 또는 관절의 고정을 위하여 보조기 착용이 의학적으로 필요한 경우
- 하지골절로 인하여 통원치료 시 목발이 의학적으로 필요한 경우

(2) 근로장애인 지원사업

① 지원대상
- 장애인을 고용한 사업주 또는 고용하려는 사업주
- 국가 및 지방자치단체의 장(공무원이 아닌 장애인 근로자 대상)
- 지원신청 당시 근로자를 고용하고 있지 않거나 4명 이하의 근로자를 고용하고 있는 장애인 사업주(장애인 근로자를 고용하고 있거나 고용하려는 사업주에 한함)
- 장애인 근로자(출퇴근을 위한 자동차 개조 및 차량용 보조공학기기 지원에 한함)

② 지원 내용

구분	지원 한도	
보조공학기기	고용유지조건 지원	장애인 1인당 1,000만원(중증 1,500만원) 한도 지원
	무상지원	장애인 1인당 300만원(중증 500만원) 한도 지원
차량용 보조공학기기	고용유지조건 지원	장애인 1인당 1,500만원 한도 지원

4) 국가보훈처

(1) 국가유공자 보철구 지급사업

① 보철구 수요 및 공급 현황
- 지급대상: 전 · 공상으로 인한 직접적인 상이저로 보철구가 필요한 상이자
- 공급품목: 의 · 수족 등 39종
- 공급계획: 11,245개(2009년)
- 예산: 48억 원(2009년)

② 보훈병원 보장구센터 운영

- 연혁
  - 1964년 원호처 국립직업재활원 보철구 공장으로 개설
  - 1981년 한국보훈병원 의지창(보장구센터)으로 개편
  - 1985 ~ 1989년 부산, 광주, 대구, 대전 의지분창 개설
- 시설 규모: 생략
- 인원: 56명(기술직 47명)

③ 지급절차

- 관할 보훈관서에서 매 분기별로 신규자 또는 기간도래자에게 보철구 지급신청 안내
- 기간 미도래자도 긴급 긴요 시 관할 보훈관서에 신청
- 신청자를 보훈병원 보장구센터에 통보 → 취형 · 장착 지급 또는 보훈관서를 통하여 지급

7. 국외 재활보조공학 산업의 현황

재활보조공학 기기의 세계시장 규모는 100조 원 이상인 것으로 예상한다. 가장 큰 시장 순으로 유럽, 미국, 일본을 손꼽을 수 있다.

보조기기의
세계 시장 규모는
약 100조원 이상!
(국내 규모 약 4조원)

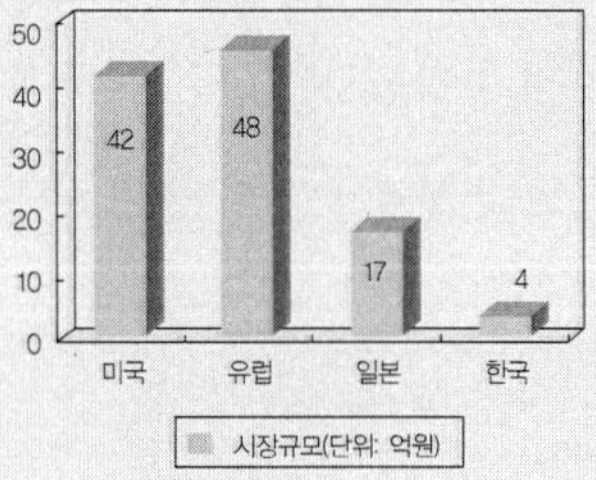

- 미국: 382억 달러(약 42조 200억원)/2008년 현재
- 유럽: 300억 유로(약 45조 6,000억원)/2003년 현재
- 일본: 1조 2,608억 엔(약 17조 4,600억원)/2007년 현재

[그림 13-4] 재활보조공학 국외 시장 규모

1) 일 본

일본에서는 복지용구의 연구개발 및 보급의 촉진에 관한 법률(제2조)에서 "심신의 기능이 저하되고 일상생활을 운영하는 데도 지장이 있는 노인 또는 심신장애자의 일상생활상의 편의를 도모하기 위한 용구 및 이러한 사람의 기능훈련을 위한 용구 및 보장신구"를 복지용구라 하며, 의지, 보조기, 자조구, 휠체어로 분류한다.

(1) 시장 규모

복지용구의 품목을 보면 단순히 의지 장구나 의자차 같은 재활 보조기구의 범위를 벗어나 노인들을 위한 기저귀, 입욕 관련 용구, 의치 등과 같은 실버용품, 안경, 재택개호, 영상 및 정보 기기 등과 같은 공용품에 이르기까지 폭넓은 범위를 포괄한다. 복지용구는 매년 시장 규모가 급속히 증가하고 있는 가운데 커뮤니케이션기기 분야, 페스널 케어 분야, 의지 · 장구 분야의 세 분야가 시장 규모의 약 70%를 차지하고 있으며, 모든 분야에 걸쳐 5년 내에 약 30%에서 약 400%가 넘는 높은 신장률을 보이고 있다.

(2) 연구개발

일본에서 의지 · 보조기를 제작하는 업체(소)는 대부분이 중소기업이므로 정부(후생성 · 통상산업성)에서 중소기업에 R&D 보조금을 지원하고 있다. 일본 재활보조공학 용품 관련 연구개발사업은 복지용구 실용화 개발 추진사업, 의료복지기기 기술 연구개발사업, 복지기기 정보 수집 · 분석 · 제공 사업, 웰페어 테크노팝 시스템 연구개발사업, 에너지사용 합리화 재택 복지기기 시스템 개발사업이 있다.

- 복지용구 실용화 개발 추진사업
  - 고령자나 장애자에게 사용하기 쉬운 복지용구는 뛰어난 아이디어로부터 나올 수 있다고 판단하여 실용적인 복지용구 개발을 지원
  - 복지용구 실용화 개발비 조성제도에 의해 지원
  - 연구 결과물보다는 최종적인 실용화가 목표
- 의료복지기기 기술 연구개발사업
  - 1976년부터 시작하였으며 현재까지 51개의 프로젝트가 완료됨.
  - 2000년부터 2004년까지 19개 프로젝트 수행 예정

- 개발 위험성은 높지만 필요성이 높은 고성능 · 저가형 의료복지 기기 개발

• 복지기기 정보 수집 · 분석 · 제공 사업
  - 고령화나 장해에 수반하는, 시각 · 청각 등의 감각 특성이나 근력 등의 동작 특성의 변화를 측정해 데이터베이스화하기 위한 조사연구
  - 위탁처인 인간생활공학연구센터에서는 이 사업의 성과를 이용한 고령자 신체기능 데이터베이스를 공개하고 있음(URL=http://www.hql.or.jp/jpn/adb/index.html).

• 웰페어 테크노팝 시스템 연구개발사업
  - 산 · 학 · 관 공동에 의한 복지기기 시스템 연구개발을 추진
  - 복지기기 시스템과 관련된 산업기술의 향상을 꾀함과 동시에 지역에 있어서 신규산업의 발전에 공헌
  - 연구개발 기간은 3년 이내이고 연구비는 프로젝트당 매해 1,000만 엔 정도 지원 연구개발 과제는 지방공공단체, 국 · 공 · 사립대학, 사회복지법인, 의료법인 등의 공적 기관에서 공모하여 채택된 안건에 대해 위탁연구 실시

• 에너지사용 합리화 재택 복지기기 시스템 개발사업
  - 일본의 고령화 진전에 따라 향후 일반 가정, 각종 시설 등에 복지기기가 도입됨으로써 에너지 소비의 증대가 예상
  - 따라서 에너지 사용의 합리화를 위해 에너지를 효율적으로 사용하는 재택 복지기기의 개발을 목표로 설정
  - 에너지 절약형 복지기기 시스템 연구개발을 하는 지방 공공단체 등의 공적 기관에서 연구개발비 조성

(3) 기타 정책

인허가제도의 경우, 일본에서는 복지용구를 의료용구와 구분하여 각종 승인제도에서 면제하고 있다. 그러나 사용자의 안전을 위하여 일본산업표준(Japanese Industry Standard: JIS)에 적합하거나 'SG(Safety Good) marking'의 획득이 필요하다.

정보 제공의 경우, 개발자 및 소비자의 네트워크 연결을 위해 복지용구 종합정보넷(YTU: http://www.fdkushiyoEu.com/)이라는 홈페이지를 개설(지역 정보 및 산업 동향, 관련 정책 등 제공)하고 일본생활지원공학회를 창설(2000. 9.)하여 학계, 산업계 등의 정보 교류를 활성화하고 있다. 또한 지방 제조자들을 위해 각종 연구회를 활성화시키고 지방 통산청과 함께 강연 · 상담을 실시한다.

그 밖의 활동으로는 매년 미국과 유럽을 방문하여 복지용구에 대한 정보를 습득하고 외국 대사관 총무부와 정기적인 미팅을 개최(상호교류 목적)하는 Japan Welfare Equipment Industries Association's Activities가 있다. 또한 EU Gateway to Japan은 수출이 아닌 수입을 증대시키기 위한 목적(외국 기업 유치)으로 매년 전시회와 비즈니스 미팅을 개최하고, Annual "Home Care and Rehabilitation Exhibition"은 통상산업성의 지원으로 HCR을 개최하여 매 전시회에 50개 이상의 외국 기업들이 참여한다. 비슷한 전시회로 JETRO "American and European Unique Assistive Devices Exhibition"은 일본무역진흥회(JETRO)에서 매년 개최하는 수입품 중심의 전시회로, 매년 50개 이상의 제조업체들이 참여한다.

우리나라의 경우 치료 · 이동 등에 중점을 두어 제품을 개발하므로 재활 및 일상생활권 확보에 그 목적이 있으나, 일본의 경우는 한 차원 더 높은 복지를 위한 제품을 생산하고 있다. 일본에서 제품개발 동향은 재활이 아닌 복지 그 자체로서, 예를 들면 같은 품목이라도 우리나라에서는 재활 보조기구라고 부르는 반면 일본에서는 복지용구라는 용어를 사용한다.

일본에서는 장애인뿐만 아니라 고령자도 복지용구의 사용자로 확대 해석하여, 최소한의 움직임으로 최대한의 기능을 할 수 있도록 복지용구를 제작 · 설계하고 있다. 또한 일본에서도 정부 지원 초기에는 R&D 보조금만 지원하였으나 기대효과 대비 투자액이 매우 낮아 결국 시장 확대라는 개념을 도입하였다. 따라서 각종 전시회를 개최하여 외국 기술 도입을 격려하였으며 일본 내 업체들의 기술 경쟁력을 향상시켰다.

2) 미 국

미국에서 재활 보조공학기기는 장애자의 신체기능을 향상, 유지, 증가시키는 데 사용되는 일반적이거나 개조하거나 상업상으로 얻어질 수 있는 물건, 장비 또는 제품 시스템으로서 제작된 것을 의미한다(미연방법 Title 29 Chapter 31 Section 3002).

(1) 사용자 규모 및 등록 업제

미국에서는 전체 인구 2억 8,300만 명 중 5,400만 명(1,999기준, N CD 참고)인 약 19.1%가 장애를 보유하고 있다. 또한 이동장치(mobility devices) 사용자 수는 740만 명 이상, 의지 · 보조기 사용자 수는 460만 명, 청각장애인용 장치 사용자 수는 450만 명, 시각장애인용 장치 사용자 수는 50만 명으로 추정된다. 미국 의지 · 보조기협회에 의하면 의지 · 보조기와 관련해서는 1,800여 개의 회사가 등록되어 있다(2000. 11. 9.).

(2) 관련 제도

여기서는 우리나라보다 비교적 먼저 재활보조공학(AT)의 개발과 보급 · 활용에 대한 법제도와 서비스 체계를 갖춘 미국의 재활보조공학 관련 규정과 재활보조공학서비스에 대한 예산지원 체계를 분석하고자 한다.

현재 미국의 장애인 정책은 부시 대통령의 New Freedom Initiative로 축약될 수 있는데 그 내용의 첫 번째가 공학을 통한 접근을 증가시키는 것이다. 재활보조공학과 보편적 설계에 의한 공학은 장애인의 교육, 직장, 지역사회에 대한 접근을 어느 때보다 용이하게 만들었다. 그리고 장애인에 대한 재활보조공학 제공에 가장 큰 영향을 미치는 미국의 연방법 규정은 「재활보조공학법」, 「미국장애인법」, 「재활법」, 「장애인교육법」 등이다. 이 중 「재활보조공학법」은 미국의 주정부들이 다양한 재활보조공학 요구를 최대한 반영하여 모든 연령의 모든 장애인에게 기기와 서비스를 제공할 수 있도록 광범위하게 규정되었다. 따라서 「미국장애인법」, 「재활법」, 「장애인교육법」에서는 각 법률의 목적과 대상에 해당되는 재활보조공학에 대한 정의나 규정들을 「재활보조공학법」에 준하여 사용하고 있다(〈표 13-4〉 참조). 이러한 법규정들에서 적용되는 재활보조공학의 내용은 다음과 같다.

1988년 제정된 「장애인을 위한 공학관련 지원법」(Technology-Related Assistance for Individuals with Disabilities Act of 1988: 이하 Tech Act)은 처음으로 재활보조공학(Assistive Technology: AT)을 재활보조공학 기기와 재활보조공학서비스로 구분하여 정의하였다. Tech Act는 주에서 아동을 포함한 모든 연령의 장애인에게 주 단위의, 소비자 반응중심(consumer-responsive) 공학관련 서비스 프로그램을 개발하도록 명하였다. 1998년 미 의회는 이 법을 개정하면서 「재활보조공학법」(Assistive Technology Act of 1998)으로 명칭을 바꾸었고, 영구적 · 종합적인 주 단위의 공학관련 재활보조공학 프로그램을 개발하도록 50개 주와 6개 지역에 기금을 확장하였다. 재활보조공학의 정의는 Tech Act에서의 정의를 그대로 사용하였다.

2004년에는 「재활보조공학법」이 개정되어 예산 배정 기간이 연장되었을 뿐만 아니라 1998년 제정된 「재활보조공학법」에서 복잡하고 모호한 규정들을 보다 체계적으로 정비하여 법규의 내용이 전반적으로 수정되었다. 이 법에 따르면 재활보조공학 기기(Assistive Technology Device)란 장애인의 기능을 증진 · 유지 · 향상시키기 위해 사용하는 기존 또는 개작 제품이나 맞춤 제작한 장비와 제품 시스템을 말한다. 재활보조공학서비스(Assistive Technology Service)란 재활보조공학 기기를 선택 · 구입 · 사용하는 데 있어 장애인을 직접적으로 돕는 일이다. 이러한 재활보조공학서비스에는 다음과 같은 내용이 포함된다.

〈표 13-9〉 재활보조공학 제공에 영향을 미치는 미국의 연방법 규정

법명	재활보조공학 관련 내용
「재활보조공학법」(2004)	모든 장애인에게 재활보조공학 제공 의무
「미국장애인법」(1990)	공공 및 민간 부문의 편의증진, 재활보조공학 제공 의무
「재활법」(1998)	공공부문의 재활보조공학 제공 의무
「장애인교육법」(1997)	0~21세 장애인에게 교육에 필요한 재활보조공학 제공 의무

- 장애인의 일상적 환경에서 적절한 재활보조공학과 서비스 제공 효과의 기능적 평가를 포함한 장애인의 재활보조공학 요구 평가
- 장애인의 재활보조공학 기기 입수를 위해 제공되는 구입, 임대, 기타 관련 서비스
- 재활보조공학 기기의 선택, 설계, 조정(fitting), 맞춤, 변형, 적용, 보존, 수리, 교환, 기증 서비스
- 교육 · 재활계획 및 프로그램 관련 치료, 중재, 서비스와 같이 재활보조공학 기기와 함께 필요한 치료, 중재, 서비스의 조정 또는 활용
- 장애인 또는 필요한 경우 그 가족 구성원, 보호자, 권익 옹호자, 대리인에 대한 훈련 또는 기술적 지원
- 전문가(교육 · 재활서비스 제공자와 재활 보조공학기기 제작자 또는 판매자 포함), 고용주, 고용 · 훈련서비스 제공자, 장애인에게 이 외의 서비스를 제공하거나 장애인을 고용하거나 장애인의 주생활 기능에 실질적으로 관계가 있는 기타 개인들에 대한 훈련 또는 기술적 지원
- 장애인에게 전자정보 기술(electronic and information technology)을 포함한 공학에의 접근성을 확장하는 서비스

「미국 재활보조공학법」(ATA of 2004)을 1998년 「재활법」과 비교하면 재활보조공학서비스의 정의에서의 변화를 세 가지로 볼 수 있다. 첫 번째로, 재활보조공학 기기를 기증받는 서비스가 추가되었는데, 이는 미국의 기증문화가 법제에도 반영된 것이라고 볼 수 있다. 두 번째로, 재활보조공학에 대한 인식과 개념, 기기 사용법 등의 훈련을 받아야 하는 대상이 교육 · 재활 전문가와 고용주뿐만 아니라 재활보조공학 제작자와 판매자로 그 범위가 확대되었다. 이는 재활보조공학에 대한 기본적인 지식과 실제를 재활보조공학 기기 산업 분야의 인력들이 파악할 수 있도록 돕는 것이다. 세 번째로, 전자정보 기술을 포함한 공학에 장애인

의 접근이 용이하도록 돕는 서비스가 새롭게 추가되었다. 이는 지식기반사회에서 장애인의 정보 접근권과 공학적 환경 접근권을 실행하고자 하는 의지가 반영된 것이라고 볼 수 있다.

「미국장애인법」(Americans with Disabilities Act of 1990: ADA)은 공공과 민간 부문 고용, 공공 편의시설, 교통수단, 주정부 및 지방정부 서비스, 전자통신에서의 차별을 금한다(Hager & Smith, 2003). 또한 고용, 주정부와 지방정부 서비스, 공공 및 민간 편의시설에서 장애인에게 보조도구(auxiliary aids)와 서비스를 제공하도록 하고 있는데 여기에 재활보조공학 기기와 서비스가 포함된다.

보조도구와 서비스에는 다음의 내용이 포함된다(ADA).

- 자격 있는 통역사, 기타 청각장애인에게 소리정보를 효과적으로 전달할 수 있는 방법
- 자격 있는 낭독자, 녹음된 문서, 기타 시각장애인에게 시각정보를 효과적으로 전달할 수 있는 방법
- 장비나 기기의 획득 또는 수정
- 기타 유사한 서비스와 행위

미국은 「재활법」(Rehabilitation Act of 1998)에 의해 연방정부 기금(federal funds)을 받는 모든 직업, 의료, 사회, 자립, 심리재활 프로그램 및 활동들은 장애를 이유로 개인을 차별할 수 없도록 규정하고 있다. 「재활법」에서는 이러한 모든 프로그램에 장애인이 불편함 없이 참여할 수 있도록 하는 방법 중 재활공학을 포함하고 있다. 그리고 각 재활 프로그램을 담당하는 재활 관련 전문가들에게 재활공학의 지식과 활용을 훈련하도록 규정하고 있다. 또한 재활보조공학(Assistive Technology)이라는 용어를 재활보조공학법」에서 그대로 도입하여 사용하고 재활공학(Rehabilitation Technology)을 재활엔지니어링과 재활보조공학을 포함하는 개념으로 보고 다음과 같이 정의한다. 즉, 재활공학은 장애인이 직면하는 어려움(barriers)의 요구를 반영하고 대처하기 위한 공학(technologies), 엔지니어링 방법, 과학 원리의 체계적 적용이다.

1992년에는 「재활법」의 Section 508이 전자정보공학(Electronic and Information Technology)에 접근할 수 있는 개인의 권리를 더욱 강화하였다. 즉, 장애인이 연방정부 기관의 웹페이지, 전자통신(telecommunication), 소프트웨어, 하드웨어, 프린터, 팩스기, 복사기, 정보 키오스크와 같은 전자정보공학에 접근 가능하도록 해야 함을 규정하였다(Assistive Technology Training Online Project, 2002). 「재활보조공학법」에 의해 기금을 받는 주들은 모두 Section 508의 대상

이 되며 Section 508의 공학 가이드라인은 주정부와 지방정부에게 접근 가능한 서비스를 어떻게 제공하는지를 알려 준다.

미국의 「장애인교육법」(Individuals with Disabilities Education Act of 2004: IDEA)은 미국 「재활보조공학법」에 명시된 재활보조공학의 정의를 그대로 사용하고 있다. 그리고 학교에서 장애학생에게 재활보조공학을 제공해야 하는 의무를 구체화하였다. 이 법에서는 개별화 교육 프로그램(Individualized Education Program: IEP)을 작성할 때 모든 학생에 대한 재활보조공학 요구가 고려되어야 한다고 규정하고 있다. IEP에 포함되는 재활보조공학은 아동의 교육과정, IEP의 교육목적과 관련성이 있어야 한다. 즉, 특정 재활보조공학이 장애아동의 교육에 어떻게 도움을 줄지에 대한 설명을 할 책임이 IEP 팀에게 있다.

2004년 개정된 미국의 「장애인교육법」에서는 장애인의 교육적 결과를 향상시키는 방법으로 Section 674에서 공학의 개발, 시범, 활용, 미디어 서비스 및 인쇄된 학습 교재의 변환에 참여하는 기관에게 예산을 지원하도록 규정하고 있다.

3) 유 럽

국제표준화기구(ISO)에서는 공학적 보조장치(Technical Aids)를 "장애인이 사용하는 제품, 기기, 시스템으로 장애인의 형태장애(impairment), 능력 저하(disability) 및 사회적 불리(handicap)를 방지하거나 경감 또는 완화시키기 위해 특별히 만든 물건"이라고 정의한다.

(1) 시장 전망 및 특성

Assistive Technology Market and Research(2000)에 따르면 1996년에서 2020년까지 등록된 장애인 수는 11%에서 17%로 늘어날 것으로 전망된다. 1996년에서 2020년까지 젊은층과 아이들의 인구는 13% 정도 줄어들고, 60세 이상은 약 1억 명으로 증가(약 30%)하며, 80세 이상도 약 2000만 명으로 증가할 것으로 전망된다. 고령화가 될수록 장애인 비율이 급격히 증가함을 알 수 있으며 고령화 인구의 증가에 따라 시장의 규모도 따라서 더욱 확대될 것으로 예상된다. 1995년 유럽에서의 잠재고객은 2,600만 명으로 추정되며 1993년 Carlotat에 따르면 1995년에서 2020년까지 잠재고객은 25% 이상 증가할 것으로 전망된다.

유럽시장은 2000년도에 2만 개 이상의 보조기구(Assistived device)가 있으며, 시장 규모는 300억 유로로 추정된다. 일반적으로 일반 유럽시장은 소규모 시장으로 산재해 있으며 스웨덴의 경우 약 300개의 보조기구 생산 업체가 존재한다. 유럽에서는 공학적 보조장치

(Technical Aids)의 상환에 대해 각 국가 사회체계마다 서로 다른 규정을 가지고 있으며 특수 기형이나 장애에 대해서만 집중하여 산업과 서비스가 전체적으로 불균형하다.

(2) 관련 산업정책

공공시장은 유럽의 경우 영국을 제외하고는 국내정부와 국내협회가 대량으로 주문할 수 있는 구매권을 가지며 그 대량주문으로 인해 국내정부와 국내기관이 가격과 그 외 항목에서 좋은 조건으로 결정할 수 있고 발행기관의 출원사무소는 사용자에게 공급하는 일에만 집중하게 된다. 판매의 경우 새로운 시장 참여자에 대한 접근방법의 제한으로 극히 단순한 구조다.

민간시장은 유럽의 경우 영국에서는 민간시장이 팽창하고 있는 중인데, 이것은 부분적으로 더 엄격한 국고 제한으로 인한 공공 공급체계 위축과 관련된다. 독일과 프랑스의 경우 공공시장과 민간시장이 나란히 존재하는데, 이것은 공적으로 공급되거나 보조되는 제품이 민간 분류체계를 통해 공급되기 때문인 반면에 사용자는 자신의 재활 보조기구를 구매할 경우 모든 총액을 지불해야 하기 때문이다. 따라서 민간시장은 적절한 수준에서 운영되는 단순히 공적 시장의 보충에 지나지 않는다. 스웨덴과 노르웨이에서는 공공 공급이 거의 재활 보조기구에 대한 모든 수요와 거의 일치한다.

(3) 재활보조공학 관련 연구

① TIDE 프로젝트

Technology Initiative for the ultegration of Disabled and Elderly people의 약어로서 1993년엔 브뤼셀에서, 1995년엔 파리에서, 1998년엔 파리에서 회의가 열렸다. EU에서 기금을 조성해 각 나라의 여러 연구기관이 재활 보조기구에 대한 연구를 진행하였는데, TIDE는 기술적 응용을 통한 장애인과 고령화 노인들의 독립생활 향상과 사회적 융합뿐만 아니라 장애인과 고령화 노인들의 요구를 만족시키는 서비스와 새로운 제품에 대한 중요한 시장을 창출하는 데 기여했다. 파리에서 열린 3차 회의의 경우 세 가지 주요 테마 중에서 첫 번째가 재활보조공학 용품에 관한 것이었다.

② COST 219

COST란 유럽 25개국이 참여한 과학기술 협력을 위한 구성을 말한다. COST 219의 목적은 1986년부터 1996년까지 장애인과 고령화 노인들도 쉽게 사용할 수 있는 통신 서비스와 장비를 증가시키는 데 있었다. 결국 최종 목적은 전화 및 정보통신에 있어 공용품을 도입하는 데 있었다.

③ INCLUDE 프로젝트

INCLUDE란 INCLUsion of Disabled and Elderly people in telematics의 약어로서 장애인, 고령화 노인과 통신응용 분야 부문 주요 유럽 전문가 간의 4년 동안의 협력 프로젝트다. 프로그램을 통한 개발이 장애인과 고령화 노인들도 쉽게 사용할 수 있도록 Telematics Programme의 전 단계와 모든 관련 분야에 필수적인 지원을 제공하는 것이 목적이었다.

④ PROMISI 프로젝트

PROMoting an Information Society for Everyone의 약어로서 1997년 1월부터 1998년 1월까지 시행된 프로젝트다. 목적은 정보화 분야에서 좋은 본보기가 될 수 있는 경험과 예들을 교환함으로써 떠오르는 유럽의 정보화사회에 장애인과 고령화 노인들도 합류시키는 것이었다. 응용 분야는 개인 상호 간 교류(음성, 문자, 사진, 심벌, 비디오 등), 접근의 용이성(시각장애인을 위한 전화기와 웹 페이지 등), 새로운 서비스와 지원(원거리 쇼핑과 원격치료 등), 일자리나 교육의 참여를 위한 새로운 기회 재택근무와 원격수강 등이다.

⑤ Seniorwatch

고령자 및 장애인을 위한 정보통신 기술 활용의 시장 동태를 모니터링하는 프로젝트이었다. 고령자 및 장애인의 정보통신 기술 활용도를 높이기 위해서는 결국 공용품 개념의 도입이 필요하다.

⑥ SAfE21

유로연합에서 진행하는 원격 건강 모니터링 프로젝트다. 거동이 불편한 고령자, 장애인뿐만 아니라 바빠서 병원에 가기 힘들거나 병원으로부터 멀리 떨어진 일반인에게도 응용 가능하다.

8. 재활보조공학 산업의 활성화 방안

1) 재활보조공학 산업의 활성화를 위한 SWOT 분석

국내의 경우 관련 업체(소)들의 영세성으로 인해 유통구조와 국제경쟁력이 매우 취약하고 관련 연구개발 투자도 미비하여 정부의 관련 지원제도의 추가 · 보완이 절실하며, 품목고시와 품질제도의 미비, 전문인력 수급의 불균형, 의료보호 및 건강보험의 비현실화 같은 문제점 등이 산재해 있다.

국외의 경우 미국, 일본, 유럽 같은 선진국들은 일찍부터 장애인의 증가와 고령화로 인해 관련 시장의 규모가 매우 크고 고성장을 거듭하고 있으며, 복지 측면에서 많은 관련 제도를 수립하고 관련 산업정책을 지원하고 있다. 더불어 사용자 규모와 시장 확대라는 측면에서 공용품을 도입하여 장려하고 있고 관련 연구 사업에도 다양하게 지원하고 있다.

• SWOT 분석
  - 강점(strength): 우리나라는 전반적으로 인적자원이 풍부하게 공급되고 있으며 재활보조기구에 관련된 연관 기술인 기계, 전자, 재료 기술 등의 경쟁력이 충분함.
  - 약점(weakness): 재활 보조기구를 개발할 기술에 대한 정보망이 구축되어 있지 않고 업체의 영세성으로 인해 유통구조가 취약하며 관련 산업체에 대한 지원도 미비한 실정임.
  - 기회요인(opportunity): 고령화 사회 진입과 삶의 질에 대한 관심과 욕구 증대로 재활보조기구에 대한 수요가 폭발적으로 증가할 전망이며 정부 또한 복지 차원에서 재활보조기구에 대한 관심이 증대되고 있음.
  - 위협요인(threat): OECD 가입에 따라 관련 산업에 대한 의무와 제약이 강화되었고 보건 선진국은 관련 기술을 보호하기 위한 정책을 강화시키고 있음.

2) 재활보조공학 산업의 활성화 추진 방향

재활보조공학 산업의 활성화를 위해서는 국내 관련 산업에 대한 금융, 세제, 수출 관련 지원을 강화하고 재활 보조기구 일정 생산량을 우선 구매할 수 있는 보호, 육성책을 실시해야 한다. 관련 산업 활성화를 위해 벤처 창업을 적극 지원하고 필요한 인력을 공급할 수 있도록 전문인력을 양성할 수 있는 프로그램을 마련해야 한다.

정부는 재활 보조기구 관련 연구개발을 확대하고 산학연 연구개발 컨소시엄을 구축해 관련 민간기업의 기술경쟁력을 강화하는 한편 전시회나 국제교류 사업을 통해 선진기술을 습득하고 재활 보조기구 관련 정보를 공유하여 정보 활용을 극대화함으로써 민간기업들의 기술 수준을 향상시킨다. 또한 품목고시의 일원화와 확대를 통해 형식, 사용 부품 등에 따른 가격 변화에 탄력적으로 대응하고 품질검사의 규격화와 표준화를 통해 품질의 제도적 보장책을 마련한다.

더불어 저가로 고품질의 재활 보조기구를 보급하기 위해 무료교부제도를 확대하고 의료보호 및 보험급여 적용대상 및 품목을 확대하는 것이 필요하며, 국내 재활 보조기구의 유통구조를 개선 및 확립하고 정부가 재활 보조기구를 구매해 공급량을 조절하여 그 혜택이 장애인과 노인들에게 돌아가도록 유도한다. 이를 위해 관련 협회를 지원해 협회기능을 강화하고 무역진흥 및 국제교류 사업, 수출입 업무 역할 분담, 관련 연구소 및 단체의 연구과제 및 정책사업 지원 등을 통해 관련 업체의 경쟁력을 강화한다.

나아가 재활보조공학 용품 관련 인력 양성과 국제연구 협력연구를 통해 공용품에 대한 중요성을 인식하고 재활보조공학 용품개발 유도를 위한 제도적 기반 조성과 공용품시장 확대 촉진을 통하여 사용자층을 넓히고 새로운 시장을 개척하도록 한다.

참고문헌

보건복지부 국립재활원(2014). 장애인보조기구 상담실무 I, II
보건복지부(2010). 고수요 장애인보조기구 산업 육성전략 연구.
보건복지부(2014). 2013 장애인보조기구사례관리사업 정책연구.
한국보건사회연구원(2009). 재활보조기구 지급기준 및 개선방안 연구.
한국보건산업진흥원(2001). 재활보조기구산업활성화 방안 연구.
한국보건산업진흥원(2014). 2014년 의료기기산업 분석 보고서.
한국장애인개발원(2009). 보조기구 관련 산업의 국제 시장 경쟁력강화를 위한 실태 파악.

한국장애인고용촉진공단 고용개발원(2008). 보조공학기기 이용실태 및 수요 조사.
한국장애인고용촉진공단(2006). 보조공학 산업 및 서비스 발전 방안.
한국정보문화진흥원(2006). 한국 · 미국 · 일본의 정보통신 보조공학 산업동향 연구.

제4부

보조공학 적용 분야

제14장 인지 및 학습을 위한 보조공학의 활용

1. 인지적 장애의 정의와 분류

1) 인지적 장애의 정의

'숨겨진 장애' 라고도 불리는 인지적 장애는 매우 광범위한 장애를 포괄할 수 있다. 일반적인 수준에서 인지적 장애는 인간이 사고를 하고 그에 따라 적절하게 행동하도록 하는 데 필요한 정신기능의 사용에 제약을 가지고 있는 장애를 말한다고 할 수 있다. 우리가 '인지' 라고 부르는 이러한 정신기능에는 논리적으로 사고하고, 필요한 때에 필요한 곳에 집중하고, 대상의 변화나 환경의 변화에 반응하고, 개념을 형성하고, 문제를 해결하고, 추론하고, 기억하는 활동들이 포함된다. 이러한 인지기능을 사용함으로써 우리는 새로운 것을 학습할 수 있게 되며 지식과 정보를 습득하고 그것을 사용해 다시 대상과 환경에 적응하거나 그것을 통제할 수 있게 된다. 인지적 장애는 이러한 다양한 측면에서 전반적으로 결함이나 손상을 가지게 되므로 감각장애나 지체장애와는 달리 우리의 삶 전반에 광범위하게 영향을 미치는 장애가 될 수밖에 없다.

2) 인지적 장애의 분류와 인구통계

인지적 장애에는 다음과 같은 하위 범주들이 포함된다.

- 지적장애
- 외상성 뇌손상(TBI)
- 자폐성장애
- 치매, 알츠하이머
- 주의력결핍 과잉행동장애(ADHD)
- 읽기/쓰기/수학 장애 등 학습장애

미국에서 조사된 통계에서는 성인기 노동 인구의 약 5%가량이 인지장애를 가지고 있는 것으로 나타났다(Erickson, Lee, & von Schrader, 2014). 학령기와 노년기를 포함한다면 이보다 몇 배의 인구가 인지적 장애를 가지고 있다고 볼 수 있을 것이다. 2014년 등록장애인을 기준으로 국내의 지적장애인과 자폐성장애인 인구는 20만 명을 넘고 있으며, 비등록 상태의 발달장애인을 모두 포함한다면 20만 명이 훨씬 넘을 것으로 추산된다(보건복지부, 2015). 발달장애의 경우 전 세계적으로 출현율이 빠르게 증가하고 있는 추세이므로 향후 인지적 장애인의 수는 지속적으로 증가할 것으로 보인다.

2. 인지적 장애의 특성

1) 지적장애의 특성

- 낮은 지능(75 이하)과 적응행동, 필요한 지원의 정도에 따라 진단하며, 18세 이전(아동기)에 발병해야 한다.
- 정보처리 기능, 실행적 기능, 상위인지 등이 열악하다.
- 낮은 취업률, 열악한 경제적 지위에 머무르는 경우가 대부분이다.
- 언어발달이 지연되고 학업성취도가 낮다.
- 평생에 걸쳐 가족과 주변의 지속적인 보호가 요구된다.

2) 자폐성장애의 특성

[그림 14-1] 지적장애아동(다운증후군)

- 기질적 장애(심리적 장애가 아님)다.
- 사회적 상호작용, 의사소통에 제한이 있으며, 이상 행동, 고정된 반복행동(자기자극 행동), 비정상적인 집착 등이 나타난다.
- 대부분 언어 습득과 의사소통에 어려움이 있다.
- 타인의 마음 상태를 인지하거나 이해하는 데 어려움이 있다.

3) 학습장애의 특성

- 정상적인 범주에 속하는 지적 기능을 보인다.
- 말하기, 듣기, 쓰기, 읽기, 수학 등의 영역 중 한가지 이상의 장애를 가지고 있다.
- 학습의 문제가 1차적으로 기타 장애나 경제적, 환경적, 혹은 문화적 불이익 등에 의한 학습의 장애는 제외한다.
- 중추신경계 기능장애와 관련된 것으로 생각된다.
- 잠재적인 능력과 학업성취 간에 심각한 차이를 보이는 장애를 의미한다(즉, 지능-성취도 간 차이가 약 2년 이상임).

4) 알츠하이머

- 치매는 일상의 활동을 수행하는 데 심각한 영향을 미칠 수 있다.
- 치매 전단계를 경도 인지장애라 부르기도 한다.
- 사고와 기억, 언어에 영향을 미친다.
- 급속한 고령화에 따라 환자 수가 지속적으로 증가하고 있다.

5) 뇌손상

- 흔한 것은 경기, 간질 등에 의한 뇌손상이다.
- 인지, 언어, 기억, 주의집중, 추론, 추상적 사고, 판단, 문제 해결력, 감각 지각 및 운동 기능, 심리사회적 행동, 신체기능, 정보처리 등에서 한 가지 이상의 기능에 장애를 가져온다.
- 외과적 치료로 회복될 수도 있지만, 회복되는 데 수년이 걸리거나 회복이 안 될 수도 있다.

3. 인지적 장애인의 적응활동 지원을 위한 보조공학

1) 인지적 장애인의 공학적 요구

공학은 인지적 장애인의 주의집중, 계획하기, 기억, 읽기와 쓰기, 의사소통, 사회적 행동 등에 도움을 줄 수 있다. 그러나 현재 우리 나라에서는 인지적 장애인을 위한 보조공학이 수적으로 매우 적으며 질적으로도 이들의 요구를 충족시키고 있지 못하다.

그 가장 큰 원인은 기술이나 제품을 개발하는 측이 인지적 장애인들의 요구와 필요를 구체적이고 정확하게 이해하고 있지 못하며, 대부분 수적으로 우세한 지체장애인과 시각장애인 등을 위한 보조공학 제품이나 기술의 개발과 보급에 관심을 두고 있기 때문이다. 공공부문에서도 관심의 부족이 심각하다고 할 수 있다. 일례로 매년 실시되는 장애인정보격차 실태조사에서조차 지적장애나 자폐성장애 등을 가진 인지적 장애인에 대한 조사는 아예 포함되어 있지도 않다. 가장 정보격차가 큰 집단일 것으로 예상되는 지적장애인들의 정보격차가 그 실태조차 제대로 파악되고 있지 않은 것이다.

2) 인지장애를 지원하기 위한 보조공학의 사례

(1) 장치나 대상물을 단순화하여 접근성과 사용성을 높인 예

[그림 14-1]과 같이 사용하기 쉽게 제작된 리모컨이라든지, 말소리가 나오는 큰 버튼의 전자계산기, 단순화된 모양의 스마트폰 화면이 접근성과 사용성을 높인 예다.

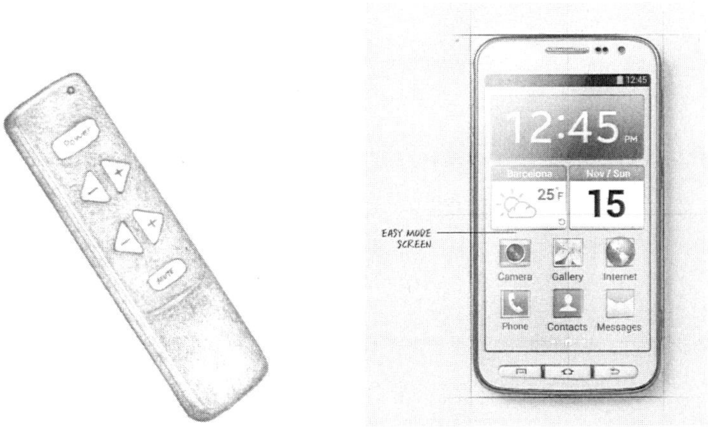

[그림 14-2] 사용법을 단순화한 리모컨과 스마트폰 바탕화면

(2) 과제 수행을 돕는 프롬프팅 기법을 적용한 예

현재 북미에서는 과제분석을 통해 일상생활의 절차나 경로를 알려 주고, 업무나 약속, 길찾기 등을 지원해 줄 수 있도록 구현된 모바일용 소프트웨어가 가장 일반적인 인지적 장애인을 위한 보조기술의 예라 할 수 있으며, 이러한 기술은 현재에도 계속 연구개발이 진행 중이다. 이것은 인지적 장애인이나 노인에게 필요한 타이밍에 해야 할 과제(또는 행동)를 안내해 주는 방법(각 과제의 단계별로 필요한 촉구를 제공해 줌)이라 할 수 있다. 단말기를 통한 과제나 활동의 안내는 인터넷을 통해 어떤 단말기에서도 제공이 가능하다.

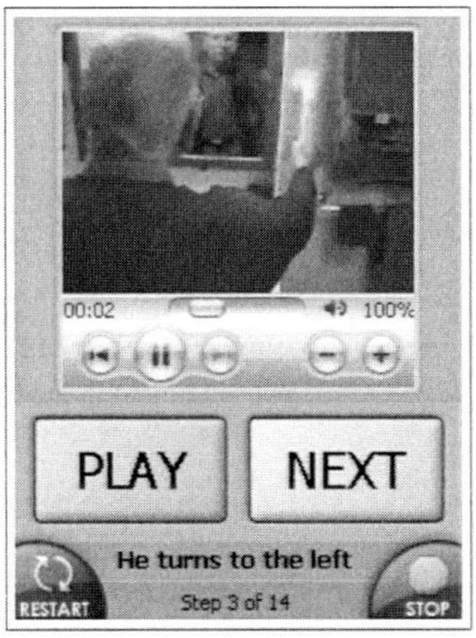

[그림 14-3] 인지적 장애인의 일상생활 지원을 위한 모바일 SW의 예

[그림 14-4] Ablelinktech사의 Everyday Skills(iOS용)

Community Skills	Personal Skills	Transition and Transportation Skills
• 계단, 에스컬레이터, 엘리베이터	• 의사표현하기	• 학교 갈 준비하기
• 문의 사용	• 데이트하기	• 학교통학버스 타기
• 상점 이용	• 실내가사 – 설거지	• 오전수업 시작하기
• 이미용실	• 옥외가사 – 잔디관리	• 점심식사
• 식당	• 음식 준비하기	• 도시의 기호(표지판)들
• 패스트푸드 식당	• 영화DVD 빌려보기	• 우리 동네의 표지판들
• 소방서	• 애완동물 돌보기	• 안전 표지판
• 채소가게	• 재활용 및 쓰레기 정리	• 승차하기
• 철물점	• 치과병원 이용하기	• 동네 걸어가기
• 숙박시설	• 일반병원 이용하기	• 장거리 여행하기
• 세탁소		⋮
• 도서관		
• 농장 이용하기		
• 동물원 이용하기		

[그림 14-5] Everyday Skills 앱의 하위 영역과 과제들

현재는 센서와 GPS 등을 사용해 상황을 인지한 과제 안내까지 가능한 제품들도 출시되어 있는 상태다. 정보통신 강국인 동시에 필요한 기술이나 인프라는 이미 모두 갖추고 있는 우리나라에서 이러한 소프트웨어나 애플리케이션이 개발되고 있지 않은 이유는 무엇인가?

(3) 인지적 장애인의 이동과 안전을 위한 보조공학의 예

[그림 14-6] 위치기반 서비스를 이용한 인지적 장애인 이동 도우미 앱 Community Sidekick

장애인의 이동과 안전을 위해 개발된 Community Sidekick은 출발할 때 GPS와 앱을 켜 놓으면 보호자에게 정해진 일정 시간 간격으로 장애인 본인의 위치와 상태를 메일로 송신한다. 목적지에 도착한 후에는 무사히 도착했음을, 중간에 특별한 일이 있을 때는 연락을 달라는 메시지를 자동으로 보내는 버튼이 있다.

(4) 직종 선택과 직업훈련에 가상 캐릭터를 사용한 효과에 대한 연구사례(RERC-ACT)

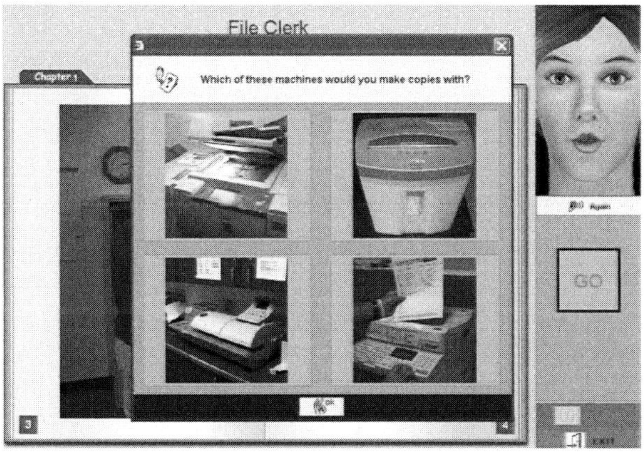

[그림 14-7] 지적장애인을 위한 복사기 사용법 훈련 프로그램

(5) 인지적 장애인을 위한 간단한 UI의 이메일 프로그램의 예

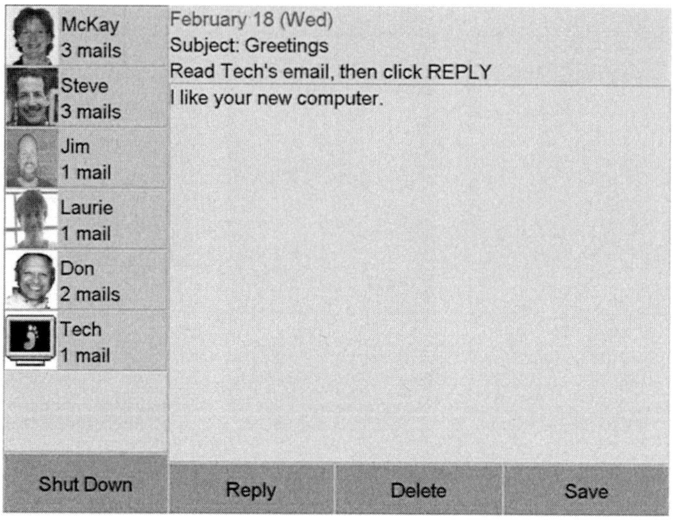

[그림 14-8] 지적장애인을 위한 이메일 프로그램

4. 인지적 장애인의 학습활동 지원을 위한 보조공학

1) 쓰기(작문)활동 지원 도구

쓰기활동을 위한 구조화와 발판제공하기 교수법을 적용한 소프트웨어의 예로는 Claze

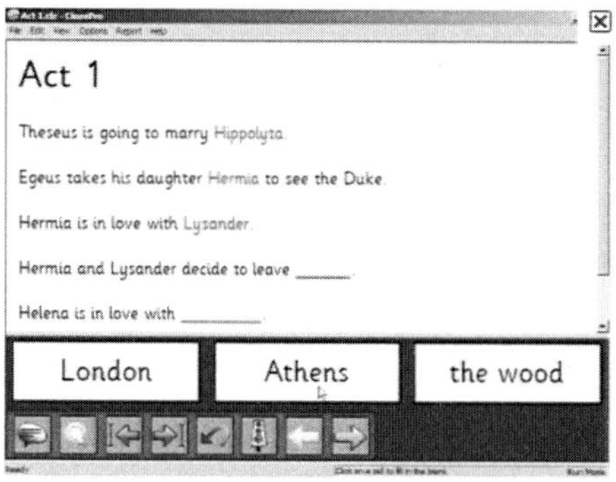

[그림 14-9] Claze Pro

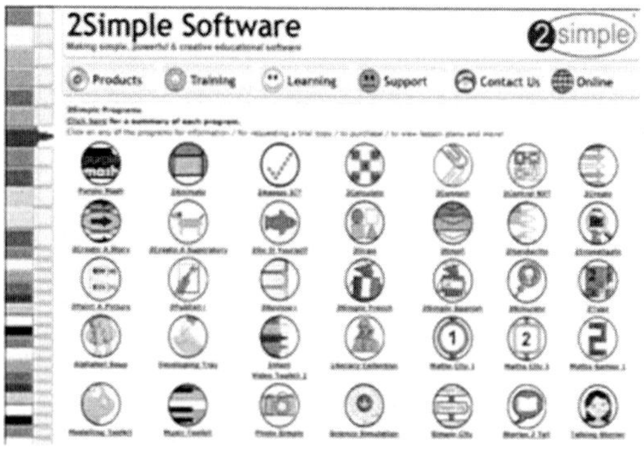

[그림 14-10] 2simple software

Pro, 2simple software가 있다.

2) 조직화 지원 도구

인지적으로 장애가 있는 사람들은 학습과 업무에서 필요한 정보나 개념을 조직화하는 데 매우 취약하다. 이 경우 유용하게 사용될 수 있는 프로그램이 마인드맵 프로그램이라고 할 수 있다. [그림 14-8]의 WEB Spiration은 웹 기반으로 사용하기 쉽도록 제작된 마인드맵 프로그램의 예다.

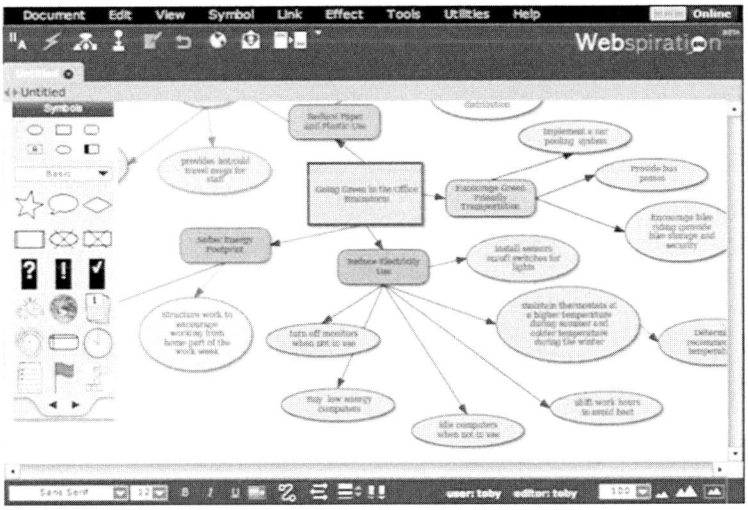

[그림 14-11] WEB Spiration

3) 철자 지원 도구

인지장애가 있는 사용자는 글을 쓸 때 정확한 철자를 사용하기 어려울 수 있다. 이를 위한 보조기술로 대표적인 것이 음절예측 또는 단어예측(word prediction) 기술인데, 최근에는 검색 창에 한국어를 입력할 때나 모바일 운영체제인 iOS에서 키보드를 통해 입력할 때 이 기능을 제공해 주고 있다. 아직 윈도우 운영체제에서는 제공되고 있지 않다.

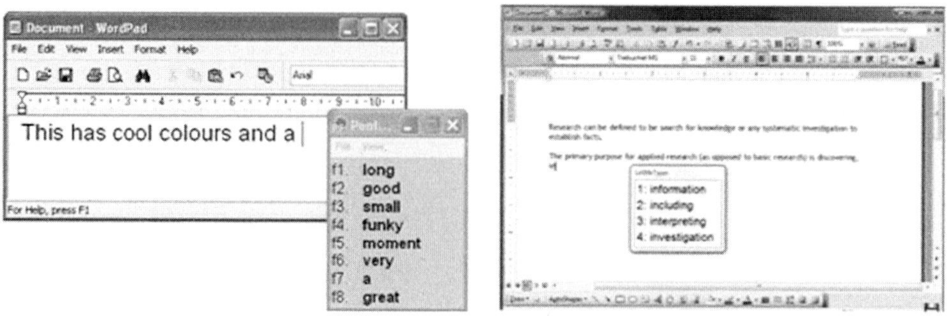

[그림 14-12] 메모장과 워드에 적용된 단어예측 기술

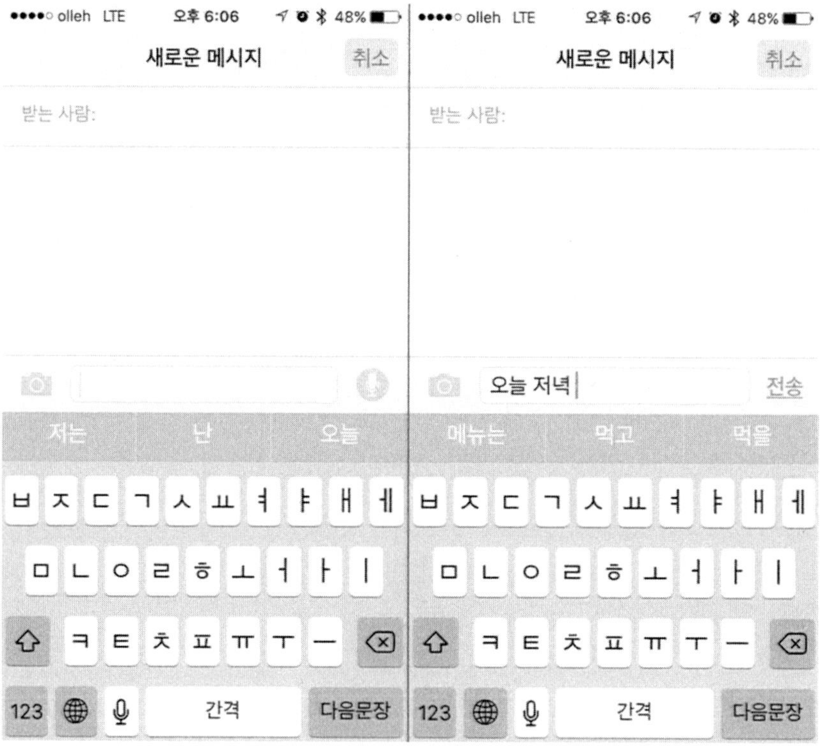

[그림 14-13] 스마트폰 키보드에 적용된 한국어 단어 자동완성 기능

4) 음성(읽기) 지원

인지장애로 인해 글을 읽기 어려운 사용자들을 위한 대표적인 기술로는 글을 말소리로 변환해 주는 Screen readers TTS(Text to speech) 기술이 있다. 이 기술이 적용된 기능을 화면 낭독기라고 부른다. 한국어 화면낭독 기능은 현재 국내에서 사용되는 한국어 운영체제를 제공하는 대부분의 스마트폰과 데스크탑용 운영체제에 탑재되어 있다.

[그림 14-14] TTS 기능을 이용한 애플리케이션의 예

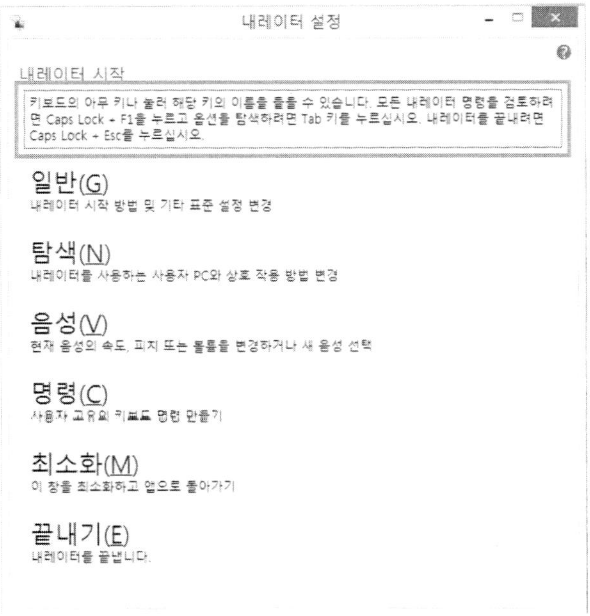

[그림 14-15] 윈도우8의 TTS 기능인 '내레이터' 설정 창

5) 음성 받아쓰기(음성인식 기술)

음성인식 기술은 두 손을 사용하여 글을 쓸 수 없거나 키보드를 타이핑할 수 없는 사람들을 위한 기술이지만 인지장애로 인해 글을 쓰기 어려운 사용자에게도 활용될 수 있다. [그림 14-16]은 윈도우에 내장되어 있는 음성명령 기능이다. 아직 한국어는 지원되지 않는다. 최근에는 스마트폰에 음성명령에 따라 필요한 작업을 수행해 주고 글을 받아써 주는 기술이 도입되어 지체장애인과 인지적 장애인들에게 도움을 줄 수 있게 되었다. 그 대표적인 예가 애플의 iOS에 내장된 '시리'다.

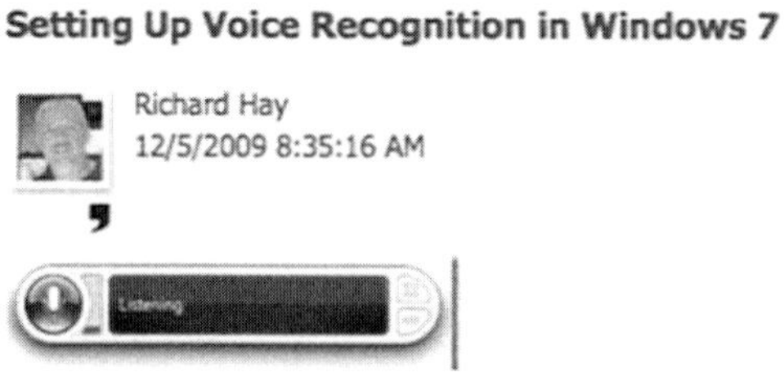

[그림 14-16] 윈도우7의 음성인식 기능

5. 결 론

현재 우리나라는 정보통신 강국일지는 몰라도 정보통신 기술을 인지적 장애인을 위해 사용하는 데 있어서는 정보통신 후진국과 별반 다르지 않은 수준이다. 이 점은 다른 장애 영역보다 특히 지적장애 분야에서 더욱 심하다. 최근의 장애인차별금지법과 웹 접근성에 대한 정부와 민간의 관심은 감각장애와 지체장애를 주 대상으로 하고 있다. 어디에서도 지적장애인을 위한 정보접근이나 정보 제공 및 활용에 대한 연구개발 노력은 찾아보기 힘들다. 더 늦기 전에 장애인 중에서도 또 한 번 소외되고 있는 인지적 장애인과 그들을 위한 테크놀로지에 대해 모두가 더 많은 관심을 가져야 할 때다.

참고문헌

보건복지부(2015). 시 · 도 장애인등록현황 자료(e-나라지표).

Erickson, W., Lee, C., & von Schrader, S. (2014). *2012 Disability Status Report: United States.* Ithaca, NY: Cornell University Employment and Disability Institute(EDI).

제15장 고용 및 직업재활

오늘날 과학기술이 발전하면서 장애인을 위한 공학적 기술 접근이 활발히 이루어지고 있다. 보조공학은 이 분야의 대표격이라 할 수 있다. 최근 연구들에서는 보조공학이 장애인의 사회참여 확대와 삶의 질 향상에 기여한다고 보고하고 있다. 그리하여 많은 국가는 보조공학과 관련한 다양한 정책을 시행하고 있다.

우리나라의 경우 보조공학이 국내에 소개된 역사가 짧아 보조공학과 관련한 정책적 기반이 취약한 실정이다. 이러한 현실에도 불구하고 고용 분야에서는 타 영역과 달리 보조공학 정책이 활발하다고 할 수 있다. 이는 보조공학이 장애인의 고용유지와 작업 수행에 미치는 영향이 크기 때문일 것이다.

고용 분야에서의 보조공학기기 지원은 한국장애인고용공단을 통해 실행되고 있다. 한국장애인고용공단에서 수행한 보조공학기기 지원사업의 실적을 살펴보면, 지원 사업체 수는 9,368개소, 지원 장애인 수는 4만 511명, 지원기기는 5만 5,343점, 지원금액은 444억 원으로 보조공학기기 지원의 사업 실적은 양적으로 크게 증가해 왔다(한국장애인고용공단, 2012). 보조공학기기 지원의 성과는 장애인 측면에서는 장애로 인한 작업 불편 해소, 작업수행 능력, 직무만족도, 그리고 삶의 질 향상을 들 수 있고(이근민, 전영환, 2008), 기업 측면에서는 노동생산성의 증가를 들 수 있다(전영환, 2009). 또한 고용효과와 관련하여 300인 미만 기업에 보조공학기기를 제공하는 것은 장애인의 고용 증대와 고용유지에 긍정적인 영향이 있는 것으로 나타났다(전영환, 2012).

이미 관련 연구들에서도 밝힌 바와 같이 보조공학서비스는 장애인의 직업재활 및 고용 서비스 전달과정에서 필수적으로 요구되는 개입요소라 할 수 있다. 따라서 이 장에서는 고용 영역에서 보조공학서비스의 역할에 대한 이해를 돕고자 장애인의 경제활동 상태 및 고용 현황을 먼저 살펴보고, 다음으로 한국장애인고용공단에서 수행하고 있는 보조공학기기 지원사업을 설명한다. 이어서 고용 분야에서 보조공학의 성과를 다룬 연구들을 제시하고, 실제 적용 사례를 들어 보조공학서비스가 어느 정도로 유용한지를 살펴본다.

1. 장애인의 경제활동 상태 및 고용 현황

1) 장애인의 경제활동 상태

2014년 말 기준으로 우리나라의 등록장애인은 249만 명으로 전체 인구에서 약 4.9%를 차지한다. 장애 인구는 매년 꾸준히 증가해 오다 2010년부터 그 증가세가 주춤한 상황이다. 한국보건사회연구원의 2014년 장애인실태조사에 따르면 장애 발생률은 후천적 원인이

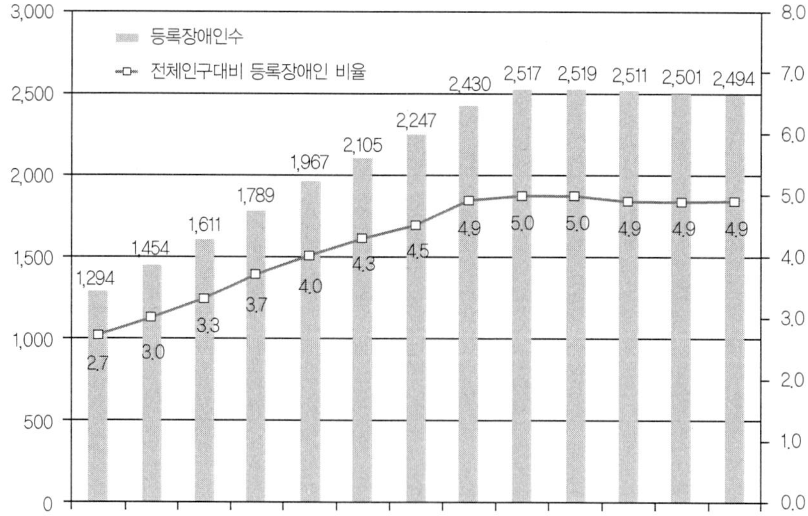

[그림 15-1] 등록장애인 추이

출처: 보건복지부(2015).

〈표 15-1〉 장애인 경제활동 상태 추정(15세 이상 인구, 전체 인구 비교) (단위: 명, %, %p)

구 분		15세 이상 인구	경제활동인구			비경제 활동인구	경활률	실업률	고용률
			계	취업자	실업자				
장애 인구	2014년	2,449,437	970,600	906,267	64,333	1,478,837	39.6	6.6	37.0
전체 인구	2014년	42,453,000	26,762,000	25,811,000	951,000	15,691,000	63.0	3.6	60.8

주 1) 경활률(경제활동참가율)=(경제활동인구/15세 이상 인구)×100
2) 실업률=(실업자 수/경제활동인구)×100
3) 고용률=(취업자 수/15세 이상 인구)×100
출처: 한국장애인고용공단(2014); 통계청(2014).

88.9%, 중증장애인은 39.1%, 65세 이상은 43.3%, 1인 가구는 24.3%로 장애 인구는 고령화, 중증화, 1인 가구 증가 특성이 뚜렷하다.

2014년 5월 기준으로 우리나라 만 15세 이상 등록장애인은 244만 9,437명인데 이 중 39.6%가 취업, 실업의 형태로 경제활동에 참여하고 있다. 취업자는 90만 6,267명으로 고용률은 37.0%, 실업자는 6만 4,333명으로 실업률은 6.6%이며, 장애인의 경제활동참가율, 고용률은 전체 인구에 비해 현저히 낮고 실업률은 두 배 가까이 높다.

2014년 우리나라 15세 이상 장애인의 경제활동 상태를 주요 인구통계학 변수별로 살펴보면, 여성은 경제활동참가율과 고용률이 남성의 절반에도 미치지 못하며, 실업률은 훨씬 더 높다. 15~29세 청년층의 경우 실업률이 10.6%로 타 연령에 비해 높게 나타났으며, 60세 이상 고령장애인의 고용률은 22.9%로 가장 낮게 나타났다. 중증장애인의 경우 경제활동참가율, 고용률은 경증장애인의 절반 수준에 그치며, 실업률은 2.3%p 높게 나타났다. 장애유형별로는 지체 제외 신체외부 장애인(뇌병변 등), 정신적 장애인, 신체내부 장애인의 경제활동 상태가 상대적으로 열악하며, 특히 지체 제외 신체외부 장애인(뇌병변 등)이 보다 더 취약한 것으로 나타났다. 지역별로는 수도권의 경제활동참가율과 고용률이 상대적으로 낮은 반면, 실업률은 높은 것으로 나타났다. 학력별로는 학력이 높아질수록 경제활동참가율과 고용률도 높게 나타나고 있다.

〈표 15-2〉 주요 인구통계학 변수별 장애인 경제활동 상태 추정(15세 이상 인구, 2014년 5월 기준) (단위: 명, %)

변수	구분		15세 이상 인구	경제활동인구			비경제 활동인구	경활률	실업률	고용률
				계	취업자	실업자				
성별	남성		1,420,291	745,663	702,144	43,519	674,628	52.5	5.8	49.4
	여성		1,029,146	224,937	204,123	20,814	804,209	21.9	9.3	19.8
연령	15~29세		127,171	43,400	38,779	4,621	83,771	34.1	10.6	30.5
	30~39세		170,032	114,936	104,389	10,547	55,096	67.6	9.2	61.4
	40~49세		328,923	187,218	175,660	11,558	141,705	56.9	6.2	53.4
	50~59세		533,591	304,756	291,570	13,186	228,835	57.1	4.3	54.6
	60세 이상		1,289,721	320,290	295,870	24,420	969,431	24.8	7.6	22.9
	15~64세		1,387,851	755,239	702,362	52,877	632,612	54.4	7.0	50.6
	20~64세		1,350,730	752,484	701,212	51,272	598,246	55.7	6.8	51.9
장애 정도	중증		771,202	191,338	175,022	16,316	579,864	24.8	8.5	22.7
	경증		1,678,235	779,262	731,245	48,017	898,973	46.4	6.2	43.6
장애 유형	신체 외부	지체장애	1,306,400	634,572	596,762	37,810	671,828	48.6	6.0	45.7
		지체 외	245,818	32,298	28,937	3,361	213,520	13.1	10.4	11.8
	감각	시각장애	251,003	114,678	106,841	7,837	136,325	45.7	6.8	42.6
		시각 외	268,542	92,530	85,081	7,449	176,012	34.5	8.1	31.7
	정신적		262,086	65,722	60,675	5,047	196,364	25.1	7.7	23.2
	신체내부		115,589	30,800	27,971	2,829	84,789	26.6	9.2	24.2
지역	수도권		1,019,435	396,810	359,235	37,575	622,625	38.9	9.5	35.2
	광역시권		464,529	184,443	169,724	14,719	280,086	39.7	8.0	36.5
	기타 시 · 도		965,472	389,346	377,308	12,038	576,126	40.3	3.1	39.1
교육 정도	중졸 이하		1,473,017	429,995	403,534	26,461	1,043,022	29.2	6.2	27.4
	고졸		692,724	351,761	326,808	24,953	340,963	50.8	7.1	47.2
	대졸 이상		283,696	188,844	175,926	12,918	94,852	66.6	6.8	62.0
전 체			2,449,437	970,600	906,268	64,332	1,478,837	39.6	6.6	37.0

주 1) 중증장애인은 1~2급에 해당하는 장애인과 뇌병변, 시각, 지적, 자폐성, 정신, 심장, 호흡기, 뇌전증 및 팔에 장애가 있는 지체장애인 3급이 해당

2) '지체 외 신체외부장애'는 뇌병변, 안면 장애를, '시각 외 감각장애'는 청각, 언어 장애를, '정신적 장애'는 지적, 자폐성, 정신 장애를, '신체내부장애'는 신장, 심장, 호흡기, 간, 장루 · 요루, 뇌전증 장애를 의미함

3) '수도권'은 서울, 인천, 경기, '광역시권'은 부산, 대구, 광주, 대전, 울산, '기타 시 · 도'는 강원, 충청, 전라, 경상, 제주 지역을 의미함(세종특별자치시는 전체 인구통계와의 비교를 위해 "기타 시 · 도'에 편입).

출처: 한국장애인고용공단(2014); 통계청(2014).

2) 장애인의 고용 현황

장애인 취업자의 직장(일자리) 산업은 '농업, 임업, 어업 및 광업'이 18.6%로 가장 많은 비중을 차지하고, 다음으로 '제조업'(15.5%), '도매 및 소매업'(11.6%), '사업시설관리 및 사업지원 서비스업'(6.7%), '건설업'(7.9%), '보건업 및 사회복지서비스업'(6.3%)의 순이다. 전체 인구에 비하여 장애인은 '농업, 임업, 어업 및 광업' '사업시설관리 및 사업지원 서비스업' '공공행정, 국방 및 사회보장 행정' 등에 종사하는 비중이 높다.

〈표 15-3〉 장애인 취업자의 직장(일자리) (단위: 명, %)

구분	장애인 취업자		전체 인구 취업자	
	추정 수	비율	추정 수	비율
농업, 임업, 어업 및 광업	168,500	18.6	1,672,000	6.5
제조업	140,266	15.5	4,324,000	16.8
전기, 가스, 증기 및 수도사업	368	0.0	81,000	0.3
하수 · 폐기물 처리, 원료재생 및 환경복원업	3,399	0.4	91,000	0.4
건설업	59,800	6.6	1,821,000	7.1
도매 및 소매업	105,567	11.6	3,740,000	14.5
운수업	54,781	6.0	1,408,000	5.5
숙박 및 음식점업	49,308	5.4	2,032,000	7.9
출판, 영상, 방송통신 및 정보서비스업	8,286	0.9	730,000	2.8
금융 및 보험업	16,526	1.8	844,000	3.3
부동산업 및 임대업	22,073	2.4	497,000	1.9
전문, 과학 및 기술 서비스업	11,940	1.3	1,008,000	3.9
사업시설관리 및 사업지원 서비스업	60,803	6.7	1,200,000	4.6
공공행정, 국방 및 사회보장 행정	53,310	5.9	1,008,000	3.9
교육서비스업	28,370	3.1	1,805,000	7.0
보건업 및 사회복지서비스업	57,332	6.3	1,709,000	6.6
예술, 스포츠 및 여가 관련 서비스업	15,744	1.7	380,000	1.5
협회 및 단체, 수리 및 기타 개인 서비스업	44,087	4.9	1,332,000	5.2
기타 및 모름/응답거절	5,808	0.6	129,000	0.5
전 체	906,267	100.0	25,811,000	100.0

출처: 한국장애인고용공단(2014); 통계청(2014).

〈표 15-4〉 장애인 취업자의 직업(전체 인구 비교)

(단위: 명, %)

구분	장애인 취업자		전체 인구 취업자	
	추정 수	비율	추정 수	비율
관리자	22,282	2.5	397,000	1.5
전문가 및 관련 종사자	58,237	6.4	5,106,000	19.8
사무 종사자	82,575	9.1	4,348,000	16.8
서비스 종사자	61,429	6.8	2,667,000	10.3
판매 종사자	74,875	8.3	3,089,000	12.0
농림어업 숙련 종사자	163,140	18.0	1,537,000	6.0
기능원 및 관련 기능 종사자	79,545	8.8	2,229,000	8.6
장치 · 기계조작 및 조립 종사자	125,368	13.8	3,067,000	11.9
단순노무 종사자	233,343	25.7	3,370,000	13.1
모름/응답거절	5,473	0.6	0	0.0
전 체	906,267	100.0	25,811,000	100.0

출처: 한국장애인고용공단(2014); 통계청(2014).

장애인 취업자의 직업은 '단순노무 종사자' 가 23.8%로 가장 많고 다음으로 '농림어업 숙련 종사자'(18.2%), '장치 · 기계조작 및 조립 종사자'(13.8%)의 순이다. 전체 인구에 비하여 '전문가 및 관련 종사자' '사무 종사자' '서비스 종사자' '판매 종사자'의 비율이 현저히 낮은 반면 '단순노무 종사자' '농림어업 숙련 종사자' 등의 비율은 높다.

장애인 임금근로자 56만 1,638명 중 비정규직 근로자는 32만 8,533명으로 58.5%이며, 전체 인구 임금근로자 중 비정규직 근로자 비율은 32.1%로 장애인에 비해 현저히 낮다.

취업을 하거나 유지하기 위해 필요한 지원사항으로 우리나라 15세 이상 전체 장애인의 53.6%가 '특별히 없음' 을, 25.4%가 '금전적 지원' 을, 17.1%가 '취업지원' 을 희망하였다. 실업자의 67.6%는 '취업지원' 이 필요하다고 응답한 반면, '특별히 없음' 은 12.0%에 그쳤다. 비경제활동인구의 61.2%는 '특별히 없음' 에 응답하였다. '취업 후 고용유지를 위한 지원(근로지원인, 근무환경 개선 등)' 은 취업자가 7.5%, 실업자가 20.8%, 비경제활동인구가 3.9%로 실업자가 가장 높았다.

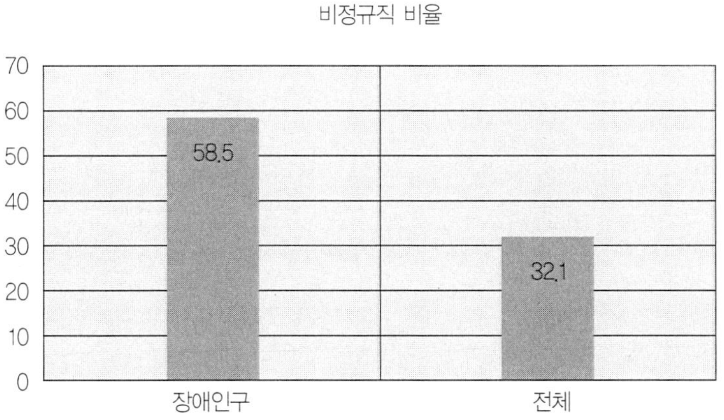

[그림 15-2] 장애인 비정규직 비율(전체 인구 비교)

출처: 한국장애인고용공단(2014); 통계청(2014).

〈표 15-5〉 취업 또는 고용유지를 위한 지원사항 - 경제활동 상태별(중복응답) (단위: 명, %)

구분	추정 수	비율	경제활동상태별		
			취업자	실업자	비경활
취업알선, 일자리 정보 제공, 장애인 특별채용 등 취업지원	419,624	17.1	21.1	67.6	12.5
취업 후 고용유지를 위한 지원(근로지원, 근무환경 개선 등)	138,165	5.6	7.5	20.8	3.9
직업능력개발훈련	68,313	2.8	2.3	10.7	2.8
장애인만을 위한 별도 작업장 근로	144,987	5.9	6.3	17.8	5.1
금전적 지원(임금보조, 세제지원 등)	622,704	25.4	28.2	22.7	23.9
창업 지원(창업컨설팅, 창업정보 제공, 창업자금 융자 등)	88,161	3.6	6.1	14.8	1.6
차별금지, 인식개선 등 고용여건 조성	100,672	4.1	5.3	22.8	2.5
기타	15,310	0.6	0.4	0.0	0.8
특별히 없음	1,313,645	53.6	44.2	12.0	61.2
전 체 (추정 수)	2,449,437	-	- (906,267)	- (64,333)	- (1,478,837)

출처: 한국장애인고용공단(2014); 통계청(2014).

2. 고용 분야 보조공학기기 지원사업

1) 사업목적

고용서비스의 일환으로 제공하는 보조공학기기 지원사업은 한국장애인고용공단이 담당하고 있다. 이 사업은 장애로 인한 작업 불편을 보조공학기기 지원을 통해 경감 또는 해소함으로써 장애인의 고용촉진 및 고용안정을 도모하는 데 그 목적이 있다.

2) 사업 내용

(1) 지원대상

보조공학기기의 지원대상은 다음과 같다.

- 장애인을 고용한 사업주 또는 고용하려는 사업주
- 국가 및 지방자치단체의 장(공무원이 아닌 장애인 근로자 대상)
- 지원신청 당시 근로자를 고용하고 있지 않거나 4명 이하의 근로자를 고용하고 있는 장애인 사업주(장애인 근로자를 고용하고 있거나 고용하려는 사업주에 한함)
- 장애인 근로자(출퇴근을 위한 자동차 개조 및 차량용 보조공학기기 지원에 한함)
- 중앙행정기관 소속 장애인 공무원

미취업 장애인은 보조공학기기를 필요로 하는 경우 한시지원을 통해 보조공학기기를 지원받을 수 있다. 한시지원은 구직 장애인의 구직 기간을 단축하고 취업을 촉진하기 위하여 제공하는 시험고용, 지원고용, 직업훈련 등 취업지원 프로그램 참가 장애인에게 프로그램 참가 기간에 한해 보조공학기기를 한시적으로 지원하는 제도다.

(2) 지원 범위 및 한도

보조공학기기 지원은 고용유지 조건지원과 무상지원으로 구분된다. 고용유지 조건의 지원 범위는 품목별 취득가액 또는 잔존가액이 1백만 원 이상인 보조공학기기와 차량용 보조공학기기로 하고, 무상지원의 범위는 소프트웨어와 품목별 취득가액 또는 잔존가액이 1백만 원 미만인 보조공학기기로 한다. 보조공학기기의 고용유지 조건 지원 한도액은 장애인 1명당 물품가액의 1천만 원(중증장애인의 경우 1천 5백만 원)으로 하고, 무상지원의 지원 한도액은 장애인 1명당 물품가액의 3백만 원(중증장애인의 경우 5백만 원)으로 한다. 차량용 보조공학기기는 고용유지 조건이며, 지원 한도액은 물품가액의 1천 5백만 원으로 한다. 보조공학기기의 지원 품목은 〈표 15-6〉과 같다. 품목별 지원 제품에 대한 정보는 한국장애인고용공단 홈페이지에서 확인할 수 있다(www.kead.or.kr).

〈표 15-6〉 지원품목

분류/번호		보조공학기기
정보접근	1	점자정보단말기
	2	점자프린터
	3	화면확대 S/W 및 H/W
	4	음성출력 S/W 및 H/W
	5	확대독서기
	6	문서인식 S/W 및 H/W
	7	대형 모니터
	8	특수키보드
	9	특수마우스
	10	입력 보조장치
	11	선택장치(스위치 등)
	12	자세 보조장치
	13	특수 S/W 및 H/W
작업기구	14	높낮이 조절 작업테이블
	15	경사각 작업테이블
	16	휠체어용 작업테이블
	17	특수작업기구 및 장비
	18	특수작업의자
	19	작업물 우송/운반장치
의사소통	20	신호장치
	21	골도전화기
	22	문자전화기
	23	화상전화기
	24	소리 증폭장치
	25	보완대체의사소통장치

사무보조	26	시각장애인용 계산기
	27	음성메모기
	28	책장 넘기는 도구
	29	수화기 홀더
	30	팔 지지대
	31	물건집게
	32	필기 보조도구 세트
	33	원고홀더 세트
맞춤보조기기		

(3) 사업 집행절차

보조공학기기를 지원받으려는 사업주는 보조공학기기 지원신청서에 구비 서류를 첨부하여 공단 관할 지사에 신청하여야 한다. 공단은 사업주로부터 지원신청을 받은 경우에 지원신청 내용의 타당성, 적격성 등을 검토·확인하여 접수한 날부터 30일 이내에 예산의 범위에서 지원 대상자를 결정하고, 그 결과를 신청인에게 통지하여야 한다. 무상임대 대상자로 결정통보를 받은 사업주는 보조공학기기 반납 이행을 담보할 수 있는 이행보증보험증권을 제출하여야 한다. 공단은 보조공학기기 지원 대상자로 결정된 사업주에게 결정일부터 30일 이내에 해당 보조공학기기를 지급하여야 한다. 다만 보조공학기기를 구입·개조·제작하는 데에 상당한 시일이 요구되는 경우에는 30일 이내의 범위에서 기한을 연장할 수 있다. 보조공학기기를 지원받은 사업주에 대하여 반기 1회 이상 보조공학기기의 사용 실태 및 장애인 고용 여부를 확인·점검하도록 하고 있다.

3) 지원 실적

보조공학기기의 지원 실적을 보면, 2012년 9,128점, 2013년 9,855점, 2014년 6,848점으로 지원 총량은 최근 들어 대폭 감소한 것으로 나타난다. 보조공학기기의 경우 2014년부터 상용기기와 맞춤기기를 통합하여 사업을 집행하고 있다. 2014년부터 차량용 보조공학기기가 182점 지원되는 등 지원 품목은 점차 확대되고 있다. 이러한 변화는 보조공학기기의 양적 확대보다는 질적 수준을 제고하기 위한 사업 방향에 따른 것이라 할 수 있다.

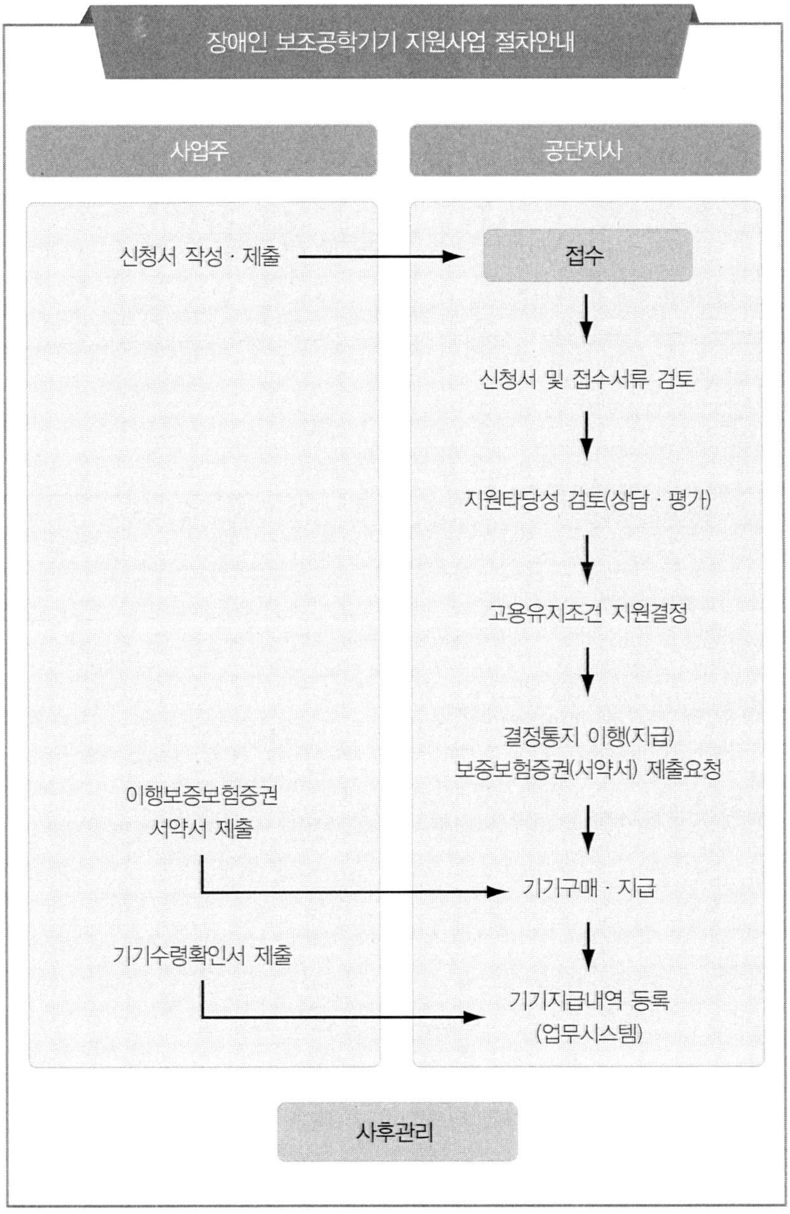

[그림 15-3] 보조공학기기 지원사업 지원절차

〈표 15-7〉 지원 실적 (단위: 점, 명, 개소)

구 분		지원인원	중증장애인	지원사업체	지원물품수
2014	계	4,670	2,769	2,214	6,848
	보조공학기기	4,562(4,206)	2,674(2,421)	2,126(1,496)	6,666
	차량용 보조공학기기	108	95	88	182
2013	계	7,744	4,494	2,777	9,855
	상용기기	4,601 (4,349)	2,577 (2,414)	1,917 (1,326)	6,233
	맞춤기기	3,143 (3,002)	1,917 (1,856)	860 (646)	3,622
2012	계	7,055	4,457	1,701	9,128
	상용기기	4,219 (4,005)	2,459 (2,314)	1,195	6,012
	맞춤기기	2,836 (2,760)	1,998 (1,928)	506	3,116

출처: 한국장애인공단(2015).

3. 보조공학과 장애인 고용

이 장에서는 장애인 고용 분야에서 적용된 보조공학과 관련한 선행연구들을 살펴보았다. 이들 연구는 장애인의 작업 수행에서 필요로 하는 보조공학에 대한 정보들을 잘 제시하지 못하고 있는데, 이는 일반적 보조공학기기와 작업환경에서의 보조공학은 차이가 있기 때문이다(Butterfield & Ranseur, 2004).

지원고용에 있어 작업편의(job accommodation)는 작업 일정 변경, 근무시간 배려, 직무 조정, 직무 재배치, 재훈련 등을 포함한다(McCray, 1992). 일반 사업체에서의 장애인에 대한 환경적 배려로는 편의시설 설치, 작업장 재배치, 작업장 개조 등이 있다(McCray, 1992). 미국의 경우 지원고용에서 이러한 작업편의가 보편적으로 제공되고 있으며 이와 더불어 보조공학 서비스 역시 중증장애인의 고용안정에 기여하고 있다(Mueller, 1998; Inge et al., 1998).

보조공학은 인간의 활동 수행을 위해 인간과 환경을 연결하는 인터페이스로서의 역할을 담당한다. 작업장에서 활용되는 보조공학기기는 타이핑스틱과 같은 단순한 것부터 음성지원 환경조정 장치와 같은 복잡한 시스템에 이르기까지 매우 다양하다. 손잡이가 달린 작업기구, 확대경 등의 단순 도구는 비용이 저렴하나 작업장에서 장애인의 생산성을 높일 수 있다(Loy & Duckworth, 2003). 미국 등 외국의 경우 작업장에서 장애인에게 적용된 보조공학은 컴퓨터 관련이 가장 널리 활용되고 있으며, 다음으로 환경적 접근, 도구 사용, 자세유지 및 착석 등이다.

한국장애인고용공단의 2005년 장애인근로자 실태조사에 따르면, 현재 보조공학기기를 사용하고 있는 장애인 근로자는 6,827명으로 전체 장애인 근로자의 8.1%에 해당하고, 현재 사용하고 있는 보조공학기기는 중복 이용자를 포함해 총 1만 3,655개로 나타났다. 우리나라 장애인들이 작업장에서 주로 사용하는 보조공학기기로는 높낮이 조절 작업테이블, 특수 작업의자, 작업물 운송/운반 장치, 소리증폭 장치 등으로 컴퓨터 접근이 많은 미국 사례와는 다소 차이가 있다. 그렇지만 장애인의 기능조건에 맞도록 의자를 개조하는 것과 같은 기구의 개조는 작업장 접근에서 효과적인 수단으로 작업장 편의 제공에 있어 일반적인 사례다(Dowler, Hirsh, Kittle, & Hendricks, 1996).

컴퓨터공학이 발전하면서 컴퓨터는 다양한 장애인에게 생산적인 노동력을 발휘하게 한다. 장애인을 위한 다양한 컴퓨터 인터페이스는 여러 직종에서 업무수행을 가능하게 한다. 또한 음성인식 시스템, 휴대용 PC 등은 직장에서 장애인의 의사소통을 원활하게 한다. 개인의 능력을 보강하는 앉기 및 자세 시스템 등 인체공학적 적용은 장애인의 안정된 직장생활을 도모한다(Butterfied & Ranseur, 2004).

현대 생활에서 컴퓨터가 보편적으로 자리하고 있지만, 저비용의 보조공학이 장애인의 작업환경 조성에 더 유용하다는 것을 간과해서는 안 된다. 이러한 예는 미국의 사례에서 찾아볼 수 있다. 미국의 작업편의 네트워크(Job Accommodation Network: JAN)의 한 조사에서는 사업주가 장애인에게 제공한 작업편의 비용이 1개 사업체당 평균 942달러 정도인 것으로 나타났다. 또한 장애인에게 보조공학기기 등을 제공한 후 사업주가 얻은 편익으로는 '자격을 갖춘 장애인을 채용하거나 고용을 유지하는 것이 가능' 56%, '직원의 생산성이 증가' 54%, '신규직원 훈련비용의 절감' 31%, '산재보상 및 다른 재해보험비용 절감' 38% 등으로 나타났다. 사업주가 장애인을 고용하기 위해 장애인에게 보조공학기기 등을 제공한 경우, 사업주가 지출한 비용 대비 편익은 기업체 1개당 평균 34.58달러다(http://janweb.icdi.wvu.edu).

이상 많은 선행연구에서 보조공학이 장애인의 작업 생산성과 고용안정에 긍정적으로 작용하고 있음이 확인되고 있다. 또한 연구들에서는 비용 측면에서도 편익이 크다는 점을 강조하고 있다. 보조공학기기 지원에 따른 성과를 구조적으로 밝힌 한 연구에서도 보조공학은 장애인의 작업수행 능력, 직무만족도, 삶의 질에 긍정적인 영향을 나타내는 것이 확인되었다(이근민, 전영환, 2008).

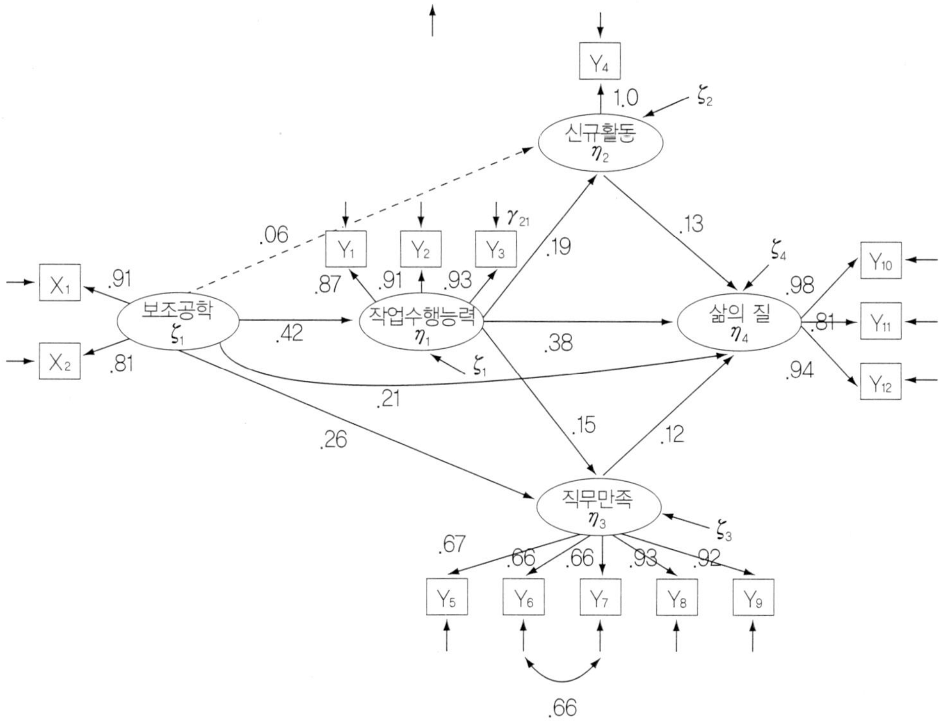

[그림 15-4] 고용 분야에서의 보조공학 성과를 나타내는 구조방정식 모형 분석 결과

4. 적용 사례[1)]

1) 사례 1: 지체장애, 사무 및 조립 직무

서울 관악구에 위치한 A 사업체는 2002년 1월 한국장애인고용공단 장애인표준사업장으로 선정된 기업으로, 상시근로자 228명 중 79명이 장애인 근로자로 차량용 핸즈프리를 생산하고 있다. 사업체는 기숙사, 휴게실 등의 각종 부대시설과 편의시설을 갖춰 중증장애인이 능률적으로 일할 수 있는 기본적인 근무환경을 갖추고 있으며 생산직과 관리직 등 다양한 직무에서 장애인 근로자가 종사하고 있다. 이 사업체에서 일하고 있는 장애인 근로자 중에 19명의 대상자는 소아마비, 척수장애로 인한 하지마비 장애를 가지고 있었다. 대상자들이

1) 본 사례는 한국장애인고용공단의 지원 사례 중에서 주요 사례를 발췌하여 수록한 것임을 밝혀 둔다.

지적하는 가장 큰 불편사항은 작업 테이블과 휠체어, 혹은 의자 높이의 차이었다. 차량용 핸즈프리의 조립과 검사가 주된 업무인데 이것을 진행하는 작업 테이블의 높이가 대상자들의 의자 혹은 휠체어와 맞지 않아 오랜 시간 작업하는 데 상당한 어려움을 호소하고 있었고, 관리직에 있는 대상자는 한 손이 절단된 상태로 컴퓨터 작업 시 속도가 느리거나 오타가 많아 업무상의 어려움을 겪고 있었다.

현장을 방문하여 근로자, 사업주와 상담을 한 후 대상자들의 작업 환경에 대한 평가를 실시한 결과, 휠체어 사용자와 하지마비가 있는 대상자들은 작업대와의 높이가 맞지 않아 허리, 어깨, 목 등에 통증이 지속되고 있었다. 허리의 길이, 대퇴부의 폭과 길이 등이 평균치와 다른 대상자들이 많았기 때문에 대상자의 장애 상태에 따른 맞춤 작업대가 절대적으로 필요한 상황이었다. 게다가 내 · 외부 전문가들의 사례분석 회의 결과 당시 작업 라인을 변경하는 것은 어렵다는 결론이 내려졌기 때문에, 대상자들의 장애 상태에 맞춰 높이 조절을 할 수 있는 특수작업의자와 하퇴 부분의 길이가 다른 대상자들을 위한 높낮이 조절 발받침대를 지원하는 것이 적합한 것으로 판단되었다. 또한 한 손을 사용하는 대상자를 위해서는 키보드에서 Ctrl, Alt, Shift 등 대상자가 원하는 특수키를 발로 누를 수 있도록 하는 특수키 발 누름장치를 맞춤서비스로 제공하였다. 오랜 시간 일해야 하는 작업장에서 자신의 몸에 맞는 특수작업의자와 높낮이 조절 발받침대를 사용함에 따라 대상자들은 신체 여러 부분의 긴장감이나 통증이 감소되는 효과를 경험했으며 이로 인해 업무 집중도가 증가하고 작업상의 심리

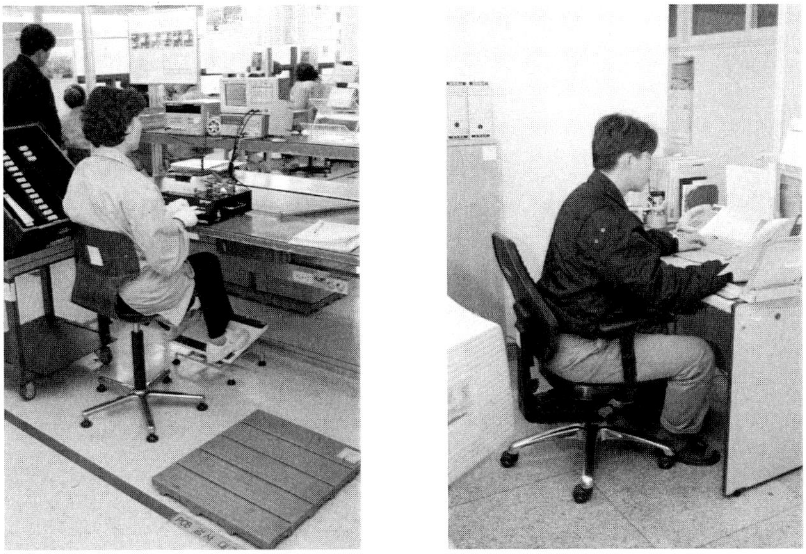

[그림 15-5] 특수작업의자와 발받침대

적 · 물리적 안정성이 증가되는 경험을 할 수 있었다고 한다.

2) 사례 2: 뇌병변장애, 사무직무

상시근로자는 4명 중 2명이 장애인 근로자인 B 사업체는 장애인 선교를 목적으로 하는 곳으로 보조공학서비스 대상자는 선천적인 원인에 의한 뇌병변 3급 장애를 갖고 있었다. 대상자는 팔을 전혀 사용하지 못해 모든 작업을 발가락으로 수행하고 있었는데 일반 책상을 사용할 수 없어 다리 높이에 맞는 상자 위에 널빤지를 올리고 그 위에 컴퓨터 키보드와 마우스를 놓고 사용하고 있었다. 주요 업무는 홈페이지 관리나 서류 작성을 하는 것이어서 컴퓨터 조작이 필수였는데 신체에 맞지 않는 의자와 책상 때문에 높이가 맞지 않아 항상 허리를 구부리고 작업을 하고 있는 상태였다. 불편한 환경에서 장시간 진행되는 컴퓨터 작업은 허리에 통증을 가져왔으며 일반 마우스를 발로 사용하다 보니 시간당 처리하는 일의 양이 적어지거나 처리속도가 늦어지고 있었고, 발에도 무리가 오기 시작해 일정 시간 이상을 작업한 후에는 휴식시간을 오래 두어야 일을 할 수 있는 상황이었다.

우선 사업주에게 보조공학기기 사업 전반에 대해서 설명한 후 신청인과 상담 및 평가를 실시하였다. 대상자는 팔을 전혀 사용하지 못했기 때문에 양발로 컴퓨터 작업을 하고 있었고, 키보드와 마우스의 받침대가 종이상자로 만들어진 것이라 좁고 높이 조절도 불가능했다. 평가 결과, 높낮이 조절과 경사 조절이 가능하고, 발을 편안히 올려놓을 수 있는 키보드 받침대가 필요한 것으로 나타났으며, 키보드의 키가 작아서 엄지발가락으로 타이핑하기에는 오타가 많이 발생하는 상태였기 때문에 키보드 버튼이 큰 킹키보드, 발바닥으로 마우스를 움직여야 하기 때문에 일반 마우스보다 사용이 편리한 빅트랙이라는 특수마우스를 지원하게 되었다. 그러나 보조공학기기를 수령하고 약 2주 후에 키보드 받침대가 처음에 원했던 높이보다 조금 낮았으면 좋겠다는 요청과 킹키보드가 발을 움직일 수 있는 범위가 너무 넓어 사용하기에 어려움이 있다는 불편사항이 접수되었다. 또한 빅트랙이라는 마우스는 드래그를 하기에는 좋지만 버튼이 엄지발가락이 닿지 않는 곳에 위치하고 있어 180° 회전을 한 후 사용하고 싶다는 요청이 있어 키보드 받침대는 높이를 낮추고 빅트랙 마우스도 180° 회전 후에도 사용할 수 있도록 개조 · 변형한 뒤 다시 지원하게 되었다.

대상자의 장애 상태와 작업환경이 시중에서 구입할 수 있는 보조공학기기로는 도움을 받기 쉽지 않아, 신체에 맞도록 설계하고 또 시중 제품을 개조하는 과정을 통해 대상자에게 맞는 적절한 보조공학기기가 제공되었다. 현재는 높이 조절과 등받이의 각도 조절이 가능한 의자까지 모든 것이 맞춤 지원된 상황으로, 대상자는 보조공학기기를 지원받은 이후 일의 속도가 10% 이상 증가되어 작업 능률이 향상되었으며 무엇보다 보조공학기기를 이용해서 일하는 것이 즐겁다고 하였다.

3) 사례 3: 청각장애, 기술직무

청각장애인 4명이 고용되어 있는 C 사업체는 제과 및 제빵 사업체로 작업을 주로 관리하는 인력을 제외하고 생산을 담당하고 있는 인력은 모두 청각장애인으로 구성되어 있다. 서비스 대상자는 청각장애 2급으로 일상생활에서 일어나는 대부분의 소리를 들을 수 없었다. 그래서 동료들과의 의사소통에서는 주로 수화를 활용하며, 관리자 및 다른 사람들과는 필담이나 제스처를 통해 의사소통을 하고 있었다. 대상자는 청각장애인 동료와 함께 일하고 있으며, 현업에 종사한 지 약 5년 정도 되었기 때문에 작업환경이나 작업방식 등에 있어 큰 어려움을 느끼지 못하고 있었다. 그러나 오븐을 이용하여 빵과 과자 등을 만들 때 오븐의 타이머를 맞추어 놓고 다른 업무를 하다가 오븐의 부저가 울리면 오븐을 열고 내용물을 꺼내는 것이 어려웠고, 이로 인해 시간이 초과되어 불량제품이 나오는 경우가 생기거나, 다른 일을 할 때에 오븐시간에 신경이 쓰여 하는 일에 집중도가 떨어지는 경우도 종종 있었다. 특히 제과제빵 작업에서는 오븐의 빵을 굽는 열과 시간이 매우 중요하기 때문에 항상 신경을 써야 하는 부분이었다. 현장을 방문하여 상담 및 평가를 실시한 결과, 대상자는 어렸을 때 청력이 손실되었고, 손실된 정도가 크며, 소리를 증폭시켜 듣는다고 해도 소리가 청신경까지 제대로 전달되지 않아 소리 자체를 구별하기 힘든 감각신경성 난청에 가까운 상태임을 알 수 있었다. 따라서 오븐의 타이머 부저의 청각적 자극을 시각적 자극으로 변경하는 방법을 선택하였으며, 시각적 자극으로 변경할 때 바쁘고 여러 사람이 일하는 공간이라는 점을 감안하여 가능한 한 크고 강한 자극이 전달될 수 있도록 하고자 하였다.

현재 상용화된 보조공학기기에는 이러한 기능을 할 수 있는 장치가 없기 때문에 맞춤방식으로 보조공학서비스를 제공하였다. 우선 오븐을 직접 생산한 업체와 회의한 끝에 오븐 자체에 장치를 장착하는 방법은 불가능하기 때문에 별도의 타이머와 경광장치를 설치해야 한다는 결론을 얻었다.

자체 설계와 제작을 통해 오븐의 각 단의 타이머에 맞게 등의 수를 맞추고, 각 등의 색을 다르게 하였으며, 각 등마다 독립적인 타이머를 장착하였다. 오븐 위에 설치할 경우 안정되게 위치하도록 경광등 바닥에 자석을 부착하였으며 필요한 경우 오븐과 분리하여 사용이 가능하도록 제작하였다. 알림장치 경광등을 통해 대상자는 오븐에 작업물을 넣고 타이머를 맞춘 다음 다른 일을 할 때 경험에 따른 감각으로 하던 일을 경광등을 보고 처리할 수 있었고, 이로 인하여 다른 일에 대한 집중도가 증가하고 제품을 망치는 경우는 거의 발생하지 않게 되었다고 하였다.

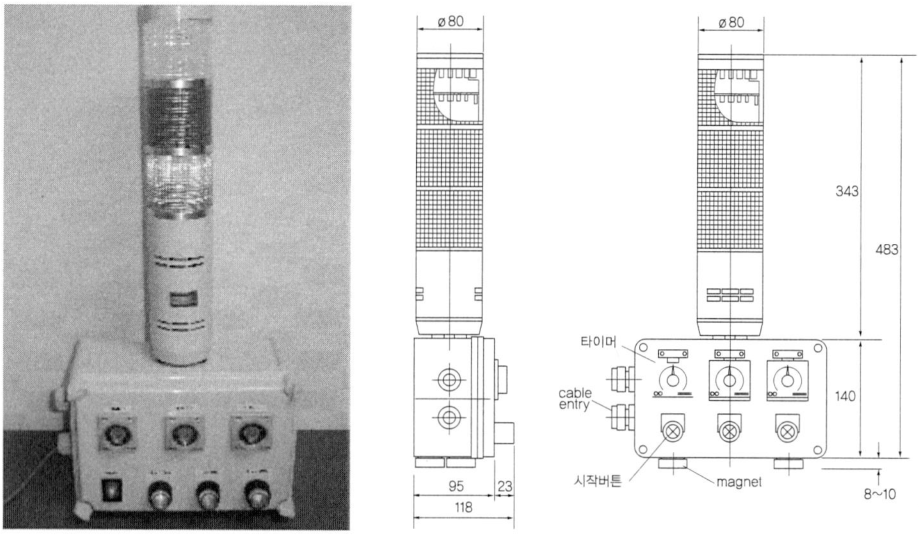

[그림 15-6] 알림장치 경광등과 설계도

4) 사례 4: 지체장애, 직업훈련

강직성 척수염으로 인하여 목과 척추 부위의 경직 증세가 있는 대상자는 텔레마케터가 되기 위해 직업훈련 중이었다. 장시간 앉은 자세로 훈련을 받는 것이 어려워, 좀 더 편하게 자세를 취할 수 있는 의자가 필요하다는 요구를 받게 되었다. 평가 결과, 대상자는 특별한 보장구를 착용하고 있지는 않으나 이동 및 하지의 움직임이 매우 불편하며, 특히 고관절의 경우 60° 이상 구부러지지 않아 일반적인 의자에 적절한 자세로 앉는 것이 불가능한 상태였다. 장시간 작업을 할 시에는 허벅지 부분이 저리는 증상이 나타나고 요추 부분의 통증이 심해져 훈련과정에 집중하여 참여하는 데 어려움이 있었다. 또한 불안정한 자세로 인하여 소화불량 등 신체 전반의 피로감을 느끼고 있었다. 따라서 이런 문제들을 감소해 줄 수 있으며 고관절에 무리가 가지 않으면서 안정된 자세를 유지할 수 있는 의자가 필요했다.

그러나 현재 시판되는 상용 보조공학기기로는 대상자의 욕구를 충족시켜 줄 수 없어 맞춤 보조공학기기를 통해 문제를 해결하고자 하였다. 따라서 지금처럼 의자에 엉덩이의 일부분만 걸치고 앉는 것이 아니라 전체 부위가 다 닿을 수 있도록 고관절 부위가 원하는 각도로 조절되어 지지할 수 있도록 하고, 고관절의 각도가 일정하게 유지되지 못하고 자세 안정성이 적으므로 수시로 좌석의 높이를 조절할 수 있으며, 강직성 척추염으로 인해 경추부터 요추까지가 하나로 굳어진 상태이므로 이를 지지할 수 있도록 하기 위해 등과 머리까지 지지가 가능하도록 의자를 설계 · 제작하였다. 보조공학기기를 지원한 후, 대상자는 장애를 가진 이후로 처음 의자에 편안하게 앉을 수 있었으며, 고관절을 강제로 구부리지 않고도 앉을 수가 있어 허리뿐만 아니라 목과 척추 전반에서 편안하고 안정적인 자세를 유지할 수 있게 되었다. 그리하여 직업훈련 과정을 무사히 수료하였으며, 훈련과정을 수료한 후 보조공학기기를 연계하여 사용하는 것을 통해 텔레마케터로 성공적인 취업을 하게 되었다.

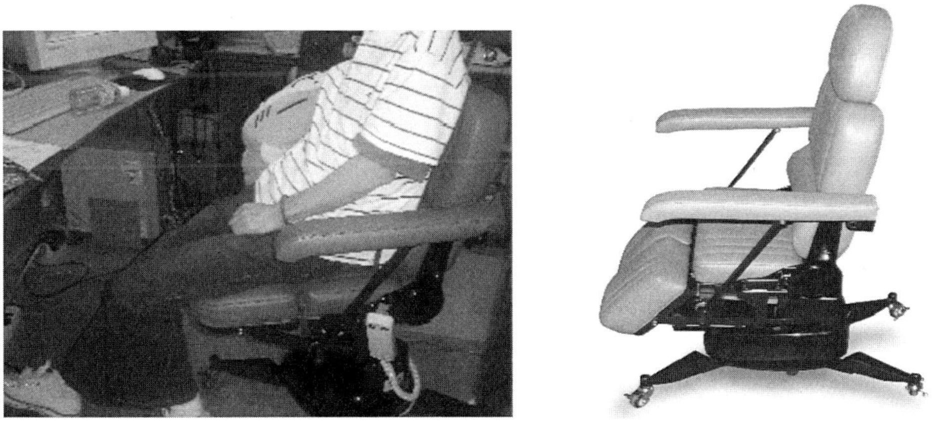

[그림 15-7] 고관절장애인 특수작업의자

참고문헌

보건복지부(2015). 등록장애인 현황.

이근민, 전영환(2008). 보조공학 만족도 요인이 장애인근로자의 작업수행능력, 직무만족도, 신규활동, 삶의 질에 미치는 영향에 관한 연구. 직업재활연구, 18(2), 159-180.

전영환(2009). 장애인근로자에게 적용된 보조공학이 기업의 생산성에 미치는 효과. 특수교육재활과학연구, 48(1), 91-109.

전영환(2012). 보조공학기기의 장애인 고용증대 및 고용유지 효과. 재활복지공학회 논문지, 6(2), 77-82.

통계청(2014). 경제활동인구조사.

한국장애인고용공단(2014). 장애인경제활동실태조사.

한국장애인고용공단(2015). 업무바인더 2014년 12월말 기준.

Butterfield, T. M., & Ramseur, J. H. (2004). Research and case study finding in the area of workplace accommodation including provisions for assistive technology: A literature review. *Technology and Disability, 16*(4), 201-210.

Dowler, D. L., Hirsh, A. E., Kittle, R. D., & Hendricks, S. J. (1996). Outcomes of reasonable accommodations in the workplace. *Technology and Disability, 5*(3-4), 345-354.

Loy, B., & Duckworth, K. M. (2003). Ideas for Accommodating People With Arthritis. Online Serial: Job Accommodation Network, http://www.jan.wvu.edu/media/arthritis.html, Office of Disability Employment Policy of the US Department of Labor.

McCray, P. M. (1992). *The Job Accommodation Handbook* (3rd ed.). Tucson, AZ: RPM Press.

Mueller, J. L. (1998). Assistive technology and universal design in the workplace. *Assistive Technology, 10*(1), 37-43.

제16장 자동차 보조공학

1. 장애인 운전면허제도

1) 운전면허 취득절차(시행기준: 2013년)

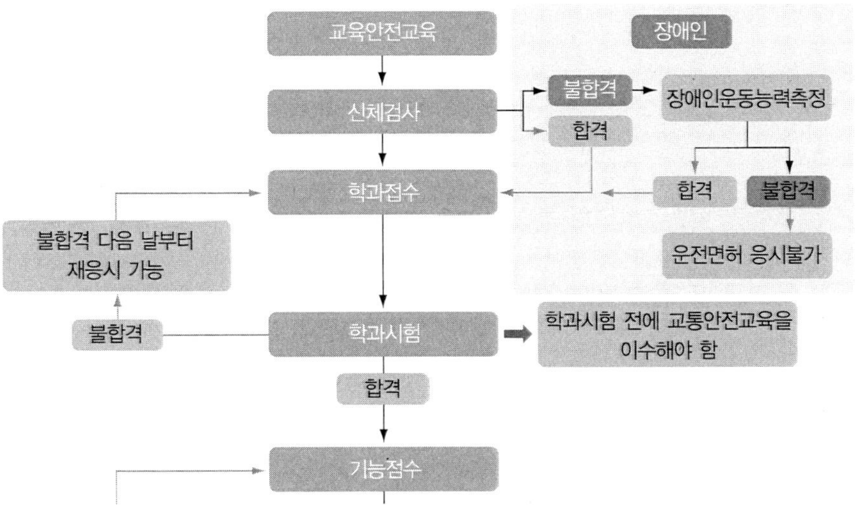

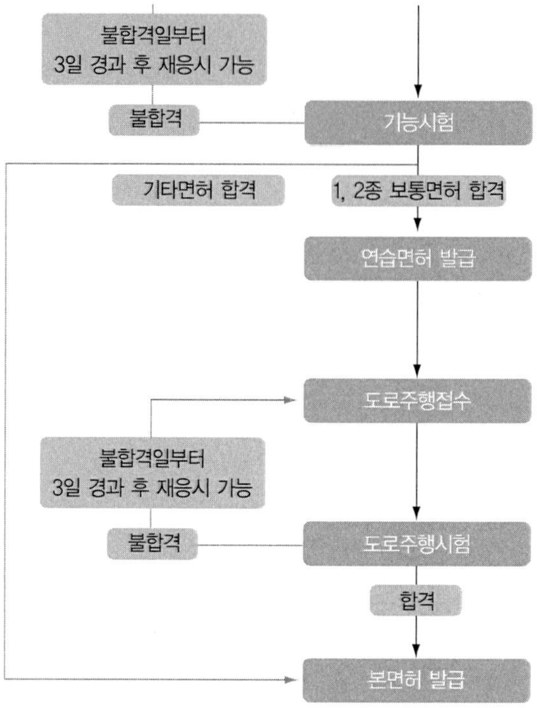

[그림 16-1] 운전면허 취득 절차

2) 장애인 운전면허 관련 법

(1) 운전면허 결격 사유의 범위 및 운전면허 부과기준

• 근거법: 도로교통법
제82조(운전면허의 결격사유)

• 이력: 시행 2016. 7. 28., 법률 제 13829호, 2016. 1. 27. 일부계정
• 내용: 일부 발취

① 다음 각 호의 어느 하나에 해당하는 사람은 운전면허를 받을 수 없다.
1. 18세 미만(원동기장치자전거의 경우에는 16세 미만)인 사람
2. 교통상의 위험과 장해를 일으킬 수 있는 정신질환자 또는 뇌전증환자로서 대통령령이 정하는 사람(도로교통법 시행령 제42조)

3. 듣지 못하는 사람(제1종 운전면허 중 대형면허 · 특수면허만 해당한다), 앞을 보지 못하는 사람이나 그 밖에 대통령령으로 정하는(도로교통법 시행령 제42조) 신체장애인
4. 양쪽 팔의 팔꿈치관절 이상을 잃은 사람이나 양쪽 팔을 전혀 쓸 수 없는 사람. 다만, 본인의 신체장애 정도에 적합하게 제작된 자동차를 이용하여 정상적인 운전을 할 수 있는 경우에는 그러하지 아니하다.
5. 교통상의 위험과 장해를 일으킬 수 있는 마약 · 대마 · 향정신성의약품 또는 알코올 중독자로서 대통령령이 정하는(도로교통법 시행령 제42조) 사람
6. 제1종 대형면허 또는 제1종 특수면허를 받으려는 경우로서 19세 미만이거나 자동차(이륜자동차를 제외한다)의 운전경험이 1년 미만인 사람

• 근거법: 도로교통법 시행규칙
제60조(신체검사서에 의하여도 판정이 곤란한 사람에 대한 운전적성의 인정방법 등)

• 이력: 시행 2015. 7. 1, 행정자치부령 제29호, 2015. 6. 30. 일부계정
• 내용: 일부 발취

① 영 제45조 제3항에서 적성기준에 적합한 것으로 보는 "행정자치부령으로 정하는 경우"란 다음 각 호의 어느 하나에 해당하는 경우를 말한다.
1. 학원 · 전문학원 또는 법 제2조 제32호 라목의 시설에서 2시간 이상 기능교육을 받은 사실이 있는 경우
2. 신체장애정도에 적합하게 제작 · 승인된 자동차를 이용하여 운전면허시험에 응시하는 경우
3. 해당분야의 전문의가 발급하는 소견서에 의하여 운전이 가능하다고 인정되는 경우
4. 의수 · 의족 등의 보조수단(이하 "보조장구"라 한다)을 사용하거나 보조장구 없이 핸들 · 브레이크 · 액셀러레이터 등의 조작능력 등을 과학적으로 평가할 수 있는 운동능력평가기기에 의하여 운전적성의 판정에 합격하는 경우

② 제1항 제4호에 따른 운전적성의 판정은 [별표 22]의 운동능력평가기기에 의한 판정기준에 따라 현장에서 판정하고, 판정결과를 별지 제48호서식의 운동능력평가표에 기재하여야 하며, 별지 제49호서식의 운동능력평가자접수대장에 기록 · 관리하여야 한다.

③ 도로교통공단은 제2항에 따른 운동능력 평가결과에 따라 합격판정을 받은 사람에 대해서는 운동능력 평가결과를 통지하여야 한다.

[별표 22]

운동능력평가기기에 의한 판정기준(제60조 제2항 관련)

항목	세목	합격	약간 불량	불량
핸들 조작	조작량	580도	480~580도	480도 미만
	조작력	3.0kg	2.2~3.0kg	2.2kg 미만
	지속시간	10초 이상	10초 미만	
	소요시간	5초 이내	5초 초과	
(발)브레이크 조작	압력	20kg	15kg	15kg 미만
	지속시간	10초 이상	10초 미만	
	반응시간	0.72초	0.72~0.84초	0.84초 초과
	정확성	정확	부정확	
수동식 브레이크 조작	압력	8kg	6kg	6kg 미만
	지속시간	10초 이상	10초 미만	
액셀러레이터 조작	압력	4kg	3kg	3kg 미만
	지속시간	10초	10초 미만	
	정확성	정확	부정확	
수동식 액셀러레이터 조작	견인력	3.1kg	2.4kg	2.4kg 미만
	지속시간	10초	10초 미만	
사이드브레이크 조작	견인력	12kg	9kg	9kg 미만
	정확성	정확	부정확	

(주)

1. 항목별로 약간 불량 시에는 3회까지 반복 평가하여 1회 이상 불량한 것으로 평가된 경우에는 이를 불량으로 판정한다.
2. 위 표의 항목 중 신체상태에 따라 평가를 하지 아니할 수 있는 항목은 다음 각 목과 같다.
   가. 양팔의 팔꿈치 관절 이상을 잃은 사람 또는 양팔을 전혀 쓸 수 없는 사람: 핸들 조작, 수동식 브레이크 조작, 수동식 액셀러레이터 조작, 사이드브레이크 조작
   나. 양쪽 다리 무릎관절부터 아랫부분이 없거나 이와 동등한 기능장애 및 양쪽 다리 고관절부터 아랫부분이 없거나 이와 동등한 기능장애: (발)브레이크 조작, 액셀러레이터 조작

• 근거법: 도로교통법 시행규칙
제54조(운전면허의 조건 등)

• 이력: 시행 2015. 7. 1, 행정자치부령 제29호, 2015. 6. 30. 일부개정
• 내용: 일부 발췌

① 도로교통공단은 법 제83조 제1항 제1호, 제87조 및 제88조에 따라 실시한 적성검사 결과가 운전면허에 조건을 붙여야 하거나 변경이 필요하다고 판단되는 경우에는 그 내용을 지방경찰청장에게 통보하여야 한다.

② 제1항에 따라 도로교통공단으로부터 통보를 받은 지방경찰청장이 운전면허를 받을 사람 또는 적성검사를 받은 사람에게 붙이거나 바꿀 수 있는 조건은 다음 각 호와 같이 구분한다.

1. 자동차등의 구조를 한정하는 조건
   가. 자동변속기장치 자동차만을 운전하도록 하는 조건
   나. 삼륜 이상의 원동기장치자전거(이하 "다륜형 원동기장치자전거"라 한다)만을 운전하도록 하는 조건
   다. 가속페달 또는 브레이크를 손으로 조작하는 장치, 오른쪽 방향지시기 또는 왼쪽 액셀러레이터를 부착하도록 하는 조건
2. 의수 · 의족 · 보청기 등 신체상의 장애를 보완하는 보조수단을 사용하도록 하는 조건
3. 청각장애인이 운전하는 자동차에는 [별표 19]의 청각장애인표지와 충분한 시야를 확보할 수 있는 볼록거울을 별도로 부착하도록 하는 조건

③ 제1항에 따른 조건의 부과기준은 [별표 20]과 같다. 다만, 운전면허를 받을 사람 또는 적성검사를 받은 사람의 신체상의 상태 또는 운전능력에 따라 2 이상의 조건을 병합하여 부과할 수 있다.

④ 지방경찰청장이 운전에 필요한 조건을 붙이거나 바꾼 때에는 그 내용을 도로교통공단에 통보하고, 그 통보를 받은 도로교통공단은 운전면허의 조건이 부과되거나 변경되는 사람에게 별지 제40호의2 서식의 조건부과(변경)통지서에 따라 그 내용을 통지하여야 한다.

[별표 20] 〈개정 2013. 12. 30.〉

신체상태에 따라 받을 수 있는 운전면허 및 조건부과기준(제54조 제3항 및 제61조 관련)

가. 신체상태별

신체상태		신체상태에 따라 받을 수 있는 운전면허	조건부과기준	
부위	정도		자동차 등의 구조	보조수단 기타
양쪽 손	1. 엄지손가락을 제외한 모든 손가락이 없거나 이와 동등한 기능장애 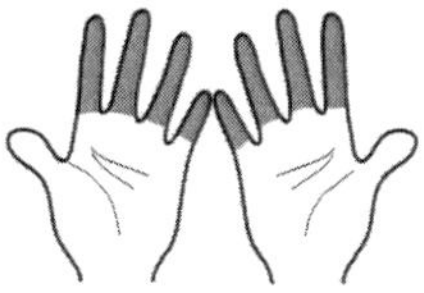	• 모든 운전면허	• 자동변속기	
	2. 한 손은 엄지손가락을 제외한 모든 손가락이 없고, 한 손은 엄지손가락을 포함하여 두 손가락이 없거나 이와 동등한 기능장애 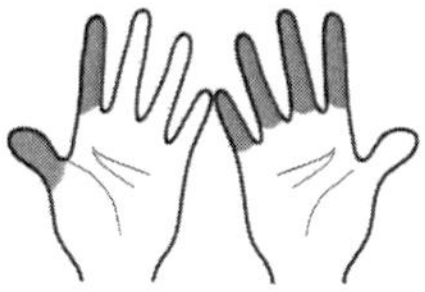	• 모든 운전면허	• 자동변속기	
	3. 손가락이 모두 없거나 이와 동등한 기능장애 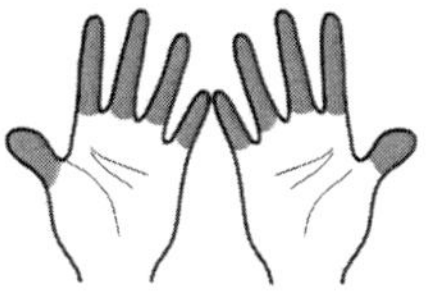	• 모든 운전면허	• 특수제작·승인차	
		• 제1종 대형·특수, 제2종 소형 면허를 제외한 운전면허	• 자동변속기	
양쪽 팔	4. 팔꿈치관절부터 아랫부분이 없거나 이와 동등한 기능장애 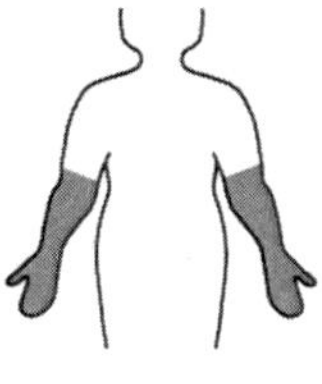	• 모든 운전면허	• 특수제작·승인차	• 의수(운전조작이 가능한 작업용 의수를 말한다. 이하 같다)
		• 제1종 대형·특수, 제2종 소형 면허를 제외한 운전면허	• 다리로 운전할 수 있는 자동변속기	

	5. 양팔의 팔꿈치관절 이상을 잃은 사람 또는 양팔을 전혀 쓸 수 없는 사람 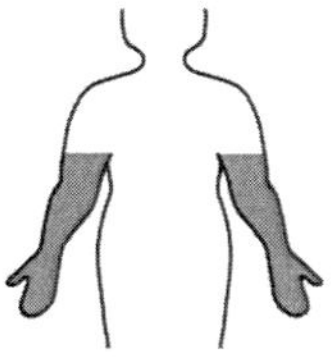	• 모든 운전면허	• 특수제작 · 승인차	
한쪽 팔	6. 견관절부터 아랫부분이 없거나 이와 동등한 기능장애 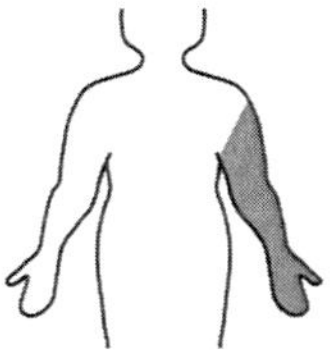	• 모든 운전면허	• 특수제작 · 승인차	
		• 제2종 소형면허를 제외한 운전면허	• 자동변속기 • 기능장애가 있는 팔이 왼쪽 팔인 경우 우측 방향지시기	• 의수
	7. 팔꿈치관절부터 아랫부분이 없거나 이와 동등한 기능장애 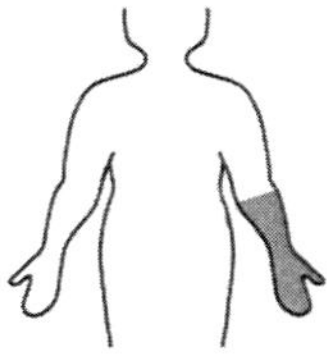	• 모든 운전면허	• 자동변속기 • 기능장애가 있는 팔이 왼쪽 팔인 경우 우측 방향지시기	• 의수
양쪽 다리	8. 무릎관절부터 아랫부분이 없거나 이와 동등한 기능장애 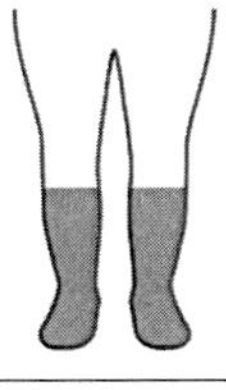	• 모든 운전면허	• 특수제작 · 승인차	
		• 제1종 대형 · 특수, 제2종 소형 면허를 제외한 운전면허	• 수동 가속 페달 및 수동 브레이크 • 자동변속기	• 의족(운전조작이 가능한 작업용 의족을 말한다. 이하 같다)
	9. 고관절부터 아랫부분이 없거나 이와 동등한 기능장애 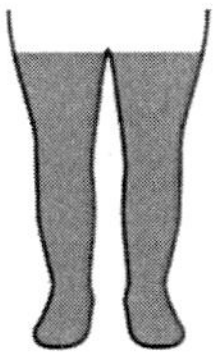	• 모든 운전면허	• 특수제작 · 승인차	
		• 제1종 대형 · 특수, 제2종 소형 면허를 제외한 운전면허	• 수동 가속 페달 및 수동 브레이크 • 자동변속기	• 의족

	10. 무릎관절부터 아랫부분이 없거나 이와 동등한 기능장애 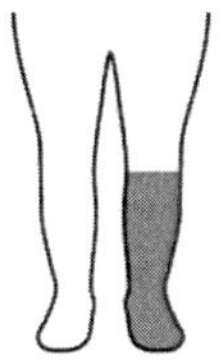	• 모든 운전면허	• 자동변속기 • 기능장애가 있는 다리가 오른쪽 다리인 경우 왼쪽 액셀러레이터	• 의족
한쪽 팔	11. 고관절부터 아랫부분이 없거나 이와 동등한 기능장애 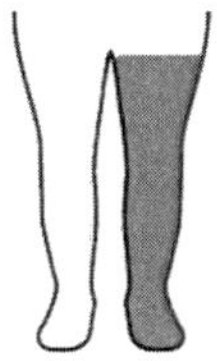	• 모든 운전면허	• 특수제작 · 승인차	
		• 제2종 소형면허를 제외한 운전면허	• 자동변속기 • 기능장애가 있는 다리가 오른쪽 다리인 경우 왼쪽 액셀러레이터	• 의족
머리 등	12. 다리, 머리, 척추, 그 밖의 신체의 장애로 인하여 앉아 있을 수 없는 사람	• 모든 운전면허	• 특수제작 · 승인차	
청각 장애	13. 보청기를 사용하여 40데시벨의 소리를 들을 수 있는 경우	• 모든 운전면허		• 보청기
	14. 전혀 듣지 못하거나 보청기를 사용하고도 40데시벨의 소리를 듣지 못하는 경우	• 제1종 대형 및 특수면허를 제외한 운전면허		• 청각장애인 표지 부착 • 사각지대를 볼 수 있는 볼록거울 부착

주)

1. 신체장애인으로서 수동변속기를 장치한 자동차로 운전면허 시험에 합격한 사람의 경우에는 자동변속기 조건을 부과하지 아니할 수 있다.
2. 위 표에서 "특수제작 · 승인차"란 조향장치나 그 밖의 장치를 뜻대로 조작할 수 없는 등 정상적인 운전을 할 수 없다고 인정되는 신체장애인의 신체장애 정도에 적합하게 제작 · 승인된 자동차등을 말하며, 제70조 제3항에 따라 운전하려는 특수제작 · 승인차로 기능시험 또는 도로주행시험에 응시하여 운전면허를 취득한 경우 특수제작 · 승인차만을 운전하도록 하는 조건을 부과한다.
3. 위 표에 따른 의족 또는 의수 조건은 외견상 조건을 부과하는 것이 현저하게 불합리하거나 조건을 부과할 수 없는 경우에는 이를 부과하지 아니할 수 있다.
4. 운전면허증의 기재방법은 자동변속기는 A로, 의수는 B로, 의족은 C로, 보청기는 D로, 청각장애인 표지 및 볼록거울은 E로, 수동제동기 · 가속기는 F로, 특수제작 · 승인차는 G로, 우측 방향지시기는 H로, 왼쪽 액셀러레이터는 I로 한다.

나. 운전능력별

운전능력	운전면허	조건 부과기준	운전면허증 기재방법
1. 자동변속기를 장치한 자동차로 운전면허시험에 합격한 사람	제2종 보통면허	자동변속기	A
2. 다륜형 원동기장치자전거로 운전면허시험에 합격한 사람	원동기장치자전거면허	다륜형 원동기 장치자전거	J

2. 자동차 운전에 필요한 신체조건

1) 자동차 운전을 위한 신체조건

자동차를 운전하는 것은 전개가 빠르고 혼잡한 교통 상황에서 정확성을 요구하므로 다음과 같은 자동차 운전에 필요한 기본 신체조건이 부적합할 경우 자동차를 안전하게 운전하기는 힘들다.

- 시야와 시력
- 전방응시력
- 주의력
- 속도와 거리의 시 · 지각 능력
- 방향상실과 현저한 지적 능력
- 상황판단력

2) 자동차 보조기기 적용으로 운전 가능한 신체조건

일반 자동차는 비장애인을 위해 제작되기에 장애인이 운전하는 데 어려움이 따른다. 그래서 장애인이 자동차를 운전할 수 있도록 하기 위해 많은 보조기기가 개발되었다. 장애인이 운전할 수 있도록 해 주는 장치는 핸들 작동을 변화시키는 장치 또는 올바른 자세유지 장치, 편의장치나 기타 장치에 보조기기를 설치하여 작동을 보조해 주는 장치, 의지와 보조기를 착용하여 신체기능을 보조해 주는 장치 등이다. 각 장치들은 독립적으로 사용하지 않고, 서로의 기능을 보완해 주면서 동시에 사용할 수 있도록 설계되었다.

자동차의 보조기기는 자동차 운전에서 요구되는 기본 특성을 충족시키기 위해 요구된다. 즉, 교통법규에 따른 '주행, 회전, 정지' 에 대한 특성을 만족시키기 위해 핸들과 브레이크 페달, 액셀러레이터를 직간접적으로 작동할 수 있도록 해야 한다.

일반적으로, 보조기기를 적용하여도 자동차를 안전하게 운전 할 수 있는지에 대한 심층 평가가 필요한 신체조건은 다음과 같다.

- 운전 자세를 유지하기가 힘든 경우
- 사지의 모든 기능을 잃은 경우
- 작용 힘이 현저하게 약한 경우
- 관절 움직임의 범위에 현저한 제한이 있는 경우
- 자발적인 몸 조절을 할 수 없는 경우
- 힘 조절을 할 수 없는 경우
- 사지 움직임의 조정이 어려운 경우
- 사지 움직임이 현저하게 느린 경우
- 자동차에 승하차를 할 수 없는 경우

3. 신체 상태에 적합한 자동차와 보조기기

1) 신체 상태에 적합한 자동차와 옵션 선택

일반 자동차는 비장애인의 신체능력을 토대로 생산되며, 따라서 신체장애인은 자동차를 운전하기가 매우 어렵다. 운전 보조기기는 관절 움직임의 범위가 제한되어 있거나 근력이 부족한 사람의 특성을 보상할 수 있는 자동차 선택이 필요하다. 최근에는 자동차 기술이 발전하여 장애인이 자신의 신체 특성에 맞는 자동차와 옵션을 선택하면 운전에 필요한 보조기기를 간소화할 수 있거나 손쉽게 개조할 수 있어 경제적 이득을 취하고 외관 손상을 최소화할 수 있다.

그래서 장애인이 자동차를 선택할 때에는 자동차가 자신이 평소 선호하던 브랜드나 배기량, 형태(승용 · 승합 · 화물) 등을 가졌는가가 아니라 자신의 신체 특성에 가장 적합한가를 가장 먼저 고려해야 한다.

- 운전면허의 조건에 자동차의 크기가 적합한가?
- 휠체어와 운전석 이동이 용이한가?
- 휠체어를 사용하는 사람은 휠체어 탑재가 용이한가?
- 힘이 약한 사람은 핸들과 브레이크 조작이 원활한가?
- 기타 옵션 및 편의사양(키, 시트, 전조등, 와이퍼, 공조장치, 음향장치, 주차 브레이크, 변속기, 윈도우, 트렁크 적재 공간 등)

특히 최근에는 컴퓨터를 사용하여 여러 가지 제어를 하는 자동차가 많기 때문에, 자동차를 구입한 후에 장애 상태와 맞지 않다고 해서 간단히 개조할 수 없게 되어 있다. 또한 자동차는 매우 값이 비싸서 선택에 실패했을 경우 팔고 다시 구매하기 어려우므로, 시승이 가능한 여러 판매점을 통해 시승을 한 후 구입하는 것을 추천한다. 시승이나 구매 전에 자동차 구매 점검사항을 미리 정리해 자동차 메이커 상담실이나 홈페이지를 통해 확인할 필요가 있다. 또한 자동차를 구입한 후 자동차에 비치되어 있는 취급설명서를 숙지하여 바르게 사용·관리하는 법도 배워야 한다.

(1) 운전시트

자동차의 운전시트(driving seat)는 승하차의 승강성과 안락함, 안전성, 조작의 편리성을 고려하여야 한다.

① 승강성

승강성은 장애인이 휠체어에서 운전시트로 이동하기에 용이함을 말한다. 이동이 용이하려면 운전석 도어의 열림 각도, 도어 폭, 시트의 높이, 시트와 휠체어 사이의 거리, 시트 조작성 등이 중요하다. 승강성을 검토하는 방법은 간단하다. 실제로 장애인이 직접 승하차를 해 보아 혼자서도 안전하게 승하차가 가능한지 확인하면 된다.

승차 시 자신의 신체능력에 적합하지 않으면 승차가 힘들 뿐 아니라 낙상의 위험성도 있다. 그래서 안전한 승차를 위해서는 다음 사항을 검토가 필요가 있다.

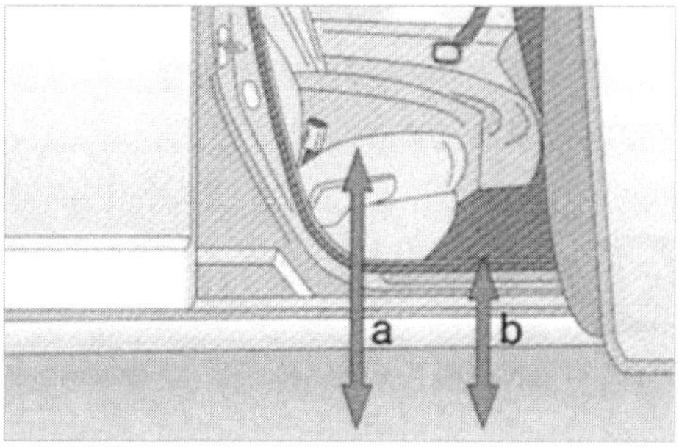

운전석의 좌면 높이와 도어 스텝 높이

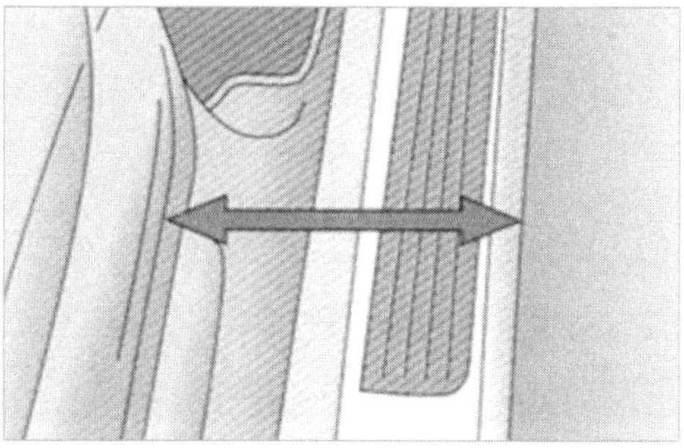
운전석의 좌면에서 도어 스텝 사이 거리

[그림 16-2] 승강성 검토 사항

- 운전석의 좌면 높이는 적절한가: 휠체어의 좌면과 운전석의 좌면 높이가 비슷하면 승강이 쉬워진다. 특히 휠체어를 사용하는 경우 55cm를 넘는 좌면 높이의 자동차를 선택하는 경우에는 유의해야 한다.
- 운전석 도어 스텝의 높이는 적절한가: 도어 스텝의 높이가 승차 시에 하지를 들어 올릴 수 있는 높이인지 확인해야 한다. 높이가 낮을수록 다리를 옮기기 쉽다.
- 운전석의 좌면 오른쪽 끝에서 도어 스텝 오른쪽 끝까지의 거리는 적절한가: 이 거리가 떨어져 있으면 상체의 균형이 불안정하게 되기 쉬워 낙상 등의 위험이 있다. 최근에는 측면 충돌 시의 안전성을 고려하여 도어 스텝의 폭을 넓혀서 운전좌석의 거리가 먼 자동차가 많다.

② 운전 자세의 안정성

하체와 체간(가슴, 등, 배, 허리)에 장애가 있으면 운전좌석 시트나 등받이 등의 이동 및 각도 조절이 곤란하거나 운전 자세가 불안정해지는데, 이는 안전운전에 악영향을 줄 수 있다. 운전 자세의 안정성을 위해서는 다음의 사항을 검토할 필요가 있다.

- 운전좌석에 앉은 후에 핸들과 브레이크 등의 장치를 조작할 수 있는 위치까지 좌석을 조절할 수 있는가: 신체 특성상 레버를 이용하여 운전좌석 앞뒤로 슬라이드 조절을 하거나 등받이 각도를 조절하기 힘든 경우 전동조절이 가능한 운전좌석을 선택해야 한다.
- 운전좌석에 앉았을 때 전방의 시야가 확보되고, 목받침대를 후두부 가까이로 조절할 수 있는가: 특히 목받침대가 후두부에서 떨어져 있으면 충돌 시에 경부에 가해지는 피

해가 크므로 주의가 필요하다. 목받침대에 상하나 전후 등 조절기능이 있으면 세밀한 조절이 가능하다.

- 커브와 코너에서 원심력이 작동된 때에도 운전 자세를 안정하게 유지할 수 있는가: 운전 자세를 유지하기 위해서는 시트백의 사이드 서포트가 튀어나온 정도(버킷시트)와 좌석 크기를 고려할 필요가 있다. 소위 벤치시트 타입(flat type)의 운전좌석에서는 안정성 문제가 발생될 수 있다. 신체 특성에 따라 버킷시트는 운전 중 주행 안정성에는 좋을 수 있으나 하차 시 신체가 시트에서 이탈할 때 장애의 요소로 작용할 수 있다는 점을 고려해야 한다.

이 밖에도 일반적으로 운전좌석의 쿠션에 대해서는 특별한 연구가 이루어져 있지 않기에, 욕창예방의 관점에서 적어도 1시간에 1회 이상은 둔부를 들어 올리거나 자세의 변환을 할 필요가 있다. 최근 일부 자동차 시트는 통풍기능이 있어 둔부의 온도를 감소시켜 주는 역할은 하지만 둔부 압력까지 낮춰 주지 않기 때문에 자세 변환을 해 줘야 한다.

※ 버킷은 '통'이란 뜻이며, 버킷시트는 등받이가 깊어 몸을 감싸 주는 형태의 의자를 말한다. 요즘의 승용차 앞좌석은 이런 형식으로 되어 있다.
코너링 때 자세를 바로잡아 주는 좌석을 스포츠시트라 하기도 한다. 커브나 고르지 않은 노면을 빨리 달려도 의자에서 운전자의 몸이 쉽게 흔들리지 않아 경주용 차에 많이 사용된다.

Flat type

버킷시트

[그림 16-3] 시트의 종류

(2) 휠체어 적재 · 적하

휠체어를 사용하는 사람은 자동차를 선택할 때 실제로 휠체어를 싣고 내리기를 해 보고 혼자서도 안전하게 휠체어 적재 · 적하가 가능한지 확인해야 한다. 또한 휠체어를 트렁크에 싣는 것을 대비하여 트렁크 공간이 충분한지도 사전에 검토할 필요가 있다. LPG 차량과 소형 차량 등 일부 차량의 경우 트렁크 공간이 부족하여 휠체어 적재 공간이 없고 기타 여분의 짐을 실을 수 없는 경우도 있다. 휠체어는 운전의 방해가 되지 않도록 조수석과 뒷좌석 사이의 발밑에 수납하는 것이 안전하다.

휠체어 적재 · 적하에 적합 검토 사항

- 운전석의 좌면 높이는 적절한가: 좌면의 높이가 높아질수록 상반신을 크게 기울이지 않으면 휠체어에 손이 닿지 않게 되므로 싣고 내릴 때에 신체의 균형이 깨지기 쉽다. 또한 휠체어를 들어 올리는 높이도 높아지므로 더욱 큰 힘이 필요하다.
- 센터 콘솔박스의 높이는 적절한가: 센터 콘솔박스에 팔꿈치거치대가 부가되어 있는 자동차는 실내 높이가 낮아지므로 싣고 내리기가 곤란한 경우도 있다.
- 뒷좌석의 발밑(휠체어를 싣는 장소)의 높이는 적절한가: 뒷좌석의 발밑이 낮으면 휠체어를 내릴 때 들어 올리는 것이 곤란하다. 이 경우, 뒷좌석 발밑의 바닥을 들어 올리는 방법이 필요하다.

이 밖에도 조수석 등받이 각도를 조절할 수 있는지, 간단히 조절이 가능할 수 있는 구조인지를 확인해야 한다. 휠체어를 실을 때는 실을 공간을 확보하기 위해 조수석 등받이를 앞으로 조절하고, 다 실은 후에는 휠체어를 고정하기 위해 조수석 등받이를 뒤로 넘어뜨리

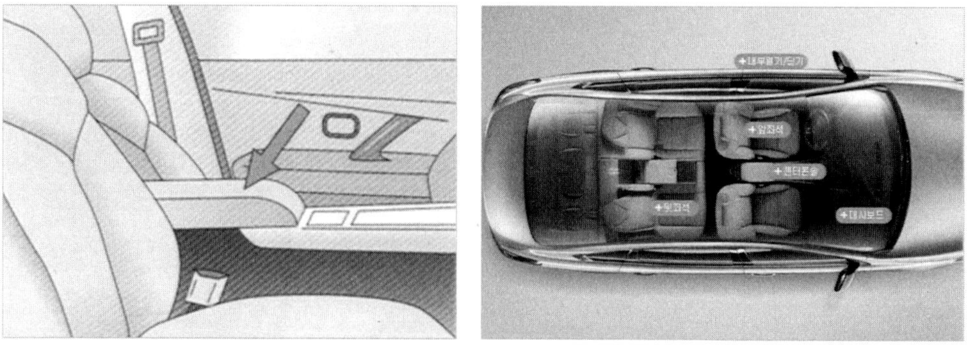

[그림 16-4] 차량 내부 구조 및 센터 콘솔박스

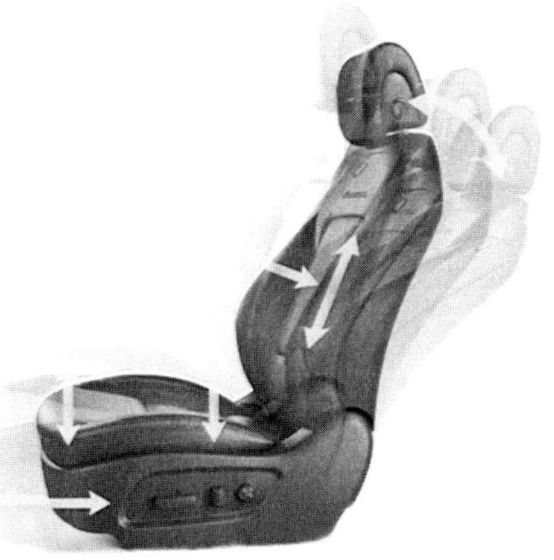

[그림 16-5] 전동시트

는 조절이 필요하다. 등받이를 넘기는 레버는 조수석 우측에 설치되어 있으므로 운전석에 앉은 상태에서 조절이 가능한지 확인해야 한다. 레버에 손이 닿지 않는 경우에는 레버를 왼쪽으로 확장 개조하는 방법도 필요하다. 또한 다이얼을 돌려 등받이를 조절하는 타입은 휠체어를 싣고 내리는 것이 곤란하다.

신체 상태에 따라 휠체어를 싣고 내리는 동작에 차이가 있지만, 대개 하지마비 장애인의 경우 1차로 휠체어의 타이어를 분해하여 바퀴를 먼저 싣고 2차로 휠체어 차체를 무릎 위에 올린 후 운전석 시트의 등받이를 뒤로 최대한 눕힌 상태에서 싣고 내리는 동작을 한다. 이 동작에서 시트의 각도 조절을 하기 위해선 수동 레버식보다 전동식이 필요하다.

(3) 핸들

운전하는 동안에 안전과 편안함을 확보하기 위하여 마음먹은 대로 핸들을 작동할 수 있는 것은 필수다. 따라서 자동차를 선택할 때는 실제로 핸들을 돌려보고 원활하게 움직이는지 확인해야 한다.

핸들을 조작할 때 필요한 힘은 차종이나 차의 타입에 따라 다르다. 핸들의 조작에 필요한 힘은 양손으로 조작했을 때 딱 알맞은 무게로 설정되어 있다. 한 손으로 조작을 하는 사람이나 조작력이 약한 사람, 운동 범위가 제한된 사람은 다음의 사항을 확인하여야 한다.

• 자신이 조작하기 편한 위치로 핸들의 위치 변경이 가능하고, 핸들의 크기가 운동 범위

안에 들어오는지 검토해야 한다.

- 한 손으로 조작을 하는 사람 또는 양손 조작이라도 상체의 기능에 좌우차가 있는 사람은 상체의 기능에 적합한 선회장치인지 검토해야 한다.
- 자동차를 정지시킨 상태에서 엔진을 시동하고, 바른 운전 자세를 유지한 채로, 핸들을 시계 방향과 시계 반대방향의 두 방향으로 돌려 보아 핸들의 회전을 검토해야 한다.
- 운전자는 3.0kgf 이상의 힘으로 각 방향으로 5초 이내에 580° 돌린 상태에서 10초 이상 유지하고 있어야 한다(도로교통법 시행규칙).
- 주행 중 편의장치(오디오) 조작이 필요하나 센터박스까지 동작이 힘든 경우 핸들 내에 삽입된 옵션도 고려할 필요가 있다.

(4) 액셀러레이터 & 브레이크

일반 자동차의 액셀러레이터와 브레이크 페달은 비장애인이 정확한 발 움직임으로 쉽게 작동할 수 있도록 되어 있다. 액셀러레이터의 작용하는 힘은 대략 3~5kgf이며, 자동차 유형에 따라 크게 바뀌지 않는다. 이에 반해 브레이크의 작용하는 힘은 앤티록식 브레이크 시스템(anti-lock braking system, ABS 브레이크 장치)이 건조한 도로(dry road)에 작동할 때 대략 160에서 450N까지의 범위 이내에 설정하며, 자동차 유형에 따라 크게 바뀐다.

하지의 근육장애를 가진 사람은 적은 힘의 제동력을 가진 자동차를 선택하는 것이 필수다(페달의 힘은 6.43m/s2의 감속도를 발생시키는 것을 요구한다). 또한 운전하는 동안에 안전과 편안함을 확보하기 위하여 마음먹은 대로 액셀러레이터와 브레이크 페달을 작동할 수 있는 것이 필수다.

- 액셀러레이터에서 브레이크 페달까지 반응시간은 0.6초이거나 또는 더 짧아야 한다.
- 운전자는 액셀러레이터와 브레이크 페달을 확실하게 작동할 수 있어야 한다.
- 운전자는 자동차의 속력과 제동력을 조절할 수 있어야 하며, 10m/s2의 감속도 또는 그 이상의 제동력(빠른 정지)을 얻을 수 있어야 한다.

차종에 따라 액셀러레이터와 브레이크를 조작할 수 있는 조건은 다르겠지만, 면허증 취득을 위해서는 다음의 조건을 만족해야 한다(도로교통법 시행규칙).

- 액셀러레이터: 페달을 정확하게 4kgf의 힘으로 10초 이상 지속하여 밟아야 한다.

• 브레이크: 페달을 정확하게 20kgf의 힘으로 0.72초 내에 밟아 10초 이상 지속하여야 한다.

(5) 주차 브레이크

주차 브레이크는 주행 중에 발로 페달을 밟아서 조작하는 풋 브레이크(서비스 브레이크)가 아닌 손으로 레버를 당겨 조작하는 브레이크다. 보통 자동차를 정차시켜 두거나 주차시킬 때 사용하는 것으로 사이드 브레이크라고도 한다.

주차 브레이크는 보통 서비스 브레이크가 작용하지 않을 때 긴급 브레이크로 사용하도록 되어 있다. 우리나라의 보안기준에서는 보통 자동차에는 두 계통 이상의 브레이크를 요구하고, 그중 한 계통인 주차 브레이크는 1/5구배인 건조(乾燥)한 포장 노면에서 빈 상태의 자동차를 완전히 정지시킬 수 있는 성능을 요구하고 있다.

차에 따라서 주차 브레이크는 오른손으로 당기는 핸드 브레이크와 왼쪽 발로 밟는 풋 주차 브레이크, 버튼만 조작하거나 자동으로 작동하는 자동주차 브레이크 등 다양하다. 주차 브레이크의 경우 신체 상태에 따라 동작이 가능한지 검토해야 한다. 면허증 취득을 위해 요구되는 주차 브레이크의 동작조건은 주차 브레이크를 정확히 12kgf 이상 힘으로 당겨야 하는 것이다(도로교통법 시행규칙).

(6) 안전벨트

안전벨트는 차량 충돌사고에서 승객을 보호하기 위한 효과적인 보호장치이지만, 알맞은 보호장치를 하지 않으면 내장기관의 파열을 일으킬 수 있어 위험하다.

일반적으로 자동차 운전석은 3점식이 장착되어 있다. 3점식은 크게 체간과 골반을 잡아줄 수 있게 어깨벨트와 허리벨트로 구성되어 있다. 어깨벨트는 언제든 쇄골의 중앙으로 위치할 수 있게 안전벨트 앵커(seat belt anchor)로 위치 조정이 가능한지 확인해야 하고, 허리벨트는 복부가 아닌 하위 위치에서 골반으로 장착해야 한다.

신체 상태에 따라 3점식 벨드를 올바른 위치에 장착 가능한지 확인해야 한다. 특히 신장이나 앉은키가 작은 사람은 어깨벨트의 높이 조정을 하여도 로드 포지션(load position, 무게 이동)이 부적합할 수 있다. 왼쪽 어깨부에서 오른쪽 허리부까지 안전벨트를 잡아서 고정하는 동작이 안 될 경우 4점식이나 가슴벨트를 사용할 수 있는지 검토해야 한다.

※ 4점 유형의 안전벨트 일반 자동차용 안전띠는 천으로 되어 있는데 가장 간단한 2점식은

안전벨트 앵커

4점식 안전벨트

[그림 16-6] 안전벨트 종류 및 구조

띠의 양끝이 차체의 2개소에 고정되어 있다. 3점식은 운전자의 허리와 어깨에 걸치게 되어 있으며, 띠는 차체의 세 곳에 고정되어 있다. 그리고 4점식은 특수차량이나 경주용 차량에서 운전자를 보다 적극적으로 보호하며, 급격하게 코너를 돌 때 몸의 쏠림을 최소화하여 핸들 조작의 실수를 방지하고 안정적인 시야 확보 및 컨트롤을 가능케 한다.

(7) 에어백

에어백(airbag)은 머리와 가슴을 보호하기 위해 전방으로부터 큰 충격이 있을 때 작동하며 안전벨트를 보조하는 장치다. 만약 사지가 짧은 사람이 운전 중에 핸들의 맨 끝에 가까이 앉게 될 경우 팽창하는 시점에서 에어백에 의하여 튀어 올라 장애를 입게 된다. 반면에 핸들로부터 멀어지면 에어백이 팽창하면서 받게 되는 신체 충격도 감소한다.

(8) 자동변속장치

자동변속장치(automatic transmission)는 운전 중일 때 변속레버를 작동하는 동작을 제거하는 방법으로 효과적이다. 기술 혁신이 이루어지고 자동차 구매 인식, 계층, 성별이 변화함에 따라 수동변속기어가 장착된 자동차에서 자동변속기어가 장착된 자동차로 변화하였다. 장애인에게 자동변속기어를 장착한 자동차를 선택하는 것이 더 좋다.

자동변속기를 통해 기어를 변속하려면 변속기 손잡이의 엄지나 중지 부분에 장착된 버튼을 누르거나 손잡이에 버튼이 없는 경우 풋 브레이크만 밟으면 된다. 신체 상태에 따라 변속기의 변속 버튼을 눌러 변속기를 조작할 수 있는지 확인해야 한다. 최근에는 자동차 기술이 발전하면서 고가의 자동차의 경우 전자식 자동변속기를 장착하여 작은 힘과 간결한 동작으로 변속을 할 수 있다.

2) 장애인을 위한 자동차 보조기기 선택

장애인을 위한 자동차 보조기기는 장애인들이 신체 상태, 즉 관절가동범위, 자세, 운동 수준, 근력, 반응속도 등에 맞게 운전하고 탑승 · 탑재할 수 있도록 지원해 준다. 장애인의 자동차 보조기기는 크게 운전보조 및 탑승보조, 탑재보조, 기타 보조기기 영역으로 나눌 수 있다. 이들 보조기기는 장애인의 욕구 해소 및 다양한 활동 가능성을 높여 줄 수 있고 보호자의 부담을 줄여 줄 수 있다.

- 운전 보조기기: 장애인 스스로 운전할 수 있도록 장착하거나 개조한 기기
- 탑승 보조기기: 보호자의 도움을 최소화하거나 도움을 받지 않고 장애인이 차량 내로 탑승할 수 있도록 장착하거나 개조한 기기
- 탑재 보조기기: 탑승 후 휠체어를 차량 내로 탑재하기 위해 장착하거나 개조한 기기
- 기타 보조기기: 장애인이 자동차를 운전이나 탑승하는 데 직접적으로 영향을 주는 장치는 아니나 장애인의 편의성을 향상시키는 기기

(1) 운전 보조기기

운전 보조기기를 선택할 때는 우선 운전면허의 조건에 적합한지, 운전 보조기기가 장애의 상태에 적합한지를 확인한다. 다음으로, 자동차와 마찬가지로 취급설명서를 숙지하여 바르게 사용해야 한다.

사지에 기능장애를 가진 사람은 운전을 하기 위해 적어도 사지 중 두 개는 마음대로 움직일 수 있는 능력을 가질 것이 요구된다. 하나는 핸들을 조작하고 다른 하나는 액셀러레이터와 브레이크 장치를 작동하기 위한 것이다.

운전 보조기기 장착대상 품목은 크게 핸들과 액셀러레이터, 브레이크, 방향지시기, 헤드라이트 조절, 와이퍼, 기어변속 레버, 주차 브레이크, 각종 편의장치 등이 있다. 운전 보조기기는 자동차 본체와 다르게 정기적으로 짐검을 실시하는 체제가 충분히 정비되어 있지 않기 때문에 스스로 점검을 받는 것이 좋다.

어떠한 운전 보조기기가 장착된 자동차라도 다른 자동차와 마찬가지로 비장애인이 운전할 수 있는 구조로 되어 있어야 한다. 운전 보조기기는 자동차 메이커가 출고 시 옵션을 지정하여 장착 판매할 수도 있고, 자동차 출고 후 전문업체를 통해 장착할 수도 있다. 전자의 경우 자동차 메이커가 장착할 수 있는 옵션에 제한이 있어 선택의 폭이 좁은 단점이 있다.

〈표 16-1〉 장애유형별 운전 보조기기

●: 필수장치 ○: 편의장치

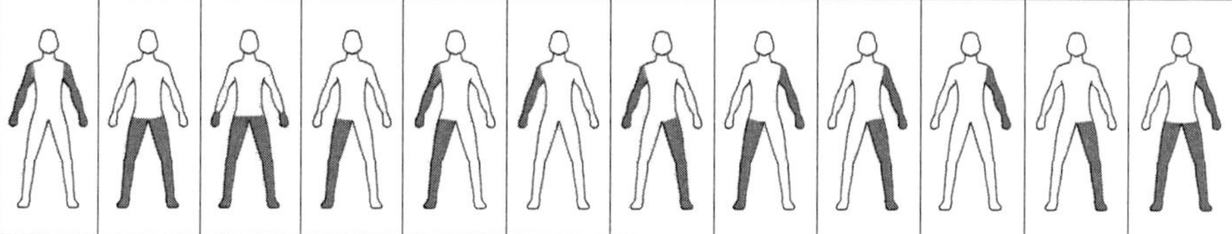

장애 부위 / 장치명	양 상지	양 하지	양 하지/양 손가락	우 하지	우 하지/우 상지	우 상지	우 상지/좌 하지	좌 상지/우 하지	좌 상지/좌 하지	좌 상지	좌 하지	3지 이상 마비
족동스티어링	●											
수동액셀/브레이크		●	●									
좌측액셀페달				●	●							
스티어링 선회장치		●	●		●	●	●	●	●	●		
좌측방향지시기			○		●	●	●					
족동방향지시기	●				○	○				○		
족동라이트	●				○	○				○		
족동클랙슨	●					○				○		
족동주차브레이크	●					○				○		
좌측라이트스위치			○		○	○	○					
좌측엔진키					○	○	○					
좌측주차브레이크								○	○	○		
자동시트벨트	●		○									
전동파워시트	○	○	○	○	○	○	○	○	○	○	○	
도어개폐	○		○									
기어변속키트	●		●					○	○			
주차레버키트	○		●						○	○		
버튼 키	●		●									
조수석안전레버		○	○					○	○	○		
휠체어적재장치			○									
소형핸들										장애에 맞춰 선택가능		●
조이스틱												●
환경조작스위치												●

출처: 松尾, 清美, 小林, 博光(2008).

① 수동(액셀러레이터 · 브레이크)제어 장치

수동제어 장치(hand controller)는 주로 하체로 액셀러레이터 페달과 브레이크 페달을 직접 조작하는 것이 곤란한 사람이나 페달을 번갈아 밟는 조작이 곤란한 사람에게 적용한다. 이 장치는 승강성을 고려하여 운전석 도어와 가장 먼 측 운전석 시트 부근에 설치하는 것이 권장된다. 하지만 오른손을 주로 많이 사용하는 사람이나 장애 전에 오른손으로 운전하는 습관을 가진 경우 오른손으로 핸들을 조작하려 한다. 그러나 보조기기는 무엇보다 장애 전의 습관이나 개인적인 취향보다는 신체 상태에 따라 선택해야 하고, 다음으로 승차성과 경제성, 편리성 등을 종합적으로 고려하여 선택해야 할 것이다.

수동제어 장치는 크게 바닥형(floor type)과 원주형(column type)의 두 가지 타입이 있고, 그 외 적은 힘과 운동 범위로 모터와 같은 기계적 장치를 제어하는 서보형(servo type)이 있다. 기본적인 조작방법으로는 조작부를 앞으로 누르면 브레이크가 조작되고 뒤로 당기면 액셀러레이터가 조작된다. 또한 가족이 운전하는 경우에는 공구를 사용하지 않고 손으로 간단히 전환조작을 하는 것이 가능하므로 오조작을 방지할 수 있다.

수동제어 장치는 사용환경과 장치 옵션에 따라 차이가 있지만 방향지시와 클랙슨, 비상등, 전조등, 브레이크록, 와이퍼 등의 기능을 선택할 수 있다. 서보형은 주로 상지의 근력이 약하고 좁은 운동 범위를 가진 경우 적용되므로 시동과 변속, 사이드 브레이크, 에어컨, 윈도우 등 편의장치를 조작할 수 있는 기능을 추가할 수 있다.

- 바닥형(floor type)
  - 적용유형: 양하지로 액셀러레이터와 브레이크를 조작할 수 없는 신체장애인, 수동 휠체어 사용 장애인, 착석 자세에서 좌우 균형을 잡기 힘든 신체장애인
  - 기능: 우측 상지를 이용하여 제동 시 레버를 전방으로 밀고 가속 시 후방으로 당긴다. 변속레버 조작을 위해 브레이크를 고정하는 기능을 한다.
  - 특징: 기어 변속레버 옆에 위치(운전석 우측 편에 장착)한다. 레버는 전방 가속 시는 후방으로, 제동 시는 전방으로 작동하여 자동차의 운동 방향과 동일하게 작동한다. 지탱 포인트(supporting point)는 운전좌석의 바닥에 고정되어 있으며 커브와 코너에서 좌석의 균형을 유지한다. 휠체어에서 운전석으로 이동하거나 자동차 내로 휠체어를 탑재할 경우 간섭을 받지 않는다.
- 원주형(column-type)
  - 적용유형: 양하지로 액셀러레이터와 브레이크를 조작할 수 없는 신체장애인, 수동

휠체어 사용 장애인, 좌우 균형을 잘 잡는 척수손상 장애인이나 양하지를 사용할 수 없는 장애인

- 기능: 제동 시 전방으로 레버를 밀고 가속 시 후방으로 레버를 당긴다.
- 특징: 핸들 뒤 아랫 부분에 위치한다. 장치의 지탱 지점은 핸들의 기둥이다. 핸들 좌측 방향에 장착할 경우 운전석 탑승에 방해가 될 수 있고, 장치의 위치가 핸들 쪽에 위치하고 있어서 조작하면 신체의 자세가 전방과 측면으로 기울어질 수 있기 때문에, 장시간 조작하면 어깨와 손목, 허리에 무리가 올 수 있다.

• 서보형(servo type)

- 적용유형: 양하지로 액셀러레이터와 브레이크를 조작할 수 없는 신체장애인, 양상지는 핸들 조작력이 1kgf 이하이고 핸들을 조작할 수 있는 관절가동범위가 나오지 않는 신체장애인
- 기능: 약한 힘과 좁은 관절가동범위로 액셀러레이터와 브레이크, 핸들 및 기타 각

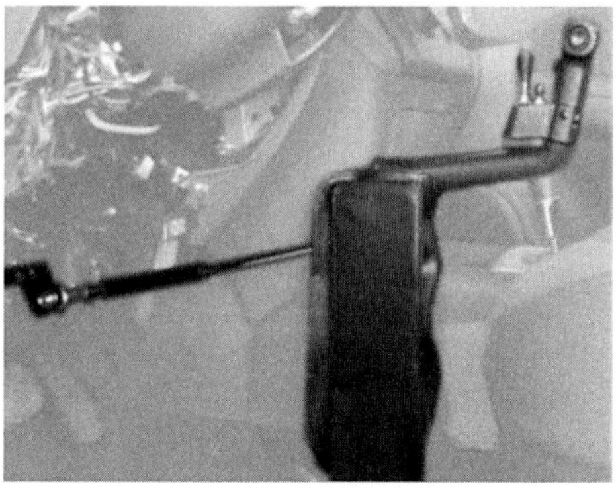

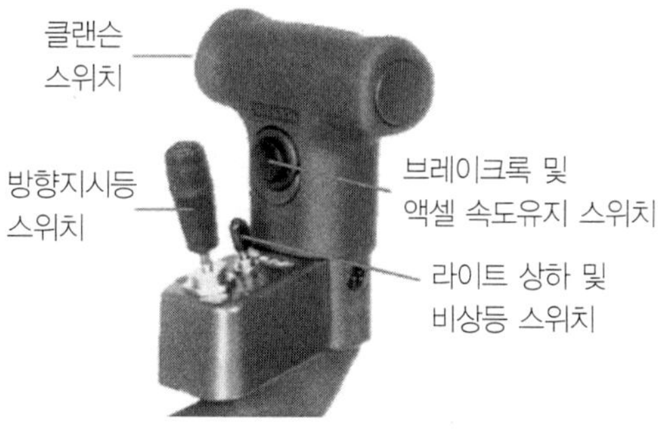

〈바닥형〉

〈원주형〉

[그림 16-7] 수동제어 장치의 종류

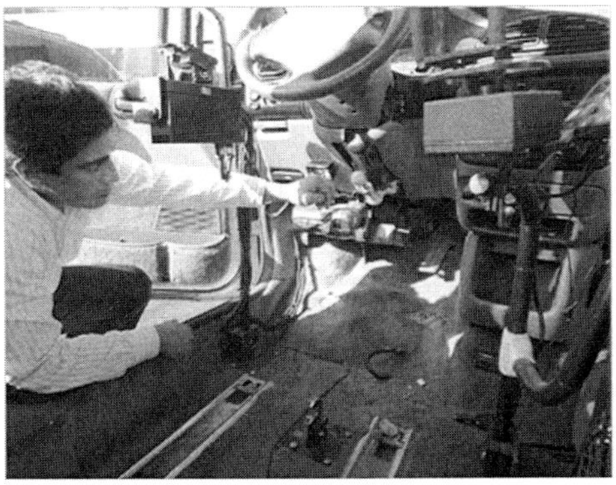

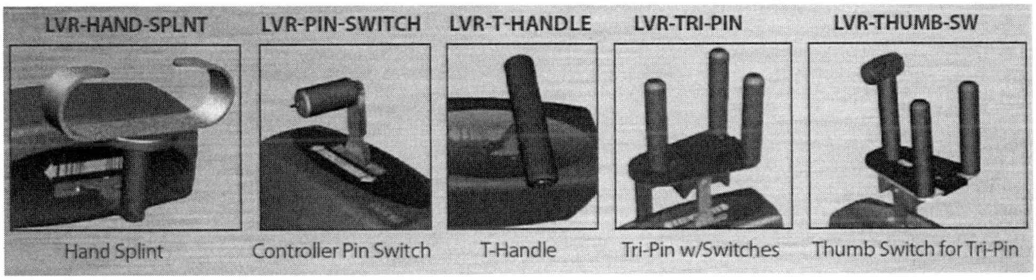

액셀러레이터와 브레이크 모듈

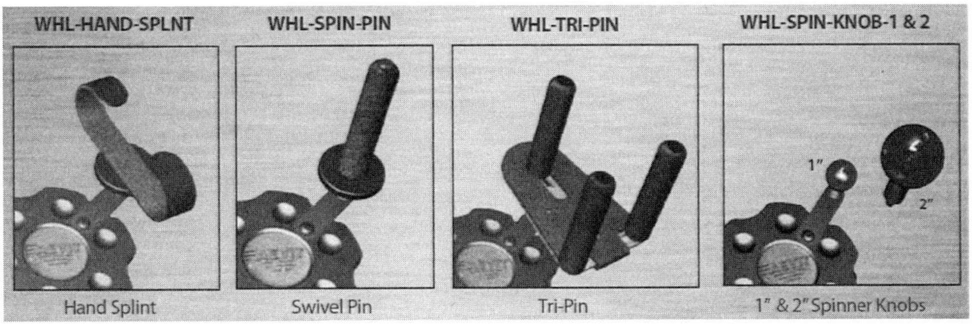

핸들 모듈

터치식 Secondary Control
(시동, 변속, 방향지시등, 전조등, 비상등,
도어록, 와이퍼, 윈도우, 에어컨 등 제어)

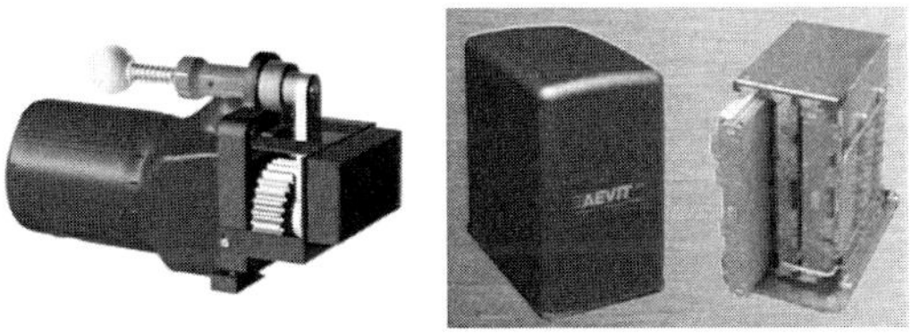

Servomotor, Driving Control System

휠체어 머리 받침대용 Secondary Switch

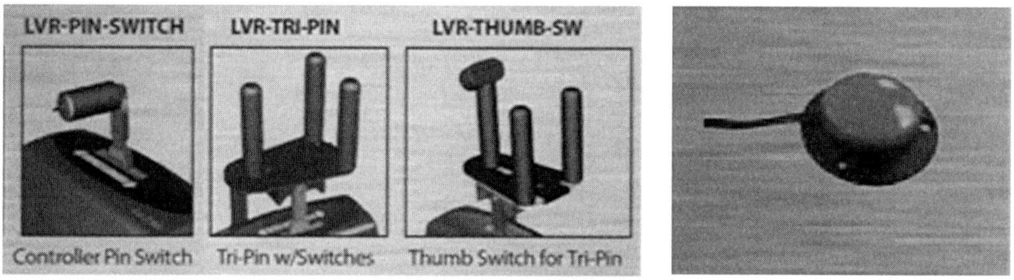

액셀러레이터와 브레이크 모듈 일체형 Secondary Switch와 발꿈치 등으로 사용할 수 있게 설치하는 버튼식 Secondary Switch

[그림 16-8] 세보형 수동제어 장치의 구조 및 구성

종 차량의 기능을 사용할 수 있다. 옵션에 따라 한 손으로도 운전이 가능하다.

- 특징: 신체기능에 적합한 각종 인터페이스 장치를 선택하여 운전석의 원하는 위치에 장치하여 조작할 수 있다. 기본적인 조작 방향은 수동제어 장치와 동일하다. 간단한 인터페이스를 이용하여 컴퓨터와 모터로 구성된 운전 보조기기를 통해 운전한다. 앞의 두 유형과는 달리 전자수동제어 장치다.

② 확장 액셀러레이터 및 브레이크 페달

다리 길이가 짧아서 액셀러레이터와 브레이크 페달을 조작하기 힘든 경우 사용 가능하다. 개조를 하지 않고 운전석 의자를 최대한 전방으로 당긴 상태로 운전을 하려고 할 경우 핸들과 체간 사이의 간격, 핸들 조작 동작 등을 고려하여야 한다.

확장하는 길이에 따라 페달 위에 간단히 장치를 장착할 수도 있지만, 확장을 많이 해야 할 경우 발뒤꿈치가 바닥에 닿아서 안정된 자세로 운전을 할 수 있게 바닥 확장도 필요하다.

페달 확장

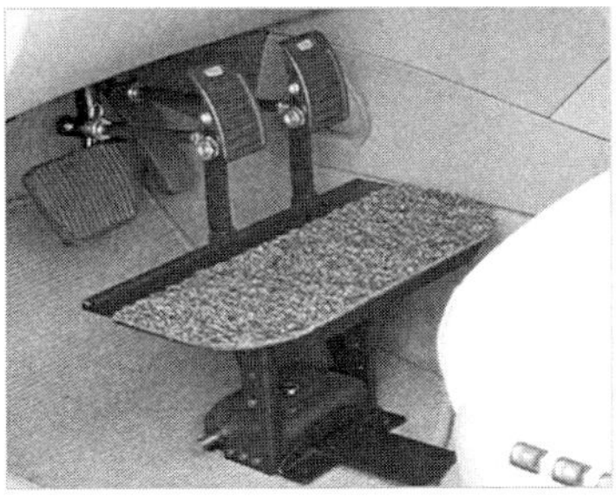

페달+바닥 확장

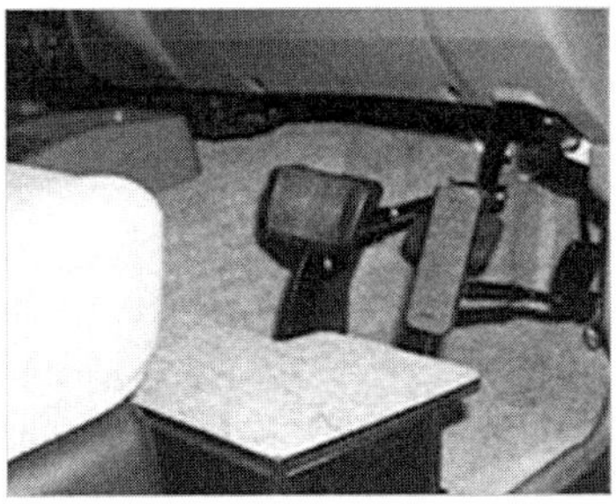

페달+바닥 확장

바닥 확장

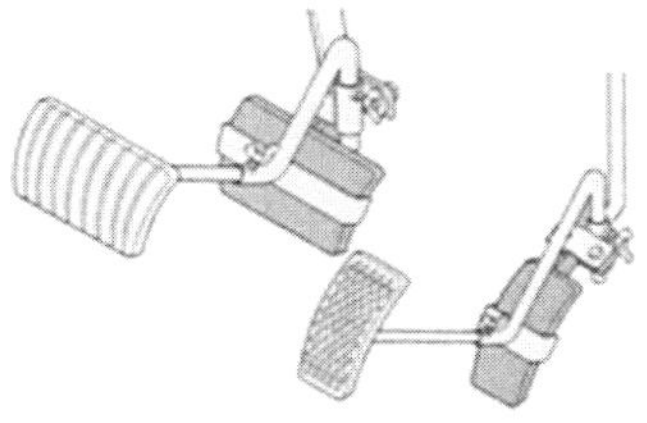

장치 장착

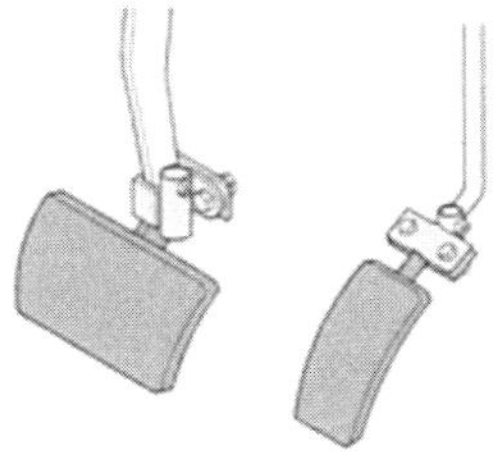

장치 탈거

[그림 16-9] 확장 액셀레이터 및 브레이크 페달의 종류와 구조

③ 선회장치

한 손으로 핸들을 조작하는 사람이 선회장치를 사용하게 되면, 핸들 조작이 용이해질 뿐만 아니라 핸들 조작 중의 운전 자세가 안정되는 등의 이점이 있다. 잡는 부분의 크기와 형상이 다양하므로, 사용하는 사람의 손의 기능과 손바닥의 크기에 맞춰서 선택해야 한다. 장치가 길수록 충돌 시에 외상을 입을 염려가 커지므로, 크기에는 충분한 주의가 필요하다. 또한 손을 장치에 고정하는 타입은 충돌 등으로 에어백이 터진 경우에 장치의 위치에 따라 외상을 입을 염려가 있으므로 사용할 때 주의가 필요하다.

선회장치에는 핸들의 바로 위에 장착하는 타입과 핸들의 안쪽과 바깥쪽에 장착하는 타입의 세 종류가 있는데 각각의 특징은 다음과 같다.

- 핸들 바로 위에 장착하는 타입: 자동차가 가지고 있는 핸들 조작력으로 핸들을 돌릴 수 있다. 운전 자세가 불안정한 사람이나 핸들을 조작하는 힘이 약한 사람이 선택해야 하다.
- 핸들의 안쪽에 장착하는 타입: 쉽게 탈착이 가능하다는 장점은 있지만, 핸들 바로 위에 장착하는 타입에 비해 조작력은 약 15% 증가해서 운전 자세와 핸들을 조작하는 데 문

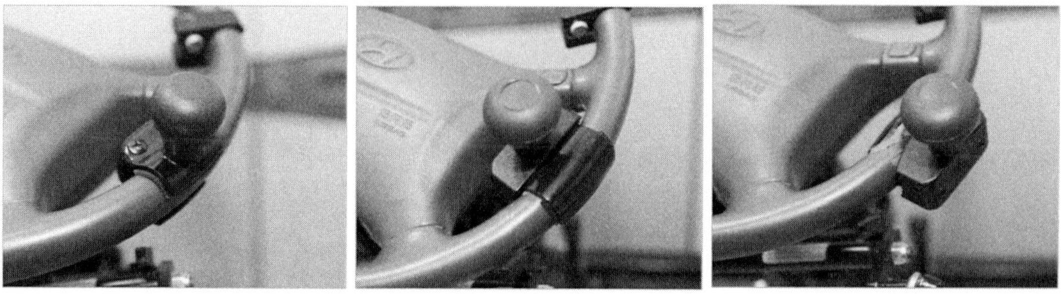

핸들 위 장착 핸들 안쪽 장착(탈착식) 핸들 바깥쪽 장착

[그림 16-10] 선회장치를 장착하는 타입

장착하는 타입에 비해 조작력은 약 15% 증가해서 운전 자세와 핸들을 조작하는 데 문제가 없는 사람에게 적합하다. 탈착이 되므로 가족이 함께 운전할 때 사용하기 편하다.

- 핸들의 바깥쪽에 장착하는 타입: 조작력이 약 15% 정도 감소한다는 장점은 있으나, 회전 반경이 커지고 핸들 바깥쪽으로 돌출되어 있기 때문에 신체와의 접촉 문제가 발생할 수 있다.

선회장치를 핸들에 장착할 때에는 핸들을 시계로 비유해서 10시나 10분 위치에 장착하는데 신체 상태에 따라 위치를 변경할 수 있다. 사고 시의 2차 충격에 대비하여 최대한 가슴과 가까운 위치에 장착하는 것은 피해야 한다.

선회장치의 종류에는 크게 다음과 같은 기본형과 특수형이 있다.

- 기본형은 테니스공을 잡을 수 있는 사람에게 사용되고 있으며, 예를 들면 손바닥이나

고정형(핸들 위) 탈착형(핸들 안쪽) 스위치 + 탈착형(핸들 안쪽)

[그림 16-11] 기본형 선회장치

[그림 16-12] 특수형 선회장치

④ 액셀러레이터 및 브레이크 페달의 오작동 보호장치

이완성 마비(flaccid paralysis) 또는 사지경련으로 인해 하지의 불수의 동작(involuntary motion)으로 구부러지거나 뻗치는 사람에게 사용되고 있다. 이 장치를 사용하면 수동제어 장치를 이용하여 액셀러레이터와 브레이크 페달을 조작할 때 페달 밑으로 발이 들어가거나 페달을 밟는 것 같은 오작동을 방지할 수 있다.

[그림 16-13] 액셀러레이터 및 브레이크 페달의 오작동 보호장치의 종류

비장애인도 운전을 할 수 있도록 접이형이나 탈거형을 선택하여야 한다. 추가적으로 하지에 벨트를 착용하여 대퇴부가 핸들과의 간섭되는 현상을 피해야한다.

⑤ 왼발 액셀러레이터 페달장치

오른쪽 발에 장애를 가진 사람이 왼쪽 발로 액셀러레이터를 조작할 수 있게 왼쪽 발에 페달을 추가로 설치하는 장치다. 이 장치는 크게 위쪽 구조물에 고정하는 링크형과 바닥에 고정하거나 탈착식으로 설치하는 바닥형이 있다. 두 장치는 같은 용도로 장착하나 사용편의나 차별화된 기능을 고려하여 선택해야 한다.

• 링크형
  - 자동차 페달의 구조물을 이용하여 상부에 설치한다.
  - 조작성이 좋고, 미세 조정이 용이하다.
  - 액셀러레이터와 브레이크 페달의 높이 차가 있어 오조작을 잘 일으키지 않는다.
  - 뒤꿈치를 바닥에 댄 채로 페달을 바꿔 밟는 조작을 할 수 있다.
  - 차종에 따라 개조 · 제작하여 장착할 수 있다.
  - 비장애인이 운전할 경우 페달을 위로 올리는 간단한 동작으로 고정할 수 있다.
  - 다른 차종으로 자동차를 바꿀 때 신규 제품으로 교체해야 한다.
• 바닥형
  - 운전석 바닥에 구멍을 내어 볼트와 너트로 고정한다.
  - 오른발이 액셀러레이터를 오작동하는 것을 방지하거나 편하게 올려놓을 수 있다.
  - 오르간 타입의 페달 구조로 발목의 피로가 적다.
  - 액셀러레이터와 브레이크 페달의 높이 차가 없어 오조작을 일으킬 수 있다.
  - 차종에 관계없이 장착 가능하다.
  - 비장애인이 운전할 경우 장치를 탈거하거나 바닥에 접어야 한다.
  - 바닥에 있기 때문에 흙이나 돌, 눈, 비 등의 이물질로 인해 장치 조작에 문제가 발생할 수 있다.

불안정한 착석 자세를 가진 사람은 장치 조작이 불안정하기 때문에 바닥과 뒤꿈치가 접촉된 상태에서 작동할 수 있는 링크형이 적합할 수 있다.

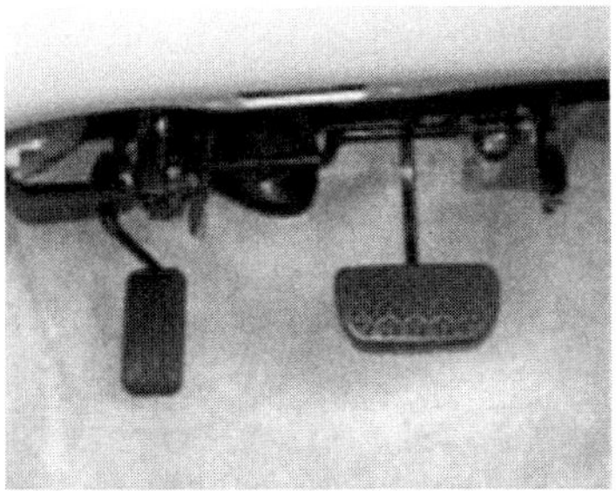

링크형

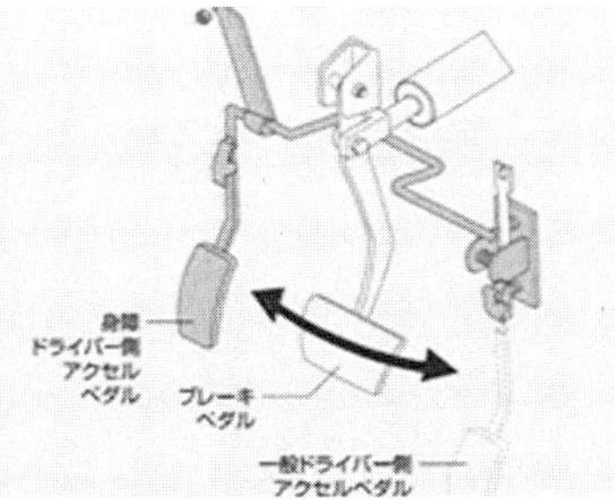

링크형 구조

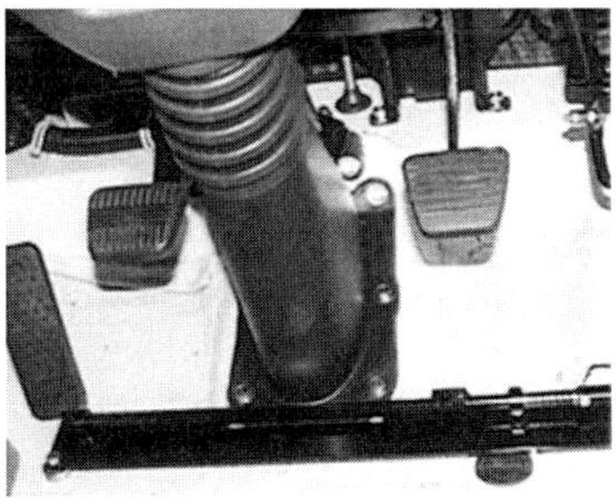

화물차용 링크형

바닥형(접이형)

바닥형을 접을 경우(접이형)

[그림 16-14] 왼발 액셀러레이터 페달의 종류 및 구조

⑥ 오른손 방향지시기

왼쪽 편마비 등에 따른 손의 기능장애로 인해 왼손으로 방향지시기를 조작하기 힘든 경우 오른손으로 방향지시를 할 수 있게 확장 레버를 장착하거나 전기적 신호를 이용하여 오른손으로 사용할 수 있도록 하는 장치다. 확장 레버의 경우 핸들과 와이버 레버 등과의 간

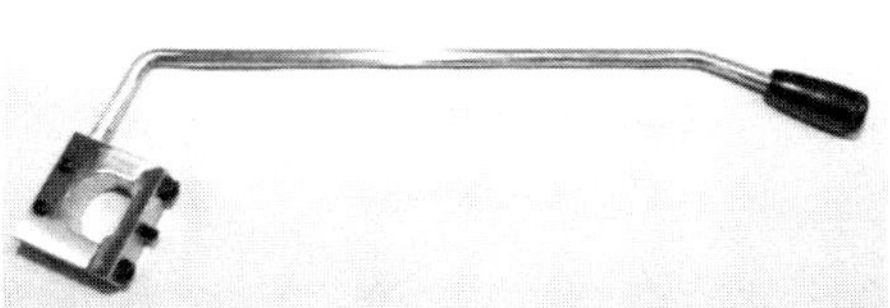

승용형

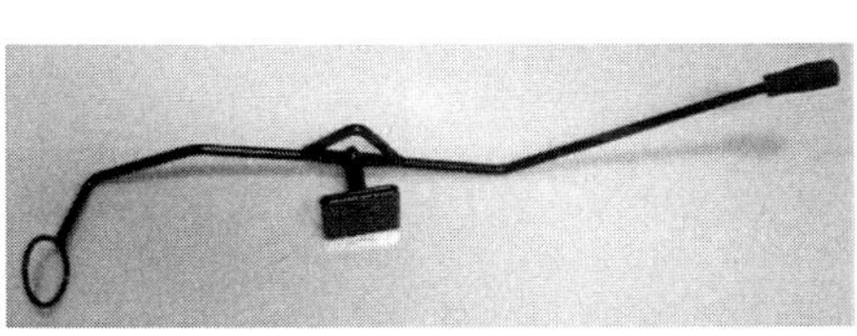

화물형

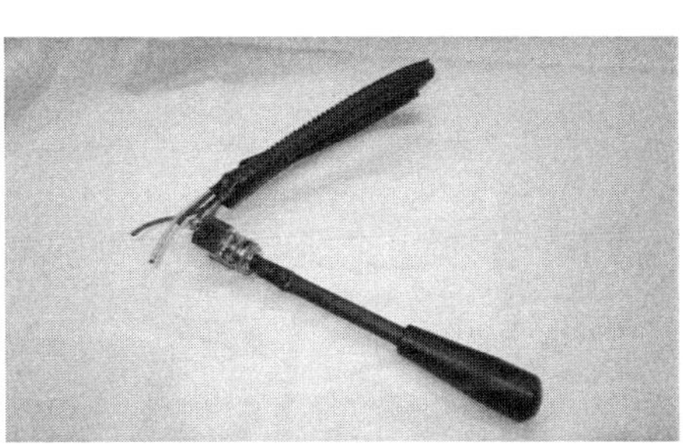

전기신호 이용

[그림 16-15] 오른손 방향지시기 종류

섭 없이 조작 가능한 위치에 장착하여야 한다. 전기신호 이용은 관련 전문가가 작업하는 것을 권장한다. 잘못 작업하면 ECU 회로에 손상을 줄 수 있다.

⑦ 전조등 보조기기

외부의 밝기에 따라 전조등이 자동 작동되는 보조기기로, 한 손으로 운전하는 장애인에게 적합하다. 최근 옵션으로 추가할 수 있으니 오토라이트(auto light)가 설치된 자동차를 구입할 것을 추천하며, 필요시 오토라이트 센서나 별도 스위치를 장착하여 전조등을 자동적으로 작동할 수 있다.

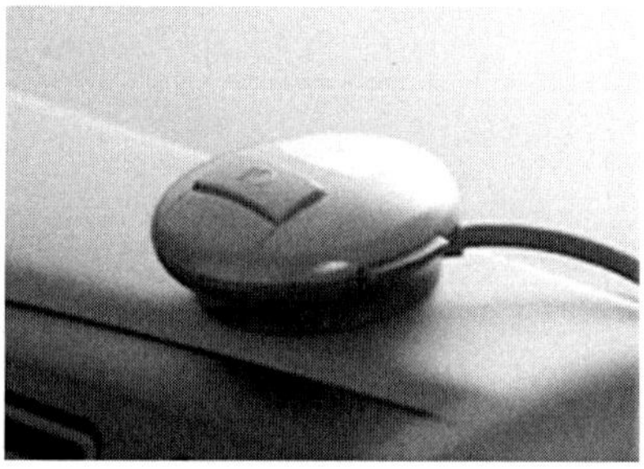

밝기 감지 센터

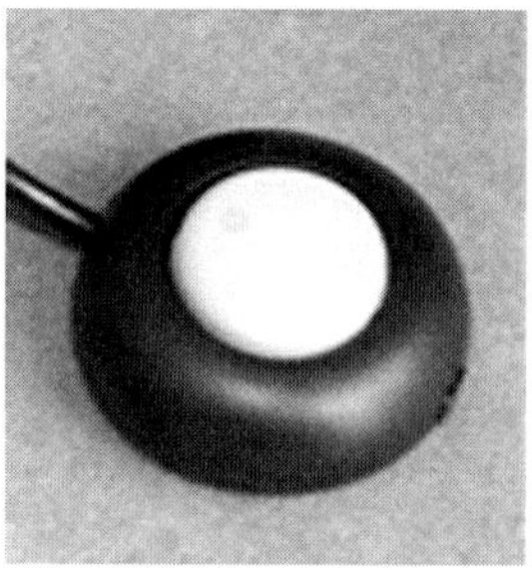

발 스위치

[그림 16-16] 전조등 보조기기 종류

⑧ 와이퍼 보조기기

오른손에 장애가 있거나 한 손으로 운전하는 경우, 비의 양에 따라 자동으로 작동하는 자동 와이퍼(wiper)가 설치된 자동차를 구입할 것을 추천한다. 필요시 왼손으로 작동할 수 있는 확장 레버를 장착하여 사용할 수 있다.

⑨ 자동변속기 변속 레버 보조기기

자동변속기 변속 레버의 버튼을 조작할 수 없는 사람은 버튼을 조작하기 위한 보조기기로 개조할 수 있다. 운전자가 사고 시 장애를 입지 않도록 하기 위해 레버의 종류와 설치 위치를 고려해야 한다.

변속기 손잡이 위에 설치

변속기 손잡이 교체 설치

[그림 16-17] 자동변속기 속 레버 보조기기 종류

⑩ 주차 브레이크 보조기기

- 핸드 주차 브레이크에 대한 보조기기: 주차 브레이크를 손으로 잡고 올리는 동작과 버튼을 눌러 내리는 동작에 어려움이 있는 장애인에게 적용할 수 있다. 자동차를 선택할 때 조작 여부를 검토하여 다른 타입의 주차 브레이크 사양을 가진 자동차를 고려할 필요가 있다. 신체기능에 따라 여러 가지 타입의 핸드 주차 브레이크 보조기기 중에서 선택 가능하다. 신체기능에 제한이 있는 사람 중 훈련을 통해 보조기기의 조작이 가능한 경우도 있다.
- 풋 주차 브레이크에 대한 보조기기: 왼쪽 발로 주차 브레이크를 작동해야 하는 차종의 경우 왼쪽 손으로 조작할 수 있게 개조 장착하여 사용이 가능하다. 자동차를 선택할 때 조작 여부를 검토하여 다른 타입의 주차 브레이크 사양을 가진 자동차를 고려할 필요가 있다.

핸드 주차 브레이크　　　　　풋 주차 브레이크

[그림 16-18] 주차 브레이크 보조기기의 종류

⑪ 족동장치

주로 양상체에 장애가 있는 사람이 사용한다. 운전석의 다리 좌측에 추가 설치된 핸들에 왼발을 고정하고, 자전거 페달 조작과 마찬가지로 왼발을 굴리거나 돌려서 핸들 조작이 가능하다. 또한 액셀러레이터 페달과 브레이크 페달, 변속기, 시동, 방향지시등, 클랙슨 등의 장치는 오른발과 다리로 조작한다. 다만 이 장치를 장착할 수 있는 차종은 한정되어 있다.

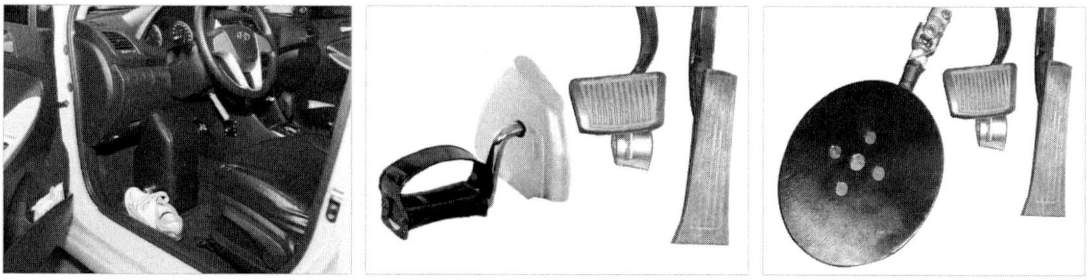

패달형　　　　　원판형

[그림 16-19] 족동장치의 종류

⑫ 자세유지 보조기기

자세유지는 올바른 자세에서 안전하게 운전하기 위한 필수요소다. 운전 중 스스로 올바른 자세를 유지하기 힘든 경우 신체기능에 맞는 시트 구조나 패드, 벨트 등을 이용할 필요가 있다.

먼저, 일체형 구조의 시트는 기능에 따라 플랫형(flat type)과 측면지원형(side support type)의 두 종류로 구분할 수 있다. 플랫형은 좌석이 평평해서 자동차에서 수평적 움직임에 편리하다. 측면지원형은 안정된 운전 자세 유지를 지원하게 된다. 측면지원형은 운전 시

올바른 자세를 유지하고 승하차를 용이하게 할 수 있도록 시트 측면의 날개 부분이 펴지면서 휠체어와 운전좌석 사이의 틈을 최소화한다. 등받이 각도는 운전자의 등에 맞게 조정할 수 있고, 운전을 하기 편안한 상태의 자세를 지원할 뿐만 아니라, 머리와 머리받침대 사이에 간격이 없는 자세로 유지시켜 줄 수 있다.

좌석 표면은 요실금(urinary incontinence)과 욕창(pressure sore)을 예방할 수 있게 특별히 제작된 시트를 넣어서 앉을 수 있다.

최근에는 자동차 시트가 운전자의 안락함과 안정성을 고려해 측면지원형 시트와 유사한 버킷시트(bucket seat)를 기본으로 장착하고 있다. 또한 패드형 시트는 측면지원형의 기능을 하면서 시트를 교체하지 않고 기존의 시트 위에 장착하여 올바르고 안정된 자세유지를 지원해 줄 수 있다. 신체 특성을 고려하여 패드형이나 측면지원형을 구분하여 적용해야 한다.

측면지원형이나 패드형 또는 버킷시트는 자동차의 좌우 방향의 흔들림을 지원해 주고,

플랫형

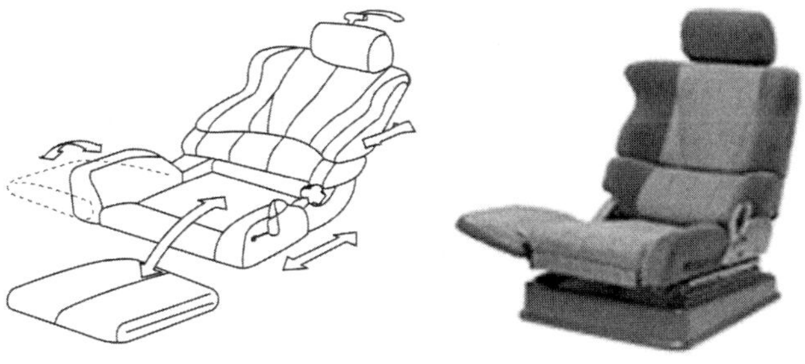

측면지원형

패드형

버킷시트

[그림 16-20] 자세유지 기능이 있는 시트의 종류

전후 방향은 핸들을 조작하는 상지와 바닥을 지지하고 있는 하지를 이용하게 된다. 그러나 상지나 하지를 이용하여 전후 방향의 흔들림을 지지해 줄 수 없는 신체장애인의 경우 별도의 가슴 벨트가 필요하다. 가슴 벨트는 전후·좌우·상하 모든 방향에서의 흔들림을 상체와 상지의 근력이 현저히 떨어지거나 원하는 자세유지가 힘든 장애인의 경우 효율적으로 잡아 줄 수 있다.

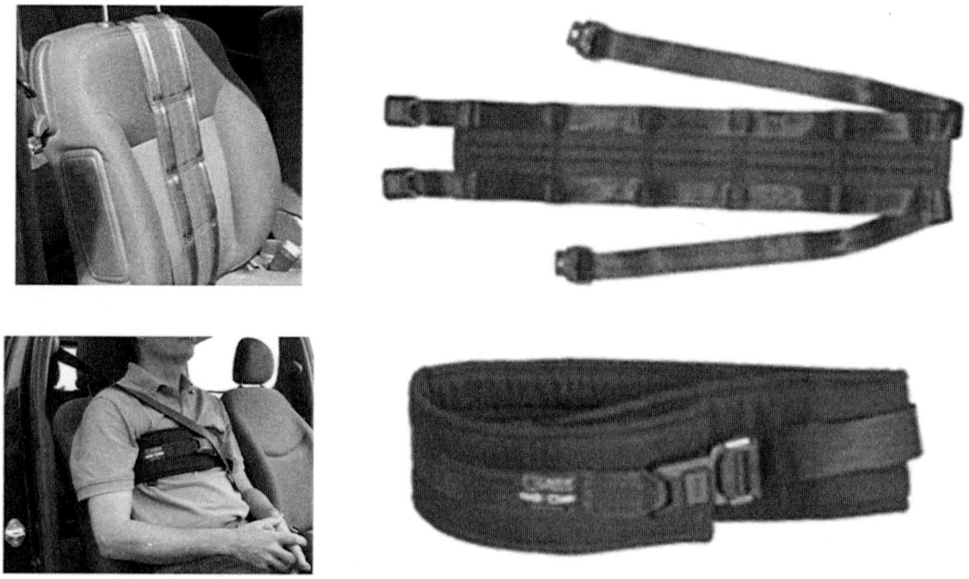

[그림 16-21] 자세유지를 위한 가슴밴드의 종류

(2) 탑승 보조기기

신체장애인이 휠체어 등에서 자동차의 운전석이나 보조석, 뒷열에 진입할 때 사용하는 보조기기로, 신체 상태와 탑승 위치(운전석, 보조석, 후방진입, 측면진입 등)를 고려하여 선택하여야 한다.

① 보드

좌석 외관의 거리와 높이 및 운전 좌석문(seat door) 사이의 거리 및 운전좌석의 끝이 고려되어야 할 것이다. 하지마비는 좌석 표면이 너무 높거나 좌석 끝이 문으로부터 너무 멀 때 승하차가 안전할 수 없다. 따라서 휠체어와 운전석 사이 승하차 시 안전을 고려하여 간격을 채워 줄 수 있는 고정형이나 이동형 보드가 필요하다.

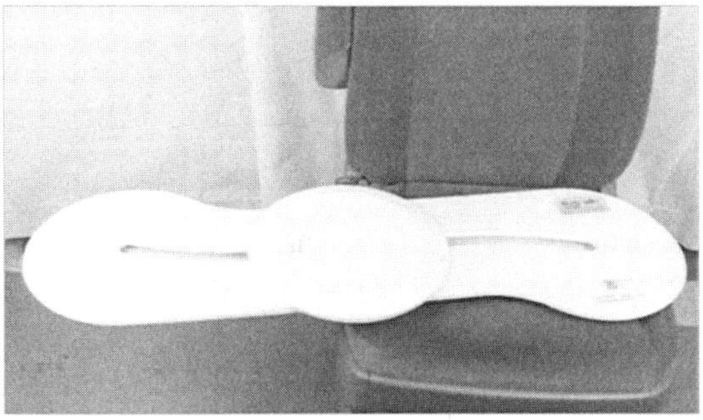

이동형

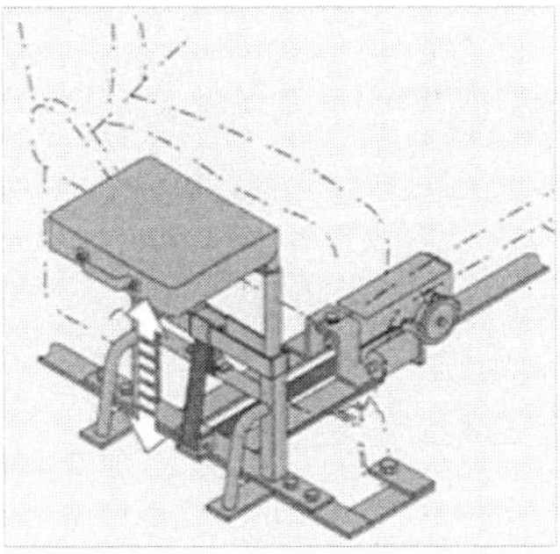

고정형

[그림 16-22] 보드형 이동지원 보조기기

② 회전의자

회전의자는 다리를 들어서 자동차 좌석으로 이동하는 동작이 어려운 신체장애인의 경우 좀 더 편리하게 사용할 수 있다. 이 기기는 주로 고령자와 편마비, 하지마비 장애인이 많이 사용하고 있다. 사지마비 등을 가진 장애인은 자동차 시트와 휠체어 시트를 같이 사용할 수 있는 자동차 시트 겸용 전동 또는 수동 휠체어가 적합하다.

회전의자는 기능에 따라 회전만 가능한 2way형과 회전과 상하 이동을 할 수 있는 4way형, 회전과 전후 · 상하 이동을 할 수 있는 6way형이 있다.

- 2방향형: 승용차에 주로 적용되는 형태로 보조석에 장착하여 사용한다. 차종에 따라 장착 가능 여부가 판단되고 90° 완전히 회전하는 제품과 60° 정도까지 회전하는 제품이 있다. 국내 제품은 일부 차종에 대해서만 판매되고 기존 시트를 사용한다. 해외 제품은 차종에 관계없이 시트일체형으로 판매한다.

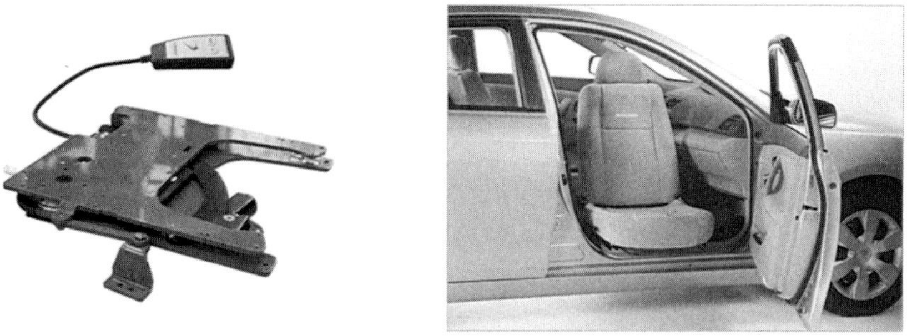

[그림 16-23] 2방향형 회전의자 이동지원 보조기기

- 4방향형: 승합차나 SUV 차종에 주로 적용되는 형태로 보조석이나 2열에 장착하고 일부 수입제품의 경우 국내 SUV 몇 차종에 한하여 운전석에 장착 가능하다. 2방향형에서 상하 이동 기능이 있어 자동차 시트와 휠체어 시트 높이를 동일하게 할 수 있다.

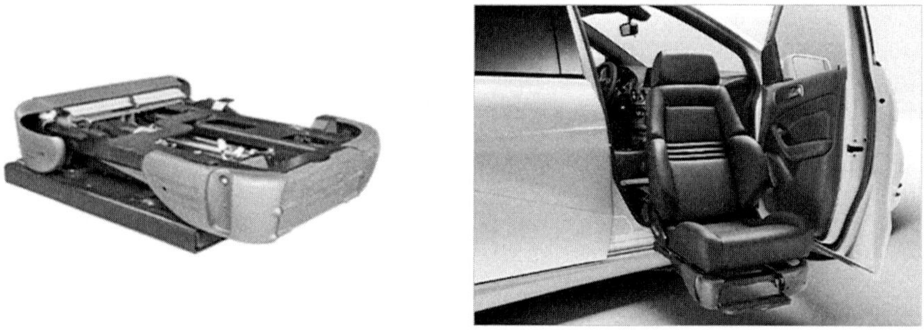

[그림 16-24] 4방향형 회전의자 이동지원 보조기기

- 6방향형: 승합차에 적용 가능하고 측면이나 후방으로 휠체어를 탄 채로 진입한 후 운전석 시트로 이동하기 편리하게 지원하는 장치다. 주로 하지마비 장애인이 전동 또는 수동 휠체어를 타고 경사로 등을 이용하여 자동차 후방으로 진입한 후 3열에 휠체어를 고정하고 2열로 운전석 시트를 옮겨 1열 운전석까지 이동하여 운전할 수 있게 사용한다.

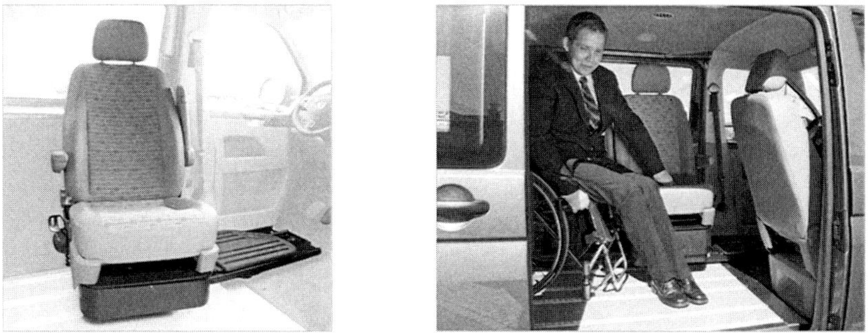

[그림 16-25] 6방향형 회전의자 이동지원 보조기기

③ 램프(측면과 후방형)

램프는 휠체어를 탑승한 상태에서 자동차 내로 진입할 수 있게 측면이나 후방에 개조 장착하여 사용할 수 있다. 램프를 이용하여 자동차 내로 들어가기 위한 목적은 크게 운전과 탑승이 있다. 운전을 하기 위한 목적으로 들어갈 때는 운전석까지 휠체어가 진입이 가능한 구조로 개조되어야 하고 램프와 문이 자동으로 작동하여야 한다. 개조된 자동차를 구매할 때는 현재 사용하고 있는 휠체어를 탑승한 상태에서 램프를 이용해 자동차 내로 진입 가능한지를 미리 확인해야 한다. 일부 특수 전동휠체어의 경우 좌석 높이가 높고 신장, 특히 앉은 키가 큰 사람의 경우 진입이 불가능할 수 있다. 휠체어가 진입 가능하게 개조된 자동차의 경우 대략 실내고가 150cm 정도이고, 진입로의 경우 도어 트림 부분이 실내고보다 높이가 낮은 경우가 있어 사전 확인이 필요하다. 탑승이 목적인 경우에는 전동휠체어의 리클라이닝과 틸팅 기능을 이용하여 진입하고 탑승할 수 있는지 사전에 필히 검토해야 한다.

후방 진입, 수동 램프, 전동/수동휠체어 가능(차종에 따라 다름), 폴딩 램프

후방형

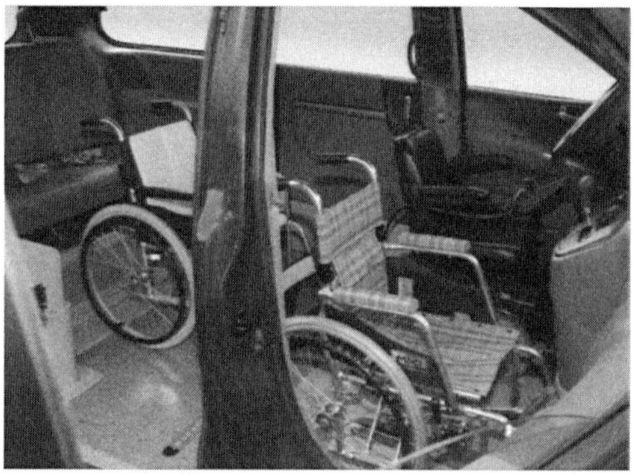

측면 진입, 1 · 2열 운전 및 탑승, 자동 램프 및 도어, 전동/수동휠체어 가능, 폴딩 램프

측면형

측면 진입, 1 · 2열 운전 및 탑승, 자동 램프 및 도어, 전동/수동휠체어 가능, 인플로어 램프

측면형

[그림 16-26] 램프의 종류

④ 리프트

램프와 같은 기능을 하지만, 탑승하는 동작에서 램프는 경사로를 올라가야 한다면 리프트는 자동으로 올려 준다는 점에서 차이가 있다. 그만큼 리프트는 부피가 많이 필요하고 탑승시간도 오래 걸리면서 탑승 시 도어 트림 부분의 높이도 더 낮은 편이다. 개조 비용 또한 램프보다는 비싼 편이다. 그러나 버스나 SUV, 트럭과 같은 차체 높이가 높은 경우 램프보다는 안전하게 탑승할 수 있는 장점을 가지고 있다.

후방 진입, 3 · 4열 탑승, 전동리프트,
전동/수동휠체어 가능, 폴딩

후방형

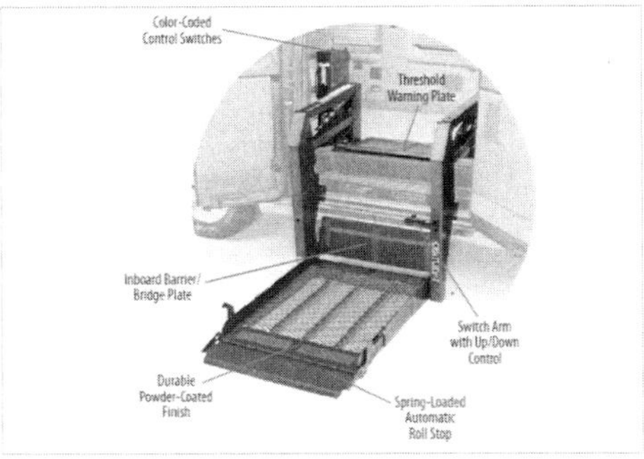

측면 진입, 1 · 2열 및 버스의 경우 휠체어 좌석 탑승, 전동리프트, 전동/수동휠체어 가능, 폴딩

측면형

[그림 16-27] 리프트의 종류

⑤ 멀티리프트

사지마비 장애인과 같이 보호자에게 의존하여 이동하는 신체 장애인에게 적용 가능하고 가정용 호이스트와 같은 원리로 조수석에 설치하여 사용할 수 있다. 최대 사용 가능한 무

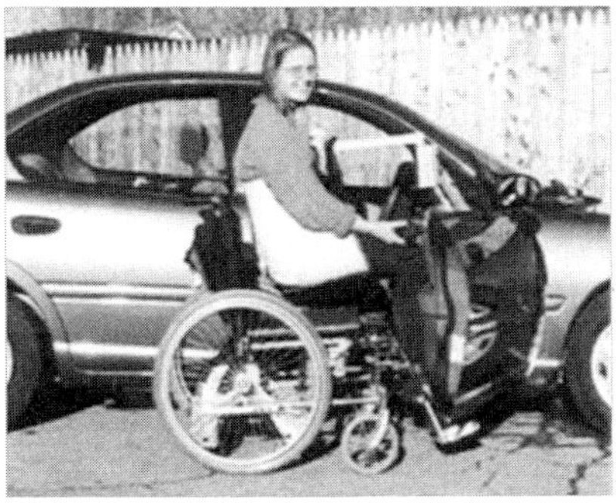

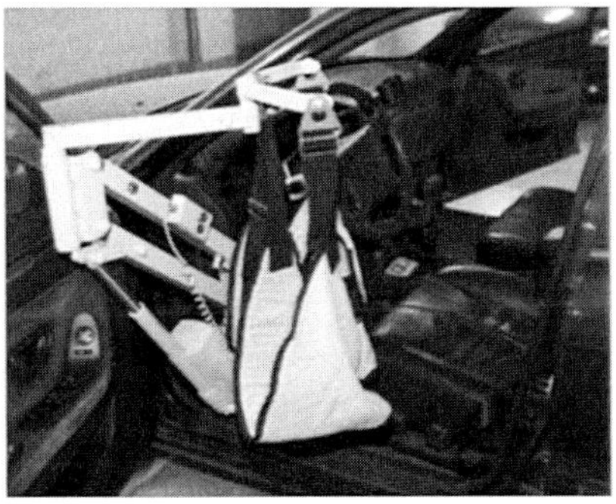

[그림 16-28] 멀티리프트

계는 120kg이며 분리형으로 되어 있어 탑승 후 트렁크에 적재할 수 있다. 또한 고정부만 설치하면 욕실이나 다른 자동차에서 이동하여 사용할 수 있다. 일부 차종의 경우 운전석에 장착은 가능하나 보호자의 도움으로 승하차하고 상부를 분리해서 적재해야 한다.

(3) 탑재 보조기기

탑재 보조기기는 전동 및 수동 휠체어를 트렁크나 2열, 지붕 등에 적재하기 위한 수단으로 사용한다.

① 지붕형 크레인

운전석에 탑승한 후 수동 휠체어를 접은 상태에서 자동으로 지붕에 싣는 장치다. 자동차 지붕 위에 설치해야 하기 때문에 전고가 높아져 주차장이나 지하차도 등의 진출입 시 높이 확인을 해야 한다.

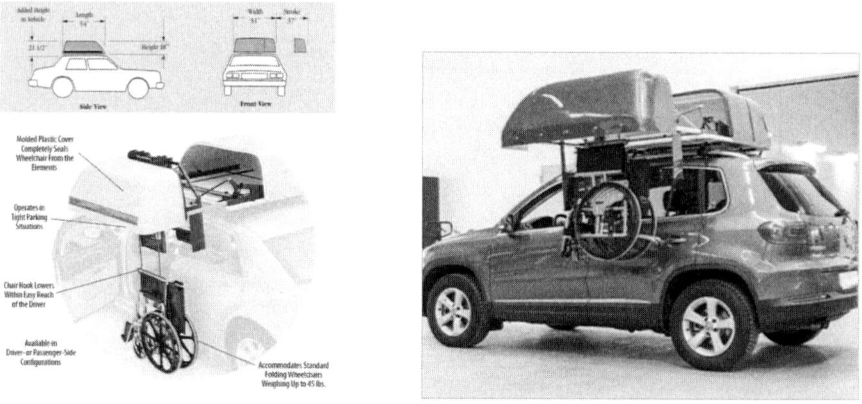

[그림 16-29] 지붕형 크레인

② 측면형 크레인

운전석에 탑승한 후 수동 휠체어를 접은 상태에서 자동으로 2열에 싣는 장치다. 장치를 설치하기 전에 2열 도어를 슬라이딩 방식으로 개조할 필요가 있고, 제품에 따라 차이가 있지만 대부분 2열은 승차가 불가능하다.

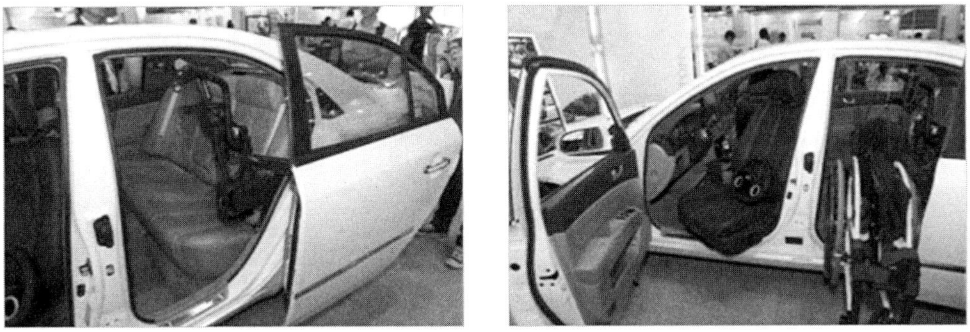

[그림 16-30] 측면형 크레인

③ 후방형 크레인

보호자가 전동 또는 수동 휠체어를 트렁크에 탑재하기 위한 장치로, 전동장치를 이용하여 전동휠체어 같은 무거운 휠체어도 탑재가 가능하다. 단, 자동차 트렁크 공간이 충분할 경우에만 탑재 가능하다. 장치를 사용하기 위해 전동 휠체어나 스쿠터의 경우는 별도의 연결고리를 장착해야 한다.

[그림 16-31] 후방형 크레인

④ 측면 · 후방형 리프트

크레인과 동일 기능을 하면서 별도의 연결부 없이 좀 더 무거운 휠체어를 트렁크나 2열에 탑재하는 것이 가능하다. 트렁크에 탑재하기 힘든 크기의 휠체어는 자동차 후방에 장착한 리프트 위에 탑재 가능하다. 이 장치를 장착하기 위해서는 연결부가 필요한데 이 연결부는 자동차 차체를 개조 장착해야 하는 부분으로 구조 변경을 해야 한다.

[그림 16-32] 후방형 리프트

⑤ 이동 경사로

이동 경사로를 사용하면 별도의 장치를 사용하지 않고 필요할 경우만 트렁크 등에 설치하여 휠체어를 탑재할 수 있다. 경사각이 높은 경우 탑재 시 안전에 유의해야 한다.

[그림 16-33] 이동 경사로

(4) 기타 보조기기

휠체어를 자동차 내에 고정하거나 기타 편의장치를 사용할 수 있게 개조 장착한 것이다.

① 휠체어 고정장치

휠체어를 고정하기 위한 방법 중 가장 안전한 것은 휠체어의 각 바퀴 4점을 잡아 주어 전후 · 좌우 · 상하 방향의 움직임이 있어도 휠체어를 움직이지 않게 고정하는 것이다.

• 수동 고정장치

바닥에 설치된 레일에 수동 고정장치를 설치하고 휠체어 전후 각 4점을 고정하는 장치다.

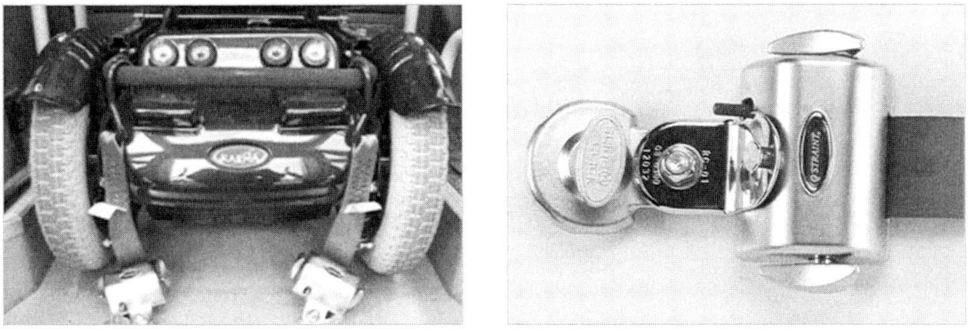

[그림 16-34] 수동 고정장치

• 자동 고정장치

바닥에 설치된 자동 고정장치와 휠체어에 설치한 고정 브래킷을 이용하여 휠체어를 자동으로 고정하는 장치다.

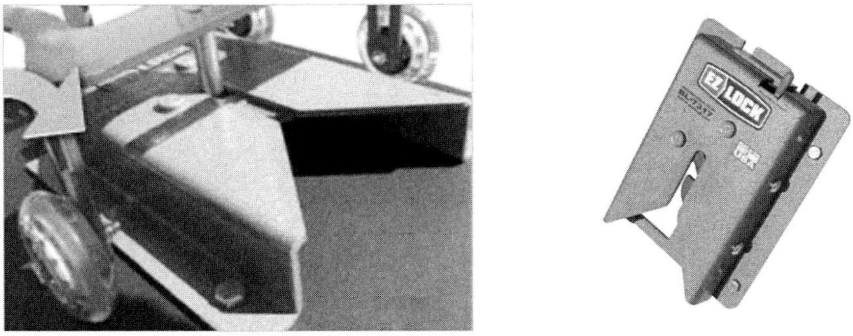

[그림 16-35] 자동 고정장치

② SUV 후방 자동문

자동으로 후방문을 닫을 수 있는 장치로 휠체어 탑승 장애인이 앉은 상태에서 후방문을 닫을 때 사용할 수 있다.

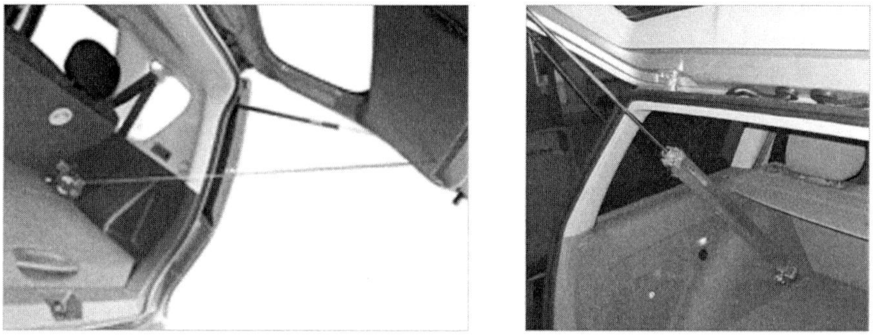

[그림 16-36] SUV 후방 자동문

③ 편의장치 손잡이

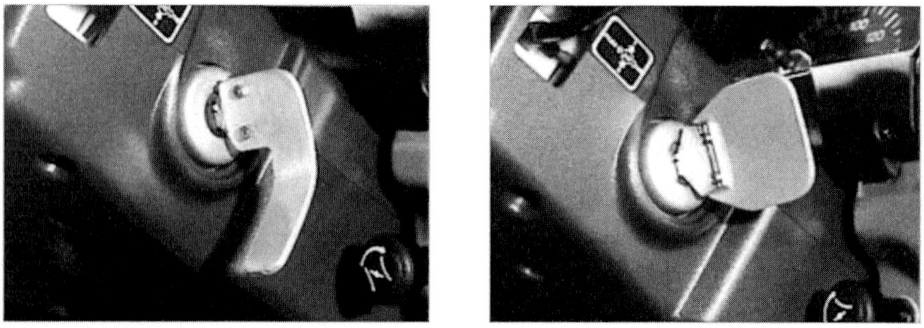

키

도어

도어

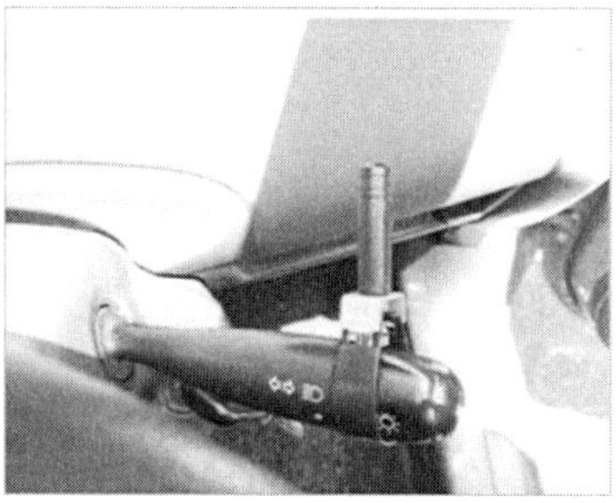

전조등 스위치

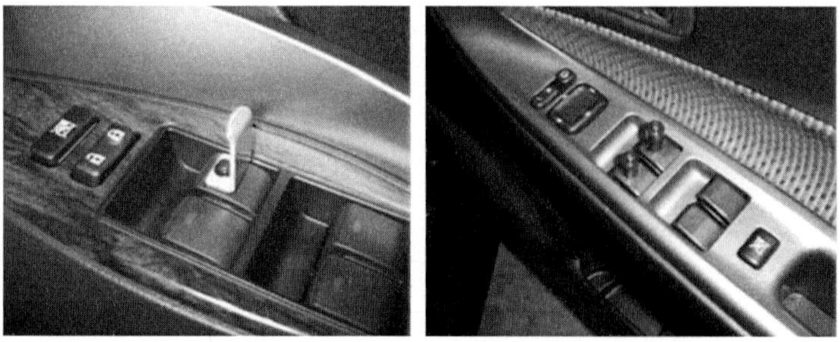

파워 윈도우 스위치

에어컨 다이얼

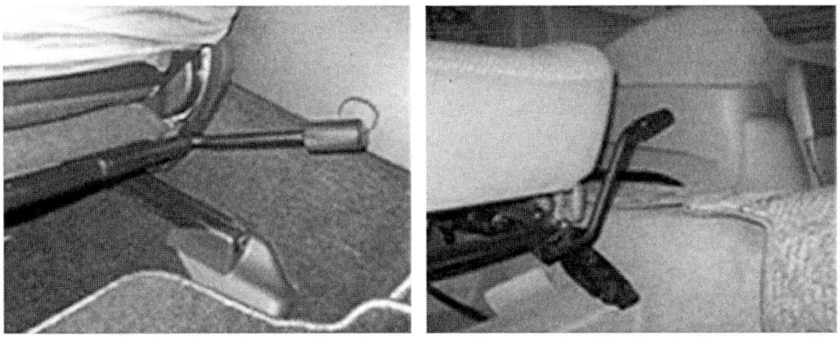

시트 슬라이드 레버

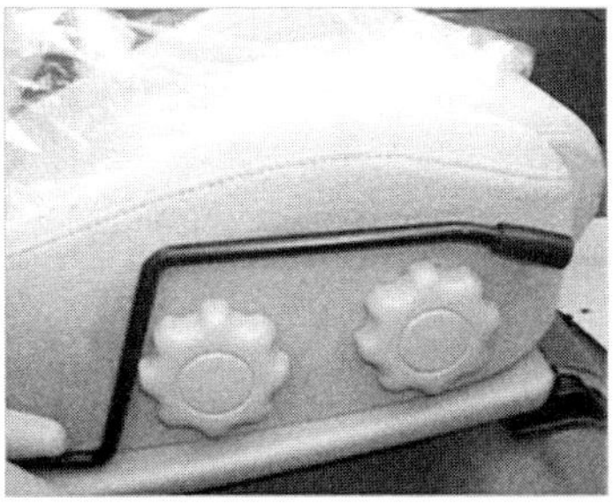

시트 리클라이닝 레버

안전벨트 버클

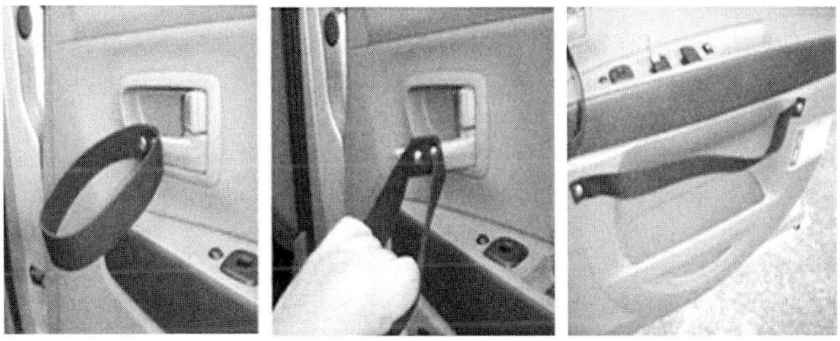

도어 스트랩

트렁크 도어 스트랩

[그림 16-37] 편의장치 사용을 위한 손잡이 개조 예시

참고문헌

국립재활원 재활연구소(2009). 운전재활과 자동차보조기술의 연구체계 구축을 위한 기획연구보고서.

미국 ADED. '운전재활전문가과정' 교육 자료.

보건복지부(2015). 장애인복지사업안내.

松尾, 清美, 小林, 博光(2008). 移動支援機器ー用具 自動車運轉用裝置. 東京: 總合リハビリテーション.

National Rehabilitation Center For Persons With Disabilities (2004). Selection automobiles and assist devices for persons with physical disabilities, Japan.

http://www.autoadapt.com

http://www.braunability.com

http://www.emc-digi.com

http://www.ezlock.net

http://www.kivi-mobilityfreedom.com

http://www.fujicon.co.jp

http://nissin-apd.co.jp

http://www.qstraint.com/ko_na

http://www.changrim.net

http://토탈어빌리티.com

http://www.hyundai-dymos.com/ko/main.do

http://www.medstore.co.kr

http://accessams.com

제17장 장애인 스포츠와 여가활동

1. 여가활동의 필요성

1) 쉽지 않은 삶

21세기를 사는 대한민국 국민은 매우 어려운 삶을 살고 있는 것으로 판단된다. 영국의 신경제학재단(NEF)에서 삶의 만족도, 평균수명, 환경을 기준으로 행복지구지수를 산출한 결과 우리나라는 178개 나라 중에서 102위를 차지하고 아시아 국가 24개국 중에는 21위를 차지하였다. OECD 회원국의 삶의 만족도 비교에서도 우리나라는 47.3%로 최하위권을 형성하고 있다. 게다가 우리나라는 OECD 회원국 중 자살률 1위를 수년간 지켜 오고 있다. 결론적으로 말하면 대한민국의 국민은 상당수가 자살을 선택할 만큼 행복하지 않다는 것이다.

왜 우리는 행복하지 않을까? 서울시립대학의 박세혁(2010) 교수는 우리나라 국민의 삶의 만족도와 행복감이 낮은 결정적인 원인은 '상대적 박탈감' 이라고 규정하였다. 21세기를 살아가는 우리는 많은 불안요소 속에서 살고 있다. 우리나라는 좁은 지역에 너무 많은 인구가 살고 있고, 환경이 파괴되고 오염되고 있으며, 교통지옥 속에

서 경제가 불안하고 가정이 해체되며 교육은 위기 속에 있다. 이 사회 불안은 가치관의 혼란을 가져와 우리의 삶을 매우 힘들게 하고 있다. 그러나 많은 사람은 불합리한 환경을 극복하며 행복하게 살아가고자 노력하고 있다. 이는 많은 장애인, 투병인, 경제적 어려움을 겪는 사람들이 현재의 위기를 극복하고 밝고 건강한 삶을 살고 있는 것으로 증명될 수 있다. 링컨 대통령은 사람들은 스스로가 결정한 만큼 행복할 수 있다는 명언을 남겼다. 우리는 우리 삶 속에서 저마다 어떤 사고를 유지하느냐에 따라 행복할 수도 있고 불행할 수도 있다는 것이다.

2) 여가의 본질적 요소 및 정의

한국여가레크리에션협회는 여가의 본질적 요소를 다음과 같이 서술하였다.

- 여가란 자유에 바탕을 두고 있다.
- 여가에는 희열과 만족이 따라야 한다.
- 여가는 자기발전에 도움을 준다.

이를 종합하여 정의하자면, 여가란 '노동시간과 생활필수 시간을 제외한 자유재량 시간에 자유선택에 의해 활동 그 자체를 목적으로 참여하여 자유감을 인지하는 활동'이다.

3) 여가의 중요성

여가활동에는 부정적 측면과 긍정적 측면이 있다. 먼저, 긍정적 측면을 살펴보면 다음과 같다.

- 심리적 혜택(자기표현, 정체성, 현실 탈출, 스트레스 해소, 호기심 충족, 휴식, 유능감 등)
- 신체적 혜택(심폐기능, 운동기능, 근지구력 등)
- 사회적 혜택(사교, 사회적 연결망 등)
- 정서적 혜택(감정의 표현 및 순화)

여가의 부정적 측면을 살펴보면 다음과 같다.

- 여가의 상업화
- 여가의 과시화
- 여가의 스트레스화
- 여가의 향락화 및 퇴폐화
- 여가의 부정적 현실 도피

스포츠의 참여는 여가의 역기능을 최소화하고 긍정적 측면을 모두 소화할 수 있는 가장 훌륭한 여가활동 분야다. 더하여, 최의창(2010)은 사람은 스포츠에 참여하지 않고는 그 근본적 의미에서 문명된 삶을 영위하는 인간다운 인간이 될 수 없다고 하였다. 즉, 장애인들은 인류의 공적 문화유산의 하나인 스포츠 활동에 참여함으로써 이상적 인간으로 성장할 수 있고 여가 활용의 긍정적 측면을 모두 누릴 수 있다.

2. 장애인 스포츠의 시작과 발전

Ludwig Guttman

역사 속의 많은 문헌이 모든 신체의 움직임은 여러 가지 신체적인 질병이나 정신적인 질병을 치료하는 데 효과가 있으며 또 사용되어 왔음을 기록하고 있다. 구체적으로 1800년대에 링 체조는 유럽과 미국의 전문가들에게 장애인 재활의 목적으로 광범위하게 사용되었다. 두 차례의 세계대전으로 인해 발생한 많은 수의 상이군인의 재활을 돕기 위하여 스포츠가 사용되었는데, 이는 장애인 스포츠의 시작이라고 말할 수 있다. 재활을 위한 스포츠 참여는 서로 간의 훈련과 노력의 성과를 비교하고자 하는 욕구로 승화되었고 이 욕구는 1948년 7월 스토크 멘더빌 경기를 연례 스포츠 행사로 시작하면서 대회의 성격을 띠게 되었다. 이 척수장애인 경기를 발전시킨 Ludwig Guttman 박사는 장애인이 스포츠 활동을 실시해야하는 이유를 다음의 세가지 가치를 들어 설명하였다. 첫째는 치료 수단으로의 가치다. 신체활동은 가장 자연스러운 치료방법이며 통상적인 물리요법으로 채택되고 있다는 것이다. 둘째는 레크리에이션 및 심리학적 가치다. 치료의 일환으로 스포츠가 갖는 커다란 장점과 가치는 레크리에이션적인 성격에 있으며 장애인에게 생활의 활력과 인생의 즐거움과 기쁨을 표현하고자 하는 인간의 욕구를 되찾아 주는 동기를 부여하는 데 있다는 것이다. 셋째는 사회통합의 수단으로서의 가치다. 스포츠의 목적은 자기극복, 자존, 동료 간의 우애 등 장애인들의 사회통합에 필요한 정신 자세를 고양시키는 데 있다는 것이다.

이 장애인의 스포츠 참여와 경기대회가 갖는 가치는 그것이 주변 국가의 호응을 얻어 1952년 유럽 지역을 중심으로 국제적인 스포츠 행사로 발전하였고 국제스토크멘드빌 경기연맹이 창설되었다는 것이다. 1988년 서울에서 개최된 올림픽과 장애인올림픽의 성공을 기점으로 1989년 독일 뒤셀도르프에서 국제장애인올림픽위원회가 결성되어 세계적인 조직체를 구성하게 되었다. 국제장애인올림픽위원회는 국제 장애인 스포츠를 조정하면서 국제올림픽위원회와의 연계 확립에 주력하였다. 그 결과로 2000년 호주의 시드니에서 '모든 인류는 육체적 · 정신적 성장을 추구할 권리에 대한 공통적 신념이 있다.' 는 기치 아래 두 단체는 연계를 공고히 하는 협약서를 체결하였다. 이 협약서는, 첫째, 장애인올림픽대회 조직을 올림픽조직위원회 하나로 통합하여 그 운영의 효율성을 꾀하였다. 둘째, 장애인올림픽대회 개최에 대한 재정지원을 보장하여 재정 확보의 어려움을 해소하였다. 셋째, 재정 문제로 참가하지 못하는 선수단의 참여를 활성화하기 위하여 참가선수단에 대한 지원을 약속하였다. 넷째, 운영의 어려움을 겪고 있는 국제장애인올림픽위원회의 운영 경비를 지원하도록 하였다.

이 협약은 각 국가의 장애인올림픽위원회의 활성화에도 영향을 미쳐 현재 162개국의 국가 올림픽위원회가 결성되어, 각각의 국가에서 장애인올림픽 스포츠와 국제장애인올림픽위원회의 활동을 지원 · 공조하고 장애인올림픽과 기타 국제장애인올림픽위원회 주관 각종 대회 준비, 관리와 개최 업무 등을 담당하고 있다. 또한 이 협약의 영향으로 국제휠체어스포츠연맹과 절단장애인경기연맹이 통합하여 새로운 조직으로 재결성되는 등 국제장애인 스포츠의 조직도 좀 더 발전적이고 효율적인 방향으로 재정비되고 있다. 이로서 국제장애인 스포츠 조직은 국제휠체어/절단장애인경기연맹(IWAS), 국제시각장애인경기연맹(IBSA), 국제뇌성마비인경기연맹(CP-ISRA), 국제지적장애인경기연맹(INAS) 등의 장애 영역별 조직과 국제경기연맹에서 관리하는 10개 종목(휠체어농구, 휠체어테니스, 세일링, 배구, 휠체어컬링, 승마, 탁구, 사이클, 양궁, 론볼), 국제장애인스포츠기구(IOSD)에서 관리하는 7개 종목(보치아, 뇌성마비축구, 맹인축구, 골볼, 유도, 휠체어펜싱, 휠체어럭비), 국제장애인올림픽위원회에서 직접 관리하는 스포츠 8개 종목(알파인스키, 노르딕스키, 육상, 사이클, 아이스슬레지하키, 역도, 수영, 휠체어댄스) 등 종목별 조직으로 구성되어 있다. 또 이 협약은 대륙을 대표하는 국제 조직에도 영향을 미쳐, 아시아 · 태평양장애인경기연맹이 아시아장애인올림픽위원회로 통합되는 등 보다 미래지향적인 구조 개편이 이루어지고 있다. 그리하여 각 지역별 조직은 아프리카장애인 스포츠연합, 유럽장애인올림픽위원회, 오세아니아장애인올림픽위원회, 미주장애인올림픽위원회, 아시아장애인올림픽위원회로 구성되어 있다. 이러한 조직체계의 발전적이고 미래지향적인 개편은 세계장애인올림픽의 활성화에 지대한 영향을 미치고 있으며, 이는 세계장애인 스포츠의 활성화를 자극하여 2012년 제14회 런던장애인올림픽대회는 21개 종목에 165개국에서 4,250여 명의 선수와 2,750여 명의 임원이 참가한 명실상부한 세계대회로 성장하였다(대한장애인체육회, 2012). 이러한 세계대회의 성장은 국내 장애인 스포츠 활성화에도 커다란 영향을 미치고 있다.

3. 우리나라의 장애인 스포츠

우리나라에서는 일제 강점기에 한국 최초 공립 특수교육기관인 제생원 맹아부에서 체조 교과목을 설치 · 운영한 것이 근대적 의미를 지닌 장애인체육 활동의 시작이다(문화관광부, 2007). 해방 이후 특수학교를 중심으로 발전해 가던 장애인체육 활동은 6.25 전쟁과 베트남 전쟁에서 상해를 입은 상이군경과 척수회백수염으로 장애를 갖게 된 사람들의 재활, 복지 및 체육 활동을 지원하고자 하는 기관의 설립과 지원으로 장애인체육 발전의 역사를 이어갔다. 서울장애인올림픽 이후 보건복지부 산하 한국장애자복지체육회가 설립되어 장애인의 체육진흥을 위하여 기여하게 되었다. 한국장애자복지체육회는 법의 변화에 따라 한국장애인복지체육회, 한국장애인복지진흥회로 명칭을 변경하며 한국 장애인체육 업무를 총괄하였다. 이 기관의 업무는 2005년 문화관광부 산하 대한장애인체육회가 설립되어 이관되었는데, 이로써 그 조직적인 체계의 기틀을 갖추었다고 할 수 있다. 대한장애인체육회의 설립 이후 17개 시 · 도장애인체육회가 설립되어 중앙의 장애인체육 뿐만아니라 지방의 장애인 체육도 발전할 수 있는 행정 조직이 갖추어졌다. 나아가 시 · 군장애인체육회의 설립도 현재 이루어지고 있어 장애인체육 발전의 기틀이 견고해지고 있다.

우리나라의 장애인스포츠 경기는 1960년대에 특수학교를 중심으로 시작되었다. 이 시기에 시각장애 학생 야구 및 유도, 탁구 대회가 개최되었고 농학교에 운동부가 창단되어 서로 경기대회를 가지면서 서서히 발전하게 되었다. 전국대회로서는 1978년 전국지체부자유 대학생연합체육대회가 개최되었고 1981년 전국장애인체육대회가 개최되기 시작하였다. 2015년 10월 28일 강원도 일원에서 개최된 제35회 전국장애인체육대회는 5일 동안의 경기 일정으로 6,000여 명의 장애인 선수와 2,000여 명의 임원과 보호자가 참가하는 거대 스포츠 행사로 발전되었다.

4. 장애인 스포츠를 통한 여가활동

생활체육은 일상생활에서 쉽게 할 수 있는 체육활동으로 여가시간 활용, 건강유지, 새로운 인간관계 형성을 위한 유익한 생활문화다. 생활체육은 개인이 전 생애를 통하여 능동적이고 지속적인 체육활동 참여의 기회를 향유함으로써 신체적 · 정신적 · 사회적 발달을 촉진하고 다른 사람과 더불어 공동체의식을 향상시키는 신체활동이라고 할 수 있다. 장애인 생활체육은 여가활동의 차원을 넘어서는 건강관리, 사회참여, 욕구 충족, 복지 수준 향상 등의 차원에서 비장애인과 더불어 시대적 요구에 대한 중요한 영역으로 대두되었다. 장애인에게 있어 신체활동을 통해서 얻을 수 있는 체육의 가치는 비장애인들에게뿐만 아니라 장애인 생활체육 참가자들에게 장애를 극복하고 사회인으로서 통합한다는 측면에서 중요한 의미를 지닌다(대한장애인체육회, 2011).

대한장애인체육회는 국제 스포츠 교류와 전문체육과 함께 생활체육 발전의 중요성도 인식하여 지역별 생활체육연합회와 종목별 동호회의 지원을 확대하고 생활체육 활성화를 위한 프로그램을 보급하고 확대하며 찾아가는 생활체육 프로그램을 전개하고 있다. 이 목표들은 시 · 도장애인체육회를 통하여 지역사회로 전달되어, 지역사회의 생활체육 프로그램들이 강화되는 한편 새로운 프로그램들도 다양하게 생성되어 실행되고 있다. 17개 시 · 도

장애인체육회와 함께 장애인 스포츠를 담당하는 단체로 대한장애인체육회 '가맹단체'로 불리는 26개 경기 종목별 단체가 있고, 역시 가맹단체인 4개 장애유형별 체육단체와 그 외로 8개의 인정단체가 있다.

1) 가맹단체

대한체육회의 가맹단체로는 대한장애인골볼연맹, 대한장애인농구연맹, 대한장애인댄스스포츠연맹, 대한장애인럭비 연맹, 대한장애인론볼연맹, 대한장애인배구연맹, 대한장애인배드민턴연맹, 대한장애인보치아연맹, 대한장애인볼링연맹, 대한장애인사격연맹, 대한장애인사이클연맹, 대한장애인수영연맹, 대한장애인스키연맹, 대한장애인아이스하키연맹, 대한장애인양궁연맹, 대한장애인역도연맹, 대한장애인요트연맹, 대한장애인유도연맹, 대한장애인육상연맹, 대한장애인조정연맹, 대한장애인축구연맹, 대한장애인컬링연맹, 대한장애인탁구연맹, 대한장애인태권도연맹, 대한장애인테니스연맹, 대한장애인펜싱연맹가 있다.

2) 장애유형별 체육단체

장애유형별 체육단체로는 대한농아인체육연맹, 한국시각장애인 스포츠연맹이 있다.

3) 인정단체

인정단체로는 대한장애인검도연맹, 대한장애인다트연맹, 대한장애인소프트볼야구연맹, 대한장애인e스포츠연맹, 전국장애인바둑연맹, 대한장애인수상스키연맹, 대한장애인게이트볼연맹이 있다.

4) 기타 관련단체

장애인종합복지관, 특수학교, 시 · 군 · 구 교육지원청의 특수교육지원센터(특수학급 관리), 장애인체육관, 대학의 특수체육 관련 또는 관심 학과의 장애인들은 위에 언급한 단체에서 제공하는 정보를 통하여, 특히 대한장애인체육회에서 운영하는 생활체육정보센터를 통하여 손쉽게 본인이 참여하고자 하는 장애인 스포츠 종목을 접할 수 있다.

5. 장애인 스포츠에서 반드시 고려해야 할 사항

여가활동의 즐거움은 매우 중요하다. 그러나 장애인 스포츠에는 여가활동을 넘어서는, 생활체육 활동을 넘어서는 꿈과 희망의 장이 있다. 국내적으로는 전국장애인체육대회, 국제적으로는 국제장애인올림픽위원회 등의 단체가 주관하는 세계대회가 있다. 여가 선용과 재활을 위한 체육활동을 통하여 장애인 스포츠에 입문한 장애인은 그 경기력 향상과 함께 시 · 군 대표로 또는 시 · 도 대표로 전국 규모의 대회에 참가하는 꿈을 가질 수 있다. 나아가 우수한 선수는 국가대표의 꿈도 꿀 수 있다. 이 꿈은 여가활동에 적극적으로 참여할 수 있는 커다란 동기가 될 것이다. 이 꿈을 마음에 담기 위하여 장애인 스포츠 참여자는 반드시 등급분류와 반도핑 정책, 그리고 선수등록에 관한 사항을 인지하고 있어야 한다.

1) 등급분류

모든 스포츠에서는 공정한 경기를 위하여 선수를 분류한다. 장애인 스포츠도 예외는 없다. 오히려 장애의 다양성에 비추어 더욱더 복잡하고 다양한 등급분류 시스템이 적용되고 있고 지속적인 검토와 수정을 통하여 발전되고 있다. 세계의 모든 장애인 경기단체는 장애인올림픽대회를 위한 일반적이고 기능적인 분류지침(1992)을 따른다.

- 기능적 분류를 도입한다.
- 경기력 및 장애가 유사한 다른 등급의 장애인 선수들을 같은 그룹으로 분류한다.
- 오랫동안 참여 인원수가 적은 경기는 취소한다.

등급분류의 원칙을 소개하면 다음과 같다.

- 등급분류의 목적은 경기에 적합한 선수를 규정하기 위함이다.
- 등급분류는 '잠재적인 운동능력(movement potential)'이 '대략 비슷한(approximately equal)' 선수끼리 시합할 수 있도록 분류하기 위함이다.
- 분류규정은 선수의 질병과 상관없이 경기에 필요한 기능적 능력을 근거로 분류한다.
- 잠재적인 운동능력은 다음의 사항을 고려하지 않는다.
  - 유전적 영향
  - 신체 사이즈(키, 몸무게, 팔길이)
  - 경기 기술력(event technique)
  - 보장구
  - 경기력 스트래핑(strapping)

2) 도핑 방지

스포츠의 근본적 가치를 보전하기 위하여 한국도핑방지위원회(Korea Anti-Doping Agency: KADA)는 국민체육진흥법(법률 제8344호, 2007. 4. 11) 제35조의 규정에 의하여 설립된 재단법인으로서, 2003년 3월 5일 채택된 세계반도핑규약(World Anti-Doping Code: WADA Code)과 2007년 2월 5일 비준되고 2007년 4월 1일 발효된 유네스코 스포츠도핑방지

국제협약(International Convention Against Doping in Sport)에 따라 국내에서의 도핑을 근절하기 위하여 2007년 6월 22일 한국도핑방지규정을 제정・시행하였다.

한국도핑방지규정은 경기규칙과 같이 경기가 진행되는 조건을 규율하는 경기원칙이다. 따라서 선수와 선수지원 요원은 경기 참가의 조건으로 이 한국도핑방지규정을 수용하여야 한다. 세계반도핑규약에 규정되고 한국도핑방지규정에 의해 시행되는 정책 및 국제 표준은 공정한 스포츠에 관심이 있는 모든 가맹기구의 폭넓은 의견 일치를 나타낸다. 한국도핑방지규정은 모든 조정기구에 의하여 존중되어야 한다.

한국도핑방지규정은 한국도핑방지위원회, 대한체육회, 대한장애인체육회와 그 가맹경기단체 및 등록선수, 관련 대회 및 그 참가자에게 적용된다. 가맹경기단체의 공식 등록선수가 아닌 선수로서 한국도핑방지위원회 검사대상자등록명부에 포함되기 위한 요구조건을 구비한 선수는 적어도 국제경기대회 또는 해당 가맹경기단체의 경기대회 참가 12개월 전에 당해 가맹경기단체에 등록하고, 도핑검사를 받을 준비를 갖추어야 한다. 한국도핑방지규정은 한국도핑방지위원회 및 가맹기구 관할권 내의 모든 도핑관리에 적용된다.

- 대한체육회 및 대한장애인체육회와 그 가맹경기단체는 이 도핑방지규정을 수용하고, 이를 직접 적용하거나, 정관, 경기규칙 등에 규정하고 시행하여야 한다. 따라서 이 도핑방지규정은 당해 경기에서 준수하여야 할 경기규칙으로 간주된다.
- 가맹경기단체는 선수 등록 시에 이 도핑방지규정을 수용하는 것을 등록조건으로 하여야 한다.
- 국가 또는 대한체육회와 대한장애인체육회의 재정적・행정적 지원을 받는 모든 가맹경기단체는 선수에 대한 징계를 포함하여 국가도핑방지 정책과 이 도핑방지규정의 취지와 규정을 수용하고 준수하여야 하며 도핑 문제와 관련된 한국도핑방지위원회의 권한을 인정하고 업무에 협조하여야 한다.
- 가맹경기단체는 이 도핑방지규정을 채택하고 가맹경기단체를 규율하는 정관, 경기규칙 등에 적용함으로써 도핑방지위원회가 국가도핑방지 활동을 시행하는 권한과 책임을 인정하고 도핑관리를 수행하는 도핑방지위원회의 권위를 인정한다. 이에 따라 가맹경기단체의 회원단체 및 참가자들은 이러한 권위와 책임을 수용하게 된다. 도핑방지위원회와 국제경기연맹은 세계반도핑규약에 규정된 바와 같이 각자의 권한과 책임을 서로 존중하여야 한다.
- 가맹경기단체는 이 도핑방지규정을 채택하고 가맹경기단체를 규율하는 정관, 경기규

칙 등에 적용함으로써 가맹경기단체와 모든 선수가 이 도핑방지규정에 대한 사법적 권한, 조정 권한, 그 정관 또는 경기규칙의 준수를 공식적으로 인정하는 것이 된다. 가맹경기단체는 또한 이 도핑방지규정에 따라 시행되는 모든 결정사항, 특히 한국도핑위반제재결정위원회, 한국도핑항소위원회의 결정 등 이 도핑방지규정에 따라 시행되는 모든 결정사항을 준수함에 동의한다. 따라서 그들의 국제경기연맹과 그 회원단체 및 참가자들은 자동적으로 이 도핑방지규정에 규정된 항소의 권리를 인정하고 수용하며 그 준수를 동의하게 된다.

• 도핑방지규정은 다음의 규정에 해당하는 모든 개인에게 적용된다.
  - 거주지 및 현 위치에 관계없이 가맹경기단체의 모든 등록선수
  - 가맹경기단체의 가입 단체, 클럽, 팀, 협회
  - 가맹경기단체 또는 그 산하단체, 클럽, 팀, 협회가 개최, 소집 또는 승인한 시합이나 자격부여 활동에 참가하는 자
  - 국내대회조직위원회가 개최, 소집 또는 승인한 시합이나 자격부여 활동에 참가하는 자

3) 선수등록

대한장애인체육회는 체육인에 대한 보다 신속하고 체계적인 정보제공 및 관리를 통해 선수들의 복지 향상 및 참여도 증진을 목적으로 선수등록 시스템을 운영한다. 전국 규모의 장애인 경기대회에 참가하기를 원하는 모든 선수는 선수등록을 해야 한다. 선수는 등록신청서를 시 · 도 종목별 경기단체 또는 시 · 도장애인체육회에 제출하고 이 단체들은 선수의 정보를 선수등록 시스템에 입력한다. 그러면 중앙경기단체에서 확인하고 대한장애인체육회에 선수등록증 발급을 요청한다.

6. 장애인 스포츠 종목의 소개

1) 하계 종목

장애인 스포츠의 하계 종목으로는 골볼, 농구, 댄스스포츠, 론볼, 배드민턴, 보치아, 사

격, 싸이클, 수영, 양궁, 역도, 요트, 유도, 육상, 조정, 좌식배구, 축구, 탁구, 텐핀볼링, 휠체어럭비, 휠체어테니스, 휠체어펜싱이 있다.

(1) 골볼

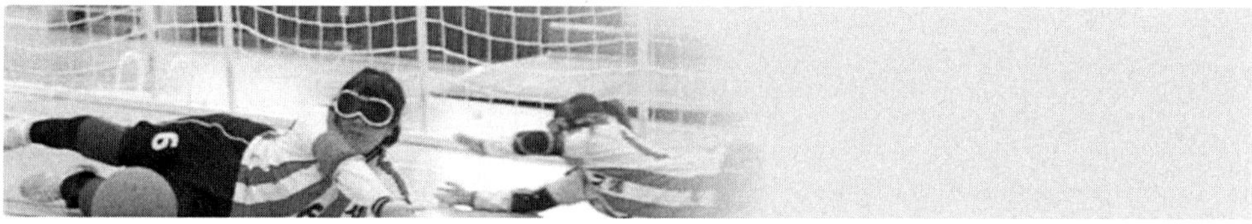

골볼은 1946년 실명용사들의 재활을 위하여 고안되었다. 1976년 캐나다의 토론토 파라림픽 대회에서 골볼 경기가 세계에 알려졌고 1978년 오스트리아에서 최초의 챔피언이 있었다. 그 이후 골볼은 꾸준히 인기가 증가하여 오늘날 IBSA 지역의 모든 국가에서 이루어지고 있다.

골볼은 3명의 선수가 직사각형의 마루코트에서 상대팀의 골대에 소리나는 볼을 이용하여 볼을 넣는 경기다. 선수는 촉각을 이용하여 골대와 경기장 라인에 들어 있는 실을 이용하여 경기장 및 자신의 위치를 파악하고 청각을 이용하여 볼의 위치를 파악하여 공격과 수비를 주고받는 경기이다. 계속되는 빠른 공수전환으로 강인한 체력이 필요한 경기이기 때문에 시각장애인들에게 가장 비중 있는 엘리트 스포츠일 뿐 아니라 재활의 목적, 생활 스포츠로서도 매우 중요하다.

골볼은 경기 특성상 경기장의 모든 표시는 손으로 만져서 알 수 있도록 돌출되어 있어야 하고 볼 속에는 방울이 들어 있어 청각적 신호를 발산해야 한다. 또한 경기 시작 전에 선수는 관절보호를 위해 보호대를 착용하고 시각을 완전히 차단하기 위해 경기가 시작해서 끝날 때까지 눈가리개를 사용해야 한다.

(2) 농구

• 휠체어농구

휠체어농구는 각기 5명씩으로 구성된 두 팀이 플레이를 하는데, 상대팀이 바스켓에 득점하거나 또는 상대팀이 볼을 컨트롤하거나 득점하려는 것을 못하게 한다. 경기는 4쿼터 또는 동점인 경우 5분 연장전의 경기가 끝났을 때 득점이 많은 팀이 승자가 된다.

선수는 IWBF 선수등급분류위원회가 규정한 선수등급을 받아야 하는데 선수등급 점수는 1, 1.5, 2, 2.5, 3. 3.5, 4, 4.5로 분류된다. 한 팀의 선수등급 총점은 14점을 넘을 수 없다. 휠체어농구는 선수들이 휠체어에 앉아서 하는 농구경기로 국제농구연맹(FIBA)의 일반 농구경기규칙을 적용하면서 몇 가지 예외규정만 두고 있다.

• 지적장애 농구

지적장애 농구경기는 INAS(국제 지적장애인 경기연맹) 및 특수올림픽 경기규칙에 따라 시행한다. INAS 및 특수올림픽대회는 국제적으로 인정된 경기대회로서 국제농구연맹(Federation Internationale de Basketball: FIBA) 규칙과 각국의 국내주요 경기단체(National Governing Body: NGB)의 경기규칙에 근거하여 INAS 및 특수올림픽 경기대회에 적합한 규칙을 제정하였다. 따라서 INAS 및 특수올림픽대회 경기규정과 모순되지 않는 FIBA 경기규칙과 NGB 경기규칙은 대회에 그대로 적용한다. 다만 FIBA 및 NGB 경기규칙과 INAS 및 특수올림픽대회 경기규칙이 서로 모순될 때에는 대한장애인농구협회(kwbf) 경기규칙을 우선 적용한다.

(3) 휠체어댄스스포츠

휠체어댄스스포츠는 휠체어댄서가 콤비 스타일(휠체어 사용자와 비장애인이 하나의 커플을 이룸)로서 룸바, 자이브, 차차차, 파소도블레와 같은 라틴댄스와 왈츠, 탱고, 비에니즈왈츠, 폭스트롯, 퀵스텝의 모던댄스를 추는 것을 말한다.

휠체어댄스가 IPC(신체장애자올림픽)의 종목이 된 것은 얼마 되지 않았다. 1977년에 스웨덴에서 최초로 국제휠체어댄스대회가 열렸다. 그리고 월드챔피언십이 처음 열린 곳은 일본이다. 오늘날에는 약 5,000명의 댄서들(4,000명의 휠체어 사용자와 1,000명의 비장애인으로 구성됨)이 레크리에이션으로서 또는 경기선수로서 휠체어댄스스포츠에 참여하고 있다.

2) 동계 종목

장애인 스포츠의 동계 종목으로는 아이스슬레지하키, 알파인 스키, 크로스컨트리, 휠체어컬링이 있다.

(1) 아이스슬레지하키

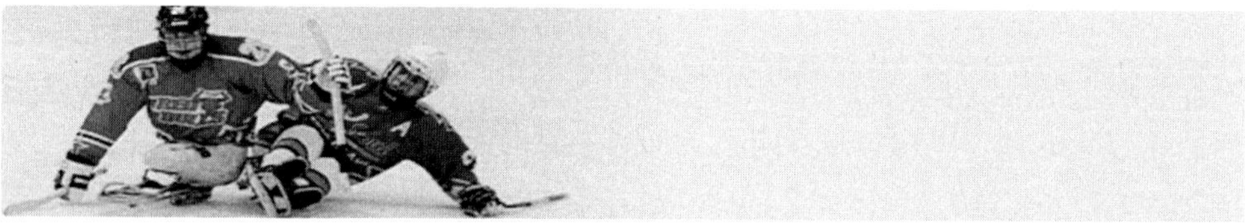

아이스슬레지하키(ice sledge hockey, 썰매하키)는 아이스하키를 장애인들이 즐길 수 있도록 변형한 경기다. 선수들은 대부분 일반 아이스하키의 보호장비를 사용하며, 스케이트를 대신하여 양날이 달린 썰매를 사용한다. 썰매의 높이는 양날 사이로 퍽(puck)이 통과할 수 있는 높이로 제작되어야 하며, 스틱의 한쪽 끝에는 썰매의 추진을 위한 픽(pick)과 다른 한쪽 끝에는 퍽을 칠 수 있는 블레이드(blade)가 달린 폴(poles)을 사용한다. 일반 아이스하키 경기처럼 각 팀은 골키퍼 이외에 5명의 선수가 경기를 한다. 아이스슬레지하키는 일반 아이스하키처럼 매우 격렬하고 스피디한 경기이기는 하지만, 노르웨이를 비롯한 여러 나라 팀에는 여성 선수도 포함되어 있다.

장애인올림픽에서의 경우, 아이스슬레지하키는 1994년 대회에 처음 선을 보였으며, 미국과 캐나다, 그리고 노르웨이 등의 북유럽 국가들에서는 최고의 장애인 동계 스포츠로서 한 자리를 확고히 하고 있으며, 일반 관중에게도 인기와 재미를 더해 주는 경기로 빠르게 성장하고 있다.

(2) 휠체어컬링

컬링에 관한 최초의 역사상 기록은 옛날의 스톤에서 찾아볼 수 있다. 이 스톤은 스코틀랜드에서 발견된 것으로 1511년이라는 연호가 각인되어 있어 적어도 그 이전부터 컬링이 실시되어 온 것으로 추측된다. 스코틀랜드인이 경기장의 넓이, 스톤의 크기 등을 규격화하고, 컬링 경기를 상징할 수 있는 스코틀랜드 전통의 킬트(kilt)와 백파이프(bagpipe)를 첨가하여 전통 있는 신사적 분위기를 만들어 내었다. 최초의 경기용 스톤은 일정한 모양, 크기, 무게의 기준이 없어 경기에 지장이 없을 정도의 돌이면 사용할 수 있었다. 또한 당시에는 스톤에 손잡이가 없었기 때문에 엄지와 검지를 사용하기 위해 돌에 구멍을 내어 사용하였다. 1775년 금속 손잡이가 달린 원형의 스톤이 보편화되고 1838년 Royal Caledonian 클럽이 만들어지면서 화강암 스톤의 규격과 모형이 표준화되었다.

컬링이 캐나다에 전파된 당시의 기록에는 스코틀랜드의 이주민이 1807년 몬트리올에서 최초의 컬링 클럽을 만들고, 주변의 강에서 컬링 경기를 실시했다고 한다. 그 후 컬링은 캐나다의 동부에서 서부로 이동하며 캐나다의 대표적인 스포츠로 자리 잡게 되었다. 컬링은 캐나다인이 더욱 개량하여 옥외에서 옥내 링크로, 남성만의 경기에서 여성도 즐기는 스포츠로 발전하였다. 마침내 1998년 일본 나가노 동계올림픽에서는 정식종목으로 실시되었다. 현재 컬링 경기는 4년마다 개최되는 동계올림픽과 동계아시아경기대회에서 정식종목으로 실시되고 있으며, 매년 개최되는 세계컬링선수권대회, 세계주니어컬링선수권대회 등 수많은 선수권대회와 함께 프로경기가 세계 곳곳에서 개최되고 있다.

7. 장애유형별 지도 고려사항

1) 시각장애 신체활동 고려사항

- 개개인의 능력 파악
- 눈의 건강, 위험성 최소화
- 타 감각기관 향상
- 새 환경의 인식
- 새 사물의 정렬과 위치 확인
- 규칙적이나 다양한 활동
- 분명한 언어적 교수법 습득 발달
- 운동근육 감각적 접근
- 호각의 다양한 사용
- 지도 전 점자정보 제공

2) 청각장애 신체활동 고려사항

- 청각의 정확한 상태 파악
- 시각, 촉각, 근육 감각을 통한 의사소통 개발
- 시각, 촉각, 근육 감각을 통한 교육수단 개발
- 과장된 표현 자제
- 사회성 향상 프로그램
- 협응성, 리듬감 향상 프로그램
- 수상 신체활동(의사의 허가 필요)
- 간단한 수화 습득
- 보기 쉬운 글로 된 지시사항 사전 작성

3) 절단장애 신체활동 고려사항

- 보조기구(무게, 관리)
- 피부염증
- 균형
- 이동
- 피로감
- 온도 조절
- 과보호

4) 척수장애 신체활동 고려사항

- 혈액순환
- 과잉반사
- 구축(비정상적 근육수축), 경련
- 소화기, 비뇨기
- 뼈의 이상 부위 형성
- 활동성, 독립심, 인내심
- 수중운동
- 넓고 편편한 바닥

5) 뇌성마비 신체활동 고려사항

- 손상된 뇌의 회복(x)
- 감각운동을 통한 정상적 운동양식의 유도
- 점진적 훈련을 통한 운동기술, 근지구력, 근력 발달
- 잠재 신체능력의 최대한 발달
- 각종 중복장애 고려(시각, 청각, 지적, 정서 및 행동, 언어, 감각, 학습, 건강)
- 각 증세에 따른 운동계획

6) 지적장애 신체활동 고려사항

- 성공 가능 목표 선정
- Bottom-Up, Top-Down(다양한 전이기술)
- 언어 수준(짧고 간단, 반복)
- 성공에 대한 칭찬(강화제 사용)
- 시간(20분)
- 운동근육 감각, 촉각, 시각, 언어 자극을 모두 사용

장애의 유형과 상관없이 모든 장애인 스포츠 지도자는 각 개인의 장애 유형과 정도를 정확하게 파악하고 있어야 하며, 각 개인에 대한 개별화 스포츠 지도방법을 개발해야 한다. 운동시간은 20분 정도로 한계를 두는 것이 바람직하다.

참고문헌

대한장애인올림픽위원회(2007). 한국 장애인체육의 등급분류제도 정착을 위한 기본연구.
대한장애인체육회(2007). 국제장애인 스포츠 정책세미나.
대한장애인체육회(2012). 제14회 런던장애인올림픽대회 참가보고서.
문화관광부(2007). 장애인체육백서.
박세혁(2010). 디지털시대의 여가 및 레크리에이션. 서울: 가림출판사.
최의창(2010). 인문적체육교육과 하나로 수업. 서울: 레인보우북스.

제18장 장애인 편의시설

장애인을 위한 생활환경의 개선, 즉 무장애 환경(barrier-free environment)의 창출을 위해 장애인 · 노인 · 임산부 등의 편의증진보장에 관한 법률(이하 '편의증진법' 이라 함)에 의해 편의시설이 설치되고 있다. 이러한 편의시설 설치의 기본원칙은 장애인 · 노인 · 임산부 등이 공공건물 및 공중이용시설을 이용함에 있어 시설의 접근성 및 안전성 확보 그리고 가능한 한 가장 쉽게 주변 상황을 인식할 수 있도록 돕는 다양한 정보제공에 관한 식별성이다(성기창, 2002). 또한 무장애 공간은 일정한 장소나 건물에 국한되지 않고 일상생활 속의 모든 공간과 시설에 상호 연계성을 지니고 실현되어야 하므로, 장애인 편의시설 간의 종합적 관점에서의 연계성도 그 기본 원칙이다. 이러한 편의시설 설치의 기본원칙들은 사회통합(social integration)과 정상화(normalization)라는 장애인복지의 궁극적인 기본이념을 실현하기 위한 물리적 토대의 기본적인 구축원리로서 다양한 구성원이 동등하게 사회에 참여할 수 있는 모두를 위한 미래사회의 기본전제다(권선신, 2000). 따라서 이 장에서는 장애인이 비장애인과 함께 불편 없이 지낼 수 있는 물리적 토대, 즉 무장애 환경을 구축하기 위한 장애인 편의시설의 설치 배경 및 필요성 등을 장애인복지 패러다임의 관점에서 개괄적으로 고찰한 후, 편의시설 설계의 가장 기본적인 요소를 살펴보고자 한다.

1. 배리어프리디자인과 유니버설디자인

노인 인구가 전체 인구의 7% 이상인 고령화 사회에 진입한 우리나라는 2026년에는 전체 인구 중 노인 인구가 20%인 초고령 사회가 될 것으로 전망되며, 따라서 이에 대비한 주거 및 도시의 건축적인 물리적 생활환경의 정비가 시급히 요구되고 있는 실정이다. 정부에서도 장애인과 노인 · 임산부 등 사회적 약자들의 참여복지와 삶의 질 향상을 위해 국민의 복지 증진을 목표로 사회통합적 기본환경을 구축하기 위한 정책을 추진코자 하고 있다. 이러한 기본환경의 토대는 건축의 공공성과 관련된 건축적인 물리적 환경으로 구성된다. 즉, 노인을 비롯한 장애인에게 건축적 장애물은 한 개인의 자아실현이나 기회균등과 같은 기본적 인권을 침해하는 사회적 장벽을 의미하기 때문이다.

이러한 맥락에서 세계보건기구는 1997년에 장애를 기본적으로 환경과 개인이라는 상황적 요인으로 파악한 새로운 정의를 발표하였다. 즉, 사회적 참여(participation) 가능 여부가 장애의 최종 결정요인이라고 이해한 것이다. 이는 장애를 환경과의 상호적인 관계 속에서 보다 포괄적으로 설명하고자 하는 것이며, 장애인이 사회의 요구에 적응하는 능력만이 결여되어 있다는 것보다는 오히려 장애인에게 적합하도록 사회환경을 바꾸는 데 소홀했다는 것에 그 의미를 두고 있는 것이다. 다시 말해, 장애를 장애인과 환경 간의 동적인 상호작용의 산물로 파악하는 보다 적극적인 장애인 복지 패러다임을 의미하는 것이다. 이러한 패러다임 속에서 나타난 장애물 없는 생활환경 만들기의 배리어프리디자인 또는 모두를 위한 유니버설디자인 개념은 환경과 인간, 인간과 인간 등이 서로 소통하고 조화를 이루는 공동체를 현실화하기 위한 새로운 디자인 접근방식이다. 즉, 인간의 존엄성과 평등을 실현할 수 있는 21세기의 창조적 패러다임이라고 할 수 있다.

배리어프리디자인 개념을 이해하기 위해서는 먼저 장애인 편의시설이라는 용어와 사용 배경을 이해하여야 한다. 편의시설이라는 용어는 1981년 심신장애자복지법이 제정되면서 영어의 accessible이라는 용어와 개념에 상응하기 위한 관련 조항이 삽입되면서 처음 사용되기 시작하였다. 이 시기에는 도시 및 건축의 물리적 장애요소들로 인해 접근을 통한 장애인의 사회생활이 불가능하였고, 따라서 이를 우선적으로 해결하기 위해 기존의 물리적 장애물을 어떻게 극복할 것인가가 중요하게 부각되었다. 그리하여 기존의 계단을 접근하기 위해서는 부분적으로 경사로를 설치하여야 하는 것이었고, 기존 화장실을 장애인이 이용하기 위해서는 최소기준의 관점에서 화장실을 개조하여야 하며, 시각장애인들이 장애물을 피해 이동 및 접근할 수 있도록 점자블록을 설치하는 것이었다. 즉, 장애인이 기존의 물리적 환경을 접근 및 이용할 수 있도록 최소의 관점에서 변경하는 것이 관건이었다. 하지만 이러한 노력은 모두에게 공평한 도시 및 건축환경의 창출이라는 궁극적 목적에 걸림돌로 작용하는 모순적 상황으로 귀결된다. 변함없이 장애요소들이 있는 물리적 환경이 기존의 방식으로 끊임없이 당당하게 만들어지고 이를 해결하기 위한 최소기준의 편의시설이 반복적으로 설치된다. 이는 사회적 약자를 포함한 전체 사회 구성원들의 피로도를 높이는 비효율적인 물리적 환경구축 시스템으로 전락되고 무장애 환경 창출을 위한 노력이 단지 하나의 시설(施設) 설치라는 편견을 갖게 한다. 이러한 제한된 이해와 편견으로부터 벗어나 모두에게 평등한 사회의 물리적 환경 구축이라는 본래 목적을 발전적으로 성취하기 위하여 accessible이라는 개념을 재정립하는 과정에서 나타난 것이 모두를 위한 배리어프리디자인 개념이다. 모두를 위한 배리어프리디자인은 장애요소를 사전에 제거하는 방식으로 물리적 환경을 구축하고자 하는 개념이다. 따라서 장애인 편의시설의 의미는 장애인 · 노인 · 임산부 등이 신체적 · 정신적 결함에 의해, 단순한 이동을 포함한 사회활동을 할 때 가질 수 있는 사회적 장애(handicap)를 가능한 한 최대한으로 감소시키는 장애물 없는 환경을 창출하고자 하는 모두를 위한 배리어프리디자인의 개념으로 확대 재정립할 수 있다.

여기서 유니버설디자인의 개념과 배리어프리디자인을 함께 생각할 필요가 있다. 왜냐하면 배리어프리디자인 대상은 다양한 상황과 조건 속에서 실체화된 물리적 대상으로서 사용자의 유형을 다양하게 포용하므로, 유니버설디자인이 추구해 나가는 포괄성(inclusiveness)을 강조하기 때문이다. 유니버설디자인은 Ron Mace가 "연령과 능력에 상관없이 최대한 많은 사람이 사용할 수 있는 환경과 제품을 만들기 위한 접근"이라고 정의하였듯이, 보다 많은 사람이 연령이나 다양한 신체적 조건에 구애받지 않고 평등하게 디자인의 혜택을 받을 수 있도록 하기 위해 시작된 포용성 있는 포괄적 디자인 개념이다. 이러한 유니버설디자인은 1970년 Mace가 지원성(supportive), 융통성(adaptable), 접근성(accessible), 안전성(safe)의 4대 원리를 제시하면서 처음 그 개념이 소개된 이래로 여러 학자에 의해 그 개념과 원리가 정리되고 확장되어 왔다. Connell의 경우에는 공평한 사용(equitable use), 융통성 있는 사용(flexibility in use), 단순하고 직관적인 사용(simple, intuitive use), 인식 가능한 정보(perceptible information), 사고나 잘못의 포용(tolerance for error), 적은 신체적인 노력(low physical effort), 접근과 사용을 위한 크기와 공간(size and space for approach and use)의 7대 원리로 기본개념을 확장시켰다. 또한 Behar의 경우에는 4A 원리, 즉 접근성(accessibility), 적용가능성(adaptability), 심미성(aesthetics), 경제성(affordability)으로 유니버설디자인의 원리를 재정리하였다. 이러한 다양한 원리를 토대로 가장 함축적으로 정의한다면, 유니버설디자인은 사용자 중심적인(user-oriented) 디자인으로 무엇보다도 '사람이 우선' 이라는, 인간 사회를 보다 유연하게 만들고자 하는 새로운 사고의 움직임이라고 할 수 있을 것이다. 따라서 유니버설디자인의 접근방식은 이윤추구에 집착하기보다는 좀 더 사회지향적인 것으로 평등과 융통성 그리고 사용자 중심의 기능성이 강조된다.

이러한 유니버설디자인의 개념으로부터 모두를 위한 배리어프리디자인, 즉 장애인 편의시설의 개념을 정리하면 다음과 같다. 사용자로서의 사회 구성원이 건강한 평균적 성인일 뿐 아니라 장애의 유무나 정도, 건강 상태, 교육 정도 등 매우 다양한 여건을 지니고 있다는 것을 인정하며, 사람이 태어나서 성장과정을 거쳐 노인이 되는 인간 생애과정의 다양성을 수용함으로써, 어떤 세대에서도 불이익이 초래되지 않도록 장애물 없는 디자인을 도시 및 건축환경에 구현하는 것을 의미한다.

2. 유니버설디자인의 건축적 접근으로서 장애물 없는 편의시설 설계

장애물 없는 편의시설 설계, 즉 배리어프리디자인은 도시 및 건축의 물리적 환경을 구축할 때 계획 및 설계 단계에서부터 장애요소로 작용하는 것을 사전에 철저하게 제거하는 것을 의미한다. 무엇이 장애요소, 즉 장애물인가에서 배리어프리디자인의 기본원리는 도출된다. 장애요소는 기본적으로 물리적 측면과 심리적 측면으로 구분된다. 인간의 활동과 관련해서 이동 및 이용과 관련된 물리적 접근을 불가능하게 하는 것이며, 상황을 이해할 수 없기 때문에 나타나는 심리적 장애 또는 불안 등일 것이다. 즉, 사회참여로 귀결되는 인간활동의 가장 기본적 토대는 접근성과 식별성 그리고 안전성이며, 이러한 기본토대가 모두의 관점에서 장애물이 없도록 계획되는 것이 배리어프리디자인의 기본원리다. 따라서 이러한 원리들의 관점에서 가장 기본적인 편의시설 설계요소[1)]들을 살펴보면 다음과 같다.

---

1) 장애인 편의시설의 설계요소는 「장애인 편의시설 상세표준도」(보건복지부, 1998)와 『편의증진법해설』(강병근, 2004) 그리고 '장애인노인임산부 등의 편의증진보장에 관한 법률 시행규칙' 의 내용을 토대로 작성되었음.

1) 장애인 편의시설에서 사용되는 치수체계

장애인 · 노인 · 임산부 등의 편의증진보장에 관한 법 및 동법 시행규칙에서 사용되는 치수는 모두 마감치수다. 마감치수는 건축 또는 구조물 등에서 벽지 및 장식재 등 마감이 된 상태에서의 최종적인 마감면 기준의 치수를 의미한다. 따라서 휠체어 사용자의 통과를 위한 유효폭은 마감치수 기준으로 80cm다. 80cm의 통과폭은 출입문의 설계 시 의무적으로 확보하여야 한다.

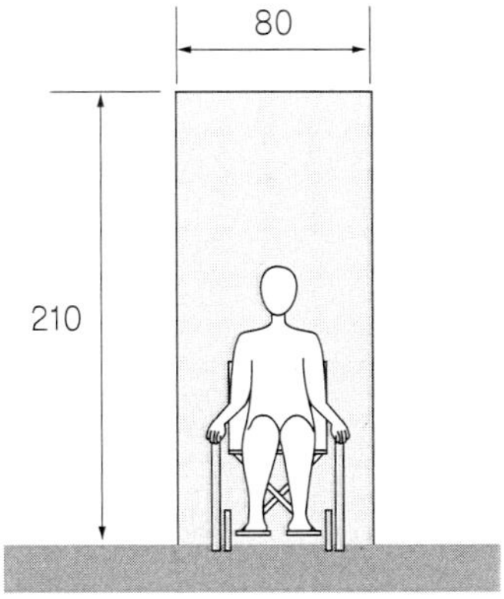

[그림 18-1] 휠체어의 통과폭

이러한 출입구의 통과유효폭은 '좌우 문틀의 안쪽 마감면 폭－[문의 두께＋힌지(hinge) · 돌쩌귀가 문틀로부터 내미는 거리]'로 산출한다. 따라서 출입문의 폭과 출입구의 유효통과폭은 일치하지 않으며 항상 통과유효폭이 출입문의 폭보다 최소 6~20cm 정도 좁다는 점에 유의하여야 한다.

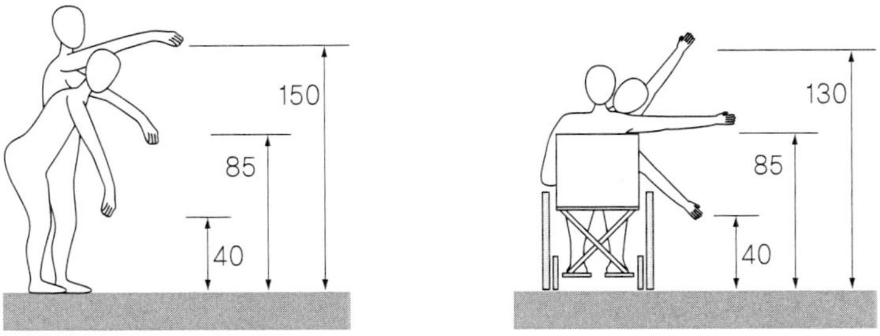

[그림 18-2] 도달치수

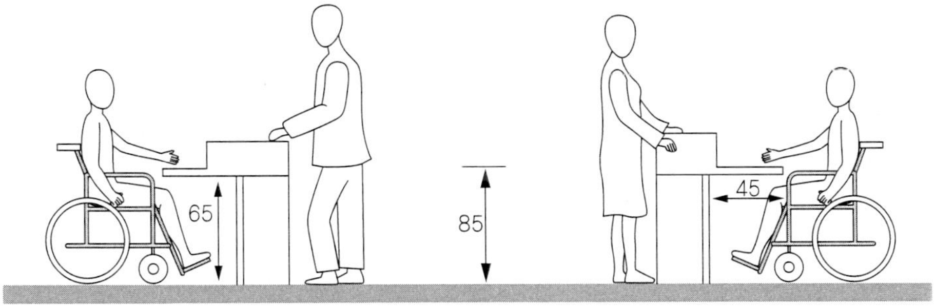

[그림 18-3] 접수대 또는 작업대 접근치수

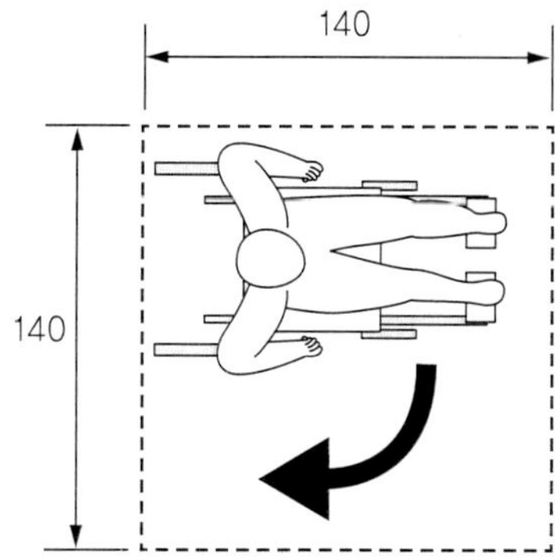

[그림 18-4] 최소 소요면적

조작기 등 편의시설의 조작 · 이용 가능한 치수는 손이 도달 가능한 치수로 표기한다. 손이 도달 가능한 요구치수는 마감면 기준의 도달 가능 최대 치수이며, 가장 공통적으로 손이 도달 가능한 치수 범위는 80~90cm 정도다. 특히 휠체어를 탄 채 전면으로 접근할 필요가 있을 경우에는 전면접근이 가능한 활동 공간을 확보하여야 한다. 즉, 접수대 또는 작업대 등의 하부에는 무릎 및 휠체어의 발판이 들어갈 수 있도록 바닥면으로부터 높이 0.65m 이상, 깊이 0.45m 이상의 공간을 확보하여야 한다.

장애인의 이동 · 접근 · 이용 등의 활동에 필요한 활동 공간의 최소 규모는 소요면적으로 표기한다. 특히 휠체어 사용자의 활동에 필요한 최소 규모의 소요면적이 법적으로 확보하여야 할 의무사항이 아닌 경우라도 휠체어 사용자의 방향 전환 및 안전과 이용 편의를 위하여 소요면적을 확보하여야 할 필요가 있다. 이러한 소요면적은 외부 공간일 경우 최소 150×150cm이며, 내부 공간일 경우 140×140cm다. 하지만 내 · 외부 모두 150×150cm로 통일해서 사용하는 것이 바람직하다.

2) 이동 및 접근을 위한 보행 공간

대지 내를 연결하는 주 접근로에 단차가 있을 경우 그 높이 차이는 2cm 이하, 유효폭은 1.2m 이상으로 하여야 한다. 하지만 보도 또는 접근로의 휠체어 사용자가 다른 휠체어 또는 유모차 등과 교행할 수 있도록 50m마다 1.5×1.5m 이상의 교행구역을 설치할 수 있다. 따라서 보행 공간의 통행을 원활히 하기 위해서는 기본적으로 통행폭을 최소 1.5m로 계획하는 것이 바람직하다. 이는 건물 내부의 동선계획에도 동일하게 적용된다.

보행 공간 중에 2cm 이상의 단차가 있을 경우에는 휠체어 사용자가 접근 및 통행할 수 있는 경사로, 승강설비를 설치해야 한다. 경사로의 기울기는 외부의 경우 1/18, 건물 주 출입구 및 건물 내부의 경우에는 1/12 이하로 하여야 한다. 또한 바닥면으로부터 높이 0.75m 이내마다 휴식을 할 수 있도록 수평면으로 된 참을 설치하여야 한다. 경사로의 시작과 끝, 굴절 부분 및 참에는 1.5×1.5m 이상의 활동 공간을 확보하여야 한다.

경사로의 길이가 1.8m 이상이거나 높이가 0.15m 이상인 경우에는 양측 면에 손잡이를

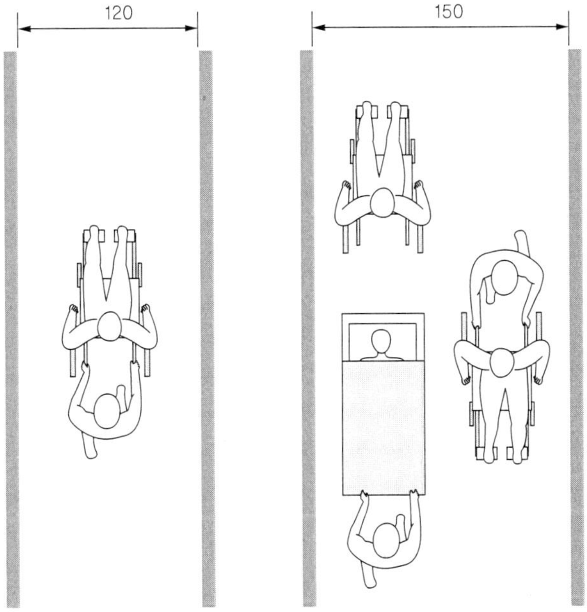

[그림 18-5] 보행 공간의 통행폭

연속하여 설치하여야 한다. 손잡이를 설치하는 경우에는 경사로의 시작과 끝 부분에 수평 손잡이를 0.3m 이상 연장하여 설치하여야 한다.

경사로의 바닥 표면은 잘 미끄러지지 아니하는 재질로 평탄하게 마감하여야 한다. 양측면에는 휠체어의 바퀴가 경사로 밖으로 미끄러져 나가지 않도록 5cm 이상의 추락방지턱 또는 측벽을 설치할 수 있다. 휠체어의 벽면 충돌에 따른 충격을 완화하기 위하여 벽에 매트를

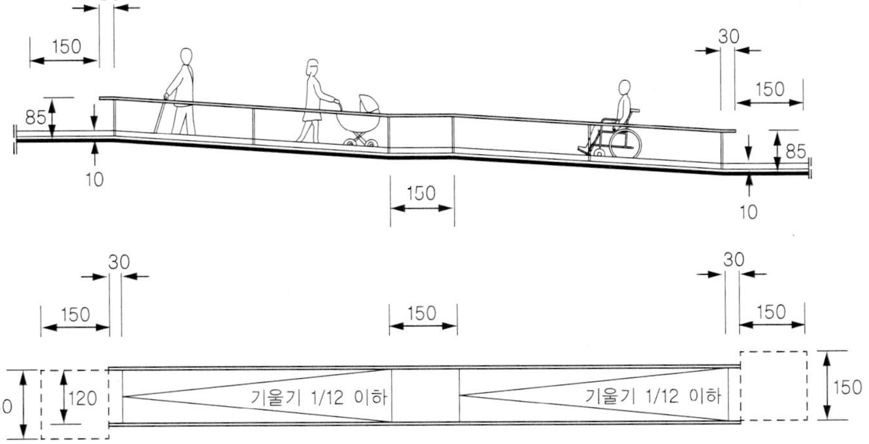

[그림 18-6] 경사로

부착할 수 있다. 그리고 건물 주 출입구 등 건물과 연결된 경사로를 외부에 설치하는 경우 햇볕, 눈, 비 등을 가릴 수 있도록 지붕과 차양을 설치할 수 있다.

보행 공간의 안전성을 보장하기 위하여 통행로 상부는 장애물 없이 바닥면으로부터 2.1m 이상의 유효높이를 확보하여야 한다. 다만 유효높이 2.1m 이내에 장애물이 있는 경우에는 바닥면으로부터 높이 0.6m 이하에 접근방지용 난간 또는 보호벽을 설치하여야 한다. 또한 휠체어 사용자의 보행안전을 위하여 복도의 경우 벽면에는 바닥면으로부터 0.15m에서 0.35m까지 킥플레이트를 설치할 수 있으며, 벽면 모서리 부분은 둥글게 마감할 수 있다.

3) 출입구(문)

출입구(문)는 그 통과유효폭을 0.8m 이상으로 하여야 하며, 출입구(문)의 전면 유효거리는 1.2m 이상으로 하여야 한다. 단, 연속된 출입문의 경우 문의 개폐에 소요되는 공간은 유효거리에 포함하지 않는다. 또한 여닫이문이 단독으로 사용될 경우, 문이 열리는 방향으로는 1.5m의 유효거리를 확보하여야 한다. 자동문이 아닌 경우에는 출입문 옆에 0.6m 이상의 활동 공간을 확보할 수 있다. 출입구의 바닥면에 문턱이나 높이 차이를 두어서는 안 된다.

출입문은 회전문을 제외한 다른 형태의 문을 설치하여야 한다. 미닫이문은 가벼운 재질로 하며, 턱이 있는 문지방이나 홈을 설치하여서는 안 된다. 여닫이문에 도어체크를 설치하

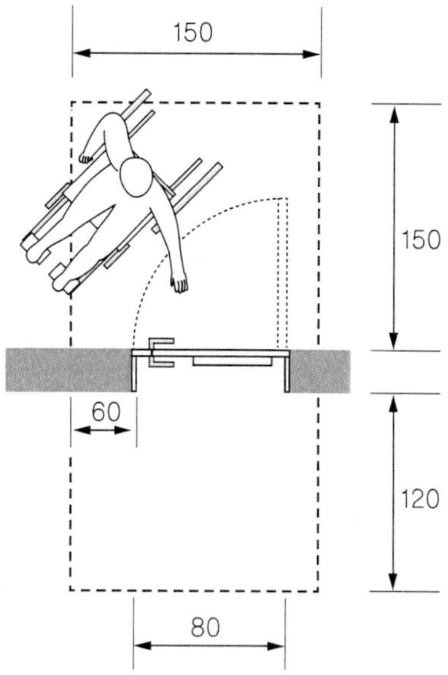

[그림 18-7] 출입구(문)

는 경우에는 문이 닫히는 시간이 3초 이상 충분하게 확보되도록 하여야 한다. 자동문은 휠체어 사용자의 통행을 고려하여 문의 개방시간이 충분하게 확보되도록 설치하여야 하며, 개폐기의 작동장치는 가급적 감지 범위를 넓게 하여야 한다.

출입문의 손잡이는 중앙 지점이 바닥면으로부터 0.8m와 0.9m 사이에 위치하도록 설치하여야 하며, 그 형태는 레버형이나 수평 또는 수직 막대형으로 할 수 있다. 건축물 안의 공중의 이용을 주목적으로 하는 사무실 등의 출입문 옆 벽면에는 방 이름을 표기한 점자표지판을 부착하여야 한다.

건축물 주 출입구의 0.3m 전면에는 점형블록을 설치하거나 시각장애인이 감지할 수 있도록 바닥재의 질감 등을 달리하여야 한다. 건축물의 주 출입문이 자동문인 경우에는 문이 자동으로 작동되지 않을 경우에 대비하여 시설관리자 등을 호출할 수 있는 벨을 자동문 옆에 설치할 수 있다.

4) 장애인의 이용이 가능한 화장실

장애인 등의 이용이 가능한 화장실은 장애인 등의 접근이 가능한 통로에 연결하여 설치하여야 한다. 대변기의 유효바닥면적이 폭 1.4m 이상, 깊이 1.8m 이상이 되도록 설치하여야 하며, 대변기의 좌측 또는 우측에는 휠체어의 측면접근을 위하여 유효폭 0.75m 이상의 활동 공간을 확보하여야 한다. 이 경우 대변기의 전면에는 휠체어가 회전할 수 있도록 1.4×1.4m 이상의 활동 공간을 확보할 수 있다. 출입문의 통과유효폭은 0.8m 이상으로 하여야 한다. 출입문의 형태는 미닫이문 또는 여닫이문으로 할 수 있으며, 여닫이문을 설치하는 경우에는 바깥쪽으로 개폐되도록 하여야 한다.

대변기는 양변기 형태로 하되, 바닥부착형으로 하는 경우에는 변기 전면의 트랩 부분에 휠체어의 발판이 닿지 않는 형태로 하여야 한다. 대변기의 좌대 높이는 바닥면으로부터 0.4m 이상 0.45m 이하로 하여야 한다. 대변기의 양옆에는 수평 및 수직 손잡이를 설치하되, 수평손잡이는 양쪽에 모두 설치하여야 하며, 수직손잡이는 한쪽에만 설치할 수 있다. 수평손잡이는 바닥면으로부터 0.6m 이상 0.7m 이하의 높이에 설치하되, 한쪽 손잡이는 변기 중심에서 0.4m 이내의 지점에 고정하여 설치하여야 하며, 다른 쪽 손잡이는 회전식으로 하여야 한다. 이 경우 손잡이 간의 간격은 0.7m 내외로 할 수 있다. 수직손잡이의 길이는 0.9m 이상으로 하되, 손잡이의 제일 아랫부분이 바닥면으로부터 0.6m 내외의 높이에 오도록 벽에 고정하여 설치하여야 한다. 장애인 등의 이용편의를 위하여 수평손잡이와 수직손잡이는 연결하여 설치할 수 있다.

세정장치 · 휴지걸이 등은 대변기에 앉은 상태에서 이용할 수 있는 위치에 설치하여야 한다. 출입문에는 화장실 사용 여부를 시각적으로 알 수 있는 설비 및 잠금장치를 갖추어야 한다. 공공업무시설, 병원, 문화 및 집회 시설, 장애인복지시설, 휴게소 등은 대변기 칸막이 내부에 세면기와 샤워기를 설치할 수 있다. 이 경우 세면기는 변기의 앞쪽에 최소 규모로 설치하여 대변기 칸막이 내부에서 휠체어가 회전하는 데 불편이 없도록 하여야 하며, 유효바닥면적을 1.8×2m 이상으로 함이 바람직하다.

5) 시각장애인 유도 · 안내설비

점자안내판 또는 촉지도식 안내판에는 주요 시설 또는 방의 배치를 점자, 양각면 또는 선으로 간략하게 표시하여야 한다. 일반 안내도가 설치되어 있는 경우에는 점자를 병기하여 점자안내판에 갈음할 수 있다. 점자안내판 또는 촉지도식 안내판은 점자안내 표시 또는 촉지도의 중심선이 바닥면으로부터 1.0m 내지 1.2m의 범위 안에 있도록 설치하여야 한다. 시각장애인용 음성안내 장치는 주요 시설 또는 방의 배치를 음성으로 안내하여야 한다.

시각장애인용 유도신호 장치는 음향 · 시각 · 음색 등을 고려하여 설치하여야 하고, 특수신호 장치를 소지한 시각장애인이 접근할 경우 대상시설의 이름을 안내하는 전자식 신호 장치를 설치할 수 있다.

6) 점자블록

시각장애인의 보행편의를 위하여 점자블록은 경고용 점형블록과 유도용 선형블록을 사용하여야 한다. 점자블록의 크기는 0.3×0.3m인 것을 표준형으로 하며, 그 높이는 바닥재의 높이와 동일하게 하여야 한다. 점자블록의 색상은 원칙적으로 황색을 사용하되, 상황에 따라 바닥재의 색상과 구별하기 쉬운 다른 것을 사용할 수 있다. 점형블록은 계단 · 장애인용 승강기 · 화장실 · 승강장 등 시각장애인을 유도할 필요가 있거나 시각장애인에게 위험한 장소의 0.3m 전면, 선형블록이 시작 · 교차 · 굴절되는 지점에 설치하여야 한다. 선형블록은 유도 방향에 따라 평행하게 연속해서 설치하여야 한다.

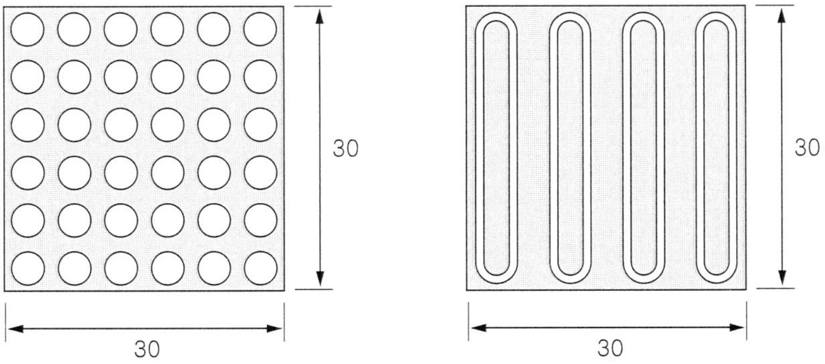

[그림 18-8] 점자블록

3. 결 론

무장애 생활환경은 장애인의 사회통합과 독립적인 자아실현을 위한 가장 기본적인 전제 조건이자 기본적인 권리다. 즉, 모든 인간은 자신에게 적합한 생활환경에서 자아실현을 할 수 있는 기회를 제공받아야만 하는 것이다. 따라서 이 장에서는 그러한 인간적이고 장애가 없는 무장애 환경을 위해 필수적인 편의시설을 본래의 의미에 맞게 설치하기 위한 가장 기본적인 설계요소들을 살펴보았다.

편의시설 설치에서 가장 중요한 것은 형식적인 편의시설의 설치보다는 다양한 특성을 갖고 있는 모든 사람의 이용가능성에 초점을 두어야 하는 것이다. 즉, 하나를 설치하더라도 필요성에 따른 본질에 맞게 제대로 설치해야 하며 각각의 편의시설들이 연계성 있게 설치되어야 한다. 이는 장애인 편의시설의 설계기준이 일반적이고 보편적인 건축의 기본개념으로 인식되어야 하며, 상황에 따른 적합한 계획과 구체적인 설계가 이루어져야 한다는 것을 의미한다. 즉, 주어진 공간이 기능이나 용도에 적합하도록 하기 위해 인간의 기능적 · 심미적 · 심리적 · 정서적 · 사회적인 특성 등을 파악하여 공간이 모두를 위한 인간공학적 환경이 되도록 인간과 공간 간의 적합성을 실현해야 하는 것이다. 그럴 때 비로소 모두를 위한 무장애 환경의 창출이 가능하며, 다양성과 융통성을 수용한 진정한 의미의 상호공존이 합리적으로 실현될 수 있을 것이다.

따라서 복지사회를 지향하는 현 시점에서 장애인을 고려한 무장애 건축환경은 해도 되고 안 해도 되는 선택사항이 아니다. 이는 반드시 해야 하는 복지 패러다임에 대한 건축적 반영이며 구체적 실천인 것이다. 이러한 점에서 건축적 무장애 생활환경의 시대적 정당성이 있다 하겠다. 그래서 모든 인간과 공간 간의 적합성을 탐구하여 조성하는 무장애 건축환경 창출을 위한 기본원칙을 결론으로 제시하면 다음과 같다.

무장애 건축환경은 특정 장애유형을 위한 특별한 시설들에 관한 것이 아닌 사회 통합적인 개념으로, 모든 거주자를 위한 보편적 디자인의 개념으로 접근하여야 한다. 즉, 노인만을 위한 혹은 장애인만을 위한 특별 주거 형태나 단지 혹은 시설 등과 같은 사회로부터의 격리 개념이 더 이상 일반화되지 않고, 노인 및 장애인들도 다른 일반인들처럼 가족이나 친구들을 방문할 수 있으며 독립적으로 생활할 수 있는 통합적 개념이 기본원칙이다.

따라서 모두를 위한 무장애 건축환경 계획개념은 특정 장애만을 위한 것이 아니라, 모든 사람이 함께 이용할 수 있는 보편적인 대안 중심이다. 그렇기에 특정 장애인편의시설의 설치로 인하여 다른 사람에게 장애물이 될 수 있는 대안은 배제되어야 한다. 또한 추가 혹은 부수적인 시설의 설치 개념이 아니라, 장애인의 행동 특성에 따른 접근과 안전 그리고 공간의 인지성에 대한 기본특성을 건축설계 및 환경디자인의 기본개념으로서 접근하여, 각각의 구체적인 상황 속에서 장애물을 제거하거나 적극적인 디자인으로 모두에게 최선의 대안을 창출하는 것이다. 즉, 모두가 접근할 수 있는가, 안전하게 이동 및 사용할 수 있는가, 주위 환경을 쉽게 파악할 수 있는가에 대하여, 주어진 여건 속에서 최선의 해답을 찾는 것이다. 그러므로 모두를 위한 무장애 도시 및 건축환경을 창출하기 위한 장애인 편의시설 설계, 즉 배리어프리디자인은 유니버설디자인의 건축적 접근이다.

참고문헌

강병근(2004). 편의증진법 해설. 서울: 화영사.

성기창(2002). 장애인 편의시설의 개념과 설치사례 분석(편의시설 매뉴얼 교육) (pp. 157-186). 한국장애인복지진흥회.

권선진(2000). 장애인 관점에서 본 공유공간의 효용성(pp. 158, 169). 밀레니엄 커뮤니티 센터. 서울: 연세대학교출판부.

보건복지부(1998). 장애인 편의시설 상세표준도.

부 록

「장애인복지법」과 다른 장애에 대한 정의를 추가하고 있는 법령의 장애유형

「장애인 등에 대한 특수교육법」(동법 시행령 제10조 별표 〈시행 2015. 1. 1.〉)

[별표]

특수교육대상자 선정 기준(제10조 관련)

8. 학습장애를 지닌 특수교육대상자

개인의 내적 요인으로 인하여 듣기, 말하기, 주의집중, 지각(知覺), 기억, 문제 해결 등의 학습기능이나 읽기, 쓰기, 수학 등 학업 성취 영역에서 현저하게 어려움이 있는 사람

10. 발달지체를 보이는 특수교육대상자

신체, 인지, 의사소통, 사회·정서, 적응행동 중 하나 이상의 발달이 또래에 비하여 현저하게 지체되어 특별한 교육적 조치가 필요한 영아 및 9세 미만의 아동

장애인복지법 시행령 제2조에 관련한 장애등급

[별표 1] 〈개정 2015. 8. 3.〉

장애인의 장애등급표(제2조 관련)

1. 지체장애인

가. 신체의 일부를 잃은 사람

제1급

1. 두 팔을 손목관절 이상의 부위에서 잃은 사람
2. 두 다리를 무릎관절 이상의 부위에서 잃은 사람

제2급

1. 두 손의 손가락을 모두 잃은 사람
2. 한 팔을 팔꿈치관절 이상의 부위에서 잃은 사람
3. 두 다리를 발목관절 이상의 부위에서 잃은 사람

제3급

1. 두 손의 엄지손가락과 둘째손가락을 잃은 사람
2. 한 손의 모든 손가락을 잃은 사람
3. 두 다리를 쇼파관절(Chopart's joint) 이상의 부위에서 잃은 사람
4. 한 다리를 무릎관절 이상의 부위에서 잃은 사람

제4급

1. 두 손의 엄지손가락을 잃은 사람
2. 한 손의 엄지손가락과 둘째손가락을 잃은 사람
3. 한 손의 엄지손가락을 포함하여 세 손가락을 잃은 사람
4. 두 다리를 리스프랑관절(Lisfranc: 발등뼈와 발목을 이어 주는 관절) 이상의 부위에서 잃은 사람
5. 한 다리를 발목관절 이상의 부위에서 잃은 사람

제5급

1. 한 손의 엄지손가락을 포함하여 두 손가락을 잃은 사람
2. 한 손의 엄지손가락을 중수수지관절 이상의 부위에서 잃은 사람
3. 한 손의 둘째손가락을 포함하여 세 손가락을 잃은 사람
4. 두 발의 발가락을 모두 잃은 사람
5. 한 다리를 쇼파관절 이상의 부위에서 잃은 사람

제6급

1. 한 손의 엄지손가락을 잃은 사람
2. 한 손의 둘째손가락을 포함하여 두 손가락을 잃은 사람
3. 한 손의 셋째손가락, 넷째손가락 및 다섯째손가락을 모두 잃은 사람
4. 한 다리를 리스프랑관절 이상의 부위에서 잃은 사람

나. 관절장애가 있는 사람

제1급

1. 두 팔의 어깨관절, 팔꿈치관절, 손목관절 모두의 기능에 현저한 장애가 있는 사람
2. 두 다리의 고관절, 무릎관절, 족관절 모두의 기능에 현저한 장애가 있는 사람

제2급

1. 한 팔의 어깨관절, 팔꿈치관절, 손목관절 모두의 기능에 현저한 장애가 있는 사람
2. 두 팔의 어깨관절, 팔꿈치관절, 손목관절 중 각각 2개 관절의 기능에 현저한 장애가 있는 사람
3. 두 팔의 어깨관절, 팔꿈치관절, 손목관절 모두의 기능에 상당한 장애가 있는 사람
4. 두 손의 모든 손가락의 관절기능에 현저한 장애가 있는 사람
5. 두 다리의 고관절, 무릎관절, 족관절 중 각각 2개 관절의 기능에 현저한 장애가 있는 사람
6. 두 다리의 고관절, 무릎관절, 족관절 모두의 기능에 상당한 장애가 있는 사람

제3급

1. 두 팔의 어깨관절, 팔꿈치관절, 손목관절 중 각각 2개 관절의 기능에 상당한 장애가 있는 사람
2. 두 팔의 어깨관절, 팔꿈치관절, 손목관절 모두의 기능에 장애가 있는 사람
3. 두 손의 엄지손가락과 둘째손가락 관절기능에 현저한 장애가 있는 사람
4. 한 손의 모든 손가락의 관절기능에 현저한 장애가 있는 사람
5. 한 팔의 어깨관절, 팔꿈치관절, 손목관절 중 2개 관절의 기능에 현저한 장애가 있는 사람
6. 한 팔의 어깨관절, 팔꿈치관절, 손목관절 모두의 기능에 상당한 장애가 있는 사람
7. 한 다리의 고관절, 무릎관절, 족관절 모두의 기능에 현저한 장애가 있는 사람

제4급

1. 한 팔의 어깨관절, 팔꿈치관절, 손목관절 중 한 관절의 기능에 현저한 장애가 있는 사람
2. 두 손의 엄지손가락의 관절기능에 현저한 장애가 있는 사람
3. 한 손의 엄지손가락과 둘째손가락의 관절기능에 현저한 장애가 있는 사람
4. 한 손의 엄지손가락 또는 둘째손가락을 포함하여 3개 손가락의 관절기능에 현저한 장애가 있는 사람
5. 한 손의 엄지손가락 또는 둘째손가락을 포함하여 4개 손가락의 관절기능에 상당한 장애가 있는 사람
6. 두 다리의 고관절, 무릎관절, 족관절 중 각각 2개 관절의 기능에 상당한 장애가 있는 사람

7. 두 다리의 고관절, 무릎관절, 족관절 모두의 기능에 장애가 있는 사람
8. 한 다리의 고관절, 무릎관절, 족관절 중 2개 관절의 기능에 현저한 장애가 있는 사람
9. 한 다리의 고관절, 무릎관절, 족관절 모두의 기능에 상당한 장애가 있는 사람
10. 한 다리의 고관절 또는 무릎관절의 기능을 잃은 사람

제5급

1. 한 팔의 어깨관절, 팔꿈치관절, 손목관절 중 2개 관절의 기능에 상당한 장애가 있는 사람
2. 한 팔의 어깨관절, 팔꿈치관절, 손목관절 모두의 기능에 장애가 있는 사람
3. 두 손의 엄지손가락의 관절기능에 상당한 장애가 있는 사람
4. 한 손의 엄지손가락의 관절기능에 현저한 장애가 있는 사람
5. 한 손의 엄지손가락과 둘째손가락의 관절기능에 상당한 장애가 있는 사람
6. 한 손의 엄지손가락 또는 둘째손가락을 포함하여 3개 손가락의 관절기능에 상당한 장애가 있는 사람
7. 한 다리의 고관절, 무릎관절, 족관절 중 2개 관절의 기능에 상당한 장애가 있는 사람
8. 한 다리의 고관절, 무릎관절, 족관절 모두의 기능에 장애가 있는 사람
9. 두 발의 모든 발가락의 관절기능에 현저한 장애가 있는 사람
10. 한 다리의 고관절 또는 무릎관절의 기능에 현저한 장애가 있는 사람
11. 한 다리의 발목관절의 기능을 잃은 사람

제6급

1. 한 손의 엄지손가락의 관절기능에 상당한 장애가 있는 사람
2. 한 손의 둘째손가락을 포함하여 2개 손가락의 관절기능에 현저한 장애가 있는 사람
3. 한 손의 셋째손가락, 넷째손가락 그리고 다섯째손가락 모두의 관절기능에 현저한 장애가 있는 사람
4. 한 팔의 어깨관절, 팔꿈치관절, 손목관절 중 한 관절의 기능에 상당한 장애가 있는 사람
5. 한 다리의 고관절 또는 무릎관절의 기능에 상당한 장애가 있는 사람
6. 한 다리의 발목관절의 기능에 현저한 장애가 있는 사람

다. 지체기능장애가 있는 사람

제1급

1. 두 팔의 기능을 잃은 사람
2. 두 다리의 기능을 잃은 사람

제2급

1. 한 팔의 기능을 잃은 사람
2. 두 팔의 기능에 현저한 장애가 있는 사람
3. 두 손의 모든 손가락의 기능을 잃은 사람

4. 두 다리의 기능에 현저한 장애가 있는 사람
5. 경추와 흉요추의 기능을 잃은 사람

제3급

1. 두 팔의 기능에 상당한 장애가 있는 사람
2. 두 손의 엄지손가락 및 둘째손가락의 기능을 잃은 사람
3. 한 손의 모든 손가락의 기능을 잃은 사람
4. 한 팔의 기능에 현저한 장애가 있는 사람
5. 한 다리의 기능을 잃은 사람
6. 경추 또는 흉요추의 기능을 잃은 사람

제4급

1. 두 손의 엄지손가락의 기능을 잃은 사람
2. 한 손의 엄지손가락 및 둘째손가락의 기능을 잃은 사람
3. 한 손의 엄지손가락 또는 둘째손가락을 포함하여 세 손가락의 기능을 잃은 사람
4. 한 손의 엄지손가락 또는 둘째손가락을 포함하여 네 손가락의 기능에 현저한 장애가 있는 사람
5. 한 다리의 기능에 현저한 장애가 있는 사람
6. 두 다리의 기능에 상당한 장애가 있는 사람
7. 경추 또는 흉요추의 기능에 현저한 장애가 있는 사람

제5급

1. 한 팔의 기능에 상당한 장애가 있는 사람
2. 두 손의 엄지손가락의 기능에 현저한 장애가 있는 사람
3. 한 손의 엄지손가락의 기능을 잃은 사람
4. 한 손의 엄지손가락 및 둘째손가락의 기능에 현저한 장애가 있는 사람
5. 한 손의 엄지손가락 또는 둘째손가락을 포함하여 세 손가락의 기능에 현저한 장애가 있는 사람
6. 한 다리의 기능에 상당한 장애가 있는 사람
7. 두 발의 모든 발가락의 기능을 잃은 사람
8. 경추 또는 흉요추의 기능에 상당한 장애가 있는 사람

제6급

1. 한 손의 엄지손가락의 기능에 현저한 장애가 있는 사람
2. 한 손의 둘째손가락을 포함하여 두 손가락의 기능을 잃은 사람
3. 한 손의 엄지손가락을 포함하여 두 손가락의 기능에 현저한 장애가 있는 사람
4. 한 손의 셋째손가락, 넷째손가락 및 다섯째손가락의 기능을 잃은 사람
5. 경추 또는 흉요추의 기능이 저하된 사람

라. 신체에 변형 등의 장애가 있는 사람

제5급

한 다리가 건강한 다리보다 10센티미터 이상 짧거나 건강한 다리 길이의 10분의 1 이상 짧은 사람

제6급

1. 한 다리가 건강한 다리보다 5센티미터 이상 짧거나 건강한 다리 길이의 15분의 1 이상 짧은 사람
2. 척추측만증이 있으며, 만곡각도가 40도 이상인 사람
3. 척추후만증이 있으며, 만곡각도가 60도 이상인 사람
4. 성장이 멈춘 만 18세 이상의 남성으로서 신장이 145센티미터 이하인 사람
5. 성장이 멈춘 만 16세 이상의 여성으로서 신장이 140센티미터 이하인 사람
6. 연골무형성증으로 왜소증에 대한 증상이 뚜렷한 사람

2. 뇌병변장애인

제1급

보행이 불가능하거나 일상생활동작을 거의 할 수 없어, 도움과 보호가 필요한 사람

제2급

1. 보행이 현저하게 제한되었거나 일상생활동작이 현저하게 제한된 사람
2. 보행과 일상생활동작이 상당히 제한된 사람

제3급

1. 보행이 상당한 정도 제한되었거나 일상생활동작이 상당히 제한된 사람
2. 보행이 경중한 정도 제한되고 섬세한 일상생활동작이 현저하게 제한된 사람

제4급

1. 보행이 경중한 정도 제한되었거나 섬세한 일상생활동작이 현저하게 제한된 사람
2. 보행이 경미하게 제한되고 섬세한 일상생활동작이 상당히 제한된 사람

제5급

1. 보행이 경미하게 제한되었거나 섬세한 일상생활동작이 상당히 제한된 사람
2. 보행이 파행(跛行)을 보이고 섬세한 일상생활동작이 경중한 정도 제한된 사람

제6급

보행 시 파행을 보이거나 섬세한 일상생활동작이 경중한 정도 제한된 사람

3. 시각장애인

제1급

좋은 눈의 시력(공인된 시력표에 의하여 측정한 것을 말하며, 굴절이상이 있는 사람에 대하여는 최대 교정시력을 기준으로 한다. 이하 같다)이 0.02 이하인 사람

제2급

좋은 눈의 시력이 0.04 이하인 사람

제3급

1. 좋은 눈의 시력이 0.06 이하인 사람
2. 두 눈의 시야가 각각 모든 방향에서 5도 이하로 남은 사람

제4급

1. 좋은 눈의 시력이 0.1 이하인 사람
2. 두 눈의 시야가 각각 모든 방향에서 10도 이하로 남은 사람

제5급

1. 좋은 눈의 시력이 0.2 이하인 사람
2. 두 눈의 시야가 각각 정상시야의 50% 이상 감소한 사람

제6급

나쁜 눈의 시력이 0.02 이하인 사람

4. 청각장애인

가. 청력을 잃은 사람

제2급

두 귀의 청력을 각각 90데시벨(dB) 이상 잃은 사람(두 귀가 완전히 들리지 아니하는 사람)

제3급

두 귀의 청력을 각각 80데시벨(dB) 이상 잃은 사람(귀에 입을 대고 큰 소리로 말을 하여도 듣지 못하는 사람)

제4급

1. 두 귀의 청력을 각각 70데시벨(dB) 이상 잃은 사람(귀에 대고 말을 하여야 들을 수 있는 사람)
2. 두 귀에 들리는 보통 말소리의 최대의 명료도가 50퍼센트 이하인 사람

제5급

두 귀의 청력을 각각 60데시벨(dB) 이상 잃은 사람(40센티미터 이상의 거리에서 발성된 말소리를 듣지 못하는 사람)

제6급

한 귀의 청력을 80데시벨(dB) 이상 잃고, 다른 귀의 청력을 40데시벨(dB) 이상 잃은 사람

나. 평형기능에 장애가 있는 사람

제3급

양측 평형기능의 소실로 두 눈을 뜨고 직선으로 10미터 이상을 지속적으로 걸을 수 없는 사람

제4급

양측 평형기능의 소실 또는 감소로 두 눈을 뜨고 10미터를 걸으려면 중간에 균형을 잡기 위하여 멈추어야 하는 사람

제5급

양측 평형기능의 감소로 두 눈을 뜨고 10미터 거리를 직선으로 걸을 때 중앙에서 60센티미터 이상 벗어나며, 복합적인 신체운동은 어려운 사람

5. 언어장애인

제3급

음성기능이나 언어기능을 잃은 사람

제4급

음성 · 언어만으로는 의사소통을 하기 곤란할 정도로 음성기능이나 언어기능에 현저한 장애가 있는 사람

6. 지적장애인

제1급

지능지수가 35 미만인 사람으로서 일상생활과 사회생활에 적응하는 것이 현저하게 곤란하여 일생 동안 다른 사람의 보호가 필요한 사람

제2급

지능지수가 35 이상 50 미만인 사람으로서 일상생활의 단순한 행동을 훈련시킬 수 있고, 어느 정도의 감독과 도움을 받으면 복잡하지 아니하고 특수기술이 필요하지 아니한 직업을 가질 수 있는 사람

제3급

지능지수가 50 이상 70 이하인 사람으로서 교육을 통한 사회적 · 직업적 재활이 가능한 사람

7. 자폐성장애인

제1급

ICD-10(International Classification of Diseases, 10th Version)의 진단기준에 따른 전반성발달장애(자폐증)로 정상발달의 단계가 나타나지 아니하고, 지능지수가 70 이하이며, 기능 및 능력 장애로 인하여 주위의 전적인 도움이 없이는 일상생활을 해 나가는 것이 거의 불가능한 사람

제2급

ICD-10의 진단기준에 따른 전반성발달장애(자폐증)로 정상발달의 단계가 나타나지 아니하고, 지능지수가 70 이하이며, 기능 및 능력 장애로 인하여 주위의 많은 도움이 없으면 일상생활을 해 나가기 어려운 사람

제3급

제2급과 같은 특징을 가지고 있으나 지능지수가 71 이상이며, 기능 및 능력 장애로 인하여 일상생활 혹은 사회생활을 해 나가기 위하여 간헐적으로 도움이 필요한 사람

8. 정신장애인

제1급

1. 정신분열병으로 망상, 환청, 사고장애 및 기괴한 행동 등의 양성증상이나 사회적 위축과 같은 음성증상이 심하고, 현저한 인격변화가 있으며, 기능 및 능력 장애로 인하여 주위의 전적인 도움이 없이는 일상생활을 해 나가는 것이 거의 불가능한 사람(정신병을 진단받은 지 1년 이상 지난 사람만 해당한다. 이하 같다)
2. 양극성정동장애(조울병)로 기분 · 의욕 · 행동 및 사고의 장애증상이 심한 증상기(症狀期)가 지속되거나 자주 반복되며, 기능 및 능력 장애로 인하여 주위의 전적인 도움이 없이는 일상생활을 해 나가는 것이 거의 불가능한 사람
3. 반복성우울장애로 정신병적 증상이 동반되고, 기분 · 의욕 및 행동 등에 대한 우울증상이 심한 증상기가 지속되거나 자주 반복되며, 기능 및 능력 장애로 인하여 주위의 전적인 도움이 없이는 일상생활을 해 나가는 것이 거의 불가능한 사람
4. 분열형정동장애로 제1호부터 제3호까지에 준하는 증상이 있는 사람

제2급

1. 정신분열병으로 망상, 환청, 사고장애 및 기괴한 행동 등의 양성증상과 사회적 위축 등의 음성증상이 있고, 중등도의 인격 변화가 있으며, 기능 및 능력 장애로 인하여 주위의 많은 도움이 없으면 일상생활을 해 나가기 어려운 사람
2. 양극성정동장애(조울병)로 기분 · 의욕 · 행동 및 사고의 장애증상이 있는 증상기가 지속되거나 자주 반복되며, 기능 및 능력 장애로 인하여 주위의 많은 도움이 없으면 일상생활을 해 나가기 어려운 사람
3. 만성적인 반복성우울장애로 망상 등 정신병적 증상이 동반되고, 기분 · 의욕 및 행동 등에 대한 우울증상이 있는 증상기가 지속되거나 자주 반복되며, 기능 및 능력 장애로 인하여 주위의 많은 도움이 없으면 일상생활을 해 나가기 어려운 사람
4. 만성적인 분열형정동장애로 제1호부터 제3호까지에 준하는 증상이 있는 사람

제3급

1. 정신분열병으로 망상, 환청, 사고장애 및 기괴한 행동 등의 양성증상이 있으나, 인격변화나 퇴행은 심하지 아니한 경우로서 기능 및 능력 장애로 인하여 일상생활이나 사회생활을 해 나가기 위한 기능 수행에 제한을 받아 간헐적으로 도움이 필요한 사람
2. 양극성정동장애(조울병)로 기분 · 의욕 · 행동 및 사고의 장애증상이 현저하지 아니하지만,

증상기가 지속되거나 자주 반복되는 경우로서 기능 및 능력 장애로 인하여 일상생활이나 사회생활을 해 나가기 위한 기능 수행에 제한을 받아 간헐적으로 도움이 필요한 사람

3. 반복성우울장애로 기분 · 의욕 · 행동 등에 대한 우울증상이 있는 증상기가 지속되거나 자주 반복되는 경우로서 기능 및 능력 장애로 인하여 일상생활이나 사회생활을 해 나가기 위한 기능 수행에 제한을 받아 간헐적으로 도움이 필요한 사람
4. 분열형정동장애로 제1호부터 제3호까지에 준하는 증상이 있는 사람

9. 신장장애인

제2급

만성신부전증으로 인하여 3개월 이상 혈액투석이나 복막투석을 받고 있는 사람

제5급

신장을 이식받은 사람

10. 심장장애인

제1급

심장기능의 장애가 지속되며, 안정 시에도 심부전증상이나 협심증증상 등이 나타나서 운동능력을 완전히 상실하여 상시적으로 돌보는 사람이 필요한 사람(심장질환을 진단받은 지 1년 이상 지난 사람만 해당한다. 이하 같다)

제2급

심장기능의 장애가 지속되며, 자기 신체 주위의 일은 어느 정도 할 수 있지만 그 이상의 활동을 하면 심부전증상이나 협심증증상 등이 나타나서 정상적인 일상생활을 해 나가기 어려운 사람

제3급

심장기능의 장애가 지속되며, 가정에서의 가벼운 활동은 할 수 있지만 그 이상의 활동을 하면 심부전증상이나 협심증증상 등이 나타나서 정상적인 사회활동을 해 나가기 어려운 사람

제5급

심장을 이식받은 사람

11. 호흡기장애인

제1급

1. 폐나 기관지 등 호흡기관의 만성적인 기능부전으로 안정 시에도 산소요법을 받아야 할 정도의 호흡곤란이 있고, 평상시의 폐환기 기능(1초 시 강제호기량) 또는 폐확산능이 정상예측치의 25% 이하이거나 안정 시 자연호흡상태에서의 동맥혈 산소분압이 55mmHg 이하인 사람
2. 만성호흡기 질환으로 기관절개관을 유지하고 24시간 인공호흡기로 생활하는 사람

제2급

폐나 기관지 등 호흡기관의 만성적인 기능부전으로 집 안에서 이동할 때에도 호흡곤란이 있고, 평상시의 폐환기 기능(1초 시 강제호기량) 또는 폐확산능이 정상예측치의 30% 이하이거나 안정 시 자연호흡상태에서의 동맥혈 산소분압이 60mmHg 이하인 사람

제3급

폐나 기관지 등 호흡기관의 만성적인 기능부전으로 평지에서의 보행에도 호흡곤란이 있고, 평상시의 폐환기 기능(1초 시 강제호기량) 또는 폐확산능이 정상예측치의 40% 이하이거나 안정 시 자연호흡상태에서의 동맥혈 산소분압이 65mmHg 이하인 사람

제5급

1. 폐를 이식받은 사람
2. 늑막루가 있는 사람

12. 간장애인

제1급

만성 간질환(간경변증, 간세포암종 등)으로 진단받은 환자 중 잔여 간기능이 Child-Pugh 평가상 등급 C이면서 간성뇌증이 있거나 내과적 치료로 조절되지 아니하는 난치성 복수 등의 합병증이 있는 사람

제2급

만성 간질환(간경변증, 간세포암종 등)으로 진단받은 환자 중 잔여 간기능이 Child-Pugh 평가상 등급 C이면서 과거 2년 이내의 간성뇌증 병력 또는 자발성 세균성 복막염 등의 병력이 있는 사람

제3급

1. 만성 간질환(간경변증, 간세포암종 등)으로 진단받은 환자 중 잔여 간기능이 Child-Pugh 평가상 등급 C인 사람
2. 만성 간질환(간경변증, 간세포암종 등)으로 진단받은 환자 중 잔여 간기능이 Child-Pugh 평가상 등급 B이면서 난치성 복수가 있거나 간성뇌증 등의 합병증이 있는 사람

제5급

간을 이식받은 사람

13. 안면장애인

제2급

1. 노출된 안면부의 90% 이상이 변형된 사람
2. 노출된 안면부의 60% 이상이 변형되고 코 형태의 2/3 이상이 없어진 사람

제3급

1. 노출된 안면부의 75% 이상이 변형된 사람
2. 노출된 안면부의 50% 이상이 변형되고 코 형태의 2/3 이상이 없어진 사람

제4급

1. 노출된 안면부의 60% 이상이 변형된 사람
2. 코 형태의 2/3 이상이 없어진 사람
3. 노출된 안면부의 45% 이상이 변형되고 코 형태의 1/3 이상이 없어진 사람

제5급

1. 노출된 안면부의 45% 이상이 변형된 사람
2. 코 형태의 1/3 이상이 없어진 사람

14. 장루장애인 및 요루장애인

제2급

1. 장루와 함께 요루 또는 방광루를 가지고 있으며, 그중 하나 이상의 루에 합병증으로 장피누공 또는 배뇨기능장애가 있는 사람
2. 장루 또는 요루를 가지고 있으며 합병증으로 장피누공과 배뇨기능장애가 모두 있는 사람
3. 배변을 위한 말단 공장루를 가지고 있는 사람

제3급

1. 장루와 함께 요루 또는 방광루를 가지고 있는 사람
2. 장루 또는 요루를 가지고 있으며, 합병증으로 장피누공 또는 배뇨기능장애가 있는 사람

제4급

1. 장루 또는 요루를 가진 사람
2. 방광루를 가지고 있으며, 합병증으로 장피누공이 있는 사람

제5급

방광루를 가진 사람

15. 뇌전증장애인

가. 성인 뇌전증

제2급

만성적인 뇌전증에 대한 적극적인 치료에도 불구하고 월 8회 이상의 중증발작이 연 6회 이상 있고, 발작을 할 때에 유발된 호흡장애, 흡인성 폐렴, 심한 탈진, 두통, 구역질, 인지기능의 장애 등으로 심각한 요양관리가 필요하며, 일상생활 및 사회생활에 항상 다른 사람의 지속적인 보호와 관리가 필요한 사람

제3급

만성적인 뇌전증에 대한 적극적인 치료에도 불구하고 월 5회 이상의 중증발작 또는 월 10회 이상의 경증발작이 연 6회 이상 있고, 발작을 할 때에 유발된 호흡장애, 흡인성 폐렴, 심한 탈진, 두통, 구역질, 인지기능의 장애 등으로 요양관리가 필요하며, 일상생활 및 사회생활에 수시로 보호와 관리가 필요한 사람

제4급

만성적인 뇌전증에 대한 적극적인 치료에도 불구하고 월 1회 이상의 중증발작 또는 월 2회 이상의 경증발작을 포함하여 연 6회 이상 발작이 있고, 이로 인하여 협조적인 대인관계가 현저히 곤란한 사람

제5급

만성적인 뇌전증에 대한 적극적인 치료에도 불구하고 월 1회 이상의 중증발작 또는 월 2회 이상의 경증발작이 연 3회 이상 있고, 이로 인하여 협조적인 대인관계가 곤란한 사람

나. 소아청소년 뇌전증

제2급

전신발작, 뇌전증성 뇌병증, 근간대성 발작 등으로 심각한 요양관리가 필요하며, 일상생활 및 사회생활에 항상 다른 사람의 지속적인 보호와 관리가 필요한 사람

제3급

전신발작, 뇌전증성 뇌병증, 근간대성 발작, 부분발작 등으로 요양관리가 필요하며, 일상생활 및 사회생활에 수시로 보호와 관리가 필요한 사람

제4급

전신발작, 뇌전증성 뇌병증, 근간대성 발작, 부분발작 등으로 일상생활 및 사회생활에 보호와 관리가 필요한 사람

16. 중복된 장애의 합산 판정

가. 같은 등급에 둘 이상의 중복장애가 있는 경우에는 1등급 위의 등급으로 한다.

나. 서로 다른 등급에 둘 이상의 중복장애가 있는 경우에는 의료기관의 전문의가 장애의 정도를 고려하여 보건복지부장관이 정하는 바에 따라 주된 장애등급보다 1등급 위의 등급으로 조정할 수 있다.

다. 다음과 같은 경우는 가목 및 나목에도 불구하고 중복장애로 합산 판정할 수 없다.

1) 동일부위의 지체장애와 뇌병변장애가 중복된 경우

2) 지적장애와 자폐성장애가 중복된 경우

3) 그 밖에 장애부위가 같거나 장애성격이 중복되어 중복장애로 합산하여 판정하는 것이 타당하지 아니한 경우로서 보건복지부장관이 정하는 경우

장애인 · 노인 등을 위한 보조기기 지원 및 활용촉진에 관한 법률

[시행 2016.12.30.] [법률 제13662호, 2015.12.29., 제정]

제1장 총칙

제1조(목적) 이 법은 장애인 · 노인 등을 위한 보조기기의 지원과 활용촉진에 관한 사항을 규정함으로써 보조기기 서비스를 효율적으로 제공하여 장애인 · 노인 등의 활동의 제약을 최소화하고, 삶의 질 향상에 이바지하는 것을 목적으로 한다.

제2조(기본이념) 이 법은 장애인 · 노인 등의 필요와 요구에 따라 보조기기를 편리하고 자유롭게 활용할 수 있도록 보장함으로써 이들이 자아를 실현하고, 완전한 사회참여와 삶의 질 향상을 통하여 사회통합을 이루는 것을 기본이념으로 한다.

제3조(정의) 이 법에서 사용하는 용어의 뜻은 다음과 같다.

1) "장애인등"이란 「장애인복지법」 제2조에 따른 장애인, 「노인장기요양보험법」 제2조제1호에 따른 노인등, 「국가유공자 등 예우 및 지원에 관한 법률」 제4조에 따른 국가유공자 등을 말한다.
2) "보조기기"란 장애인등의 신체적 · 정신적 기능을 향상 · 보완하고 일상 활동의 편의를 돕기 위하여 사용하는 각종 기계 · 기구 · 장비로서 보건복지부령으로 정하는 것을 말한다.
3) 보조기기 서비스"란 장애인등이 보조기기를 확보하고 효율적으로 활용할 수 있도록 제공되는 일련의 지원을 말한다.

제4조(국가와 지방자치단체의 책무)

1) 국가와 지방자치단체는 장애인등이 보조기기를 활용하는 데 어려움이 없도록 활용촉진, 서비스 제공 및 효율적 관리를 위하여 노력하여야 한다.
2) 국가와 지방자치단체는 장애인등에 대한 보조기기 지원과 활용촉진을 위하여 필요한 재원 조달 등 관련 조치를 강구하여야 한다.
3) 국가와 지방자치단체는 장애인등에게 적합한 보조기기 서비스를 제공하는 데 필요한 전문인력의 양성을 위하여 노력하여야 한다.

제5조(기본계획 수립 등)

1) 보건복지부장관은 관계 중앙행정기관의 장과 협의하여 5년마다 보조기기 지원과 활용촉진을 위한 기본계획(이하 "기본계획"이라 한다)을 수립하여야 한다. 이 경우 기본계획은 「장애인복지법」 제10조의2에 따른 장애인정책종합계획에 포함하여 수립할 수 있다.
2) 기본계획의 수립과 중요한 정책의 조정에 관한 사항은 「장애인복지법」 제11조에 따른 장애인정책조정위원회의 심의를 거쳐야 한다.
3) 보건복지부장관은 기본계획의 수립을 위하여 필요한 경우 관계 기관의 장에게 자료의 제출을 요청할 수 있다. 이 경우 요청을 받은 기관의 장은 정당한 사유가 없으면 이에 따라야 한다.
4) 보건복지부장관은 보조기기 정책수립에 필요한 기초자료로 활용하기 위하여 3년마다 보조기기 실태조사를 실시하여야 한다. 이 경우 실태조사는 「장애인복지법」 제31조에 따른 장애실태조사와 함께 실시할 수 있다.

제6조(다른 법률과의 관계) 보조기기의 지원과 활용촉진 및 연구개발에 관하여 다른 법률에 특별한 규정이 있는 경우를 제외하고는 이 법에서 정하는 바에 따른다.

제2장 보조기기의 지원 등

제7조(보조기기 지원 및 활용촉진 사업) 국가와 지방자치단체는 예산의 범위에서 다음 각 호의 사업을 실시할 수 있다.

1) 보조기기의 교부·대여 및 사후관리 등 사례관리 사업
2) 보조기기 관련 정보의 제공
3) 보조기기 품질관리 및 연구개발 지원
4) 그 밖에 보조기기의 지원 및 활용촉진을 위하여 보건복지부장관이 필요하다고 정하는 사업

제8조(보조기기 교부 등)

1) 국가와 지방자치단체는 장애인등이 보조기기를 신청하는 경우 예산의 범위에서 다음 각 호의 어느 하나에 따른 지원을 할 수 있다.
   (1) 보조기기 교부·대여 또는 사후관리
   (2) 제1호에 필요한 비용 지급
2) 제1항제2호에 따른 비용의 지급은 보조기기의 교부·대여 또는 사후관리가 곤란하다고 인정되는 경우에만 한정한다.
3) 보건복지부장관은 장애인등이 자신에게 적합한 보조기기를 적용하고 활용능력을 향상시킬 수

있도록 보조기기 서비스에 대한 사례관리를 실시할 수 있다.

4) 제1항에 따른 신청을 할 수 있는 자의 범위, 보조기기의 교부 · 대여 · 사후관리 및 비용 지급의 기준과 방법 등에 필요한 사항은 보건복지부령으로 정한다.

제9조(보조기기 정보제공)

1) 국가는 장애인등이 보조기기를 안전하고 편리하게 활용할 수 있도록 필요한 정보를 제공할 수 있다.

2) 제1항에 따라 제공하는 정보의 내용과 방법 등에 필요한 사항은 보건복지부령으로 정한다.

제10조(보조기기의 품질관리 등)

1) 국가는 장애인등의 안전과 편의가 보장될 수 있도록 보조기기의 품질유지와 향상을 위하여 보조기기의 품질관리를 할 수 있다.

2) 국가는 제1항에 따른 품질관리 대상 품목과 품질관리 방법 등을 정하여 고시할 수 있다.

3) 국가는 제1항에 따른 품질관리 등의 실시를 위하여 대통령령으로 정하는 소속 기관장 또는 「공공기관의 운영에 관한 법률」 제4조에 따른 공공기관에 위임 또는 위탁할 수 있다.

제11조(보조기기 및 이용자 정보관리)

1) 국가와 지방자치단체는 장애인등에게 보조기기를 제공하는 경우 보조기기와 이용자 등에 관한 정보를 전산시스템 등의 방법으로 수집 · 관리할 수 있다.

2) 제1항에 따라 수집 · 관리할 수 있는 대상 정보의 범위 등에 필요한 사항은 대통령령으로 정한다.

제12조(보조기기업체의 의무)

1) 보조기기를 생산 · 판매 · 유통 · 대여 · 수입 · 수리하는 보조기기업체는 보조기기를 취급함에 있어 장애인등의 안전과 편의를 우선적으로 고려하여야 한다.

2) 보조기기업체는 보조기기를 판매 · 유통 · 대여 · 수리하는 경우 장애인등에게 사용에 필요한 정보 등을 제공하여야 한다.

3) 보조기기업체는 장애인등의 편의를 위하여 판매 · 유통되어 장애인등이 사용 중인 보조기기에 대한 고장수리 등 사후관리서비스를 제공하여야 한다.

제3장 보조기기센터

제13조(중앙보조기기센터)

1) 보건복지부장관은 보조기기의 지원과 활용촉진 등에 필요한 다음 각 호의 사업을 수행하기 위하여 중앙보조기기센터(이하 "중앙센터"라 한다)를 설치·운영하여야 한다.
  (1) 보조기기 관련 정책의 연구 및 개발 사업
  (2) 보조기기 전문인력에 대한 교육·연수 및 보조기기 정책 홍보
  (3) 보조기기 관련 정보의 수집·관리 및 데이터베이스 구축·제공
  (4) 지역보조기기센터의 운영 및 관리 지원
  (5) 보조기기 이용자 및 이용실태 관련 모니터링
  (6) 보조기기 관련 국제협력
  (7) 그 밖에 보조기기 지원 및 활용촉진을 위하여 필요한 사업으로서 보건복지부장관이 정하는 사업
2) 보건복지부장관은「공공기관의 운영에 관한 법률」제4조에 따른 공공기관에 중앙센터의 운영을 위탁할 수 있다.
3) 제2항에 따라 중앙센터의 운영을 위탁하는 경우 국가는 예산의 범위에서 중앙센터의 설치 및 운영에 필요한 경비의 전부 또는 일부를 지원할 수 있다.
4) 중앙센터는 제15조에 따른 보조공학사 등 보조기기 관련 전문인력을 두어야 한다. 이 경우「장애인복지법」제32조에 따라 등록한 장애인을 우선적으로 고용하도록 노력하여야 한다.
5) 그 밖에 중앙센터의 설치·운영, 인력 배치 등에 필요한 사항은 보건복지부령으로 정한다.

제14조(지역보조기기센터)

1) 특별시장·광역시장·특별자치시장·도시장·특별자치도지사(이하 "시·도지사"라 한다)는 다음 각 호의 업무를 수행하기 위하여 지역보조기기센터(이하 "지역센터"라 한다)를 설치·운영할 수 있다.
  (1) 보조기기 관련 상담·평가·적용·자원연계 및 사후관리 등 사례관리 사업
  (2) 보조기기 전시·체험장 운영
  (3) 보조기기 정보제공 및 교육·홍보
  (4) 보조기기 서비스 관련 지역 연계 프로그램 운영
  (5) 보조기기 장기 및 단기 대여, 수리, 맞춤 개조와 제작, 보완 및 재사용 사업
  (6) 다른 법률에 따른 보조기기 교부 등에 관한 협조
  (7) 중앙센터가 수행하는 사업에 대한 협력
  (8) 그 밖에 보건복지부장관이 정하는 사업

2) 시·도지사는 관할 구역의 장애인 수 등을 고려하여 보건복지부장관이 정하는 적정 규모에 따라 지역센터를 설치·운영할 수 있으며, 이 경우 소요되는 예산의 일부를 시장·군수·구청장에게 공동으로 부담하게 할 수 있다.
3) 시·도지사는 보건복지부령으로 정하는 바에 따라 「공공기관의 운영에 관한 법률」 제4조에 따른 공공기관 또는 비영리법인에 지역센터의 운영을 위탁할 수 있다.
4) 제3항에 따라 지역센터의 운영을 위탁하는 경우 보건복지부장관, 시·도지사와 시장·군수·구청장은 예산의 범위에서 필요한 경비의 전부 또는 일부를 지원할 수 있다.
5) 지역센터는 제15조에 따른 보조공학사 등 보조기기 관련 전문인력을 두어야 한다. 이 경우 「장애인복지법」 제32조에 따라 등록한 장애인을 우선적으로 고용하도록 노력하여야 한다.
6) 그 밖에 지역센터의 설치·운영, 인력 배치 등에 필요한 사항은 보건복지부령으로 정한다.

제4장 보조기기 관련 전문인력

제15조(보조공학사 자격증 교부 등)

1) 보건복지부장관은 장애인등에게 보조기기의 상담·사용법 교육·정보제공 또는 생산·수리 등의 서비스를 제공하기 위하여 제2항에 따른 자격요건을 갖춘 사람(이하 "보조공학사"라 한다)에게 보조공학사 자격증을 내주어야 한다.
2) 제1항에 따른 보조공학사의 자격요건·종류·취득방법 등에 필요한 사항은 대통령령으로 정한다. 다만, 「장애인복지법」 제32조에 따라 등록한 장애인에 대하여는 별도의 요건을 정할 수 있다.
3) 보조공학사 자격증을 분실하거나 훼손한 사람에게는 신청에 따라 자격증을 재교부한다.
4) 보조공학사 자격증은 다른 사람에게 대여하지 못한다.
5) 제1항과 제3항에 따른 자격증의 교부·제교부 절차와 관리 등에 필요한 사항은 보건복지부령으로 정한다.

[시행일: 2018. 12. 30.] 제15조

제16조(결격사유) 다음 각 호의 어느 하나에 해당하는 자는 보조공학사가 될 수 없다.

1) 「정신보건법」 제3조제1호에 따른 정신질환자. 다만, 전문의가 보조공학사로서 적합하다고 인정하는 사람은 그러하지 아니하다.
2) 마약·대마 또는 향정신성의약품 중독자
3) 피성년후견인, 피한정후견인, 피특정후견인
4) 이 법이나 「형법」 제234조·제317조제1항, 「의료법」, 「국민건강보험법」, 종전의 「국민의료보험법」, 「의료보험법」, 「의료보호법」, 「보건범죄단속에 관한 특별조치법」, 「마약법」, 「대마관리법」,

「향정신성의약품 관리법」 또는 「후천성면역결핍증 예방법」을 위반하여 금고 이상의 형을 선고받고 그 형의 집행이 끝나지 아니하였거나 집행을 받지 아니하기로 확정되지 아니한 사람

[시행일 : 2018.12.30.] 제16조

第17조(보수교육)

1) 보건복지부장관은 보조공학사에 대하여 자질 향상을 위하여 필요한 보수(補修)교육을 받도록 명할 수 있다.
2) 제1항에 따른 보수교육 업무는 보건복지부령으로 정하는 바에 따라 「공공기관의 운영에 관한 법률」 제4조에 따른 공공기관 또는 비영리법인에 위탁할 수 있다.
3) 제1항에 따른 보수교육의 실시 시기와 방법 등에 필요한 사항은 보건복지부령으로 정한다.

[시행일 : 2018.12.30.] 제17조

第18조(자격취소) 보건복지부장관은 보조공학사가 다음 각 호의 어느 하나에 해당하는 때에는 그 자격을 취소하여야 한다.

1) 제15조제4항을 위반하여 타인에게 보조공학사 자격증을 대여한 때
2) 제16조 각 호의 어느 하나에 해당하게 된 때
3) 제19조에 따른 자격정지 처분 기간에 그 업무를 하거나 자격정지 처분을 3회 받은 때

[시행일 : 2018. 12. 30.] 제18조

第19조(자격정지) 보건복지부장관은 보조공학사가 다음 각 호의 어느 하나에 해당하면 6개월의 범위에서 보건복지부령으로 정하는 바에 따라 자격을 정지할 수 있다.

1) 보조공학사의 업무를 하면서 고의 또는 중대한 과실로 보조기기 이용자의 신체에 손상을 입힌 사실이 있는 때
2) 제17조에 따른 보수교육을 연속하여 2회 이상 받지 아니한 때

[시행일 : 2018.12.30.] 제19조

第20조(수수료) 보조공학사의 자격증을 교부 또는 재교부 받으려 하는 자는 보건복지부령으로 정하는 바에 따라 수수료를 내야 한다.

[시행일 : 2018.12.30.] 제20조

제5장 보조기기 연구개발 및 활성화

제21조(보조기기업체의 육성 · 연구지원 등)

1) 국가와 지방자치단체는 보조기기의 활용촉진을 위하여 보조기기를 생산하는 업체에 대한 생산장려금 지급, 기술지원, 우수업체의 지정, 연구개발의 장려 등 필요한 조치를 강구하여야 한다.
2) 제1항에 따른 생산장려금 지급, 기술지원, 우수업체 지정 및 취소 등에 필요한 사항은 보건복지부령으로 정한다.

제22조(보조기기 연구개발의 지원 등) 국가와 지방자치단체는 보조기기에 관한 연구개발활동 및 보조기기 서비스를 제공하는 비영리법인 또는 단체에 대하여 예산의 범위에서 보조금 등을 지원할 수 있다.

제6장 보칙

제23조(압류 등 금지) 이 법에 따라 장애인등에게 보급 또는 지원된 보조기기는 압류하거나 담보로 제공할 수 없다.

제24조(권한위임 등)

1) 이 법에 따른 보건복지부장관 및 시 · 도지사의 권한은 대통령령으로 정하는 바에 따라 시 · 도지사, 시장 · 군수 · 구청장 또는 보건복지부 소속 기관의 장에게 그 일부를 위임할 수 있다.
2) 이 법에 따른 보건복지부장관 및 시 · 도지사의 업무는 대통령령으로 정하는 바에 따라 「공공기관의 운영에 관한 법률」 제4조에 따른 공공기관 또는 관련 법인이나 단체에 위탁할 수 있다.

부칙 〈법률 제13662호, 2015. 12. 29.〉

제1조(시행일) 이 법은 공포 후 1년이 경과한 날부터 시행한다. 다만, 제4장(제15조부터 제20조까지)은 공포 후 3년이 경과한 날부터 시행한다.

제2조(민간단체가 발급한 보조공학사 자격증 소지자의 보조공학사 자격증 취득에 관한 특례) 이 법 시행 당시 보건복지부장관이 인정하는 단체에서 발급한 보조공학사 자격증을 소지한 사람은 제15조에도 불구하고 이 법 시행 후 3년 이내에 보건복지부장관이 실시하는 특례시험을 거쳐 이 법

에 따른 보조공학사 자격증을 취득할 수 있다.

제3조(민간단체가 발급한 보조공학사 자격증 소지자에 대한 경과조치) 이 법 시행 당시 보건복지부장관이 인정하는 단체에서 발급한 보조공학사 자격증을 소지한 사람은 이 법 시행 후 3년까지 이 법에 따른 보조공학사로 본다.

제4조(다른 법률의 개정) 장애인복지법 일부를 다음과 같이 개정한다.

찾아보기

[인 명]

[내 용]

집필진 소개

김백수(Kim, Baek Soo) 시장공학연구회 회장

이근민(Rhee, Kun Min) 대구대학교 재활공학과 교수

육주혜(Yook, Ju Hye) 나사렛대학교 재활공학과 교수

장문영(Chang, Moon Young) 인제대학교 작업치료학과 교수

오현정(Oh, Hyun Jung) 국립중앙도서관 국립장애인도서관 지원협력과 주무관

박경옥(Park, Kyoung Ock) 대구대학교 초등특수교육과 교수

이진현(Lee, Jin Hyun) 대구광역시 보조기구센터 실장

유성문(Yoo, Sung Moon) 국립재활원 연구원

김소영(Kim, So Young) 두원공과대학교 작업치료과 교수

손병창(Son, Byung Chang) 나사렛대학교 재활공학과 교수

송병섭(Song, Byung Seop) 대구대학교 재활공학과 교수

이석민(Lee, Suk Min) 재활공학연구소 연구위원

권대규(Kwon, Tae Kyu) 전북대학교 바이오메디컬공학부 교수

김성남(Kim, Sung Nam) 나사렛대학교 발달장애평생교육연구소 책임연구원

전영환(Jun, Young Hwan) 한국장애인고용공단 연구위원

김경명(Kim, Kyoung Myoung) 국립재활원 주무관

김유환(Kim, You Hwan) 나사렛대학교 특수체육학과 교수

성기창(Seong, Ki Chang) 한국복지대학교 유니버설디자인과 교수

보조공학총론 (2판)

Assistive Technology (2nd ed.)

2012년 1월 25일 1판 1쇄 발행
2016년 9월 5일 2판 1쇄 발행
2024년 9월 25일 2판 5쇄 발행

엮은이 • 한국보조공학사협회
펴낸이 • 김 진 환
펴낸곳 • (주) 학지사
04031 서울특별시 마포구 양화로 15길 20 마인드월드빌딩 5층
대표전화 • 02) 330-5114 팩스 • 02) 324-2345
등록번호 • 제313-2006-000265호
홈페이지 • http://www.hakjisa.co.kr
인스타그램 • https://www.instagram.com/hakjisabook

ISBN 978-89-997-0961-6 93370

정가 **22,000**원